# 特岗教师招聘考试专用教材

# 教育理论基础

山香教师招聘考试命题研究中心　主编

首都师范大学出版社
CAPITAL NORMAL UNIVERSITY PRESS

图书在版编目(CIP)数据

教育理论基础 / 山香教师招聘考试命题研究中心主编. -- 北京 : 首都师范大学出版社, 2020.12(2023.3重印)
特岗教师招聘考试专用教材
ISBN 978-7-5656-6063-4

Ⅰ. ①教… Ⅱ. ①山… Ⅲ. ①教育理论—教师—聘用—资格考试—教材 Ⅳ. ①G40

中国版本图书馆CIP数据核字(2020)第221590号

特岗教师招聘考试专用教材
**JIAOYU LILUN JICHU**
教育理论基础
山香教师招聘考试命题研究中心　主编

---

策划编辑　张文强
责任编辑　安晓东　曹亮亮　　封面设计　山香教育
首都师范大学出版社出版发行
地　　址　北京市海淀区西三环北路105号
邮　　编　100048
咨询电话　010-68418523(总编室)　010-68982468(发行部)
网　　址　http://cnupn.cnu.edu.cn
印　　刷　河南黎阳印务有限公司
经　　销　全国新华书店
版　　次　2020年12月第1版
印　　次　2023年3月第7次印刷
开　　本　889mm×1194mm　1/16
印　　张　38
字　　数　950千
定　　价　68.00元

---

版权所有　翻印必究

近年来，教师招聘考试越来越“火热”，使得考生在参加教师招聘考试时面临着两大困境：一方面，随着广大考生对教师招聘考试的不断探索，笔试分数的差距在不断缩小；另一方面，教师招聘考试的试题难度和灵活性也在不断提高。因此，获得一套实用性强的教辅对考生来说尤为重要。

教育理论基础作为大部分地区特岗教师招聘考试的必考内容，具有内容多、复习难、要求高的特点。鉴于此，山香教育结合多年研究成果和教学反馈，深入分析制约考生得高分的因素，对教材进行精心编排，旨在帮助考生通过阅读和学习达到理想的备考效果。

## 3大特色 破解教育理论基础

### 特色1 立足真题考情 归纳核心考点

考情最能体现命题人的思想。通过对真题的梳理分析，整理出命题特点和考查方向，并以此作为教材的核心内容，真正做到“考什么，讲什么”“怎么考，怎么讲”。同时，“考点再拔高”等的呈现，使整个教材知识体系形成一个完美闭环。

### 特色2 融合教学经验 传授备考心法

教师招聘考试作为一门选拔性考试，考生顺利通过考试的途径只有一个：考高分。每道题的正误都可能决定是否顺利通过考试。所以，核心知识和备考心法就显得尤为重要。本书的编写摒弃了以往传统说教式的罗列，倡导互动式学习，并融合山香名师多年授课经验，通过“记忆有妙招”“易错点提示”“易混点辨析”“重难点解读”等模块设计，帮助考生从容备考。

### 特色3 微课视频助学 强化巩固提升

鉴于文字讲解的局限性，本书针对重难点知识配备了微课视频，由山香名师进行视频讲解，实现“读”和“讲”的完美结合。同时，本书设置“达标测评”栏目，甄选典型试题，探索考试真谛，实现图书与考试的零距离。

愿诸君能够善用山香图书这件“利器”，在即将到来的教师招聘考试中打好有准备之战。预祝大家在有限的时间内选择最恰当、最有效的方法备考，早日走上心目中的三尺讲台！

**编　者**

★：考点的重要程度或者考频，星级越高则该考点的重要程度或者考频越高，最高为三颗星。

黑体字：专有名词或者关键词语。

波浪线：需要重点掌握的句子。

红色字体：考点中最重要的内容，其重要性远高于黑体字和波浪线。

# 使用图解

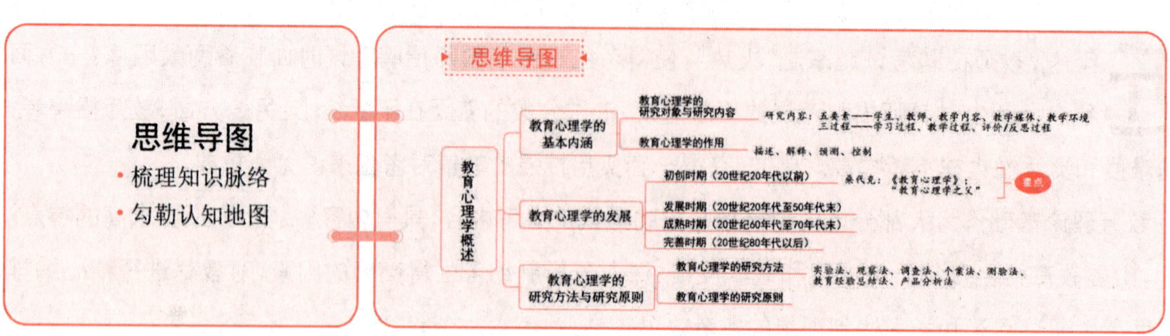


## 思维导图

- 梳理知识脉络
- 勾勒认知地图

## 考向分析

本章属于教育学的基础章节，也是江西、四川、河南、重庆、贵州、安徽、黑龙江、内蒙古等省份的特岗笔试重点考查的章节，内容广泛、识记性知识多，在考试中常以选择题、判断题、填空题等形式考查。本章的考向分析如下：

| 考点名称 | 常考题型 | 能力层级 | 考查热度 |
| --- | --- | --- | --- |
| "教育"的词源、定义 | 单选、多选、判断 | 识记 | ★★ |
| 教育的本质属性 | 单选、判断 | 识记 | ★★★ |
| 教育的基本要素 | 单选、多选、填空 | 识记 | ★★ |

考向分析

- 探究命题规律
- 精准预测考向

## 核心考点

第一节 教育与社会的发展

作为一种有目的地培养人的社会活动，教育的发展受社会政治经济制度、生产力水平、科学技术和文化传统等的影响，并对这些因素的变化发展产生反作用。

一、教育的社会制约性 【单选、多选、判断、简答】 ★★★

考点 1 社会政治经济制度对教育发展的影响和制约

社会政治经济制度决定教育的性质。在同一政治经济制度下，各国的教育虽然也有差异，但其本质属性是相同的。

核心考点

- 立足真题考情
- 归纳核心考点

## 达标测评

| 建议用时 | 实际用时 | 测评总分 | 实际得分 |
| --- | --- | --- | --- |
| 15分钟 | ____分钟 | 15分 | ____分 |

一、单项选择题(每小题1分，共5分)

1. 西方教育史上第一个明确提出"教育心理学化"口号的教育家是(　　)

A. 洛克　　B. 杜威　　C. 裴斯泰洛齐　　D. 夸美纽斯

2. 有史以来，除(　　)以外，教育都具有阶级性的特征。

A. 原始社会　　B. 奴隶社会　　C. 近代社会　　D. 现代社会

达标测评

- 精准模拟真题
- 详解答题思路
- 测评学习结果

## 真题面对面

- 再现历年真题
- 还原考场体验

真题面对面

1. [2022陕西,单选]教育发展的规模和速度是由(　　)决定的。

A. 政治经济制度　　B. 社会文化

C. 生产力发展水平　　D. 社会人口

2. [2022黑龙江,简答]简述生产力对教育的制约作用。

答案:1. C　2. 详见内文

## 小香有话说

- 重难点解读
- 易错点提示
- 易混点辨析

一、教育的概念

考点 1 "教育"的词源　【单选、多选、判断】★★

教育是人类有目的地培养人的一种社会活动,是传承文化、传递生产与社会生活经验的一种途径。

在中国,"教育"一词最早见于《孟子·尽心上》中的"得天下英才而教育之,三乐也"。许慎在《说文解字》中这样解释:"教,上所施,下所效也""育,养子使作善也"。

在西方,"教育"一词源于拉丁文"educare",前缀"e"有"出"的意思,意为"引出"或"导出"。

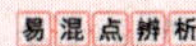

关于"教育"一词的两个"最早":

(1)最早出现——孟子;

(2)最早解释——许慎。

## 记忆有妙招

- 编写速记口诀
- 强化联想记忆

记忆有妙招

为方便考生记忆,编者将各教育起源学说总结成以下口诀:

(1)诸神合一:神话起源说认为教育的目的是使人皈依于神或顺从于天。诸:朱熹。

(2)本能生利息:生物起源说认为教育起源于动物的生存本能。利:利托尔诺;息:沛西·能。

(3)心里做着一个无意识的梦:心理起源说认为教育起源于儿童对成人的无意识模仿。梦:孟禄。

(4)米凯爱劳动:劳动起源说认为教育起源于生产劳动。米:米丁斯基。凯:凯洛夫。

## 考点再拔高

- 开阔考生视野
- 完善知识体系

考点 再拔高

▼ 年级当量

教育成就测验上的分数经常可用年级当量来解释。年级常模可以从计算各年级学生在某份测验上的平均原始分数而得,如果一标准化常模样组中四年级学生正确解答某一数学测验的问题数目平均为23,那么原始分数23便相当于4年级的年级当量。各年级之间的年级当量,可以采用内插法而得,另外也可通过在一学年中的各时期直接测量而得到。年级当量可以用年级月数来表示,因为一年当中学生在校时间约为10个月,所以年级当量4.0便表示四年级开始时的平均成绩,而4.5则表示学年中间(即第五个月时)的平均成绩。

## 视频二维码

- 山香名师录播
- 助力视频学习

考点 4 教育对文化发展的促进作用(教育的文化功能)

1. 教育能够传承文化

教育的文化功能

文化的传承是文化得以延续和发展的基本前提。教育传承文化的功能有三种主要表现形式(传递、保存、活化)。

(1)教育可以传递和保存文化。教育是文化传递和保存最为基本和最为有效的手段。

(2)教育可以活化文化。教育要实现真正意义上的文化传承,还必须把储存形态的文化转化为现实活跃形态的文化,即把附着于物体、文字和技术性载体上的文化符号转化到人这一载体上,为人所掌握与内化。这一转化的过程就是文化的活化。

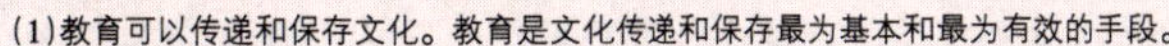

# 目 录

高效备考从扫码开始……

扫码听讲的4个理由

1. 海量真题免费刷！
2. 参加模考体验佳！
3. 时政打卡天天有！
4. 备考咨询专业答！

## 考情分析与解读



## 第一部分　教育动态追踪

# 第二部分 教育学

## 第一章 教育与教育学

本章考题约占试卷总分值的5%~8%,考查题型主要为单项选择题、多项选择题、判断题、填空题等。



## 第二章 教育的基本规律

本章考题约占试卷总分值的4%~8%,考查题型主要为单项选择题、多项选择题、判断题、简答题等。



## 第三章 教育目的与教育制度

本章考题约占试卷总分值的6%~10%,考查题型主要为单项选择题、多项选择题、判断题、填空题、辨析题、简答题、材料分析题等。



## 第四章 教师与学生

本章考题约占试卷总分值的6%~10%,考查题型主要为单项选择题、多项选择题、判断题、填空题、简答题、论述题、案例分析题等。



## 第五章 课 程

本章考题约占试卷总分值的4%~8%,考查题型主要为单项选择题、多项选择题、判断题、简答题等。

## 第六章 教 学

本章考题约占试卷总分值的8%~12%，考查题型主要为单项选择题、多项选择题、判断题、填空题、辨析题、简答题、论述题、案例分析题等。



## 第七章 德 育

本章考题约占试卷总分值的6%~10%，考查题型主要为单项选择题、多项选择题、判断题、填空题、辨析题、简答题、论述题、案例分析题等。



## 第八章 班级管理与班主任工作

本章考题约占试卷总分值的4%~7%，考查题型主要为单项选择题、多项选择题、判断题、辨析题、简答题、论述题、材料分析题等。



## 第九章 课外活动与三结合教育

本章考题约占试卷总分值的2%~6%，考查题型主要为单项选择题、多项选择题、判断题、简答题等。



## 第十章 教育研究

本章考题约占试卷总分值的2%~5%，考查题型主要为单项选择题、多项选择题、判断题等。

# 第三部分　心理学

## 第一章　心理学概述

本章考题约占试卷总分值的2%～6%，考查题型主要为单项选择题、多项选择题、判断题、辨析题等。



## 第二章　认知过程

本章考题约占试卷总分值的3%～8%，考查题型主要为单项选择题、多项选择题、判断题、辨析题、简答题、论述题等。



## 第三章　情绪情感和意志过程

本章考题约占试卷总分值的3%～7%，考查题型主要为单项选择题、多项选择题、判断题、论述题等。



## 第四章　个性心理

本章考题约占试卷总分值的4%～10%，考查题型主要为单项选择题、多项选择题、判断题、简答题、案例分析题等。



# 第四部分　教育心理学

## 第一章　教育心理学概述

本章考题约占试卷总分值的2%～5%，考查题型主要为单项选择题、多项选择题、判断题等。

# 第五部分　新课程改革



# 第六部分　教师职业道德



# 第七部分　教育法律法规

# 第九部分　教育活动设计与教育写作



# 第十部分　公共基础知识

# 索引

## 核心考点索引

## 专家微课视频索引

（扫描正文中下列知识点处的二维码，即可获取专家微课视频）

# 特岗教师招聘考试
# 考情分析与解读

## 考情分析

特岗教师招聘考试一般由各省自行组织，依据教育部办公厅、财政部办公厅发布的《关于做好2022年农村义务教育阶段学校教师特设岗位计划实施工作的通知》，“一次性招考未完成计划的省份，可以按规定依次递补录用或者调剂计划组织二次招考”。因此除全省统一组织的考试外，部分地区会按需组织二次招考。

特岗教师招聘一般采取“笔试+面试”的考查方式，笔试一般不指定参考书目和考试大纲，主要考察应聘人员从教的基本素质和分析问题、解决问题等的能力。在笔试内容方面，各地的考查内容有所不同，但教育学、心理学、教育心理学、新课程改革、教师职业道德、教育政策法规等属于大部分地区的必考内容。在题型方面，各地也略有差异，主要涉及单选、多选、判断、填空、名词解释、辨析（判断简析）、简答、论述、案例分析（材料分析）、教育活动设计、教育写作等。

注：以上信息根据各省特岗考试历年考情整理，仅供参考。具体信息考生需以报考地区的考试公告为准。

## 内容解读

### 一、教育动态追踪

本部分内容依据我国教育领域最新的发展动态与近几年特岗教师招聘考试的考情编写。内容涉及习近平关于教育的重要论述、党的“二十大”报告中相关教育热点，以及我国发布的一些重要的教育政策文件。考生可结合附赠的《教师招聘考试·教育政策法规》一书进行全面复习。

### 二、教育学

在特岗教师招聘考试中，本部分知识侧重于对教育教学的基本概念和基本方法的考查。考生在识记和理解这些知识的同时，要能够运用相关理论知识去解读教育教学实践中的具体问题，能够树立符合时代发展、社会发展以及人的发展的教育教学观，并在此基础上提出正确而合理的解决方法和策略。本部分的知识框架如下：

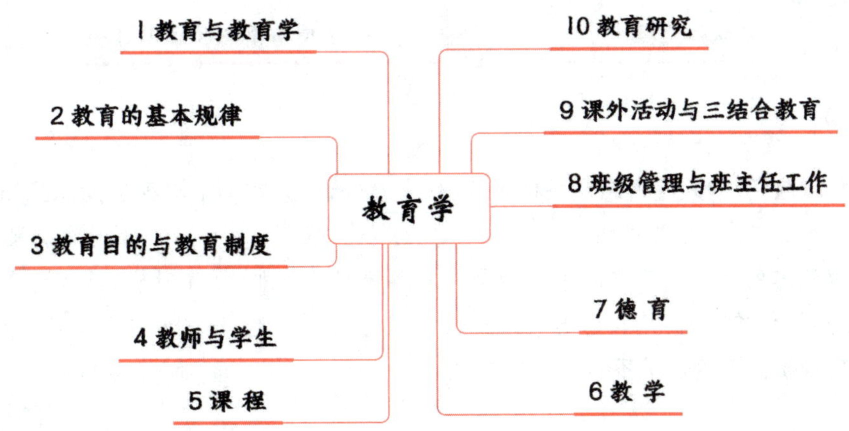

## 真题示例

1. [2022贵州，单选]在课程设计中，课程目标为“听故事，谈谈自己的想法，并用自己喜欢的方式表达对故事的感受”，这属于（　　）

A. 生成性目标　　B. 行为性目标

C. 表现性目标　　D. 普遍性目标

解析：本题考查课程目标取向的分类。课程目标取向的分类包括：(1)普遍性目标取向；(2)行为目标取向；(3)生成性目标取向；(4)表现性目标取向。其中，表现性目标是指在教育情境的种种际遇中每一学生个性化的创造性表现。表现性目标实际上就是指人们在从事某种活动结束时有意或无意得到的结果，它是“课程活动的结果”。如：参观动物园并讨论那里有趣的事情；观赏花，谈谈自己的发现；听《七个小矮人》的故事，谈谈自己的感受，并用自己喜欢的方式表达对故事的感受；知道水的用途和重要性，能节约用水等。故本题选C项。

答案：C

2. [2022江西，多选]解决班级管理中存在的问题的主要策略包括（　　）

A. 以满足学生的发展为目的　　B. 确定学生在班级中的主体地位

C. 对违纪学生采用轻微的经济处罚　　D. 实行班干部轮换制

解析：本题考查解决班级管理中存在的问题的主要策略。解决班级管理中存在的问题的主要策略包括：(1)以满足学生的发展为目的。学生的发展是班级管理的核心。班级管理的实质就是让学生的潜能得到尽可能的开发。(2)确立学生在班级中的主体地位。(3)有目的地训练学生自我管理班级的能力。要实行班级干部的轮流执政制，让每个学生都有锻炼机会，并学会与人合作。故选ABD三项。

答案：ABD

### 三、心理学

在特岗教师招聘考试中，本部分知识侧重于对各种心理现象的考查，具体包括心理学的产生和发展、各种心理现象的特点、规律及学生的发展状况。考生应在熟练、准确掌握这些基础知识的同时，结合生活实际以及历年真题灵活把握，并总结出自己的做题方法。本部分的知识框架如下：

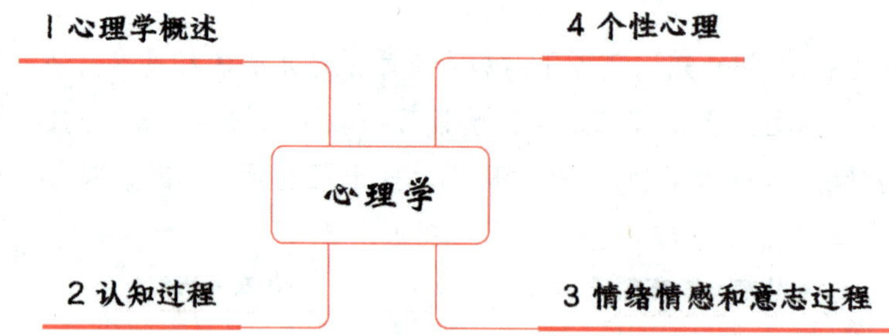


## 真题示例

1. [2022陕西，单选]有的人遇事总是举棋不定、优柔寡断，这说明他们缺乏的意志品质是（　　）

A. 坚韧性　　B. 果断性　　C. 持久性　　D. 自制性

解析：本题考查意志的品质。意志的果断性是一种善于辨明是非、抓住时机、迅速而合理地采取决定并执行决定的意志品质。“优柔寡断”是与意志的果断性相反的意志品质，表现为在做决定时顾虑重重、犹豫不决，一直处于动机斗争状态而迟迟做不出决定。

答案：B

2.［2022河北，辨析］注意转移等于注意分散。

参考答案：(1)这种说法是错误的。(2)注意的转移是根据新的任务，主动地把注意从一个对象转移到另一个对象或由一种活动转移到另一种活动的现象。注意的分散，也叫分心，是指注意离开了当前应当完成的任务而被无关的事物所吸引。因此，题干中的说法是错误的。

## 四、教育心理学

在特岗教师招聘考试中，对于教育心理学部分的考查要求考生重点掌握教育心理学的产生和发展、学生心理发展及个别差异、学习理论、学习心理、教学心理以及心理健康与教师职业心理等内容。考生应能全面且系统地掌握基本概念及基本理论，并能够将其应用于教学实际，指导今后的教育教学活动。本部分的知识框架如下：

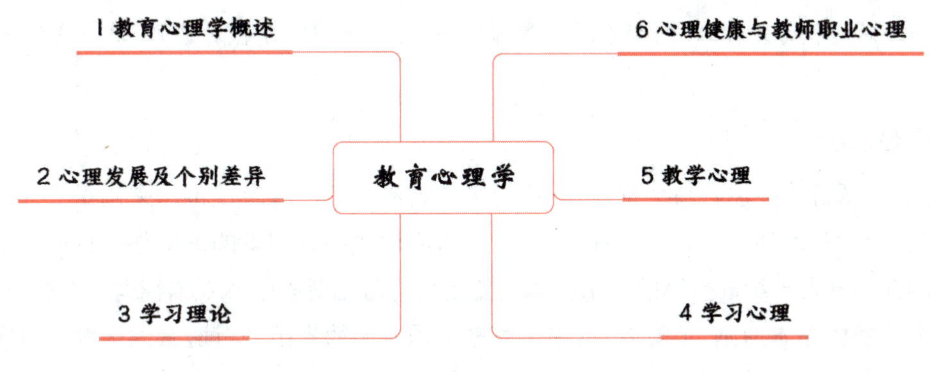


### 真题示例 »

1.［2022湖北，单选］下列例子中，属于元认知策略的是（　　）

A. 学生考试之后能准确预测出自己的分数

B. 学生在考试时会监视自己的速度和时间

C. 学生在考试后与同学沟通交流解答思路

D. 学生在考试前选择安静的地方背诵课文

解析：本题考查元认知策略。学习的元认知策略是指学生对自己整个学习过程的有效监视及控制的策略。元认知策略大致可分为计划策略、监控策略和调节策略三种。其中监控策略包括阅读时对注意加以跟踪和对材料进行自我提问、考试时监视自己的速度和时间等。

答案：B

2.［2022陕西，多选］程序教学的基本原则包括（　　）

A. 积极反应原则　　B. 小步子原则

C. 及时反馈原则　　D. 自定步调原则

解析：本题考查程序教学的原则。程序教学的原则包括：(1)小步子原则；(2)积极反应原则；(3)自定步调原则；(4)及时反馈原则；(5)低错误率原则。

答案：ABCD

## 五、新课程改革

我国第八次基础教育课程改革启动于1999年，其精神已深入到教育教学的各个领域。因而本部分知识在教育实践中显得尤为重要。我们将新课程改革部分的知识分为三章进行讲解，内容涉及新课程改革的提出与背景、目标与理念，以及教育实践领域中的各种变革，如教师角色、教学行为的转变，教学观、学习方式的转变等。本部分知识与教育学部分第四章、第五章和第六章的内容有一定的联系，考生可将其与教育学部分的相关内容结合起来复习。

**真题示例》**

[2021辽宁沈阳，单选]新课程改革强调要改变课程管理过于集中的状况，实行（　　）

A. 国家、地方、校长三级管理　　B. 国家、地方、教师三级管理

C. 国家、校长、教师三级管理　　D. 国家、地方、学校三级管理

解析：本题考查我国的课程管理政策。2001年颁布的《基础教育课程改革纲要（试行）》明确规定实行国家、地方和学校三级课程管理体制。这样做是为了改变我国原有课程管理过于集中的状况，通过确立地方和学校参与课程改革的权力主体地位，完善课程管理体系，进一步增强课程对地方、学校及学生的适应性。

答案：D

## 六、教师职业道德

近年来，师德问题备受关注。与之相对，一些地区的特岗教师招聘考试也越来越重视对本部分知识的考查，不但考查考生对基本知识的识记情况，还会考查考生对本部分知识的理解与运用能力。我们将教师职业道德部分的知识分为三章进行讲解。第一章主要是引导考生对教师职业道德有一个整体的认识，第二章介绍教师职业道德的基本原则、范畴以及《中小学教师职业道德规范》解读，最后一章是对实践领域的指导。在本部分中，2008年修订的《中小学教师职业道德规范》尤为重要。

**真题示例》**

[2022河南，案例分析]“出彩河南人”2021最美教师——元建周。元建周是河南省首批特岗教师，他扎根乡村，潜心教育十余年，诠释了一名教师对人民教育事业的忠诚。他生活节俭，从微薄的工资中拿出一部分来接济贫困学生，不让一个学生辍学，被学生亲切地称为元大哥。他利用业余时间不断充电，2015年取得教育硕士专业学位。他教育学生懂得感恩、美言善行，有的学生成才后，已经开始捐助社会困难群体。他先后被评为安阳市优秀教师、优秀班主任等。新华社以《太行深处最情牵》为题对他的事迹进行了报道。

请结合材料，运用教师职业道德相关知识对该案例进行分析。

参考答案：案例中，元建周老师的行为体现了爱岗敬业、关爱学生、教书育人、为人师表、终身学习的教师职业道德规范。

（1）元建周老师的行为体现了爱岗敬业的师德规范。爱岗敬业的师德规范要求教师忠诚于人民教育事业，志存高远，勤恳敬业，甘为人梯，乐于奉献。元建周扎根乡村，潜心教育十余年，诠释了一名教师对人民教育事业的忠诚。

（2）元建周老师的行为体现了关爱学生的师德规范。关爱学生的师德规范要求教师关心爱护全体学生，尊重学生人格，平等公正对待学生；对学生严慈相济，做学生良师益友。元建周老师用自己的工资接济贫困学生，不让一个学生辍学，被学生亲切地称为元大哥。这些都体现了他对学生深切的关爱。

（3）元建周老师的行为体现了教书育人的师德规范。教书育人的师德规范要求教师遵循教育规律，实施素质教育；培养学生良好品行，激发学生创新精神，促进学生全面发展。元建周老师不仅教给学生知识，还教育学生懂得感恩、美言善行，有利于促进学生的全面发展。

（4）元建周老师的行为体现了为人师表的师德规范。为人师表的师德规范要求教师坚守高尚情操，知

荣明耻，严于律己，以身作则。元建周老师接济贫困学生的行为为学生们树立了良好的榜样，他的学生在成才后开始捐助社会困难群体，表明元建周老师做到了为人师表。

(5)元建周老师的行为体现了终身学习的师德规范。终身学习的师德规范要求教师崇尚科学精神，树立终身学习理念，拓宽知识视野，更新知识结构；潜心钻研业务，勇于探索创新，不断提高专业素养和教育教学水平。元建周老师在业余时间不断充电，取得教育硕士专业学位，体现了他坚持终身学习。

## 七、教育政策法规解读

依法执教是依法治国方略在教育系统中的具体体现，因此，一名合格教师必须掌握一定的教育法律法规知识。考生在宏观上掌握教育法律法规的同时，也要对各项具体的法条进行识记，如此方能为顺利通过考试打下坚实的基础。

### 真题示例 »

1. [2022重庆，单选]下列选项中，属于《教师法》规定的教师义务的是(　　)

A. 参与学校的民主管理　　B. 指导学生的学习和发展

C. 抵制有害于学生健康成长的现象　　D. 评定学生的品行和学业成绩

解析：本题考查教师的义务。根据《中华人民共和国教师法》第八条规定，教师应当履行下列义务：(1)遵守宪法、法律和职业道德，为人师表；(2)贯彻国家的教育方针，遵守规章制度，执行学校的教学计划，履行教师聘约，完成教育教学工作任务；(3)对学生进行宪法所确定的基本原则的教育和爱国主义、民族团结的教育，法制教育以及思想品德、文化、科学技术教育，组织、带领学生开展有益的社会活动；(4)关心、爱护全体学生，尊重学生人格，促进学生在品德、智力、体质等方面全面发展；(5)制止有害于学生的行为或者其他侵犯学生合法权益的行为，批评和抵制有害于学生健康成长的现象；(6)不断提高思想政治觉悟和教育教学业务水平。

答案：C

2. [2022四川，简答]简述教育法规的主要社会职能。

参考答案：(1)促进和保障国家教育事业健康发展；(2)保证全面贯彻教育方针；(3)协调教育内外关系；(4)确认并保障公民的教育权利和义务。

## 八、教育教学技能

教育教学技能是教师必备的职业技能，也是教师传输教学信息、完成教学任务的基本保证。因此，对于本部分知识，考生不但要识记和理解教学技能的基础概念和实施要求，更要能够运用到教育教学实践领域中去。本部分知识与教育学、教育心理学这两部分内容联系密切，考生可将其结合起来进行复习。

### 真题示例 »

[2022内蒙古，单选]教学设计的首要环节是(　　)

A. 教学内容分析　　B. 教学媒体选择

C. 教学目标的确定　　D. 学习需要分析

解析：本题考查教学设计的首要环节。一般认为，教学设计是运用系统方法，将学习理论与教学理论的原理转换成对教学目标(或教学目的)、教学条件、教学方法、教学评价等教学环节进行具体计划的系统化过程。其中，教学目标的制定是教学设计的首要环节。

答案：C

## 九、教育活动设计与教育写作

本部分内容的编排注重理论与实践的结合，在讲解理论知识的同时，注重答题策略的讲解，应试性强。我们将这一部分的知识分为两章进行讲解：第一章主要介绍了教育活动设计的相关知识；第二章主要介绍了教育写作的相关内容。对于本部分内容，考生可依据报考地区的考情有选择性地进行复习。

## 十、公共基础知识

本部分主要介绍了马克思主义哲学、习近平新时代中国特色社会主义思想、经济常识、人文常识、中外科技成就、生活常识等基础知识。人民教师应当具有渊博的知识和开阔的视野，因此，考生应积极主动地学习本部分内容，为将来成为一名国家信赖、学生信服的人民教师奠定知识基础。

### 真题示例»

[2022黑龙江，判断]天干地支，简称“干支”，甲、乙、丙、丁、戊、己、庚、辛、壬、癸被称为“十天干”。(　　)

解析：本题考查天文历法。天干地支，简称“干支”。在中国古代的历法中，甲、乙、丙、丁、戊、己、庚、辛、壬、癸被称为“十天干”，子、丑、寅、卯、辰、巳、午、未、申、酉、戌、亥被称为“十二地支”。

答案：√

# 备考策略

在考生备考期间，时间是最宝贵的，因此合理安排复习时间和复习内容，不仅能使复习事半功倍，还能收到很好的复习效果。所以建议考生在备考时注意运用以下策略：

## 一、搜集信息，掌握考情

无论参加什么考试，掌握考情都是非常关键的一步。对于参加特岗教师招聘考试的考生来说，这一步更是至关重要。通过研究报考地区的招聘简章或公告，考生可以清楚地知道什么时候考、考什么、怎么考。

## 二、制订计划，科学备考

为了帮助考生高效地使用备考图书，顺利通过考试，我们提供了以下复习建议，考生可根据自己的学习时间、学习进度，科学合理地制订适合自己的复习计划。

考生在制订备考计划时要注意结合自身的实际来合理安排时间，尤其是面临毕业的在校生和已经工作的在职人员的复习备考时间比较紧张，更要根据学习内容合理利用时间。一般来说，整体复习规划精确到月份就可以了，不要过于细致。进一步的安排由阶段复习计划和单科复习计划来完成，详细列出每周的复习任务和进度。最后制订相应的日计划。

## 三、调整心态，积极赴考

在备考过程中，考生要调整好自己的心态，既要有一定的压力，又不能有太沉重的心理负担。面对目标，信心百倍，人生能有几回搏？面对成绩，心胸豁达，条条大路通罗马。在复习备考中，既要苦下功夫，又要讲究方式方法。

最后，送给大家一句话：“临渊羡鱼，不如退而结网。”预祝大家都取得理想的成绩！

# 第一部分

# 教育动态追踪

# 内容导学

本部分内容共分为两章。

第一章主要介绍了2013年至2022年习近平总书记在一些重要会议、考察、座谈会中关于我国教育工作的重要论述以及“二十大”教育热点，考查题型包括单项选择题、多项选择题、判断题、填空题等。

第二章选取了现阶段我国教育工作中的一些重要的政策文件，通过节选各个文件中的重要内容，帮助考生快速了解现阶段我国学校教育工作的重点与发展方向。

考生要重点掌握第一章第一节和第二章的内容。在备考时，应结合历年真题与自身实际，有针对性地复习。

思维导图

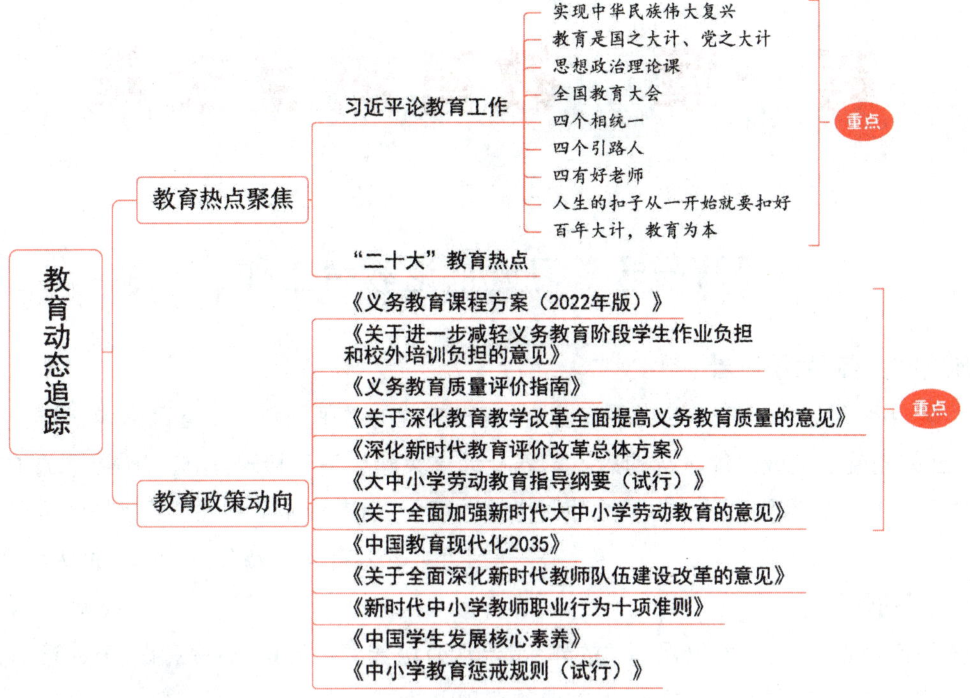


## 考向分析

本部分是特岗教师招聘考试中经常考查的内容，特别在河南、河北、湖北、江西、吉林、辽宁、重庆、陕西、安徽等省份的特岗笔试中会重点考查，并且常以选择题、判断题、填空题等形式考查，要求考生做到了解和掌握相关的政策文件。本部分的考向分析如下：

| 考点名称 | 常考题型 | 能力层级 | 考查热度 |
|---|---|---|---|
| 教育是国之大计、党之大计 | 单选 | 识记 | ★★ |
| 思想政治理论课 | 多选 | 识记 | ★★ |
| 全国教育大会 | 单选、判断、填空 | 识记、理解 | ★★★ |
| 四有好老师 | 单选、多选、填空 | 识记、理解 | ★★★ |
| 百年大计，教育为本 | 填空 | 识记 | ★★ |
| 《义务教育课程方案(2022年版)》 | 单选、判断 | 识记、掌握 | ★★★ |
| 《关于进一步减轻义务教育阶段学生作业负担和校外培训负担的意见》 | 单选 | 识记、理解、掌握 | ★★★ |
| 《关于深化教育教学改革全面提高义务教育质量的意见》 | 单选、多选、判断、案例分析 | 识记、理解、掌握 | ★★★ |
| 《大中小学劳动教育指导纲要(试行)》 | 多选 | 识记、理解 | ★★★ |
| 《中国教育现代化2035》 | 单选、多选 | 识记 | ★★★ |
| 《新时代中小学教师职业行为十项准则》 | 单选 | 识记、理解 | ★★★ |
| 《中小学教育惩戒规则(试行)》 | 单选、判断 | 识记、理解 | ★★★ |

第一部分

核心考点

# 第一章　教育热点聚焦

## 第一节　习近平论教育工作

**1.“经师”和“人师”的统一者**

好的学校特色各不相同，但有一个共同特点，都有一支优秀教师队伍。对教师来说，想把学生培养成什么样的人，自己首先就应该成为什么样的人。培养社会主义建设者和接班人，迫切需要我们的教师既精通专业知识、做好“经师”，又涵养德行、成为“人师”，努力做精于“传道授业解惑”的“经师”和“人师”的统一者。

——习近平2022年4月25日在中国人民大学考察时的讲话

**2.重视“劳”的作用**

要德智体美劳全面发展，不能忽视“劳”的作用，要从小培养劳动意识、环保意识、节约意识，勿以善小而不为，从一点一滴做起，努力成长为党和人民需要的有用之才。

——习近平2022年3月30日在参加首都义务植树活动时的讲话

**3.实现中华民族伟大复兴**　【单选】★

中国共产党一经诞生，就把为中国人民谋幸福、为中华民族谋复兴确立为自己的初心使命。一百年来，中国共产党团结带领中国人民进行的一切奋斗、一切牺牲、一切创造，归结起来就是一个主题：**实现中华民族伟大复兴**。

——习近平2021年7月1日在庆祝中国共产党成立100周年大会上的讲话

真题面对面

[2021河南，单选]习近平总书记在庆祝中国共产党成立100周年大会上指出，一百年来，中国共产党团结带领中国人民进行的一切奋斗、一切牺牲、一切创造，归结起来的一个主题是(　　)

A. 实现中华民族伟大复兴　　B. 全面建设小康社会

C. 带领人民创造美好生活　　D. 构建人类命运共同体

答案：A

**4.减轻中小学生负担**

义务教育最突出的问题之一是中小学生负担太重，短视化、功利化问题没有根本解决。特别是校外培训机构无序发展，“校内减负、校外增负”现象突出。减轻学生负担，根本之策在于全面提高学校教学质量，做到应教尽教，强化学校教育的主阵地作用。要深化教育教学改革，提升课堂教学质量，优化教学方式，全面压减作业总量，降低考试压力。要鼓励支持学校开展各种课后育人活动，满足学生的多样化需求。要加强教师队伍建设，优化教师资源配置，提高教育教学水平，依法保障教师权益和待遇。

——习近平2021年5月21日在中央全面深化改革委员会第十九次会议上的讲话

**5. 教育是国之大计、党之大计**　　【单选】 ★★

要从党和国家事业发展全局的高度，坚守为党育人、为国育才，把**立德树人**融入思想道德教育、文化知识教育、社会实践教育各环节，贯穿基础教育、职业教育、高等教育各领域，体现到学科体系、教学体系、教材体系、管理体系建设各方面，培根铸魂、启智润心。

——习近平2021年3月6日在看望参加全国政协十三届四次会议的医药卫生界、教育界委员时的讲话

**真题面对面**

[2021湖北，单选]2021年3月，习近平总书记在参加全国政协会议时指出，要从党和国家事业发展全局的高度，坚守为党育人、为国育才，把(　　)融入思想道德教育、文化知识教育、社会实践教育各环节，贯穿基础教育、职业教育、高等教育各领域。

A. 爱国教育　　B. 党史教育　　C. 立德树人　　D. 知行合一

答案：C

**6. 政治三力**　　【单选】 ★

要教育引导全党从党史中汲取正反两方面历史经验，坚定不移向党中央看齐，不断提高**政治判断力、政治领悟力、政治执行力**，切实增强"四个意识"、坚定"四个自信"、做到"两个维护"，自觉在思想上政治上行动上同党中央保持高度一致，确保全党上下拧成一股绳，心往一处想、劲往一处使。

——习近平2021年2月20日在党史学习教育动员大会上的讲话

**真题面对面**

[2021湖北，单选]2021年，习近平总书记在党史学习教育动员大会上的讲话中强调"政治三力"。"政治三力"是指(　　)

①政治判断力　②政治学习力　③政治组织力　④政治执行力

⑤政治鉴别力　⑥政治领悟力　⑦政治领导力　⑧政治战斗力

A. ①④⑥　　B. ②③⑤　　C. ③⑥⑦　　D. ④⑥⑧

答案：A

**7. 加强创新人才教育培养**

人才是第一资源。国家科技创新力的根本源泉在于人。十年树木，百年树人。要把教育摆在更加重要位置，全面提高教育质量，注重培养学生创新意识和创新能力。

——习近平2020年9月11日在科学家座谈会上的讲话

**8. 思想政治理论课**　　【多选】 ★★

办好思想政治理论课，最根本的是要全面贯彻党的教育方针，解决好培养什么人、怎样培养人、为谁培养人这个根本问题。

思政课改革要坚持政治性和学理性相统一，坚持价值性和知识性相统一，坚持建设性和批判性相统一，坚持理论性和实践性相统一，坚持统一性和多样性相统一，坚持主导性和主体性相统一，坚持灌输性和启发性相统一，坚持显性教育和隐性教育相统一。

——习近平2019年3月18日在学校思想政治理论课教师座谈会上的讲话

真题面对面

[2019湖北,多选]习近平总书记在学校思想政治理论课教师座谈会上强调,办好思想政治理论课,最根本的是要全面贯彻党的教育方针,解决好(　　)这个根本问题。

A. 培养什么人　　B. 怎样培养人

C. 为谁培养人　　D. 如何培养人

答案:ABC

### 9. 全国教育大会　【单选、判断、填空】 ★★★

在党的坚强领导下,全面贯彻党的教育方针,坚持马克思主义指导地位,坚持中国特色社会主义教育发展道路,坚持社会主义办学方向,立足基本国情,遵循教育规律,坚持改革创新,以凝聚人心、完善人格、开发人力、培育人才、造福人民为工作目标,培养德智体美劳全面发展的社会主义建设者和接班人,加快推进教育现代化、建设教育强国、办好人民满意的教育。

在实践中,我们就教育改革发展提出一系列新理念新思想新观点,主要有以下几个方面,坚持党对教育事业的全面领导,坚持把立德树人作为根本任务,坚持优先发展教育事业,坚持社会主义办学方向,坚持扎根中国大地办教育,坚持以人民为中心发展教育,坚持深化教育改革创新,坚持把服务中华民族伟大复兴作为教育的重要使命,坚持把教师队伍建设作为基础工作。

——习近平2018年9月10日在全国教育大会上的讲话

真题面对面

1. [2022重庆,单选]2018年全国教育大会上,习近平同志发表重要讲话指出,教育要培养(　　)

A. 德智体等方面全面发展的社会主义建设者和接班人

B. 德智体美全面发展的社会主义建设者和接班人

C. 德智体美等方面全面发展的社会主义建设者和接班人

D. 德智体美劳全面发展的社会主义建设者和接班人

2. [2021吉林,判断]习近平总书记在全国教育大会上强调,要坚持把服务中华民族伟大复兴作为教育的重要使命。(　　)

3. [2021河北,填空]习近平总书记说:加快推进教育现代化、建设教育强国、办好________的教育。

答案:1. D　2. √　3. 人民满意

### 10. 四个相统一　【多选】 ★

教师是人类灵魂的工程师,承担着神圣使命。传道者自己首先要明道、信道。高校教师要坚持教育者先受教育,努力成为先进思想文化的传播者、党执政的坚定支持者,更好担起学生健康成长指导者和引路人的责任。要加强师德师风建设,坚持教书和育人相统一,坚持言传和身教相统一,坚持潜心问道和关注社会相统一,坚持学术自由和学术规范相统一,引导广大教师以德立身、以德立学、以德施教。

——习近平2016年12月7日至8日在全国高校思想政治工作会议上的讲话

### 11. 四个引路人　【单选】 ★

教育决定着人类的今天,也决定着人类的未来。基础教育在国民教育体系中处于基础性、先导性地位,必须把握好定位,全面贯彻落实党的教育方针,从多方面采取措施,努力把我国基础教育越办越好。广大教

师要做学生锤炼品格的引路人，做学生学习知识的引路人，做学生创新思维的引路人，做学生奉献祖国的引路人。

——习近平2016年9月9日在北京市八一学校考察时的讲话



真题面对面

[2021陕西，单选]习近平总书记强调，广大教师要做学生锤炼品格的引路人，做学生学习知识的引路人，做学生创新思维的引路人，做学生(　　)的引路人。

A. 奉献祖国　　B. 实践创新

C. 学会生活　　D. 学会做人

答案：A

**12. 优秀传统文化**　【填空】★

不忘历史才能开辟未来，善于继承才能善于创新。**优秀传统文化**是一个国家、一个民族传承和发展的根本，如果丢掉了，就割断了精神命脉。我们要善于把弘扬优秀传统文化和发展现实文化有机统一起来，紧密结合起来，在继承中发展，在发展中继承。

——习近平2014年9月24日在纪念孔子诞辰2565周年国际学术研讨会暨国际儒学联合会第五届会员大会开幕会上的讲话

真题面对面

[2022河北，填空]习近平指出：优秀________是一个国家、一个民族传承和发展的根本，如果丢掉了，就割断了精神命脉。

答案：传统文化

**13. 四有好老师**　【单选、多选、填空】★★★

"两个一百年"奋斗目标的实现、中华民族伟大复兴中国梦的实现，归根到底靠人才、靠教育。

教师重要，就在于教师的工作是塑造灵魂、塑造生命、塑造人的工作。一个人遇到好老师是人生的幸运，一个学校拥有好老师是学校的光荣，一个民族源源不断涌现出一批又一批好老师则是民族的希望。国家繁荣、民族振兴、教育发展，需要我们大力培养造就一支师德高尚、业务精湛、结构合理、充满活力的高素质专业化教师队伍，需要涌现一大批好老师。

那么，怎样才能成为好老师呢？今天，我想就这个问题同大家做个交流。

第一，**做好老师，要有理想信念**。我们的教育是为人民服务、为中国特色社会主义服务、为改革开放和社会主义现代化建设服务的，党和人民需要培养的是社会主义事业建设者和接班人。好老师的理想信念应该以这一要求为基准。广大教师要始终同党和人民站在一起，自觉做中国特色社会主义的坚定信仰者和忠实实践者，忠诚于党和人民的教育事业，自觉把党的教育方针贯彻到教学管理工作全过程，严肃认真对待自己的职责。

第二，**做好老师，要有道德情操**。好老师的道德情操最终要体现到对所从事职业的忠诚和热爱上来。

第三，**做好老师，要有扎实学识**。扎实的知识功底、过硬的教学能力、勤勉的教学态度、科学的教学方法是老师的基本素质，其中知识是根本基础。好老师还应该是智慧型的老师，具备学习、处世、生活、育人的智慧，既授人以鱼，又授人以渔，能够在各个方面给学生以帮助和指导。

第四，做好老师，要有仁爱之心。教育是一门“仁而爱人”的事业，爱是教育的灵魂，没有爱就没有教育。

——习近平2014年9月9日同北京师范大学师生代表座谈时的讲话



真题面对面

1.［2022山西，单选］习近平总书记说：“广大教师要始终同党和人民站在一起，自觉做中国特色社会主义的坚定信仰者和忠实实践者，忠诚于党和人民的教育事业，自觉把党的教育方针贯彻到教学管理工作全过程，严肃认真对待自己的职责。”这指出做“好老师”要有（　　）

A. 仁爱之心　　B. 扎实学识　　C. 道德情操　　D. 理想信念

2.［2021辽宁沈阳，多选］教师队伍承载着国家的希望、民族的未来。习近平总书记提出的（　　）的“四有好老师”标准是教师的立身之本和立业之基。如果没有这个基础导向，教师职业发展就会成为无源之水、无本之木。

A. 有理想信念　　B. 有道德情操　　C. 有扎实学识　　D. 有仁爱之心

3.［2021河北，填空］中华民族伟大复兴中国梦的实现，归根到底靠人才、靠________。

答案：1. D　2. ABCD　3. 教育

**14. 人生的扣子从一开始就要扣好**　【判断】★★

青年的价值取向决定了未来整个社会的价值取向，而青年又处在价值观形成和确立的时期，抓好这一时期的价值观养成十分重要。这就像穿衣服扣扣子一样，如果第一粒扣子扣错了，剩余的扣子都会扣错。人生的扣子从一开始就要扣好。

——习近平2014年5月4日在北京大学师生座谈会上的讲话

真题面对面

［2022河南，判断］“人生的扣子从一开始就要扣好”，强调的是价值观教育。（　　）

答案：√

**15. 百年大计，教育为本**　【填空】★★

百年大计，教育为本。教育是人类传承文明和知识、培养年轻一代、创造美好生活的根本途径。

——习近平2013年9月25日在联合国“教育第一”全球倡议行动一周年纪念活动上发表的视频贺词

真题面对面

［2022河北，填空］习近平指出，________是人类传承文明和知识、培养年轻一代、创造美好生活的根本途径。

答案：教育

## 第二节　“二十大”教育热点

党的二十大的主题是：高举中国特色社会主义伟大旗帜，全面贯彻新时代中国特色社会主义思想，弘扬伟大建党精神，自信自强、守正创新，踔厉奋发、勇毅前行，为全面建设社会主义现代化国家、全面推进中华民族伟大复兴而团结奋斗。

## 一、实施科教兴国战略，强化现代化建设人才支撑

**原文：**“教育、科技、人才是全面建设社会主义现代化国家的基础性、战略性支撑。必须坚持科技是第一生产力、人才是第一资源、创新是第一动力，深入实施科教兴国战略、人才强国战略、创新驱动发展战略，开辟发展新领域新赛道，不断塑造发展新动能新优势。”

**解读：**党的二十大报告第一次把科教兴国战略、人才强国战略、创新驱动发展战略三大战略摆放在一起。这一新的摆布，既坚持了教育、科技、人才是全面建设社会主义现代化国家的基础性、战略性支撑，又强调了三者之间的有机联系，通过协同配合、系统集成，共同塑造发展的新动能新优势。这三大战略共同服务于创新型国家的建设：

(1)要坚持教育优先发展。全面贯彻党的教育方针，落实立德树人的根本任务，培养德智体美劳全面发展的社会主义建设者和接班人。坚持以人民为中心发展教育，加快建设高质量教育体系，促进教育公平，促进人的全面发展，提高国民整体素质。

(2)坚持创新驱动。健全新型举国体制，加强基础研究，推进关键核心技术攻关和自主创新，完善科技创新体系，加快实现高水平科技自立自强。

(3)坚持人才是第一资源。完善人才战略布局，加快建设国家战略人才力量，深化人才发展体制机制改革，培养造就大批德才兼备的高素质人才，聚天下英才而用之。

### 要点 1 办好人民满意的教育

**原文：**“我们要办好人民满意的教育，全面贯彻党的教育方针，落实立德树人根本任务，培养德智体美劳全面发展的社会主义建设者和接班人，加快建设高质量教育体系，发展素质教育，促进教育公平。”

**举措：**(1)坚持以人民为中心发展教育，加快建设高质量教育体系，发展素质教育，促进教育公平；

(2)加快义务教育优质均衡发展和城乡一体化，优化区域教育资源配置，强化学前教育、特殊教育普惠发展，坚持高中阶段学校多样化发展，完善覆盖全学段学生资助体系；

(3)深化教育领域综合改革，加强教材建设和管理，完善学校管理和教育评价体系，健全学校家庭社会育人机制。加强师德师风建设，培养高素质教师队伍，弘扬尊师重教社会风尚。

### 要点 2 完善科技创新体系

**原文：**“完善科技创新体系，坚持创新在我国现代化建设全局中的核心地位，健全新型举国体制，强化国家战略科技力量，提升国家创新体系整体效能，形成具有全球竞争力的开放创新生态。”

**举措：**(1)完善党中央对科技工作统一领导的体制，健全新型举国体制，强化国家战略科技力量，优化配置创新资源，加强科技基础能力建设，强化科技战略咨询，提升国家创新体系整体效能；

(2)深化科技体制改革，深化科技评价改革，加大多元化科技投入，加强知识产权法治保障，形成支持全面创新的基础制度；

(3)培育创新文化，弘扬科学家精神，涵养优良学风，营造创新氛围。

### 要点 3 加快实施创新驱动发展战略

**原文：**“加快实施创新驱动发展战略，加快实现高水平科技自立自强，以国家战略需求为导向，集聚力量进行原创性引领性科技攻关，坚决打赢关键核心技术攻坚战，加快实施一批具有战略性全局性前瞻性的国家重大科技项目，增强自主创新能力。”

**举措：**(1)加快实现高水平科技自立自强；

(2)以国家战略需求为导向，集聚力量进行原创性引领性科技攻关，坚决打赢关键核心技术攻坚战；

(3)加快实施一批具有战略性全局性前瞻性的国家重大科技项目,增强自主创新能力。加强基础研究,突出原创,鼓励自由探索。



### 要点4 深入实施人才强国战略

**原文:**“深入实施人才强国战略,坚持尊重劳动、尊重知识、尊重人才、尊重创造,完善人才战略布局,加快建设世界重要人才中心和创新高地,着力形成人才国际竞争的比较优势,把各方面优秀人才集聚到党和人民事业中来。”

**举措:**(1)坚持尊重劳动、尊重知识、尊重人才、尊重创造,实施更加积极、更加开放、更加有效的人才政策,引导广大人才爱党报国、敬业奉献、服务人民;

(2)完善人才战略布局,坚持各方面人才一起抓,建设规模宏大、结构合理、素质优良的人才队伍;

(3)深化人才发展体制机制改革,真心爱才、悉心育才、倾心引才、精心用才,求贤若渴,不拘一格,把各方面优秀人才集聚到党和人民事业中来。

## 二、推进文化自信自强,铸就社会主义文化新辉煌

### 要点1 广泛践行社会主义核心价值观

**原文:**“广泛践行社会主义核心价值观,弘扬以伟大建党精神为源头的中国共产党人精神谱系,深入开展社会主义核心价值观宣传教育,深化爱国主义、集体主义、社会主义教育,着力培养担当民族复兴大任的时代新人。”

**举措:**(1)弘扬以伟大建党精神为源头的中国共产党人精神谱系,用好红色资源,深入开展社会主义核心价值观宣传教育,深化爱国主义、集体主义、社会主义教育,着力培养担当民族复兴大任的时代新人;

(2)用社会主义核心价值观铸魂育人,完善思想政治工作体系,推进大中小学思想政治教育一体化建设。坚持依法治国和以德治国相结合,把社会主义核心价值观融入法治建设、融入社会发展、融入日常生活。

### 要点2 提高全社会文明程度

**原文:**“提高全社会文明程度,实施公民道德建设工程,弘扬中华传统美德,加强家庭家教家风建设,推动明大德、守公德、严私德,提高人民道德水准和文明素养,在全社会弘扬劳动精神、奋斗精神、奉献精神、创造精神、勤俭节约精神。”

**举措:**(1)实施公民道德建设工程,弘扬中华传统美德,加强家庭家教家风建设,加强和改进未成年人思想道德建设,推动明大德、守公德、严私德,提高人民道德水准和文明素养;

(2)统筹推动文明培育、文明实践、文明创建,推进城乡精神文明建设融合发展,在全社会弘扬劳动精神、奋斗精神、奉献精神、创造精神、勤俭节约精神,培育时代新风新貌。

# 第二章　教育政策动向

## 第一节　《义务教育课程方案(2022年版)》

义务教育课程方案(2022年版)(节选)

习近平总书记多次强调,课程教材要发挥培根铸魂、启智增慧的作用,必须坚持马克思主义的指导地位,体现马克思主义中国化最新成果,体现中国和中华民族风格,体现党和国家对教育的基本要求,体现国家和民族基本价值观,体现人类文化知识积累和创新成果。

义务教育课程规定了教育目标、教育内容和教学基本要求,体现国家意志,在立德树人中发挥着关键作用。

### 一、培养目标　【单选、判断】★★★

义务教育要在坚定理想信念、厚植爱国主义情怀、加强品德修养、增长知识见识、培养奋斗精神、增强综合素质上下功夫,使学生**有理想、有本领、有担当**,培养德智体美劳全面发展的社会主义建设者和接班人。

真题面对面

1.[2022山西,单选]《义务教育课程方案(2022年版)》指出:义务教育要在坚定理想信念、厚植爱国主义情怀、加强品德修养、增长知识见识、培养奋斗精神、增强综合素质上下功夫,使学生(　　)

A. 有信念、有本领、有责任　　B. 有理想、有本领、有担当

C. 有信念、有知识、有担当　　D. 有理想、有知识、有责任

2.[2022河南,判断]2022年3月,教育部印发的《义务教育课程方案和课程标准(2022年版)》从有理想、有本领、有担当三个方面,明确义务教育阶段时代新人培养的具体要求。(　　)

答案:1. B　2. √

### 二、基本原则

为落实培养目标,义务教育课程应遵循以下基本原则:(1)坚持全面发展,育人为本;(2)面向全体学生,因材施教;(3)聚焦核心素养,面向未来;(4)加强课程综合,注重关联;(5)变革育人方式,突出实践。

### 三、课程设置

**1. 课程类别**

义务教育课程包括国家课程、地方课程和校本课程三类。以国家课程为主体,奠定共同基础;以地方课程和校本课程为拓展补充,兼顾差异。

国家课程由国务院教育行政部门统一组织开发、设置。所有学生必须按规定修习。

地方课程由省级教育行政部门统筹规划,确定开发主体。充分利用地方特色教育资源,注重用好中华优秀传统文化资源和红色资源,强化实践性、体验性、选择性,促进学生认识家乡,涵养家国情怀,铸牢中华

第一部分

民族共同体意识。校本课程由学校组织开发，立足学校办学传统和目标，发挥特色教育教学资源优势，以多种课程形态服务学生个性化学习需求。校本课程原则上由学生自主选择。

**2. 科目设置**

义务教育课程九年一贯设置，按“六三”学制或“五四”学制安排。

国家课程设置道德与法治、语文、数学、外语(英语、日语、俄语)、历史、地理、科学、物理、化学、生物学、信息科技、体育与健康、艺术、劳动、综合实践活动等。

**3. 教学时间**

每学年共39周。一至八年级新授课时间35周，复习考试时间2周，学校机动时间2周；九年级新授课时间33周，第一学期复习考试时间1周，第二学期毕业复习考试时间3周，学校机动时间2周。学校机动时间可用于集中安排劳动、科技文体活动等。

## 第二节 《关于进一步减轻义务教育阶段学生作业负担和校外培训负担的意见》

关于进一步减轻义务教育阶段学生作业负担和校外培训负担的意见(节选)

为深入贯彻党的十九大和十九届五中全会精神，切实提升学校育人水平，持续规范校外培训(包括线上培训和线下培训)，有效减轻义务教育阶段学生过重作业负担和校外培训负担(以下简称“双减”)，现提出如下意见。

### 一、总体要求

1. 指导思想。坚持以习近平新时代中国特色社会主义思想为指导，全面贯彻党的教育方针，落实立德树人根本任务，着眼建设高质量教育体系，强化学校教育主阵地作用，深化校外培训机构治理，坚决防止侵害群众利益行为，构建教育良好生态，有效缓解家长焦虑情绪，促进学生全面发展、健康成长。

2. 工作原则。坚持学生为本、回应关切，遵循教育规律，着眼学生身心健康成长，保障学生休息权利，整体提升学校教育教学质量，积极回应社会关切与期盼，减轻家长负担；坚持依法治理、标本兼治，严格执行义务教育法、未成年人保护法等法律规定，加强源头治理、系统治理、综合治理；坚持政府主导、多方联动，强化政府统筹，落实部门职责，发挥学校主体作用，健全保障政策，明确家校社协同责任；坚持统筹推进、稳步实施，全面落实国家关于减轻学生过重学业负担有关规定，对重点难点问题先行试点，积极推广典型经验，确保“双减”工作平稳有序。

3. 工作目标。学校教育教学质量和服务水平进一步提升，作业布置更加科学合理，学校课后服务基本满足学生需要，学生学习更好回归校园，校外培训机构培训行为全面规范。学生过重作业负担和校外培训负担、家庭教育支出和家长相应精力负担1年内有效减轻、3年内成效显著，人民群众教育满意度明显提升。

### 二、全面压减作业总量和时长，减轻学生过重作业负担 【单选】★★★

4. 健全作业管理机制。学校要完善作业管理办法，加强学科组、年级组作业统筹，合理调控作业结构，确保难度不超国家课标。建立作业校内公示制度，加强质量监督。严禁给家长布置或变相布置作业，严禁要求家长检查、批改作业。

5. 分类明确作业总量。学校要确保小学一、二年级不布置家庭书面作业，可在校内适当安排巩固练习;小学三至六年级书面作业平均完成时间不超过60分钟,初中书面作业平均完成时间不超过90分钟。

6. 提高作业设计质量。发挥作业诊断、巩固、学情分析等功能,将作业设计纳入教研体系,系统设计符合年龄特点和学习规律、体现素质教育导向的基础性作业。鼓励布置分层、弹性和个性化作业,坚决克服机械、无效作业,杜绝重复性、惩罚性作业。

7. 加强作业完成指导。教师要指导小学生在校内基本完成书面作业,初中生在校内完成大部分书面作业。教师要认真批改作业,及时做好反馈,加强面批讲解,认真分析学情,做好答疑辅导。不得要求学生自批自改作业。

8. 科学利用课余时间。学校和家长要引导学生放学回家后完成剩余书面作业,进行必要的课业学习,从事力所能及的家务劳动,开展适宜的体育锻炼,开展阅读和文艺活动。个别学生经努力仍完不成书面作业的,也应按时就寝。引导学生合理使用电子产品,控制使用时长,保护视力健康,防止网络沉迷。家长要积极与孩子沟通,关注孩子心理情绪,帮助其养成良好学习生活习惯。寄宿制学校要统筹安排好课余学习生活。

真题面对面

1. [2022重庆,单选]《关于进一步减轻义务教育阶段学生作业负担和校外培训负担的意见》规定,一二年级学生(　　)

A. 不布置课外活动　　B. 不布置课外阅读

C. 不布置家庭书面作业　　D. 不布置课堂练习

2. [2022安徽,单选]《关于进一步减轻义务教育阶段学生作业负担和校外培训负担的意见》指出,小学三至六年级和初中书面作业平均完成时间分别不超过(　　)分钟。

A. 30和60　　B. 60和90　　C. 90和120　　D. 120和150

答案:1. C　2. B

## 第三节　《义务教育质量评价指南》

### 义务教育质量评价指南(节选)

为深入贯彻习近平总书记在全国教育大会上重要讲话精神,切实扭转不科学的教育评价导向,全面深化义务教育教学改革,促进义务教育内涵发展和质量提升,推进教育治理体系和治理能力现代化,根据中共中央、国务院印发的《关于深化教育教学改革全面提高义务教育质量的意见》《深化新时代教育评价改革总体方案》精神,制定本指南。

#### 一、总体要求

#### (一)指导思想

坚持以习近平新时代中国特色社会主义思想为指导,全面贯彻党的教育方针,坚持社会主义办学方向,遵循学生成长规律和教育规律,加快建立以发展素质教育为导向的义务教育质量评价体系,强化评价结果运用,健全立德树人落实机制,构建德智体美劳全面培养教育体系,引领深化教育教学改革,全面提高义务

第一部分

教育质量，努力培养德智体美劳全面发展的社会主义建设者和接班人。

### （二）基本原则 【单选】★★

**坚持正确方向。**践行为党育人、为国育才使命，坚持正确政绩观和科学教育质量观，促进义务教育公平发展和质量提升。

坚持育人为本。面向全体学生，注重综合素质评价，促进全面培养，引导办好每所学校、教好每名学生。

坚持问题导向。完善评价内容，突出评价重点，改进评价方法，统筹整合评价，着力克服“唯分数、唯升学”倾向，促进形成良好教育生态。

坚持以评促建。坚持实事求是、客观公正，强化过程性评价和发展性评价，有效发挥引导、诊断、改进、激励功能，促进义务教育优质均衡发展。

**真题面对面**

［2022河南，单选］2021年3月，教育部等六部门印发了《义务教育质量评价指南》，其中，“践行为党育人、为国育才使命，坚持正确政绩观和科学教育质量观，促进义务教育公平发展和质量提升”体现的基本原则是（　　）

A. 坚持正确方向　　B. 坚持育人为本　　C. 坚持问题导向　　D. 坚持以评促建

答案：A

## 二、评价内容

义务教育质量评价包括县域、学校、学生三个层面，三者紧紧围绕贯彻党的教育方针，以促进学生全面发展为目标，各有侧重、相互衔接、内在统一，构成完整的义务教育质量评价体系。

（一）县域义务教育质量评价。主要包括价值导向、组织领导、教学条件、教师队伍、均衡发展等五个方面重点内容，旨在促进地方党委政府坚持社会主义办学方向，加强对义务教育工作的领导，履行举办义务教育职责，促进县域义务教育优质均衡发展。

（二）学校办学质量评价。主要包括办学方向、课程教学、教师发展、学校管理、学生发展等五个方面重点内容，旨在促进学校落实德智体美劳全面培养要求，深入实施素质教育，充分激发办学活力，不断提高办学水平和育人质量。

（三）学生发展质量评价。主要包括学生品德发展、学业发展、身心发展、审美素养、劳动与社会实践等五个方面重点内容，旨在促进学生德智体美劳全面发展，培养适应终身发展和社会发展需要的正确价值观、必备品格和关键能力。

# 第四节　《关于深化教育教学改革全面提高义务教育质量的意见》

**中共中央 国务院关于深化教育教学改革全面提高义务教育质量的意见（节选）**

（2019年6月23日）

义务教育质量事关亿万少年儿童健康成长，事关国家发展，事关民族未来。为深入贯彻党的十九大精神和全国教育大会部署，加快推进教育现代化，建设教育强国，办好人民满意的教育，现就深化教育教学改革、全面提高义务教育质量提出如下意见。

## 一、坚持立德树人，着力培养担当民族复兴大任的时代新人

1. 指导思想。坚持以习近平新时代中国特色社会主义思想为指导，全面贯彻党的教育方针，落实立德树人根本任务，遵循教育规律，强化教师队伍基础作用，围绕凝聚人心、完善人格、开发人力、培育人才、造福人民的工作目标，发展素质教育，培养德智体美劳全面发展的社会主义建设者和接班人。

2. 基本要求。树立科学的教育质量观，深化改革，构建德智体美劳全面培养的教育体系，健全立德树人落实机制，着力在坚定理想信念、厚植爱国主义情怀、加强品德修养、增长知识见识、培养奋斗精神、增强综合素质上下功夫。坚持德育为先，教育引导学生爱党爱国爱人民爱社会主义；坚持全面发展，为学生终身发展奠基；坚持面向全体，办好每所学校、教好每名学生；坚持知行合一，让学生成为生活和学习的主人。

## 二、坚持“五育”并举，全面发展素质教育 【单选、多选、案例分析】★★★

**3. 突出德育实效。**完善德育工作体系，认真制定德育工作实施方案，深化课程育人、文化育人、活动育人、实践育人、管理育人、协同育人。大力开展理想信念、社会主义核心价值观、中华优秀传统文化、生态文明和心理健康教育。加强爱国主义、集体主义、社会主义教育，引导少年儿童听党话、跟党走。加强品德修养教育，强化学生良好行为习惯和法治意识养成。打造中小学生社会实践大课堂，充分发挥爱国主义、优秀传统文化等教育基地和各类公共文化设施与自然资源的重要育人作用，向学生免费或优惠开放。广泛开展先进典型、英雄模范学习宣传活动，积极创建文明校园。健全创作激励与宣传推介机制，提供寓教于乐的优秀儿童文化精品；强化对网络游戏、微视频等的价值引领与管控，创造绿色健康网上空间。突出政治启蒙和价值观塑造，充分发挥共青团、少先队组织育人作用。

**4. 提升智育水平。**着力培养认知能力，促进思维发展，激发创新意识。严格按照国家课程方案和课程标准实施教学，确保学生达到国家规定学业质量标准。充分发挥教师主导作用，引导教师深入理解学科特点、知识结构、思想方法，科学把握学生认知规律，上好每一堂课。突出学生主体地位，注重保护学生好奇心、想象力、求知欲，激发学习兴趣，提高学习能力。加强科学教育和实验教学，广泛开展多种形式的读书活动。各地要加强监测和督导，坚决防止学生学业负担过重。

**5. 强化体育锻炼。**坚持健康第一，实施学校体育固本行动。严格执行学生体质健康合格标准，健全国家监测制度。除体育免修学生外，未达体质健康合格标准的，不得发放毕业证书。开齐开足体育课，将体育科目纳入高中阶段学校考试招生录取计分科目。科学安排体育课运动负荷，开展好学校特色体育项目，大力发展校园足球，让每位学生掌握1至2项运动技能。广泛开展校园普及性体育运动，定期举办学生运动会或体育节。鼓励地方向学生免费或优惠开放公共运动场所。通过购买服务等方式，鼓励体育社会组织为学生提供高质量体育服务。精准实施农村义务教育学生营养改善计划。健全学生视力健康综合干预体系，保障学生充足睡眠时间。

**6. 增强美育熏陶。**实施学校美育提升行动，严格落实音乐、美术、书法等课程，结合地方文化设立艺术特色课程。广泛开展校园艺术活动，帮助每位学生学会1至2项艺术技能、会唱主旋律歌曲。引导学生了解世界优秀艺术，增强文化理解。鼓励学校组建特色艺术团队，办好中小学生艺术展演，推进中华优秀传统文化艺术传承学校建设。通过购买服务等方式，鼓励专业艺术人才到中小学兼职任教。支持艺术院校在中小学建立对口支援基地。

**7. 加强劳动教育。**充分发挥劳动综合育人功能，制定劳动教育指导纲要，加强学生生活实践、劳动技术和职业体验教育。优化综合实践活动课程结构，确保劳动教育课时不少于一半。家长要给孩子安排力所能

第一部分

及的家务劳动，学校要坚持**学生值日制度**，组织学生参加校园劳动，积极开展校外劳动实践和社区志愿服务。创建一批劳动教育实验区，农村地区要安排相应田地、山林、草场等作为学农实践基地，城镇地区要为学生参加农业生产、工业体验、商业和服务业实践等提供保障。

真题面对面

**1.［2020宁夏，单选］**2019年6月23日，《中共中央 国务院关于深化教育教学改革全面提高义务教育质量的意见》明确提出坚持“五育”并举，全面发展素质教育，“五育”指的是（　　）

A. 教育、智育、体育、美育、劳动教育　　B. 教育、智育、体育、心育、劳动教育

C. 德育、智育、体育、美育、劳动教育　　D. 德育、智育、体育、心育、劳动教育

**2.［2022江西，多选］**关于《中共中央 国务院关于深化教育教学改革全面提高义务教育质量的意见》的解读，下列表述正确的是（　　）

A. 提出培养担当民族复兴大任的时代新人

B. 强化对网络游戏、微视频等的价值引领与管控

C. 要求学校坚持学生值日制度

D. 要求学生至少掌握3～4项运动技能

**答案：**1. C　2. ABC

## 三、强化课堂主阵地作用，切实提高课堂教学质量　【单选、多选】★★

8. 优化教学方式。坚持教学相长，注重启发式、互动式、探究式教学，教师课前要指导学生做好预习，课上要讲清重点难点、知识体系，引导学生主动思考、积极提问、自主探究。融合运用传统与现代技术手段，重视情境教学；探索基于学科的课程综合化教学，开展研究型、项目化、合作式学习。精准分析学情，重视差异化教学和个别化指导。各地要定期开展聚焦课堂教学质量的主题活动，注重培育、遴选和推广优秀教学模式、教学案例。

9. 加强教学管理。

10. 完善作业考试辅导。

**11. 促进信息技术与教育教学融合应用。**推进“教育+互联网”发展，按照服务教师教学、服务学生学习、服务学校管理的要求，建立覆盖义务教育各年级各学科的数字教育资源体系。加快数字校园建设，积极探索基于互联网的教学。免费为农村和边远贫困地区学校提供优质学习资源，加快缩小城乡教育差距。加强信息化终端设备及软件管理，建立数字化教学资源进校园审核监管机制。

真题面对面

**［2022重庆，单选］**《中共中央、国务院关于深化教育教学改革全面提高义务教育质量的意见》对提高课堂教学质量提出：要精准分析学情，重视差异化教学和（　　）

A. 模块化指导　　B. 精细化指导　　C. 个别化指导　　D. 规范化指导

**答案：**C

## 四、按照“四有好老师”标准，建设高素质专业化教师队伍

12. 大力提高教育教学能力。进一步实施好“国培计划”，增加农村教师培训机会，加强紧缺学科教师培

训。实施乡村优秀青年教师培养奖励计划，定期开展教学素养展示和教学名师评选活动，对教育教学业绩突出的教师予以表彰奖励。

13. 优化教师资源配置。进一步实施好农村教师"特岗计划"和"银龄讲学计划"。

14. 依法保障教师权益和待遇。落实乡村教师乡镇工作补贴、集中连片特困地区生活补助和艰苦边远地区津贴等政策，有条件的地方对在乡村有教学任务的教师给予交通补助。加强乡村学校教师周转宿舍建设。

15. 提升校长实施素质教育能力。倡导教育家办学，支持校长大胆实践，创新教育理念、教育模式、教育方法，营造教育家脱颖而出的制度环境。



## 五、深化关键领域改革，为提高教育质量创造条件 【判断】★★

16. 加强课程教材建设。国家建立义务教育课程方案、课程标准修订和实施监测机制，完善教材管理办法。严禁用地方课程、校本课程取代国家课程，严禁使用未经审定的教材。义务教育学校不得引进境外课程、使用境外教材。

17. 完善招生考试制度。推进义务教育学校免试就近入学全覆盖。

18. 健全质量评价监测体系。坚持和完善国家义务教育质量监测制度，强化过程性和发展性评价，建立监测平台，定期发布监测报告。

19. 发挥教研支撑作用。完善区域教研、校本教研、网络教研、综合教研制度，建立教研员乡村学校联系点制度。

20. 激发学校生机活力。发挥优质学校示范辐射作用，完善强校带弱校、城乡对口支援等办学机制，促进新优质学校成长。

21. 实施义务教育质量提升工程。推进义务教育薄弱环节改善与能力提升，重点加强乡村小规模学校和乡镇寄宿制学校建设，打造"乡村温馨校园"；加快消除城镇大班额，逐步降低班额标准，促进县域义务教育从基本均衡向优质均衡发展。

**真题面对面**

[2019河南，判断]《关于深化教育教学改革全面提高义务教育质量的意见》中提出，为了推进国际交流，有条件的义务教育学校可以引进境外课程，使用境外教材。(　　)

答案：×

# 第五节 《深化新时代教育评价改革总体方案》

### 深化新时代教育评价改革总体方案(节选)

(2020年10月)

教育评价事关教育发展方向，有什么样的评价指挥棒，就有什么样的办学导向。为深入贯彻落实习近平总书记关于教育的重要论述和全国教育大会精神，完善立德树人体制机制，扭转不科学的教育评价导向，坚决克服唯分数、唯升学、唯文凭、唯论文、唯帽子的顽瘴痼疾，提高教育治理能力和水平，加快推进教育现代化、建设教育强国、办好人民满意的教育，现制定如下方案。

第一部分

## 一、总体要求

（一）指导思想。以习近平新时代中国特色社会主义思想为指导，全面贯彻党的十九大和十九届二中、三中、四中全会精神，全面贯彻党的教育方针，坚持社会主义办学方向，落实立德树人根本任务，遵循教育规律，系统推进教育评价改革，发展素质教育，引导全党全社会树立科学的教育发展观、人才成长观、选人用人观，推动构建服务全民终身学习的教育体系，努力培养担当民族复兴大任的时代新人，培养德智体美劳全面发展的社会主义建设者和接班人。

（二）主要原则。坚持立德树人，牢记为党育人、为国育才使命，充分发挥教育评价的指挥棒作用，引导确立科学的育人目标，确保教育正确发展方向。坚持问题导向，从党中央关心、群众关切、社会关注的问题入手，破立并举，推进教育评价关键领域改革取得实质性突破。坚持科学有效，改进结果评价，强化过程评价，探索增值评价，健全综合评价，充分利用信息技术，提高教育评价的科学性、专业性、客观性。坚持统筹兼顾，针对不同主体和不同学段、不同类型教育特点，分类设计、稳步推进，增强改革的系统性、整体性、协同性。坚持中国特色，扎根中国、融通中外，立足时代、面向未来，坚定不移走中国特色社会主义教育发展道路。

（三）改革目标。经过5至10年努力，各级党委和政府科学履行职责水平明显提高，各级各类学校立德树人落实机制更加完善，引导教师潜心育人的评价制度更加健全，促进学生全面发展的评价办法更加多元，社会选人用人方式更加科学。到2035年，基本形成富有时代特征、彰显中国特色、体现世界水平的教育评价体系。

## 二、重点任务　【单选】★

### （一）改革党委和政府教育工作评价，推进科学履行职责

1. 完善党对教育工作全面领导的体制机制。

2. 完善政府履行教育职责评价。

3. **坚决纠正片面追求升学率倾向。**各级党委和政府要坚持正确政绩观，不得下达升学指标或以中高考升学率考核下一级党委和政府、教育部门、学校和教师，不得将升学率与学校工程项目、经费分配、评优评先等挂钩，不得通过任何形式以中高考成绩为标准奖励教师和学生，严禁公布、宣传、炒作中高考“状元”和升学率。对教育生态问题突出、造成严重社会影响的，依规依法问责追责。

### （二）改革学校评价，推进落实立德树人根本任务

4. 坚持把立德树人成效作为根本标准。加快完善各级各类学校评价标准，将落实党的全面领导、坚持正确办学方向、加强和改进学校党的建设以及党建带团建队建、做好思想政治工作和意识形态工作、依法治校办学、维护安全稳定作为评价学校及其领导人员、管理人员的重要内容，健全学校内部质量保障制度，坚决克服重智育轻德育、重分数轻素质等片面办学行为，促进学生身心健康、全面发展。

5. 完善幼儿园评价。

6. **改进中小学校评价。**义务教育学校重点评价促进学生全面发展、保障学生平等权益、引领教师专业发展、提升教育教学水平、营造和谐育人环境、建设现代学校制度以及学业负担、社会满意度等情况。国家制定义务教育学校办学质量评价标准，完善义务教育质量监测制度，加强监测结果运用，促进义务教育优质均衡发展。普通高中主要评价学生全面发展的培养情况。国家制定普通高中办学质量评价标准，突出实施

学生综合素质评价、开展学生发展指导、优化教学资源配置、有序推进选课走班、规范招生办学行为等内容。

7. 健全职业学校评价。

8. 改进高等学校评价。

[2022安徽,单选]《深化新时代教育评价改革总体方案》指出,国家通过改进中小学校评价促进义务教育优质均衡发展。但改进中小学校评价的主要措施不包括(　　)

A. 制定义务教育学校办学质量评价标准　　B. 完善义务教育质量监测制度

C. 公布考试成绩和升学率,鼓励学校竞争　　D. 加强监测结果运用

答案:C

## 第六节　《大中小学劳动教育指导纲要(试行)》

大中小学劳动教育指导纲要(试行)(节选)

为深入贯彻习近平总书记关于教育的重要论述,全面贯彻党的教育方针,落实《中共中央 国务院关于全面加强新时代大中小学劳动教育的意见》,加快构建德智体美劳全面培养的教育体系,制定本指导纲要。

### 一、劳动教育性质和基本理念

#### (一)劳动教育性质

劳动是创造物质财富和精神财富的过程,是人类特有的基本社会实践活动。劳动教育是发挥劳动的育人功能,对学生进行热爱劳动、热爱劳动人民的教育活动。当前实施劳动教育的重点是在系统的文化知识学习之外,有目的、有计划地组织学生参加日常生活劳动、生产劳动和服务性劳动,让学生动手实践、出力流汗,接受锻炼、磨炼意志,培养学生正确劳动价值观和良好劳动品质。

劳动教育是新时代党对教育的新要求,是中国特色社会主义教育制度的重要内容,是全面发展教育体系的重要组成部分,是大中小学必须开展的教育活动。它具有鲜明的思想性,必须将马克思主义劳动观贯彻始终,强调劳动是一切财富、价值的源泉,劳动者是国家的主人,一切劳动和劳动者都应该得到鼓励和尊重;倡导通过诚实劳动创造美好生活、实现人生梦想,反对一切不劳而获、崇尚暴富、贪图享乐的错误思想。具有突出的社会性,必须加强学校教育与社会生活、生产实践的直接联系,发挥劳动在个人与社会之间的纽带作用,引导学生认识社会,增强社会责任感;同时注重让学生学会分工合作,体会社会主义社会平等、和谐的新型劳动关系。具有显著的实践性,必须面向真实的生活世界和职业世界,引导学生以动手实践为主要方式,在认识世界的基础上,获得有积极意义的价值体验,学会建设世界,塑造自己,实现树德、增智、强体、育美的目的。

#### (二)劳动教育基本理念

1. 强化劳动观念,弘扬劳动精神。
2. 强调身心参与,注重手脑并用。
3. 继承优良传统,彰显时代特征。
4. 发挥主体作用,激发创新创造。

## 二、劳动教育目标和内容

### （一）总体目标

准确把握社会主义建设者和接班人的劳动精神面貌、劳动价值取向和劳动技能水平的培养要求，全面提高学生劳动素养，使学生：

树立正确的劳动观念。正确理解劳动是人类发展和社会进步的根本力量，认识劳动创造人、劳动创造价值、创造财富、创造美好生活的道理，尊重劳动，尊重普通劳动者，牢固树立劳动最光荣、劳动最崇高、劳动最伟大、劳动最美丽的思想观念。

具有必备的劳动能力。掌握基本的劳动知识和技能，正确使用常见劳动工具，增强体力、智力和创造力，具备完成一定劳动任务所需要的设计、操作能力及团队合作能力。

培育积极的劳动精神。领会"幸福是奋斗出来的"内涵与意义，继承中华民族勤俭节约、敬业奉献的优良传统，弘扬开拓创新、砥砺奋进的时代精神。

养成良好的劳动习惯和品质。能够自觉自愿、认真负责、安全规范、坚持不懈地参与劳动，形成诚实守信、吃苦耐劳的品质。珍惜劳动成果，养成良好的消费习惯，杜绝浪费。

### （二）主要内容　【多选】★★★

主要包括日常生活劳动、生产劳动和服务性劳动中的知识、技能与价值观。**日常生活劳动教育**立足个人生活事务处理，结合开展新时代校园爱国卫生运动，注重生活能力和良好卫生习惯培养，树立自立自强意识。**生产劳动教育**要让学生在工农业生产过程中直接经历物质财富的创造过程，体验从简单劳动、原始劳动向复杂劳动、创造性劳动的发展过程，学会使用工具，掌握相关技术，感受劳动创造价值，增强产品质量意识，体会平凡劳动中的伟大。**服务性劳动教育**让学生利用知识、技能等为他人和社会提供服务，在服务性岗位上见习实习，树立服务意识，实践服务技能；在公益劳动、志愿服务中强化社会责任感。

**真题面对面**

[2022重庆，多选]《大中小学劳动教育指导纲要（试行）》规定，劳动教育的主要类型是（　　）

A. 服务性劳动教育　　　　B. 日常生活劳动教育

C. 创造性劳动教育　　　　D. 生产劳动教育

答案：ABD

### （三）学段要求

#### 1. 小学

低年级：以个人生活起居为主要内容，开展劳动教育，注重培养劳动意识和劳动安全意识，使学生懂得人人都要劳动，感知劳动乐趣，爱惜劳动成果。

中高年级：以校园劳动和家庭劳动为主要内容开展劳动教育，体会劳动光荣，尊重普通劳动者，初步养成热爱劳动、热爱生活的态度。

#### 2. 初中

兼顾家政学习、校内外生产劳动、服务性劳动，安排劳动教育内容，开展职业启蒙教育，体会劳动创造美好生活，养成认真负责、吃苦耐劳的劳动品质和安全意识，增强公共服务意识和担当精神。

**3. 普通高中**

注重围绕丰富职业体验，开展服务性劳动和生产劳动，理解劳动创造价值，接受锻炼、磨炼意志，具有劳动自立意识和主动服务他人、服务社会的情怀。

## 三、劳动教育途径、关键环节和评价

### （一）劳动教育途径 【多选】★★

将劳动教育纳入人才培养全过程，丰富、拓展劳动教育实施途径。

1. 独立开设劳动教育必修课
2. 在学科专业中有机渗透劳动教育
3. 在课外校外活动中安排劳动实践
4. 在校园文化建设中强化劳动文化

**真题面对面**

［2021辽宁沈阳，多选］《大中小学劳动教育指导纲要（试行）》中强调，将劳动教育纳入人才培养全过程，丰富、拓展劳动教育实施途径，下列属于劳动教育途径的有（　　）

A. 独立开设劳动教育必修课　　B. 在学科专业中有机渗透劳动教育

C. 在课外校外活动中安排劳动实践　　D. 在校园文化建设中强化劳动文化

答案：ABCD

### （二）劳动教育关键环节

各地和学校要注重围绕劳动教育的目标和内容要求，从提高劳动教育的效果出发，把握劳动教育任务的特点，抓住关键环节，选择适宜的劳动教育方式。

### （三）劳动教育评价

将劳动素养纳入学生综合素质评价体系。以劳动教育目标、内容要求为依据，将过程性评价和结果性评价结合起来，健全和完善学生劳动素养评价标准、程序和方法，鼓励、支持各地利用大数据、云平台、物联网等现代信息技术手段，开展劳动教育过程监测与记实评价，发挥评价的育人导向和反馈改进功能。

# 第七节　《关于全面加强新时代大中小学劳动教育的意见》

中共中央 国务院关于全面加强新时代大中小学劳动教育的意见（节选）

（2020年3月20日）

为构建德智体美劳全面培养的教育体系，现就加强新时代大中小学劳动教育提出如下意见。

## 一、充分认识新时代培养社会主义建设者和接班人对加强劳动教育的新要求

（一）重大意义。劳动教育是中国特色社会主义教育制度的重要内容，直接决定社会主义建设者和接班人的劳动精神面貌、劳动价值取向和劳动技能水平。长期以来，各地区和学校坚持教育与生产劳动相结合，在实践育人方面取得了一定成效。同时也要看到，近年来一些青少年中出现了不珍惜劳动成果、不想劳动、不会劳动的现象，劳动的独特育人价值在一定程度上被忽视，劳动教育正被淡化、弱化。对此，全党全社会必须高度重视，采取有效措施切实加强劳动教育。

（二）指导思想。以习近平新时代中国特色社会主义思想为指导，全面贯彻党的教育方针，落实全国教育大会精神，坚持立德树人，坚持培育和践行社会主义核心价值观，把劳动教育纳入人才培养全过程，贯通大中小学各学段，贯穿家庭、学校、社会各方面，与德育、智育、体育、美育相融合，紧密结合经济社会发展变化和学生生活实际，积极探索具有中国特色的劳动教育模式，创新体制机制，注重教育实效，实现知行合一，促进学生形成正确的世界观、人生观、价值观。

（三）基本原则

——把握育人导向。坚持党的领导，围绕培养担当民族复兴大任的时代新人，着力提升学生综合素质，促进学生全面发展、健康成长。把准劳动教育价值取向，引导学生树立正确的劳动观，崇尚劳动、尊重劳动，增强对劳动人民的感情，报效国家，奉献社会。

——遵循教育规律。符合学生年龄特点，以体力劳动为主，注意手脑并用、安全适度，强化实践体验，让学生亲历劳动过程，提升育人实效性。

——体现时代特征。适应科技发展和产业变革，针对劳动新形态，注重新兴技术支撑和社会服务新变化。深化产教融合，改进劳动教育方式。强化诚实合法劳动意识，培养科学精神，提高创造性劳动能力。

——强化综合实施。加强政府统筹，拓宽劳动教育途径，整合家庭、学校、社会各方面力量。家庭劳动教育要日常化，学校劳动教育要规范化，社会劳动教育要多样化，形成协同育人格局。

——坚持因地制宜。根据各地区和学校实际，结合当地在自然、经济、文化等方面条件，充分挖掘行业企业、职业院校等可利用资源，宜工则工、宜农则农，采取多种方式开展劳动教育，避免“一刀切”。

## 二、全面构建体现时代特征的劳动教育体系 【单选】 ★

（四）把握劳动教育基本内涵。劳动教育是国民教育体系的重要内容，是学生成长的必要途径，具有树德、增智、强体、育美的综合育人价值。

（五）明确劳动教育总体目标。

（六）设置劳动教育课程。

（七）确定劳动教育内容要求。根据教育目标，针对不同学段、类型学生特点，以日常生活劳动、生产劳动和服务性劳动为主要内容开展劳动教育。结合产业新业态、劳动新形态，注重选择新型服务性劳动的内容。

小学低年级要注重围绕劳动意识的启蒙，让学生学习日常生活自理，感知劳动乐趣，知道人人都要劳动。小学中高年级要注重围绕卫生、劳动习惯养成，让学生做好个人清洁卫生，主动分担家务，适当参加校内外公益劳动，学会与他人合作劳动，体会到劳动光荣。初中要注重围绕增加劳动知识、技能，加强家政学习，开展社区服务，适当参加生产劳动，使学生初步养成认真负责、吃苦耐劳的品质和职业意识。普通高中要注重围绕丰富职业体验，开展服务性劳动、参加生产劳动，使学生熟练掌握一定劳动技能，理解劳动创造价值，具有劳动自立意识和主动服务他人、服务社会的情怀。

（八）健全劳动素养评价制度。

## 三、广泛开展劳动教育实践活动

（九）家庭要发挥在劳动教育中的基础作用。

（十）学校要发挥在劳动教育中的主导作用。

（十一）社会要发挥在劳动教育中的支持作用。

真题面对面

[2022安徽,单选]《中共中央 国务院关于全面加强新时代大中小学劳动教育的意见》指出,加强政府统筹,拓宽劳动教育途径,整合家庭、学校、社会各方面力量。其中,学校主要起到(　　)

A. 基础作用　　B. 主导作用　　C. 支持作用　　D. 协调作用

答案:B

## 第八节 《中国教育现代化2035》

中国教育现代化2035(节选)

### 一、基本理念和基本原则 【单选、多选】★★★

《中国教育现代化2035》提出了推进教育现代化的八大基本理念:更加注重以德为先,更加注重全面发展,更加注重面向人人,更加注重终身学习,更加注重因材施教,更加注重知行合一,更加注重融合发展,更加注重共建共享。

明确了推进教育现代化的基本原则:坚持党的领导、坚持中国特色、坚持优先发展、坚持服务人民、坚持改革创新、坚持依法治教、坚持统筹推进。

真题面对面

1. [2019河南,单选]2019年2月,中共中央、国务院印发了《中国教育现代化2035》,下列选项中属于推进教育现代化基本理念的是(　　)

A. 服务国家人民　　B. 体现前瞻引领

C. 注重面向人人　　D. 突出改革创新

2. [2021重庆,多选]下列选项属于《中国教育现代化2035》提出的推进教育现代化基本原则的是(　　)

A. 坚持党的领导　　B. 坚持服务人民

C. 坚持公益普惠　　D. 坚持统筹推进

答案:1. C　2. ABD

### 二、总体目标 【单选】★

《中国教育现代化2035》提出,推进教育现代化的总体目标是:到2020年,全面实现"十三五"发展目标,教育总体实力和国际影响力显著增强,劳动年龄人口平均受教育年限明显增加,教育现代化取得重要进展,为全面建成小康社会作出重要贡献。在此基础上,再经过15年努力,到2035年,总体实现教育现代化,迈入教育强国行列,推动我国成为学习大国、人力资源强国和人才强国,为到本世纪中叶建成富强民主文明和谐美丽的社会主义现代化强国奠定坚实基础。

2035年主要发展目标是:建成服务全民终身学习的现代教育体系、普及有质量的学前教育、实现优质均衡的义务教育、全面普及高中阶段教育、职业教育服务能力显著提升、高等教育竞争力明显提升、残疾儿童少年享有适合的教育、形成全社会共同参与的教育治理新格局。

第一部分

真题面对面

[2021重庆,单选]下列选项中,属于《中国教育现代化2035》提出的2035年主要发展目标的是(　　)

A. 建成具有国际影响力的职业教育大国　　B. 建成世界先进水平的高等教育强国

C. 建成全球化背景下的创新型人才强国　　D. 建成服务全民终身学习的现代教育体系

答案:D

### 三、战略任务　【单选】★★

《中国教育现代化2035》聚焦教育发展的突出问题和薄弱环节,立足当前,着眼长远,重点部署了面向教育现代化的十大战略任务:

一是学习习近平新时代中国特色社会主义思想。

二是发展中国特色世界先进水平的优质教育。创新人才培养方式,推行启发式、探究式、参与式、合作式等教学方式以及走班制、选课制等教学组织模式,培养学生创新精神与实践能力。

三是推动各级教育高水平高质量普及。

四是实现基本公共教育服务均等化。

五是构建服务全民的终身学习体系。

六是提升一流人才培养与创新能力。

七是建设高素质专业化创新型教师队伍。

八是加快信息化时代教育变革。

九是开创教育对外开放新格局。

十是推进教育治理体系和治理能力现代化。

真题面对面

[2022重庆,单选]《中国教育现代化2035》提出要创新人才培养方式,在教学组织模式上推行(　　)

A. 课时制　　B. 走班制　　C. 导师制　　D. 复合制

答案:B

## 第九节　《关于全面深化新时代教师队伍建设改革的意见》

中共中央 国务院关于全面深化新时代教师队伍建设改革的意见(节选)

(2018年1月20日)

百年大计,教育为本;教育大计,教师为本。为深入贯彻落实党的十九大精神,造就党和人民满意的高素质专业化创新型教师队伍,落实立德树人根本任务,培养德智体美全面发展的社会主义建设者和接班人,全面提升国民素质和人力资源质量,加快教育现代化,建设教育强国,办好人民满意的教育,为决胜全面建成小康社会、夺取新时代中国特色社会主义伟大胜利、实现中华民族伟大复兴的中国梦奠定坚实基础,现就全面深化新时代教师队伍建设改革提出如下意见。

### 一、坚持兴国必先强师,深刻认识教师队伍建设的重要意义和总体要求　【单选】★

1. 战略意义。教师承担着传播知识、传播思想、传播真理的历史使命,肩负着塑造灵魂、塑造生命、塑造人的时代重任，是教育发展的第一资源，是国家富强、民族振兴、人民幸福的重要基石。党和国家历来高度重视教师工作。党的十八大以来，以习近平同志为核心的党中央将教师队伍建设摆在突出位置，作出一系列重大决策部署，各地区各部门和各级各类学校采取有力措施认真贯彻落实，教师队伍建设取得显著成就。广大教师牢记使命、不忘初衷，爱岗敬业、教书育人，改革创新、服务社会，作出了重要贡献。

2. 指导思想。全面贯彻落实党的十九大精神，以习近平新时代中国特色社会主义思想为指导，紧紧围绕统筹推进“五位一体”总体布局和协调推进“四个全面”战略布局，坚持和加强党的全面领导，坚持以人民为中心的发展思想，坚持全面深化改革，牢固树立新发展理念，全面贯彻党的教育方针，坚持社会主义办学方向，落实立德树人根本任务，遵循教育规律和教师成长发展规律，加强师德师风建设，培养高素质教师队伍，倡导全社会尊师重教，形成优秀人才争相从教、教师人人尽展其才、好教师不断涌现的良好局面。

3. 基本原则

——确保方向。坚持党管干部、党管人才，坚持依法治教、依法执教，坚持严格管理监督与激励关怀相结合，充分发挥党委(党组)的领导和把关作用，确保党牢牢掌握教师队伍建设的领导权，保证教师队伍建设正确的政治方向。

——强化保障。坚持教育优先发展战略，把教师工作置于教育事业发展的重点支持战略领域，优先谋划教师工作，优先保障教师工作投入，优先满足教师队伍建设需要。

——突出师德。把提高教师**思想政治素质**和**职业道德水平**摆在首要位置，把社会主义核心价值观贯穿教书育人全过程，突出全员全方位全过程师德养成，推动教师成为先进思想文化的传播者、党执政的坚定支持者、学生健康成长的指导者。

——深化改革。抓住关键环节，优化顶层设计，推动实践探索，破解发展瓶颈，把管理体制改革与机制创新作为突破口，把提高教师地位待遇作为真招实招，增强教师职业吸引力。

——分类施策。立足我国国情，借鉴国际经验，根据各级各类教师的不同特点和发展实际，考虑区域、城乡、校际差异，采取有针对性的政策举措，定向发力，重视专业发展，培养一批教师；加大资源供给，补充一批教师；创新体制机制，激活一批教师；优化队伍结构，调配一批教师。

4. 目标任务。经过5年左右努力，教师培养培训体系基本健全，职业发展通道比较畅通，事权人权财权相统一的教师管理体制普遍建立，待遇提升保障机制更加完善，教师职业吸引力明显增强。教师队伍规模、结构、素质能力基本满足各级各类教育发展需要。

到2035年，教师综合素质、专业化水平和创新能力大幅提升，培养造就数以百万计的骨干教师、数以十万计的卓越教师、数以万计的教育家型教师。教师管理体制机制科学高效，实现教师队伍治理体系和治理能力现代化。教师主动适应信息化、人工智能等新技术变革，积极有效开展教育教学。尊师重教蔚然成风，广大教师在岗位上有幸福感、事业上有成就感、社会上有荣誉感，教师成为让人羡慕的职业。

真题面对面

[2021江西，单选]《中共中央 国务院关于全面深化新时代教师队伍建设改革的意见》提出要“把提高教师(　　)和职业道德水平摆在首要位置，把社会主义核心价值观贯穿教书育人全过程”。

A. 思想政治素质　　B. 学科专业水平

C. 个人综合素质　　D. 个人创新能力

**答案：A**

第一部分

## 二、着力提升思想政治素质,全面加强师德师风建设

5. 加强教师党支部和党员队伍建设。
6. 提高思想政治素质。
7. 弘扬高尚师德。

## 三、大力振兴教师教育,不断提升教师专业素质能力

8. 加大对师范院校支持力度。
9. 支持高水平综合大学开展教师教育。
10. 全面提高中小学教师质量,建设一支高素质专业化的教师队伍。
11. 全面提高幼儿园教师质量,建设一支高素质善保教的教师队伍。
12. 全面提高职业院校教师质量,建设一支高素质双师型的教师队伍。
13. 全面提高高等学校教师质量,建设一支高素质创新型的教师队伍。

## 四、深化教师管理综合改革,切实理顺体制机制 【单选】★

14. 创新和规范中小学教师编制配备。

15. 优化义务教育教师资源配置。

16. 完善中小学教师准入和招聘制度。完善教师资格考试政策,逐步将修习教师教育课程、参加教育教学实践作为认定教育教学能力、取得教师资格的必备条件。新入职教师必须取得教师资格。严格教师准入,提高入职标准,重视思想政治素质和业务能力,根据教育行业特点,分区域规划,分类别指导,结合实际,逐步将幼儿园教师学历提升至专科,小学教师学历提升至师范专业专科和非师范专业本科,**初中教师学历提升至本科**,有条件的地方将普通高中教师学历提升至研究生。建立符合教育行业特点的中小学、幼儿园教师招聘办法,遴选乐教适教善教的优秀人才进入教师队伍。按照中小学校领导人员管理暂行办法,明确任职条件和资格,规范选拔任用工作,激发办学治校活力。

17. 深化中小学教师职称和考核评价制度改革。

18. 健全职业院校教师管理制度。

19. 深化高等学校教师人事制度改革。

**真题面对面**

[2019湖北,单选]2018年1月,中共中央、国务院颁布的《关于全面深化新时代教师队伍建设改革的意见》要求完善中小学教师准入和招聘制度,结合实际,逐步将幼儿园教师学历提升至专科,小学教师学历提升至师范专业专科和非师范专业本科,初中教师学历提升至(　　)

A. 本科　　B. 师范专业本科　　C. 硕士研究生　　D. 师范专业硕士

答案:A

# 第十节 《新时代中小学教师职业行为十项准则》

新时代中小学教师职业行为十项准则

教师是人类灵魂的工程师,是人类文明的传承者。长期以来,广大教师贯彻党的教育方针,教书育人,呕心沥血,默默奉献,为国家发展和民族振兴作出了重大贡献。新时代对广大教师落实立德树人根本任务

提出新的更高要求，为进一步增强教师的责任感、使命感、荣誉感，规范职业行为，明确师德底线，引导广大教师努力成为有理想信念、有道德情操、有扎实学识、有仁爱之心的好老师，着力培养德智体美劳全面发展的社会主义建设者和接班人，特制定以下准则。

一、坚定政治方向。坚持以习近平新时代中国特色社会主义思想为指导，拥护中国共产党的领导，贯彻党的教育方针；不得在教育教学活动中及其他场合有损害党中央权威、违背党的路线方针政策的言行。

二、自觉爱国守法。忠于祖国，忠于人民，恪守宪法原则，遵守法律法规，依法履行教师职责；不得损害国家利益、社会公共利益，或违背社会公序良俗。

三、**传播优秀文化。**带头践行社会主义核心价值观，弘扬真善美，传递正能量；不得通过课堂、论坛、讲座、信息网络及其他渠道发表、转发错误观点，或编造散布虚假信息、不良信息。

四、**潜心教书育人。**落实立德树人根本任务，遵循教育规律和学生成长规律，因材施教，教学相长；不得违反教学纪律，敷衍教学，或擅自从事影响教育教学本职工作的兼职兼薪行为。

五、关心爱护学生。严慈相济，诲人不倦，真心关爱学生，严格要求学生，做学生良师益友；不得歧视、侮辱学生，严禁虐待、伤害学生。

六、加强安全防范。增强安全意识，加强安全教育，保护学生安全，防范事故风险；不得在教育教学活动中遇突发事件、面临危险时，不顾学生安危，擅离职守，自行逃离。

七、坚持言行雅正。为人师表，以身作则，举止文明，作风正派，自重自爱；不得与学生发生任何不正当关系，严禁任何形式的猥亵、性骚扰行为。

八、秉持公平诚信。坚持原则，处事公道，光明磊落，为人正直；不得在招生、考试、推优、保送及绩效考核、岗位聘用、职称评聘、评优评奖等工作中徇私舞弊、弄虚作假。

九、坚守廉洁自律。严于律己，清廉从教；不得索要、收受学生及家长财物或参加由学生及家长付费的宴请、旅游、娱乐休闲等活动，不得向学生推销图书报刊、教辅材料、社会保险或利用家长资源谋取私利。

十、规范从教行为。勤勉敬业，乐于奉献，自觉抵制不良风气；不得组织、参与有偿补课，或为校外培训机构和他人介绍生源、提供相关信息。

**真题面对面**

**1. [2022重庆，单选]**某中学要求教师不得擅自从事影响教育教学本职工作的兼职兼薪行为。这一要求贯彻了《新时代中小学教师职业行为十项准则》中的(　　)

A. 潜心教书育人　　B. 坚守廉洁自律

C. 规范从教行为　　D. 关心爱护学生

**2. [2021河南，单选]**教师在教育教学过程中，带头践行社会主义核心价值观，弘扬真善美，传递正能量。这体现了《新时代中小学教师职业行为十项准则》中的(　　)

A. 热爱教育事业　　B. 潜心教书育人

C. 坚持言行雅正　　D. 传播优秀文化

**3. [2020安徽，单选]**《新时代中小学教师职业行为十项准则》明确提出，落实立德树人根本任务，遵循教育规律和学生成长规律，因材施教，教学相长。这体现的行为准则是(　　)

A. 自觉爱国守法　　B. 潜心教书育人

C. 坚持言行雅正　　D. 规范从教行为

**答案：**1. A　2. D　3. B

# 第十一节 《中国学生发展核心素养》

中国学生发展核心素养(节选)

学生发展核心素养,主要指学生应具备的,能够适应终身发展和社会发展需要的**必备品格**和**关键能力**。研究学生发展核心素养是落实立德树人根本任务的一项重要举措,也是适应世界教育改革发展趋势、提升我国教育国际竞争力的迫切需要。

## 一、总体框架

中国学生发展核心素养,以科学性、时代性和民族性为基本原则,以培养"全面发展的人"为核心,分为文化基础、自主发展、社会参与三个方面。

综合表现为人文底蕴、科学精神、学会学习、健康生活、责任担当、实践创新六大素养,具体细化为人文积淀、国家认同、批判质疑等18个基本要点。根据这一总体框架,可针对学生年龄特点进一步提出各学段学生的具体表现要求。

## 二、基本内涵

核心素养课题组历时三年集中攻关,并经教育部基础教育课程教材专家工作委员会审议,最终形成研究成果,确立了以下六大学生核心素养。

### (一)文化基础

文化是人存在的根和魂。文化基础,重在强调能习得人文、科学等各领域的知识和技能,掌握和运用人类优秀智慧成果,涵养内在精神,追求真善美的统一,发展成为有宽厚文化基础、有更高精神追求的人。

**1. 人文底蕴**

主要是学生在学习、理解、运用人文领域知识和技能等方面所形成的基本能力、情感态度和价值取向。具体包括人文积淀、人文情怀和审美情趣等基本要点。

**2. 科学精神**

主要是学生在学习、理解、运用科学知识和技能等方面所形成的价值标准、思维方式和行为表现。具体包括理性思维、批判质疑、勇于探究等基本要点。

### (二)自主发展

自主性是人作为主体的根本属性。自主发展,重在强调能有效管理自己的学习和生活,认识和发现自我价值,发掘自身潜力,有效应对复杂多变的环境,成就出彩人生,发展成为有明确人生方向、有生活品质的人。

**1. 学会学习**

主要是学生在学习意识形成、学习方式方法选择、学习进程评估调控等方面的综合表现。具体包括乐学善学、勤于反思、信息意识等基本要点。

**2. 健康生活**

主要是学生在认识自我、发展身心、规划人生等方面的综合表现。具体包括珍爱生命、健全人格、自我管理等基本要点。

### (三)社会参与

社会性是人的本质属性。社会参与,重在强调能处理好自我与社会的关系,养成现代公民所必须遵守

和履行的道德准则和行为规范，增强社会责任感，提升创新精神和实践能力，促进个人价值实现，推动社会发展进步，发展成为有理想信念、敢于担当的人。

**1. 责任担当**

主要是学生在处理与社会、国家、国际等关系方面所形成的情感态度、价值取向和行为方式。具体包括**社会责任、国家认同、国际理解**等基本要点。

**2. 实践创新**

主要是学生在日常活动、问题解决、适应挑战等方面所形成的实践能力、创新意识和行为表现。具体包括劳动意识、问题解决、技术应用等基本要点。

**真题面对面**

1. [2021吉林，单选]中小学生应具备的核心素养指的是适应终身发展和社会发展需要的( )

A. 必备品格和关键能力　　B. 健全人格和完善能力

C. 创新精神和实践能力　　D. 探究精神和行动能力

2. [2021贵州，单选]为了学生的全面发展，学校开展了一系列以“国家认同，国际理解”为主题的活动，该举措属于培养学生核心素养中的( )

A. 人文底蕴　　B. 健康生活　　C. 责任担当　　D. 实践创新

答案：1. A　2. C

## 第十二节 《中小学教育惩戒规则(试行)》

### 中小学教育惩戒规则(试行)

**第一条** 为落实立德树人根本任务，保障和规范学校、教师依法履行教育教学和管理职责，保护学生合法权益，促进学生健康成长、全面发展，根据教育法、教师法、未成年人保护法、预防未成年人犯罪法等法律法规和国家有关规定，制定本规则。

**第二条** 普通中小学校、中等职业学校(以下称学校)及其教师在教育教学和管理过程中对学生实施教育惩戒，适用本规则。

本规则所称教育惩戒，是指学校、教师基于教育目的，对违规违纪学生进行管理、训导或者以规定方式予以矫治，促使学生引以为戒、认识和改正错误的教育行为。

**第三条** 学校、教师应当遵循教育规律，依法履行职责，通过积极管教和教育惩戒的实施，及时纠正学生错误言行，培养学生的规则意识、责任意识。

教育行政部门应当支持、指导、监督学校及其教师依法依规实施教育惩戒。

**第四条** 实施教育惩戒应当符合教育规律，注重育人效果；遵循法治原则，做到客观公正；选择适当措施，与学生过错程度相适应。

**第五条** 学校应当结合本校学生特点，依法制定、完善校规校纪，明确学生行为规范，健全实施教育惩戒的具体情形和规则。

学校制定校规校纪，应当广泛征求教职工、学生和学生父母或者其他监护人(以下称家长)的意见；有条件的，可以组织有学生、家长及有关方面代表参加的听证。校规校纪应当提交家长委员会、教职工代表大会讨论,经校长办公会议审议通过后施行,并报主管教育部门备案。

教师可以组织学生、家长以民主讨论形式共同制定班规或者班级公约,报学校备案后施行。

**第六条** 学校应当利用入学教育、班会以及其他适当方式,向学生和家长宣传讲解校规校纪。未经公布的校规校纪不得施行。

学校可以根据情况建立校规校纪执行委员会等组织机构,吸收教师、学生及家长、社会有关方面代表参加,负责确定可适用的教育惩戒措施,监督教育惩戒的实施,开展相关宣传教育等。

**第七条** 学生有下列情形之一,学校及其教师应当予以制止并进行批评教育,确有必要的,可以实施教育惩戒:

(一)故意不完成教学任务要求或者不服从教育、管理的;

(二)扰乱课堂秩序、学校教育教学秩序的;

(三)吸烟、饮酒,或者言行失范违反学生守则的;

(四)实施有害自己或者他人身心健康的危险行为的;

(五)打骂同学、老师,欺凌同学或者侵害他人合法权益的;

(六)其他违反校规校纪的行为。

学生实施属于预防未成年人犯罪法规定的不良行为或者严重不良行为的,学校、教师应当予以制止并实施教育惩戒,加强管教;构成违法犯罪的,依法移送公安机关处理。

**真题面对面**

[2022陕西,单选]下列行为不适合实施教育惩戒的是(　　)

A. 打骂、欺凌同学　　B. 吸烟、饮酒

C. 扰乱学校秩序　　D. 因不会做题而未完成作业

答案:D

**第八条** 教师在课堂教学、日常管理中,对违规违纪情节较为轻微的学生,可以当场实施以下教育惩戒:

(一)点名批评;

(二)责令赔礼道歉、做口头或者书面检讨;

(三)适当增加额外的教学或者班级公益服务任务;

(四)一节课堂教学时间内的教室内站立;

(五)课后教导;

(六)学校校规校纪或者班规、班级公约规定的其他适当措施。

教师对学生实施前款措施后,可以以适当方式告知学生家长。

**第九条** 学生违反校规校纪,情节较重或者经当场教育惩戒拒不改正的,学校可以实施以下教育惩戒,并应当及时告知家长:

(一)由学校德育工作负责人予以训导;

(二)承担校内公益服务任务;

(三)安排接受专门的校规校纪、行为规则教育;

(四)暂停或者限制学生参加游览、校外集体活动以及其他外出集体活动;

(五)学校校规校纪规定的其他适当措施。

**第十条** 小学高年级、初中和高中阶段的学生违规违纪情节严重或者影响恶劣的，学校可以实施以下教育惩戒，并应当事先告知家长：

（一）给予不超过一周的停课或者停学，要求家长在家进行教育、管教；

（二）由法治副校长或者法治辅导员予以训诫；

（三）安排专门的课程或者教育场所，由社会工作者或者其他专业人员进行心理辅导、行为干预。

对违规违纪情节严重，或者经多次教育惩戒仍不改正的学生，学校可以给予警告、严重警告、记过或者留校察看的纪律处分。对高中阶段学生，还可以给予开除学籍的纪律处分。

对有严重不良行为的学生，学校可以按照法定程序，配合家长、有关部门将其转入专门学校教育矫治。

真题面对面

**[2022河南，判断]**学校在事先告知家长的情况下，可以给予违规违纪情节严重的小学高年级学生停课一周的教育惩戒。（  ）

**答案：**√

**第十一条** 学生扰乱课堂或者教育教学秩序，影响他人或者可能对自己及他人造成伤害的，教师可以采取必要措施，将学生带离教室或者教学现场，并予以教育管理。

教师、学校发现学生携带、使用违规物品或者行为具有危险性的，应当采取必要措施予以制止；发现学生藏匿违法、危险物品的，应当责令学生交出并可以对可能藏匿物品的课桌、储物柜等进行检查。

教师、学校对学生的违规物品可以予以暂扣并妥善保管，在适当时候交还学生家长；属于违法、危险物品的，应当及时报告公安机关、应急管理部门等有关部门依法处理。

**第十二条** 教师在教育教学管理、实施教育惩戒过程中，不得有下列行为：

（一）以击打、刺扎等方式直接造成身体痛苦的体罚；

（二）超过正常限度的罚站、反复抄写，强制做不适的动作或者姿势，以及刻意孤立等间接伤害身体、心理的变相体罚；

（三）辱骂或者以歧视性、侮辱性的言行侵犯学生人格尊严；

（四）因个人或者少数人违规违纪行为而惩罚全体学生；

（五）因学业成绩而教育惩戒学生；

（六）因个人情绪、好恶实施或者选择性实施教育惩戒；

（七）指派学生对其他学生实施教育惩戒；

（八）其他侵害学生权利的。

**第十三条** 教师对学生实施教育惩戒后，应当注重与学生的沟通和帮扶，对改正错误的学生及时予以表扬、鼓励。

学校可以根据实际和需要，建立学生教育保护辅导工作机制，由学校分管负责人、德育工作机构负责人、教师以及法治副校长（辅导员）、法律以及心理、社会工作等方面的专业人员组成辅导小组，对有需要的学生进行专门的心理辅导、行为矫治。

**第十四条** 学校拟对学生实施本规则第十条所列教育惩戒和纪律处分的，应当听取学生的陈述和申辩。学生或者家长申请听证的，学校应当组织听证。

学生受到教育惩戒或者纪律处分后，能够诚恳认错、积极改正的，可以提前解除教育惩戒或者纪律处分。

**第十五条**　学校应当支持、监督教师正当履行职务。教师因实施教育惩戒与学生及其家长发生纠纷，学校应当及时进行处理，教师无过错的，不得因教师实施教育惩戒而给予其处分或者其他不利处理。

教师违反本规则第十二条，情节轻微的，学校应当予以批评教育；情节严重的，应当暂停履行职责或者依法依规给予处分；给学生身心造成伤害，构成违法犯罪的，由公安机关依法处理。

**第十六条**　学校、教师应当重视家校协作，积极与家长沟通，使家长理解、支持和配合实施教育惩戒，形成合力。家长应当履行对子女的教育职责，尊重教师的教育权利，配合教师、学校对违规违纪学生进行管教。

家长对教师实施的教育惩戒有异议或者认为教师行为违反本规则第十二条规定的，可以向学校或者主管教育行政部门投诉、举报。学校、教育行政部门应当按照师德师风建设管理的有关要求，及时予以调查、处理。家长威胁、侮辱、伤害教师的，学校、教育行政部门应当依法保护教师人身安全、维护教师合法权益；情形严重的，应当及时向公安机关报告并配合公安机关、司法机关追究责任。

**第十七条**　学生及其家长对学校依据本规则第十条实施的教育惩戒或者给予的纪律处分不服的，可以在教育惩戒或者纪律处分作出后15个工作日内向学校提起申诉。

学校应当成立由学校相关负责人、教师、学生以及家长、法治副校长等校外有关方面代表组成的学生申诉委员会，受理申诉申请，组织复查。学校应当明确学生申诉委员会的人员构成、受理范围及处理程序等并向学生及家长公布。

学生申诉委员会应当对学生申诉的事实、理由等进行全面审查，作出维持、变更或者撤销原教育惩戒或者纪律处分的决定。

**第十八条**　学生或者家长对学生申诉处理决定不服的，可以向学校主管教育部门申请复核；对复核决定不服的，可以依法提起行政复议或者行政诉讼。

**第十九条**　学校应当有针对性地加强对教师的培训，促进教师更新教育理念、改进教育方式方法，提高教师正确履行职责的意识与能力。

每学期末，学校应当将学生受到本规则第十条所列教育惩戒和纪律处分的信息报主管教育行政部门备案。

**第二十条**　本规则自2021年3月1日起施行。

各地可以结合本地实际，制定本地方实施细则或者指导学校制定实施细则。

真题面对面

[2021湖北，单选]2021年3月1日起施行的(　　)规定，学校、教师应当遵循教育规律，依法履行职责，通过积极管教和教育惩戒的实施，及时纠正学生错误言行，培养学生的规则意识、责任意识。

A.《中小学教育惩戒法》　　B.《中小学教育惩戒法征求意见》

C.《中小学教育惩戒条例》　　D.《中小学教育惩戒规则(试行)》

答案：D

# 第二部分

# 教育学

# 内容导学

本部分内容共分为十章。

第一章至第三章主要是对教育学基本原理的阐释。第一章的考查题型主要为客观题，第二、三章的考查题型主、客观均会涉及。

第四章至第七章主要介绍教育教学实践中所涉及的基本理论，考查题型主、客观均会涉及。其中，第四章、第六章、第七章为主观题的高频考查章节。

第八章至第十章主要是对班级管理与班主任工作，课外活动与三结合教育以及教育研究的阐述，考查题型偏重于客观题。

考生要重点掌握第四章、第六章、第七章的内容。在备考时，应结合历年真题与自身实际，有针对性地复习。

# 第一章　教育与教育学



## 思维导图

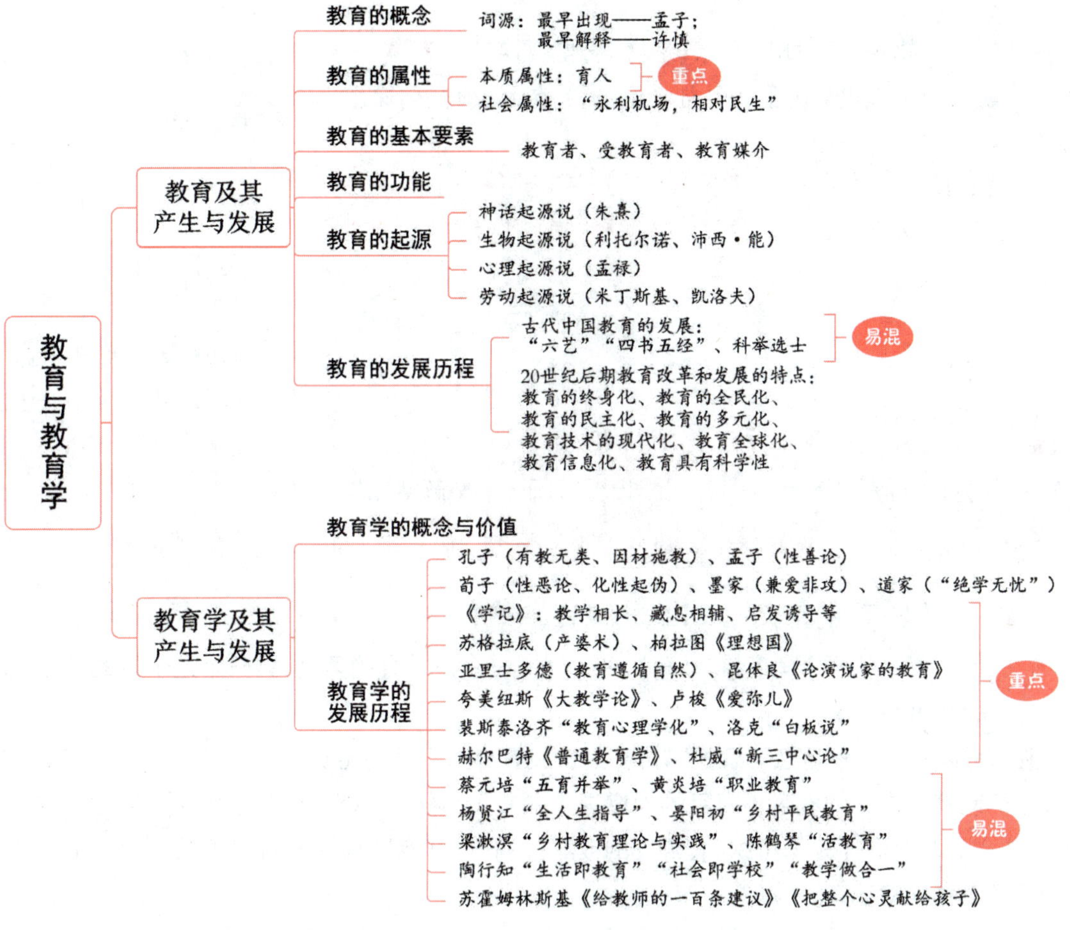


## 考向分析

本章属于教育学的基础章节，也是江西、四川、河南、重庆、贵州、安徽、黑龙江、内蒙古等省份的特岗笔试重点考查的章节，内容广泛、识记性知识多，在考试中常以选择题、判断题、填空题等形式考查。本章的考向分析如下：

| 考点名称 | 常考题型 | 能力层级 | 考查热度 |
| --- | --- | --- | --- |
| "教育"的词源、定义 | 单选、多选、判断 | 识记 | ★★ |
| 教育的本质属性 | 单选、判断 | 识记 | ★★★ |
| 教育的基本要素 | 单选、多选、填空 | 识记 | ★★ |
| 教育的起源学说 | 单选、多选、判断 | 识记、理解 | ★★★ |
| 古代社会、现代社会的教育 | 单选、多选、判断 | 识记 | ★★ |
| 教育学的萌芽阶段、独立形态阶段的教育家及其教育思想 | 单选、多选、判断、填空 | 识记、理解 | ★★★ |
| 中国近现代教育思想 | 单选、多选、判断、填空 | 识记、理解 | ★★ |

核心考点

# 第一节 教育及其产生与发展



## 一、教育的概念

考点 1 "教育"的词源 【单选、多选、判断】 ★★

教育是人类有目的地培养人的一种社会活动,是传承文化、传递生产与社会生活经验的一种途径。

在中国,"教育"一词最早见于《孟子·尽心上》中的"得天下英才而教育之,三乐也"。许慎在《说文解字》中这样解释:"教,上所施,下所效也""育,养子使作善也"。

在西方,"教育"一词源于拉丁文"educare",前缀"e"有"出"的意思,意为"引出"或"导出"。

易混点辨析

关于"教育"一词的两个"最早":

(1)最早出现——孟子;

(2)最早解释——许慎。

真题面对面

[2022黑龙江,判断]"教育"一词在我国最早见于《说文解字》。( )

答案:×

考点 2 "教育"的定义 【单选、多选、判断】 ★★

从内容上看,人们是从两个角度给"教育"下定义的:一个是社会的角度,另一个是个体的角度。

**1. 从社会的角度来定义**

从社会的角度来定义"教育",可以把"教育"的定义区分为不同的层次:

(1)**广义的教育**。广义的教育指有目的地增进人的知识与技能、发展人的智力与体力、影响人的思想观念的活动。广义的教育可能是无组织的、自发的或零散的,也可能是有组织的、自觉的或系统的。它包括社会教育、学校教育和家庭教育。

(2)**狭义的教育**。狭义的教育指**学校教育**,是教育者依据一定的社会要求,依据受教育者的身心发展规律,有目的、有计划、有组织地对受教育者施加影响,促使其朝着所期望的方向发展变化的活动。与一般教育活动相比较,学校教育是目的性、组织性、计划性最强的系统性教育活动。

(3)**更狭义的教育**。更狭义的教育有时是指思想品德教育活动,与学校中常说的"德育"是同义词。

**2. 从个体的角度来定义**

从个体的角度来定义"教育",往往把"教育"等同于个体学习与发展的过程。

兼顾社会和个体两个方面给教育下定义:教育是在一定社会背景下发生的促使个体的社会化和社会的个性化的实践活动。

## 二、教育的属性

考点 1 教育的本质属性 【单选、判断】 ★★★

教育的本质属性是育人,即教育是一种有目的地培养人的社会活动。这是教育区别于其他事物现象的根本特征,也是教育的质的规定性。如果失去了这一质的规定性,那就不能称之

教育的本质属性

为教育了。因此，教育是一种社会现象，是人类特有的活动，动物界没有教育。把阶级性、生产性等看作是教育的本质的观点都是偏颇的。

**重难点解读**

关于教育的本质属性，我们需要注意：

(1)教育是人类社会特有的活动，动物界不存在教育。社会性和意识性是人的教育活动和动物的“教育”活动的本质区别。动物界的某些行为虽与人类社会的教育相类似，但本质不同。

(2)人类社会中的一些行为是不属于教育的。例如：①没有明确目的的、偶然发生的行为，如孩子偶然把手指伸到火苗上，被灼伤，由此获得有关火的知识；②片面强调个体社会化的行为(如机械的“灌输”)或片面强调社会个性化的行为(如随心所欲的学习)；③日常家庭生活中的“抚养”“养育”行为，如初生婴儿吸奶。

**真题面对面**

[2021重庆，单选]教育的本质特点是(　　)

A. 影响人的身心发展　　B. 促进经济发展

C. 有目的地培养人　　D. 繁荣社会文化

答案：C

## 考点2 教育的社会属性 【单选】 ★

表2-1　教育的社会属性

| 属性 | 内涵 |
|---|---|
| 永恒性 | 教育是人类所特有的社会现象，与人类社会共始终 |
| 历史性 | 不同时期的教育有不同的历史形态和特征 |
| 继承性 | 不同时期的教育有共同特点，前后相继 |
| 长期性 | 无论从一个教育活动完成的角度，还是从一个个体教育生长的角度，其时间周期都比较长 |
| 相对独立性 | 教育有其自身的规律，具有相对独立性。可以“超前”或“滞后”于当时的社会发展 |
| 生产性 | 教育是生产性活动，与其他生产活动相比，在对象、过程与结果等方面有自己的特殊性 |
| 民族性 | 教育在具体的民族或国家中进行，有其民族性特征 |

**记忆有妙招**

为方便考生记忆，编者将教育的社会属性总结成以下口诀：

**永利机场，相对民生。永：**永恒性。**利：**历史性。**机：**继承性。**场：**长期性。**相对：**相对独立性。**民：**民族性。**生：**生产性。

## 三、教育的基本要素 【单选、多选、填空】 ★★

一般认为，教育者、受教育者(学习者)和教育媒介(教育影响)是构成教育活动的基本要素。

**1. 教育者**

广义的教育者指对受教育者态度、知识、技能、思想、品德等方面起到教育影响作用的人。其范围广泛，包括各级各类教育管理人员、专兼职教师、校外教育机构中的工作人员、家长乃至自己。

狭义的教育者指从事学校教育活动的人。其中，教师是学校教育者的主体，是直接的教育者，在整个教育过程中起主导作用，是学生身心发展的主要影响源。

**2. 受教育者(学习者)**

在社会教育活动中，在生理、心理及性格发展方面有目的地接受影响、从事学习的人，统称为受教育者。它既包括在校学习的学生，也包括各种形式成人教育中的学习者。受教育者是教育的对象及学习的主体。

**3. 教育媒介(教育影响)**

教育媒介指建构于教育者和受教育者之间起桥梁或沟通作用的一切事物的总和。教育媒介是教育活动的中介。从内容上说，主要是教育内容、教育材料或教科书；从形式上说，主要是教育手段、教育方法和教育组织形式。

教育的三个构成要素之间既相互独立又密切联系，共同构成一个完整的实践系统。其中，教育者是主导性的因素，没有教育者，教育活动就不可能展开，学习者也不可能得到有效的指导；没有学习者，教育活动就失去了对象，无的放矢；没有教育媒介，教育活动就无法实现。因此，教育是上述三个基本要素的有机结合。

在教育的诸多矛盾中，受教育者与教育内容这一对矛盾是教育中基本的、决定性的矛盾，因为它是教育活动的逻辑起点。

**考点 再拔高**

▼ 教育的基本要素的其他说法

说法一：构成教育活动的基本要素是教育者、受教育者和教育措施(包括教育的内容和手段)。

说法二：教育的基本要素主要包括教育者、学习者、教育内容和教育手段。教育者是教育过程中"教"的主体，是教育活动的主导者，是构成教育活动的支撑性要素；学习者是教育过程中"学"的主体，是教育的对象，是教育过程中学习和发展的主体，是构成教育活动的驱动性要素；教育内容是教育活动中师生共同认识的客体；教育手段是教育活动的基本条件，它主要包括物质手段和精神手段。其中，影响教育活动成效的决定性因素是教育者和学习者。

**真题面对面**

1. [2022四川，单选]下列选项中，不属于教育的基本要素的是(　　)

A. 教育者　　B. 学习者

C. 教育法律　　D. 教育影响

2. [2022安徽，单选]下列关于教育的基本要素，叙述错误的是(　　)

A. 教育者是教育活动的主导者，是构成教育活动的支撑性要素

B. 学习者是教育的对象，是构成教育活动的驱动性要素

C. 教育内容是教育活动中师生共同认识的客体

D. 教育手段是影响教育活动成效的决定性因素

答案：1. C　2. D

## 四、教育的功能　【单选、多选、判断、辨析】 ★

教育功能就是教育对人的发展和社会发展所能起到的影响和作用，尤指对人和社会的发展所起到的积极的促进作用。教育的根本功能是促进人的成长和全面发展。

表2-2　教育功能的分类

| 分类依据 | 类型 | 含义 |
| --- | --- | --- |
| 作用的对象 | 个体发展功能(本体功能) | 教育对个体发展的影响和作用。它由教育活动的内部结构特征决定，发生于教育活动内部 |
| | 社会发展功能(派生功能) | 教育对社会发展的影响和作用 |
| 作用的方向 | **正向功能** | 教育有助于社会进步和个体发展的积极影响和作用 |
| | **负向功能** | 教育阻碍社会进步和个体发展的消极影响和作用 |
| 作用的呈现形式 | 显性功能 | 教育活动依照教育目的在实际运行中所出现的与之相吻合的结果。如促进人的全面和谐发展、促进社会的进步等 |
| | **隐性功能** | 伴随显性教育功能所出现的非预期性的功能。如教育复制了现有的社会关系、再现了社会的不平等,学校照管儿童的功能等 |

注:显性功能与隐性功能的区分是相对的,一旦隐性的潜在功能被有意识地开发、利用,就转变成了显性教育功能。

除上述分类之外,将教育功能的方向和形式结合起来,又可将教育功能划分为**正向显性功能**、**正向隐性功能**、**负向隐性功能**以及**负向显性功能**四类。

真题面对面

1. [2022四川,单选]教育的根本功能是(　　)

A. 提高教育教学质量　　B. 为了一切学生

C. 促进人的成长与全面发展　　D. 为社会输送合格人才

2. [2020吉林,判断]教育必然对社会物质生产起积极作用。(　　)

答案:1. C　2. ×

## 五、教育的起源　【单选、多选、判断】★★★

表2-3　教育的起源学说

| 代表学说 | 代表人物 | 主要观点 | 评价 |
| --- | --- | --- | --- |
| 神话起源说 | 朱熹 | (1)教育由人格化的神(上帝或天)所创造;<br>(2)教育的目的是体现神或天的意志 | (1)是人类关于教育起源的**最古老**的观点。<br>(2)受到当时在人类起源问题上认识水平的局限,是根本错误的,非科学的 |
| **生物起源说** | 利托尔诺(法)<br>沛西·能(英) | 教育是一种生物现象,而不是人类所特有的社会现象。教育的产生完全来自于动物的本能,是种族发展的本能需要 | (1)是第一个正式提出的有关教育起源的学说;标志着在教育起源问题上开始转向科学解释。<br>(2)没有把握人类教育的目的性和社会性,把教育的起源问题生物学化 |
| 心理起源说 | 孟禄(美) | 教育起源于日常生活中儿童对成人的无意识模仿 | (1)使教育从动物界回归到人类社会,提出模仿是教育起源的新说,有一定的合理性。<br>(2)把人类有意识的教育行为混同于无意识模仿,同样导致了教育的生物学化,否认了教育的社会属性,是不正确的 |

续表

| 代表学说 | 代表人物 | 主要观点 | 评价 |
| --- | --- | --- | --- |
| 劳动起源说（社会起源说） | 米丁斯基（苏联）<br>凯洛夫（苏联） | 在马克思历史唯物主义理论指导下形成，认为教育起源于人类所特有的生产劳动 | 提供了理解教育起源和教育性质的一把"金钥匙" |

神话起源说

生物起源说

心理起源说

劳动起源说

**记忆有妙招**

为方便考生记忆，编者将各教育起源学说总结成以下口诀：

(1)**诸神合一**：神话起源说认为教育的目的是使人皈依于神或顺从于天。**诸**：朱熹。

(2)**本能生利息**：生物起源说认为教育起源于动物的生存本能。**利**：利托尔诺；**息**：沛西·能。

(3)**心里做着一个无意识的梦**：心理起源说认为教育起源于儿童对成人的无意识模仿。**梦**：孟禄。

(4)**米凯爱劳动**：劳动起源说认为教育起源于生产劳动。**米**：米丁斯基。**凯**：凯洛夫。

**真题面对面**

[2022四川，单选]法国社会学家利托尔诺认为，教育活动不仅存在于人类社会之中，而且也存在于人类社会之外，甚至存在于动物界。这种理论是(　　)

A. 教育的神话起源说　　B. 教育的生物起源说

C. 教育的心理起源说　　D. 教育的劳动起源说

答案：B

## 六、教育的发展历程　【单选、多选、判断】

### 考点 1　原始社会的教育 ★

总体来说，原始社会的教育主要有三个特征：

(1)教育具有非独立性，教育和社会生活、生产劳动紧密相连。教育没有从社会生活和生产中分化出来，教育是在生产劳动和社会生活中进行的，没有特定的教育场所和专职教育人员。

(2)教育具有自发性、全民性（普及性）、广泛性、**无等级性**（平等性）和**无阶级性**，是原始状态下的教育机会均等，只因年龄、性别和劳动分工不同而有所差别。

(3)教育具有原始性，教育内容简单，教育方法单一。由于没有文字和书籍，教育方法只限于动作示范与观察模仿、口耳相传与耳濡目染。

真题面对面

[2022黑龙江,判断]原始社会的教育内容与生产生活相分离。(　　)

答案:×

## 考点2　古代社会的教育

### 1. 古代社会教育的特征 ★

古代社会的教育一般指奴隶社会的教育和封建社会的教育。

(1)奴隶社会的教育及其特征

一般认为,学校教育正式产生于奴隶社会初期。学校教育的出现使教育从社会活动中分化出来,成为独立的形态。学校的出现意味着人类正规教育制度的诞生,是人类教育文明发展的一个质的飞跃。

奴隶社会的教育的共同特征包括:①学校教育成为奴隶主阶级手中的工具,具有鲜明的阶级性;②学校教育与生产劳动相脱离和相对立;③学校教育趋于分化和知识化;④学校教育制度尚不健全。

(2)封建社会的教育及其特征

封建社会的学校教育较之奴隶社会的学校教育,在规模上逐渐扩大,在类型上逐渐增多,在内容上也日益丰富,并且具有等级性、专制性和保守性。但是,由于封建社会的生产仍是手工操作的小生产,生产劳动者的培养不需要通过学校教育,因而封建社会的学校教育,仍然没有培养生产工作者的任务,基本上也是与生产劳动脱离的。

(3)古代东西方教育的共同特征

教育的阶级性与等级性

古代东西方的教育虽然在具体内容和形式上存在许多差异,但也有一些共同特征。具体表现如下:

①教育具有**阶级性**,学校成为统治阶级培养人才的场所,非统治阶级的子弟不能或无权进入学校接受正规的教育;

②教育具有道统性,天道、神道、人道往往合而为一,统治阶级的政治思想和伦理道德是唯一被认可的思想;

③教育具有**等级性**,在统治阶级内部,统治阶级子弟也要按照家庭出身等进入不同等级的学校;

④教育具有专制性,教育过程是管制与被管制、灌输与被灌输的过程,道统的威严通过教师、牧师的威严,通过招生、考试以及教学纪律的威严予以保证;

⑤教育具有刻板性,教育方法和学习方法比较单一,都是死记硬背、机械模仿;

⑥教育具有**象征性**,教育的象征性功能占主导地位,即能不能受教育和受什么样的教育是区别社会地位的象征。

记忆有妙招

为方便考生记忆,编者将古代东西方教育的共同特征总结成以下口诀:

**街道等砖刻象**。**街**:阶级性。**道**:道统性。**等**:等级性。**砖**:专制性。**刻**:刻板性。**象**:象征性。

真题面对面

[2022重庆,单选]孔子曰:“上好礼,则民莫敢不敬;上好义,则民莫敢不服;上好信,则民莫敢不用情。夫如是,则四方之民襁负其子而至矣,焉用稼!”这段话表明孔子所处时代的教育特征是(　　)

A. 重视生产劳动　　B. 脱离生产劳动　　C. 注重产教结合　　D. 结合生产劳动

答案:B

第二部分

### 2. 古代社会教育的发展

(1)古代中国 ★★

表2-4 古代中国的教育

| 时期 | 教育发展概况 |
|---|---|
| 夏朝 | 我国最早的学校出现 |
| 商朝 | 有了比较正规的学校教育场所;根据不同年龄的学生在教育上的要求,划分了不同的教育阶段 |
| 西周 | 形成政教合一,官师合一,"学在官府"("学术官守")的官学体系;<br>以"礼乐"为中心的"六艺"(礼、乐、射、御、书、数)教育为学校教育的基本学科 |
| 春秋战国 | 官学衰微,私学兴起,冲破了"学在官府"的限制,促成了百家争鸣的社会盛况;<br>战国时期,养士之风盛行,稷下学宫是养士的缩影,是由官家举办、私家主持的学校,特点是学术自由 |
| 两汉时期 | 汉武帝采纳董仲舒的建议,"罢黜百家,独尊儒术",设立太学(当时最高的教育机构);<br>东汉灵帝设立鸿都门学(研究文学艺术的专门学校) |
| | 地方官学的发展始于"文翁兴学" |
| 隋唐 | 选士制度——**科举制**;形成以**六学二馆**为主干的完备的官学教育系统。<br>六学:国子学、太学、四门学、律学、书学、算学;二馆:崇文馆、弘文馆 |
| 宋朝 | 程朱理学;主要教育内容为"**四书五经**"("四书"是《大学》《中庸》《论语》《孟子》的合称;"五经"(《诗》《书》《礼》《易》《春秋》的合称);书院盛行 |
| 明朝 | 八股文成为科考的固定格式;在城镇和乡村地区广泛开设社学(对民间儿童进行教育的重要形式) |
| 清朝 | 1905年,清政府下令废科举开学堂 |

注:①私学何时兴办,何人首创,不可确考。我们认为,私学的首创者是以孔子为代表的一批教育家。私学的产生形成了古代教育思想的第一次高潮。②书院最早出现在唐朝,成为正式的教育制度则是由朱熹创立的。

**真题面对面**

1. [2022重庆,单选]我国古代教育中,"六艺"的内容是(  )

A. 算数、几何、天文、音乐、文法、辩证法

B. 礼、乐、射、御、书、数

C.《诗经》《尚书》《仪礼》《乐经》《易经》《春秋》

D.《大学》《中庸》《孟子》《论语》《学记》《尚书》

2. [2022陕西,单选]科举选士制度始于(  )

A. 两汉时期　　B. 魏晋时期　　C. 隋唐时期　　D. 宋元明清

答案:1. B　2. C

(2)古代其他国家(地区) ★

表2-5 古代其他国家(地区)的教育

| 国家(地区) | 教育发展概况 |
|---|---|
| 古代印度 | 教育与宗教联系在一起,分为婆罗门教育和佛教教育。教育目的主要是道德陶冶,内容多是消极的、遁世的,缺乏积极因素,主张禁欲修行 |

续表

| 国家(地区) | 教育发展概况 |
| --- | --- |
| 古代埃及 | ①教育的总体特征是“**以僧为师**”“**以吏(书)为师**”。<br>②形成了三种主要的学校类型：宫廷学校、职官学校和文士学校。其中，文士学校是开设最多的学校 |
| 古代希腊 | 以雅典和斯巴达的教育为代表：<br>①**雅典教育**：在西方最早形成体育、德育、智育、美育和谐发展的教育，教育内容比较丰富，教育方法也比较灵活，教育目的是培养有文化、有修养和多种才能的政治家和商人。<br>②**斯巴达教育**：以军事体育训练和政治道德灌输为主，教育内容单一，教育方法也比较严厉，教育目的是培养忠于统治阶级的强悍的军人 |
| 中世纪西欧 | 形成了两种著名的封建教育体系：<br>①**教会教育**：目的是培养教士和僧侣。教育内容是“**七艺**”，包括“三科”(文法、修辞、辩证法)和“**四学**”(算术、几何、天文、音乐)，而且各科都贯穿神学。<br>②**骑士教育**：目的是培养封建骑士。教育内容是“**骑士七技**”(也称“武士七艺”)，即骑马、游泳、击剑、打猎、投枪、下棋、吟诗 |

**易混点辨析**

关于古代东西方教育内容的“三四五六七”：

三科——文法、修辞、辩证法 }七
四学——算术、几何、天文、音乐 }艺

四书——《大学》《中庸》《论语》《孟子》

五经——《诗》《书》《礼》《易》《春秋》

六艺——礼、乐、射、御、书、数

七技——骑马、游泳、击剑、打猎、投枪、下棋、吟诗

## 考点3 近代社会的教育 ★

19世纪以后近代教育的发展特点主要表现在：

(1)初等义务教育的普遍实施。德国是世界上最早颁布义务教育法令和最早普及义务教育的国家。

(2)国家加强了对教育的重视和干预，公立教育崛起。

(3)逐步确立了实用功利的教育目的，科学教育兴起，教学内容日益丰富。

(4)创立了新的教学组织形式——班级授课制。

(5)教育的世俗化。教育从宗教中分离出来。

(6)教育的法制化。重视教育立法，依法治教。

## 考点4 现代社会的教育 ★★

### 1. 现代教育的特点

(1)培养全面发展的人由理想走向实践。

(2)教育与生产劳动相结合日趋密切。教育的生产性特点随着资本主义社会的发展日益凸显。人们日益认识到，今天的教育就是明天的经济。教育的消费是明显的消费，潜在的生产；是有限的消费，扩大的生产；是今日的消费，明日的生产。

(3)教育普及制度化，教育形式、手段多样化。

(4)教育实施的法制化和民主化。现代教育最显著的发展特征表现为教育的民主化。教育民主化要求的是平等、高质量的教育和适合个体个性特征的教育。



第二部分

(5)人文教育与科学教育携手并进。

(6)教育日益显示出开放性和整体性。

另外,也有说法认为,与古代教育相比,在总体上,现代教育呈现出一些全新的特征:生产性、公共性、科学性、未来性、革命性、国际性、终身性。

真题面对面

1. [2021江西,多选]下列关于教育的发展,表述正确的观点是(　　)

A. 中国隋唐时期,已经出现了完备的"六学二馆"的官学体系

B. "七艺"是中世纪骑士教育的主要内容

C. 普遍实施中等义务教育是近代社会教育的主要特征

D. 人文教育和科学教育携手并进是现代社会教育的特征

2. [2022内蒙古,判断]教育既是一种明显的消费,又是一种潜在的生产。(　　)

3. [2021河南,判断]教育民主化作为现代教育最显著的特征,追求的是平等、高质量和适合个性特征的教育。(　　)

答案:1. AD　2. √　3. √

**2. 20世纪后期教育改革和发展的特点**

(1)教育的终身化。20世纪60年代以后提出的教育贯穿人一生的终身教育思想,强调职前教育与职后教育的一体化、青少年教育与成人教育的一体化、学校教育与社会教育的一体化。法国教育家**保罗·朗格朗**最早系统论述了终身教育。

(2)教育的全民化。所谓**全民教育**,即全体国民都有接受教育的基本权利并必须接受一定程度的教育,通过各种方式满足基本的学习需求。也就是教育对象的全民化,亦即教育必须向所有人开放。

(3)教育的民主化。教育民主化是对教育的等级化、特权化和专制性的否定。教育民主化首先是指教育机会均等,即教育要为所有的社会成员提供平等的教育权利,包括入学机会的均等、教育过程中享有教育资源机会的均等和教育结果的均等,这意味着要对社会弱势学生群体给予特殊照顾;其次是指师生关系的民主化;再次是指教育方式、教育内容等的民主化,为学生提供更多的自由选择的机会;最后是指追求教育的自由化,包括教育自主权的扩大,根据社会要求设置课程,编写教材的灵活性等。概言之,教育民主化是指全体社会成员享有越来越多的教育机会,受到越来越充分的民主教育。

(4)教育的多元化。多元化是对单一性和统一性的否定,教育的多元化具体包括教育思想的多元化,培养目标、办学模式、教学内容、评价标准等的多元化,它是社会生活多元化以及人的个性化在教育上的反映。

(5)教育技术的现代化。教育技术的现代化是指现代科学技术在教育上的应用,包括教育设备、教育手段、教育方法等的现代化以及由此而引起的教育思想、观念的变化。

(6)教育全球化。进入20世纪50年代以后,科技的迅速发展,国际政治格局的调整,要求教育培养国际通用的人才。20世纪90年代以后,一些发达国家开始建立国际学校,设立国际课程,旨在培养能在未来的国际事务中大显身手的人才。

(7)教育信息化。教育信息化是指在教育管理、教学和科研等领域广泛深入地运用现代信息技术来促进教育改革与发展的过程。教育信息化的技术特点是数字化、网络化、智能化和多媒体化,基本特征是开放、共享、交互、协作。

(8)教育具有科学性。同历史以经验指导教育相比,现代教育更注重科学指导,由此使得教育科学研究获得重视。

**记忆有妙招**

为方便考生记忆,编者将20世纪后期教育改革和发展的特点总结成以下口诀:

**忠全民,多代课,全球信息都知道**。**忠**:终身化。**全**:全民化。**民**:民主化。**多**:多元化。**代**:现代化。**课**:科学性。**全球**:全球化。**信息**:信息化。

**真题面对面**

[2022安徽,判断]教育信息化的基本特征是开放、共享、交互和协作。(　　)

答案:√



## 第二节　教育学及其产生与发展

### 一、教育学的概念与价值

**考点1　教育学的概念**　【单选、多选、判断、名词解释、辨析】★

教育学是研究教育现象和教育问题,揭示教育规律的一门科学。教育学的根本任务是揭示教育规律。

**教育现象**是教育活动在运动发展中的表现形式,是教育活动外在的、表面的特征,包括教育社会现象和教育认识现象。教育社会现象是反映教育与社会关系的现象,如学校布局的调整、教师工资的增长或拖欠、学校管理体制的改革等。教育认识现象是反映教育与学生认识活动关系的现象。教育现象被认识和研究,便成为教育问题。教育问题是推动教育学发展的内在动力。

**教育规律**是教育活动内在的、本质的和必然的联系,包括教育内部诸因素、教育与外部诸因素之间的本质性的联系,以及教育发展变化的必然趋势。

**真题面对面**

[2021内蒙古,多选]教育学的研究对象是(　　)

A. 教育状况　　B. 教育属性

C. 教育现象　　D. 教育问题

E. 教育的特征

答案:CD

**考点2　教育学的价值**　【简答】★

(1)反思日常教育经验;(2)科学解释教育问题;(3)沟通教育理论与实践。

### 二、教育学的发展历程　【单选、多选、判断、填空】

教育学的发展,大体可以分成萌芽、独立形态、多元化、现代化四个阶段。

**考点1　教育学的萌芽阶段**　★★★

萌芽阶段的教育学还没有成为一门独立的学科,只是表现为许多零星的教育思想与观点,理论上并不成熟,方法是经验总结和理性思考。这一时期的教育学著作有《论语》、《孟子》、《老子》、《庄子》、《学记》、《大学》、朱熹的《四书集注》、王守仁的《传习录》、韩愈的《师说》、柏拉图的《理想国》、亚里士多德的《政治学》和昆体良的《论演说家的教育》(《雄辩术原理》)等。

真题面对面

[2020江西,多选]教育学的发展经历了多个阶段,以下属于萌芽阶段的代表作的是(　　)

A.《论语》　　B.《学记》　　C.《雄辩术原理》　　D.《教育漫话》

答案:ABC

第二部分

**1. 中国萌芽阶段的教育思想**

(1)孔子的教育思想

孔子是春秋末期的大思想家、大教育家,儒家学派的创始人。他的教育思想主要体现在**《论语》**(孔门弟子辑录的孔子言行录,也记载着一部分孔子门徒的言行)一书中。

表2-6　孔子的教育思想

| 思想核心 | "仁"和"礼" | |
|---|---|---|
| 教育对象 | "有教无类"(孔子的办学方针) | |
| 教育内容 | ①编订"六经"(《诗》《书》《礼》《乐》《易》《春秋》六种教材),奠定了儒家教育内容的基础;②道德教育居于首要地位;③"子以四教:文、行、忠、信";④偏重社会人事、偏重文事,轻视科技与生产劳动 | |
| 教学原则与方法 | 启发诱导 | 孔子曾说:"不愤不启,不悱不发。举一隅不以三隅反,则不复也。"朱熹解释为:愤者,心求通而未得之意;悱者,口欲言而未能之貌;启,谓开其意;发,谓达其辞(孔子是世界上最早提出启发式教学的教育家,比苏格拉底提出的"产婆术"早几十年) |
| | 因材施教 | "求也退,故进之;由也兼人,故退之";"中人以上,可以语上也;中人以下,不可以语上也" |
| | 学思并重 | "学而不思则罔,思而不学则殆"(学思结合,两者并重而不偏) |
| | 温故知新 | "温故而知新,可以为师矣" |

因材施教

重难点解读

孔子的"有教无类""因材施教"等思想属于古代朴素的教育平等观,反映了古代思想家对扩大教育平等的追求,但仍以阶级分层为基础,带有特定历史阶层的等级观念。因此并不是真正的教育平等。

真题面对面

[2022内蒙古,判断]孔子的有教无类,是真正意义上的全面教育。(　　)

答案:×

(2)其他学者(学派)的教育思想

表2-7 其他学者(学派)的教育思想

| 学者(学派) | 教育思想 |
| --- | --- |
| 孟子 | ①持“性善论”,这是其教育思想的基础。认为人先天就具有仁、义、礼、智四个“善端”,教育是扩充“善性”的过程,教育的目的在于“明人伦”。<br>②在一般的人伦关系上,提出了一种理想的“大丈夫”人格,即“富贵不能淫,贫贱不能移,威武不能屈” |
| 荀子 | ①持“性恶论”,认为教育的作用是“化性起伪”,就是通过教育和学习来改变自己的本性,使人具有适应社会生活的道德智能。因此,他给教育的定义是“以善先人者谓之教”,教育使人“博学,积善而化性”。<br>②以儒经为教学内容,认为完整的学习过程是由感性认识到理性认识、再到行动的过程,即闻—见—知—行。“不闻不若闻之,闻之不若见之,见之不若知之,知之不若行之。”<br>③在先秦儒家诸子中,最为提倡尊师,把教师提到与天地、祖宗并列的地位,将教师视为治国之本 |
| 墨家(墨翟) | ①以“兼爱”“非攻”为教,注重文史知识的掌握和逻辑思维能力的培养,还注重实用技术的传习。<br>②重视科学技术教育和训练思维能力,突破了儒家六艺教育的范畴。<br>③认为人的知识来源可分为三个方面:“亲知”“闻知”和“说知”。前两种都不可靠,必须重视“说知”,即依靠类推和明故的方法来获得知识 |
| 道家 | ①主张“绝学”“愚民”,认为“绝学无忧”。<br>②根据“道法自然”的哲学,主张教循自然原则,“无为”而教,“行不言之教”。<br>③提倡怀疑的学习方法,讲究辩证法,提倡“用反”“虚静”等充满辩证法思想的教育教学原则 |

(3)《学记》的教育思想

《学记》(收入《礼记》)是中国也是世界教育史上的第一部教育专著,成文大约在战国末期。《学记》从正反两方面总结了儒家的教育理论和经验,系统阐发了教育的作用和任务、学校制度、教育目的、教学原则、教师的地位和作用、师生关系等,尤以教学原则的总结最突出。

表2-8 《学记》中的教学原则

| 教学原则 | 引文示例 |
| --- | --- |
| 教学相长 | “是故学然后知不足,教然后知困。知不足,然后能自反也;知困,然后能自强也。故曰:教学相长也” |
| 尊师重道 | “师严然后道尊,道尊然后民知敬学”(教师观) |
| 藏息相辅 | “大学之教也,时教必有正业,退息必有居学”(正课学习与课外练习兼顾,课内与课外相结合,相互补充) |
| 豫时孙摩 | “禁于未发之谓豫”(预防性原则,要在不良倾向尚未发作前就采取预防措施);<br>“当其可之谓时”(及时施教原则,要把握教学的最佳时机,适时进行);<br>“不陵节而施之谓孙”(循序渐进原则,教学要遵循一定的顺序进行);<br>“相观而善之谓摩”(学习观摩原则,学习中要相互观摩,取长补短) |
| 启发诱导 | “故君子之教,喻也。道而弗牵,强而弗抑,开而弗达。道而弗牵则和,强而弗抑则易,开而弗达则思。和、易以思,可谓善喻矣”(反对死记硬背,主张启发式教学,主张开导学生,但不要牵着学生走;对学生提出较高的要求,但不能使学生灰心) |
| 长善救失 | “学者有四失,教者必知之。人之学也,或失则多,或失则寡,或失则易,或失则止。此四者,心之莫同也。知其心,然后能救其失也。教也者,长善而救其失者也” |

此外,《学记》还主张“学不躐等”,即教学要遵循学生的心理发展特点,循序渐进;同时,重视学生的学习,指出“善学者,师逸而功倍,又从而庸之”。

**记忆有妙招**

为方便考生记忆，编者将《学记》中的主要教学原则总结成以下口诀：

**教师长时等七夕。教**：教学相长。**师**：尊师重道。**长**：长善救失。**时**：豫时孙摩。**等**：学不躐等。**七**：启发诱导。**夕**：藏息相辅。



**真题面对面**

[2020江西，单选]"时教必有正业，退息必有居学"，说明了教学要做到（　　）

A. 及时性　　B. 循序渐进　　C. 课内与课外相结合　　D. 长善救失

答案：C

**2. 西方萌芽阶段的教育思想**

西方教育学的思想主要源于古希腊的哲学家苏格拉底、柏拉图和亚里士多德。

（1）苏格拉底

苏格拉底认为，人天生是有区别的，但不管这种区别有多大，教育能够使人得到改进。

苏格拉底以其雄辩和与青年智者的问答法闻名，并提出了"知识就是美德"。**苏格拉底问答法**（亦称"**产婆术**"或"**精神助产术**"）分为三步：第一步称为苏格拉底讽刺，他认为这是使人变得聪明的一个必要的步骤，因为除非一个人很谦逊，"自知其无知"，否则他不可能学到真知；第二步称为定义，在问答中经过反复诘难和归纳，从而得出明确的定义和概念；第三步称为助产术，引导学生自己进行思索，自己得出结论。

也有说法认为，产婆术分为四个步骤：讽刺（讥讽）、助产术、归纳、定义（下定义）。

**真题面对面**

[2022重庆，单选]提出"精神助产术"的教育家是（　　）

A. 柏拉图　　B. 亚里士多德　　C. 苏格拉底　　D. 昆体良

答案：C

（2）柏拉图

柏拉图的教育思想集中体现在其代表作**《理想国》**中。他认为教育与政治有着密切的联系，以培养未来的统治者为宗旨的教育乃是在现实世界中实现理想的正义国家的工具。这种观点是国家主义教育思想的渊源。国家主义教育思想伴随着近代欧美民族国家的出现而产生，在19世纪达到高潮。

（3）亚里士多德

亚里士多德是古希腊百科全书式的哲学家，他秉承了柏拉图的理性说，认为追求理性就是追求美德，就是教育的最高目的。亚里士多德的教育思想主要体现在他的著作**《政治学》**中。他认为，教育应该是国家的。

亚里士多德在教育史上**首次提出了"教育遵循自然"**的观点，主张按照儿童心理发展的规律对其进行分阶段教育，提倡对儿童进行和谐的教育，成为后来全面发展教育的思想源泉。

（4）昆体良

昆体良是古罗马教学法大师，他是西方教育史上第一个专门论述教育问题的教育家。其代表作《雄辩术原理》（《论演说家的教育》或《论演说家的培养》）是西方最早的教育著作，也被誉为古代西方的第一部教学法论著。值得注意的是，昆体良已经对班级授课进行了一些阐述，这是班级授课制思想的萌芽。

**真题面对面**

[2022黑龙江,判断]西方教育史上第一本专门的教育论著是柏拉图的《理想国》。(　　)

答案:×

## 考点2 教育学的独立形态阶段 ★★★

17世纪以后,教育学的发展进入了一个新的阶段,逐渐形成一门独立的学科。近代实验科学的鼻祖培根首次提出把"教育学"作为一门独立的学科,他提出的归纳法为教育学的发展奠定了方法论基础。

这一时期的教育学著作主要有夸美纽斯的《大教学论》、洛克的《教育漫话》、卢梭的《爱弥儿》、裴斯泰洛齐的《林哈德与葛笃德》、赫尔巴特的《普通教育学》、福禄贝尔的《人的教育》、斯宾塞的《教育论》、乌申斯基的《人是教育的对象》和杜威的《民主主义与教育》。

**易错点提示**

由于认定学科形成的标准不同,人们对教育学成为一门独立学科的标志有不同的看法。教育学的学科形成时期是指教育学成为一门独立学科所经历的时期。一般认为,这个时期的起点是17世纪捷克教育家夸美纽斯《大教学论》的问世,终点是19世纪初德国教育家赫尔巴特《普通教育学》的发表。

### 1. 夸美纽斯

捷克教育家夸美纽斯深受人文主义精神影响,具有强烈的民主主义思想,在教育学的创立过程中,取得了突出的成就,其1632年出版的《大教学论》是教育学开始形成一门独立学科的标志,该书被认为是近代第一本教育学著作。其主要教育观点包括:

**(1)泛智教育与普及教育。** 夸美纽斯从他的民主主义的"泛智"思想出发,提出了普及教育的思想。他认为教学应当成为"把一切事物教给一切人类的全部艺术",提出"一切男女青年都应该进学校"。为此他编写了很多教材,如《世界图解》。另外,夸美纽斯还认为,所谓教育,应是周全的教育,主张"人人应该受到一种周全的教育"。

夸美纽斯

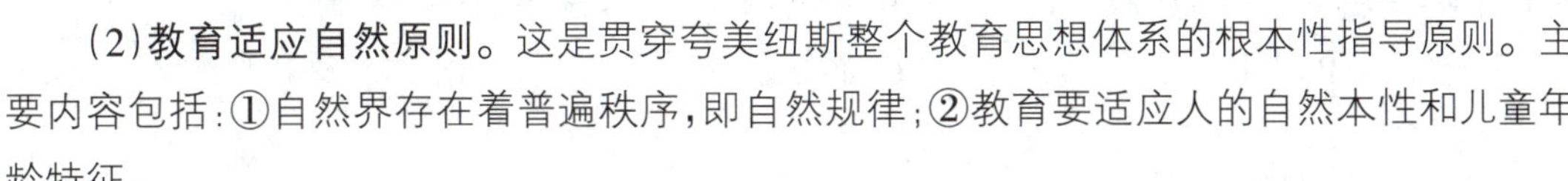

(2)教育适应自然原则。这是贯穿夸美纽斯整个教育思想体系的根本性指导原则。主要内容包括:①自然界存在着普遍秩序,即自然规律;②教育要适应人的自然本性和儿童年龄特征。

(3)学制系统。夸美纽斯在《大教学论》中提出了一个统一的四阶段的单轨学制,共二十四年,分为婴儿期、儿童期、少年期和青年期,各为六年,与之相对应的是母育学校、国语学校、拉丁语学校和大学。

**(4)班级授课制。** 夸美纽斯首次系统论述了学年制和班级授课制的问题。

(5)教学原则。夸美纽斯提出并论证了直观性、系统性、量力性、循序渐进、巩固性和自觉性等教学原则。

**真题面对面**

1. [2022内蒙古,单选]下列不属于夸美纽斯的观点的是(　　)

A. 提出了普及教育的思想

B. 系统论述了班级授课制

C. 认为伦理学和心理学是教育学的理论基础

D. 提出并论证了直观性原则、循序渐进原则、巩固性原则

2. [2021陕西,单选]1632年,捷克教育家(　　)的《大教学论》出版,该书被视为近现代独立形态的教育学的开端。

A. 夸美纽斯　　B. 赫尔巴特　　C. 布卢姆　　D. 卢梭

答案:1. C　2. A

**2. 卢梭**

卢　梭

卢梭是坚定的"性善论"者,他高度尊重儿童的天性,倡导**自然教育**。卢梭于1762年出版的教育小说《爱弥儿》系统阐述了他的自然主义教育思想。"出自造物主之手的东西都是好的,而一到了人的手里,就全变坏了。"这是《爱弥儿》的开篇第一句。

卢梭在《爱弥儿》中表示,自然教育的最终培养目标是"自然人",他还提出了"消极教育"和"自然后果"的教育方法。所谓"**消极教育**",实际上就是与传统的教育相反,使成人、教师在教育中的中心位置让位于儿童的自主发展;儿童不再是被动受教,教师也不再是主宰一切。所谓"**自然后果**"法,即反对对儿童施以严酷的纪律和惩罚,主张让儿童通过体验其过失的不良后果去认识错误,吸取教训,学会服从"自然法则",自行改正。

《爱弥儿》深刻地表达了卢梭的资产阶级教育思想,是反封建的理性革命声音在教育领域的表达,对后来康德、杜威等人产生了深刻的影响。

**记忆有妙招**

为方便考生记忆,编者将卢梭的教育思想总结成以下口诀:

**卢梭性善爱弥儿。**卢梭主张"性善论",其代表作是《爱弥儿》。

**真题面对面**

[2020湖北,单选]"自然后果"法是指当孩子犯了错误之后,不去制止或者责罚,而是让他亲身体验并承担错误所造成的不良后果,从中接受教训。它是由教育家(　　)提出来的一种教育方式。

A. 斯宾塞　　B. 卢梭　　C. 洛克　　D. 苏霍姆林斯基

答案:B

**3. 康德**

康德的教育思想主要反映在**《康德论教育》**一书中。他提出"人是唯一需要教育的动物""人只有通过教育才能成为一个人。人是教育的产物"。教育的根本就是要对人的本性进行适当的控制,教育的最终目的就在于培养有道德的人。关于道德教育,康德提出虽然自由是道德教育的最高目的,但必要的"管束"和"训导"是实现自由的必要保证。

**4. 裴斯泰洛齐**

裴斯泰洛齐

在西方教育史上,裴斯泰洛齐是第一个明确提出"**教育心理学化**"口号的教育家。所谓"教育心理学化"就是把教育提高到科学的水平,将教育科学建立在人的心理活动规律的基础上。他的教育思想主要反映在他的教育小说**《林哈德与葛笃德》**中。

要素教育论是裴斯泰洛齐教学理论体系的重心,他认为,教育过程要从一些最简单的、为儿童所能接受的"要素"开始,再逐渐转到日益复杂的要素,促使儿童各种天赋能力和力量的全面、和谐的发展。

裴斯泰洛齐虽不是第一个提出教育与生产劳动相结合思想的人,但他却是西方教育史上第一位将这一思想付诸实践的教育家。

**5. 洛克**

洛克反对天赋观念，提出了“**白板说**”。他认为人的心灵原来就像一块白板，没有一切特性，没有任何观念。天赋的智力人人平等。他明确指出，“我们日常所见的人中，他们之所以或好或坏，或有用或无用，十分之九都是由他们的教育所决定的。人之所以千差万别，便是由于教育之故。”

洛克认为，教育目的就是培养绅士，而这种培养只能通过家庭教育，由此提出了“**绅士教育论**”。在其著作《**教育漫话**》一书中，他详细论述了绅士教育的内容（即体育、德育和智育）及方法。



**记忆有妙招**

为方便考生记忆，编者将洛克的教育思想总结成以下口诀：

**洛克白板话绅士**：洛克主张“白板说”，其代表作是《教育漫话》，提出了绅士教育论。

**真题面对面**

[2021重庆，单选]提出“白板学说”和“绅士教育”思想的教育家是（　　）

A. 卢梭　　B. 培根　　C. 康德　　D. 洛克

答案：D

**6. 斯宾塞**

斯宾塞

斯宾塞是19世纪英国著名的哲学家、社会学家和教育家，其代表作是《**教育论**》（1861年）。他明确提出了科学知识最有价值的见解。在《教育论》中，斯宾塞提出教育的目的是“为完满生活做准备”，并按重要程度把人类生活的几种活动分类且排序为：（1）直接有助于自我保全的活动；（2）从获得生活必需品而间接有助于自我保全的活动；（3）目的在抚养和教育子女的活动；（4）与维持正常的社会和政治关系有关的活动；（5）在生活中的闲暇时间用于满足爱好和感情的各种活动。

**7. 赫尔巴特**

赫尔巴特

赫尔巴特是康德哲学教席的继承者，近代德国著名的心理学家和教育学家，在世界教育史上被认为是“**现代教育学之父**”或“**科学教育学的奠基人**”。他的《普通教育学》的出版（1806年）标志着规范教育学的建立，也标志着教育学的发展进入了科学化时期，同时，这本书也被认为是第一本现代教育学著作。其观点主要有以下几点：

（1）**教育理论体系的理论基础**。赫尔巴特第一个提出要使教育学成为科学，并认为应以伦理学和心理学作为教育学的理论基础，可以说是奠定了科学教育学的基础。

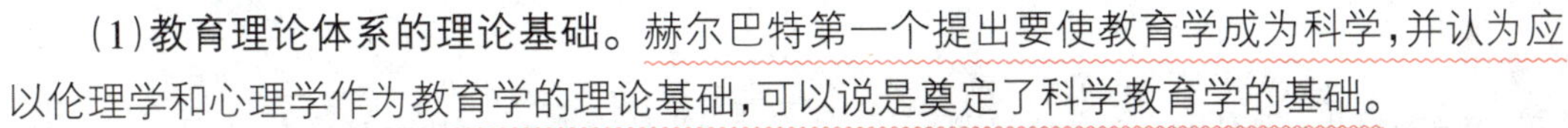

（2）**教育目的**。赫尔巴特提出教育的最高目的是道德和性格的完善，具体来说，教育的根本目的就是要养成内心自由、完善、仁慈、正义和公平五种道德观念。

（3）**教育性教学原则**。在西方教学史上，赫尔巴特第一次提出了“教育性教学”的概念。“教育性教学”指没有任何无教学的教育，也没有任何无教育的教学。

（4）**教学形式阶段论**。赫尔巴特试图以心理学的“统觉”原理来说明教学过程，认为教学过程是新旧观念的联系和系统化的过程，以观念心理学为基础，将教学划分为明了、联想、系统、方法四个阶段。

①明了（清楚），指把新教材分解为各个构成部分，并和意识中相关的观念，即已经掌握的知识进行比较；

②联想（联合），即建立新旧观念的联系，使学生在新旧观念的联系中继续深入学习新教材；

③**系统**，即学生在教师的指导下，在新旧观念联系的基础上进行深入思考，寻求结论和规律；

④**方法**，即通过实际练习，运用系统的知识，使之变得更熟练、更牢固。

赫尔巴特强调系统知识的传授，强调课堂教学的作用，强调教材的重要性，强调教师的权威作用和中心地位，形成了传统教育"课堂中心""教材中心""教师中心"的特点。他对19世纪以后的教育实践和教育思想产生了很大影响，被看作是传统教育理论的代表。

第二部分

真题面对面

[2022重庆，单选]赫尔巴特对教育学的科学化和独立做出了重要贡献，他的标志性著作是(　　)

A.《大教学论》　　B.《爱弥儿》

C.《普通教育学》　　D.《教育论》

答案：C

**8. 杜威**

杜　威

杜威的理论是现代教育理论的代表，区别于传统教育"课堂中心""教材中心""教师中心"的"旧三中心论"，他提出了"儿童中心(学生中心)""活动中心""经验中心"的"新三中心论"。其代表作《民主主义与教育》(又译《民本主义与教育》，1916年)及反映在其作品中的**实用主义**教育思想，对20世纪的教育和教学有深远影响。其主要教育观点包括以下几点：

(1)**论教育的本质**。杜威认为，教育即生活，教育即生长，教育即经验的改组或改造。"教育是生活的过程，而不是将来生活的准备。"此外，杜威还提出"**学校即社会**"，这是对"教育即生活"的进一步引申。从"教育即生活"到"学校即社会"，再到课程的变革("从做中学")是层层递进的。

(2)**论教育的目的**。杜威从"教育即生活"中引出他的"教育无目的论"。"教育的过程，在它自身以外没有目的，它就是它自己的目的；教育的过程是一个不断改组、不断改造和不断转化的过程。"

(3)**"从做中学"**。在经验论的基础上，杜威提出"从做中学"，要求以活动性、经验性的主动作业取代传统的书本式教材的统治地位。同时，"从做中学"也是杜威提出的教学方法，这是一种经验的方法、思维的方法和探究的方法。这种探究的五个步骤即思维五步说或五步探究教学法，即创设疑难情境、确定疑难所在、提出解决问题的种种假设、推断哪个假设能解决这个困难、验证这个假设。

杜威的教育学说提出以后，西方教育学便出现了以赫尔巴特为代表的**传统教育学派**和以杜威为代表的**现代教育学派**对立的局面。

真题面对面

1. [2022重庆，单选]提出"教育即生活，教育即生长，从做中学"教育观念的教育家是(　　)

A. 布鲁纳　　B. 班杜拉　　C. 杜威　　D. 皮亚杰

2. [2022陕西，单选]教育史上传统教育派与现代教育派的代表人物是(　　)

A. 凯洛夫　赫尔巴特　　B. 杜威　赫尔巴特

C. 赫尔巴特　杜威　　D. 夸美纽斯　杜威

3. [2022黑龙江，多选]杜威提出现代教育的"三中心"包括(　　)

A. 教师中心　　B. 儿童中心　　C. 活动中心　　D. 经验中心

E. 课堂中心

答案：1. C　2. C　3. BCD

## 考点3 20世纪教育学的多元化发展 ★

表2-9 20世纪教育学的多元化发展

| 教育学流派 | 代表人物及代表著作 | 主要思想 |
| --- | --- | --- |
| 实验教育学 | **拉伊**的《实验教育学》、**梅伊曼** | 19世纪末20世纪初产生于德国。该流派以教育实验为标志。重视研究儿童发展与教育的关系，重视实验，并强调从实验的结果中寻找教育的途径和方法。实验教育学所强调的定量研究成为20世纪教育学研究的一个基本范式，极大地推动了教育科学的发展 |
| 文化教育学（精神科学教育学） | 狄尔泰的《关于普遍妥当的教育学的可能》、斯普兰格的《教育与文化》 | 19世纪末出现在德国。主张教育的过程是一种历史文化过程，教育研究采用精神科学或文化科学的方法（即理解与解释的方法）进行，教育的目的是促进社会历史的客观文化向个体的主观文化转变，培养完整的人格 |
| 实用主义教育学 | **杜威**的《民主主义与教育》、**克伯屈** | 19世纪末20世纪初兴起于美国。主张教育即生活；教育即学生个体经验持续不断的增长；学校是一个雏形的社会；课程组织应以学生的经验为中心；师生关系以儿童为中心；教学过程注重学生的独立发现和体验，尊重学生发展的个体差异 |
| 马克思主义教育学（社会主义教育学） | （1）**克鲁普斯卡娅**的《国民教育与民主主义教育》（**最早**以马克思主义为基础探讨教育学问题的著作）。<br>（2）**凯洛夫**于1939年主编的**《教育学》**（**世界上第一部**马克思主义的教育学著作）。<br>（3）我国教育家**杨贤江**于1930年以李浩吾为化名出版的**《新教育大纲》**（我国第一部马克思主义的教育学著作） | 兴起于19世纪末，基本观点包括：<br>（1）教育是一种社会历史现象，在阶级社会中具有鲜明的阶级性，不存在脱离社会影响的教育；<br>（2）教育起源于生产劳动；<br>（3）教育的根本目的是促进学生的全面发展；<br>（4）现代教育与生产劳动相结合不仅是发展社会生产力的重要方法，也是培养全面发展的人的唯一方法；<br>（5）在与社会政治、经济、文化的关系上，教育一方面受其制约，另一方面又具有相对独立性，并反作用于政治、经济、文化；<br>（6）马克思主义唯物辩证法和历史唯物主义是教育科学研究的方法论基础 |
| 批判教育学 | 鲍尔斯和金蒂斯的《资本主义美国的学校教育》、阿普尔的《教育中的文化和经济再生产》、布厄迪尔的《教育、社会和文化再生产》 | 兴起于20世纪70年代，是当代西方教育理论界占主导地位的教育思潮。主张学校教育的功能是再生产出占主导地位的社会政治意识形态、文化关系和经济结构；教育目的是对师生进行“启蒙”，以达到意识“解放” |

**真题面对面**

1. [2022河北，单选]以下属于马克思主义教育学观点的是（　　）

A. 学校教育是造成社会差别和对立的根源　　B. 教育即儿童经验之改造

C. 教育研究必须采用精神科学的方法进行　　D. 教育起源于生产劳动

2. [2021四川,单选]杜威所代表的学派被称为( )

A. 实验教育学派

B. 文化教育学派

C. 批判教育学派

D. 实用主义教育学派

答案:1. D 2. D

## 考点4 中国近现代教育思想 ★★

表2-10 中国近现代著名教育家及其教育思想

| 教育家 | 教育思想 | 评价 |
|---|---|---|
| 蔡元培 | (1)教育的最终目的:造就"完全人格"。<br>(2)"五育并举"的教育方针:军国民教育、实利主义教育、公民道德教育、世界观教育和美感教育。<br>(3)改革北京大学的教育实践:①抱定宗旨,改变校风;②贯彻"思想自由,兼容并包"的办学原则;③教授治校,民主管理;④学科与教学体制改革。<br>(4)教育独立思想:①教育经费独立;②教育行政独立;③教育学术和内容独立;④教育脱离宗教而独立 | **"学界泰斗,人世楷模"(毛泽东)** |
| 黄炎培 | (1)提倡"大职业教育主义";<br>(2)职业教育的目的:使无业者有业,使有业者乐业;<br>(3)职业教育的教学原则:手脑并用,做学合一;<br>(4)职业道德教育的基本规范:敬业乐群 | 我国职业教育的先驱 |
| 杨贤江 | (1)提出关于青年教育的"全人生指导"思想;<br>(2)教育的本质:"教育是帮助人营社会生活的一种手段" | —— |
| 晏阳初 | (1)主张乡村平民教育;<br>(2)"四大教育":文艺教育、生计教育、卫生教育和公民教育;<br>(3)"三大方式":学校式、家庭式、社会式 | 国际平民教育之父 |
| 梁漱溟 | 对近代中国教育史的贡献在于他的乡村教育理论与实践。认为乡村教育与乡村建设在实际上是合二为一的 | —— |
| 陈鹤琴 | 明确提出"活教育"主张:<br>(1)"活教育"的目标。做人,做中国人,做现代中国人。<br>(2)"活教育"课程。陈鹤琴指出:"大自然、大社会,都是活教材。""活教育"的课程打破惯常按学科组织的体系,采取能体现儿童生活整体性和连贯性的"五指活动"形式,即:儿童健康活动、儿童社会活动、儿童科学活动、儿童艺术活动和儿童文学活动。<br>(3)"活教育"的教学原则。凡是儿童能够做的,应当让他自己去做;凡是儿童能够想的,应当让他自己想;你要儿童怎样做,就应当教儿童怎样学;等等。<br>(4)"活教育"的方法。做中教,做中学,做中求进步;重视室外活动,着重于生活的体验,以实物为研究对象,以书籍为辅佐的参考。<br>(5)"活教育"的步骤。实验观察—阅读思考—创作发表—批评研讨 | 中国近代学前儿童教育理论和实践的开创者,他的儿童教育思想是丰富的,并富有创造性 |

续表

| 教育家 | 教育思想 | 评价 |
| --- | --- | --- |
| 陶行知 | (1)提出生活教育理论:"生活即教育"(生活教育的本质论及核心)、"社会即学校"(生活教育的范围论)、"教学做合一"(生活教育的方法论)。<br>(2)"生活教育"实践:晓庄师范学校、山海工学团、"小先生制"、育才学校。<br>(3)"千教万教教人求真,千学万学学做真人""捧着一颗心来,不带半根草去" | **"伟大的人民教育家"(毛泽东)**<br>**"万世师表"(宋庆龄)**<br>"一个无保留追随党的党外布尔什维克"(周恩来) |

第二部分

**重难点解读**

杜威与陶行知的教育思想均属于高频考点,同时二者也是易混点,考生在备考时要注意二者的区别。陶行知的"生活教育论"是对杜威教育思想的吸取和改造,他认为杜威的"教育即生活"是把社会生活引入学校,是在鸟笼里人造一个树林,这样的生活已经失真,而真正的生活教育应该是把鸟儿从鸟笼放回树林的教育。

## 真题面对面

1.[2022河南,单选]提出"使无业者有业,使有业者乐业"教育思想的是( )

A.黄炎培　B.陈鹤琴　C.蔡元培　D.陶行知

2.[2022贵州,单选]下面属于陶行知的教育思想的是( )

A.学校即社会　B.社会即学校　C.教育即劳动　D.劳动教育

3.[2022湖北,单选]下列有关民国时期我国教育家及其教育思想的说法中,正确的是( )

A.梁漱溟提出大职业教育思想　B.黄炎培提出乡村教育思想

C.陶行知提出平民教育思想　D.陈鹤琴提出儿童教育思想

**答案**:1.A　2.B　3.D

## 考点5 当代教育学理论的新发展 ★

20世纪中叶以后,由于新科技革命的迅猛发展,人力资源开发和智力开发成为世界教育瞩目的重大课题。布鲁纳、赞科夫、瓦·根舍因等人提出的教学理论,充实了教育学的内容,提高了教育学的科学化水平,被视为现代教学理论的三大流派。

表2-11　现代教育学理论的代表人物及其教育思想

| 代表人物 | 代表著作 | 主要教育思想 |
| --- | --- | --- |
| 布鲁纳(美国) | 《教育过程》 | 提出"**结构教学论**",强调"无论我们选教何种学科,务必使学生理解该学科的基本结构";倡导**发现法**,培养学生的科学探索精神、科学兴趣和创造能力 |
| 赞科夫(苏联) | 《教学与发展》 | 把学生的一般发展作为教学的出发点,提出了**发展性教学理论**的五条教学原则,即高难度、高速度、理论知识起主导作用、理解学习过程、使所有学生包括"差生"都得到一般发展的原则 |
| 瓦·根舍因(德国) | 《范例教学原理》 | 创立**范例教学理论**,提出改革教学内容,加强教材的基本性、基础性,并通过对范例的接触,培养学生独立思考、独立判断与独立工作的能力 |
| 皮亚杰(瑞士) | 《教育科学与儿童心理学》 | 教学的主要目的是发展学生的智力 |

续表

| 代表人物 | 代表著作 | 主要教育思想 |
| --- | --- | --- |
| 保罗·朗格朗(法国) | 《终身教育引论》 | 终身教育理论 |
| 苏霍姆林斯基(苏联) | 《给教师的一百条建议》《把整个心灵献给孩子》 | 提出和谐教育思想,认为学校教育的理想是培养全面和谐发展的人 |

第二部分

**记忆有妙招**

为方便考生记忆,编者将现代教学理论的三大流派总结成以下口诀:

**布结构,赞发展,瓦范例。布结构**:布鲁纳提出结构教学论。**赞发展**:赞科夫提出发展性教学理论。**瓦范例**:瓦·根舍因创立范例教学理论。

**真题面对面**

[2020河南,单选]下列选项中的教育名著与作者对应不正确的是(　　)

A.《大教学论》——夸美纽斯

B.《民主主义与教育》——杜威

C.《爱弥儿》——卢梭

D.《给教师的一百条建议》——赞科夫

答案:D

## 核心考点回顾

1. 如何理解教育的概念?教育有哪些基本要素?(参见本书P042)

2. 教育的起源学说主要有哪些?各学说的代表人物、主要观点分别是什么?(参见本书P045)

3. 古代社会教育的发展特点及发展概况分别是什么?(参见本书P047)

4. 20世纪后期教育改革和发展的特点有哪些?(参见本书P050)

5. 教育学发展的各阶段的代表人物、主要思想及代表著作有哪些?(参见本书P051)

6. 中国近现代著名教育家及其教育思想有哪些?(参见本书P060)

# 达标测评

| 建议用时 | 实际用时 | 测评总分 | 实际得分 |
| --- | --- | --- | --- |
| 15分钟 | ____分钟 | 15分 | ____分 |

一、单项选择题(每小题1分,共5分)

1. 西方教育史上第一个明确提出“教育心理学化”口号的教育家是(　　)

A. 洛克　　B. 杜威　　C. 裴斯泰洛齐　　D. 夸美纽斯

2. 有史以来,除(　　)以外,教育都具有阶级性的特征。

A. 原始社会　　B. 奴隶社会　　C. 近代社会　　D. 现代社会

3. 关于教育的起源一直是众说纷纭,其中,我国古代的朱熹所持的观点是(　　)

A. 神话起源说　　B. 生物起源说　　C. 心理起源说　　D. 劳动起源说

4.《学记》中的“当其可之谓时”体现的原则是(　　)

A. 预防性原则　　B. 循序渐进原则

C. 及时施教原则　　D. 学习观摩原则

5. “只有通过适当的教育之后,人才能成为一个人。”这句话旨在说明教育是(　　)

A. 培养人的社会实践活动　　B. 使人得以生存的活动

C. 传递社会经验的活动　　D. 保存人类文明的活动

二、多项选择题(每小题2分,共4分)

1. 我国和世界上最早的马克思主义教育学著作分别是(　　)

A. 凯洛夫的《教育学》

B. 克鲁普斯卡娅的《国民教育与民主主义教育》

C. 杨贤江的《新教育大纲》

D. 潘菽的《教育学》

2. (　　)提出的教学理论被视为现代教学理论的三大流派。

A. 布鲁纳　　B. 赫尔巴特　　C. 赞科夫　　D. 瓦·根舍因

三、判断题(每小题1分,共3分)

1. 狭义的教育指的是学校教育。(　　)

2. 一个顽皮的孩子偶然把手指伸到火苗上,被灼伤,由此获得了有关火的知识。这一过程可以称为“教育”。(　　)

3. 教育不应在完成正规教育之后就宣告结束。(　　)

四、填空题(每小题1分,共3分)

1. ________被称为“近代实验科学的鼻祖”。

2. 欧洲封建社会的两种教育体系是________教育和骑士教育。

3. ________认为“教育是生活的过程,而不是将来生活的准备”。

扫码免费领取:
①免费名师视频课程
②精选20套历年真题(带答案和解析)
③山香独家内部讲义
④上岸必刷题库
⑤考试资讯第一时间获悉,从容准备,不错失每一次机会
⑥备考交流群,山香专业老师互动答疑,打卡督促学习

免费领取方式:
①扫码关注公众号
②回复备考省份

## 参考答案及解析

一、单项选择题

1. C　[解析]在西方教育史上,裴斯泰洛齐是第一个明确提出“教育心理学化”口号的教育家。

2. A　[解析]阶级性是从人类社会产生阶级之后才出现的。原始社会的教育具有自发性、全民性(普及性)、广泛性、无等级性(平等性)和无阶级性,是原始状态下的教育机会均等,只因年龄、性别和劳动分工不同而有所差别。所以,原始社会的教育不具有阶级性特征。

3. A　[解析]我国古代的朱熹是教育的神话起源说的代表人物。

4. C [解析]“时”是及时，即要及时施教，“当其可之谓时”意为：要把握教学的最佳时机，适时进行。因此，它体现的原则是及时施教原则。

5. A [解析]题干中的这句话说明人要成为人，就必须接受教育，教育应以培养人作为专门职能。这在一定程度上揭示了教育的本质属性，即教育是一种有目的地培养人的社会实践活动。

二、多项选择题

1. AC [解析]克鲁普斯卡娅的《国民教育与民主主义教育》是最早以马克思主义为基础探讨教育学问题的著作；1939年，凯洛夫主编的《教育学》被公认是世界上第一部马克思主义的教育学著作；我国教育家杨贤江以李浩吾为化名出版的《新教育大纲》(1930年)是我国第一部马克思主义的教育学著作。

2. ACD [解析]布鲁纳、赞科夫、瓦·根舍因等人提出的教学理论，充实了教育学的内容，提高了教育学的科学化水平，被视为现代教学理论的三大流派。

三、判断题

1. √ [解析]狭义的教育指学校教育，是教育者依据一定的社会要求，依据受教育者的身心发展规律，有目的、有计划、有组织地对受教育者施加影响，促使其朝着所期望的方向发展变化的活动。

2. × [解析]作为一种实践活动，“教育”必然有其明确的目的，没有明确的目的、偶然发生的外界对个体发展的影响不能称为“教育”。故题干中的孩子不能算是受到了“教育”。

3. √ [解析]教育应该贯穿人的一生，而不是在完成正规教育之后就宣告结束。

四、填空题

1. 培根
2. 教会
3. 杜威

### 测评结果建议

亲爱的考生：

利用阶段测试，可以巩固复习成果，同时起到查漏补缺的效果，实现高效备考的目标。针对不同的测评成绩及时调整备考策略，是我们探索出的一套行之有效的备考方法。

以下应对方案适用于各章(部分)末尾的“达标测评”，期望您“对号入座”，科学备考。假如您的正确率在70%以下，说明目前您的基础知识还不达标，掌握得不太全面，建议您静下心来，保持空杯心态，若能结合山香教育“基础精讲班”系列网课协同复习，会为您的考编打下更加坚实的基础；假如您的正确率在70%到90%之间，建议您再抓一下关键考点，若能结合山香教育备考“提升篇”系列图书协同复习，会使您的学习事半功倍；假如您的正确率在90%以上，那么恭喜您测评基本达标，建议您保持学霸的学习模式，开启下一章(部分)的学习。小香祝您早日圆梦！

——山香教育

# 第二章 教育的基本规律



## 思维导图

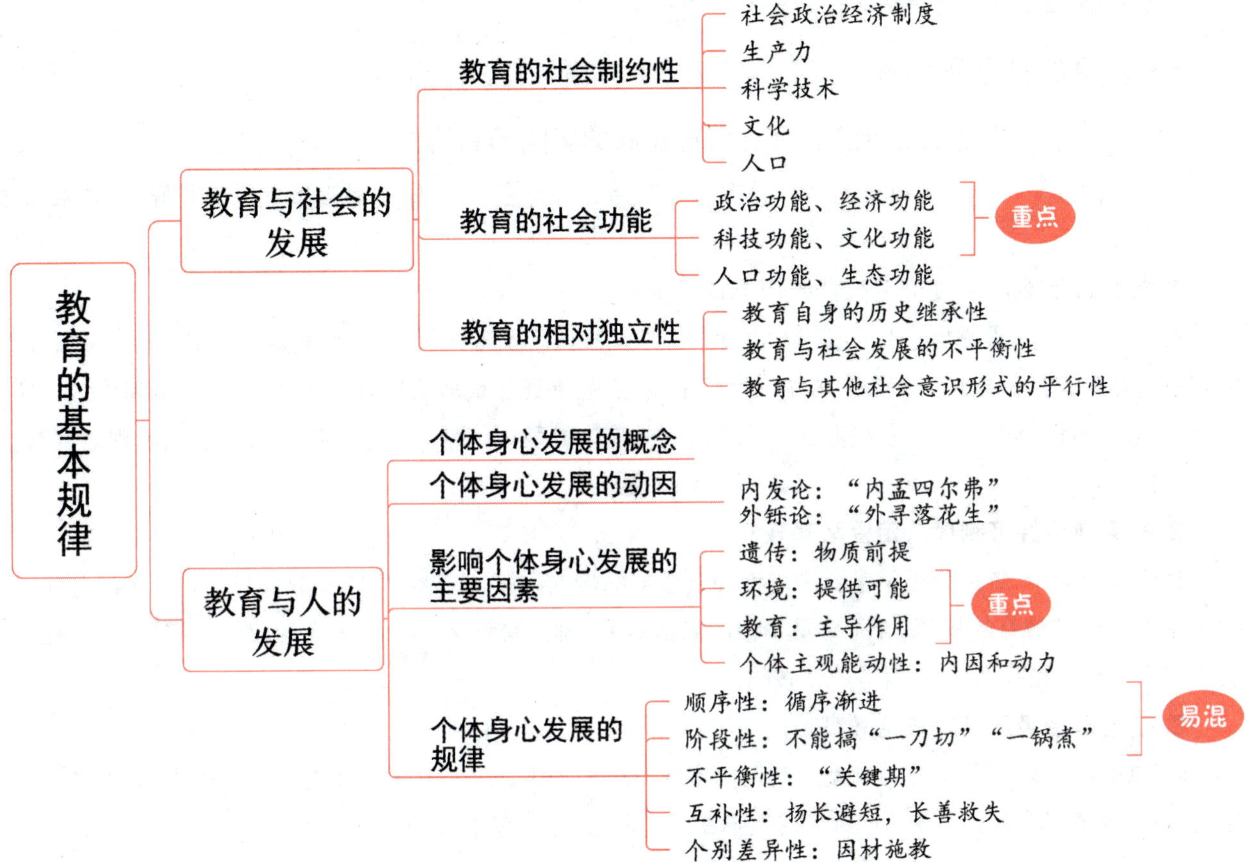


## 考向分析

本章属于教育学的基础章节，也是各省特岗笔试都会重点考查的章节，内容结构清晰、识记性知识多，在考试中常以选择题、判断题、简答题等形式考查。本章的考向分析如下：

| 考点名称 | 常考题型 | 能力层级 | 考查热度 |
| --- | --- | --- | --- |
| 教育的社会制约性 | 单选、多选、判断、简答 | 识记、理解、掌握 | ★★★ |
| 教育的社会功能 | 单选、多选、判断、简答 | 识记、理解、掌握 | ★★★ |
| 教育的相对独立性 | 单选、多选、简答 | 识记、理解 | ★★ |
| 个体身心发展的动因 | 单选、多选、判断 | 识记、理解 | ★★★ |
| 影响个体身心发展的主要因素 | 单选、多选、判断、简答 | 识记、理解、运用 | ★★★ |
| 个体身心发展的规律 | 单选、简答 | 识记、理解 | ★★★ |

核心考点

## 第一节　教育与社会的发展



作为一种有目的地培养人的社会活动，教育的发展受社会政治经济制度、生产力水平、科学技术和文化传统等的影响，并对这些因素的变化发展产生反作用。

### 一、教育的社会制约性　【单选、多选、判断、简答】★★★

**考点1**　社会政治经济制度对教育发展的影响和制约

社会政治经济制度决定教育的性质。在同一政治经济制度下，各国的教育虽然也有差异，但其本质属性是相同的。

**1. 社会政治经济制度决定教育的领导权**

在人类社会中，谁掌握了生产资料的所有权，谁就掌握了国家政权，谁就能控制精神产品的生产，谁就能控制学校教育的领导权。社会中占统治地位的阶级，总是通过对教育方针政策的颁布、教育目的的制定、教育经费的分配、教育内容特别是意识形态内容的规定、教师和教育行政人员的任命聘用等，实现对教育领导权的控制。

**2. 社会政治经济制度决定受教育权**

在阶级社会中，统治阶级总是要采取种种直接或间接的手段，决定和影响受教育权在社会中的分配，决定谁有享受学校教育的权利，谁无享受学校教育的权利，谁有受什么样学校教育的权利等问题。在阶级社会中，“超阶级”“超政治”的教育是不存在的。

**3. 社会政治经济制度决定教育目的**

政治经济制度，尤其是政治制度是直接决定教育目的的因素。教育的根本任务是培养人，可以说，在一定社会中，培养具有什么政治方向和思想观念的人，是由政治经济制度决定的。

**4. 社会政治经济制度决定着教育内容的取舍**

不同政治经济制度的社会具有不同的政治方向、思想意识和主流文化，并且要求培养具有不同政治立场和思想意识的人，这自然要求传递不同的教育内容，特别是思想道德方面的内容。

**5. 社会政治经济制度决定着教育体制**

任何一个国家的教育体制都不存在固定僵化的模式，要随着政治体制、经济体制的变革而变革。

**真题面对面**

[2022黑龙江，判断]政治经济制度决定教育的领导权。(　　)

答案：√

**考点2**　生产力对教育发展的影响和制约

**1. 生产力的发展水平制约着教育发展的规模和速度**

教育发展的规模与速度，取决于生产力发展所提供的物质条件和生产力发展对教育事业所提出的要求。

2. 生产力的发展水平制约着教育结构的变化

教育结构是指各级各类学校的比例关系和衔接方式，以及不同性质专业之间的比例构成，如大、中、小学的衔接关系，职业学校与普通学校的比例关系等。生产力的发展促使经济结构产生各种变化，从而也决定了教育结构的变化。社会必须根据生产力发展水平以及在此基础上形成的经济结构，采取与之相适应的教育结构，生产出一定数量和质量的人才，才能满足生产力发展的需要。

3. 生产力发展水平制约着教育的内容、方法与手段

传播和继承人类已有的生产生活经验是教育活动最初的价值取向，由此决定了生产力的发展水平必然制约着教育内容的选择。生产力的发展促进了科学技术的发展与更新，从而也要求教育内容不断调整与更新。同时，生产力的提高也在不断地促进教学方法、手段、组织形式的更新与发展。

4. 生产力发展水平制约着学校的专业设置

专业就是根据科学分工或生产部门的分工把学校的学业分成的门类。科技的发展和社会的进步，总是不断引起社会结构的调整变化，进而引起对各类专门人才的需求。这些需求总是通过市场对人才的需求反映出来，学校的专业设置及结构调整，必须依据人才市场所需要的专门人才的规格及数量进行，即学校的专业设置受制于社会生产力发展状况。



**考点 再拔高**

▼ 教育先行

教育先行又称为**"教育超前发展""教育优先发展"**，是指在一定的生产力发展条件下，为了发展经济必须注意首先发展教育。教育先行有两层含义：其一是社会用于发展教育的投资要适当超越于现有生产力和生产力发展水平而超前投入；其二是教育发展要先于或优于社会上其他行业和部门而先行发展。在这里，"优先是指在全局中与其他非优先的事务相比较而言，是指在长远的多种事务不能齐头并进时，在排序上使某一事务先行而言。"教育要先行，需要超前于经济建设，是由教育本身的特点决定的。教育的特点之一就是未来性。教育的周期长，因此，今天的教育是为了明天的世界，人才的培养应先于经济的发展。

**真题面对面**

1. [2022陕西，单选]教育发展的规模和速度是由（　　）决定的。

A. 政治经济制度　　B. 社会文化

C. 生产力发展水平　　D. 社会人口

2. [2022黑龙江，简答]简述生产力对教育的制约作用。

答案：1. C　2. 详见内文

**考点 3** 科学技术对教育发展的影响和制约

科学技术对教育的影响，首先表现为对教育的动力作用。具体地说，科技对教育的作用表现如下：

1. 科学技术能够改变教育者的观念

科技发展水平决定了教育者的知识水平和知识结构，影响到他们对教育内容、方法的选择和运用，也会影响到他们对教育规律的认识和教育过程中教育机制的设定。

**2. 科学技术能够影响受教育者的数量和教育质量**

一方面，科技的发展及其在教育上的广泛运用，使教育对象得以扩大；另一方面，科技的发展正日益揭示出教育对象的身心发展规律，从而使教育活动遵循这种规律，提高了教育质量。此外，科学技术的每次革新都极大地促进了受教育者数量的增长和教育质量的提高。

**3. 科学技术能够影响教育的内容、方法和手段**

科学技术可以渗透到教育活动的所有环节中去，为教育技术的更新和发展提供各种必要的思想基础和技术条件。



### 考点4 文化对教育发展的影响和制约

从广义上说，教育是文化的一部分，但教育又是一种非常特殊的文化，因为教育既是文化的构成体，又是文化传递、深化与提升的手段。这就是教育的双重文化属性。

**1. 文化类型影响教育目的**

教育目的的确立，除了取决于社会政治经济制度和生产力的发展水平以外，还受文化的影响。

**2. 文化观念影响教育观念**

文化观念对教育观念的制约主要表现在：(1)文化观念制约人们对教育的态度和行为。(2)文化观念影响教育思想的产生和发展。任何教育家的教育思想都是在一定的社会文化背景中孕育起来的，是其世界观和价值观的反映。

**3. 文化传统影响教育内容和教育方法**

教育的内容就是人类的文化，不同时期的文化和不同国家与民族的文化，影响着教育内容的不同选择。文化发展促进学校课程的发展。文化对课程的影响主要体现在：(1)课程内容的丰富；(2)课程结构的更新。

不同的文化影响着人们对知识及其来源的认识，在教育上影响着人们对师生关系的认识，由此决定了人们对教育教学方法的不同应用。

### 考点5 人口对教育发展的影响和制约

**1. 人口数量对教育发展的影响和制约**

(1)一定的人口数量及其增长率影响着教育事业发展的规模和速度；(2)人口增长还影响和制约着教育发展战略目标的实现和战略重点的选择。

**2. 人口质量对教育发展的影响和制约**

人口质量对教育的影响和制约表现为直接和间接两方面：(1)直接影响是指入学者已有的水平对教育质量的影响；(2)间接影响是指年长一代人口质量影响新生一代人口质量，从而影响以新生一代为对象的学校的教育质量。

**3. 人口结构对教育发展的影响和制约**

(1)人口年龄结构制约着教育发展。一般来说，有什么样的人口年龄结构就会有什么样的教育结构。(2)人口就业结构制约着教育发展。人口的就业状况取决于一定地区的生产力发展水平，特别是产业结构和技术结构，但它又必然会对教育发展产生影响。

## 二、教育的社会功能 【单选、多选、判断、简答】 ★★★

教育主要是通过培养人来实现其社会功能的，教育的这一根本性特征使教育的社会功能具有间接性、隐含性、潜在性、迟效性和超前性的特点。

真题面对面

[2020河南,判断]通过培养人来促进政治、经济、文化、科技的发展是教育的社会功能。(　　)

答案:√

## 考点1 教育对社会政治经济制度的影响(教育的政治功能)

教育受到政治经济制度的制约,同时又对政治经济制度有维护、巩固和加强的作用。

**1. 教育培养出政治经济制度所需要的人才**

通过培养人才实现对政治经济制度的影响,是教育作用于政治经济制度的主要途径。任何一种政治经济制度,要想得到维持、巩固和发展,都需要大量依据一定要求培养出来的人才,而这些人才的培养,很大程度上依靠教育。

**2. 教育通过传播思想、形成舆论作用于一定的政治经济制度**

教育特别是学校教育,不仅向学生传播、灌输一定的政治思想意识,而且通过在校师生的言论行动、学校的教材和刊物向社会宣传一定的思想意识,制造社会舆论,借以影响群众,影响社会的风俗习惯和道德面貌等,为一定的政治经济服务,起着巩固现有政治经济制度的作用。

**3. 教育促进民主化进程,但对政治经济制度不起决定作用**

(1)一个国家的民主程度直接取决于一个国家的政体,但又间接取决于这个国家人民的文化程度和教育事业发展的程度,一个国家普及教育的程度越高,人的知识越丰富,就越能增强人民的权利意识,认识民主的价值,推崇民主的政策,推动政治的改革和进步。(2)教育对社会政治经济制度起着巨大的影响作用,但不是决定作用。社会政治经济制度发展的根本动力是生产力与生产关系的矛盾运动,教育在这种矛盾运动中只起加速或延缓作用,而不起决定作用。

## 考点2 教育对生产力的促进作用(教育的经济功能)

20世纪60年代,以美国舒尔茨为代表的西方经济学家,提出了人力资本理论。人力资本理论说明了教育对经济发展的促进作用。教育对经济发展的作用,不是表现为直接创造物质财富,而是表现为为经济活动再生产劳动力和再生产科学知识。具体表现如下:

**1. 教育再生产劳动力**

劳动力的质量和数量是生产力发展的重要条件,教育承担着再生产劳动力的重任。教育再生产劳动力具体体现在:(1)教育使潜在的生产力转化为现实的生产力;(2)教育可以提高劳动力的质量和素质,使之获得一定劳动部门认可的技能和技巧,成为发达的和专门的劳动力;(3)教育可以改变劳动力的形态,把一个简单劳动力训练成一个复杂劳动力,把一个体力劳动者培养成一个脑力劳动者;(4)教育可以使劳动力得到全面发展,提高劳动转换能力,摆脱现代分工对每个人造成的片面性。

**2. 教育再生产科学知识**

科学知识是第一生产力,但是科学知识在未用于生产前只是一种意识形态的或潜在的生产力。必须通过教育才能把前人积累的科学知识传递给年青一代,把潜在的生产力转化为现实的生产力。所以,教育是实现科学知识再生产的重要手段。教育再生产科学知识具体表现在:(1)教育可以高效能地扩大科学知识的再生产,使原来为少数人所掌握的科学知识在较短的时间内为更多的人所掌握,从而提高劳动生产效率,促进生产力的发展;(2)教育也担负着发展科学、再生产科学的任务,这在高校表现得尤为明显。

第二部分

## 考点3 教育对科学技术发展的作用(教育的科技功能)

**1. 教育能完成科学知识再生产**

教育对科学创造的成果加以合理的加工和编排,传授给更多的人,尤其是传授给年青一代,使他们能够掌握前人创造的科学成果,为进行科学知识的再生产打下基础。

**2. 教育推进科学的体制化**

科学的体制化是指出现职业的科学家以及专门的科研机构去开展科学研究。只有在教育高度发达的情况下,才会出现科学的体制化。

**3. 教育具有科学研究的功能**

教育者在传播科学知识的同时,也直接从事科研工作,这在高校里尤为突出。

**4. 教育促进科研技术成果的开发利用**

科学技术在教育上的应用,丰富了科学技术的活动,能扩大科学技术的成果。例如,多媒体技术、电脑软件技术在教育上的广泛应用,对推进相关科学和技术的研究有直接作用。

## 考点4 教育对文化发展的促进作用(教育的文化功能)

**1. 教育能够传承文化**

教育的文化功能

文化的传承是文化得以延续和发展的基本前提。教育传承文化的功能有三种主要表现形式(传递、保存、活化)。

(1)教育可以传递和保存文化。教育是文化传递和保存最为基本和最为有效的手段。

(2)教育可以活化文化。教育要实现真正意义上的文化传承,还必须把储存形态的文化转化为现实活跃形态的文化,即把附着于物体、文字和技术性载体上的文化符号转化到人这一载体上,为人所掌握与内化。这一转化的过程就是文化的活化。

**2. 教育能够改造文化(选择和整理、提升文化)**

改造文化是指在原有文化要素的基础上所进行的取舍、调整和再组合。教育对文化的改造主要是通过选择文化和整理文化来实现的。

教育对文化的选择标准包括:(1)科学的选择——传播科学与文明,有利于推进社会的发展和进步;(2)时代的选择——传播时代精华,体现时代精神;(3)民族的选择——以本土文化为依据,保持民族的优秀传统和特色;(4)辩证的选择——体现扬弃与继承、创造与发展的统一。

人类文化是一个不断积累的过程,新文化不断地产生就要求教育内容不断充实和变革,所以,教育总是在选择、整理文化。

**3. 教育能够传播、交流和融合文化**

文化传播可以通过多种途径进行,如迁徙、通商、战争、教育、学术交流、体育竞赛等。其中,教育是最重要的途径,教育的文化传播能产生较好的文化知识吸收、融合的效果。国际性的文化交流使各个民族的文化相互补充,使得各民族文化的精华汇合、交融起来,逐渐形成全人类的共同文化财富,这是民族文化融入全球文明的过程。文化的融合是文化交流的产物,它表现为不同文化的相互吸收、结合而趋于一体的过程。

**4. 教育能够更新和创造文化**

没有文化的更新和创造,就没有文化的真正发展。教育创造、更新文化的功能主要表现在两个方面:(1)教育通过培养具有创新精神和创造能力的人来发挥其文化创造的功能;(2)教育直接创造新的文化。

真题面对面

1. [2022四川,单选]教育过程本身通过对不同文化的学习,如对异域的文化进行判断和选择,对本土的文化进行变革和改造,进而整合成新的文化。这是教育的(　　)

A. 文化保存功能　　　B. 文化选择功能

C. 文化创造功能　　　D. 文化融合功能

2. [2022陕西,多选]教育的文化功能包括(　　)

A. 传递保存文化　　　B. 传播交流文化

C. 选择提升文化　　　D. 更新创造文化

答案:1. D　2. ABCD



### 考点5　教育的人口功能

人口是社会的生态基础,是连接个体与社会的桥梁。教育的个体功能要转化成政治、经济功能,首先要通过教育提高人口的素质来实现。教育对人口的影响表现在:(1)减少人口数量,控制人口增长;(2)改善人口素质,提高人口质量;(3)使人口结构趋向合理化;(4)有助于人口迁移。

### 考点6　教育的生态功能

具体体现在:(1)通过环境教育提高人们保护自然环境的意识和责任感,培养人们绿色的生活习惯;(2)通过发展创造科学技术,提高人们解决环境问题的能力,有效地解决生态问题;(3)形成可持续发展的理念和生态文明的理念。

## 三、教育的相对独立性　【单选、多选、简答】★★

**1. 教育自身的历史继承性**

教育和其他社会现象一样,在其历史的发展过程中必然从各个方面吸收和利用以往历史阶段的教育成果和经验。教育的思想、制度、内容和方法等各个方面不仅反映着一定社会的生产力发展水平和政治、经济制度的要求,而且与教育发展的历史沿革有着一定的渊源,都带有自己发展历程中的烙印。这就是教育自身的历史继承性。

**2. 教育与社会发展的不平衡性**

教育受一定社会的生产力发展水平和政治、经济制度制约、决定,但与社会生产力发展水平和政治经济制度的改变,并非完全同步,具有与社会发展的不平衡性。

**3. 教育与其他社会意识形式的平行性**

教育作为社会意识形态中的一种意识形式,与社会意识形态中的其他意识形式,如政治思想、哲学观念、伦理道德、宗教、文学、艺术等,有着密切的联系,这种联系不是决定与被决定的关系,而是相互影响的平行性关系。

真题面对面

[2022重庆,单选]教育发展要走在经济发展的前面,这表明教育具有(　　)

A. 依附性　　B. 永恒性　　C. 时代性　　D. 相对独立性

答案:D

## 第二节　教育与人的发展

### 一、个体身心发展的概念　【单选】★

**个体身心发展**是指作为复杂整体的个体在从生命开始到生命结束的全部人生过程中，不断发生的变化过程，特别是指个体的身心特点向积极方面变化的过程。这是人的各方面的潜在素质不断转化为现实个性的过程。就内容而言，个体身心发展包括身体和心理两方面的发展。

个体的身心发展具有自身的特点，突出表现在两个方面：(1)个体的身心发展是在社会实践过程中实现的；(2)个体的身心发展具有能动性。

### 二、个体身心发展的动因　【单选、多选、判断】★★★

#### 考点1　内发论(遗传决定论)

内发论又称自然成熟论、预成论等。内发论强调内在因素，如"需要""成熟"，强调人的身心发展的力量主要源于人自身的内在需要，身心发展的顺序也是由身心成熟机制决定的。即在人的身心发展过程中起决定作用的是遗传素质。总的来说，内发论认为心理发展与生理发展没有什么根本的实质性区别，心理发展是先天因素成熟的结果，因而完全否定了后天学习、经验的作用。其关注重点是人的"生长"，以及人的成长规律和成熟机制是怎样的。我国历史上的"生而知之"的"天才论"，以及"**性也者，与生俱生也**""唯上智与下愚不移"的观点以及"**龙生龙，凤生凤，老鼠生来会打洞**"等俗语都属于遗传决定论的范畴。

表2-12　内发论的主要代表人物及其观点

| 代表人物 | 主要观点 |
| --- | --- |
| 孟子 | 人的本性是善的，"万物皆备于我" |
| 弗洛伊德 | 人的性本能是最基本的自然本能 |
| 威尔逊 | "基因复制"是决定人的一切行为的本质力量 |
| 高尔顿 | 高尔顿是遗传决定论的"鼻祖"，他认为，个体的发展及其个性品质早在基因中就决定了，发展只是这些内在因素的自然展开，环境只起引发作用 |
| 格塞尔 | "双生子爬梯"实验；强调成熟机制对人的发展的决定作用 |
| 霍尔 | "一两的遗传胜过一吨的教育"；"复演说" |

**真题面对面**

[2022四川，单选]格塞尔著名的"双生子爬梯"实验支持了个体发展的(　　)

A. 遗传决定论　　B. 环境决定论　　C. 二因素论　　D. 交互决定论

答案：A

#### 考点2　外铄论(环境决定论)

外铄论又称外塑论或经验论等。外铄论认为人的发展主要依靠外在的力量，诸如环境的刺激和要求、他人的影响和学校的教育等。总的来说，外铄论一般都注重教育的价值，对教育改造人的本性，形成社会所要求的知识、能力、态度等方面，都保持积极乐观的态度。他们关注的重点是人的"学习"：学习什么和怎样有效学习。

表2-13　外铄论的主要代表人物及其观点

| 代表人物 | 主要观点 |
| --- | --- |
| 荀子 | 人的贵贱、愚智、贫富都取决于后天的教育和学习，教育在人的发展中起着“化性起伪”的作用 |
| 洛克 | 提出“白板说”，认为人的心灵犹如一块白板，它本身没有内容，可以任意涂抹 |
| 华生 | 给我一打健康的婴儿，不管他们祖先的状况如何，我可以任意把他们培养成从领袖到小偷等各种类型的人 |



**真题面对面**

1.［2022江西，单选］环境决定论的代表人物不包括（　　）

A. 洛克　　B. 董仲舒　　C. 华生　　D. 荀子

2.［2022河北，单选］有的家长为了孩子上学，不顾家庭经济条件也要在优质学校附近买学区房，从儿童的发展角度看，这倾向于（　　）

A. 遗传决定论　　B. 学生主体论　　C. 环境决定论　　D. 辐合论

3.［2022河南，判断］教师若持有“性恶论”人性假设，其教育方法会更加注重“外铄”。（　　）

答案：1. B　2. C　3. √

### 考点3　辐合论

辐合论，也称为二因素论。这种观点肯定先天遗传因素和后天环境对儿童发展的重要作用，而且二者的作用各不相同，且不能相互替代。

德国心理学家施泰伦提出，发展等于遗传与环境之和。美国心理学家吴伟士（武德沃斯）认为，人的发展等于遗传与环境的乘积。

### 考点4　多因素相互作用论（共同作用论、马克思关于事物发展的动因论）

辩证唯物主义认为，人的发展是个体的内在因素（如先天遗传素质、机体成熟的机制）与外部环境（如外在刺激的强度、社会发展的水平、个体文化背景等）在个体活动中相互作用的结果。人是能动的实践主体，没有个体的积极参与，个体的发展是不能实现的。在主客观条件大致相似的情况下，个体主观能动性发挥的程度，对人的发展有着决定性的意义。

**记忆有妙招**

为方便考生记忆，编者将内发论与外铄论的代表人物总结成以下口诀：

（1）**内孟四尔弗**。**内**：内发论。**孟**：孟子。**四尔**：威尔逊、高尔顿、格塞尔、霍尔。**弗**：弗洛伊德。

（2）**外寻落花生**。**外**：外铄论。**寻**：荀子。**落**：洛克。**花生**：华生。

## 三、影响个体身心发展的主要因素　【单选、多选、判断、简答】★★★

总体看来，影响个体身心发展的因素主要有遗传、环境、教育（学校教育）和个体主观能动性等。

### 考点1　遗传

遗传，也叫**遗传素质**，是指从上一代继承下来的生理解剖上的特点，如机体的形态、结构以及器官和神经系统的特征等。这些遗传素质是先天的，与生俱来的。人的发展就是在人类特有的遗传素质基础上展开的。遗传素质是人的身心发展的前提，具体体现在以下几个方面：

1. **遗传素质是人的身心发展的前提，为人的发展提供了可能性，但不能决定人的发展**

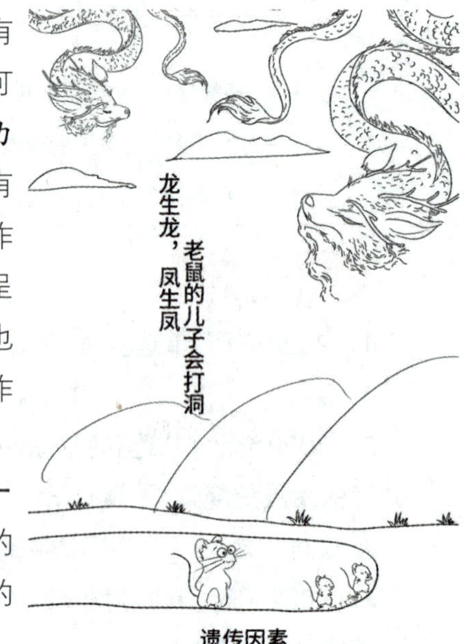

遗传因素

人的身心发展必须以正常的遗传素质为基础，发展才有可能。没有这个前提，任何发展都不可能。或者某些遗传素质有缺陷，某种发展可能就永远不能实现，如一个生而失聪的儿童，就不可能发展其听觉能力而成为音乐家。但遗传素质不决定人身心发展的现实性，遗传素质具有一定的可塑性，它会随着环境、教育的改变和人类实践活动的深入等作用而逐渐发生变化。遗传因素对人的影响在整个发展过程中总体上呈减弱趋势。因此，即使是某些低能或弱智儿童，在特殊教育的作用下，也能获得一定发展。“遗传决定论”的观点夸大了遗传的作用，把遗传看作是决定人的发展的唯一因素，是不正确的。

2. **遗传素质的个别差异是人的身心发展的个别差异的原因之一**

遗传素质存在着个别差异，表现在高级神经活动类型、感觉器官的结构和机能方面。这些差异是个性形成的生理基础，是人的个性差异的最初原因。

3. **遗传素质的成熟机制制约着人的身心发展的水平及阶段**

个体的遗传素质是逐步发展成熟的。遗传素质的成熟程度，为一定年龄阶段的身心发展提供了限制与可能，制约着年青一代身心发展的过程及其阶段。教育必须按照遗传素质发展的水平进行，超越或落后于遗传素质的成熟水平都不利于人的发展。**格塞尔**通过双生子爬梯实验证明了他的“**成熟势力说**”。

## 考点 2 环境

环境包括**自然环境**和**社会环境**两大部分。教育学中所说的环境一般指社会环境。广义上来说，教育也包括在环境这一概念之中。为了突出学校教育在人的身心发展中的自觉性、目的性和计划性，以区别于环境影响的某种程度的自发性，我们把学校教育从环境中分离出来，另做详细叙述。

1. **社会环境为个体的发展提供了多种可能，使遗传提供的发展可能变成现实**

社会环境是人的发展的外部条件，为个体的发展提供了多种可能，如机遇、条件和对象。离开社会环境这种外部条件，再好的遗传素质也难以发挥作用。遗传提供的可能只有在一定的社会环境下才能变为现实。“近朱者赤，近墨者黑”“蓬生麻中，不扶而直”及“孟母三迁”的故事，都说明了社会环境对人的发展的影响。

2. **环境是推动人身心发展的动力**

这种作用主要表现在以下两点：(1)环境是人身心发展不可缺少的外部条件；(2)环境推动和制约着人身心发展的速度和水平。

3. **环境不决定人的发展**

环境对人的身心发展具有一定的影响，但环境不决定人的发展，因为环境作用具有自发性、偶然性等特点；对于环境的影响，个体存在适应与对抗，“出淤泥而不染”讲的就是这个道理。这也说明虽然环境制约着人的身心发展，但是人在一定程度上又可以发挥主观能动性，超越环境的制约。因此，夸大环境对人的发展的作用，特别是“环境决定论”的观点是错误的。

环境因素

**4. 人对环境的反应是能动的**

社会环境是人发展的外部条件，但是个体受环境的影响不是消极被动的，而是积极能动的实践过程。环境对人的发展的影响要通过个体的主观努力和社会实践活动才能实现。有的人在良好的环境中却没有什么成就，甚至走向与环境要求相反的道路；有的人在恶劣的环境中却能“出淤泥而不染”，成为很有作为的人。因此，主观能动性是外部影响转化为内部发展要素的根据。

真题面对面

1. [2022 湖北，单选]下列说法中，体现环境对人的教育影响的是(　　)

A. 不登高山，不知天之高也

B. 非学无以广才，非志无以成学

C. 省察于将发之际，省察于已发之后

D. 染于苍则苍，染于黄则黄

2. [2022 内蒙古，单选]不同时期、地域、风俗、民族和阶层中生活的人的思想、品行、才能和习性无不打上历史、地域、民族和阶层的烙印，表现出很大的差别，这表明影响人发展的因素是(　　)

A. 遗传

B. 社会环境

C. 教育影响

D. 个体主观能动性

答案：1. D　2. B

考点 3　教育(学校教育)

教育是社会环境的一部分，但它是影响人的发展的自觉的、可控的因素。教育，从逻辑上既是特殊的实践，又是特殊的环境。由于这种特殊性，使得在影响人的发展因素中，教育对人的发展特别是对年青一代的发展起着主导作用和促进作用。

**1. 学校教育在人身心发展中起主导作用的原因**

(1)学校教育是有目的、有计划、有组织地培养人的活动；(2)学校有专门负责教育工作的教师，相对而言效果较好；(3)学校教育能有效地控制和协调影响学生发展的各种因素。

**2. 学校教育在人身心发展中起主导作用和促进作用的表现(学校教育对个体发展的特殊功能)**

学校教育在人身心发展中起主导作用的表现有：(1)学校教育对于个体发展做出社会性规范；(2)学校教育具有开发个体特殊才能和发展个性的功能；(3)学校教育对个体发展的影响具有即时和延时的价值；(4)学校教育具有加速个体发展的特殊功能。

教育的个体发展功能表现为教育的个体社会化功能和教育的个体个性化功能。

“个体社会化”一般指个体在出生后的发展中，习得社会文化规范、价值观念和行为习惯等，并借以适应社会、参与社会的过程。学校教育促进个体社会化的功能主要表现在以下三个方面：(1)教育促进个体思想意识的社会化。(2)教育促进个体行为的社会化。(3)教育促进角色和职业的社会化。

“个体个性化”一般指个体在社会适应、社会参与过程中所表现出来的、比较稳定的独特性(即个体自身多种因素综合而表现出来的独特性)。学校教育促进个体个性化的功能主要表现为以下三个方面：(1)教育促进人的主体意识的形成和主体能力的发展。(2)教育促进个性差异的充分发展，形成人的独特性。(3)教育开发人的创造性，促进个体价值的实现。

**3. 实现学校教育在人身心发展中起主导作用和促进作用的条件**

学校教育主导作用和促进作用的实现是相对的、有条件的。从外部环境方面来说，它要求社会的发展为个体的发展提供相应的前提，它依赖于家庭环境的影响和社会发展的状况。从教育系统内部来说，它依赖于教育自身的状况和学习者的主观能动性。

在肯定学校教育对个体发展所起的主导作用的同时，还应正确地看待“教育万能论”和“教育无用论”这两个在教育功能认识上的误区。

**“教育万能论”**是一种片面地夸大教育在人的发展中的作用的观点，认为人完全是教育的产物。代表人物有英国的洛克、德国的康德、美国的华生、法国的爱尔维修等。

**“教育无用论”**是一种抹杀教育在人的发展中的作用的观点，认为教育对人的发展无能为力。中世纪的一些学者以及英国的高尔顿都是这一观点的代表人物。

第二部分

**真题面对面**

1.［2022黑龙江，判断］学校教育在个体身心发展中起主导作用。（　　）

2.［2022云南，简答］简述“个体个性化”的内涵及教育促进个体个性化的表现。

答案：1. √　2. 详见内文

### 考点4　个体主观能动性

**1. 个体主观能动性的概念**

个体主观能动性是指人的主观意识和活动对于客观世界的积极作用，包括能动地认识客观世界和改造客观世界，并统一于人们的社会实践活动中。从活动水平角度看，个体主观能动性由三个层次构成：第一层次是人作为生命体进行的**生理活动**，第二个层次是个体的**心理活动**，最高层次是社会实践活动。

**2. 个体主观能动性的作用**

个体的主观能动性是人的一种内在需要和动力，是一种寻求发展的积极动机和渴望。所以，个体的主观能动性是其身心发展的内驱力，也是促进个体发展从潜在的可能状态转向现实状态的决定性因素。逆境可以成才，“同流而不合污”“出淤泥而不染”“威武不能屈”等典故反映出人的主观能动性在个体发展中的作用。

个体主观能动性

总之，影响人的身心发展的因素是多方面的。遗传素质是人的身心发展的物质前提，环境为个体的发展提供了多种可能，而教育作为特殊的环境对人的身心发展起主导作用，个体主观能动性是人的身心发展的内因和动力。这些因素彼此关联、相互配合，共同发挥作用，促进人的身心发展。

## 四、个体身心发展的规律　【单选、简答】★★★

表2-14　个体身心发展规律及其教育要求

| 身心发展规律 | 内涵 | 表现 | 教育要求 |
|---|---|---|---|
| 顺序性 | 个体身心发展是一个由低级到高级、由简单到复杂、由量变到质变的连续不断的发展过程 | 身体发展遵循着从上到下、从中间到四肢、从骨骼到肌肉的顺序，心理发展总是由机械记忆到意义记忆，由具体思维到抽象思维 | 遵循量力性原则，循序渐进地施教；不可“拔苗助长”“陵节而施” |

续表

| 身心发展规律 | 内涵 | 表现 | 教育要求 |
| --- | --- | --- | --- |
| 阶段性 | 不同年龄阶段学生的身心发展具有不同的总体特征及主要矛盾，面临着不同的发展任务 | 童年期学生的思维具有较大的具体性和形象性，抽象思维能力还比较弱，少年期的学生，抽象思维已经有了很大的发展，但经常需要具体的感性经验作支持 | 对不同年龄阶段的学生，在教育的内容和方法上应有所不同，不能搞“一刀切”“一锅煮” |
| 不平衡性（不均衡性） | 个体身心发展同一方面在不同年龄阶段的发展速度和不同方面的发展水平都是不平衡的 | 如青少年的身高体重在其全部发展过程中会经历两个高峰（一岁左右和青春发育期）；青春初期的孩子身高体重的增长已达到较高水平，但骨化过程远远没有完成 | 把握施教的**关键期**或最佳期，视时而教、及时施教 |
| 互补性 | 机体某一方面的机能受损甚至缺失后，可通过其他方面的超常发展得到部分补偿 | 生理机能之间的互补和生理机能与心理机能之间的互补，如人的精神力量、意志、情绪状态能帮助人战胜疾病和残缺，使身心依然得到发展 | （1）要树立信心，相信每一个学生，特别是暂时落后或在某些方面有缺陷的学生，通过其他方面的补偿性发展，都会达到与一般正常学生一样的发展水平；<br>（2）要掌握科学的教育方法，发现学生的优势，扬长避短，长善救失，激发学生自我发展的信心和自觉 |
| 个别差异性 | 个体之间的身心发展以及个体身心发展的不同方面之间，存在着发展程度和速度的不同 | 不同个体同一方面发展速度和水平之间的差异、不同个体不同方面存在差异、不同个体具有不同的个性心理倾向、群体间的差异，如有些人“少年得志”，有些人则“大器晚成” | （1）贯彻因材施教的原则，全面深入地了解每个学生，系统掌握其成长发展的资料，注意对个别学生进行特殊培养，采取弹性教学制度等；<br>（2）在思想品德教育中，针对由不同遗传素质、家庭环境、社会关系、个人经历等所形成的不同个性特点，有的放矢地进行引导 |
| 整体性 | 学生是一个整体的人，以其整个身心投入教学生活，并以整个身心来感知、体验、享受和创造这种教学生活 | —— | 着眼于学生的整体性，促进学生的一般发展，注意做到认知因素与非认知因素、意识与潜意识、科学与艺术的统一 |

注：（1）所谓**关键期**，就是指人的某种身心潜能在某一年龄段有一个最好的发展时期。它既包括有机体需要刺激的时期，也包括有机体对某种刺激最敏感的时期。因此，也叫**敏感期**、**最佳期**；（2）不平衡性（不均衡性）主要是指同一个体，而个别差异性则主要指不同个体。

真题面对面

1. [2022河北，单选]人在感知、思维、记忆或想象等智力方面的发展存在不同的关键期，这说明人的身心发展具有(　　)

A. 顺序性　　B. 阶段性　　C. 不平衡性　　D. 个别差异性

2. [2022安徽，简答]简述人的身心发展的规律。

答案：1. C　2. 详见内文

第二部分

## 核心考点回顾

1. 教育的社会制约性有哪些？(参见本书P066)
2. 教育的社会功能包括什么？各功能的表现有哪些？(参见本书P068)
3. 个体身心发展的动因理论有哪些？各理论的基本观点和代表人物有哪些？(参见本书P072)
4. 影响个体身心发展的主要因素有哪些？各因素的作用具体体现在哪些方面？(参见本书P073)
5. 个体身心发展的规律有哪些？各规律的内涵、表现和教育要求分别是什么？(参见本书P076)

# 达标测评

| 建议用时 | 实际用时 | 测评总分 | 实际得分 |
|---|---|---|---|
| 15分钟 | ____分钟 | 15分 | ____分 |

一、单项选择题(每小题1分，共4分)

1. 强调成熟机制对人的身心发展起决定性作用的是(　　)

A. 弗洛伊德　　B. 威尔逊　　C. 格塞尔　　D. 皮亚杰

2. 新学期，王老师接任初一班主任后，深入了解每个学生的特点和情况，并为每个学生制订了学习发展规划。王老师的做法关注了(　　)

A. 学生发展的顺序性　　B. 学生发展的不平衡性

C. 学生发展的互补性　　D. 学生发展的个别差异性

3. 在个体身心发展的动因理论中，内发论的代表人物是(　　)

A. 孟子　　B. 荀子　　C. 洛克　　D. 华生

4. 小周的家乡为某小县城，他在北京的某一流大学完成了本科、硕士、博士阶段的学业后，选择留在北京工作。这体现了教育在(　　)方面的作用。

A. 减少人口数量，控制人口增长　　B. 提高人口素质，改变人口质量

C. 促进人口结构趋向合理化　　D. 促进人口迁移

二、多项选择题(每小题2分，共4分)

1. 下列选项中，能体现教育对政治发展有促进功能的是(　　)

A. 中学阶段开设《思想政治》课程

B. 近年来，一些高校积极探索“产—学—研”一体化道路，取得了巨大成功

C. 某中学开展“公民教育”主题活动

D. 李某在大学学习汉语言文学专业，毕业后成为一名初中语文教师

2. 教育的相对独立性主要表现在（　　）

A. 教育自身的历史继承性　　B. 教育与社会发展的不平衡性

C. 教育与其他社会意识形式的平行性　　D. 教育传递文化

三、判断题（每小题1分，共2分）

1. 社会可以制约教育的发展，而教育无法影响社会的发展。（　　）

2. 学校教育对个体的影响具有即时价值，但难有延时价值。（　　）

四、简答题（本大题共5分）

简述个体身心发展的互补性的教育要求。

## 参考答案及解析

一、单项选择题

1. C　[解析]美国生理和心理学家格塞尔通过双生子爬梯实验证明了他的“成熟势力说”，强调遗传素质的成熟机制制约着人的身心发展的水平及阶段。

2. D　[解析]题干中的王老师针对每个学生的特点和情况进行因材施教，这种做法遵循了学生发展的个别差异性。

3. A　[解析]内发论的代表人物包括孟子、弗洛伊德、威尔逊、高尔顿、格塞尔、霍尔等。B、C、D三项均为外铄论的代表人物。

4. D　[解析]受过教育的人口更容易做远距离迁移，小周毕业后选择留在北京工作体现了教育促进人口迁移的功能。

二、多项选择题

1. AC　[解析]A、C两项体现了学校教育通过学科教学和开展主题活动向学生传播一定的政治思想意识，使学生形成正确的政治思想观念意识，体现了教育对政治的促进作用。

2. ABC　[解析]D项属于教育的文化功能的表现。

三、判断题

1. ×　[解析]作为一种有目的地培养人的社会活动，教育的发展受社会政治经济制度、生产力水平、科学技术和文化传统等的影响，并对这些因素的变化发展产生反作用。

2. ×　[解析]学校教育对个体发展的影响具有即时和延时的价值。

四、简答题（参考答案）

（1）要树立信心，相信每一个学生，特别是暂时落后或某些方面有缺陷的学生，通过其他方面的补偿性发展，都可以达到与一般正常学生一样的发展水平；（2）要掌握科学的教育方法，发现学生的优势，扬长避短、长善救失，激发学生自我发展的信心和自觉。

# 第三章 教育目的与教育制度

## 思维导图

第二部分

**教育目的与教育制度**

- 教育目的概述
  - 教育目的的内涵
    - 教育目的："为谁培养人""培养什么样的人"
    - 教育方针："为谁培养人""培养什么样的人""怎样培养人"、教育事业发展的基本原则
  - 教育目的的分类
  - 教育目的的意义与作用（重点）
    - 意义：全部教育活动的主题和灵魂，是教育的最高理想
    - 作用（功能）：（说法一）导向作用、激励作用、评价；（说法二）定向功能、调控功能、评价功能
  - 教育目的的层次结构
    - 国家的教育目的
    - 各级各类学校的培养目标
    - 教师的教学目标
  - 确定教育目的的依据
  - 教育目的的价值取向（难点）
    - 个人本位论：孟子、卢梭、裴斯泰洛齐、福禄贝尔、赫钦斯、奈勒、马斯洛、萨特等
    - 社会本位论：荀子、柏拉图、赫尔巴特、涂尔干、纳托普、凯兴斯泰纳、孔德、巴格莱等
- 我国的教育目的
  - 新中国成立以来教育目的的各种表述
  - 现阶段我国教育目的的基本精神
  - 我国确立教育目的的理论依据
    - 马克思主义关于人的全面发展学说
  - 我国教育目的的基本构成（重点）
    - 德育
    - 智育
    - 体育
    - 美育
    - 劳动技术教育
  - 素质教育（重点）
    - 内涵：面向全体学生、促进学生全面发展、促进学生个性发展、培养创新精神和实践能力为重点
- 学校与学校教育制度
  - 学校概述
    - 我国学校的产生：夏朝
    - 学校文化的构成：观念文化、规范文化和物质文化
  - 学校教育制度的内涵
  - 建立学制的依据
  - 现代学校教育制度的类型
    - 双轨制：英国、法国、联邦德国
    - 单轨制：美国
    - 分支型学制：苏联
  - 现代教育制度的发展
- 我国的学校教育制度
  - 我国现代学校教育制度的演变（易混）
    - 旧中国的学制沿革：壬寅学制、癸卯学制、壬子癸丑学制、壬戌学制
  - 我国现行学校教育制度的结构及类型
  - 我国义务教育实施的历史

## 考向分析

本章属于教育学的基础章节，也是河南、河北、辽宁、重庆、四川、江西、黑龙江、内蒙古等省份的特岗笔试重点考查的章节，内容广泛、理解性知识多，在考试中常以选择题、判断题、填空题、辨析题、简答题、材料分析题等形式考查。本章的考向分析如下：

| 考点名称 | 常考题型 | 能力层级 | 考查热度 |
| --- | --- | --- | --- |
| 教育目的的意义与作用 | 单选、多选、判断、填空、简答 | 识记、理解 | ★★ |
| 教育目的的层次结构 | 单选、判断 | 识记 | ★★ |
| 教育目的的价值取向 | 单选、多选 | 识记、理解 | ★★★ |
| 现阶段我国教育目的的基本精神 | 单选、多选、简答 | 识记 | ★★ |
| 我国确立教育目的的理论依据 | 单选、多选、判断、填空 | 识记、理解 | ★★★ |
| 我国教育目的的基本构成 | 单选、多选、判断、辨析 | 识记、理解 | ★★★ |
| 素质教育 | 单选、多选、判断、辨析、简答、材料分析 | 识记、理解、运用 | ★★★ |
| 现代学校教育制度的类型 | 单选、多选、判断 | 识记 | ★★ |
| 旧中国的学制沿革 | 单选 | 识记 | ★★★ |

第二部分

## 核心考点

## 第一节　教育目的概述

### 一、教育目的的内涵　【单选、多选】 ★

#### 考点 1　教育目的的概念

**教育目的**指教育要达到的预期结果，是根据一定社会发展和受教育者自身发展需要及规律，对受教育者提出的总的要求，规定了把受教育者培养成什么样的人，是培养人的质量规格标准，同时也反映了教育在人的努力方向和社会倾向性等方面的要求。教育目的一般由国家或国家教育行政部门制定，指导一定时期的各级各类教育工作。

#### 考点 2　教育目的与教育方针

**1. 教育方针的概念**

教育方针是最高国家权力机关根据政治、经济要求，明令颁布实行的一定历史阶段教育工作的总的指导方针或总方向。教育方针是教育政策的总概括，是全国各级各类教育的目的和必须遵循的准则，是指导整个教育事业发展的战略原则和行动纲领。

**2. 教育目的与教育方针的关系**

(1)联系

教育方针是一个国家在一定时期内关于教育工作的总要求，它反映了一个国家教育的根本性质、总的指导思想和教育工作的总方向等要素。教育方针是教育目的的政策性表达，具有政策的规定性，在一定时期内具有必须贯彻的强制性，教育目的只是教育方针的若干组成要素之一。

（2）区别

表2-15　教育目的与教育方针的区别

| 对比项 | 教育目的 | 教育方针 |
| --- | --- | --- |
| 归属范畴 | 理论术语，是学术性概念，属于教育基本理论范畴，也属于目的性范畴 | 工作术语，是政治性概念，属于教育政策学范畴，也属于手段性范畴 |
| 内容 | （1）一般只包括“为谁培养人”“培养什么样的人”的问题。<br>（2）着重于规定教育培养人才的质量规格 | 其内容一般包含教育的性质和服务方向、教育目的、实现教育目的的根本途径三个组成部分。<br>（1）除“为谁培养人”“培养什么样的人”的问题之外，还含有“怎样培养人”的问题和教育事业发展的基本原则。<br>（2）着重于规定教育事业发展的方向（“办什么样的教育”“怎样办教育”） |

真题面对面

[2022内蒙古，多选]教育目的应阐明（　　）

A. 怎样办教育　B. 为谁培养人　C. 怎样培养人　D. 培养什么样的人

E. 办什么样的教育

答案：BD

## 二、教育目的的分类　【单选】★

表2-16　教育目的的分类

| 分类依据 | 类型 | 含义 |
| --- | --- | --- |
| 按作用特点 | 价值性教育目的 | 教育在人的价值倾向性发展上意欲达到的目的 |
| | 功用性教育目的 | 教育在发展人从事或作用于各种事物的活动性能方面所预期的结果；根本是要解决人在各类活动中的实际能力和作用效能的开发与提升，发展和增强人在各种活动中行为的有用性和功效性 |
| 按要求的特点 | 终极性教育目的（理想的教育目的） | 各种教育及其活动在人的培养上最终要实现的结果，内含对人发展的理想性要求 |
| | 发展性教育目的（现实的教育目的） | 教育及其活动在不同阶段所要连续实现的各种结果 |
| 按被实际所重视的程度 | 正式决策的教育目的 | 被社会一定权力机构确定并要求所属各级各类教育都必须遵循的教育目的 |
| | 非正式决策的教育目的 | 蕴涵在教育思想、教育理论中的教育目的 |
| 按体现的范围 | **内在教育目的** | 具体教育过程（或某门课程建设）要实现的直接目的 |
| | **外在教育目的** | 教育目的的领域位次较高的教育目的 |
| 按存在的方式 | 实然的教育目的 | 教育过程的当事人理解、贯彻、执行的教育目的 |
| | 应然的教育目的 | 教育目的的制定主体以成文的、合乎规范的形式所规定并表述的教育目的 |

真题面对面

[2021四川，单选]从教育目的体现的范围看，可将它分为（　　）

A. 价值性教育目的和功用性教育目的　B. 终极性教育目的和发展性教育目的

C. 内在教育目的和外在教育目的　D. 正式决策的教育目的和非正式决策的教育目的

答案：C

## 三、教育目的的意义与作用　【单选、多选、判断、填空、简答】★★

### 考点1 教育目的的意义

教育目的是整个教育工作的核心，是教育活动的依据和评判标准、出发点和归宿，在教育活动中居于主导地位。同时它也是全部教育活动的主题和灵魂，是教育的最高理想。它贯穿于教育活动的全过程，对一切教育活动都有指导意义，也是确定教育内容、选择教育方法和评价教育效果的根本依据。

真题面对面

[2022内蒙古，判断]教育目的是整个教育工作的核心，是教育活动的依据和评判标准、出发点和归宿。(　)

答案：√

### 考点2 教育目的的作用(功能)

**1. 教育目的对教育工作具有导向作用**

教育目的不仅为受教育者指明方向、预定发展结果，也为教育工作者指明工作方向和奋斗目标。因此，教育目的无论是对受教育者还是教育者都具有目标导向作用。

**2. 教育目的对贯彻教育方针具有激励作用**

教育目的不仅能指导整个教育实践活动过程，而且能够激励人们为实现共同的目标而努力。教育目的本身包含对学生成长的期望和要求，因此对学生的发展具有很大的激励作用。

**3. 教育目的是对教育效果进行评价的重要标准**

教育目的是衡量、评价教育实施效果的根本依据和标准。评价学校的办学水平、办学效益，检查教育教学工作的质量，评价教师的教学质量和工作效果，检查学生的学习质量和发展程度等，都必须以教育目的为依据和标准来进行。

考点再拔高

▼ 教育目的的作用(功能)的其他说法

1. 对教育活动的定向功能

任何社会的教育活动，都是通过教育目的才得以定向的。教育目的及其所具有的层次性，不仅内含对整体教育活动努力方向的指向性和结果要求，而且还含有对具体教育活动的具体规定性。它指示给教育的不仅有“为谁(哪个社会、哪个阶层)培养人”“培养什么样的人”这样未来的方向，而且还包括现实教育实际问题解决的具体路径。具体体现为：(1)对教育社会性质的定向作用；(2)对人的培养的定向作用；(3)对课程选择及其建设的定向作用；(4)对教师教学的定向作用。

2. 对教育活动的调控功能

教育目的对教育活动的调控主要借助以下方式来进行：(1)通过价值的方式来进行调控；(2)通过标准的方式来进行调控；(3)通过目标的方式来进行调控。

3. 对教育活动的评价功能

教育目的不仅是教育活动应遵循的根本指导原则，而且也是检查评价教育活动的重要依据。具体体现为：(1)对价值变异情况的判断与评价；(2)对教育效果的评价。

真题面对面

[2022河北,单选]我国教育目的的表述中,对“为谁培养人”和“培养什么样的人”做出明确规定,这说明教育目的具有( )

A. 定向功能　　B. 调控功能　　C. 激励功能　　D. 评价功能

答案:A

第二部分

## 四、教育目的的层次结构 【单选、判断】 ★★

教育目的是各级各类学校遵循的工作总方针,但各级各类学校还有各自的具体工作方针,这便决定了教育目的的层次性。教育目的包括三个层次:国家的教育目的、各级各类学校的培养目标和教师的教学目标。也有人认为,教育目的可分为四个层次:教育目的、培养目标、课程目标和教学目标。

(1)第一个层次——国家的教育目的。它是由国家提出来的,其决策要经过一定的组织程序,一般体现在国家的教育文本和教育法令中。

(2)第二个层次——各级各类学校的培养目标。根据各级各类学校的任务确定的对所培养的人的特殊要求,习惯上称为培养目标。它是根据国家的教育目的制定的某一级或某一类学校、某一专业对人才培养的具体要求,是国家的教育目的在不同教育阶段、不同级别的学校、不同专业方向的具体化。我国中等教育的培养目标具有双重性,既为国家培养劳动后备力量,向社会输送具有一定质量和数量的劳动力,又要为高一级的学校培养合格的新生。教育目的与培养目标是普遍与特殊的关系。

(3)第三个层次——教师的教学目标。教学目标是指教学活动结束后学生所能达到的预期标准。它是教育者在教育教学过程中,在完成某一阶段的工作时,希望受教育者达到的要求或产生的变化结果。教学目标是教育目的和培养目标在教学活动中的进一步具体化。教学目标与教育目的、培养目标之间是具体与抽象的关系。

真题面对面

[2022陕西,单选]教育目的是一个国家教育的总要求,而( )则是各级各类教育的具体要求,是教育目的的具体化,是根据国家的教育目的和自己学校的性质及任务,对培养对象提出的特定要求。

A. 教育方针　　B. 培养目标　　C. 课程目标　　D. 教学计划

答案:B

## 五、确定教育目的的依据 【单选、判断】 ★

确定教育目的的基本依据可以概括为主观和客观两个方面。

(1)主观依据。从主观方面来看,教育目的首先是教育活动中人的价值选择。人们在考虑教育目的时往往会受其哲学观念、人性假设和理想人格等观念和价值取向的影响。

(2)客观依据。确定教育目的的客观依据体现了教育目的的社会制约性,具体表现为:①教育目的要反映生产力和科技发展对人才的需求;②教育目的要符合社会政治经济发展的需要;③教育目的要符合受教育者的身心发展规律。

真题面对面

[2022河南,判断]教育目的要反映生产力和科技发展对人才的需求。( )

答案:√

## 六、教育目的的价值取向　【单选、多选】★★★

表2-17　教育目的的价值取向

| 代表理论 | 代表人物 | 基本观点 |
| --- | --- | --- |
| 宗教本位论（神学的教育目的论） | 夸美纽斯 | 教育对人的肉体和精神都要关心，但主要关心的应当是灵魂。主张回归宗教教育，以培养青年对于上帝的虔诚信仰作为教育的最高目标 |
| 个人本位论 | 孟子、卢梭、裴斯泰洛齐、福禄贝尔、赫钦斯、奈勒、马斯洛、萨特等 | （1）确立教育目的的根据是人的本性。倡导个性解放，尊重人的价值。<br>（2）教育的目的是培养健全发展的人，发展人的本性，挖掘人的潜能，增进受教育者的个人价值。<br>（3）个人价值高于社会价值，而不是为某个社会集团或阶级服务。简言之，教育的根本目的是人的本性和本能的高度发展 |
| 社会本位论 | 荀子、柏拉图、赫尔巴特、涂尔干（又译迪尔凯姆）、纳托普、凯兴斯泰纳、孔德、巴格莱等 | （1）确立教育目的的根据是社会的要求，个人的发展必须服从社会需要，因为个人生活在社会中，受制于社会环境。<br>（2）教育的目的是为社会培养合格的成员和公民，使受教育者社会化。<br>（3）社会价值高于个人价值，教育质量和效果可以用社会发展的各种指标来评价。简言之，教育以社会的稳定和发展为最高宗旨 |
| 教育无目的论 | 杜威 | （1）主张教育本身除生长以外无任何目的，反对学校和家长为儿童制定教育目的。把教育目的区分为内在的教育目的和外在的教育目的。“生长”即内在的教育目的；而外在的教育目的则是外面强加给教育活动的目的。<br>（2）他的“教育本身无目的”是指“无”外在的教育目的 |
| 文化本位论 | 狄尔泰、斯普兰格 | 教育目的应围绕文化这一范畴来进行，用“文化”来统筹教育、社会、人三者之间的关系，其最终目的在于：唤醒人们的意识，使其具有自动追求理想价值的意志，并使文化有所创造，形成与发展新的文化 |
| 生活本位论 | 斯宾塞 | 教育要为未来的生活做准备，注重的是使受教育者怎样生活 |

**真题面对面**

[2022河南，单选]“古之王者，建国君民，教学为先”体现了教育目的价值取向上的（　　）

A. 个人本位论　　B. 科学本位论　　C. 教育无目的论　　D. 社会本位论

答案：D

# 第二节　我国的教育目的

## 一、新中国成立以来教育目的的各种表述　【单选、多选、判断】★

表2-18　新中国成立以来的教育目的

| 时间 | 文件或会议 | 关于教育目的的表述 |
| --- | --- | --- |
| 1957年 | 《关于正确处理人民内部矛盾的问题》 | 我们的教育方针，应该使受教育者在德育、智育、体育几方面都得到发展，成为有社会主义觉悟的有文化的劳动者 |
| 1999年 | 《中共中央国务院关于深化教育改革，全面推进素质教育的决定》 | 实施素质教育，就是全面贯彻党的教育方针，以提高国民素质为根本宗旨，以培养学生的创新精神和实践能力为重点，造就“有理想、有道德、有文化、有纪律”的、德智体美等全面发展的社会主义事业建设者和接班人 |

续表

| 时间 | 文件或会议 | 关于教育目的的表述 |
| --- | --- | --- |
| 2001年 | 《国务院关于基础教育改革与发展的决定》 | 坚持教育必须为社会主义现代化建设服务，为人民服务，必须与生产劳动和社会实践相结合，培养德智体美等全面发展的社会主义事业建设者和接班人 |
| 2010年 | 《国家中长期教育改革和发展规划纲要（2010～2020年）》 | 全面贯彻党的教育方针，坚持教育为社会主义现代化建设服务，为人民服务，与生产劳动和社会实践相结合，培养德智体美全面发展的社会主义建设者和接班人 |
| 2012年 | 十八大报告 | 坚持教育为社会主义现代化建设服务、为人民服务，把立德树人作为教育的根本任务，培养德智体美全面发展的社会主义建设者和接班人 |
| 2017年 | 十九大报告 | 落实立德树人根本任务，发展素质教育，推进教育公平，培养德智体美全面发展的社会主义建设者和接班人 |
| 2018年 | 全国教育大会 | 坚持中国特色社会主义教育发展道路，培养德智体美劳全面发展的社会主义建设者和接班人，加快推进教育现代化、建设教育强国、办好人民满意的教育 |
| 2021年 | 《中华人民共和国教育法》 | 教育必须为社会主义现代化建设服务、为人民服务，必须与生产劳动和社会实践相结合，培养德智体美劳全面发展的社会主义建设者和接班人 |

**考点 再拔高**

▼ 联合国教科文组织提出的“学会学习”的教育目的

1996年，国际21世纪教育委员会向联合国教科文组织提交了《教育——财富蕴藏其中》的报告，其中最核心的思想是教育应使受教育者学会学习，即教育要使学习者“学会认知”“学会做事”“学会共同生活（学会合作）”和“学会生存”。这一思想很快被全球各国所认可，并被称为教育的四大支柱。

**真题面对面**

[2020宁夏，判断]立德树人是教育的一般任务。（　　）

答案：×

## 二、现阶段我国教育目的的基本精神 【单选、多选、简答】★★

新中国成立以来，党和国家制定的各种文件中有关教育方针及其规定的教育目的，提法虽然不尽相同，但基本内涵或基本精神是一致的，包含一个总的精神，就是培养学生成为未来国家、社会发展的主人。其基本点主要表现在：

（1）坚持社会主义方向性。要求培养的人是社会主义事业的建设者和接班人，因此要坚持政治思想道德素质与科学文化知识能力的统一。

（2）坚持全面发展。要求学生在德、智、体等方面全面发展，要求坚持脑力与体力两方面的和谐发展。

（3）培养独立个性。适应时代要求，强调学生个性的发展，重点是培养学生的创新精神和实践能力。

（4）教育与生产劳动相结合。这是实现我国教育目的的根本途径。

（5）注重提高全民族素质。

记忆有妙招

为方便考生记忆,编者将现阶段我国教育目的的基本精神总结成以下口诀:

**两坚持、一培养、一结合、一提高。两坚持:**坚持社会主义方向性和坚持全面发展。**一培养:**培养独立个性。**一结合:**教育与生产劳动相结合。**一提高:**注重提高全民族素质。

总的来说,其体现的**精神实质**是:第一,培养劳动者(为经济建设和社会的全面发展进步培养各级各类人才)是社会主义教育目的的总要求;第二,要求德、智、体等方面全面发展是社会主义的教育质量标准;第三,坚持社会主义方向,是我国教育目的的根本性质和特点;第四,坚持教育与生产劳动相结合的基本途径。同时,这也体现了我国教育目的的**基本特征**,即:第一,以马克思主义关于人的全面发展学说为指导思想;第二,具有鲜明的政治方向;第三,坚持全面发展与个性发展的统一。

第二部分

真题面对面

**[2021黑龙江,简答]**简述我国教育目的的基本精神。

**答案:**详见内文

## 三、我国确立教育目的的理论依据 【单选、多选、判断、填空】 ★★★

马克思主义关于人的全面发展学说是我国确立教育目的的理论依据和基础。它的内容主要有:

(1)人的全面发展的含义。人的全面发展是指人的个性的自由全面发展。所谓全面,主要是指人的各项个性因素的全面养成和提高。个性,是人的本质在个人身上的具体体现。

(2)旧式分工造成了人的片面发展。旧的社会生产分工和不合理的生产关系是人的片面发展的原因。人的片面发展的基本特征是脑力劳动与体力劳动的分离和对立。

(3)机器大工业生产为人的全面发展提供了基础和可能。

(4)社会主义制度是实现人的全面发展的社会条件。

(5)教育与生产劳动相结合是“造就全面发展的人的唯一方法”。马克思指出,社会主义制度通过教育与生产劳动相结合这一途径与方法才能实现人的全面发展。他说:“教育与生产劳动相结合,不仅是提高社会生产的一种方法,而且是造就全面发展的人的唯一方法。”也就是说,教育与生产劳动相结合是培养全面发展的人的根本途径,也是唯一途径。

真题面对面

1. **[2022四川,单选]**我国教育目的的理论基础是(　　)

A. 素质教育　　B. 马克思主义关于人的全面发展学说

C. 应试教育　　D. 陶行知的生活教育学说

2. **[2022黑龙江,判断]**人的全面发展中的“全面”主要指人的各项个性因素的全面养成和提高。(　　)

**答案:**1. B　2. √

## 四、我国教育目的的基本构成 【单选、多选、判断、辨析】 ★★★

要培养全面发展的人,就必须建构全面发展的教育。一般认为,我国现在的中小学的全面发展教育主要包括德育、智育、体育、美育、劳动技术教育。

第二部分

## 考点 1 全面发展教育的组成部分

### 1. 德育

**德育**是培养学生正确的人生观、世界观、价值观，使学生具有良好的道德品质和正确的政治观念，形成正确的思想方法的教育。

德育的基本任务包括：(1)培养学生良好的道德品质；(2)培养学生正确的政治方向；(3)培养学生正确的价值观；(4)培养学生良好、健康的心理品质；(5)培养学生良好的思想品德能力等。

### 2. 智育

**智育**是传授给学生系统的科学文化知识、技能，发展他们的智力和与学习有关的非认知因素的教育。智育的主要内容和任务包括传授知识、发展技能、培养自主性和创造性。

智育的具体任务有：(1)向学生系统传授科学文化知识，为学生各方面发展奠定良好的知识基础；(2)培养训练学生，使其形成基本技能；(3)培养和发展学生的智力才能，增强学生各个方面能力；(4)培养学生良好的学习品质和热爱科学的精神。智育的根本任务是培育或发展学生的智慧，尤其是智力。

**真题面对面**

[2021 内蒙古，判断]智育等于知识教育。(　　)

答案：×

### 3. 体育

**体育**是授予学生健康的知识、技能，发展他们的体力，增强他们的自我保健意识和体质，培养他们参加体育活动的需要和习惯，增强其意志力的教育。学校体育的基本组织形式是体育课。

体育的基本任务包括：(1)指导学生身体锻炼，促进身体正常发育和技能的发展，增强学生体质，提高健康水平；(2)使学生掌握运动锻炼的科学知识和基本技能，掌握运动锻炼的方法，增强运动能力；(3)使学生掌握身心卫生保健知识，养成良好的身心卫生保健习惯；(4)发展学生良好品德，养成学生文明习惯。其中，增强学生体质是学校体育的根本任务，这是学校体育与学校其他活动最根本的区别。

学校体育的功能包括：(1)健体功能。健体功能首先是指对身体机能的促进作用；其次，体育活动可以改善和提高神经和中枢神经系统的工作能力；再次，体育活动还可以提高人体对自然环境的适应能力。(2)教育功能。教育功能可以理解为体育的价值功能，这具体表现在体育活动中对德育、智育和美育的促进上。(3)娱乐功能。娱乐功能是指学校体育能够使学生在劳累之后在体力和精神上得到恢复和放松。

### 4. 美育

美育作为明确的概念和系统的理论，是德国作家和美学家席勒提出来的。**席勒**在《美育书简》一书中首先使用了“美育”一词，并对美育的含义、任务及其社会意义作了系统的阐述和分析。在我国教育领域，“美育”一词的流传应归功于近现代著名的思想家、教育家**蔡元培**，他主持教育工作时发表了《对于新教育之意见》(后改为《对于教育方针之意见》)，提出教育家应“尤所注重”美育。

**美育**是培养学生健康的审美观，发展他们感受美、鉴赏美、创造美的能力，培养他们高尚的情操与文明素养的教育。

(1)美育的主要任务

①培养学生正确的审美观点，使他们具有感受美、理解美和鉴赏美的知识与技能；②培养学生艺术活动的技能，发展他们体现美和创造美的能力；③培养学生的心灵美和行为美，使他们在生活中体现内在美和外在美的统一。其中，形成创造美的能力是美育的最高层次的任务。

(2)美育的内容

从体现美的本质角度看，学校美育的内容主要包括形式教育、理想教育和艺术教育三个方面。其中，艺术教育是美育最重要和最主要的内容和手段，尽管不能将美育等同于艺术教育，但艺术教育却可以说是美育的主体部分。

此外，还有一种说法认为美育的内容主要包括四个方面：

①自然美。自然美是以大自然作为审美对象所感受和体验到的美。

②社会美。社会美是以社会生活中美好的人和事为对象而感受和体验到的美。

③艺术美。艺术美是以艺术家创造的典型化、集中化的艺术作品为对象所感受和体验到的美。艺术的形式是多种多样的，有文学、戏剧、电影、音乐、绘画、舞蹈等。

④科学美。科学美是以人类的科研活动为对象所感受到的美。

(3)美育的途径

①通过课堂教学和课外文化艺术活动进行美育。课堂教学是学校美育的主要途径，学校美育只有渗入各科教学之中，才能有效地实施。例如，在自然学科的教学中，教师要善于诱导学生发现科学的美，如数学中数与形的结合，化学中的分子结构及模拟图形，物理学中的电磁场，生物学中的细胞分裂、各种动物与植物的千姿百态，无不包含它独特的美。因此，教师通过数学、物理、化学、生物及地理等学科教学，可以向学生揭示自然的壮观和美丽，引导他们观察宏观宇宙和微观世界中美的奥秘。②通过大自然进行美育。③通过日常生活进行美育。

**真题面对面**

[2022河南，判断]数学、化学、生物等学科内容缺乏美的元素，教师很难在相应课程教学中开展美育。(　　)

答案：×

**5. 劳动技术教育**

**劳动技术教育**是引导学生掌握劳动技术知识和技能，形成劳动观点和习惯的教育。劳动技术教育包括劳动教育和技术教育。其中，劳动教育也可称生产劳动教育，是指通过学生的劳动实践活动培养学生的劳动观念、劳动态度和劳动习惯，以及对待劳动人民的思想感情。劳动教育的内容包括工农业生产劳动、公益劳动、家务劳动、自我服务劳动等。

劳动技术教育的任务包括：(1)培养学生的劳动观点、劳动习惯和学习生产技术的兴趣；(2)使学生初步掌握现代生产技术的基础知识和基本技能，学会使用一般的生产工具；(3)掌握组织生产和管理生产的初步知识和技能。

## 考点2 全面发展教育各组成部分之间的关系

**1. "五育"在全面发展中的地位存在不平衡性**

全面发展不能理解为要求学生"样样都好"的平均发展，也不能理解为人人都要发展成为一样的人。全面发展的教育同"因材施教""发挥学生的个性特长"并不是对立的、矛盾的。人的发展应是全面、和谐、具有鲜明个性的。全面发展是个性发展的前提，个性发展是全面发展的基础，真正的全面发展包含着个性发展，实在的个性发展离不开全面发展。在实际生活中，青少年德、智、体、美、劳诸方面的发展往往是不平衡的，有时需要针对某个带有倾向性的问题强调某一方面。学校教育也常会因某一时期任务的不同，在某一方面有所侧重。

第二部分

**2.“五育”各有其相对独立性**

“五育”中的每一组成部分都有其相对独立性，有其特定的任务、内容和功能，对其他各育起着影响、促进的作用，各育不能相互代替。各育都具有特定的内涵、特定的任务，其各自的社会价值、教育价值、满足人发展的价值都是通过各自不同的作用体现出来的。德育对其他各育起着保证方向和保持动力的作用，它体现了社会主义教育的方向，是“五育”的灵魂；智育为其他各育的实施提供了**认识基础**；体育是实施各育的**物质保证**；美育和劳动技术教育是德育、智育、体育的具体运用和实施。因此，“五育”各有其相对独立性。

**3.“五育”之间具有内在联系**

德育、智育、体育、美育、劳动技术教育紧密相连，它们互为条件，互相促进，相辅相成，构成一个统一的整体。它们的关系具有在活动中相互渗透的特征。

真题面对面

[2020贵州，单选]我国全面发展教育中，起保证方向和保持动力作用的是(　　)

A. 智育　　B. 德育　　C. 体育　　D. 劳动技术教育

答案：B

## 五、素质教育　【单选、多选、判断、辨析、简答、材料分析】★★★

### 考点 1　素质教育的概念

**素质教育**是依据人的发展和社会发展的实际需要，以全面提高全体学生的基本素质为根本目的，以尊重学生主体性和主动精神，注重开发人的智慧潜能，形成人的健全个性为根本特征的教育。素质教育的三要义是面向全体、全面提高、主动发展。

### 考点 2　素质教育的目的与任务

素质教育的根本目的，就是全面地提高学生的素质。它可以分为做人与成才两个层次：前者是后者的基础，偏重于共同要求；后者是前者的发展，偏重于区别对待。

素质教育有三大基本任务：第一大任务是培养学生的身体素质；第二大任务是培养学生的心理素质；第三大任务是培养学生的社会素质。

### 考点 3　素质教育的内涵

(1)素质教育是面向全体学生的教育。

(2)素质教育是促进学生全面发展的教育。

(3)素质教育是促进学生个性发展的教育。

(4)素质教育是以培养创新精神和实践能力为重点的教育。作为国力竞争基础工程的教育，必须培养具有创新精神和实践能力的新一代人才，这是素质教育的时代特征。能不能培养学生的创新精神和实践能力是应试教育和素质教育的本质区别。

### 考点 4　创新教育及其在素质教育中的地位

创新教育是素质教育的核心，它是旨在激发学生的创新意识，培养学生的创新能力的教育。其内容包括：创新意识的培养、创新精神的培养、创新能力的培养和创新人格的培养。

(1)创新能力不仅是一种智力特征，更是一种人格特征，是一种精神状态。

(2)创新能力的培养是素质教育的核心，是素质教育区别于应试教育的根本所在。

(3)重视创新能力的培养也是现代教育与传统教育的根本区别之所在。

**重难点解读**

由于各地命题的参考资料不同，关于“素质教育的核心”的说法也有一定的区别。有些地区的真题点明“素质教育的核心是创新教育”，也有些地区的真题点明“素质教育的核心是创新精神”，还有地区的真题点明“素质教育的核心是创新精神和实践能力”，等等。不管哪种说法，都点明了“创新”二字。故考生在复习的过程中，只需抓住“创新”这个关键词，在此基础上灵活应对即可。

第二部分

**真题面对面**

[2021内蒙古，单选]现代教育与传统教育的根本区别在于（　　）

A. 学生的思想教育　　B. 学生创新能力的培养

C. 学生想象力的培养　　D. 学生实践能力的培养

答案：B

## 考点5　实施素质教育的途径

（1）国家政策保障。只有政府作为推进素质教育的主体，才能综合各方面的社会力量，统筹各种资源，为推进素质教育创造必要的条件。

（2）推行基础教育课程改革。课程是教育思想、教育目标和教育内容的重要载体。因此，实施素质教育，必须实施素质教育的课程。

（3）德育为先，五育并举。德、智、体、美、劳等几方面的教育是学校教育的组成部分。素质教育不仅包括这几方面的教育，而且这几方面的教育要与素质教育的理念结合起来。

（4）学校管理、课外教育活动、班主任工作。其中，班主任工作是实施素质教育的重要途径。

**真题面对面**

[2022黑龙江，多选]实施素质教育的途径有（　　）

A. 德育为先，五育并举　　B. 新课程改革

C. 学校管理　　D. 课外教育活动

E. 班主任工作

答案：ABCDE

## 考点6　实施素质教育应避免的误区

（1）素质教育就是不要“尖子生”。这是对素质教育面向全体学生的误解。

（2）素质教育就是要学生什么都学、什么都学好。这是对素质教育使学生全面发展的误解。素质教育强调为学生的发展奠定基础，同时又要发展学生的个性，因此素质教育对学生的要求是合格加特长。

（3）素质教育就是不要学生刻苦学习，“减负”就是不给或少给学生留课后作业。这是对素质教育使学生生动、主动和愉快发展的误解。学生真正的愉快来自通过刻苦的努力而带来成功之后的快乐，学生真正的负担是不情愿的学习任务。

（4）素质教育就是要使教师成为学生的合作者、帮助者和服务者。这是对素质教育所倡导的“学生的主动发展”和“民主平等的师生关系”的误解。

（5）素质教育就是多开展课外活动，多上文体课。这是对素质教育形式化的误解。教育培养人的基本途径是教学，学生的基本任务是在接受人类文化精华的过程中获得发展。这就决定了素质教育的主渠道是

教学，主阵地是课堂。

(6)素质教育就是不要考试，特别是不要百分制考试。这是对考试的误解。考试包括百分制考试本身没有错，要说错的话，就是应试教育中使用者将其看作学习的目的。考试作为评价的手段，是衡量学生发展的尺度之一，也是激励学生发展的手段之一。

(7)素质教育会影响升学率。这种观点是对素质教育内涵的误解。首先，素质教育的目的是促进学生的全面发展，素质教育旨在提高国民素质，升学率只是衡量教育质量的标准之一；其次，真正的素质教育不会影响升学率，因为素质教育强调科学地学习、刻苦地学习、有针对性地学习，这样有助于升学率的提高。

第二部分

## 第三节　学校与学校教育制度

### 一、学校概述 【单选、多选】★

学校是一种古老的、广泛存在的社会组织。它始于人类知识及其传播的专门化要求，是有计划、有组织、有系统地进行教育教学活动的重要场所，是现代社会中最常见、最普遍的组织形式。学校的产生标志着教育从生产劳动中的第一次分离。

#### 考点1 学校的产生

**1. 学校产生的条件**

通过对为数不多的人类最早学校的分析，我们认为学校的产生应该具备以下几个条件：

(1)生产力的发展以及社会生产水平的提高，为学校的产生提供了物质基础；

(2)脑力劳动和体力劳动相分离，为学校的产生提供了专门从事教育活动的知识分子；

(3)文字的创造与知识的积累，为学校教育活动的开展提供了有效的教育手段与充分的教育内容；

(4)国家机器的产生需要专门的机构来培养官吏和知识分子为统治阶级服务。

**2. 我国学校的产生**

一般认为，在夏朝的时候，我国就出现了学校。但是，我们并没有从考古发掘中找到可靠的实物来证实。而有文字记载同时又有考古出土的实物证实的学校出现在商朝。

关于我国最早的学校出现的时期，在选择题中，如果选项同时出现了夏和商，而题干中又没有严格的条件限制说明，一般认为我国最早的学校出现在夏朝。

#### 考点2 现代学校的职能

学校的职能是指学校所应履行的职责和应发挥的作用。现代社会赋予学校多重职能，其中基本职能包括：

(1)提高受教育者素质。这是现代学校最基本的职能。

(2)培养现代社会的劳动者和各级各类专门人才。

(3)文化的传承与创新。

(4)开展科学研究。

(5)提供社会服务。

**真题面对面**

[2022河北，单选]现代学校的最基本职能是(　　)

A. 培养现代社会的劳动者和各级各类专门人才

B. 提高受教育者素质

C. 文化的传承与创新

D. 开展科学研究

答案:B

## 考点 3 学校管理



### 1. 学校管理的内涵

学校管理是学校活动的一个重要领域,它是学校管理者在一定社会环境条件下,遵循教育规律,采用一定的手段和措施,带领和引导师生员工,充分利用校内外的资源和条件,有效实现学校工作目标而进行的一种组织活动。

### 2. 学校管理的中心工作

教学工作是学校的中心工作,是学校全面贯彻教育方针,培养德、智、体全面发展的社会主义事业的建设者和接班人的主要途径。教学工作的成效,取决于学校对教学工作的科学管理。因而,学校的教学管理工作,也就成为了学校管理的中心工作。

### 3. 学校管理的基本途径——沟通

沟通是信息在发送者和接收者之间进行交换的过程。沟通对于学校管理的功能有:(1)信息传递;(2)控制;(3)激励;(4)情感交流。学校的沟通一般有两种形式:正式沟通和非正式沟通。

### 4. 学校管理的目标和尺度——学校绩效

学校绩效是指学校功能发挥所产生的实际效果,是管理有效的重要标志。

### 5. 学校管理过程

学校管理过程的基本环节可以划分为计划、执行(实行)、检查、总结。其中,计划是管理的起始环节,是全过程的起点,是管理过程中其他环节的依据;执行(实行)是管理过程的中心环节;检查是管理过程的中继环节;总结是管理过程的终结环节。

### 6. 学校管理方法

(1)学校管理方法的特性

①目的性。②多样性。③灵活性。"管理有法,又无定法。"这是一种反映辩证思想的观点,对研究和选用学校管理方法是有益的。④综合性。

(2)学校管理的基本方法

①行政管理方法;②法律方法;③思想教育方法;④经济方法;⑤学术方法。

真题面对面

[2020辽宁辽阳,单选](　　)是学校管理的基本途径,在管理活动中占有中心地位。

A. 控制　　B. 激励

C. 交流　　D. 沟通

答案:D

## 考点 4 学校文化

### 1.学校文化的概念

最早提出"学校文化"这一概念的是美国学者**华勒**。学校文化是一所学校在长期的教育实践过程中积

第二部分

淀、演化和创造出来的，并为其成员所认同和遵循的价值观念体系、行为规范准则和物化环境风貌的一种整合和结晶。

**2.学校文化的构成**

学校文化由观念文化、规范文化和物质文化构成。

(1)观念文化又叫**精神文化**，包括办学指导思想、教育观、道德观、思维方式、校风、行为习惯等。观念文化是学校文化的**内核和灵魂**，是学校组织发展的精神动力。

(2)规范文化又叫**制度文化**，是一种确立组织机构、明确成员角色和职责，规范成员行为的文化。规范文化有三种表达方式，即组织形态、规章制度、角色规范。规范文化发挥着育人职能的制度保证作用。

(3)物质文化是学校文化的空间物态形式，是学校精神文化的物质载体。物质文化包括环境文化和设施文化。物质文化是学校教育教学及其管理活动的物质基础。

**3.学校文化的缩影——校园文化**

所谓校园文化，就是学校全体成员在学习、工作和生活的过程中所共同拥有的价值观、信仰、态度、作风和行为准则。校园文化包括校园物质文化、校园精神文化和校园组织与制度文化。其中，校园精神文化是校园文化的核心内容。

**4.学校文化的作用**

(1)导向作用；(2)约束作用；(3)凝聚作用；(4)激励作用。

真题面对面

[2022重庆，单选]从文化类型上看，中小学生行为准则属于(　　)

A.物质文化　　B.制度文化

C.精神文化　　D.行为文化

答案：B

## 二、学校教育制度的内涵　【单选】★

**教育制度**是指一个国家或地区各级各类教育机构与组织的体系及其各项规定的总称。它包括相互联系的两个基本方面：一是各级各类教育机构与组织的体系；二是各级各类教育机构与组织体系赖以存在和运行的一整套规则。

广义的教育制度指国民教育制度，是一个国家为实现其国民教育目的，从组织系统上建立起来的一切教育设施和有关规章制度的总和。具体而言，教育制度应包括生活惯例习俗、教育教学制度、学校管理制度、学校教育制度、教育行政体制、教育政策法规、教育价值理念七个方面。

狭义的教育制度指学校教育制度，简称学制，是一个国家各级各类学校的总体系，具体规定各级各类学校的性质、任务、要求、入学条件、修业年限及它们之间的相互关系。学校教育制度是国民教育制度的核心与主体，体现了一个国家国民教育制度的实质。一般来说，它是由三个基本要素构成的，即学校的类型、学校的级别、学校的结构。

## 三、建立学制的依据　【单选、判断】★

(1)生产力发展水平和科学技术发展状况；(2)社会政治经济制度；(3)青少年儿童身心发展规律；(4)人口发展状况；(5)文化传统；(6)本国学制的历史发展和国外学制的影响。

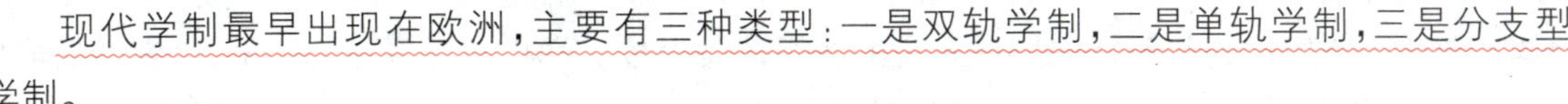

## 四、现代学校教育制度的类型 【单选、多选、判断】★★

现代学制最早出现在欧洲，主要有三种类型：一是双轨学制，二是单轨学制，三是分支型学制。

表2-19 现代学校教育制度的类型

| 学制类型 | 代表国家 | 特点 |
|---|---|---|
| 双轨制 | 英国（典型代表）、法国、联邦德国等欧洲国家 | （1）其学校系统分为两轨：一轨是学术教育，为特权阶层子女所占有，学术性很强，学生可升到大学以上；另一轨是职业教育，为劳动人民的子弟所开设，属生产性的一轨。两轨之间互不相通，互不衔接。<br>（2）不利于教育的普及 |
| 单轨制 | 美国 | （1）从小学直至大学、形式上任何儿童都可以入学。<br>（2）有利于教育的普及，但教育参差不齐、效益低下、发展失衡，同级学校之间教学质量相差较大 |
| 分支型学制（中间型学制或"Y"型学制） | 苏联 | （1）介于双轨学制和单轨学制之间，试图融会二者之长，兼顾公平与效益。<br>（2）既有利于教育的普及，又使学术性保持较高水平。但教学不够灵活，特别是地域性较强的课程得不到很好的发展 |

**真题面对面**

1. [2022重庆，单选]学生在小学和初中阶段接受统一的基础教育，初中以后可以选择接受普通教育或职业教育。这种学制类型属于（　　）

A. 单轨学制　　B. 双轨学制

C. 混合学制　　D. 分支型学制

2. [2022黑龙江，多选]现代学制的主要类型有（　　）

A. 双轨学制　　B. 单轨学制

C. 分支型学制　　D. 多轨学制

E. W型学制

答案：1. D　2. ABC

## 五、现代教育制度的发展 【单选、多选、判断】★

### 考点1 教育制度在形式上的发展（教育制度的发展历史）

正规教育的主要标志是近代以学校系统为核心的教育制度，又称制度化教育。以制度化教育为参照，之前的非正式、非正规教育都可归为前制度化教育，而之后的非正式、非正规化教育则都归为非制度化教育。因此，教育制度的发展经历了从前制度化教育到制度化教育，再到非制度化教育的过程。

**1. 前制度化教育**

前制度化教育是人类教育史上一个重要的发展阶段。一般认为，在奴隶社会初期出现的定型的教育组织形式，即实体化教育——学校是其重要的标志。定型的教育组织形式包括古代的前学校与前社会教育机构、近代的学校与社会教育机构。学校的产生，意味着教育活动的专门化，教育形态趋于定型。

教育实体的形成具有以下特点：（1）教育主体确定；（2）教育的对象相对稳定；（3）形成系列的文化传播活动；（4）有相对稳定的活动场所和设施等；（5）由以上因素结合而成的独立的社会活动形态。

2. 制度化教育

近代学校系统的出现，开启了制度化教育的新阶段。大致来说，严格意义上的学校教育系统在19世纪下半期已经基本形成。制度化的教育指向形成系统的各级各类学校。学校教育系统的形成，即意味着制度化教育的形成，学校教育制度的建立是制度化教育的典型表征。制度化教育主要指的是正规教育，也就是具有层次结构的、按年龄分级的教育制度。我国近代制度化教育兴起的标志是清朝末年的“废科举，兴学校”，以及颁布了全国统一的教育宗旨和近代学制。



3. 非制度化教育

非制度化教育是相对于制度化教育而言的。它指出了制度化教育的弊端，但又不是对制度化教育的全盘否定。非制度化教育所推崇的理想是：“教育不应再限于学校的围墙之内。”一般认为，库姆斯等人的“非正规教育”概念、伊里奇的“非学校化”主张都是非制度化教育的核心思想。提出构建学习化社会的理想是非制度化教育的重要体现。

真题面对面

[2020河南，判断]非制度化教育推行的理念是“教育不应再限于学校的围墙之内”。(　　)

答案：√

考点 2 现代教育制度的发展趋势

现代教育特别是二战以后的教育制度呈现出如下一些共同的发展趋势：(1)加强学前教育并重视与小学教育的衔接；(2)强化普及义务教育，延长义务教育年限；(3)中等教育中普通教育与职业教育朝着相互渗透的方向发展；(4)高等教育的大众化；(5)终身教育体系的建构；(6)教育社会化与社会教育化；(7)教育的国际交流加强；(8)学历教育与非学历教育的界限逐渐淡化。

考点 再拔高

▼ 当代学制的发展特征

(1)重视学前教育，注意早期智力开发。(2)初等教育年龄提前，义务教育年限延长。(3)改革中等教育，发展职业教育。(4)高等教育大众化，结构层次与类型多样化。(5)终身教育迅速发展。

真题面对面

[2022江西，单选]现代学制的发展特征，不包括(　　)

A. 重视学前教育

B. 初等教育入学年龄提前

C. 普通教育职业化

D. 重点改革高等教育

答案：D

## 第四节　我国的学校教育制度

### 一、我国现代学校教育制度的演变　【单选】

考点 1 旧中国的学制沿革 ★★★

我国古代的学校分为官学、私学和书院，与之相对应，我国古代的学校教育制度主要由官学教育系统、私学教育系统和书院教育系统构成。我国现代学制的建立是从清末“**废科举，兴学校**”开始的。

表2-20 旧中国的学制沿革

| 学制名称 | 借鉴蓝本 | 简介 |
| --- | --- | --- |
| 1902年的“壬寅学制”（《钦定学堂章程》） | 日本学制 | (1)由当时的管学大臣张百熙主持拟定。<br>(2)规定设学宗旨“激发忠爱，开通智慧，振兴实业”为全学之纲领。<br>(3)是中国近代教育史上最早由国家正式颁布的学制系统，虽然正式公布，但并未实行 |
| 1904年的“癸卯学制”（《奏定学堂章程》） | 日本学制 | (1)由张之洞、荣庆、张百熙修订。<br>(2)规定教育目的是“忠君、尊孔、尚公、尚武、尚实”，明显反映了“中学为体，西学为用”的思想。<br>(3)规定不许男女同校，轻视女子教育。<br>(4)是中国近代教育史上第一部由国家颁布的并在全国实行的学制系统，成为中国近代教育走向制度化、法制化阶段的标志 |
| 1912～1913年学制（“壬子癸丑学制”） | 日本学制 | (1)由民国第一任教育总长蔡元培主持修订。<br>(2)第一次规定了男女同校，废除读经，充实了自然科学的内容，将学堂改为学校。<br>(3)在我国政府法令中第一次明确规定实施义务教育。<br>(4)是我国教育史上第一个具有资本主义性质的学制 |
| 1922年的“壬戌学制”（“新学制”“六三三学制”） | 美国学制 | (1)由留美派主持的全国教育会联合会颁布。<br>(2)采用美国式的六三三分段法，即小学六年、初中三年、高中三年。<br>(3)明确以学龄儿童和青少年身心发展规律作为划分学校教育阶段的依据，这在我国现代学制史上是第一次。<br>(4)国民党政府于1928年对其进行修改，但基本上继承了“壬戌学制”，并一直沿用到全国解放初期 |

易混点辨析

不同学制相关的“第一”需分清：

(1)壬寅学制：第一个正式颁布。

(2)癸卯学制：第一个正式实施。

(3)壬子癸丑学制：第一次规定男女同校；第一个具有资本主义性质。

(4)壬戌学制：在我国现代学制史上，第一次明确以学龄儿童和青少年身心发展规律作为划分学校教育阶段的依据。

**真题面对面**

[2022四川，单选]中国正式颁布的第一个现代学制是(　　)

A. 壬寅学制　　B. 癸卯学制　　C. 壬子癸丑学制　　D. 壬戌学制

答案：A

## 考点2 新中国的学制沿革

表2-21 新中国的学制沿革

| 时间 | 内容 |
| --- | --- |
| 1951年 | 颁布《关于改革学制的决定》，标志着我国学制发展到了一个新阶段 |
| 1958年 | 颁布《关于教育工作的指示》，提出了“两条腿走路”的办学方针和“三个结合”“六个并举”的具体办学原则 |
| 1985年 | 颁布《中共中央关于教育体制改革的决定》，提出教育体制改革的根本目的是提高中华民族素质，规定有步骤地实行九年制义务教育 |

续表

| 时间 | 内容 |
| --- | --- |
| 1993年 | 颁布《中国教育改革和发展纲要》,提出:"两基"(基本普及九年义务教育,基本扫除青壮年文盲),"两全"(全面贯彻党的教育方针,全面提高教育质量),"两重"(建设好一批重点学校和一批重点学科) |
| 1999年 | 《中共中央国务院关于深化教育改革,全面推进素质教育的决定》明确指出,全面推进素质教育,培养适应21世纪现代化建设需要的社会主义新人 |
| 2001年 | 颁布《国务院关于基础教育改革与发展的决定》,要求在基础教育阶段深化教育教学改革,扎实推进素质教育,进一步明确加快构建符合素质教育要求的基础教育课程体系的任务 |
| 2004年 | 颁布《2003~2007年教育振兴行动计划》 |

注:教育体制是一个国家配合政治、经济、科技体制而确定下来的学校办学形式、层次结构、组织管理等相对稳定的运行模式和规定。

第二部分

## 二、我国现行学校教育制度的结构及类型 ★

### 考点1 我国现行学校教育制度的结构 【多选、判断】

学校教育结构是指学校教育的总体中各个部分的比例关系和组合方式,通常可以从层次结构和类型结构两个方面来分析:

从层次结构上来看,我国现行学校教育包括学前教育、初等教育、中等教育和高等教育四个层次。

从类型结构上来看,我国现行学校教育可划分为基础教育、职业技术教育、高等教育、成人教育和特殊教育五个大类。其中,基础教育是实施普通文化科学知识的教育,是提高民族素质的奠基工程,在教育中处于基础性地位。普通中小学教育的性质属于基础教育,它的任务是培养全体学生的基本素质,为他们学习做人和进一步接受专业(职业)教育打好基础,为提高民族素质打好基础。我国的基础教育通常包括学前教育、初等教育与中等教育(包括初中阶段和高中阶段)。

### 考点2 我国现行学校教育制度的类型 【单选】

从类型上看,我国现行学制是从单轨学制发展而来的分支型学制。近三十年来,我国学制改革和发展的基本方向就是重建和完善分支型学制。

## 三、我国义务教育实施的历史 【单选、多选】 ★

义务教育指以法律形式规定的,适龄儿童和青少年必须接受的,国家、社会、学校和家庭必须予以保证的国民基础教育。

**1. 义务教育的提出和试办**

1904年,在《奏定学堂章程》中的《学务纲要》中最先出现了"义务教育"一词。1906年,学部颁布《强迫教育章程》,这是中国政府计划实行强迫义务教育的第一道正式法令。

我国正式试办义务教育是在1911年。清政府学部在《试办义务教育章程案》中明确规定以4年为义务教育期。1912年,"壬子学制"明确规定:"初等小学四年为义务教育。"

**2.《中华人民共和国义务教育法》的颁布和实施**

1956年的最高国务会议和中共八大会议上,提出了在12年内普及小学义务教育。这是新中国成立后党和政府首次在正式文件中提出实施义务教育,年限为5年,即7岁至12岁。

1982年12月,第五届全国人大第五次会议通过的《中华人民共和国宪法》规定:"国家举办各种学校,普及初等义务教育。"这是中华人民共和国成立以来首次以法律形式确定在我国普及初等义务教育。

1985年,《中共中央关于教育体制改革的决定》要求有步骤地实行九年制义务教育。

1986年7月1日施行的《中华人民共和国义务教育法》，通过立法程序，正式确立了中国义务教育制度，标志着中国普及教育事业进入了一个以法治教的新阶段。

2006年6月，全国人大常委会审议通过了修订后的新《义务教育法》，于2006年9月1日实施。

**3.我国义务教育的学制改革**

新中国成立后，我国在义务教育方面进行了一系列学制改革实验，其中最有影响的是五四制实验和六三制实验。五四制实验始于1981年，由北京师范大学学制研究小组在其附属中小学开始实验。六三制实验在我国最早可追溯到1922年的学制改革，1996年秋，六三制的覆盖面在全国为61%。为了普及九年义务教育，我国规定了“九年一贯，六三分段”的基本学制。但值得指出的是，“九年一贯，六三分段”是基本学制而不是唯一学制，现在不是，将来也不是。

第二部分

## 核心考点回顾

1. 教育目的的意义与作用分别是什么？(参见本书P083)
2. 不同的教育目的价值取向的代表人物和基本观点有哪些？(参见本书P085)
3. 我国教育目的的基本精神和理论依据分别是什么？(参见本书P086)
4. 我国的全面发展教育有哪些组成部分？各部分的内涵、任务是什么？(参见本书P088)
5. 素质教育的内涵、实施途径有哪些？(参见本书P090)
6. 现代学校教育制度的类型有哪些？各类型如何区分？(参见本书P095)
7. 旧中国的学制主要有哪几个？各学制的颁布时间及内容分别是什么？(参见本书P097)

## 达标测评

| 建议用时 | 实际用时 | 测评总分 | 实际得分 |
| --- | --- | --- | --- |
| 15分钟 | ____分钟 | 15分 | ____分 |

一、单项选择题(每小题1分，共7分)

1. 德国教育家凯兴斯泰纳认为，国家的教育只有一个目的，那就是造就公民。该观点体现的教育目的的价值取向是(　　)

A. 儿童本位论　B. 社会本位论　C. 个人本位论　D. 教育无目的论

2. 狭义的教育制度是指(　　)

A. 高等教育制度　B. 自学高考制度

C. 学校教育制度　D. 成人高考制度

3. 教育目的不仅为受教育者指明了发展方向、预定了发展结果，也为教育工作者指明了工作方向和奋斗目标，这是教育目的的(　　)

A. 激励功能　B. 导向功能　C. 评价功能　D. 调控功能

4. “办人民满意的教育”体现了(　　)对教育质量的规定性。

A. 教育方针　B. 教育目的　C. 教育功能　D. 教育政策

5. 教育目的的层次结构中，最为具体化的是(　　)

A. 教学计划　B. 教育目的　C. 培养目标　D. 教学目标

第二部分

6. 普及教育已经成为世界各国的共识。下列学制中最不利于教育普及的是(　　)

A. 综合型学制　　B. 单轨学制　　C. 分支型学制　　D. 双轨学制

7. 在下列文件中,首次提出"有步骤地实行九年制义务教育"的是(　　)

A.《中国教育改革和发展纲要》　　B.《中华人民共和国教育法》

C.《中共中央关于教育体制改革的决定》　　D.《中华人民共和国义务教育法》

二、判断题(每小题1分,共3分)

1. 全面发展并不意味身心各方面平均发展。(　　)

2. 素质教育是全面发展教育的策略实施,而不是脱离全面发展教育另搞一套。(　　)

3. 五育中,智育对应着数学、语文课,体育对应着体育课,美育对应着美术课,它们是一一对应的。(　　)

三、简答题(本大题共5分)

马克思主义关于人的全面发展学说的主要内容包括什么?

## 参考答案及解析

一、单项选择题

1. B　[解析]社会本位论认为,教育的目的是为社会培养合格的成员和公民,使受教育者社会化,社会价值高于个人价值,教育质量和效果可以用社会发展的各种指标来评价。凯兴斯泰纳认为教育的目的就是造就公民,体现的教育目的价值取向为社会本位论。

2. C　[解析]广义的教育制度指国民教育制度;狭义的教育制度指学校教育制度,简称学制。

3. B　[解析]教育目的对教育工作具有导向作用,它不仅为受教育者指明方向、预定发展结果,也为教育工作者指明工作方向和奋斗目标。

4. A　[解析]"办人民满意的教育"是对教育事业发展方向的总要求,体现了教育方针对教育质量的规定性。

5. D　[解析]教育目的包括三个层次:国家的教育目的、各级各类学校的培养目标和教师的教学目标。教学目标是教育目的和培养目标在教学活动中的进一步具体化。所以,教学目标是教育目的的层次结构中最为具体的。

6. D　[解析]西欧双轨制,两轨之间互不相通,互不衔接。这种学制不利于教育的普及。

7. C　[解析]1985年颁布的《中共中央关于教育体制改革的决定》提出把发展基础教育的责任交给地方,有步骤地实行九年制义务教育。

二、判断题

1. √　[解析]全面发展不能理解为要求学生"样样都好"的平均发展,也不能理解为人人都要发展成为一样的人。

2. √　[解析]素质教育是全面发展的教育目的对教育活动进行调控的一个结果,当然也是全面发展的教育目的的具体落实和深化。

3. ×　[解析]五育在各种教学活动中是相互渗透的,相辅相成的,不存在所谓单独的德育、智育、体育、美育或劳动技术教育,故题干表述错误。

三、简答题(参考答案)

(1)人的全面发展的含义;(2)旧式分工造成了人的片面发展;(3)机器大工业生产为人的全面发展提供了基础和可能;(4)社会主义制度是实现人的全面发展的社会条件;(5)教育与生产劳动相结合是"造就全面发展的人的唯一方法"。

# 第四章 教师与学生

- 教师与学生
  - 教师
    - 教师的概念与作用
      - 教书育人是教师的根本任务和教师工作的核心
    - 教师职业的性质与地位
    - 教师的职业形象
    - 教师职业的发展历史
      - 非职业化阶段
      - 职业化阶段
      - 专门化阶段
      - 专业化阶段
    - 教师职业角色
      - "传道者""授业、解惑者"、示范者（重点）
      - "教育教学活动的设计者、组织者和管理者"（重点）
      - "家长代理人、父母"和"朋友、知己"
      - "研究者"和"学习者""学者"
    - 教师劳动的特点
      - 复杂性和创造性（易混）
      - 连续性和广延性（易混）
      - 长期性和间接性（易混）
      - 主体性和示范性（易混）
      - 劳动方式的个体性和劳动成果的群体性
    - 教师的职业素养（重点）
      - 职业道德素养、知识素养
      - 能力素养、职业心理健康
    - 教师专业发展
      - 途径：师范教育、入职培训、在职培训、自我教育
  - 学生
    - 学生的特点
      - 教育的对象
      - 自我教育和发展的主体
      - 发展中的人
    - 学生的地位
    - 现代学生观
      - 学生是发展中的人，要用发展的观点认识学生
      - 学生是独特的人
      - 学生是具有独立意义的人
  - 师生关系
    - 师生关系的内涵
      - 主要表现形式：社会关系、教育关系、心理关系、伦理关系
      - 两种对立的观点：教师中心论、儿童中心论（难点）
    - 师生关系的内容
    - 师生关系的基本类型
      - 专制型、民主型、放任型
    - 良好师生关系的建立与发展
    - 理想师生关系（我国新型师生关系）的特点（重点）
      - 人际关系：尊师爱生
      - 社会关系：民主平等
      - 教育关系：教学相长
      - 心理关系：心理相容

## 考向分析

本章属于教育学的基础章节，也是河北、陕西、江西、四川、辽宁、内蒙古、黑龙江等省份的特岗笔试重点考查的章节，内容广泛、理解性知识多，在考试中常以选择题、判断题、填空题、简答题、论述题、案例分析题等形式考查。本章的考向分析如下：

| 考点名称 | 常考题型 | 能力层级 | 考查热度 |
|---|---|---|---|
| 教师职业角色 | 单选、多选、判断、简答、案例分析 | 识记、理解、运用 | ★★ |
| 教师劳动的特点 | 单选、多选、判断、案例分析 | 识记、理解、运用 | ★★★ |
| 教师的职业素养 | 单选、多选、判断、简答、论述、案例分析 | 识记、理解、运用 | ★★★ |
| 学生的特点 | 单选、多选、判断、填空 | 识记 | ★★ |
| 现代学生观 | 单选、判断、填空、案例分析 | 识记、理解、运用 | ★★ |
| 师生关系的内涵 | 单选、判断 | 识记 | ★★ |
| 良好师生关系的建立与发展 | 单选、多选、简答、论述、案例分析 | 识记、理解、运用 | ★★ |
| 理想师生关系的特点 | 单选、多选、简答、案例分析 | 识记、理解、运用 | ★★★ |

### 核心考点

## 第一节　教　师

### 一、教师的概念与作用　【单选、判断】 ★

#### 考点 1　教师的概念

教师，是传递和传播人类文明的专职人员，是学校教育职能的主要实施者。从广义上讲，凡是把知识、技能和技巧传授给别人的人，都可称之为教师。从狭义上讲，教师指经过专门训练、在学校从事教育教学工作的专门人员。教书育人是教师的根本任务和教师工作的核心，也是教师义不容辞的社会职责。

《中华人民共和国教师法》第一章第三条对教师概念进行了全面的、科学的界定：教师是履行教育教学职责的专业人员，承担教书育人，培养社会主义事业建设者和接班人、提高民族素质的使命。

#### 考点 2　教师的作用

(1)教师是人类文化的传播者，在社会的发展和人类的延续中起桥梁与纽带作用。(2)教师是人类灵魂的工程师，在塑造年青一代的品格中起着关键性作用。加里宁称教师是“人类灵魂的工程师”。(3)教师是人的潜能的开发者，对个体发展起促进作用。(4)教师是教育工作的组织者、领导者，在教育过程中起主导作用。

**真题面对面**

1. [2021 内蒙古，单选]最先称“教师是人类灵魂的工程师”的是(　　)

A. 夸美纽斯　　B. 加里宁　　C. 苏霍姆林斯基　　D. 马卡连柯

2. [2022 黑龙江，判断]教书育人是教师的根本任务和社会职责。(　　)

答案：1. B　2. √

## 二、教师职业的性质与地位 【单选、判断】★

### 考点1 教师职业的性质

**1. 教师职业是一种专门职业，教师是专业人员**

教师职业属于专门职业，教师是从事教育教学工作的专业人员。1994年实施的《中华人民共和国教师法》第一次从法律角度确认了教师的专业地位。

**2. 教师是教育者，教师职业是促进个体社会化的职业**

学生从自然人发展成社会人，是在学习、接受人类经验，消化、吸收人类文化的社会化过程中逐步实现的。教师根据一定的社会要求，向年青一代传授人类长期积累的知识经验，规范他们的行为品格，塑造他们的价值观念，引导他们把外在的社会要求内化为个体的素质，从而实现个体的社会化。

### 考点2 教师职业的地位

**1. 政治地位**

教师职业的政治地位指教师职业在国家或民族的政治生活中所处的地位和所起的作用，表现为教师政治身份的获得、教师自治组织的建立、教师的政治参与度和政治影响力等。随着社会的发展、教育地位的提升，教师政治地位的提高成为提高教师职业社会地位的前提。

**2. 经济地位**

教师职业的经济地位指将教师职业与其他职业相比较，其劳动报酬的差异状况及其经济生活状态。它是教师社会地位的最直接体现。自古以来，除少数大师鸿儒外，普通教师的经济地位一直比较低下，“家有一斗粮，不当孩子王”“两袖清风”等正是这种情况的真实写照。

**3. 法律地位**

教师职业的法律地位指法律赋予教师职业的权利、责任。教师享有的社会权利，除一般公民权利(如生存权、选举权，享受各种待遇和荣誉等)外，还包括职业本身特点所赋予的专业方面的自主权:(1)教育的权利，即教师依法享有对学生实施教育、指导、评价的权利。(2)专业发展权，即教师依法享有发展自己、提高专业文化水平的权利。(3)参与管理权，即教师可以通过各种合法途径参与学校建设和管理。

**4. 专业地位**

教师职业的专业地位是教师职业社会地位的内在标准，它主要通过其从业标准体现，有没有从业标准和有什么样的从业标准是教师职业专业地位高低的指示器。

除上述说法外，也有学者将教师职业的社会地位总结为教师的专业地位、经济地位、政治地位及职业声望四个方面;还有学者提出，教师的社会地位由教师在社会中的经济地位、政治地位和文化地位构成。

**真题面对面**

[2022四川，单选]教师职业在国家或民族的政治生活中所处的地位和所起的作用反映了(　　)

A. 教师职业的政治地位　　B. 教师职业的经济地位

C. 教师职业的法律地位　　D. 教师职业的专业地位

答案:A

## 三、教师的职业形象 【单选】★

教师的职业形象是教师群体或个体在其职业生活中的形象，是其精神风貌和生存状态与行为方式的整体反映。

(1)教师的道德形象。自古以来，教师的道德形象被视为教师的**最基本**形象。“为人师表”“身正为范，学高为师”等，强调的是教师的榜样作用、示范作用。

(2)教师的文化形象。教师的文化形象是教师形象的**核心**。传统的教师文化形象是传统文化的传递者、维护者，所谓“才高八斗”“学富五车”皆是教师的典型文化特征。

(3)教师的人格形象。教师的人格形象是学生亲近或疏远教师的首要因素。



## 四、教师职业的发展历史 【单选】 ★

表2-22 教师职业的发展历史

| 发展阶段 | 简介 | 特征 |
| --- | --- | --- |
| 非职业化阶段 | 原始社会末期：长者为师、能者为师；<br>我国奴隶社会：官吏兼任，官师一体；<br>欧洲封建社会：僧侣兼任 | 没有专门的教师职业 |
| 职业化阶段 | 私学出现，独立的教师职业由此而生，教师开始回归到专业教育工作者的角色上来，私学教师逐渐成为一种职业。如我国春秋战国时期的“士”，古希腊的智者 | 虽有专门的教师，但教师职业基本上还不具备专门化水平，私学教师没有形成从教的专业技能 |
| 专门化阶段 | 以专门培养教师的教育机构的出现为标志。<br>世界上最早的师范教育机构诞生于法国(1681年，法国“基督教兄弟会”神甫拉萨儿在兰斯创立第一所师资训练学校，这是世界师范教育的开始)。<br>我国最早的师范教育产生于清末(1897年，盛宣怀在上海创办的南洋公学师范院，即中国最早的师范教育机构) | 师范教育产生，教师的培养走上专门化的道路 |
| 专业化阶段 | 1966年10月，国际劳工组织和联合国教科文组织在巴黎会议上通过的《关于教师地位的建议》中提出：教师工作应被视为一种专业。之后，“师范教育”的概念逐步被扩充为“教师教育”。在中国，教师的专业技术人员身份在1993年颁布的《中华人民共和国教师法》中得到确认，规定“教师是履行教育教学职责的专业人员” | 学校对教师的需求开始从“量”的急需向“质”的提高方面转变，独立设置的师范院校逐渐并入文理学院，教师的培养改由综合大学的教育学院或师范学院承担，这被称为“教师教育大学化” |

此外，也有人将教师职业发展阶段做了如下划分：(1)教师职业的非专门化阶段；(2)教师职业专门化的初级阶段；(3)教师职业专门化的深入发展。

## 五、教师职业角色 【单选、多选、判断、简答、案例分析】 ★★

教师职业的最大特点在于职业角色的多样化。一般来说，教师的职业角色主要有以下几个方面：

**1.“传道者”角色(人类灵魂的工程师)**

教师负有传递社会道德传统、价值观念的使命，“道之所存，师之所存也”。除了社会一般道德、价值观外，教师对学生的“做人之道”“为业之道”“治学之道”等也有引导和示范的责任。

**2.“授业、解惑者”角色(知识传授者、人类文化的传递者)**

教师是社会各行各业建设人才的培养者，他们在掌握了人类经过长期的社会实践活动所获得的知识经验、技能的基础上，对其精心加工整理，然后以特定的方式传授给年青一代，并帮助他们解除学习中的困惑。

**3.示范者角色(榜样)**

教师是学生学习和模仿的榜样。学生具有**可塑性**和**向师性**的特点，教师的言谈举止、行为方式、为人处世态度等都会对学生产生耳濡目染、潜移默化的影响。因此，教师是学生学习的最直接榜样。此外，优秀教师还是其他教师学习的模范，是社会各界学习的模范，这就构成师表维度的四个不同层次：规范、垂范、模范、世范。

传道者

授业、解惑者

示范者

**4."教育教学活动的设计者、组织者和管理者"角色**

(1)教师是教育教学活动的设计者。好的教学设计可以使教学有序进行,给教学提供好的环境,使学生养成循序渐进的习惯,全面地完成教学任务。精心地进行教学设计,要求教师全面把握教学的任务、教材的特点、学生的特点等要素。

(2)教师是教育教学活动的组织者,即教师在教学资源分配(包括时间分配、内容安排、学生分组)和教学活动展开等方面是具体的实施者。

(3)教师是教育教学活动的管理者。教师需要肩负起教育教学管理的职责,包括确定目标、建立班集体、制定和贯彻规章制度、维持班级纪律、组织班级活动、协调人际关系等,并对教育教学活动进行控制、检查和评价。

不同的教师进行教学管理的方式不同,主要存在四种教师管理类型:强硬专断型、仁慈专断型、放任自流型以及民主管理型。

**5."家长代理人、父母"和"朋友、知己"的角色**

教师是儿童继父母之后所遇到的另一个社会权威,是家长的代理人。低年级的学生倾向于把教师看作父母的化身,对教师的态度类似于对父母的态度。而高年级学生则往往愿意把教师当作他们的朋友,也期望教师能把他们当作朋友看待,希望得到教师在学习、生活、人生等多方面的指导,希望教师能与他们一起分担痛苦与忧伤、分享欢乐与幸福。

**6."研究者"角色和"学习者""学者"角色**

(1)教师工作的对象是充满生命力和个性特点的青少年,传授的是不断变化的科学知识和人文知识。所以,教师不能千篇一律地、机械地进行教育,而要不断反思、研究自己的工作,灵活机智、创造性地开展教书育人工作。教师应该积极地参与教学研究、教学实验与改革,不断地提高自身的教育理论水平和教育质量。

(2)教师的研究,不仅是对科学知识的研究,更有对教育对象即学生的研究,对教师和学生交往的研究等;这都需要教师终身学习,更新自己的知识结构,以便使教育教学建立在更宽广的知识背景之上,适应学生的个性发展、自己的专业发展和教育教学改革的需要。

(3)教师还被认为是智者的化身,作为教师,必须拥有渊博的知识。

## 六、教师劳动的特点 【单选、多选、判断、案例分析】 ★★★

### 考点 1 教师劳动的复杂性和创造性

**1.教师劳动的复杂性**

教师劳动的复杂性是由其工作性质、任务及过程的特殊性所决定的。有人将教师劳动的复杂性的表现总结为：劳动对象的复杂性、劳动内容的复杂性、劳动过程的复杂性、劳动能力的复杂性及劳动产品的复杂性等方面。此外，也有人提出教师劳动的复杂性主要表现在以下五个方面：

(1)教师劳动性质的复杂性。教师的劳动属于专业行为，是一种高度复杂的心智劳动。

(2)教师劳动对象的复杂性。教师的劳动对象是千差万别的人。教师不仅要经常在同一个时空条件下，面对全体学生，实施统一的课程计划、课程标准，还要根据每个学生的实际情况因材施教。

(3)教师劳动任务的复杂性。教师不仅要传授科学文化知识和训练学生的技能，发展学生的智力、培养能力，还要培养学生一定的思想品德，促进学生的身心健康发展。

(4)教师劳动过程的复杂性。要使学生形成良好的思想品德，需要经过知识的传授、情感的体验、意志的锻炼、信念的建立，以及行为习惯的培养这样一个长期的过程。

(5)教师劳动手段的复杂性。教育要有效地促进学生的全面发展，必须保持教育影响的一致性，优化组合各种影响，使之发挥最佳的合力。然而，把这些复杂的影响有效地组织到教育过程中，使来自各方面的影响协调一致，是一项复杂的工作。

第二部分

**记忆有妙招**

为方便考生记忆，编者将教师劳动复杂性的表现总结成以下口诀：

对手过任性。对：劳动对象。手：劳动手段。过：劳动过程。任：劳动任务。性：劳动性质。

**2. 教师劳动的创造性**

教师劳动的创造性主要是由劳动对象的特点决定的。教师劳动的创造性主要表现在以下三个方面：

(1)因材施教。

(2)教学方法上的不断更新。"教学有法，教无定法"是对教师劳动创造性的最好注脚。

(3)教师需要"教育机智"。**教育机智**是教师在教育教学过程中的一种特殊定向能力，是指教师能根据学生新的特别是意外的情况，迅速而正确地做出判断，随机应变地采取及时、恰当而有效的教育措施解决问题的能力。俄国教育家乌申斯基说："不论教育者怎样研究教育理论，如果他没有教育机智，他就不可能成为一个优秀的教育实践者。"教育机智可以用四个词语概括：**因势利导、随机应变、掌握分寸、对症下药**。教育机智一般具有以下三个特征：①教师所处理的事件具有偶发性；②教师表现的行为具有果断性；③教师使用的方法具有得当性。教育机智的形成涉及多方面条件：①有强烈的责任感；②要了解学生；③要有丰富的知识、经验；④要有良好的心理品质。

**真题面对面**

[2020河南，单选]"不论教育者怎样研究教育学理论，如果他没有教育机智，他就不可能成为一个优秀的教育实践者。"这句话说明教师劳动具有(　　)

A. 创造性　　B. 长期性　　C. 示范性　　D. 广延性

答案：A

## 考点2 教师劳动的连续性和广延性

**1. 教师劳动的连续性**

连续性是指时间的连续性。教师的劳动没有严格的交接班时间界限，这个特点是由教师劳动对象的相对稳定性决定的。

**2. 教师劳动的广延性**

广延性是指空间的广延性。教师没有严格界定的劳动场所，课堂内外、学校内外都可能成为教师劳动的空间,这个特点是由影响学生发展因素的多样性决定的。

### 考点3 教师劳动的长期性和间接性

**1. 教师劳动的长期性**

长期性指人才培养的周期比较长,教育的影响具有迟效性。教师劳动的成效并不是一时就可以检验出来的,而是需要教师付出长期的大量的劳动才能看到结果、得到验证,教师的某些影响对学生终身都会发生作用。因此,教师的劳动具有长期性。“十年树木,百年树人”就是对这个道理的最佳阐释。

**2. 教师劳动的间接性**

间接性指教师的劳动不直接创造物质财富,而是以学生为中介实现教师劳动的价值。教师的劳动并没有直接服务于社会,或直接贡献于人类的物质产品和精神产品。教师劳动的结晶是学生,是学生的品德、学识和才能,待学生走上社会,由他们来为社会创造财富。

### 考点4 教师劳动的主体性和示范性

**1. 教师劳动的主体性**

主体性指教师自身可以成为活生生的教育因素和具有影响力的榜样。对于教师来说,首先,教育教学过程就是教师直接用自身的知识、智慧、品德影响学生的过程。再者,教师劳动工具的主体化也是教师劳动主体性的表现。教师所使用的教具、教材,也必须为教师自己所掌握,成为教师自己的东西,才能向学生传授。

**2. 教师劳动的示范性**

示范性指教师的言行举止,如人品、才能、治学态度等都会成为学生学习的对象。教师劳动手段的特殊性,决定了教师的示范作用。教师劳动的示范性特点是由学生的可塑性、向师性心理特征决定的。同时,教师劳动的主体性也要求教师的劳动具有示范性特点。德国著名教育家第斯多惠指出:“教师本人是学校里最重要的师表,是最直观的、最有教益的模范,是学生最活生生的榜样。”任何一个教师,不管他是否意识到这一点,不管他是自觉还是不自觉,他都在对学生进行示范。因此,教师必须以身作则、为人师表。

**真题面对面**

[2022陕西,单选]孔子的以身作则,韩愈的以身立教,都体现了教师职业的(　　)

A. 复杂性　　B. 创造性　　C. 示范性　　D. 成效性

答案:C

### 考点5 教师劳动方式的个体性和劳动成果的群体性

从劳动手段的角度来看,教师的劳动主要是以个体劳动的形式进行的。同时,教师的劳动成果又是集体劳动和多方面影响的结果,教师的个体劳动最终都要融汇于教师的集体劳动之中。

## 七、教师的职业素养 【单选、多选、判断、简答、论述、案例分析】 ★★★

### 考点1 教师的职业道德素养

教师的职业道德是教师职业素质的核心。教师的职业道德素养是从教师对待事业、对待学生、对待集体和对待自己的态度上来体现的,陶行知先生的“捧着一颗心来,不带半根草去”的奉献精神是其典型代表。

**1. 对待事业:忠于人民的教育事业**

热爱教育事业是教师做好教育工作的前提,是教师职业道德的基础,也是教师劳动积极性和创造性的源泉。忠于人民的教育事业要求教师做到:(1)依法执教,严谨治教;(2)爱岗敬业,廉洁从教。

**2. 对待学生:热爱学生**

热爱教育事业具体体现在热爱学生上。热爱学生是教师职业道德的核心,是教师高尚道德品质的表现。

热爱学生的要求(教师如何热爱学生):(1)把对学生的爱与严格要求相结合;(2)把爱与尊重、信任相结合;(3)要全面关怀学生;(4)要关爱全体学生;(5)理解和宽容学生;(6)解放学生;(7)对学生要保持积极、稳定的情绪。

第二部分

**3. 对待集体:团结协作**

人的培养靠单个教师是不行的,因为人的成长要受到多方面因素的影响。人才的全面成长,是多方教育者集体劳动的结晶。这就要求教师必须与各方面协同合作,以便形成教育合力,共同完成培养人的工作。

教师之间团结协作必须做到:(1)认识教师之间关系的特点;(2)尊重和关心每个同事;(3)善于合作,共同进取;(4)正确地开展竞争;(5)克服文人相轻。

**4. 对待自己:为人师表(良好的道德修养)**

教师的言行举止、品德才能、治学态度等方面都会对学生产生潜移默化的影响,成为学生学习的对象。这是由教师劳动的"主体性、示范性"特点以及学生的"向师性、模仿性、可塑性"特点所决定的。

为人师表要求教师做到:(1)高度自觉,自我监控。教师以高标准严格要求自己,才能使自己在学生面前成为活生生的教材,成为学生做人的榜样。(2)身教重于言教。要做到身教,最基本的要求是:凡是要求学生去做的,教师一定要身体力行,做到言行一致,发挥表率作用。

**真题面对面**

1. [2022河北,单选]"爱岗敬业"属于教师职业素养中的(　　)

A. 道德素养　　B. 能力素养

C. 心理素养　　D. 知识素养

2. [2022黑龙江,多选]正确处理教师集体中的人际关系要做到(　　)

A. 尊重和关心每个同事　　B. 善于合作,共同进取

C. 正确地开展竞争　　D. 教师之间相互妥协

E. 克服文人相轻

答案:1. A　2. ABCE

## 考点2 教师的知识素养

**1. 政治理论修养**

马列主义、毛泽东思想和中国特色社会主义理论体系。

**2. 精深的学科专业知识(本体性知识)**

这是教师知识结构的核心,也是教师向学生传授知识的必备基础。教师只有掌握精深的学科专业知识,才能高屋建瓴,只有"居高"才能"临下",只有"深入"才能"浅出"。精深的学科专业知识主要包括:(1)掌握该学科的基本知识和基本技能;(2)掌握该学科的基本理论和学科体系;(3)了解该学科的发展脉络;(4)教师还要了解学科领域的思维方式和方法论。教师的专业知识应具备以下特点:基础性、理论性、系统性和发展性。

**3. 广博的科学文化知识**

教师的知识不仅要"专",而且要"博",教师的专业知识应建立在广博的科学文化知识的基础之上。

**4. 必备的教育科学知识(条件性知识)**

人们通过数千年的教育实践,积累了丰富的教育教学实践经验。在总结这些经验的基础上,人们揭示了教育教学的规律,提出了教育教学的原则、方法体系,形成了系统的教育理论。教师要加强教育工作的科学性和有效性,就必须掌握这些理论。其中,教育学、心理学及各科教材教法是教师首先要掌握的最为基本的教育科学知识。此外,教师还要掌握教育管理方面的知识。教师的教育科学知识主要包括三个方面:(1)学生身心发展的知识;(2)教与学的知识;(3)学生成绩评价的知识。

**5. 丰富的实践知识**

教师的实践性知识是基于教师个人的经验积累,在对待和处理教育问题时体现出的个人特质和教育智慧。



真题面对面

[2022 内蒙古,单选]教师在教学中只有"深入"才能"浅出",只有"居高"才能"临下",这表明教师必须具备(　　)

A. 基本科学知识　　B. 扎实的专业知识

C. 教学实践知识　　D. 语言表达能力

答案:B

## 考点 3 教师的能力素养

**1. 语言表达能力**

语言表达能力是影响教师活动成效的最直接因素。语言,特别是口头语言,是教师向学生传递教育信息的重要工具,因此要求教师具有较强的语言表达能力。对教师的语言表达要求包括:(1)准确、简练,具有科学性;(2)清晰、流畅,具有逻辑性;(3)生动、形象,具有启发性;(4)语言和肢体语言的巧妙结合。

**2. 组织管理能力**

教师要进行教育活动,必须具备一定的组织管理能力。具体来说,包括两个方面:(1)教师要有确定合理目标和计划的能力。(2)教师要有引导学生的能力。

**3. 组织教育和教学的能力**

具体包括:(1)教师要善于制订教育教学工作计划,编写教案,组织教材,以加强教育教学工作的预见性、有序性;(2)教师要善于组织课堂教学,以保证教学过程的顺利进行和教学任务的完成;(3)教师还要善于组织学校、家庭及社会各方面的教育力量,使各方面相互配合,进行教育资源的整合。

**4. 自我调控和自我反思能力(较高的教育机智)**

教师的自我调控和反思能力主要表现在:(1)对自身的教育教学表现进行自我监督、自我反馈、自我反思、自我改进的能力;(2)根据新情况、新问题调整自己的预定计划以适应变化的能力。

此外,教师还应该具备教育科研能力、学习能力、观察学生的能力、创新能力以及运用现代教育技术手段的能力。

## 考点 4 职业心理健康

教师心理健康的构成是指一个优秀教师所应有的心理素质,也就是教师对内外环境及人际关系有着良好适应的条件。这些条件包括高尚的职业道德、愉悦的情绪情感、良好的人际关系、健康的人格特征等。

## 考点再拔高

▼ 关于教师应具备的专业素养的其他说法

1. 教师应具备的专业素养(说法一)

(1)**教师的学科专业素养**。即教师的学科知识素养。

(2)**教师的教育专业素养**。教师的教育专业素养包括三个方面:①具有先进的教育理念;②具有良好的教育能力;③具有一定的研究能力。

(3)**教师的人格特征**。教师的人格特征是指教师的个性、情绪、健康以及处理人际关系的品质等。主要包括积极乐观的情绪、豁达开朗的心胸、坚韧不拔的毅力和广泛的兴趣。

(4)**教师良好的职业道德素质**。

2. 教师应具备的专业素质(说法二)

(1)**专业信念**。教师的信念是教师基于对教育活动和教师职业理解的基础上形成的关于教育和教师职业的观念和理性的信仰。教师的教育信念是支配教师行为和教师成长的内驱力。教师的专业信念包括教师对教育的信念和对自己职业的信念。

(2)**专业人格**。教师的专业人格是教师在教育教学中必须具备的适合教育要求的道德修养和个性品质,它包括教师的专业伦理(或职业道德)和教师的个性品质。

(3)**专业知识**。教师知识结构的四个组成部分为:①**通识性知识**,包括深厚的文化基础和广博的文化视野。教师需要有深厚的文化基础,这包括社会科学、自然科学以及人文学科的有关知识和理论。广博的文化视野包括传统文化与现代文化、本土文化与外域文化、物质文化与精神文化等。②**本体性知识**,即特定学科及相关知识,是教学活动的基础。③**条件性知识**,即认识教育对象、开展教育活动和研究所需的教育科学知识和技能,如教育原理、心理学、教学论、学习论、班级管理、现代教育技术等。④**实践性知识**,即课堂情境知识,体现教师个人的教学技巧、教育智慧和教学风格,如导入、强化、发问、课堂管理、沟通与表达、结课等技巧。

(4)**专业能力**。教师的专业能力是教师有效开展专业活动的重要保证,也是衡量教师专业化水平的重要标志。

### 真题面对面

[2022内蒙古,多选]教师的教育专业素养包括( )

A. 先进的教育理念
B. 良好的教育能力
C. 一定的研究能力
D. 精通该学科的基础知识和基本技能
E. 了解与该学科相关的知识

答案:ABC

## 八、教师专业发展 【单选、判断、简答】

### 考点 1 教师专业发展的概念

**教师专业发展**,又称教师专业成长,是指教师在整个专业生涯中,依托专业组织、专门的培养制度和管理制度,通过持续的专业教育,习得教育教学专业技能,形成专业理想、专业道德和专业能力,从而实现专业自主的过程。它包括教师群体的专业发展和教师个体的专业发展。

**教师群体的专业发展**是指教师职业不断成熟、逐渐达到专业标准,并获得相应的专业地位的过程。它

既是教师个体专业化的条件和保障，同时也最终代表着教师职业的专业化。

**教师个体的专业发展**是教师作为专业人员，从专业思想到专业知识、专业能力、专业心理品质等方面由不成熟到比较成熟的发展过程，即由一个专业新手发展成为专家型教师或教育家型教师的过程。

从历史发展的总趋势来看，教师专业发展的核心以及最终体现就在于教师个体的专业发展。

### 考点2 教师专业发展的内容 ★

(1)专业理想的建立。教师的专业理想是教师对成为一个成熟的教育教学专业工作者的向往与追求，它为教师提供了奋斗的目标，是推动教师发展的巨大动力。

(2)专业态度和动机的完善。教师的专业态度和动机是教师专业活动的动力基础。教师在这个方面的发展主要表现在教师的专业理想、对职业的态度、工作积极性高低以及职业满意度等。

(3)专业知识的拓展与深化。作为专业人员，教师必须具备从事专业工作所需要的基本知识。

(4)专业能力的提高。教师的专业能力是教师综合素质最突出的外在表现，也是评价教师专业性的核心因素。这种专业能力可分为教学技巧和教育教学能力两个方面。

(5)教师的专业人格。教师的专业人格是教师在教育教学工作中所必须具有的道德品质方面的自我修养，诚实正直、善良宽容、公正严格是教师专业人格的重要内容。

(6)专业自我的形成。教师的专业自我是教师个体对自我从事教育教学工作的感受、接纳和肯定的心理倾向，这种倾向将显著地影响到教师的教育教学工作效果。

### 考点3 教师专业发展的阶段 ★

叶澜等人从"**自我更新**"取向角度对教师专业发展阶段进行了深入研究，将它划分为"非关注"阶段、"虚拟关注"阶段、"生存关注"阶段、"任务关注"阶段和"自我更新关注"阶段。

表2-23 "自我更新"取向教师专业发展阶段及其特征

| 阶段名称 | 时限 | 主要特征 |
|---|---|---|
| "非关注"阶段 | 正式教师教育之前 | 无意识中以非教师职业定向的形式形成了较稳固的教育信念，具备了一些"直觉式"的"前科学"知识以及与教师专业能力密切相关的一般能力 |
| "虚拟关注"阶段 | 师范学习阶段(包括实习期) | 对合格教师的要求开始思考，在虚拟的教学环境中获得某些经验，对教育理论及教师技能进行学习和训练，有了对自我专业发展反思的萌芽 |
| "生存关注"阶段 | 新任教师阶段 | 在"现实的冲击"下，产生了强烈的自我专业发展的忧患意识，特别关注专业活动中的"生存"技能，专业发展集中在专业态度和动机方面 |
| "任务关注"阶段 | —— | 随着教学基本"生存"知识、技能的掌握，自信心日益增强，由关注自我的生存转到更多地关注教学，由关注"我能行吗"转到关注"我怎样才能行" |
| "自我更新关注"阶段 | —— | 不再受外部评价或职业升迁的牵制，自觉依照教师发展的一般路线和自己目前的发展条件，有意识地自我规划，以谋求最大程度的自我发展，关注学生的整体发展，积累了比较科学的个人实践知识 |

### 考点4 教师专业发展的途径 ★★

**1. 师范教育**

职前师范教育阶段是师范生进行专业准备与学习，初步形成教师职业所需要的知识与能力的关键时期，是教师专业化发展的**起始**和**奠基阶段**。

**2. 入职培训**

新教师都会面临一个角色适应问题。为了让新教师尽快进入角色，新教师的任职学校应当采取及时有效的支持性措施。

**3. 在职培训**

教师的在职培训活动很广，可以是业余进修，也可以是校本培训。其中，校本培训是指在教育专家的指导下进行的，以教师任职的学校为基本培训单位，以提高教师专业素质为主要目标，通过教育教学实践和教育科研活动等多种形式，对全体教师实行的全员性在职培训模式。

**4. 自我教育**

教师的自我教育就是专业化的自我建构，它是教师个体专业化发展最直接、最普遍的途径。教师自我教育的方式主要有自我反思、主动收集教改信息、研究教育教学中的各种关键事件、自学现代教育教学理论、积极感受教学的成功与失败等。教师的自我教育是专业理想确立、专业情感积淀、专业技能提高、专业风格形成的**关键**。

此外，跨校合作（如教师专业发展学校）、专家指导（如讲座、报告）、政府教育部门和教研机构组织的各类专业培训和交流活动等也是教师专业发展的途径。

第二部分

## 第二节 学 生

### 一、学生的特点（学生的本质属性） 【单选、多选、判断、填空】 ★★

#### 考点 1 学生是教育的对象（客体）

**1. 依据**

从教师方面看，教师是教育过程的组织者、领导者，学生是教师教育实践活动的作用对象，是被教育者、被组织者和被领导者。

从学生自身特点看，学生具有可塑性、依赖性和向师性。

（1）学生具有**可塑性**。学生处于长知识、长身体的时期，也是品德、人格正在形成的时期，各方面尚未成熟，具有很大的发展潜力，而且尚未定型，极容易受外部环境因素的影响，具有"染于苍则苍，染于黄则黄"的特点。

（2）学生具有**依赖性**。学生多属未成年人，还不具备完全独立生活的能力。在家里，他们要依赖父母，入学后他们将对父母的依赖转为对教师的依赖。

（3）学生具有**向师性**。学生入学后，会自然地亲近、信赖、尊敬甚至崇拜教师，把教师作为获取知识的智囊、解决问题的顾问、行为举止的楷模。

**2. 表现**

（1）学生明确自己的主要任务是学习，具有愿意接受教育的心理倾向；（2）服从教师的指导，接受教师的帮助，期待从教师那里汲取营养，促进自身的身心发展。

#### 考点 2 学生是自我教育和发展的主体

**1. 依据**

（1）学生是具有主观能动性的人。学生是有意识、有情感、有个性的社会人，他们不是盲目、机械、被动地接受作用于他们的影响，而是具有主观能动性的人。（2）学生在接受教育的过程中，也具有一定的素质，可以进行自我教育。因此，学生是自我教育和发展的主体。

**2. 表现**

学生的主观能动性主要表现在三个方面：

(1)自觉性，也称主动性，这是学生主观能动性**最基本**的表现。它表现在学生能根据一定的目标或要求，或在某种情境的激发下，自行采取相应的态度或行动。

(2)独立性，也称自主性，这是自觉性进一步发展的表现。它表现在学生不仅具有自觉性，而且能自行确定或选择符合自身需要、特点和条件的目标和行动方式，并能在实现目标的行动中自我监督和调控。

(3)创造性，这是学生主观能动性的最高表现。它表现在学生不仅具有自觉性和独立性，而且有超越意识，如超越书本、超越教师、超越自己和群体等。



**3. 学生主体性的培养**

对于学生主体性的培养，一般学者认为主要从三个方面着手：

(1)建立民主而和谐的师生关系，重视学生自学能力的培养；

(2)重视培养学生主体参与课堂，让学生获得主体参与的体验，尤其让学生体验成功；

(3)尊重学生的个性差异，对学生进行具有针对性的教育。

**真题面对面**

1. [2022内蒙古，单选]学生主观能动性的最高表现是(　　)

A. 自觉性　　B. 独立性

C. 主动性　　D. 创造性

2. [2022陕西，多选]教师培养学生主体性的措施有(　　)

A. 建立民主和谐的师生关系，重视学生自学能力的培养

B. 重视学生主体参与课堂，获得经验

C. 尊重学生的个性差异，进行针对性教育

D. 教育目标要反映社会发展

答案：1. D　2. ABC

### 考点3 学生是发展中的人

学生不是成人，他们正处于身心发展最迅速的时期，生理和心理两方面都不太成熟，具有很大的发展的可能性与可塑性。学生是发展中的人，包括四层含义：(1)学生具有和成人不同的身心发展特点；(2)学生具有发展的巨大潜在可能性；(3)学生具有发展的需要；(4)学生具有获得成人教育关怀的需要。

## 二、学生的地位　【单选】 ★

### 考点1 学生的社会地位

学生的社会地位是指他们作为社会成员应具有的主体地位。青少年儿童是未来社会的主人，有着独立的社会地位，并依法享受各项社会权利。从法律上讲，青少年是独立的社会个体，是权利的主体，有独立的法律地位，他们不仅享受一般公民的绝大多数权利，而且还受到社会的特别保护。

1989年11月20日联合国大会通过的《儿童权利公约》的核心精神，正是维护青少年儿童的社会权利主体地位。这一精神的基本原则有儿童利益最佳原则、尊重儿童尊严原则、尊重儿童观点与意见原则和无歧视原则。我国是《儿童权利公约》的缔约国之一，在履行《儿童权利公约》的同时，还在《中华人民共和国宪法》《中华人民共和国教育法》《中华人民共和国未成年人保护法》等一系列有关法律、法规和政策中对青少年享有的权利做了规定，概括起来讲，主要有以下几点：(1)生存的权利；(2)受教育的权利；(3)受尊重的权利；(4)安全的权利。

### 考点2 学生在教育过程中的地位

现代教育理论认为，在教育过程中，学生既是认识的客体，又是认识的主体。

学生作为教育认识的客体是指学生相对于社会的要求、新的教学内容和教师的认识来说都处于一种被动状态，需要教师有目的、有计划、有组织地引导，将一定社会要求转化为学生内部需要，将新的教学内容转化为学生的素质。承认学生的客体性和客体地位，就是强调教育和教师的主导作用。然而，在教育过程中，外界的一切影响并不是简单地输送或移植给学生，必须经过学生主体的主动吸收、转化，学生是活生生的具有主观能动性的人，是学习的主人。教师的作用只是外因，任何知识技能的领会与掌握都要依靠学生独立自主的学习，教师不可能包办代替；任何有效的教学必须以尊重学生身心发展规律，特别是学习规律为前提。因此，学生在教育过程中处于主体地位，是主体与客体的统一体。



## 三、现代学生观 【单选、判断、填空、案例分析】★★

### 考点1 学生是发展中的人，要用发展的观点认识学生

(1)学生的身心发展是有规律的。教师应依据学生身心发展的规律和特点来开展教育活动。

(2)学生具有巨大的发展潜能。在实际工作中，许多人往往从学生的现实表现推断学生没有出息、没有潜力。其实，学生具有巨大的发展潜能，智力水平可以明显提高，这已为科学研究所证实。

(3)学生是处于发展过程中的人。作为发展中的人，意味着学生还是不成熟的人，是一个正在成长的人。把学生作为发展中的人来对待，就要理解学生身上存在的不足，就要允许学生犯错误。当然，更重要的是要帮助学生解决问题，改正错误，从而不断促进学生的进步和发展。

(4)学生的发展是全面的发展。现代学生观强调，教师在教育教学实践中，不仅要重视"知识与技能"的传授，更要看到"过程与方法""情感态度与价值观"的重要性，把学生培养成全面发展的人。

### 考点2 学生是独特的人

(1)学生是完整的人。学生并不是单纯的、抽象的学习者，而是有着丰富个性的、完整的人。学习过程并不是单纯的知识接受或技能训练，而是伴随着交往、创造、追求、选择、意志努力、喜怒哀乐等的综合过程，是学生整个内心世界的全面参与。

(2)每个学生都有自身的独特性。独特性是个性的本质特征，珍视学生的独特性和培养具有独特个性的人，应成为我们对待学生的基本态度。独特性也意味着差异性，差异不仅是教育的基础，也是学生发展的前提，应视之为一种财富而珍惜开发，使每个学生在原有基础上都得到完全、自由的发展。

(3)学生与成人之间存在着巨大的差异。学生和成人之间是存在很大差别的，学生的观察、思考、选择和体验，都和成人有明显不同。"应当把成人看作成人，把孩子看作孩子。"

### 考点3 学生是具有独立意义的人

(1)每个学生都是独立于教师的头脑之外，不以教师的意志为转移的客观存在。教师不可以对学生随意支配，或任意捏塑，不可以随意强加给学生一些外在的知识，因为这样并没有尊重学生的主观能动性，只会挫伤学生的积极性，扼杀他们的学习兴趣，窒息他们的思想，引起他们自觉或不自觉的抵制或抗拒。

(2)学生是学习的主体。教师主导对学生客体的教育与改造，只是学生发展的外部条件和外因，学生的主体活动才是学生获得发展的内在机制和内因。

(3)学生是责权主体。从法律角度看，在现代社会，学生在社会系统中享受各项基本权利，有些甚至是特定的。但同时，学生也要承担一定的责任和义务。把学生作为责权主体来对待，是现代教育区别于古代教育的重要特征，是教育民主的重要标志。

真题面对面

[2020黑龙江,案例分析]刘老师发现小月同学有些自卑,便决定召开一次主题班会活动,帮助同学们克服自卑心理。在班会上,刘老师让每个人在自己的背后贴一张纸,由其他同学在纸上写出他的优点。小月看到自己的纸条上写着"帮助班级浇花""帮助同学答疑"……她才发现原来自己也是有很多优点的。后来小月的自卑心理渐渐改善了,学习的积极性也提高了。

问题:请从学生观的角度评价刘老师的教学行为。

**答案:**刘老师的教学行为符合现代学生观,具体分析如下:

(1)学生是处于发展过程中的人。作为发展中的人,意味着学生还是不成熟的人,是一个正在成长的人。把学生作为发展中的人来对待,就要理解学生身上存在的不足,就要允许学生犯错误。当然,更重要的是要帮助学生解决问题,改正错误,从而不断促进学生的进步和发展。刘老师在发现小月同学有些自卑后,决定召开主题班会帮助同学们克服自卑心理,说明刘老师把学生当成了发展中的人,重视学生心理问题的解决。

(2)学生是独特的人。学生并不是单纯的、抽象的学习者,而是有着丰富个性的、完整的人,每个学生都有自身的独特性。刘老师让同学们互相写出别人的优点,帮助同学们发现自己的优点,培养他们的自信心,正是因为关注到了每个学生的独特性和差异性。

(3)学生是具有独立意义的人。每个学生都是独立于教师的头脑之外,不以教师的意志为转移的客观存在,教师不能随意支配学生,也不能把自己的意志强加给学生。刘老师通过主题班会引导同学们发现自己的优点,进而克服自卑心理,而不是直接进行说教,说明刘老师把学生当成具有独立意义的人,尊重了学生的主体地位。

第二部分

## 第三节　师生关系

### 一、师生关系的内涵　【单选、判断】★★

#### 考点1　师生关系的概念

师生关系是指教师和学生在教育教学活动中为完成一定的教育任务,以"教"和"学"为中介而形成的一种特殊的社会关系,包括彼此所处的地位、作用和态度等。师生关系是教育活动过程中人与人关系中最基本、最重要的关系。

#### 考点2　师生关系的主要表现形式

师生之间的现实关系是不断变化和丰富多样的,可以从不同的层面进行划分,主要表现为社会关系、教育关系、心理关系和伦理关系。

**1. 社会关系**

它以年青一代的成长为目标,是人与人的各种社会关系在教育教学中的反映。主要表现为师生之间存在的代际关系、政治关系、文化的授受关系、道德关系以及法律关系。

**2. 教育关系(工作关系)**

师生之间的教育关系是指教师与学生在教育教学活动中为完成一定的教育任务,以"教"和"学"为中介,以促进学生的整体发展和自主发展为目标而建立的一种工作关系。教育关系是基本关系,其他师生关系皆服务于这一关系。

**3. 心理关系**

师生心理关系的实质是师生个体之间的情感是否融洽、个性是否冲突、人际关系是否和谐。

**4. 伦理关系**

师生之间的伦理关系是指在教育教学活动中，教师与学生构成一个特殊的道德共同体，各自承担一定的伦理责任，履行一定的伦理义务。这种关系是师生关系体系中最高层次的关系形式，对其他关系形式具有约束和规范作用。

第二部分

考点 3 两种对立的观点

关于师生关系，有两种对立的观点，即教师中心论和儿童中心论。

**1. 教师中心论**

教师中心论的典型代表是**赫尔巴特**，他认为教师在教育教学过程中起主宰作用，强调教师的权威作用。

**2. 儿童中心论(学生中心论)**

儿童中心论则认为教育的目的在于促进儿童的成长，因此教育要从学生的兴趣和需要出发，整个教育过程要围绕儿童进行，其代表人物有法国的**卢梭**和美国的**杜威**。

教师中心论仅看到了教师的主导作用，但忽视了学生的主观能动性，在教育实践中使教育活动脱离学生的实际，以致难以达到预期的效果。学生中心论则过分夸大了学生的主观能动性，忽视了学生是教育对象这一基本事实，结果会导致教育质量下降。教师和学生的关系是辩证统一的，既要重视教师的主导作用，又要重视学生的主观能动性。

**考点 再拔高**

▼ 师生关系的复合主客体说

在师生关系的研究中曾出现“三体论”“四体论”“五体论”“六体论”等观点。这些观点的共同之处在于他们多倾向于将教育教学活动进行划分，在此基础上进行研究，有的研究者倾向于将教育教学活动划分为教的活动和学的活动，也有人把教育活动划分为“教授活动、学习活动和管理活动”。在不同的活动中，教师和学生处于不同的地位，或称“**双主体**”，或称“**复合主客体**”。“在教授活动中，教师是活动的主体，是整个活动计划的设计者、实施者和控制者。学生和教材是活动的客体。”在学习活动中，“体现学生的主体地位，特别是学生观察、思考与实践活动，使他们处于主动自由的地位”。在众多的观点中，理论上最完备，且最具影响力、最有代表性的是“复合主客体”论。

**真题面对面**

1. [2022江西，单选]“儿童中心论”的代表人物是(　　)

A. 施瓦布　　B. 杜威　　C. 赫伯特·斯宾塞　　D. 朱熹

2. [2022湖北，单选]“在教授活动中，教师是活动的主体，是整个活动计划的设计者、实施者和控制者。学生和教材是活动的客体。”在学习活动中“体现学生的主体地位，特别是学生观察、思考与实践活动，使他们处于主动自由的地位”。这两句话体现的师生关系学说是(　　)

A. 教师中心说　　B. 学生中心说　　C. 主导主体说　　D. 复合主客体说

答案：1. B　2. D

## 二、师生关系的内容　【单选、多选】★

(1)师生在教育内容的教学上结成授受关系。①从教师与学生的社会角色规定的意义上看，教师是传

授者，学生是受授者；②学生在教学中主体性的实现，既是教育的目的，也是教育成功的条件；③对学生的指导、引导的目的是促进学生的自主发展。

(2)师生在人格上是平等的关系。①学生作为一个独立的社会个体，在人格上与教师是平等的；②教师和学生是一种朋友式的友好帮助关系。

(3)师生在社会道德上是互相促进的关系。①师生关系在本质上是一种人—人关系；②教师对学生的影响不仅仅是知识上、智力上的影响，更是思想上、人格上的影响。

## 三、师生关系的基本类型 【单选、多选】 ★

表2-24 师生关系的基本类型

| 类型 | 教师的特征 | 学生的典型反应 |
| --- | --- | --- |
| 专制型 | (1)对学生时时严加监视；<br>(2)要求即刻无条件地接受一切命令——严厉的纪律；<br>(3)认为表扬可能宠坏学生，所以很少给予表扬；<br>(4)认为没有教师监督，学生就不可能自觉学习 | (1)屈服，但一开始就不喜欢和厌恶这种教师；<br>(2)推卸责任是常见的事情；<br>(3)学生易激怒，不愿合作，而且可能会在背后伤人；<br>(4)教师一离开课堂，学习就明显松垮 |
| 民主型 | (1)善于和集体共同制订计划和做出决定；<br>(2)在不损害集体的情况下，很乐意给个别学生以帮助、指导；<br>(3)尽可能鼓励集体的活动；<br>(4)给予客观的表扬和批评 | (1)喜欢学习，喜欢和别人尤其是教师一道工作；<br>(2)学生工作的质和量都很高，相互鼓励，而且独自承担某些责任；<br>(3)不论教师在不在课堂，需要加以改正的问题很少 |
| 放任型 | (1)在和学生打交道时几乎没有什么信心，或认为学生爱怎样就怎样；<br>(2)很难做出决定；<br>(3)没有明确的目标；<br>(4)既不鼓励学生，也不反对学生；既不参加学生的活动，也不提供帮助或方法 | (1)学生不仅道德差，而且学习也差；<br>(2)学生有许多"推卸责任""寻找替罪羊""容易激怒"的行为；<br>(3)没有合作；<br>(4)谁也不知道应该做些什么 |

**真题面对面**

[2020江西，多选]专制型师生关系下，学生的典型表现有(　　)

A. 学生不仅道德差，而且学习也差　　B. 推卸责任是常见的事情

C. 学生易激怒，不愿合作　　D. 教师一离开课堂，学习就明显松垮

答案：BCD

## 四、良好师生关系的建立与发展 【单选、多选、简答、论述、案例分析】 ★★

### 考点1 影响师生关系的因素

**1. 教师方面**

(1)教师对学生的态度。学生受教师的评价影响很大。教师对学生的评价往往通过语言暗示、表情等反映。教师偏爱优生、忽视中等生、厌恶"差生"，就会使学生与教师产生不同的距离。

(2)教师的领导方式。教师的领导方式有专制型、民主型、放任型三种。大量教育实践表明，民主型领导方式下的师生关系比较融洽，最能发挥学生的主观能动性。

(3)教师的智慧。学识渊博是学生亲近教师的重要因素之一。

(4)教师的人格因素。教师的性格、气质、兴趣等是影响师生关系的重要因素。性格开朗、气质优雅、兴趣广泛的教师最受学生欢迎。

**2. 学生方面**

学生对师生关系影响的主要因素是学生对教师的认识。许多调查表明，学生与教师关系好就喜欢上这位教师的课，主动亲近教师；自认为教师瞧不起自己的，就会主动疏远教师。

**3. 环境方面**

影响师生关系的环境主要是学校的人际关系环境和课堂的组织环境。学校领导与教师的关系、教师之间的关系、教师与家长的关系，必然影响师生关系。课堂的组织环境主要包括教室的布置、座位的排列、学生的人数等。

第二部分

## 考点 2 良好师生关系建立的途径与方法

**1. 教师方面**

教师是教育过程的组织者，在全部教育活动中起主导作用。从根本上说，良好的师生关系首先取决于教师。为此，教师要从以下几个方面努力：

(1)了解和研究学生。教师要与学生取得共同语言，使教育影响深入学生的内心世界，就必须了解和研究学生。了解和研究学生主要包括三个方面：①了解和研究学生个人；②了解学生的群体关系；③了解和研究学生的学习和生活环境。

(2)树立正确的学生观。教师既要把学生当作教育的对象，又要把学生看作学习的主人；既要耐心细致地做好各项指导工作，又要充分调动学生的主动积极性。

(3)提高教师自身的素质。教师的素质是影响师生关系的核心因素。教师的道德素养、知识素养和能力素养是学生尊重教师的重要条件，也是教师提高教育影响力的保证。

(4)热爱、尊重学生，公平对待学生。热爱学生包括热爱所有学生，对学生充满爱心，经常走到学生之中，忌挖苦、讽刺学生、粗暴对待学生。尊重学生特别要尊重学生的人格，保护学生的自尊心，维护学生的合法权益，避免师生对立。教师处理问题必须公正无私，使学生心悦诚服。

(5)发扬教育民主。民主平等是现代师生伦理关系的核心要求。教师要以平等的态度对待学生，而不能以“权威”自居。教育教学中，要尊重学生的看法，鼓励学生质疑，发表不同意见，以讨论、协商的方式解决争端。要营造一个民主的氛围，保护学生的积极性，保证学生具有安全感。

(6)主动与学生沟通，善于与学生交往。师生关系一般要经历生疏、接触、亲近、依赖、协调、默契六个阶段。为了提高与学生交往的能力，教师要注意把握好以下几个方面：①关注学生的身心需要；②探究学生的内心世界；③给予学生适当的选择权；④鼓励学生认识个人价值；⑤欣赏学生的独特见解；⑥分享健康的幽默感。

(7)正确处理师生矛盾。教育教学过程中，师生之间发生矛盾是难免的。教师要善于驾驭自己的情绪，冷静全面地分析矛盾，正视自身的问题，敢于做自我批评，对学生的错误进行耐心的说服教育或必要的等待、解释等。要能与学生心理互换，设身处地地为学生着想，理解学生，帮助学生，满足学生的正当要求，启发学生自省改错。

(8)提高法制意识，保护学生的合法权利。教师要提高法制意识，明确师生之间的权利义务，切实依法保护学生的合法权利。

(9)加强师德建设，纯化师生关系。师生关系是一种教育关系，即一种具有道德纯洁性的特殊社会关系。教师应加强自身修养，提高抵御不良社会风气的积极性和能力。同时，也要更新管理观念，树立以人为本的管理思想，为师生关系的纯化创造有利的教育环境。

**2. 学生方面**

(1)正确认识自己。学生如果能够正确认识自己的优缺点以及应该努力的目标,站在客观的角度思考和看待自己,那么他们对于教师的指导就能更加认真倾听和思考,这对于形成良好师生关系有很大的促进作用。

(2)正确认识老师。学生应该摒弃对教师的固有成见,要学会客观地认识和理解老师的付出,积极主动地和老师沟通,这样互相理解的师生双方才是良好师生关系的形成基础。

**3. 环境方面**

(1)加强校园文化建设,确保校园文化的相对独立性、完整性和纯洁性;

(2)加强学风教育,促进良好学风养成,使学生在一个良好的学风氛围下健康地学习。



**真题面对面**

[2022四川,简答]简述教师要如何构建良好的师生关系。

答案:详见内文

## 五、理想师生关系(我国新型师生关系)的特点 【单选、多选、简答、案例分析】★★★

有学者提出理想的师生关系具有四个方面的特征:(1)尊师爱生;(2)民主平等;(3)教学相长;(4)和谐配合,同享共创。也有学者将其总结为以下几个方面:

**1. 人际关系:尊师爱生**

尊师与爱生是相互促进的两个方面:教师通过对学生的尊重和关爱换取学生发自内心的尊敬和信赖,而学生对教师的尊敬和信赖又可激发教师更加努力地工作,为学生营造良好的心理气氛和学习条件。爱生是尊师的重要前提,尊师是爱生的必然结果。

**2. 社会关系:民主平等**

它要求教师理解学生,发挥非权力性影响,并一视同仁地与所有学生交往,善于倾听不同意见,同时也要求学生正确表达自己的思想和行为,学会合作和共同学习。

**3. 教育关系:教学相长**

教学相长出自《学记》,“学然后知不足,教然后知困。知不足,然后能自反也;知困,然后能自强也。故曰:教学相长也”。意为教师学可以促进其教,通过教又可以促进自己的学。现在的意义是指师生在教育教学过程中相互影响,相互促进,相互学习,共同提高。

**4. 心理关系:心理相容**

心理相容指的是教师与学生之间在心理上协调一致,在教学实施过程中表现为师生关系密切、情感融洽、平等合作。教学中会出现师生心理障碍,要消除这种心理障碍,增强师生之间的心理相容性,提高教学效果,应该着重从三个方面努力:(1)多接触学生,研究学生,了解学生的心理状态;(2)遵循教育规律,多采取讨论、启发等教学方法;(3)为人师表,以人格力量感化学生。

## 核心考点回顾

1. 教师的职业角色主要有哪些?如何理解这些角色?(参见本书P104)
2. 教师劳动的特点主要有哪些?这些特点的含义或表现是什么?(参见本书P105)

3. 教师的职业素养包括哪几个方面？各素养的内容有哪些？（参见本书P107）

4. 教师专业发展的途径有哪些？（参见本书P111）

5. 学生具有哪些特点？现代学生观的主要观点有哪些？（参见本书P112）

6. 良好师生关系建立的途径与方法有哪些？（参见本书P118）

7. 理想师生关系具有哪些特点？（参见本书P119）

第二部分

## 达标测评

| 建议用时 | 实际用时 | 测评总分 | 实际得分 |
| --- | --- | --- | --- |
| 30分钟 | ____分钟 | 25分 | ____分 |

一、单项选择题（每小题1分，共5分）

1. “学高为师”“良师必须是学者”强调的是（　　）对教师专业发展的重要性。

A. 本体性知识　　B. 条件性知识

C. 实践性知识　　D. 一般文化知识

2. （　　）是教育活动过程中最基本、最重要的关系。

A. 师生关系　　B. 生生关系　　C. 师师关系　　D. 群体关系

3. 教师的劳动成果是学生的品德、知识和能力，而非显性的物质财富。这说明教师的劳动具有（　　）特点。

A. 创造性　　B. 长期性　　C. 间接性　　D. 示范性

4. “孩子是由一百组成的，孩子有一百种语言，一百只手，一百个念头，一百种思考方式、游戏方式及说话方式。”这句话反映了教师劳动的（　　）

A. 复杂性　　B. 示范性　　C. 持续性　　D. 长期性

5. “既知教之所由兴，又知教之所由废，然后可以为人师也”表明教师应具备（　　）

A. 广博的文化修养　　B. 扎实的专业基础知识

C. 丰富的教育理论知识　　D. 良好的实际工作能力

二、简答题（本大题共5分）

简述师生关系的内容。

三、案例分析题（本大题共15分）

重庆市江北区洋河花园实验小学在二十多年的办学过程中，通过校园文化环境、课程体系、教学模式、评价管理的重构，要求教育者基于人的生长性及可塑性，相信每个孩子身上都有“美”，让每个孩子都能得到所需要的教育，获得个性化成长，逐渐形成了“成全每一个孩子”的理念。

学校创设了《“激活课堂”评价表》，并对教师的课堂教学提出了具体要求。例如，情境创设要引发学生的思考，能让学生发出自己的声音；要确保教师对学生不同理解的倾听，避免教师用自己的思考压制和取代学生的思考；要为师生的共同成长提供契机。

走进教室，随处可见孩子们手捧书籍，静静阅读；在操场上，足球、篮球、田径等运动项目则开展得如火如荼……师生关系良好、生生关系平等、家校关系和谐，洋河花园实验小学朝着实现“成全每一个孩子”的目标迈出了坚实的步伐。

新时代的教师应树立什么样的学生观？

# 参考答案及解析

一、单项选择题

1. A [解析]题干所述说明教师必须具备精深的学科专业知识，即强调了本体性知识对教师专业发展的重要性。

2. A [解析]教育活动过程中最基本、最重要的关系是师生关系。

3. C [解析]教师劳动的间接性指教师的劳动不直接创造物质财富，而是以学生为中介实现教师劳动的价值。教师劳动的结晶是学生，是学生的品德、学识和才能，待学生走上社会，由他们来为社会创造财富。

4. A [解析]题干的表述体现的是孩子是具有个别差异且复杂的个体，体现了教师劳动对象的复杂性。

5. C [解析]题干的意思是：教师只有懂得了教育成功的原因，同时又懂得了教育失败的原因，然后才能胜任教师的工作。这表明教师应具备丰富的教育理论知识。

二、简答题(参考答案)

(1)师生在教育内容的教学上结成授受关系；(2)师生在人格上是平等的关系；(3)师生在社会道德上是互相促进的关系。

三、案例分析题(参考答案)

新时代的教师应树立以下学生观：

(1)学生是发展中的人，要用发展的观点认识学生。学生具有巨大的发展潜能，洋河花园实验小学要求教育者基于人的生长性及可塑性，相信每个孩子身上都有“美”，做到了用发展的观点认识学生。学生的发展是全面的发展，教师在教育教学实践中，不仅要重视“知识与技能”的传授，更要看到“过程与方法”“情感态度与价值观”的重要性，把学生培养成全面发展的人。洋河花园实验小学的孩子们在教室里“手捧书籍，静静阅读”，在操场上，积极参加足球、篮球、田径等运动项目，且“师生关系良好、生生关系平等、家校关系和谐”，体现了这一学生观。

(2)学生是独特的人。每个人由于遗传素质、社会环境、家庭条件和生活经历的不同，形成了个人独特的心理世界，独特性是个性的本质特征，珍视学生的独特性和培养具有独特个性的人，应成为我们对待学生的基本态度。洋河花园实验小学让每个孩子都能得到所需要的教育，获得个性化成长，并且逐渐形成了“成全每一个孩子”的理念，体现了对学生个性的重视，做到了因材施教。

(3)学生是具有独立意义的人。每个学生都是独立于教师的头脑之外，不以教师的意志为转移的客观存在；学生是学习活动的主体，学习活动是学生的主体活动，教学过程在于建构学生主体。材料中的洋河花园实验小学创设了《“激活课堂”评价表》，并对教师的课堂教学提出了一系列的具体要求，这些都体现了这一学生观。

# 第五章 课 程



## 思维导图

- 课程
  - 课程概述
    - 课程的内涵：词源：朱熹“宽着期限，紧着课程”；斯宾塞《什么知识最有价值》
    - 课程类型
      - 学科课程与活动课程
      - 分科课程与综合课程
      - 必修课程与选修课程
      - 基础型课程、拓展型课程与研究型课程
      - 国家课程、地方课程与校本课程
      - 显性课程与隐性课程（重点）
    - 制约课程的因素：社会、知识、儿童
    - 主要课程理论流派
      - 学生中心课程理论、学科中心课程理论
      - 社会中心课程理论、存在主义课程理论
  - 课程目标
    - 课程目标的内涵
    - 课程目标与教育目标、教育目的、培养目标、教学目标的关系
    - 课程目标取向的分类：普遍性目标、行为目标、生成性目标、表现性目标
    - 确定课程目标的依据
    - 三维课程目标：“知识与技能”“过程与方法”“情感态度与价值观”（重点）
    - 课程目标设置的基本要求
  - 课程内容
    - 课程内容的表现形式：课程计划、课程标准、教材（重点）
    - 课程内容的组织方式：直线式与螺旋式
  - 课程结构
    - 课程结构的概念
    - 新一轮基础教育课程体系的设计构想：整体设置九年一贯的义务教育课程，高中以分科课程为主，从小学至高中设置综合实践活动并作为必修课程，农村中学课程要为当地社会经济发展服务
  - 课程管理
    - 新课程的管理政策
    - 三级课程管理：国家课程、地方课程、学校课程
    - 校本课程开发
  - 课程设计与实施
    - 课程设计：泰勒的目标模式（难点）
    - 课程实施：基本取向：忠实取向、相互调适取向、创生取向
  - 课程评价
    - 课程评价的概念
    - 课程评价的方法
    - 课程评价的主要模式：目标评价模式、目的游离评价模式、CIPP评价模式
    - 当前课程评价发展的基本特征
  - 课程资源
    - 课程资源的概念
    - 课程资源的类型
    - 开发和利用课程资源的原则与理念

## 考向分析

本章属于教育学的基础章节，也是各省特岗笔试都会考查的章节，内容广泛、识记性知识多，在考试中常以选择题、判断题、简答题等形式考查。本章的考向分析如下：

| 考点名称 | 常考题型 | 能力层级 | 考查热度 |
|---|---|---|---|
| 课程类型 | 单选、多选、判断 | 识记、理解 | ★★★ |
| 制约课程的因素 | 单选、多选、判断、简答 | 识记 | ★★ |
| 课程内容的表现形式 | 单选、多选、判断 | 识记 | ★★ |
| 新一轮基础教育课程体系的设计构想 | 单选、判断 | 识记 | ★★ |
| 泰勒的目标模式 | 单选、多选 | 识记、理解 | ★★ |
| 课程资源的类型 | 多选 | 识记 | ★★ |



## 核心考点

## 第一节　课程概述

### 一、课程的内涵　【单选、判断、名词解释】★

#### 考点1　课程的概念

在我国，“课程”一词在我国始见于**唐宋**期间。唐朝**孔颖达**为《诗经·小雅·巧言》中“奕奕寝庙，君子作之”一句注疏：“维护课程，必君子监之，乃得依法制也。”这是我国历史上迄今为止所能见到“课程”一词的最早使用。但这里所说的课程并不是现代意义上的。宋朝**朱熹**在《朱子全书·论学》中多次提及课程，如“宽着期限，紧着课程”，这里的“课程”是指功课及其进程，已与今天日常语言中“课程”的意义极为相近。

在西方，“课程”一词最早出现在英国教育家**斯宾塞**的《什么知识最有价值》一文中。它由拉丁语派生而来，意为“跑道”。根据这个词源，最常见的课程定义是“学习的进程”，简称学程。

一般认为，美国学者**博比特**在1918年出版的《**课程**》一书，标志着课程作为专门研究领域的诞生，这也是教育史上第一本课程理论专著。他提出了课程研究的“**活动分析法**”，即通过对人类社会活动的分析，发现社会所需要的知识、技能、能力和态度等，以此作为课程的基础。

**课程**是指学校学生所应学习的学科总和及其进程与安排。广义的课程是指学校为实现培养目标而选择的教育内容及其进程的总和，它包括学校所教的各门学科和有目的、有计划的教育活动。狭义的课程是指某一门学科。

**真题面对面**

[2022内蒙古，判断]课程是学校开设的全部学科的总合。(　　)

答案：×

#### 考点2　古德莱德关于课程的定义

美国著名课程专家古德莱德认为课程分五个层次：

(1)理想的课程,即由研究机构、学术团体和课程专家提出的应该开设的课程。例如,有人提议在中学开设同性恋教育的课程,并从理论上论证其必要性,就属于理想的课程。

(2)正式的课程,即由教育行政部门规定的课程计划、课程标准和教材,也就是列入学校课程表中的课程。

(3)领悟的课程,即任课教师所领悟的课程。

(4)运作的课程,即在课堂上实际实施的课程。

(5)经验的课程,即学生在课堂学习中实实在在体验到的东西。

第二部分

## 二、课程类型 【单选、多选、判断】 ★★★

### 考点1 学科课程与活动课程

学科课程与活动课程

从课程内容所固有的属性来看,课程可分为学科课程与活动课程。

**1. 学科课程**

学科课程是指以文化知识(科学、道德、艺术)为基础,按照一定的价值标准,从不同的知识领域或学术领域选择一定的内容,根据知识的逻辑体系,将所选出的知识组织为学科的课程类型。它是最古老、使用范围最广泛的课程类型。其主导价值在于传承人类文明,强调使学生掌握、传递和发展人类积累下来的文化遗产。我国古代的"六艺"、古希腊的"七艺"和"武士七艺"都可以说是最早的学科课程。学科课程分科设置,又称分科课程。

**2. 活动课程**

活动课程亦称经验课程,是指围绕着学生的需要和兴趣、以活动为组织方式的课程形态,即以学生的主体性活动的经验为中心组织的课程。经验课程以开发与培育主体内在的、内发的价值为目标,旨在培养具有丰富个性的主体。学生的兴趣、动机、经验是经验课程的基本内容。其主导价值在于使学生获得关于现实世界的直接经验和真切体验。杜威是活动课程的主要代表人物。

### 考点2 分科课程与综合课程

从课程内容的组织方式(形式)来看,课程可分为分科课程与综合课程。

**1. 分科课程**

分科课程根据学校教育目标、教学规律和一定年龄阶段的学生发展水平,分别从各门学科中选择部分内容,组成各种不同的学科,彼此分立地安排他们的教学顺序、教学时数和期限。其主导价值在于使学生获得逻辑严密和条理清晰的文化知识,但是容易带来科目过多、分科过细的问题。

**2. 综合课程**

综合课程是指采用各种有机整合的形式,使学校教学系统中分化的各种要素及各成分之间形成有机联系的课程形态。简单来说,就是指打破传统的分科课程的知识领域,组合两门以上学科领域而构成的一门学科。其主导价值在于通过相关学科的集合,促使学生认识的整体发展并形成把握和解决问题的全面视野与方法。

**真题面对面**

[2021陕西,单选]从课程的组织形式划分,课程分为(　　)

A. 学科课程与经验课程　　B. 选修课程与必修课程

C. 分科课程与综合课程　　D. 显性课程与隐性课程

答案:C

## 考点3 必修课程与选修课程

从对学生学习要求的角度来看，课程可分为必修课程与选修课程。

**1. 必修课程**

**必修课程**是根据人的发展和社会发展需要制定的，所有学生都必须学习的科目。它是个体社会化的基础，其主导价值在于培养和发展学生的共性。就我国现阶段基础教育课程而言，必修课程一般包括国家课程和地方课程。

**2. 选修课程**

**选修课程**是针对必修课程的不足之处提出来的，是为发展学生的兴趣、爱好和个性特长而开设的课程。

## 考点4 基础型课程、拓展型课程与研究型课程

从课程任务来看，课程可分为基础型课程、拓展型课程与研究型课程。

**1. 基础型课程**

基础型课程注重培养学生的基础学力，注重学生对科学文化基础知识和基本技能的掌握，同时获得智力的发展和能力的培养，即培养学生作为一个公民所必需的以“**三基**”（读、写、算）为中心的基础教养，是中小学课程的主要组成部分。基础型课程是必修的、共同的课程。

**2. 拓展型课程**

拓展型课程注重拓展学生的知识和能力，开阔学生的知识视野，发展学生各种不同的特殊能力，并迁移到其他方面的学习。拓展型课程常常以**选修课**的形式出现，与基础型课程相比有较大的灵活性。

**3. 研究型课程**

研究型课程注重培养学生的探究态度和能力。

## 考点5 国家课程、地方课程与校本课程

从课程设计、开发和管理主体或管理层次来看，课程可分为国家课程、地方课程与校本课程。

国家课程的主导价值在于通过课程体现国家的教育意志。地方课程的主导价值在于通过课程满足地方社会发展的现实需要。校本课程是指由学生所在学校的教师编制、实施和评价的课程，其主导价值在于通过课程展示学校的办学宗旨和特色，提升学校的办学水平，促进学生的个性发展。

**真题面对面**

[2021四川，单选]由学校教师自己编制的课程属于（　　）

A. 国家课程　　B. 地方课程　　C. 校本课程　　D. 特殊课程

答案：C

## 考点6 显性课程与隐性课程

从课程的表现形式或对学生的影响方式来看，课程可分为显性课程与隐性课程。

**1. 显性课程**

显性课程也被称为正式课程、官方课程、公开课程、显露课程等，是指学校有目的、有计划实施的各门学科课程和课外活动课程。显性课程的主要特征是**计划性**，这是区分显性课程和隐性课程的主要标志。

**2. 隐性课程**

隐性课程也被称为潜在课程、隐蔽课程、自发课程等，它不在课程计划中反映，不通过正式的教学进行，

对学生的知识、情感、意志、行为和价值观等方面起潜移默化的作用，促进或干扰教育目标的实现。隐性课程是伴随显性课程而产生的，没有显性课程也就没有隐性课程。“隐性课程”一词是由**杰克逊**在1968年出版的《班级生活》一书中首先提出来的。

隐性课程的主要表现形式有：(1)**观念性隐性课程**。包括隐藏于显性课程之中的意识形态，学校的校风、学风，有关领导与教师的教育理念、价值观、知识观、教学风格、教学指导思想等。(2)**物质性隐性课程**。包括学校建筑、教室的设置、校园环境等。(3)**制度性隐性课程**。包括学校管理体制、学校组织机构、班级管理方式、班级运行方式。(4)**心理性隐性课程**。主要包括学校人际关系状况、师生特有的心态、行为方式等。

第二部分

真题面对面

1. [2022内蒙古，单选]陶行知说：“学校无小事，处处是教育；教师无小节，处处是楷模。”学校的小事和教师的小节都属于(　　)

A. 显性课程　　B. 隐性课程　　C. 学科课程　　D. 综合课程

2. [2022四川，单选]班级管理规定应属于(　　)

A. 观念性隐性课程　　B. 物质性隐性课程

C. 制度性隐性课程　　D. 心理性隐性课程

答案：1. B　2. C

## 三、制约课程的因素　【单选、多选、判断、简答】★★

(1)一定历史时期社会发展的要求及提供的可能(社会需求)；(2)一定时代人类文化及科学技术发展水平(学科知识水平)；(3)学生的年龄特征、知识与技能的基础及其可接受性(学习者身心发展的需求)。

总的来说，社会、知识、儿童是制约学校课程的三大因素。此外，**课程理论**也是制约课程的因素。建立在不同教育哲学理论基础上的课程理论以及课程的历史，对课程产生重要的结构性影响。

真题面对面

[2020安徽，判断]课程随着社会生产力和科学文化水平的发展而变化，不受人的身心发展规律的制约。(　　)

答案：×

## 四、主要课程理论流派　【单选】★

### 考点1　学生中心课程理论

学生中心课程理论也称**儿童中心课程理论**，具有实用性、综合性、实践性等特点，是以儿童的现实生活特别是活动为中心来编制课程的理论，因此，这种课程理论又称**活动课程理论**。活动课程理论的主要倡导者是美国实用主义教育家**杜威**。其基本主张有：

(1)经验论。教育就是经验的改造或改组。

(2)以儿童为中心的活动论。活动课程论认为，教育应以儿童实际经验为起点，从做中学。

(3)主动作业论。所谓主动作业是着眼于儿童经验的发展而对社会生活中的典型职业进行分析、归纳而获得的各种活动方式，如商业、烹饪、缝纫、纺织、木工等。

(4)课程组织的心理顺序论。杜威并不否认课程的组织要考虑教材的逻辑顺序，但他更重视课程的组

织要考虑儿童的心理顺序。他主张课程的组织应从儿童的经验出发，将教材心理学化，在教学过程中将儿童的个体经验逐渐提升到教材的逻辑水平。

## 考点2 学科中心课程理论（知识中心课程理论）

表2-25 学科中心课程理论

| 具体理论 | 代表人物 | 主要观点 |
| --- | --- | --- |
| 结构主义课程理论 | 布鲁纳 | 该理论以学科结构为课程中心，认为人的学习是认知结构不断改进与完善的过程，因此，学科基本结构的学习对学习者的认知结构发展最有价值 |
| 要素主义课程理论（传统主义教育、保守主义教育） | 巴格莱 | (1)课程的内容应该是人类文化的“共同要素”，首先要考虑的是国家和民族的利益；(2)学科课程是向学生提供经验的最佳方法；(3)重视系统知识的传授，以学科课程为中心 |
| 永恒主义课程理论 | 赫钦斯 | 该理论认为课程涉及的第一个根本问题就是，为了实现教育目的，什么知识最有价值或如何选择学科。永恒主义对此的回答是：具有理智训练价值的传统的“永恒学科”的价值高于实用学科的价值。“永恒学科”是课程的核心 |

**真题面对面**

[2022陕西，单选]学科课程理论的代表人物是（　　）

A. 布鲁纳　　B. 罗杰斯

C. 赞科夫　　D. 杜威

答案：A

## 考点3 社会中心课程理论

社会中心课程理论亦称**社会改造主义课程理论**，是以适应社会需要为中心编制的理论，以**布拉梅尔德**为代表。

社会中心课程理论认为应该把课程重点放在当代社会的问题、社会的主要功能、学生关心的社会现象，以及社会改造与社会活动计划等方面。这种理论认为设计课程要通过对社会问题的分析来确定教育目标，主张打破传统的学科课程界限，但不按学生的活动来组织课程；要兼顾儿童的年龄特征，但不主张以学生的兴趣和动机作为编制课程的基本出发点，而以社会现实问题作为课程设计的核心。其核心观点是：课程不应该帮助学生去适应社会，而是要建立一种新的社会秩序和社会文化。因此，该理论主张学生尽可能多地参与到社会中去，课程应以广泛的社会问题为中心。

## 考点4 存在主义课程理论

存在主义课程理论的主要代表人物之一美国学者**奈勒**认为，不能把教材看作为学生谋求职业做好准备的手段，也不能把它们看作对学生进行心智训练的材料，而应当把它们看作用来作为自我发展和自我实现的手段；不能使学生受教材的支配，而应该使学生成为教材的主宰。

存在主义课程理论重视发掘学生的人生价值，注重学生的情感反应，在反对学科中心主义课程设置的唯智、唯学方面，带来了新鲜空气。它注重以学生为中心，培养学生的自我责任意识，鼓励教师与学生进行精神交流，有利于建立和谐的师生关系。其弊端在于：这种课程理论指导下的课程缺乏系统知识的传授，课程结构破碎且难成体系。

真题面对面

[2021陕西,单选]主张学校课程应以建造新的社会秩序为方向,这种课程理论是(　　)

A. 经验主义课程论　　B. 社会改造课程论

C. 存在主义课程论　　D. 学科中心课程论

答案:B

第二部分

## 第二节　课程目标

### 一、课程目标的内涵

课程目标是根据教育宗旨和教育规律而提出的具体价值和任务指标,是课程本身要达到的具体目标和意图。它规定了某一教育阶段的学生通过课程学习后,在发展品德、智力、体质等方面期望实现的程度。它是确定课程内容、教学目标和教学方法的基础,是整个课程编制过程中最为关键的准则。它直接受教育目的、培养目标的影响,是培养目标的分解,是师生行动的依据。课程目标具有时限性、具体性、预测性、可操作性等特点。

### 二、课程目标与教育目标、教育目的、培养目标、教学目标的关系　【单选、辨析】★

教育目标是种概念,教育目的、培养目标、课程目标、教学目标是属概念,都是教育目标的一种,是不同层次上不同类别的教育目标。

教育目的、培养目标、课程目标与教学目标之间的关系是:从教育目的到教学目标是抽象到具体的关系,后者是前者的具体化,只有实现了具体的教学目标,才能达到实现教育的总目的的要求;反过来,从教学目标到教育目的是具体到抽象的关系,上一个层次的教育目标是下一个层次教育目标的依据、任务和方向,对下一个层次目标起制约和指导作用,而课程目标、教学目标又是教育目的、培养目标实现的保障。

### 三、课程目标取向的分类　【单选】★

**1. 普遍性目标取向**

普遍性目标是将一般教育宗旨或原则直接运用于课程领域,成为课程领域一般性、规范性的课程目标。它是一种古老且长期存在的课程目标取向。普遍性目标把可普遍运用于所有教育实践中的一般教育宗旨或原则等同于课程目标,是对课程全局的总体考虑和安排,具有普遍性、方向性、指令性特点。它所反映的是比较长期的教育价值取向,是任何门类的课程不可缺少的部分。

**2. 行为目标取向**

行为目标是以显性化、精确性、具体的、可操作的行为的形式加以陈述的课程目标。它指明了课程与教学过程结束后学生身上所发生的行为变化。行为目标取向的课程目标的优点在于它克服了普遍性目标模糊性的缺陷,具有精确性、具体性、可操作性。

**3. 生成性目标取向**

生成性目标不是由外部事先规定的目标,而是在教育情境之中随着教育过程的展开而自然生成的目标。它强调学生、教师与教育情境的交互作用,有益于培养学生解决实际问题的能力。此外,"生成性目标"的过程取向有益于消除"行为目标"取向所存在的过程与结果、手段与目的之间的二元对立。当过程与结果、手段与目的被内在地联系起来后，课程与教学目标就是学生在教学过程中，在与教学情境的交互作用中产生的自己的目标，而不是课程开发者和教师所强加的目标。

**4. 表现性目标取向**

表现性目标是美国课程学者艾斯纳提出的一种目标取向，是指在教育情境的种种际遇中每一学生个性化的创造性表现。表现性目标实际上就是指人们在从事某种活动结束时有意或无意得到的结果，它是“课程活动的结果”。如：参观动物园并讨论那里有趣的事情；观赏花，谈谈自己的发现；听《七个小矮人》的故事，谈谈自己的感受，并用自己喜欢的方式表达对故事的感受；知道水的用途和重要性，能节约用水等。

第二部分

真题面对面

1. [2022贵州，单选]在课程设计中，课程目标为“听故事，谈谈自己的想法，并用自己喜欢的方式表达对故事的感受”，这属于（　　）

A. 生成性目标　　B. 行为性目标　　C. 表现性目标　　D. 普遍性目标

2. [2021河南，单选]在课程目标取向中，强调通过学生、教师与教育情境交互作用产生课程目标，而不是课程开发者和教师所强加的目标。这体现的是（　　）

A. 行为目标取向　　B. 教学性目标取向

C. 表现性目标取向　　D. 生成性目标取向

答案：1. C　2. D

## 四、确定课程目标的依据　【多选】★

**1. 学习者的需要（对学生的研究）**

课程的价值在于促进学习者的身心发展，因此，学习者的需要是确定课程目标的基本依据。对学生的研究，就是要找出教育者期望在学生身上所要达到的预期结果。

**2. 当代社会生活的需求（对社会的研究）**

学校课程要反映社会政治、经济、文化发展的需要。当代社会生活的需求是课程目标的基本来源之一。课程目标不仅反映当下社会需求，更主要的是反映社会的未来发展趋势。

**3. 学科知识及其发展（对学科的研究）**

课程内容来源于一些主要学科的知识，因而课程目标的实现必须要以学科为依托，即在确定课程目标的过程中首先要考虑学科本身的功能。学科知识及其发展是课程目标的基本来源之一。

## 五、三维课程目标　【单选、多选、判断】★

新课程背景下的课堂教学，要求根据各学科教学的任务和学生的需求，从知识与技能、过程与方法、情感态度与价值观三个维度出发设计课程目标。具体到教学实践，就是要把原来目标单一（即知识与技能）的课堂转变为目标多维（即知识与技能、过程与方法、情感态度与价值观）的课堂。

“知识与技能”目标强调基础知识和基本技能的获得，相当于传统的“双基教学”。“过程与方法”目标突出的是让学生“学会学习”，使学生获得知识的过程同时成为获得学习方法和能力发展的过程。“情感态度与价值观”目标强调在教学过程中激发学生的情感共鸣，引起积极的态度体验，形成正确的价值观。

三维课程目标应是一个整体，知识与技能、过程与方法、情感态度与价值观三个方面互相联系，融为一体。在教学中，既没有离开情感态度与价值观、过程与方法的知识与技能的学习，也没有离开知识与技能的情感态度与价值观、过程与方法的学习。

## 六、课程目标设置的基本要求 【多选】★

(1)系统化。课程目标的设置要根据课程目标的整体特性,采取系统的方法。

(2)具体化。课程目标的表述应该力求明确、具体,避免含糊不清和不切实际。课程目标设置解决的是教和学要"达成什么"的问题。

(3)层次化。在某一特定课程目标设置和表述时,这一目标本身要反映出学习结果的层次性。

第二部分

**真题面对面**

[2022江西,多选]课程目标设置中必须处理各种关系,注意以下基本要求( )

A. 系统化　B. 具体化　C. 时代化　D. 层次化

答案:ABD

# 第三节　课程内容

## 一、课程内容的表现形式 【单选、多选、判断】★★

课程是学校教育的核心,涉及教学过程中教师教什么和学生学什么的问题,它规定以什么样的教育内容来培养新一代,是学校教育的基础。课程计划、课程标准、教材是课程文本的一般表现形式,也是我国中小学课程的主要组成部分。

1992年,原国家教委在制订九年义务教育的教学计划时,把"教学计划"更名为"课程计划"。指导我国这次课程改革的《基础教育课程改革纲要(试行)》仍用"课程计划"这一术语,把原来用的"教学大纲"改称为"课程标准"。

### 考点1　课程计划

**1. 课程计划的概念**

**课程计划**,亦称**课程方案**,是根据一定的教育目的和培养目标,由教育行政部门制定的有关学校教育和教学工作的指导性文件。课程计划主要由课程计划的指导思想、培养目标、课程设置及其说明、课时安排、课程开设顺序和时间分配、考试考查制度和实施要求几部分构成。在基本内容上,课程计划主要是指教学科目的设置(课程设置)、学科顺序(课程开设顺序)、课时分配(教学时数)、学年编制和学周安排。其中,开设哪些科目(课程设置)是课程计划的中心和首要问题。

课程计划对学校的教学、生产劳动、课外活动等做出全面安排,是学校领导和教师进行教学工作的依据,不经上级批准一般不能任意变动。

**2. 义务教育阶段教学计划的特征**

义务教育阶段的教学计划具有**强制性**、**普遍性**、**基础性**的特点。

**真题面对面**

[2022重庆,单选]总体上规定学校课程设置、课程结构、课程顺序、课时安排的教育文件是( )

A. 课程方案　B. 教学设计方案　C. 课程标准　D. 考试大纲

答案:A

## 考点2 课程标准

### 1. 课程标准的概念

课程标准是课程计划中每门学科以纲要的形式编写的、有关学科教学内容的指导性文件，是课程计划的分学科展开。它规定了学科的教学目标、任务，知识的范围、深度和结构，教学进度以及有关教学方法的基本要求，是编写教科书和教师进行教学的直接依据，也是衡量各科教学质量的重要标准。教师应将课程标准作为检查自己教学质量的依据。

课程标准作为教材编写、教学、评估和考试命题的依据，具有可评估性、可理解性、可完成性、可伸缩性等性质。

### 2. 课程标准的功能

国家课程标准是教材编写、教学、评估和考试命题的依据，是国家管理和评价课程的基础。应体现国家对不同阶段的学生在知识与技能、过程与方法、情感态度与价值观等方面的基本要求，规定各门课程的性质、目标、内容框架，提出教学建议和评价建议。

课程标准是教材、教学和评价的基本依据，并不等于课程标准是对教材、教学和评价方方面面的具体规定。课程标准的指导作用主要体现在它规定了各科教材、教学所要实现的课程目标和各科教材、教学中所要学习的课程内容，规定了评价哪些基本素质以及评价的基本标准。但对教材编制、教学设计和评价过程中的具体问题（如教材编写体系、教学顺序安排及课时分配、评价的具体方法等），则不做硬性的规定。

**真题面对面**

[2022内蒙古，单选]衡量各科教学质量的标准是（　　）

A. 教学目标　　B. 教学计划　　C. 教育目的　　D. 课程标准

答案：D

## 考点3 教材

### 1. 教材的概念

教材是根据课程标准编制的、系统反映学科内容的教学用书，它是知识授受活动的主要信息媒介，是课程标准的进一步展开和具体化。教材可以是**印刷品**（包括教科书、教学指导用书、补充读物、图表等），也可以是**音像制品**（包括幻灯片、电影片、录音带、录像带、磁盘、光盘等）。

教科书是依据课程标准编制的教学规范用书，一般由目录、课文、习题、实验、图表、注释、附录等部分构成。教科书是教材的主体，是学生获取系统知识的重要工具，也是教师进行教学的主要依据。

**易混点辨析**

我们通常会认为“教材=教科书”，这种说法是不准确的。教材不仅包括教科书，还包括教学参考书、讲义、幻灯片等。教科书只是教材的一个重要组成部分。

新课程将教材视为“跳板”而非“圣经”。新的课程计划和课程标准为教学活动预留了充分的空间，视教材为案例，开放教材，鼓励教师充实并超越教材。倡导教师“用教材教”，而不是简单地“教教材”。教师完全可以而且应该根据学生的情况来处理教材。在教材观上的转向具体表现为：(1)就教材与学生的关系而言，学生不再是教材被动的受体而是对教材进行能动实践的创造性主体；教材不再是只追求对教育经验的完美的预设，而要为学生留有发展的余地，使教材编制过程本身延伸到课堂和学生的学习之中。(2)就教材与教师的关系而言，教材的权威消解了。教材设计要有意识地引导教师能动地乃至个性化地解读教材。

### 2. 教科书编写应遵循的基本原则与要求

(1)教科书的编排形式要有利于学生的学习，要符合卫生学、教育学、心理学和美学的要求。教科书的内容阐述要层次分明;文字表述要简练、精确、生动流畅;篇幅要详略得当;标题和结论要用不同的字体或符号标出,使之鲜明、醒目。

(2)教科书的编写在内容上要体现出科学性与思想性。科学性是基础,思想性寓于科学性之中。在保证科学性的前提下,教科书编写的内容还要呈现出时代特征。同时也要注意贴近社会生活,并适当渗透先进的科学思想。

(3)教科书编写的形式要多样化。教科书要突破以语言文字符号编制"书"的局限性,利用现代化教育技术创造全新的教科书,如录音、录像、软件、多媒体等。这些教科书正成为教学的重要选择或重要补充。

(4)教科书编写由"教程"式向"学程"式发展,不仅关心教师教的需要,更注重学生学的需要。



**考点 再拔高**

▼ 中学教材编写应遵循的原则

(1)教材内容的选择应符合课程标准的要求;(2)教材的编写要体现学生的身心特点,反映社会政治、经济、科技发展的需求;(3)教材的编写要为教师的创造性教学和学生的充分发展提供空间。

**真题面对面**

[2020贵州,单选]教师上课时所使用的课件、视频、投影、模型等教学资源属于(　　)

A. 教材　　B. 教案　　C. 教科书　　D. 学案

答案:A

## 二、课程内容的组织方式　【单选】 ★

### 考点1 直线式与螺旋式

直线式是指把课程内容组织成一条在逻辑上前后联系的"直线",前后内容基本不重复,即课程内容直线前进,前面安排过的内容在后面不再呈现。

**螺旋式**是指在不同单元乃至阶段或不同课程门类中,使课程内容重复出现,逐渐扩大知识面,加深知识难度,即同一课程内容前后重复出现,前面呈现的内容是后面内容的基础,后面内容是对前面内容的不断扩展和加深,层层递进。其逻辑依据是人的认识逻辑或认识发展过程中的规律,即人的认识遵循着由简单到复杂、由低级到高级,逐步深化发展的规律。

直线式和螺旋式是课程内容组织的两种基本逻辑方式,它们各有利弊,分别适用于不同性质的学科、不同年级的学生。

### 考点2 纵向组织与横向组织

纵向组织,又称垂直组织、序列组织,是指按照知识的逻辑序列,由已知到未知(要求课程内容的呈现由浅入深、由易到难)、由简单到复杂等先后顺序组织编排课程内容。纵向组织方式是教育心理学家们从学习理论的角度提出的一种组织形式。

横向组织,又称水平组织,是指打破学科的知识界限和传统的知识体系,按照学生发展阶段,以学生发展阶段需要探索的、社会和个人最关心的问题为依据,组织课程内容,构成一个一个相对独立的专题。

纵向组织注重课程内容的独立体系和知识的深度,而横向组织强调课程内容的综合性和知识的广度。

### 考点3 逻辑顺序与心理顺序

逻辑顺序,是指根据学科本身的体系和知识的内在联系来组织课程内容。

心理顺序,是指按照学生心理发展的特点来组织课程内容。

真题面对面

[2022重庆,单选]在编写中小学教材时,课程内容前后多次反复出现,且后面内容是对前面内容进行深化拓展。这种教材内容编排方式是( )

A. 直线式　　B. 螺旋式　　C. 混合式　　D. 交叉式

答案:B

## 第四节　课程结构

### 一、课程结构的概念

**课程结构**指课程各部分的组织和配合,即课程内容有机联系在一起的组织方式。课程结构是课程目标转化为教育成果的纽带,是课程活动顺利开展的依据。课程结构调整就其实质而言,就是重新认识和确立各种课程类型以及具体科目在学校课程体系中的价值、地位、作用和相互关系。

### 二、新一轮基础教育课程体系的设计构想(新课程结构的主要内容)【单选、判断】★★

**1. 整体设置九年一贯的义务教育课程**

小学阶段以综合课程为主。初中阶段设置分科与综合相结合的课程。

**2. 高中以分科课程为主**

为使学生在普遍达到基本要求的前提下实现有个性的发展,课程标准应有不同水平的要求,在开设必修课的同时,设置丰富多样的选修课程,开设技术类课程,积极试行学分制管理。

**3. 从小学至高中设置综合实践活动并作为必修课程**

强调学生通过实践,增强探究和创新意识,学习科学研究的方法,发展综合运用知识的能力。增进学校与社会的密切联系,培养学生的社会责任感。在课程的实施过程中,加强信息技术教育,培养学生利用信息技术的意识和能力。了解必要的通用技术和职业分工,形成初步技术能力。

**4. 农村中学课程要为当地社会经济发展服务**

在达到国家课程基本要求的同时,可根据现代农业发展和农村产业结构的调整因地制宜地设置符合当地需要的课程,深化"农科教相结合"和"三教统筹"等项改革,试行通过"绿色证书"教育及其他技术培训获得"双证"的做法。城市普通中学也要逐步开设职业技术课程。

真题面对面

[2022江西,单选]关于新课程内容的表述,不正确的观点是( )

A. 整体设置九年一贯的义务教育课程　　B. 高中课程以分科课程为主

C. 劳动与技术教育作为选修课程　　D. 从小学至高中设置综合实践活动

答案:C

第二部分

## 第五节　课程管理

### 一、新课程的管理政策　【单选】★

1985年,《中共中央关于教育体制改革的决定》首次提出"实行基础教育由地方负责、分级管理的原则";

1999年,《中共中央国务院关于深化教育改革,全面推进素质教育的决定》进一步指出"试行国家课程、地方课程和学校课程",标志着我国长期以来实行的中央集中管理的课程政策体系开始向中央—地方—学校分散管理的课程体制过渡;

2001年颁布的《基础教育课程改革纲要(试行)》明确规定实行国家、地方和学校三级课程管理体制。这样做是为了改变我国原有课程管理过于集中的状况,通过确立地方和学校参与课程改革的权力主体地位,完善课程管理体系,进一步增强课程对地方、学校及学生的适应性。至此,我国的课程管理体制逐步完善和成熟起来。

真题面对面

[2021河北,单选]我国现行的基础教育课程管理框架包括(　　)

A. 国家课程　　B. 地方课程

C. 学校课程　　D. 国家、地方和学校课程

答案:D

### 二、三级课程管理　【单选】★

#### 考点1　国家课程

**国家课程**是由中央教育行政机构编制和审定的课程,其管理权限属中央级教育机关。它的宗旨是保证国家实现普通教育的培养目标和提高普通教育的水平,规定学生应掌握的基础知识和基本能力,体现国家对教育的基本要求。

国家对课程的管理主要体现在:(1)教育部总体规划基础教育课程;(2)制定课程管理的各项政策;(3)制定基础教育课程标准;(4)积极试行新的课程评价制度。

#### 考点2　地方课程

**地方课程**是省级教育行政部门以国家课程为基础,依据当地的政治、经济、文化、民族等发展的需要而开发设计的课程。其宗旨是补充、丰富国家课程,满足地区差异。

地方对课程的管理体现在:(1)贯彻国家课程政策,制订课程实施计划;(2)组织课程的实施与评价;(3)加强课程资源的开发和管理。

#### 考点3　学校课程

学校课程即**校本课程**,是学校在确保国家课程和地方课程有效实施的前提下,针对学生的兴趣和需要,结合学校的传统和优势以及办学理念,充分利用学校和社区的课程资源,自主开发或选用的课程。

学校对课程的管理体现在:(1)制定课程实施方案;(2)重建教学管理制度;(3)管理和开发课程资源;(4)改进课程评价。

真题面对面

[2021重庆,单选]某省编写了反映本省历史发展、文化习俗、经济社会发展、风景名胜、历史名人等内容的教材,并在本省所有中学开设课程学习。这种课程属于(　　)

A. 国家课程　　B. 地方课程

C. 校本课程　　D. 生本课程

答案:B

## 三、校本课程开发

### 考点1 校本课程开发的理念

(1)“学生为本”的课程理念。校本课程开发要基于学生的实际发展要求。

(2)“决策分享”的民主理念。

(3)校本课程开发的主体是教师而不是专家。三级课程管理政策赋予了学校教师开发校本课程的专业自主权,因而校本课程开发的主体必须是教师。学校教师之外的其他机构人员,可以参与和协助教师开发校本课程,但是不能取代教师的工作。

(4)“全员参与”的合作精神。

(5)校本课程开发的基础:善于利用现场课程资源。

(6)个性化是校本课程开发的价值追求。

(7)校本课程开发的性质:国家课程的补充。

(8)校本课程开发的运作:同一目标的追求。

### 考点2 校本课程的开发途径

(1)合作开发;(2)课题研究与实验;(3)规范原有的选修课、活动课和兴趣小组。

# 第六节　课程设计与实施

## 一、课程设计

### 考点1 课程设计的概念　【单选】 ★

课程设计即课程编制的结构,是有目的、有计划地产生课程计划、课程标准以及教科书等的系统化活动。课程设计实质上是指人们根据一定的价值取向,按照一定的课程理念,以特定的方式组织安排课程中的各种要素或各种成分,从而形成课程结构的过程及其产物。

在学校,课程设计以课程计划、课程标准和教材的方式表现。

### 考点2 我国中等学校课程编制原则　【多选】 ★

课程编制也称课程研制,指制定课程的具体过程。我国中等学校课程编制的基本原则主要有以下几个方面:(1)实现社会主义教育目的的原则;(2)适合身心发展原则;(3)社会生活发展需要的原则;(4)统一性和多样性相结合的原则;(5)综合化和系统性相结合的原则。

第二部分

### 考点3 课程设计的主要模式

**1. 泰勒的目标模式** 【单选、多选】★★

泰 勒

目标模式是以目标为课程开发的基础和核心，围绕课程目标的确定、实现和评价等环节进行课程开发的模式。目标模式是伴随20世纪初的课程开发科学化运动而产生的，是课程开发的经典模式，其主要代表人物是美国著名的课程理论家**泰勒**。泰勒于1949年出版了《**课程与教学的基本原理**》，提出了关于课程编制的四个问题。

(1)学校应当追求哪些目标?(学校应当追求的目标)

泰勒提出课程目标应当来源于三个方面：对学生的研究、对当代社会生活的研究、学科专家对目标的建议。他认为，教育目标的确定首先应考虑学生的兴趣和需要。

(2)怎样选择和形成学习经验?(选择和形成学习经验)

(3)怎样有效地组织学习经验?(有效地组织学习经验)

(4)如何确定这些目标正在得以实现?(课程评价/评价结果)

**泰勒原理**可概括为：目标、内容、方法、评价，即：(1)确定课程目标；(2)根据目标选择课程内容(经验)；(3)根据目标组织课程内容(经验)；(4)根据目标评价课程。他认为一个完整的课程编制过程都应包括这四项活动。泰勒原理的实质是以目标为中心的模式，因此又被称为"**目标模式**"。

目标模式的最大优点是注重目标的重要性，其整个课程开发过程都是围绕目标来进行的。目标模式提出了一个有章可循的实践模式，便于操作。

**2. 斯腾豪斯的过程模式**

针对目标模式过分强调预期行为结果即"目标"而忽视"过程"的缺陷，英国课程论专家**斯腾豪斯**提出了过程模式。所谓过程模式是指，课程的开发不是为了生产出一套"计划"，然后予以实施和评价的过程，而是一个连续不断的研究过程，并贯穿着对整个过程的评价和修正。而所有这些都集中在课堂实践中，教师是整个过程的核心人物。

## 二、课程实施

### 考点1 课程实施的概念 【判断】★

课程实施即将已经编定好的课程付诸实践的过程，它是达到预期的课程目标的基本途径。

### 考点2 课程实施的基本取向

**1. 忠实取向**

这种课程实施取向认为，设计好的课程是不能改变的，课程实施的过程应该是忠实地执行课程计划的过程。

**2. 相互调适取向**

这种课程实施取向认为，设计好的课程计划是可以变动的，课程实施过程是课程计划与班级或学校实践情境在课程目标、内容、方法、组织模式诸方面相互调整、改变与适应的过程。

**3. 创生取向**

这种课程实施取向认为，设计好的课程并不是固定不变的，课程实施的过程也是课程的设计过程。课程实施的过程是在具体教育情境中由师生共同创生新的教育经验的过程，原来设计好的课程只是这个"经验"创生过程中可供选择的材料之一。

### 考点3 影响课程实施的因素

**1.课程计划本身的特点**

(1)合理性(相对优越性);(2)和谐性;(3)明确性;(4)简约性;(5)可传播性;(6)可操作性。

**2.学区的特征**

学校所在的行政区域即“学区”,学区的特征是影响课程实施的又一因素。主要表现在六个方面:学区从事课程变革的传统、学区对课程计划的采用过程、学区对课程变革的行政支持、课程变革人员的发展水平与对变革的参与程度、课程变革的时间表和评价体系、学区教育委员会与社区的特征。

**3.学校的特征**

学校作为课程改革和实施的基本单位和核心,它对课程实施的影响主要包括校长和教师两方面。

(1)校长的作用。校长对课程改革和实施起着至关重要的作用,如果校长对新的课程改革缺乏必要的准备,就很难保证改革的理念和措施得到贯彻。因此,对校长进行专门的培训,使校长认识到课程改革的必要性和理解实施课程改革的措施是课程改革得以有效实施的重要保证。

(2)教师的影响。许多研究表明,教师是导致课程成功实施的决定性力量,特别是在课堂教学层面,教师成为课程实施的核心。教师对课程实施的影响主要体现在:①教师的参与;②教师的态度;③教师的能力;④教师与其他参与者之间的交流与合作。

**4.校外环境**

校外环境是影响课程实施的第四类因素,它包括政府部门的重视、外部机构的支持以及社区与家长的协助等。

## 第七节 课程评价

### 一、课程评价的概念

课程评价是以一定的方法、途径对课程的目标、实施和结果等有关问题的价值和特点做出判断的过程。它包括对课程本身的评价和对学生学业的评价。

### 二、课程评价的方法 【多选】 ★

(1)观察。观察是指研究者或评价者凭借自己的感觉器官和辅助工具,在自然状态下,对有关的现象和过程有目的、有计划地进行考察和研究的一种方法。

(2)调查。课程评价调查法是间接地搜集有关课程活动的现状及其历史的材料,弄清事实,借以发现问题探索解决途径的方法。在课程评价中,调查法可用以搜集范围广泛的信息。

(3)纸笔测试。测试尤其是纸笔测试是课程评价最常用的方法,其具体形式多样,如选择题、判断题、匹配题、简答题、多重选择等。

(4)表现评估。表现评估的假设是:学生解决问题的行动揭示了很多学生理解科目以及推理能力方面的情况。表现评估的具体运作如给予学生某个任务、一些说明和材料,然后由监督人监控学生的表现。

**真题面对面**

[2022陕西,多选]课程评价的方法包括(　　)

A.观察法　　B.讨论法　　C.实验法　　D.纸笔测试

答案:AD

### 三、课程评价的主要模式　【单选、多选】★

#### 考点 1　目标评价模式

美国课程理论专家，也是有着“**课程评价之父**”美誉的**泰勒**，第一个系统研究了课程评价理论、提出了课程评价模式。他针对20世纪初形成并流行的常模参照测验的不足提出了目标评价模式，这种模式以目标为中心展开。

该评价原理可概括为七个步骤或阶段：(1)确定教育计划的目标；(2)根据行为和内容来界定每一个目标；(3)确定使用目标的情境；(4)设计呈现情境的方式；(5)设计获取记录的方式；(6)确定评定时使用的计分单位；(7)设计获取代表性样本的手段。其中，确定目标是**最为关键**的一步，因为其他所有步骤都是围绕目标展开的。

#### 考点 2　目的游离评价模式

该评价模式是由美国学者**斯克里文**针对目标评价模式的弊病而提出来的。他主张把评价的重点从“课程计划预期的结果”转向“课程计划实际的结果”上来。评价者不应受预期的课程目标的影响，尽管这些目标在编制课程时可能是有用的，但不适宜作为评价的准则。

#### 考点 3　CIPP评价模式

**CIPP模式**是美国教育评价家**斯塔弗尔比姆**倡导的课程评价模式。他认为课程评价不应局限在评定目标达到的程度上，而应该是一种过程，旨在描述、取得及提供有用的资料，为判断各种课程计划、课程方案服务。该模式包括四个步骤：(1)背景评价；(2)输入评价；(3)过程评价；(4)成果评价。

### 四、当前课程评价发展的基本特征

(1)重视发展，淡化甄别与选拔，实现评价功能的转变。为配合课程功能的转变，评价的功能也发生着根本性转变，评价不只是检查学生知识、技能的掌握情况，更为关注学生掌握知识、技能的过程与方法，以及与之相伴随的情感态度与价值观的形成。评价不再是为了选拔和甄别，不是“选拔适合教育的儿童”，而是如何发挥评价的激励作用，关注学生成长与进步的状况，并通过分析指导，提出改进计划来促进学生的发展。从这个意义上来讲，评价是帮助我们“创造适合儿童的教育”。

(2)重综合评价，关注个体差异，实现评价指标的多元化。即从过分关注学业成就逐步转向对综合素质的考查。

(3)强调质性评价，定性与定量相结合，实现评价方法的多样化。即从过分强调量化逐步转向关注质的分析与把握。

(4)强调参与与互动、自评与他评相结合，实现评价主体的多元化。即被评价者从被动接受评价逐步转向主动参与评价。

(5)注重过程，终结性评价与形成性评价相结合，实现评价重心的转移。即从过分关注结果逐步转向对过程的关注。

## 第八节　课程资源

### 一、课程资源的概念

课程资源是课程建设的基础，它包括教材以及学生家庭、学校和社会生活中一切有助于学生发展的各种资源。

课程资源有狭义和广义之分。狭义的课程资源仅指形成课程的直接要素来源。**广义的课程资源**指有利于实现课程目标的各种因素，包括形成课程的直接要素来源（素材性课程资源）和实施课程的必要而直接的条件（条件性课程资源）。

综合以上两种观点，**课程资源**是指课程设计、实施和评价等整个课程教学过程中可以利用的一切人力、物力以及自然资源的总和，包括教材、教师、学生、家长以及学校、家庭和社区中所有有利于实现课程目标，促进教师专业成长和学生有个性的全面发展的各种资源。其中，**教材**是课程资源的核心和主要组成部分。

## 二、课程资源的类型 【多选】★★

表2-26 课程资源的类型

| 分类依据 | 类型 | 特点 | 举例 |
| --- | --- | --- | --- |
| 空间分布 | 校内课程资源 | 学校范围之内的课程资源 | 教材、教师等 |
| | 校外课程资源 | 超出学校范围的课程资源 | 校外图书馆、科技馆、博物馆、网络资源、乡土资源等 |
| 功能特点 | **素材性课程资源** | 直接作用于课程并成为课程的要素，并内化为学生身心发展的素质 | 知识、技能、经验、活动方式与方法、情感态度与价值观等 |
| | **条件性课程资源** | 作用于课程却并不是形成课程本身的直接来源，但在很大程度上决定着课程的实施范围和实施水平，间接制约课程的实际效果和人的现实发展水平 | 与课程实施有关的人力、物力和财力，以及时间、场地、媒体、设备、设施和环境等 |
| 存在方式 | **显性课程资源** | 看得见、摸得着，可以直接作用于教育教学的课程资源 | 教材、计算机网络、自然和社会中的事物、活动等 |
| | **隐性课程资源** | 以潜在的方式对教育教学活动施加影响的课程资源。作用方式具有间接性和隐蔽性的特点 | 学校的风气，社会风气，家庭氛围，师生关系，教师或学生的经验、感受、困惑、意见等 |

**真题面对面**

[2020江西，多选]根据课程资源的功能特点，课程资源可分为（　　）

A. 素材性课程资源　　B. 显性课程资源

C. 条件性课程资源　　D. 隐性课程资源

答案：AC

## 三、开发和利用课程资源的原则与理念

### 考点1 开发和利用课程资源的基本原则

（1）共享性原则；（2）经济性原则；（3）实效性原则；（4）因地制宜原则。

### 考点2 开发和利用课程资源的理念

（1）课程标准和教科书等是基本而特殊的课程资源。

（2）教师是最重要的课程资源。教师不仅是课程资源的开发者，而且其本身也是重要的课程资源。教师不仅决定课程资源的鉴别、开发、积累和利用，是素材性课程资源的重要载体，而且自身就是课程实施的首要的基本条件资源。

(3)学生既是课程资源的消费者,又是课程资源的开发者。

(4)教学过程是师生运用课程资源共同建构知识和人生的过程。



## 核心考点回顾

1. 课程有哪些分类?不同类型的课程的概念是什么?(参见本书P124)
2. 制约课程的因素有哪些?(参见本书P126)
3. 课程计划、课程标准、教材的内涵分别是什么?(参见本书P130)
4. 新课程结构有哪些方面的内容?(参见本书P133)
5. 泰勒的目标模式认为课程编制应该包含哪些步骤?(参见本书P136)
6. 课程资源依据不同的分类标准可分为哪几种类型?(参见本书P139)

## 达标测评

| 建议用时 | 实际用时 | 测评总分 | 实际得分 |
| --- | --- | --- | --- |
| 20分钟 | _____分钟 | 20分 | _____分 |

一、单项选择题(每小题1分,共4分)

1. 为了提高学生的身体素质,某校设计开发了多种具有当地民族特色的体育游戏课程。这种课程属于( )

A. 校本课程 B. 地方课程 C. 活动课程 D. 隐性课程

2. 下列课程设计模式中,由斯腾豪斯提出来的是( )

A. 过程模式 B. 目标模式 C. 情境模式 D. 实践模式

3. 陶行知先生倡导的“生活即教育”“教学做合一”的思想,落实在课程类型上表现为( )

A. 学科课程 B. 综合课程 C. 活动课程 D. 隐性课程

4. 李老师刚入职一周,为避免自己紧张,他总是在上课前写好教案,并在课堂上严格按照自己的教案来上课。李老师课程实施的价值取向为( )

A. 多元化取向 B. 相互调适取向

C. 课程创生取向 D. 忠实取向

二、多项选择题(每小题2分,共6分)

1. 校本课程开发的理念有( )

A. 以专家为主体 B. 决策分享

C. 以学生为本 D. 全员参与

2. 下列选项中,属于社会中心课程理论主张的是( )

A. 通过对社会问题的分析确定教育目标

B. 以掌握学科的基本知识、基本规律和相应的技能为目标

C. 教育应以儿童实际经验为起点,从做中学

D. 课程要建立一种新的社会秩序和社会文化

3. 关于综合课程，下列描述中正确的是(　　)

A. 打破了传统的分科课程的知识领域

B. 教科书的编写较为困难

C. 容易带来科目过多的问题

D. 不利于高级专业化人才的培养

三、简答题(每小题5分，共10分)

1. 当前课程评价发展的基本特点是什么？

2. 开发和利用课程资源的理念是什么？



## 参考答案及解析

一、单项选择题

1. A　[解析]校本课程也称学校课程，是学校在确保国家课程和地方课程有效实施的前提下，针对学生的兴趣和需要，结合学校的传统和优势以及办学理念，充分利用学校和社区的课程资源，自主开发或选用的课程。题干中，学校为了提高学生的身体素质而设计开发的具有当地民族特色的体育游戏课程，就属于校本课程。

2. A　[解析]针对目标模式过分强调预期行为结果即“目标”而忽视“过程”的缺陷，英国课程论专家斯腾豪斯提出了“过程模式”。

3. C　[解析]陶行知先生提出“生活教育论”。他认为，生活含有教育的意义，实际生活是教育的中心，生活决定教育，教育改造生活。“教学做合一”，要求“在劳力上劳心”，即把传统教育下的劳力与劳心连接起来，这是对注入式教学法的否定。他的理论重视实际的生活和实践，符合活动课程的特点。

4. D　[解析]课程实施的忠实取向认为，设计好的课程是不能改变的，课程实施的过程应该是忠实地执行课程计划的过程。李老师在上课前写好教案，在课堂上严格按照自己的教案来上课的行为说明其课程实施的价值取向为忠实取向，故选D项。

二、多项选择题

1. BCD　[解析]校本课程开发的理念包括：(1)“学生为本”的课程理念；(2)“决策分享”的民主理念；(3)校本课程开发的主体是教师而不是专家；(4)“全员参与”的合作精神；(5)校本课程开发的基础：善于利用现场课程资源；(6)个性化是校本课程开发的价值追求；(7)校本课程开发的性质：国家课程的补充；(8)校本课程开发的运作：同一目标的追求。

2. AD　[解析]B项属于学科中心课程理论的观点，C项属于学生中心课程理论的观点。

3. ABD　[解析]分科课程容易带来科目过多、分科过细的问题。

三、简答题(参考答案)

1. (1)重视发展，淡化甄别与选拔，实现评价功能的转变；(2)重综合评价，关注个体差异，实现评价指标的多元化；(3)强调质性评价，定性与定量相结合，实现评价方法的多样化；(4)强调参与与互动、自评与他评相结合，实现评价主体的多元化；(5)注重过程，终结性评价与形成性评价相结合，实现评价重心的转移。

2. (1)课程标准和教科书等是基本而特殊的课程资源；(2)教师是最重要的课程资源；(3)学生既是课程资源的消费者，又是课程资源的开发者；(4)教学过程是师生运用课程资源共同建构知识和人生的过程。

# 第六章 教 学



## 思维导图

- 教学
  - 教学概述
    - 教学的内涵
      - 概念：统一活动说、广义狭义说
    - 教学与教育、智育、上课的关系
    - 教学的意义
      - 贯彻教育方针、实施全面发展教育、实现教育目的的基本途径 【重点】
    - 教学的一般任务
  - 教学过程
    - 教学过程的内涵
    - 教学过程的本质
      - 一种特殊的认识过程 【难点】
    - 历史上对教学过程的各种理解
    - 教学过程的基本规律（基本特点） 【重点】
      - 间接经验与直接经验相结合
      - 教师主导作用与学生主体作用相统一
      - 掌握知识和发展智力相统一
      - 传授知识与思想品德教育相统一
      - 智力因素与非智力因素相统一
    - 教学过程的结构
      - 激发学习动机
      - 领会知识（中心环节）
      - 巩固知识
      - 运用知识
      - 检查知识
  - 教学原则与教学方法
    - 教学原则
      - 思想性（教育性）和科学性相统一的原则
      - 理论联系实际原则、直观性原则
      - 启发性原则、循序渐进原则
      - 巩固性原则、因材施教原则
      - 量力性原则、最优化原则、整体性原则
    - 教学方法
      - 以语言传递为主：讲授法、谈话法、讨论法、读书指导法
      - 以直观感知为主：演示法、参观法
      - 以实际训练为主：练习法、实验法、实习作业法、实践活动法
      - 以引导探究为主：发现法
      - 以情感陶冶为主：欣赏教学法、情境教学法
  - 教学组织形式与教学工作的基本环节
    - 教学组织形式
      - 班级授课制 【重点】
      - 个别教学、现场教学
      - 复式教学、分组教学
      - 贝尔—兰喀斯特制、道尔顿制
      - 设计教学法、特朗普制
      - 走班制
    - 教学工作的基本环节
      - 备课 【重点】
      - 上课 【重点】
      - 作业的布置与反馈 【重点】
      - 课外辅导
      - 学业成绩的检查与评定
  - 教学评价
    - 教学评价的概念
    - 教学评价的基本类型 【易混】
      - 诊断性评价、形成性评价和总结性评价
      - 绝对性评价、相对性评价和个体内差异评价
      - 内部评价和外部评价
    - 现代教育评价
  - 教学模式
    - 教学模式的概念
    - 常见的教学模式
      - 社会互动模式
  - 现代教育技术在教学中的应用
    - 现代教育技术概述
    - 教学媒体理论
    - 教育信息化

## 考向分析

本章属于教育学的基础章节，也是各省特岗笔试都会重点考查的章节，内容广泛、难度较大，在考试中常以选择题、判断题、填空题、辨析题、简答题、论述题、案例分析题等形式考查。本章的考向分析如下：

| 考点名称 | 常考题型 | 能力层级 | 考查热度 |
|---|---|---|---|
| 教学的一般任务 | 单选、判断 | 识记 | ★★ |
| 教学过程的本质 | 单选 | 识记、理解 | ★★ |
| 教学过程的基本规律 | 单选、多选、判断、辨析、简答、案例分析 | 识记、理解、运用 | ★★★ |
| 我国中小学主要的教学原则 | 单选、多选、判断、填空、简答、论述、案例分析 | 识记、理解、运用 | ★★★ |
| 我国中小学常用的教学方法 | 单选、多选、判断、简答、案例分析 | 识记、理解、运用 | ★★★ |
| 班级授课制 | 单选、判断 | 识记 | ★★★ |
| 教学工作的基本环节 | 单选、多选、判断、简答、论述、案例分析 | 识记、理解、运用 | ★★★ |
| 教学评价的基本类型 | 单选、多选、判断、辨析 | 识记、理解 | ★★★ |



### 核心考点

## 第一节　教学概述

### 一、教学的内涵

#### 考点 1　教学的概念

目前，国内学术界对“教学”一词有不同的认识和理解。归纳起来，主要有两大类。

**1. 统一活动说**

王策三认为：所谓教学，乃是教师教、学生学的统一活动；在这个活动中，学生掌握一定的知识和技能，同时，身心获得一定的发展，形成一定的思想品德。李秉德也认为：教学就是教的人指导学的人进行学习的活动。进一步说，指的是教和学相结合或相统一的活动。与此相类似的观点还有“教学是一个复合体，教和学不可分割，教为学而存在，学又靠教来引导”，等等。

**2. 广义狭义说**

广义的教学泛指那种经验的传授和经验获得的活动，是能者为师，不拘形式、场合，不拘内容，如“父传子”“师授徒”等活动。狭义的教学是指学校教育中培养人的基本途径，即现在各级各类学校中进行的教学活动。

本书中认为，教学是在一定教育目的规范下，教师的教和学生的学共同组成的传递和掌握社会经验的**双边活动**。没有学生的参与，教学的目标、任务将无法实现；没有教师的教，只有学生的学，这种活动只能称作“自学”而非教学。教学是教与学两方面的辩证统一。

#### 考点 2　教学的特点

(1)教学以培养全面发展的人为**根本目的**；(2)教学由教与学两方面组成，教学是师生双方的共同活动；(3)学生的认识活动是教学中的重要组成部分；(4)教学具有多种形态，是共性与多样性的统一。

## 二、教学与教育、智育、上课的关系 【单选、判断、辨析】 ★

**1. 教学与教育**

教学与教育是一种部分与整体的关系。教育包括教学，教学只是学校进行教育的一个基本途径。除教学外，学校还通过课外活动、生产劳动、社会活动等途径对学生进行教育。

**2. 教学与智育**

教学与智育既有联系又有区别。作为教育的一个组成部分的智育，即向学生传授系统的科学文化知识和发展学生的智力，主要是通过教学进行的，但不能把两者等同。一方面，教学也是德育、美育、体育、劳动技术教育的途径；另一方面，智育也需要通过课外活动等才能全面实现。把教学等同于智育将阻碍教学作用的全面发挥。

**3. 教学与上课**

上课是实施教学的一种方式。就当前我国的情况来看，班级上课是教学的基本组织形式。教学工作以上课为中心环节。

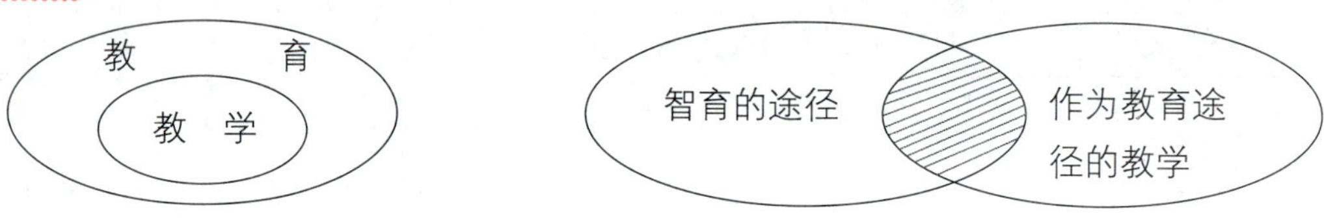


图2-1 教学与教育的关系　　图2-2 智育的途径和教学的关系

## 三、教学的意义 【单选、判断、填空、判断简析】 ★★

教学是贯彻教育方针，实施全面发展教育，实现教育目的的基本途径，在整个教育体系中居于中心地位。教学的意义主要有以下几个方面：

（1）教学是传播系统知识、促进学生发展的最有效的形式，是社会经验的再生产、适应并促进社会发展的有力手段。

（2）教学是进行全面发展教育、实现培养目标的基本途径，为个人全面发展提供科学的基础和实践，是培养学生个性全面发展的重要环节。

（3）教学是学校教育的中心工作，学校教育工作必须坚持以教学为主（教学的地位）。学校工作以教学为主，既是由教学本身的性质决定的，也是多年来教育工作经验的总结。但是这并不意味着我们可以轻视甚至忽略其他工作，应当坚持“**教学为主，全面安排**”的原则。

[2022黑龙江，单选]普通中小学的中心工作是（　　）

A. 教学　　B. 生产劳动　　C. 课外活动　　D. 班级建设

答案：A

## 四、教学的一般任务 【单选、判断】 ★★

（1）引导学生掌握科学文化基础知识和基本技能（简称“**双基**”）。教学的首要任务是使学生掌握系统的科学文化基础知识，形成基本技能、技巧，其他任务的实现都是在完成这一任务的过程中和基础上进行的。（2）发展学生的智力、体力和创造才能，促进学生身心的健康发展。（3）培养学生的社会主义品德和审美情趣，奠定学生的科学世界观基础。（4）关注学生个性发展。

真题面对面

[2022内蒙古,判断]教学的任务就是向学生传授知识。(  )

答案:×

## 第二节 教学过程



### 一、教学过程的内涵

#### 考点1 教学过程的概念

**教学过程**是教师根据一定社会的要求和学生身心发展的特点,有目的、有计划地指导学生掌握系统的科学文化知识和基本技能,同时发展学生的智力和体力,培养学生的道德品质和个性特征,使其形成科学世界观的过程。

#### 考点2 教学过程的构成要素 【单选、多选】 ★

构成教学过程的要素有许多方面,人们从不同的立场和视角进行分析,形成了不同的观点。例如:

(1)三要素说——教师、学生、教学内容;

(2)四要素说——教师、学生、教学内容、教学手段(教学方法);

(3)五要素说——教师、学生、教学内容、教学手段、教学环境;

(4)六要素说——教师、学生、内容、方法、媒体、目的;

(5)七要素说——学生、目的、内容、方法、环境、反馈和教师。

一般认为,教师、学生、教学内容和教学手段是构成教学过程的基本要素。

### 二、教学过程的本质 【单选】 ★★

教学活动是教师教、学生学的统一活动。活动是在过程中实现的,而过程则是通过活动得以展开的。因此,教学活动与教学过程在本质上是相同的。教学活动就其本质而言,是一种特殊的认识活动。

#### 考点1 教学过程主要是一种认识过程

教学过程中有两类不同性质的活动(教和学),但教学过程的**主要矛盾**是学生与其所学的知识之间的矛盾(教师提出的教学任务同学生完成这些任务的需要、实际水平之间的矛盾);实际上也就是学生认识过程的矛盾,是认识主体与其客体之间的矛盾。因此学生的认识活动是教学中最主要的活动,教学过程是一种认识过程。

#### 考点2 教学过程是一种特殊的认识过程

教学过程作为一种特殊的认识过程,其特殊性表现在以下几点:

(1)认识对象的**间接性**与**概括性**。即学习的内容是已知的、他人的,也是经过提炼的认识成果。

(2)认识方式的**简捷性**与**高效性**。通过间接知识认识世界,可以减少探索的实践,避免探索的弯路,尽快地掌握人类的文化精华,因而是高效的。

(3)教师的**引导性**、**指导性**与**传授性**(有领导的认识)。学生具有不成熟性,学生的认识始终是在教师的传授、指导下进行以达到认识目的的。

(4)认识的**交往性**与**实践性**。教学活动是发生在师生之间及学生之间的一种特殊的交往活动,这种交往活动同时具有实践的性质。

(5)认识的**教育性**与**发展性**。即教学中学生认识的形成既是目的，也是发展的手段，认识中追求并实现着学生的知、情、意、行等方面的发展与完全人格的养成。

### 考点3 教学过程以认识活动为基础，是促进学生身心发展的过程

教学过程不等于发展过程，它是实现发展的途径和手段。教学的目的在于使学生理解与掌握知识、形成技能技巧、培养学生的能力。但学生的情感、意志等因素也同时参与学生的认识过程，并与学生的认识过程交织在一起。因此，学生在掌握知识的教学过程中，也在实现着其身心的全面发展。



**考点再拔高**

▼ 教学过程的本质——交往说

交往说以苏联学者斯卡特金为代表。斯卡特金在《中学教学论》中写道："教学过程的本质首先在于这是一个教师与学生相互交往的过程。没有这种相互交往，就没有教学。"交往说认为，教学是教师教与学生学的统一，这种统一的实质是交往，教师与学生是"交互主体"的关系。因此，教学过程是教师与学生以课堂为主渠道的交往过程。

**真题面对面**

[2022湖北，单选]下列有关课堂教学本质的认识中，不同于其他三项的是(　　)

A. 教学是教师教、学生学的统一活动

B. 教学是一个复合体，教和学不可分割，教为学而存在，学又靠教来引导

C. 教学是一个教师与学生相互交往的过程。没有这种相互交往，就没有教学

D. 教学是教的人指导学的人进行学习的活动，进一步说，指的是教和学相结合或相统一的活动

答案：C

## 三、历史上对教学过程的各种理解　【单选、判断】★

教学过程的理论是教学的基本理论，历代中外教育家曾以不同观点从不同角度对教学过程做过种种探索，提出了各自的见解：

表2-27　关于教学过程的各种理解

| | 对教学过程的理解 |
|---|---|
| 孔子 | 提出"学而不思则罔，思而不学则殆"，而且提倡"躬行"，即身体力行，初步形成了把"学""思""行"(也有说法认为是"学—思—习—行")看作统一的学习过程的思想。这是我国最早的有关教学过程的思想 |
| 思孟学派 | 提出"博学之，审问之，慎思之，明辨之，笃行之"(《礼记·中庸》)的学习过程 |
| 夸美纽斯 | 《大教学论》一书的出版标志着理论化、系统化的教学论的确立。主张把教学建立在感觉活动的基础之上，这是以个体认识论为基础提出的教学理论 |
| 赫尔巴特 | 试图用心理学的"统觉理论"来解释教学过程，提出"明了、联合、系统、方法"的四阶段论，这一理论标志着教学过程理论的形成 |
| 杜威 | 教学过程是学生的直接经验不断改造和增加的过程，是"从做中学"的过程 |
| 凯洛夫 | 教学过程是一种认识过程 |

真题面对面

[2020辽宁辽阳,单选]把学习过程概括为“学—思—行”的统一过程的教育家和思想家是(　　)

A. 孔子　　B. 孟子　　C. 荀子　　D. 墨子

答案:A

## 四、教学过程的基本规律(基本特点)【单选、多选、判断、辨析、简答、案例分析】★★★

### 考点1 间接经验与直接经验相结合(间接性规律)

人们认识客观事物主要有两条途径:一是获取直接经验,即通过亲自探索、实践所获得的经验;二是获取间接经验,即他人的认识成果,主要是指人类在长期认识过程中积累并整理而成的书本知识。教学活动是学生认识客观世界的过程,要以间接经验为主、直接经验为辅,将二者有机结合起来。

**1. 以间接经验为主是教学活动的主要特点**

学习间接经验是学生认识客观世界的基本途径。这是因为:(1)借助间接经验认识世界,是认识上的捷径。这也是教学过程中认识方式的简捷性与高效性的体现。(2)学习间接经验是由学生特殊的认识任务决定的。这是教学过程中认识对象的间接性与概括性,教师的引导性、指导性与传授性的体现。

**2. 学生学习间接经验要以直接经验为基础**

书本知识,一般表现为概念、定理、原理等,这对学生来说是间接经验。学生要把这些知识转化为自己的知识,必须以个人以往积累的或现时获得的感性经验为基础,教师要根据教学需要充分利用和丰富学生的直接经验。

**3. 贯彻直接经验与间接经验相统一的规律,要防止两种倾向**

(1)过分强调书本知识的传授和学习,忽视引导学生通过实践活动、亲身参与、独立探索去积累经验、获取知识的倾向;(2)只强调学生通过自己的探索去发现、积累知识,忽视书本知识的学习和教师的系统讲授。

遵循直接经验与间接经验相结合的规律,要求教师在教学中坚持理论联系实际:(1)加强基本理论知识的教学;(2)增强教学的实践性,培养学生运用知识的能力;(3)培养学生理论联系实际的学风。

### 考点2 教师主导作用与学生主体作用相统一(双边性规律)

在教学中,教师的教依赖于学生的学,学生的学离不开教师的教,教与学是辩证统一的。

**1. 充分发挥教师的主导作用**

教师主导作用主要体现在三个方面:(1)教师决定着学生学习的方向、内容、进程、结果和质量,并起着引导、规范、评价和纠正的作用;(2)教师对学生的学习方式以及学习态度发挥作用;(3)教师影响学生的个性以及人生观、世界观的形成。

**2. 充分发挥学生主体参与教学的能动性**

教学中,学生是学习的主人,具有主观能动性,学生学习的主观能动性主要体现在两个方面:(1)学生对外部信息具有选择的能动性、自觉性,学生对信息的选择与否直接受学生本人的学习动机、兴趣、需要以及所接受的外部要求所左右;(2)学生对外部信息进行内部加工时体现出独立性、创造性,因为学生对信息进行内部加工的过程受到个体原有的知识经验、思维方式、情感意志、价值观念等制约。这些都直接影响学习的效果,因此,在教学中必须发挥学生的主体作用。

**3. 教师的主导作用和学生主体作用之间的辩证统一关系**

(1)教师和学生的作用是不可分割的。发挥教师的主导作用并不意味着制约学生的主动性。相反,发挥教师的主导作用,就是要更好地发挥学生的主动精神。同样,发挥学生的主动性又离不开教师的主导作用。

(2)教师的主导作用和学生的主体作用是相互促进的。教师的主导作用要依赖于学生主体作用的发挥。学生学习的主动性、积极性越高,说明教师的主导作用发挥得越好。反过来,学生主体作用要依赖于教师的主导作用来实现。只有教师、学生两方面互相配合,才能收到最佳的教学效果。

**4. 贯彻教师主导作用与学生主体作用相统一的规律,要防止两种倾向**

在教学过程中,不能只重视教师的作用,忽略学生学习的主动性和创造性;也不能只强调学生的作用,使学生陷入盲目探索状态,学不到系统的知识,要把二者有机地结合起来。

历史上,以赫尔巴特为代表在教学中主张的"教师中心"倾向和以杜威为代表在教学中主张的"学生中心"倾向,或者忽视学生主体作用或者忽视教师主导作用,都是片面的、不正确的、行不通的。



真题面对面

[2021安徽,判断]一般来说,师生在教育教学活动中是主导与主体的关系。(　　)

答案:√

## 考点3 掌握知识和发展智力相统一(发展性规律)

**1. 知识和智力是两个不同的概念(区别)**

知识是人们对客观世界认识的成果,是人类历史实践经验的概括和总结。智力是人们认识客观事物的基本能力。通过传授知识发展学生的智力是教学的一个重要任务。但知识不等于智力,传授了知识不等于训练了智力,一个学生知识的多少并不一定能标志他的智力发展的高低。

**2. 传授知识与发展智力二者是相互统一和相互促进的(联系)**

掌握知识和发展智力相互依存、相互促进,二者统一在教学活动中。现代教学观认为,教学过程既是向学生传授知识的过程,又是发展学生智力和能力的过程。

(1)传授知识与发展智力这两个教学任务统一在同一个教学活动之中,统一在同一个认识主体的认识活动之中;(2)知识是发展智力的基础;(3)发展智力又是掌握知识的重要条件。

**3. 要使知识的掌握真正促进智力的发展是有条件的**

(1)从传授知识的内容上看,传授给学生的知识应是规律性的知识;(2)从传授知识的量来看,一定时间范围内所学知识的量要适当,不能过多;(3)采用启发式教学;(4)培养学生良好的个性,重视学生的个别差异,注重因材施教。

**4. 贯彻掌握知识和发展智力相统一的规律,要防止两种倾向**

在整个教学过程中,我们既不能像形式教育论者那样,只强调训练学生的思维形式,忽视知识的传授,也不能像实质教育论者那样,只向学生传授对实际生活有用的知识,忽视对学生认识能力的训练。在教学中,只有把二者有机地结合起来,才能提高教学质量。

表2-28　形式教育论与实质教育论

| | 形式教育论 | 实质教育论 |
| --- | --- | --- |
| 代表人物 | 洛克、裴斯泰洛齐 | 斯宾塞、赫尔巴特 |
| 主要观点 | (1)以官能心理学为理论基础,强调心智的练习及其迁移是发展官能的唯一途径;<br>(2)教学的主要任务在于通过开设希腊文、拉丁文、逻辑、文法和数学等学科发展学生的智力,至于学科内容的实用意义则是无关紧要的 | (1)以联想主义心理学为理论基础,认为知识的获得主要是通过经验的积累和联系;<br>(2)教学的主要任务在于传授给学生有用的知识,至于学生的智力则无须进行特别的培养和训练 |
| 评价 | 只强调训练学生的思维形式,忽视知识的传授 | 只向学生传授对实际生活有用的知识,忽视了对学生认识能力的训练 |

真题面对面

1. [2022陕西,单选]近代教育史上,认为教学主要应训练学生思维而轻视传授知识的理论被称为是(　　)

A. 现代教育理论　　B. 传统教育理论

C. 形式教育理论　　D. 未来教育理论

2. [2021贵州,单选]"授人以鱼,不如授人以渔。"这反映了教师在教学过程中应遵循(　　)的规律。

A. 间接经验与直接经验相统一　　B. 掌握知识和发展智力相统一

C. 传授知识与思想道德教育相统一　　D. 教师主导作用与学生主体作用相统一

答案:1. C　2. B

### 考点4 传授知识与思想品德教育相统一(教育性规律)

在教学过程中,学生掌握科学文化知识和提高思想品德修养水平是相辅相成的,具体体现在以下三点:

**1. 知识是思想品德形成的基础**

学生思想品德修养水平的提高有赖于其对科学文化知识的掌握。首先,科学的世界观和先进的思想都要有一定的科学文化知识作为基础;其次,知识学习本身是艰苦的劳动,这个学习过程可以培养学生的优秀道德品质。正如赫尔巴特说的"我不承认有任何无教育的教学",教学永远具有教育性。

**2. 思想品德修养水平的提高为学生积极地学习知识提供动力**

学习活动是一项十分艰苦的脑力劳动,在学习过程中必然会遇到各种各样的困难,这就需要学习者必须有明确的学习目的、强烈的学习欲望和较高的思想觉悟。在教学中,教师要不断培养、提高学生的思想品德水平,引导他们将个人的学习与社会发展、祖国前途联系起来,充分调动他们学习的主动性、积极性,这是学生获取知识的重要保证。

**3. 贯彻传授知识和思想品德教育相统一的规律时,必须注意的问题**

(1)脱离知识进行思想品德教育,这会使思想品德教育成为无源之水、无本之木,不仅不利于学生品德水平的提高,而且还影响系统知识的教学。(2)只强调传授知识,忽视思想品德教育。

### 考点5 智力因素与非智力因素相统一

智力是人的一种综合认识能力,包括注意力、观察力、记忆力、想象力和思维力等因素。非智力因素则包含了除智力以外的所有的其他心理因素,如兴趣、情感、意志和性格等。当前新课程改革确定的"情感态度与价值观"这一维度,就属于非智力因素。

智力因素与非智力因素相互影响,相辅相成。智力促进非智力因素的发展;非智力因素又能支配智力活动;非智力因素能够补偿智力方面的弱点。具体来说,智力是情感态度与价值观形成的基础,反过来,情感态度与价值观的发展也深刻影响着智力活动的水平。在教学活动中,教师不仅要传授知识,更要陶冶情感,锻炼意志,帮助学生形成完善的人格。

真题面对面

[2022贵州,简答]简述教学过程的基本规律。

答案:详见内文

第二部分

## 五、教学过程的结构 【单选、判断】 ★

教学过程的结构指教学过程的基本阶段。学科性质不同、教学目的任务不同和学生的年龄阶段不同，教学过程的展开、行进和发展的程序是不完全一样的。教学过程大致分为以下五个阶段：

**1. 激发学习动机**

教学应从诱发和激起求知欲并把求知欲聚焦于当前学习的知识开始，从引导学生做好学习的心理准备开始。

**2. 领会知识**

领会知识是教学过程的中心环节。领会知识包括使学生感知和理解教材。感知教材主要是使学生获得关于所学内容的一个整体的表象，是所有教学活动的必经阶段。理解的目的在于形成概念、原理，真正认识事物的本质和规律。

**3. 巩固知识**

巩固所学的知识是教学过程的一个**必要环节**。巩固知识的意义在于避免或减少对先前所学知识的遗忘，并且为顺利地学习新知识、新材料奠定基础。

**4. 运用知识**

在教学中，运用知识、形成技能技巧主要是通过教学实践来实现的，如完成各种书面或口头作业、实验等。此外，运用知识不只局限于技能和技巧的掌握，它还包括"知识迁移"的能力和创造能力的发挥等。

**5. 检查知识**

检查知识是指教师通过作业、提问、测验等方式对学生的学习效果进行考查的过程。检查知识的目的在于使教师及时获得关于教学效果的反馈信息，以调整教学进程与要求，并帮助学生了解自己掌握知识技能的情况，以便及时改进。

**重难点解读**

关于教学过程的中心环节，一种说法是领会知识，还有一种说法是理解教材。这两种说法在本质上是一致的。领会知识包括感知教材和理解教材，一般来说，学生在教学中的认知往往是从感知教材入手的，它是理解教材的基础，"感觉只解决现象问题，理论才解决本质问题"。理解教材需要引导学生在学习上爬坡，在认识上飞跃，从感性上升到理性。因此，更进一步说，理解教材是教学过程的中心环节。

**真题面对面**

[2022重庆，单选]在新课教学中，课堂教学的中心环节是(　　)

A. 激发学习动机　　B. 领会知识

C. 巩固知识　　D. 作业布置

答案：B

# 第三节　教学原则与教学方法

## 一、教学原则

### 考点 1 教学原则的概念 【单选、名词解释】 ★

教学原则是根据一定的教学目的和教学过程规律而制定的指导教学工作的基本准则。教学原则贯穿

于各项教学活动之中,它的正确和灵活运用,是提高教学质量的重要保证。

真题面对面

[2021内蒙古,单选]贯穿于各项教学活动、指导教学工作的基本准则是( )

A. 教学规律　　B. 教学原则

C. 教学规则　　D. 教学理论

答案:B



## 考点2 制定教学原则的依据 【单选】★

(1)教学原则是教学实践经验与教育实验结果的概括与总结;(2)教学原则是教学规律的反映;(3)教学原则受到教学目标的制约。

## 考点3 我国中小学主要的教学原则 【单选、多选、判断、填空、简答、论述、案例分析】★★★

### 1. 思想性(教育性)和科学性相统一的原则

(1)基本含义

该原则是指教学要以马克思主义为指导,授予学生科学知识,并结合知识教学对学生进行社会主义品德和正确人生观、科学世界观教育。

(2)贯彻此原则的要求

①教师要保证教学的科学性;②教师要结合教学内容的特点进行思想品德教育;③教师要通过教学活动的各个环节对学生进行思想品德教育;④教师要不断提高自己的业务能力和思想水平。

真题面对面

[2022湖北,单选]王老师与学生讨论"Birthday"这个话题时,要求学生回家后问清家人的生日,目的是让学生学会尊敬长辈,关心长辈。这体现的是( )

A. 疏导性原则　　B. 理论联系实际原则

C. 启发性原则　　D. 科学性与思想性相结合原则

答案:D

### 2. 理论联系实际原则(知行统一原则)

(1)基本含义

该原则是指教师在教学中,应使学生从理论与实际的结合中来理解和掌握知识,并引导他们运用新获得的知识去解决各种实际问题,培养他们分析问题和解决问题的能力。这一原则是间接经验与直接经验相结合的教学规律在教学中的体现。

(2)贯彻此原则的要求

①重视书本知识的教学,在传授知识的过程中注重联系实际;②重视引导和培养学生运用知识的能力;③加强教学的实践性环节,逐步培养与形成学生综合运用知识的能力,进行"第三次学习";④正确处理知识教学与能力训练的关系;⑤补充必要的乡土教材。

### 3. 直观性原则

(1)基本含义

该原则是指在教学活动中,教师应尽量利用学生的多种感官和已有的经验,通过各种形式的感知,使学生获得生动的表象,从而比较全面、深刻地掌握知识。这一原则的提出是由学生的年龄特征决定的。

对教学中的直观性原则，古今中外的教育家都做过非常精辟的阐述。中国古代教育家荀况说过，“不闻不若闻之，闻之不若见之”“闻之而不见，虽博必谬”，提出了在学习中不仅要“闻之”更要“见之”，才能“博而不谬”。夸美纽斯在教学方法上强调一切知识都从感知开始，第一个提出了直观教学原则，还编写了一本带有插图的教科书作为教学工具。

(2)直观手段的种类

直观手段种类繁多，一般分为三大类：实物直观、模像直观和言语直观。具体内容可参见心理学部分第二章第二节中的“感知规律与直观教学”。

(3)贯彻此原则的要求

①正确选择直观教具和教学手段；②将直观教具的演示与语言讲解结合起来；③重视运用言语直观。

真题面对面

[2022河北，单选]教师在课堂中通过视频，让学生详细地了解、认识某种动物。这位教师采用的教学原则是(　　)

A. 循序渐进原则　　B. 直观性原则

C. 启发性原则　　D. 因材施教原则

答案：B

**4. 启发性原则**

(1)基本含义

启发性原则

该原则是指在教学活动中，教师要调动学生的主动性和积极性，引导他们通过独立思考、积极探索，生动活泼地学习，自觉地掌握科学知识，提高分析问题和解决问题的能力。

启发性原则是在吸取中外教育遗产的基础上提出的，是教师主导作用与学生主体作用相统一的规律在教学中的反映。苏格拉底的“产婆术”，孔子提出的“不愤不启，不悱不发”的教学要求，《学记》中“道而弗牵，强而弗抑，开而弗达”的教学思想，朱熹提出的“读书无疑者，须教有疑”的读书方法以及第斯多惠的“一个坏的教师奉送真理，一个好的教师则教人发现真理”，都是这一教学原则的体现。

(2)贯彻此原则的要求

①加强学习的目的性教育，调动学生学习的主动性；②设置问题情境，启发学生独立思考，培养学生良好的思维方法和思维能力；③让学生动手，培养独立解决问题的能力，鼓励学生将知识创造性地运用于实际；④发扬教学民主，包括建立民主、平等的师生关系和生生关系，创造民主、和谐的教学气氛，鼓励学生发表不同见解，允许学生向教师质疑等。

启发性原则

真题面对面

[2022安徽,单选]“不愤不启,不悱不发”“道而弗牵,强而弗抑,开而弗达”“产婆术”体现的教学原则是( )

A.直观性原则 B.巩固性原则 C.理论联系实际原则 D.启发性原则

答案:D

**5.循序渐进原则**

(1)基本含义

该原则在西方常称为**系统性原则**,是指教师要严格按照科学知识的内在逻辑和学生的认知发展规律进行教学,使学生掌握系统的科学文化知识,能力得到充分的发展。

《学记》要求“学不躐等”“不陵节而施”,提出“杂施而不孙,则坏乱而不修”。朱熹进一步提出“循序而渐进,熟读而精思”,明确提出了循序渐进的教学要求。

(2)贯彻此原则的要求

①教师的教学要有系统性;②抓主要矛盾,解决好重点与难点;③教师要引导学生将知识体系化、系统化;④按照学生的认识顺序,由浅入深、由易到难、由简到繁地进行教学。

**6.巩固性原则**

(1)基本含义

该原则是指教师在教学中要引导学生在理解的基础上牢固地掌握基本知识和基本技能,而且在需要的时候,能够准确无误地呈现出来,以利于知识技能的利用。

历代教育家都很重视知识的巩固问题:孔子要求“学而时习之”“温故而知新”;夸美纽斯明确提出了“教与学的巩固性原则”;乌申斯基认为“复习是学习之母”。

(2)贯彻此原则的要求

①要在教学的全过程中加强知识的巩固;②组织好学生的复习工作,教会学生记忆的方法;③通过扩充、改组和运用知识的过程来巩固知识。

**7.因材施教原则**

(1)基本含义

该原则是指教师在教学中,要从课程计划、学科课程标准的统一要求出发,面向全体学生;同时又要根据学生的个别差异,有的放矢地进行有差别的教学,使每个学生都能扬长避短,获得最佳的发展。因材施教的教学原则既由学生身心发展的客观规律决定,也受我国的教育目的制约。

我国古代孔子善于根据学生的不同特点,有针对性地进行教育,以发挥他们各自的专长,宋代朱熹把孔子的这一经验概括为“孔子施教,各因其材”,这是“因材施教”的来源。美国心理学家加德纳提出并阐明的“多元智力理论”也有力地说明了应当针对学生的个性特征进行教育。

(2)贯彻此原则的要求

①要坚持课程计划和学科课程标准的统一要求;②教师要了解学生,从实际出发进行教学;③教师要善于发现每个学生的兴趣、爱好,并创造条件,尽可能使每个学生的不同特长都得以发挥。

**8.量力性原则**

(1)基本含义

量力性原则,也称**可接受性原则**,是指教学的内容、方法、分量和进度要适合学生的身心发展,使他们能够接受,但又要有一定的难度,需要他们经过努力才能掌握,以促进学生的身心发展。为了应对突飞猛进的社会发展的挑战，现代教学则注重促进儿童的发展，因而改称**发展性原则**更能反映其实质。

我国古代墨子提出："夫智者必量其力所能至而从事焉。"西方文艺复兴后，许多教育家都重视教学的可接受性问题。经验证明，教学中传授的知识只有符合学生的接受能力才能被他们理解，顺利地转化为他们的精神财富。

(2)贯彻此原则的要求

①了解学生的发展水平，从实际出发进行教学；②考虑学生认识发展的时代特点。

第二部分

**9. 最优化原则**

(1)基本含义

教学最优化原则，是指教学过程中，综合控制对教学效果起制约作用的各种因素，进行最优的教学，取得最优的教学效果。

(2)贯彻此原则的要求

①综合地规划教学任务；②全面地考虑教学中的目的、内容、方法等各个因素；③教和学的活动要紧密配合。

**10. 整体性原则**

(1)基本含义

教学整体性原则，一是指教学所承担的任务具有整体性，二是指教学活动本身具有整体性。教师在教学活动中应当树立整体观念，根据具体的教学任务、教学情境适时处理好各种教学要素之间的关系，使教学活动的整体效益得到最充分的发挥。

(2)贯彻此原则的要求

①坚持科学性与思想性相统一；②坚持传授知识与发展能力及培养非认知因素的统一；③坚持身心发展的统一；④坚持教学诸要素的有机配合。

**考点 再拔高**

▼ 方向性原则和伦理性原则

1. 方向性原则

方向性原则是指教学要以马克思主义为指导，以马克思主义的立场、观点和方法来选择教学内容，分析和理解教学内容，结合科学知识教学对学生进行社会主义核心价值观、正确的人生观和科学的世界观的教育。贯彻此原则的要求：(1)坚持教学的马克思主义方向；(2)深入挖掘教材的思想性。

2. 伦理性原则

伦理性原则是指教师在教学过程中处理师生关系时，要遵循当代社会的伦理规范。教师要尊重学生，爱护学生，并通过以身垂范的言行赢得学生的尊重。贯彻此原则的要求：(1)在教学中，教师要尊重学生的基本权利；(2)在教学中，教师要尊重学生的基本自由和权利；(3)在教学中，教师要正确对待学生的个性差异。

**真题面对面**

[2021河南，判断]以马克思主义为指导，深入挖掘学科内容的思想性、教育性。这体现了教学的方向性原则。(　　)

**答案：**√

## 二、教学方法

### 考点 1 教学方法的概念

**教学方法**是指教师和学生为了完成教学任务、实现教学目标而采取的共同活动方式，是教师引导学生掌握知识技能、获得身心发展而共同活动的方法。它包含了教师的教法和学生的学法。

### 考点 2 两种对立的教学方法指导思想 【判断、辨析】★

依据指导思想不同，各种教学方法可归并为两大类：**注入式和启发式**，这是两种根本对立的教学方法指导思想。提倡启发式，反对注入式，是当代运用教学方法的指导思想。

注入式是一种“填鸭式”的教学方法，是指教师从主观出发，把学生看成单纯接受知识的容器，向学生灌注知识，无视学生在学习上的主观能动性。在这种思想的指导下，教师在教学中仅仅起了一个现成信息的载负者和传递者的作用，而学生则仅仅起着记忆器的作用。

启发式则是指教师从学生实际出发，采取各种有效的形式去调动学生学习的积极性，指导他们自己去学习的方法。衡量一种教学方法是否具有启发性，关键是看教师能否促进学生积极主动地去学习，而不是单从形式上去加以判断。

### 考点 3 我国中小学常用的教学方法 【单选、多选、判断、简答、案例分析】★★★

根据教学活动中学生的不同认识方式，可将我国中小学常用的教学方法分为以下五大类：

**1. 以语言传递为主的教学方法**

这一类教学方法运用极为广泛，主要包括讲授法、谈话法、讨论法、读书指导法四种。

（1）讲授法

①讲授法的概念

**讲授法**是教师运用口头语言系统连贯地向学生传授知识、技能，发展学生智力的教学方法。讲授法是课堂教学中使用最广泛的一种教学方法，也是一种最基本、最常用的教学方法，同时还是中小学各科教学的一种主要教学方法。

②讲授法的形式

一般认为，讲授法可分讲读、讲述、讲解和讲演四种形式。

表2-29 讲授法的四种形式

| 具体形式 | 解释 |
| --- | --- |
| 讲读 | 即读与讲的结合，边读边讲，亦称串讲 |
| 讲述 | 即教师向学生描绘学习的对象、介绍学习的材料、叙述事物产生变化的过程 |
| 讲解 | 即教师向学生对概念、原理、规律、公式等进行解释、论证 |
| 讲演 | 教师在中学高年级采用的一种教学方法，它要求教师不仅要系统全面地描述事实，而且要通过深入分析、推理、论证来归纳、概括科学的概念或结论 |

除上述分法之外，有人将讲授法分为**讲述、讲解、讲演**三种形式。还有人将讲授法分为**讲述、讲解、讲读、讲演、讲评**五种形式。其中，讲评是教师对学生的课堂答问和课内外作业进行公正客观、恰如其分的评点和评析，或对某一现象或事物进行评价或评论，多用于介绍某种新观点或新发现。

③讲授法的优缺点

讲授法的优点在于可以充分发挥教师的主导作用，使学生在短时间内获得大量系统的科学知识，并且能结合知识传授进行思想品德教育。缺点是不易发挥学生的主动性和积极性，不利于因材施教，容易造成“填鸭式”“满堂灌”的教学效果。

④运用讲授法的基本要求

讲授内容要有科学性、系统性和思想性，要认真组织；要讲究讲授的策略和方式，要系统完整，层次分明，重点突出，符合知识的系统性和启发性教学原则的要求；教师要努力提高语言表达水平，讲究语言艺术；要组织学生听讲；要与其他教学方法配合使用。

(2)谈话法

①谈话法的概念

谈话法也叫问答法，它是教师按一定的教学要求向学生提出问题让学生回答，通过问答、对话的形式来引导学生思考、探究，获取或巩固知识，促进学生智能发展的方法。

②运用谈话法的基本要求

要做好计划，教师要对谈话的中心、提问的内容做充分准备，并拟定谈话提纲；要善问，提出的问题要明确、具体、难易适宜，符合学生已有的知识程度、经验，还要有启发性、形式要多样化，要善于启发诱导；谈话时，教师要面向全体学生，给学生留有思考的余地，因势利导，让学生一步步地去获得新知；谈话结束后，应结合学生回答的情况进行归纳和小结，给出问题的正确答案，指出谈话过程中的优缺点。

(3)讨论法

①讨论法的内涵

讨论法是全班或小组成员在教师的指导下，围绕某一中心问题发表自己的看法和见解，从而进行相互学习的一种方法。运用讨论法需要学生具备一定的基础知识、一定的理解能力和独立思考能力，因此，讨论法在**高年级**运用得比较多。

②讨论法的优点

讨论法的优点在于通过对所学内容的讨论，学生之间可以集思广益，互相启发，加深理解，提高认识；同时还可以激发学生的学习热情，培养对问题的钻研精神并训练学生的语言表达能力。

谈话法与讨论法是两种易混淆的教学方法，两者区别在于教师的作用不同：谈话法——教师和学生进行交流互动；讨论法——教师指导学生针对某一问题进行的交流活动。

③运用讨论法的基本要求

讨论前，教师应提出有吸引力的讨论题目，并明确讨论的具体要求，指导学生收集有关资料；讨论时，教师要善于引导学生围绕中心，联系实际，自由发表意见，并让每个学生都有发言机会；讨论结束后，教师要进行小结，并提出需要进一步思考的问题。

谈话法

讨论法

(4)读书指导法

①读书指导法的内涵

读书指导法是指教师指导学生通过阅读教科书和其他参考书，以获得知识、巩固知识、培养学生自学能力的一种方法。指导学生读书，包括指导学生阅读教科书和阅读课外书籍两个方面。

②运用读书指导法的基本要求

教师要提出明确的目的、要求和思考题；教会学生使用工具书；帮助学生逐步学会阅读的方法；用多种方式指导学生阅读。



真题面对面

1. [2021 河北，单选]在课程中教师让学生围绕某一中心问题发表自己的看法或者见解，从而进行相互学习，这种教学方法属于(　　)

A. 讲授法　　B. 谈话法　　C. 讨论法　　D. 读书指导法

2. [2021 内蒙古，多选]讲授法的基本要求有(　　)

A. 分为讲述、讲演　　B. 讲授的内容要有科学性、思想性、系统性

C. 注重启发　　D. 讲究语言艺术

E. 写板书

答案：1. C　2. BCD

**2. 以直观感知为主的教学方法**

这种教学方法具有形象性、具体性、直接性和真实性的特点，主要有演示法和参观法两种。

(1)演示法

①演示法的内涵

演示法是指教师通过展示实物、教具和示范性的实验来说明、印证某一事物和现象，使学生掌握新知识的一种教学方法。演示所使用的工具可分为四大类：实物、标本、模型、图片的演示；图表、示意图、地图的演示；实验演示；幻灯片、电影、录像的演示。演示法体现了直观性、理论联系实际的教学原则。

②运用演示法的基本要求

第一，选用恰当的时机。要根据教学任务的实际需要，有目的、有针对性地运用演示法，不能为演示而演示。演示要紧密配合教学进行，过早拿出直观教具或用完后迟迟不收藏好都会分散学生的注意；演示过程中教师要向学生提出问题或做适当讲解、指点，引导他们边看、边听、边思考、边议论。以获取最佳效果。第二，教师要有语言的引导。演示要面向全体学生，要把握好演示的速度和节奏。在演示过程中还要注意言语的指导和动作的示范。

(2)参观法

①参观法的内涵

参观法又称现场教学，是教师根据教学目的和要求，组织学生进行实地考察、研究，使学生获取新知识，巩固、验证旧知识的一种教学方法。

②运用参观法的基本要求

参观前，教师要根据教学目的和要求，做好准备工作；参观时，教师要引导学生收集资料，做好必要记录，也可以请有关人员进行讲解或指导；参观结束后，教师要组织学生及时进行小结。

**3. 以实际训练为主的教学方法**

以实际训练为主的教学方法是指以形成技能技巧，培养行为习惯和发展学生能力为主的教学方法。其

特点是使学生通过实践活动动脑、动口、动手，提高学生分析问题和解决问题的能力，并养成良好的行为习惯。以实际训练为主的教学方法主要有练习法、实验法、实习作业法、实践活动法四种。

(1)练习法

①练习法的内涵

**练习法**是指学生在教师的指导下巩固知识，培养各种技能和技巧的基本教学方法。练习法是中小学各科教学普遍采用的教学方法。



②运用练习法的基本要求

教师要使学生明确练习的目的和要求；练习的题目要注意学生基础知识的积累、巩固以及基本技能的提高；教师要教给学生正确的练习方法，并对学生的练习进行及时的检查和反馈；在练习过程中要注意培养学生自我检查的能力和习惯；练习方式要多样化。

(2)实验法

①实验法的内涵

实验法是指教师引导学生使用一定的仪器和设备，进行独立操作，引起某些事物和现象产生变化，从而使学生获得直接经验，培养学生技能和技巧的教学方法。实验法常用于物理、化学、生物等自然学科的教学。

②运用实验法的基本要求

认真编写实验计划，加强实验指导，做好实验总结。

演示法中的实验演示与实验法是考生容易混淆的知识点，两者的区别在于操作主体的不同：实验演示——教师做实验，学生看；实验法——学生做实验，教师指导。

演示法

实验法

(3)实习作业法

①实习作业法的内涵

实习作业法是指教师根据学科课程标准要求，指导学生运用所学知识在课上或课外进行实际操作，将知识运用于实践的教学方法。这种方法在自然学科的教学中占有重要的地位，如数学课的测量练习、生物课的植物栽培和动物饲养等。

②运用实习作业法的基本要求

实习作业法要在教师的指导下有目的、有计划、有组织地进行；实习中，教师要加强指导；实习结束后，教师要指导学生写出实习报告或体会，并进行评阅和评定。

(4)实践活动法

实践活动法是指让学生参加社会实践活动，培养学生解决实际问题的能力和多方面实践能力的教学方法。在实践活动法中，学生是中心，教师是学生的参谋或顾问，教师必须保证学生的主动参与，决不能越俎代庖。

真题面对面

[2021陕西,多选]在小学教学中,以实际训练为主的教学方法有(　　)

A. 演示法　　B. 实验法　　C. 观察法　　D. 练习法

答案:BD

**4. 以引导探究为主的方法**

以引导探究为主的方法,是指教师组织和引导学生通过独立的探究和研究活动而获得知识的方法,主要是发现法。

发现法,又称探索法、探究法,是指学生学习概念和原理时,教师只是给他们一些事例和问题,让学生自己通过阅读、观察、实验、思考、讨论、听讲等途径去独立探究,自行发现并掌握相应的原理和结论的一种方法。它的指导思想是:在教师指导下,以学生为主体,让学生自觉地、主动地探索,掌握认识和解决问题的方法与步骤,研究客观事物的属性,发现事物发展起因和事物内部的联系,从中找出规律,形成自己的概念。

真题面对面

[2020河南,单选]在教师的支持和帮助下,学生通过主动探究,获取知识和能力的教学方法是(　　)

A. 范例教学法　　B. 程序教学法　　C. 暗示教学法　　D. 发现法

答案:D

**5. 以情感陶冶(体验)为主的教学方法**

以情感陶冶为主的教学方法是指教师根据一定的教学要求,有计划地使学生处于一种类似真实的活动情境之中,利用其中的教育因素综合地对学生施加影响的一种教学方法。以情感陶冶为主的教学方法更多的是作为一类辅助性的教学方法来使用,主要包括**欣赏教学法**和**情境教学法**两种。

(1)欣赏教学法

欣赏教学法是指在教学过程中指导学生体验客观事物的真善美的一种教学方法。欣赏教学法一般包括对自然的欣赏、人生的欣赏和艺术的欣赏等。

(2)情境教学法

情境教学法是指在教学过程中,教师有目的地引入或创设具有一定情绪色彩的生动具体的场景,以引起学生一定的情感体验,从而帮助学生理解教材,并使学生的心理机能得到发展的教学方法。教师创设的情境一般包括生活展现的情境、图画再现的情境、实物演示的情境、音乐渲染的情境、言语描述的情境等。

## 考点4 国内外教学方法的改革与发展 【单选】 ★

当前国内教学方法变革中具有代表性的有上海特级教师倪谷音首先倡导的**愉快教学法**(借助于建立民主和谐的师生关系,着力于儿童的全面发展)、江苏省特级教师李吉林首创的**情境教学法**(创设有关情境,以激发学生的学习兴趣和积极性)、江苏常州特级教师邱学华首创的**尝试教学法**("先练后讲""先学后教")、以上海闸北八中校长刘京海为首的一批教改研究者首先提出的成功教学法(积极的期望、成功的机会和鼓励性评价)等。

在国外,最有影响力和代表性的教学方法的改革有美国心理学家布鲁纳所倡导的发现法、依据美国教育学家布卢姆的"教育目标分类"和"掌握学习策略"所形成的目标教学法、美国著名教育心理学家斯金纳倡导的程序教学法、苏联教育家沙塔洛夫创造的"纲要信号图表"教学法、德国学者瓦·根舍因首创的范例教学法、保加利亚医学和心理学博士洛扎诺夫首创的暗示教学法(在外语教学方面,被公认为创造了奇迹)、美国人本主义心理学家罗杰斯提出的非指导教学法。

真题面对面

[2022河南,单选]教师在课堂上经常对学生进行鼓励性反馈,给予积极地期待,增强学生学习的内部动力,该教学方法属于(　　)

A. 愉快教学法　　B. 情境教学法　　C. 尝试教学法　　D. 成功教学法

答案:D



考点5 教学方法的选择和运用　【单选、多选、辨析、简答、论述】★

**1. 选择与运用教学方法的基本依据**

(1)教学目的和任务的要求;(2)课程性质和特点;(3)每节课的重点、难点;(4)学生年龄特征;(5)教学时间、设备、条件;(6)教师业务水平、实际经验及个性特点。

此外,教学方法的选择与运用还受教学手段、教学环境等因素的制约。万能的方法是没有的,只依赖于一两种方法进行教学无疑是有缺陷的。

**2. 教学方法运用的综合性、灵活性、创造性**

教学方法运用的综合性是指根据教学任务和教学内容的需要,综合运用多种教学方法,而不要长期只使用一种教学方法。教学方法运用的灵活性是指在实际应用中,要从实际需要出发,随时对其调整。教学方法运用的创造性是指从教学实践出发,在把握现有教学方法的基础上有所创造。

真题面对面

[2021贵州,简答]简述中小学教师选用教学方法时需遵循的基本依据。

答案:详见内文

## 第四节　教学组织形式与教学工作的基本环节

### 一、教学组织形式

考点1 教学组织形式的概念

学校教学工作是通过一定的组织形式进行的。**教学组织形式**是指教学活动中教师与学生为实现教学目标所采用的社会结合方式。在教学史上先后出现的影响较大的教学组织形式有个别教学制、班级授课制、分组教学和道尔顿制等。其中,**个别教学制**是古代学校的主要教学形式。

考点2 现代教学的基本组织形式——班级授课制　【单选、判断】★★★

**1. 班级授课制的概念**

课堂教学的主要形式是班级授课制。它是把学生按年龄和文化程度分成固定人数的班级,教师根据课程计划和规定的时间表进行教学的一种组织形式。

**2. 班级授课制的产生与发展**

1632年,捷克教育家夸美纽斯出版的《大教学论》最早从理论上对班级授课制做了阐述,为班级授课制奠定了理论基础。后来,以赫尔巴特为代表的教育家提出教学过程的形式阶段论(即明了、联想/联合、系统、方法),班级授课制得以进一步完善而基本定型。最后,以苏联教育学家**凯洛夫**为代表,提出课的类型和结构的概念,使班级授课制形成一个完整的体系。

在我国,最早采用班级授课制的是清政府于1862年设于北京的**京师同文馆**(我国历史上第一个新式学校),并在癸卯学制中以法令形式确定下来,随之在全国范围内推广。

**3. 班级授课制的基本特点**

(1)以班为单位集体授课,学生人数固定。(2)按课教学。"课"是教学活动的基本单元,一般分为**单一课和综合课**。(3)按时授课。把每一"课"规定在固定的单位时间内进行,这个单位时间称为"课时",课与课之间有一定的间歇和休息。

**4. 班级授课制的优点与不足**

(1)班级授课制的优点

①有利于经济有效地大面积培养人才,提高教学效率;②它以"课"为教学活动单元,能保证学习活动循序渐进,有利于学生获得系统的科学知识;③有利于发挥教师的主导作用;④有利于发挥学生集体的教育作用;⑤有利于学生德、智、体多方面的发展;⑥有利于进行教学管理和教学检查。

(2)班级授课制的不足

①不利于学生主体性的发挥。学生的独立性、自主性受到限制,不利于培养学生的志趣、特长。②不利于培养学生的探索精神、创造能力和实际操作能力。过于强调书本知识的学习,容易造成理论和实践的脱节。③不能很好地适应教学内容和教学方法的多样化。班级授课制中,无论用什么教学方法,都只能适应部分学生。④不利于因材施教,难以满足学生个性化的学习需要。⑤不利于学生之间真正的交流和启发。在班级授课制中,课堂成为学生生活的基本空间,课堂教学成为学生最主要的生活方式,学生的交往受到限制。⑥以"课"为基本的教学活动单位,某些情况下会割裂内容的整体性。

**真题面对面**

[2021陕西,单选]我国学校教学的基本形式是(　　)

A. 复式教学　　B. 分组教学　　C. 走班制　　D. 班级授课制

答案:D

## 考点3 现代教学的辅助形式——个别教学与现场教学

**1. 个别教学**

(1)个别教学的概念

个别教学是教师针对不同学生的情况进行个别辅导的教学组织形式。它是班级授课制的一种辅助形式。

(2)个别教学的要求

发挥每个学生的潜力和积极因素,培养学生各自的优势,克服各自的缺点;既要针对个体,又要使个体不脱离于群体;要制定详细的个案分析,综合运用各种教育组织形式,灵活运用各种教学方法,做好各项工作。

**2. 现场教学**

(1)现场教学的概念

**现场教学**是指教师把学生带到事物发生、发展的现场进行教学活动的形式。它可以以班级为单位,也可以以小组或个人为单位,通常需要有关现场人员的参加。



第二部分

(2)现场教学的要求

①目的明确;②准备充分;③现场指导;④及时总结。

## 考点4 现代教学的特殊组织形式——复式教学 【单选、多选、判断、填空】★

### 1. 复式教学的概念

复式教学是把两个或两个以上年级的学生编在一个班里,由一位教师在同一节课里,针对不同年级的学生,采取直接教学和自动作业交替的办法进行教学的组织形式。它适用于学生少、教师少、校舍和教学设备较差的农村以及偏远地区。

### 2. 复式教学的意义

复式教学保持了班级授课制的一切本质特征,与班级授课制不同的是教师要在一节课的时间内巧妙地同时安排几个年级学生的活动。复式教学组织得好,学生的基本训练和自学能力往往更强。复式教学便于儿童就近入学,可以最大限度地节约师资、教室和教学设备等,充分利用教育资源,有利于教育的普及。

### 3. 组织复式教学的要求

(1)合理编班,要根据学生人数、教室大小、师资质量等情况全面考虑,灵活掌握;(2)编制复式班课表;(3)培养小助手;(4)建立良好的课堂常规。

**真题面对面**

[2022安徽,判断]把两个或两个以上年级的学生编在一个班里,由一位教师在同一节课里,针对不同年级的学生,采取直接教学和自动作业交替的办法进行教学的组织形式是现场教学。(　　)

答案:×

## 考点5 其他教学组织形式 【单选、多选】★

### 1. 分组教学

(1)分组教学的概念

分组教学是指在按年龄编班或取消按年龄编班的基础上,根据学生能力、成绩分组进行编班的教学组织形式。

(2)分组教学的类型

纵观各国的分组教学,其类型有外部分组和内部分组、能力分组和作业分组等。

**外部分组**,即取消按年龄编班,按学生的能力或某些测验成绩编班;

**内部分组**,即在按年龄编班的班级内,再根据学生的成绩将他们分成若干个不同的小组。

**能力分组**,是根据学生的能力发展水平来进行分组教学的,各组课程相同,学习年限则不同;

**作业分组**,是根据学生的特点和意愿来分组教学的,各组学习年限相同,课程则不同。

(3)分组教学的优点和局限

优点:①分组教学比班级上课更适应学生个人的水平和特点,②便于因材施教,有利于人才的培养;便于学生的交流合作;③有助于学生组织能力、管理能力、表达能力以及问题解决能力的培养;④有利于学生在与小组成员的竞争与合作中,强化自己的学习动机。

局限:①分组教学较难科学鉴别学生的能力和水平;②在对待分组教学上,学生家长和教师的意愿常常与学校要求相矛盾;③分组后有可能产生一定的副作用,使快班学生产生骄傲情绪,慢班、普通班学生的学习积极性降低。

**2. 贝尔—兰喀斯特制**

贝尔—兰喀斯特制，也称为**导生制**，是由英国人贝尔和兰喀斯特于18世纪末19世纪初创始的，这种教学组织形式仍以班级为基础，但教师不直接面向班级全体学生，教师先把教学内容教给年龄较大的学生，而后由他们中间的佼佼者——导生去教年幼的或成绩较差的其他学生。这种组织形式是在英国工场手工业向大机器生产过渡的过程中，在需要大规模培养学生且师资比较缺乏的情况下出现的。导生"现买现卖"很难保证基本的教学质量。

**3. 道尔顿制**

道尔顿制是由美国教育家**柏克赫斯特**创建的一种新的教学组织形式。运用这种方法时，教师不再讲授，只为学生指定自学参考书、布置作业，由学生自学和独立完成作业后，向老师汇报学习情况和接受考查。道尔顿制的优点是有利于调动学生学习的主动性，培养他们的学习能力和创造才能；缺点是不利于系统知识的掌握，对教学设施和条件要求较高。

**4. 设计教学法**

1918年，美国教育家克伯屈发表了论文《设计教学法》，系统地归纳和阐述了设计教学法的理论，赢得了很大的声誉，被称为"设计教学法"之父。设计教学法主张废除班级授课制和教科书，打破传统的学科界限，教师不直接向学生传授知识和技能，而是指导学生根据自己已有的知识和兴趣，自行组成以生活问题为中心的综合性学习单元。学生在自己设计、自己负责的单元活动中获得有关的知识和能力。设计教学法的重点是以活动课程代替学科课程，使学生在活动中获得对知识的整体认知。其主要缺陷是忽视系统知识，影响教学质量，而且在教学实施过程中困难很多，难以落实。

**5. 特朗普制**

特朗普制又称"**灵活的课程表**"，是美国教育家**劳伊德·特朗普**于20世纪50年代提出的一种教学组织形式。特朗普制把大班上课、小班讨论和个人独立研究三种教学形式结合起来，以灵活的时间单位代替固定的上课时间。在教学时间分配上，大班上课占40%，小班讨论占20%，个人独立研究占40%。这种教学组织形式兼容了班级授课、分组教学与个别教学的优点，但管理起来比较麻烦。

**6. 走班制**

走班制是指学生根据教学活动中预先制订的学习计划和自己的兴趣愿望，以"走班"为形式，"流动"到自己需要的班级进行学习的一种组织形式。走班制这一教学组织形式为因材施教、个性化培养提供了一个实践的平台。

### 考点6 当前教学组织形式改革的重点 【单选】 ★

(1)适当缩小班级规模，使教学单位趋向合理化。

(2)改进班级授课制，实现多种教学组织形式的综合运用。

(3)多样化的座位排列，加强课堂教学的交往互动。

(4)探索个别化教学。

## 二、教学工作的基本环节 【单选、多选、判断、简答、论述、案例分析】

教师教学工作包括五个基本环节（即基本程序）：备课、上课、作业的布置与反馈、课外辅导和学业成绩的检查与评定。

### 考点1 备课 ★★★

**备课**就是教师根据学科课程标准的要求和本门课程的特点，结合学生的具体情况，选择最合适的表达方法和顺序,以保证学生有效地学习。

**1. 备课的意义**

古人云:"凡事预则立,不预则废。"备课是教学工作的基础环节,上好一堂课首先要备好课,这是先决条件,也是提高教学质量的根本保证。对教师而言,备好课可以加强教学的计划性,有利于教师充分发挥主导作用。教师要在平时的学习、生活中有意识地收集教学资料,为上课做准备。

**2. 备课的要求**

(1)做好三个方面的工作

教师备课要做好三方面的工作,即钻研教材、了解学生、设计教法,也即备教材、备学生、备教法。

①**钻研教材**:钻研教材包括学习学科课程标准、钻研教科书和阅读有关参考资料。

首先,钻研学科课程标准就是指教师要弄清楚本学科的教学目的,教材的体系、结构、基本内容和教学法上的基本要求。其次,教师必须钻研教科书,掌握学科主要内容、重点、难点所在,同时也要考虑如何利用它来促进学生态度、情感、价值观的转变,知识的拓展及各种能力的提高。此外,各种参考资料是教科书的重要补充,教师应广泛阅读有关参考书来获得有价值的信息,以满足教学需求。

教师掌握教材有一个深化的过程,一般要经过**懂**、**透**、**化**三个阶段。

②**了解学生**:了解学生应当是全面的。首先要考虑学生总体的年龄特征,熟悉他们身心发展的特点;还要了解学生个体的能力水平、学习态度和兴趣特点;此外还要了解班级的一般状况,如班纪、班风等。

③**设计教法**:教师要在钻研教材、了解学生的基础上,考虑用什么方法使学生有效地掌握知识并促进他们能力、品德等方面的发展。教师应根据教学目的、内容、学生的特点等来选择最佳的教学方法。此外,也要相应地考虑学生的学法,包括预习、学生在课堂中的学习活动与课外作业等。学习方法指在学习过程中,一切为达到学习目的、掌握学习内容而采取的手段、方式、途径以及学习所应遵循的一些操作性原则、组织管理等环节。

(2)写好三种计划

教师备课还要写好三种计划,即学年(或学期)教学计划、课题(或单元)计划、课时计划(教案)。

①**学年(或学期)教学计划**:该计划包括学生情况的简要分析、本学期或学年的教学总要求、教科书的章节或课题、各课题的教学时数和时间的具体安排、各课题所需要运用的教学手段等。

②**课题(或单元)计划**:在制订好学年教学计划的基础上,教师还要制订出课题计划。课题计划一般包括:课题名称、课题教学目的、课时划分、各课时课的类型、主要教学方法、必要的教具。此外,教师还要考虑课题之间的联系,做好协调工作。

③**课时计划**:即教案,它通常是指教师为某一节课而拟订的上课计划。写课时计划,一般要按以下步骤进行:进一步研究教材,确定教学重点和要注意解决的难点;确定本课题的教学目的;考虑进行的步骤,确定课的结构,分配教学进程中各个步骤的时间;考虑教学方法的运用、教具的准备和使用方法及板书设计;最后写出课时计划。教学进程是教案的主要部分,教师要详细设计和安排教学内容的展开、教学方法的运用和时间的分配等。

**真题面对面**

[2022安徽,单选]从教学工作的基本环节的角度谈:"凡事预则立,不预则废"所指的教学环节主要是(　　)

A. 备课　　B. 上课　　C. 课后辅导　　D. 学业成绩评定

答案:A

## 考点2 上课 ★★★

### 1. 上课的意义

上课是整个教学工作的中心环节，是教师教和学生学的最直接体现，是提高教学质量的关键。上课也是教师教的活动和学生学的活动相互作用最直接的表现。

### 2. 课的类型

(1)根据教学的任务，可分为传授新知识课(新授课)、巩固新知识课(巩固课)、技能技巧课(技能课)和检查知识课(检查课)。

(2)根据一节课所完成任务的类型数，可分为**单一课和综合课**。

(3)根据主要使用的教学方法，可分为讲授课、演示课(演示实验或放幻灯片、录像)、练习课、实验课和复习课。

### 3. 课的结构

课的结构是指课的基本组成部分及各组成部分进行的顺序、时限和相互关系，不同类型的课有不同的结构。了解课的结构有助于掌握每一种课的性能与操作过程，以便发挥各种课在教学中的作用。

一般来说，构成课的基本组成部分有组织教学、检查复习、讲授新教材、巩固新教材、布置课外作业等。其中，讲授新教材是教学过程中最主要、最基本的部分，是一节课的核心环节，组织教学并不只在上课开始时进行，而是贯穿在教学过程的各个环节中，直到下课。

### 4. 上好课的具体要求(一堂好课的标准)

教师上好一堂课必须以现代教学理念为指导，遵循教学规律，全面贯彻教学原则，善于科学而灵活的运用各种教学方法。具体包括：(1)教学目标明确；(2)教学内容准确；(3)教学结构合理；(4)教学方法适当；(5)讲究教学艺术；(6)板书有序；(7)充分发挥学生的主体性，这是上好课最根本的要求，离开了这一点，以上的所有要求就失去了意义。

## 考点3 作业的布置与反馈 ★★

### 1. 作业的意义

作业是结合教学内容，要求学生独立完成的各种类型的练习。无论是课内作业还是课外作业，作用都在于加深和加强学生对教材的理解和巩固，帮助学生掌握相关的技能、技巧。通过作业的布置、检查和批改，教师可以及时发现学生在知识或技能方面的缺陷并加以纠正，同时对学生的作业完成情况做出评价并提出进一步学习的建议。

### 2. 作业的形式

(1)阅读作业，如复习、预习教科书，阅读人文和科学读物；(2)口头作业，如口头回答、朗读、复述、背诵；(3)书面作业，如演算习题、作文、绘图；(4)实践作业，如观察、实验、测量、社会调查等。

### 3. 布置作业的要求

(1)作业内容符合课程标准的要求；(2)考虑不同学生的能力需求；(3)分量适宜、难易适度；(4)作业形式多样，具有多选性；(5)要求明确，规定作业完成时间；(6)作业反馈清晰、及时；(7)作业要具有典型意义和举一反三的作用；(8)作业应有助于启发学生的思维，含有鼓励学生独立探索并进行创造性思维的因素；(9)尽量同现代生产和社会生活中的实际问题结合起来，力求理论联系实际。

**真题面对面**

[2022陕西，简答]简述布置作业的要求。

**答案**：详见内文

### 考点4 课外辅导 ★

**1. 课外辅导的内容**

(1)帮学生解答疑难问题,指导学生做好作业;(2)为基础差和因事、因病缺课的学生补课;(3)给成绩特别优异的学生做个别辅导;(4)对学生进行学习方法上的辅导;(5)对学生进行学习目的和学习态度的教育。

**2. 课外辅导的意义**

课外辅导是上课的必要补充,是适应学生个别差异、贯彻因材施教原则的重要措施。

### 考点5 学业成绩的检查与评定 ★

**1. 学业成绩检查与评定的意义**

(1)有利于促进学生的学习;(2)有利于促进教师的教学;(3)有利于学校领导了解学校的教学情况;(4)有利于家长了解自己子女的学习情况;(5)为上级教育主管部门制定教育方针政策和选拔人才提供依据。

**2. 学业成绩检查的方式**

检查学生学业成绩的方法是多种多样的。常用的检查方式有两大类:**平时考查**和**考试**。平时考查的方式主要有口头提问、检查书面作业和单元测验等。考试是对学生知识、技能等进行总结性检查时所采用的一种方式。它通常在学习告一段落后,为了系统地检查和衡量所学知识、技能等方面的情况,在期中、期末和毕业时进行。

**3. 学业成绩检查与评定结果的处理**

对于学生学业成绩的检查和评定结果的处理方式可分为评分制和评语制。其中,百分制是我国目前最常用的传统的处理学生成绩的方法,此外还有等级分制。百分制、等级分制、评语制都各有其优点和不足。目前有一种倾向,认为等级分制可以增加模糊性,减轻学生压力。实际上,无论哪一种评定方法都只是针对学生学业成绩的某一方面,不可能完全独立地担当起对学生学业成绩的评定,关键是要改变我们头脑中的传统的以选拔为主旨的教学评定观念,充分发挥评定方法的优点。

## 第五节 教学评价

### 一、教学评价的概念

**教学评价**是指以教学目标为依据,通过一定的标准和手段,对教学活动及其结果给予价值上的判断,即对教学活动及其结果进行测量、分析和评定的过程。它以参与教学活动的教师、学生、教学目标、内容、方法、教学设备、场地和时间等因素的有机组合的过程和结果为评价对象,是对教学工作的整体功能所做的评价。其目的是对课程、教学方法以及学生培养方案做出决策。

### 二、教学评价的基本类型 【单选、多选、判断、辨析】 ★★★

### 考点1 诊断性评价、形成性评价和总结性评价

根据教学评价的作用,可以分为诊断性评价、形成性评价和总结性评价。

**1. 诊断性评价**

(1)诊断性评价的概念

诊断性评价是在学期开始或一个单元教学开始时,为了了解学生的学习准备状况及影响学习的因素而进行的评价。它包括各种通常所称的**摸底考试**。

(2)诊断性评价的主要功能

①检查学生的学习准备程度;②决定对学生的适当安置;③辨别造成学生学习困难的原因。

**2. 形成性评价**

(1)形成性评价的概念

形成性评价是在教学过程中为改进和完善教学活动而进行的对学生学习过程及结果的评价。在课程评价领域,形成性评价是指贯穿于校本课程各个阶段或整个过程的评价。它包括在一节课或一个课题的教学中对学生的口头提问和书面测验。

(2)形成性评价的主要功能

①改进学生的学习;②为学生的学习定步(确定学生的学习进度);③强化学生的学习;④给教师提供反馈。

**3. 总结性评价**

(1)总结性评价的概念

总结性评价也称为终结性评价,是在一个大的学习阶段、一个学期或一门课程结束时对学生学习结果的评价。总结性评价注重考查学生掌握某门学科的整体程度,概括水平较高,测验内容范围较广,常在学期中或学期末进行。

(2)总结性评价的主要功能

①评定学生的学习成绩;②证明学生掌握知识、技能的程度和能力水平以及达到教学目标的程度;③确定学生在后继教学活动中的学习起点;④预言学生在后继教学活动中成功的可能性;⑤为制定新的教学目标提供依据。

**真题面对面**

1. [2022河南,单选]下列选项中,对形成性评价的功能描述不正确的是(　　)

A. 有利于强化学生的学习　　B. 有利于确定学生的学习进度

C. 有利于给教师提供反馈　　D. 有利于检查学生的学习准备程度

2. [2022安徽,单选]为了了解学生的学习准备状态及影响学习的因素而进行的评价属于(　　)

A. 终结性评价　　B. 过程性评价　　C. 诊断性评价　　D. 形成性评价

答案:1. D　2. C

## 考点2　绝对性评价、相对性评价和个体内差异评价

根据评价采用的标准,可以分为绝对性评价、相对性评价和个体内差异评价。

**1. 绝对性评价**

(1)绝对性评价的概念

**绝对性评价**又称为**目标参照性评价**(标准参照评价),是运用目标参照性测验对学生的学习成绩进行的评价,它主要依据教学目标和教材编制试题来测量学生的学业成绩,判断学生是否达到了教学目标的要求,而不以评定学生之间的差异为目的。

(2)绝对性评价的优缺点

绝对性评价可以衡量学生的实际水平,了解学生对知识、技能的掌握情况,宜用于升级考试、毕业考试和合格考试。它的缺点是不适用于甄选人才。

**易混点辨析**

考生在理解绝对性评价、相对性评价和个体内差异评价这三个概念时,可把绝对性评价理解为“看标准”,把相对性评价理解为“看位置”,把个体内差异评价理解为“看自己”。

第二部分

**2. 相对性评价**

(1)相对性评价的概念

**相对性评价**又称为**常模参照性评价**,是运用常模参照性测验对学生的学习成绩进行的评价,它主要依据学生个人的学习成绩在该班学生成绩序列或常模中所处的位置来评价和决定他的成绩的优劣,而不考虑是否达到教学目标的要求。

(2)相对性评价的优缺点

相对性评价具有**甄选性强**的特点,因而可以作为选拔人才、分类排队的依据。它的缺点是不能明确表示学生的真正水平,不能表明他在学业上是否达到了特定的标准,对于个人的努力状况和进步的程度也不够重视。

**3. 个体内差异评价**

(1)个体内差异评价的概念

**个体内差异评价**是对被评价者的过去和现在进行比较,或对评价对象的不同方面进行比较。

(2)个体内差异评价的优缺点

个体内差异评价的最大优点是充分体现了尊重个体差异的因材施教原则,适当减轻了评价对象的压力。但是,由于评价本身缺乏客观标准,不易给评价对象提供明确目标,因此难以发挥评价的应有功能。

**真题面对面**

1. [2022河北,单选]数学老师孙老师在学期末考核结束后,为部分学生发进步奖奖状,这种评价方法是(　　)

A. 相对评价　　B. 绝对评价

C. 个体内差异评价　　D. 形成性评价

2. [2022河南,判断]招聘、升学等选拔性考试通常采用目标参照评价。(　　)

答案:1. C　2. ×

### 考点3　内部评价和外部评价

按照评价主体,可以分为内部评价和外部评价。

**内部评价**(自我评价)指由课程设计者或使用者自己实施的评价。这种评价易于开展,可以经常进行。

**外部评价**是被评价者之外的专业人员对评价对象进行明显的(看得见、众所周知的)统计分析或文字描述。

### 考点4　正式评价和非正式评价

根据教学评价的严谨程度,分为正式评价和非正式评价。

正式评价指学生在相同的情况下接受相同的评估,且采用的评定工具比较客观,如测验、问卷等。

非正式评价则是针对个别学生,且评价的资料大多是采用非正式方式收集的,如观察、谈话等。

## 三、现代教育评价　【单选】★

### 考点1　现代教育评价的理念

现代教育评价的理念是**发展性评价**与**激励性评价**。以被评价者的发展为本,重视被评价者的起点和发展过程中出现的各种问题。评价的**根本目的**是促进评价对象的发展,它基于评价对象的过去,重视评价对象的现在,更着眼于评价对象的未来。

### 考点 2 发展性评价

一般把以实现评价的综合功能为目的的评价称为"发展性评价",并把评价的综合功能称为"发展功能"。

**1. 发展性评价的基本内涵**

(1)评价目的。评价的根本目的在于促进发展。淡化原有的甄别与选拔功能,关注学生、教师、学校和课程发展中的需要,突出评价的激励与调控功能,激发学生、教师、学校和课程的内在发展动力,促进其不断进步,实现自身价值。

(2)评价功能。与课程功能的转变相适应,发展性评价体现第八次基础教育课程改革的精神,有利于基础教育课程改革的顺利实施。

(3)评价观念。发展性评价体现最新的教育观念和课程评价发展的趋势。关注人的发展,强调评价的民主性和人性化的发展,重视被评价者的主体性与评价对个体发展的建构作用。

(4)评价内容与评价标准。评价内容综合化,重视知识以外的综合素质的发展,尤其是创新、探究、合作与实践等能力的发展,以适应人才发展多样化的要求;评价标准分层化,关注被评价者之间的差异性和发展的不同需求,以个体发展的独特性促进其在原有水平上的提高。

(5)评价方式。评价方式多样化,将量化评价方法与质性评价方法相结合,适应综合评价的需要,丰富评价与考试的方法,如成长记录袋、学习日记、情境测验、行为观察和开放性考试等,追求评价的科学性、实效性和可操作性。

(6)评价主体。评价主体多元化,从单方转为多方,增强评价主体间的互动,强调被评价者成为评价主体中的一员,建立学生、教师、家长、管理者、社区和专家等共同参与、交互作用的评价制度,以多渠道的反馈信息促进被评价者的发展。

(7)评价过程。关注评价过程,将形成性评价与终结性评价有机地结合起来,使学生、教师、学校和课程的发展过程成为评价的组成部分,而终结性的评价结果随着改进计划的确定亦成为下一次评价的起点,进入被评价者发展的进程之中。

**2. 发展性评价的特征**

(1)促进被评价者的发展;(2)要求评价者和被评价者具有共同的价值取向;(3)注重过程评价;(4)关注个体差异;(5)强调评价主体多元化。

### 考点 3 现代教育评价的发展趋势

(1)强调创设适合并促进学生发展的教育环境;(2)由关注终结性目标向关注评价的形成性目标发展;(3)评价主体由一元向多元发展,评价对象由被动等待向主动参与发展;(4)评价方法向综合、多层次、全方位方向发展。

## 第六节 教学模式

### 一、教学模式的概念 【判断】 ★

教学模式是指在一定教学思想或教学理论指导下建立起来的较为稳定的教学活动结构框架和活动程序。作为结构框架,突出了教学模式从宏观上把握教学活动整体及各要素之间内部的关系和功能;作为活动程序则突出了教学模式的有序性和可操作性。

真题面对面

[2020 安徽,判断]教学模式即教学环节。(    )

答案:×

## 二、常见的教学模式 【单选、多选】★

### 考点 1 当代国外主要的教学模式

**1. 探究式教学**

探究式教学依据**皮亚杰**的建构主义理论,以问题解决为中心,注重学生独立活动的开展,注重学生的前认知,注重体验式教学,有利于培养学生的探究和思维能力。

教学的基本程序:问题—假设—推理—验证—总结提高。即首先创设一定的问题情境,提出问题,然后组织学生对问题进行猜想和做假设性的解释,再设计实验进行验证,最后总结规律。

**2. 抛锚式教学**

抛锚式教学要求建立在有感染力的真实事件或真实问题的基础上,所以有时也被称为"实例式教学"或"基于问题的教学"或"情境性教学"。抛锚式教学的理论基础是建构主义。建构主义认为,学习者要想完成对所学知识的意义建构,最好的办法是让学习者到现实世界的真实环境中去感受、去体验(即通过获取直接经验来学习)。

教学的基本程序:创设情境—确定问题—自主学习—协作学习—效果评价。

**3. 范例教学模式**

范例教学模式是一种借助精选教材中的示范性材料使学生从个别到一般,掌握规律性知识和发展能力的一种教学模式。其主要代表人物有瓦·根舍因等。

范例教学模式具有以下特点:

(1)体现基本性,教学重视基本知识的学习;

(2)体现基础性,教学重视学生实际和可接受性,难度适宜;

(3)体现范例性,在学科知识中精选起示范作用的内容,便于学生学习时进行正向迁移;

(4)体现四个统一,即知识教学与德育的统一、问题教学与系统学习的统一、掌握知识与发展能力的统一、主体与客体的统一。

教学的基本程序:范例性地阐明"个"案—范例性地阐明"类"案—范例性地掌握规律原理—掌握规律原理的方法论意义—规律原理的运用训练。在教学过程中,教师应注意选取不同的带有典型性的范例,从个别入手,归纳成类,再从类入手,提炼本质特征,最后上升到规律与原理。范例教学模式比较适合社会科学中的一些原理和规律教学,有助于培养学生的分析能力,有助于学生理解规律和原理。

**4. 暗示教学模式**

暗示教学模式是指运用暗示手段激发个人心理潜力,提高学习效率的一种教学模式。它由保加利亚心理治疗医生**洛扎诺夫**提出。

(1)暗示教学模式的指导思想:一是暗示学理论;二是现代心理学关于人脑功能的研究。暗示学理论认为,利用暗示手段可以使人的有意识心理活动和无意识心理活动达到高度协调,从而使人的潜能得到最大限度的发挥。

(2)暗示教学模式的基本程序:创设情境—参与各类活动—总结转化。

(3)暗示教学模式的三个基本原则:①愉快而不紧张的原则;②有意识和无意识相统一的原则;③暗示

手段相互作用的原则。

**5. 非指导性教学模式**

非指导性教学模式是由美国人本主义心理学家罗杰斯提出的，这是一种以学生为中心，以情感为基础，通过建立民主平等的师生关系、创设适宜的学习环境来促进学生自我实现的个别化的教学模式。具体内容参见教育心理学部分第三章第四节的“学生中心的教学观”。

### 考点2 当代我国主要的教学模式

**1. 传递—接受式**

这种教学模式是我国中小学教学实践长期以来普遍采用、广为人知的一种教学模式。传递—接受式教学模式以传授系统知识、培养基本技能为目标，其着眼点在于充分挖掘人的记忆力、推理能力以及间接经验在掌握知识方面的作用，使学生能够快速有效地掌握更多的信息量。该模式强调教师的指导作用，认为知识是从教师到学生的一种单向传递，非常注重教师的权威性。

教学的基本程序：复习旧课—激发学习动机—讲授新课—巩固练习—检查评价—间隔性复习。

**2. 自学—指导式**

这种教学模式是针对传递—接受式教学模式的弊端、在研究学生自学的基础上发展起来的，其突出特征是以学生的自学为中心、以教师的指导为主线、以培养学生的自学能力为目标，实现从以“讲”为主向以“导”为主的转变。

教学的基本程序：提出要求—开展自学—讨论启发—练习运用—及时评价—系统小结。

**3. 问题—探究式（引导—发现式）**

这是一种以解决问题为中心，注重学生独立活动，着眼于创造性思维能力和意志力培养的教学模式。学生的认识能力必须通过实践才能逐步提高，所以必须让学生在学习过程中主动去探索、发现问题，并用所学知识去研究、解决问题。该模式的理论基础主要有杜威的五步探究法、布鲁纳的发现法等教学理论。

教学的基本程序：提出问题—建立假说—拟定计划—验证假说—总结提高。

**4. 情境—陶冶式**

这种教学模式是从人的认识是有意识心理活动和无意识心理活动的统一、理智活动和情感活动的统一的观点出发，通过创设一种情感和认识相互促进的教学环境，引导学生在轻松愉快的教学氛围中有效地获取知识、陶冶情感的教学模式。该模式是吸取洛扎诺夫的暗示教学理论，并参照我国教学实际工作者积累的有效经验加以概括而形成的，如情境教学、愉快教学、成功教学、快乐教学、情知教学等。

教学的基本程序：创设情境—参与情感体验活动—总结转化。

**5. 示范—模仿式**

这种教学模式是教师有目的地把示范技能作为有效的刺激，以引起学生相应的行动，使他们通过模仿有效地掌握必要的技能的一种教学模式。它是教学中最基本的教学模式之一，多用于以训练技能为目的的教学。

教学的基本程序：定向（明确所学目的）—参与性练习—自主练习—迁移（熟练掌握）。

**6. 目标—导控式**

这种教学模式是以明确的教学目标为导向，以教学评价为动力，以矫正、强化为手段，促使绝大多数学生有效掌握教学内容、大面积提高教学质量的一种教学模式。

教学的程序：前提诊断—明确目标—达标教学—达标评价—根据评价结果进行强化补救。

考点 再拔高

▼ 基于学习理论的教学模式的分类

(1)行为修正模式。该模式以行为主义心理学为主要理论基础,强调外部环境刺激对学习者行为结果的影响。其教学方法有**程序教学**、掌握学习法、计算机操练与练习等,特别适用于知识技能训练的学习内容。

(2)社会互动模式。该模式以社会互动理论为理论依据,如班杜拉的社会学习理论、维果斯基的文化历史发展理论等,强调师生、生生之间的相互影响和社会联系。其教学方法有合作学习、群体讨论、角色扮演、社会科学调查等,重点在于培养学生的人际交往沟通能力与协作能力。

(3)人格发展的个人模式。该模式主要依据个别化教学的理论与人本主义的教学思想,强调个人在教学中的主观能动性,坚持个别化教学。其教学方法有**非指导性教学**、启发式教学、求同存异讨论教学等。适用于培养学生个性发展、发散思维、独立学习和解决问题的能力。

(4)信息加工模式。该模式主要依据认知主义的信息加工理论,把教学看作一种创造性的信息加工过程。其教学方法有概念获得的探究方法、范例教学、有意义接受学习、发现学习、调查方法等。用于提高学生逻辑思维、批判思维能力。

(5)建构主义模式。该模式主要依据建构主义学习理论,强调学习者以自己的方式通过别人的帮助,建构对事物的理解。其教学方法有情境法、探索发现法、基于问题式学习、小组研究、合作学习等。这种模式适用于"劣构"领域和高级知识的学习以及科学研究。

真题面对面

[2022湖北,单选]在上地理课时,陈老师先将全班同学分为四个小组,然后让他们讨论公路、铁路、航空、水路运输的优劣,最后将他们的答案集中呈现并对各组的表现进行讲评。陈老师运用的这种教学模式属于(　　)

A. 社会互动模式　　B. 程序教学模式

C. 信息加工模式　　D. 非指导性教学模式

答案:A

# 第七节　现代教育技术在教学中的应用

## 一、现代教育技术概述

考点 1 教育技术的定义　【单选、多选】 ★

### 1. 教育技术AECT'94的定义

1994年美国教育传播与技术协会(Association for Educational Communication and Technology,简称AECT)对教育技术的定义是:教育技术是为了促进学习,对有关的过程和资源进行设计、开发、利用、管理和评价的理论与实践。从AECT'94的定义可以看出,教育技术的目的是促进学习,研究对象是学习过程与学习资源,研究的范畴是设计、开发、利用、管理和评价,核心是教育的整体改革。

### 2. 教育技术AECT'05的定义

随着信息技术的发展以及教育技术应用的广泛和深入,2004年美国教育传播与技术协会对教育技术进行了重新定义，由于定义的正式文本于2005年公布，所以又称为AECT'05定义。AECT'05的定义是：教育技术是通过创造、使用、管理适当的技术性的过程和资源，以促进学习和提高绩效的研究与符合伦理道德的实践。

真题面对面

1. [2020内蒙古，单选]AECT'05定义把"过程与资源"限定为（　　）

A. 先进的技术性的　　B. 适当的技术性的

C. 人工智能的　　D. 技术性的

2. [2021内蒙古，多选]根据AECT'94定义，教育技术的研究对象是（　　）

A. 信息技术　　B. 学习资源　　C. 学习过程　　D. 教学规律

E. 教学方式

答案：1. B　2. BC

### 考点2 现代教育技术的界定

关于现代教育技术的界定，李克东教授认为，所谓现代教育技术，就是运用现代教育理论和现代信息技术，通过对教与学过程和教学资源的设计、开发、利用、评价和管理，以实现教学优化的理论和实践。该定义目前得到较为广泛的认同与接受，能够较好地反映现代教育技术的基本思想。

### 考点3 现代教育技术教材开发的一般原则

(1)教育性原则。开发和使用现代教育技术教材，目的是向学生传授知识，培养能力、发展智力，因此要符合教育、教学规律。要达到这一要求，应注意适合学生的接受水平。应根据教学大纲，围绕重点、难点。要有明确的目的。

(2)科学性原则。现代教育技术教材要生动有趣，但不能违背现代科学的基本原理。

(3)技术性原则。技术性原则是指在开发现代教育技术教材时，一定要使开发出的现代教育技术教材达到规定的技术标准。

(4)艺术性原则。艺术性原则指在开发现代教育技术教材的时候，一定要根据不同媒体的不同艺术表现力进行制作。

(5)经济性原则。开发现代教育技术教材要考虑经济效益，以最小代价，开发出更多高质量的现代教育技术教材。

## 二、教学媒体理论

### 考点1 教学媒体的概念与功能 【单选】★

媒体是指承载和传递信息的任何载体或工具，包括文字、图片、电影、电视、计算机、网络等。加拿大学者**麦克卢汉**说："媒体是人体的延伸。笔是手的延伸，广播是耳朵的延伸，电视是眼和耳的延伸，计算机是手、眼、耳和大脑的延伸。"

教学媒体是教学内容的载体，是教学内容的表现形式，是师生之间传递信息的工具。传统教学中所使用的黑板、粉笔、教科书、挂图、模型、教具等统称为传统教学媒体；随着现代科学技术的发展，近年被开发引进教育领域的一批现代传播媒体，如幻灯、投影、广播、录音、电视、录像、光盘、电子计算机等软硬件及其相应的组合系统（如语音实验室、多媒体电教室、电子阅览室、微格教室、多媒体电脑机房等），都被统称为现代教学媒体。

教学媒体在教育传播中具有传递信息、存储信息和控制过程的功能。

真题面对面

[2022内蒙古,单选]提出“媒体是人体的延伸”这一著名论断的学者是(　　)

A. 加涅　　B. 布卢姆　　C. 奥苏贝尔　　D. 麦克卢汉

答案:D



## 考点2 教学媒体的类型 【多选】 ★

根据媒体作用的感官和信息的流向,可将媒体分为视觉媒体、听觉媒体、视听觉媒体、交互媒体四类。

(1)视觉媒体。视觉媒体是指发出的信息主要作用于人的视觉器官的媒体。它包括投影视觉媒体和非投影视觉媒体。

(2)听觉媒体。听觉媒体是指发出的信息主要作用于人的听觉器官的媒体。听觉媒体包括录音机与录音磁带、唱机与唱片、激光唱机与激光唱片、传声器与扬声器、语言实验室等。

(3)视听觉媒体。视听觉媒体是指发出的信息同时作用于人的视觉器官和听觉器官的媒体。视听觉媒体可分为电影、电视、摄录像、激光视盘等。

(4)交互媒体。交互媒体是指能够在媒体与人之间构建起信息传递的双向通道,使双方能够相互作用、相互影响的媒体。常见的交互媒体有程序教学媒体、计算机媒体等。

此外,按媒体的物理性质,现代教学媒体可分为:(1)光学投影教学媒体;(2)电声教学媒体;(3)电视教学媒体;(4)计算机教学媒体。

## 考点3 视听教学理论——“经验之塔” 【多选、简答】 ★

### 1.“经验之塔”简介

1946年,美国教育技术专家戴尔在他的《视听教学法》一书中,阐述了录音、广播等视听教学手段如何运用于教学,会产生怎样的教学效果等一系列问题,总结了视听教学方法,提出了视听教学理论。戴尔把人类获取知识的各种途径和方法概括为一个“经验之塔”来描述,称之为“经验之塔”理论。

戴尔将人们获得的经验分为三大类,即做的经验、观察的经验和抽象的经验,并将获得这三类经验的方法分为十种,如图2-3所示。

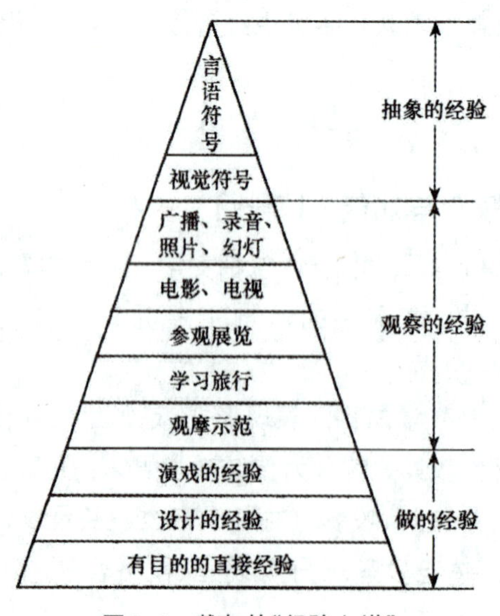


图2-3　戴尔的“经验之塔”

### 2. “经验之塔”理论的要点

戴尔把“经验之塔”理论的要点概括为以下五点：

(1)塔的经验分布。塔的最底层的经验最具体，越往上升则越抽象。但不是说，求取任何经验，都必须经过从底层到顶层的阶梯，也不是说下层的经验比上层的经验更有用。划分阶层只是为了有利于说明各种经验的具体或抽象的程度。

(2)学习方法。教育应从具体经验入手，逐步过渡到抽象，这是较有效的学习方法。

(3)教育升华。教育、教学不能止于具体经验，而要向抽象和普遍发展，上升到理论，发展思维，形成概念。

(4)替代经验。位于“塔”的中间部位的那些视听教材和视听经验是替代的经验，它比上层的言语和视觉符号具体、形象，又能突破时间和空间的限制，弥补下层各种直接经验方式的不足，且易于培养学生的观察能力。

(5)形成科学的抽象。在学校中，应用各种教育媒体，使教学更为具体、直观，也能为抽象概括创造条件，从而形成科学的抽象。

## 考点4 教学媒体编制要依据的传播效果原理 【单选】 ★

教学媒体作为一种媒体用于教学传播活动，它是否能取得好的教学传播效果，取决于在编制时是否依据下面的几条传播效果原理。

### 1. 共同经验原理

教学传播中的共同经验包含两个层次的含义：(1)师生在教学环境中可以相互作用于共同经验，即围绕某一教育信息，教师和学生可以依据共同的原有知识和经验。这种共同经验是教学活动得以进行的基础。(2)学生通过教师的教育应该获得共同经验，即一种教育信息被所有学生所共有，这是教学活动所要达到的目的。

在教学媒体的设计、选择和使用过程中，必须要充分考虑师生之间的共同经验的范围，要为师生的相互作用提供适宜的共同经验，在此基础上，进一步获得新的共同经验。

### 2. 抽象层次原理

抽象是把事物的个别特征去掉，取其共同点，代表或说明同一类的事物。学生的学习必须从具体到抽象，只有形象，没有抽象，不能把学生获取的信息加工为知识与能力。因此编制教学媒体选取素材必须在学生能明白的抽象范围上进行，并且要在这个范围内的各个抽象层次上下移动。

### 3. 重复作用原理

重复作用是将一个概念在不同的场合或用不同的方式去重复呈现，以达到好的传播效果。这里讲的重复使用有两层含义：一是将一个概念在不同的场合重复呈现；二是将一个概念用不同的方式去重复呈现。

### 4. 信息来源原理

传播学研究证明了有信誉的和可靠的信息来源对人们有较佳的传播效果。因此，在教学媒体编制中，选用的信息来源应该是有权威、有信誉、真实可靠的。

### 5. 最小代价律原理

研究人类的语言，有一个法则叫“最小代价律”，即“最常用的字笔画最少，最常用的文字，能用最少字数去构成词组表达更多的意义，这就是以最小的努力去达到最大的收获”。教学媒体的编制，同样要遵循这一原理。

## 三、教育信息化 【单选、论述】 ★

### 考点1 教育信息化概述

**1. 教育信息化的概念**

教育信息化是指在教育过程中比较全面地运用以计算机多媒体和网络通信为基础的现代化信息技术，促进教育的全面改革，使之适应正在到来的信息社会对于教育发展的新要求。教育信息化实质上就是一个不断追求信息化教育的过程。

**2. 教育信息化的基本特征**

(1)教育资源全球化;(2)教育虚拟化;(3)教材多媒体化;(4)教学个性化;(5)学习自主化;(6)活动合作化。

### 考点2 信息化教学环境

**1. 多媒体教室**

多媒体教室是目前最为常见的信息化教学系统，由中央控制系统连接多媒体计算机、投影机、视频展示台、投影屏幕、音响设备等多种现代教学设备组成。

**2. 多媒体网络教室**

多媒体网络教室主要由联网的多媒体计算机和其他多媒体设备(如投影机、扩音设备等)组成。

多媒体网络教室可以实现集体授课、协作学习、个别辅导、探索式学习等多种教学方式。

**3. 微课**

国内率先提出“微课”这个概念的是**胡铁生**。“微课”是指按照新课程标准及教学实践要求，以视频为主要载体，记录教师在课堂内外教育教学过程中围绕某个知识点(重点、难点)或教学环节而开展的精彩的教与学活动的全过程。“微课”的核心组成内容是课堂教学视频(课例片段)，同时还包含与该教学主题相关的教学设计、素材课件、教学反思、练习测试及学生反馈、教师点评等辅助性教学资源，它们以一定的组织关系和呈现方式共同“营造”了一个半结构化、主题式的资源单元应用“小环境”。因此，“微课”既有别于传统单一资源类型的教学课例、教学课件、教学设计、教学反思等教学资源，又是在其基础上继承和发展起来的一种新型教学资源。

微课的特点主要有:(1)教学时间较短;(2)教学内容较少;(3)资源容量较小;(4)资源组成/结构/构成“情景化”;(5)微评审。

**4. 翻转课堂**

“翻转课堂”也称“**颠倒课堂**”或“**颠倒教室**”，就是在信息化环境中，课程教师提供以教学视频为主要形式的学习资源，学生在上课前完成对教学视频等学习资源的观看和学习，师生在课堂上一起完成作业答疑、协作探究和互动交流等活动的一种新型的教学模式。

在翻转的模式下，学生课前先自学基于教学目标和内容制作的教学微视频，完成进阶作业，课堂上，师生一起共同完成作业，解决疑难，创造探究的学习形式。翻转课堂的教学是一种先学后教的模式，是自主性、互动式、个性化的教学模式，有利于提升教学质量和学习质量。

**5. 慕课**

斯蒂芬·唐斯和乔治·西蒙于2008年首次提出“大规模开放在线课程(MOOC)”这一术语，2012年该术语被广为传播。乔治·西蒙是著名的联通主义的倡导者，他在《联通主义:数字化时代的一种学习理论》一文中系统地提出了联通主义的思想，指出学习不再是一个人的活动，学习是连接专门节点和信息源的过程。所谓"慕课(MOOC),即Massive Open Online Course的英文首字母缩写的中文音译",意为大规模开放在线课程。只有当课程是开放的,才可以称之为"慕课",只有这些课程是大型的或者叫大规模的,它才是典型的"慕课"。

慕课主要有以下特点:(1)**大规模**。(2)**开放性**。开放性是说慕课的学习者可能来自全球各地,信息来源、评价过程、学习者使用的学习环境都是开放的。(3)**非结构性**。从内容上看,慕课大多数的时候提供的只是碎片化的知识点,是一组可扩充的、形式多种多样的内容集合,这些内容由一些相关特定领域专家、教育家、学科教师提供,汇集成一个中央知识库,就像网站一样。(4)**自主性**。大多数学者认为,慕课的自主性主要意味着学生对自己的学习承担责任。根据教师提供的教学内容,学生可以自定学习的方式、步骤、时间,自主地讨论与研究,主动且积极地学习。(5)**网络性**。(6)**交互性**。慕课区别于网络课程教学的特征在于,教学活动具有多样性、灵活性的特征,表现出极强的互动性。



## 核心考点回顾

1. 教学的意义、一般任务分别是什么?(参见本书P144)
2. 如何理解教学过程的本质?(参见本书P145)
3. 教学过程的基本规律有哪些?(参见本书P147)
4. 我国中小学主要的教学原则有哪些? 各原则的含义及贯彻要求分别是什么?(参见本书P151)
5. 我国中小学常用的教学方法有哪些? 各方法的概念及运用要求分别是什么?(参见本书P155)
6. 班级授课制是如何产生与发展的? 它的特点、优点与不足分别是什么?(参见本书P160)
7. 教学工作的基本环节包括哪些? 各环节的内容有哪些?(参见本书P163)
8. 教学评价的基本类型是如何划分的? 如何理解不同类型的教学评价?(参见本书P166)

# 达标测评

| 建议用时 | 实际用时 | 测评总分 | 实际得分 |
|---|---|---|---|
| 15分钟 | _____分钟 | 15分 | _____分 |

一、单项选择题(每小题1分,共4分)

1. 路老师在进行生物课教学的过程中,经常先给大家讲解知识,然后带大家到植物园里去观察,有时候大家一起进行一些扦插的操作,这样既有课堂知识的学习,又有实际的感性知识的获得。这体现出路老师遵循了( )

A. 直接经验与间接经验相统一的规律

B. 掌握知识与发展智力相统一的规律

C. 教师主导作用与学生主体作用相统一的规律

D. 传授知识与思想品德教育相统一的规律

2. 在教学中要做到"文以载道""教书育人",这体现了下列哪一项教学原则( )

A. 理论联系实际原则　　B. 循序渐进原则

C. 科学性与思想性相统一原则　　D. 直观性原则

3. 把大班教学、小班研究和个别教学三种教学形式结合在一起,并采用灵活的时间单位代替固定划一的上

课时间的教学组织形式是(　　)

A. 道尔顿制　　B. 导生制　　C. 特朗普制　　D. 导师制

4. 我国的教师资格证考试以及格分为过关标准,这种评价属于(　　)

A. 相对性评价　　B. 绝对性评价　　C. 形成性评价　　D. 诊断性评价

二、多项选择题(每小题2分,共4分)

1. 以直观感知为主的教学方法主要有(　　)

A. 演示法　　B. 讨论法　　C. 讲授法　　D. 参观法

2. 对"教学"内涵的理解,下列说法正确的有(　　)

A. 教学是以"教"为中心的活动　　B. 教学既包括教师的"教",也包括学生的"学"

C. 教学不等于课堂教学　　D. 教学的本质是智育

三、判断题(每小题1分,共2分)

1. 在小学的课堂教学中,直观教具运用得越多越好。(　　)

2. 课外辅导是因材施教的重要途径之一。(　　)

四、简答题(本大题共5分)

简述因材施教原则的贯彻要求。

## 参考答案及解析

一、单项选择题

1. A　[解析]题干中,路老师给大家讲解知识是学生获取间接经验的体现,同时,路老师带大家到植物园观察和操作,是学生自主探索、获得直接经验的过程。因此,题干所述体现出路老师遵循了直接经验与间接经验相统一的规律。

2. C　[解析]"文以载道""教书育人"都强调在传授知识的同时,注重对人的教化。这体现的是科学性和思想性(教育性)相统一的教学原则。

3. C　[解析]特朗普制把大班教学、小班研究、个别教学结合起来,以灵活的时间单位代替固定统一的上课时间。故题干所述教学组织形式为特朗普制。

4. B　[解析]绝对性评价宜用于升级考试、毕业考试和合格考试。题干中的"以及格分为过关标准"就是这一评价方式的典型体现。

二、多项选择题

1. AD　[解析]讲授法和讨论法是以语言传递为主的教学方法。

2. BC　[解析]教学是教与学两方面的辩证统一,而不是以"教"为中心的活动,故A项说法错误;智育主要通过教学进行,但教学的本质不是智育,故D项说法错误。

三、判断题

1. ×　[解析]运用直观教具有助于小学生全面、深刻地掌握知识,但直观教具并不是运用得越多越好,而是要适当运用。

2. √　[解析]课外辅导是上课的必要补充,是适应学生个别差异、贯彻因材施教原则的重要措施。

四、简答题(参考答案)

(1)要坚持课程计划和学科课程标准的统一要求;(2)教师要了解学生,从实际出发进行教学;(3)教师要善于发现每个学生的兴趣、爱好,并创造条件,尽可能使每个学生的不同特长都得以发挥。

# 第七章 德 育



## 思维导图

- 德育
  - 德育概述
    - 德育的概念
    - 德育的性质
    - 德育的功能
      - 个体享用功能
    - 德育目标
      - 德育目标是德育工作的出发点
    - 德育内容
      - 我国学校德育的主要内容：政治教育、思想教育、道德教育、心理健康教育
  - 德育过程
    - 德育过程的内涵
    - 德育过程的基本矛盾
    - 德育过程的基本规律
      - 德育过程是对学生知、情、意、行的培养与提高过程（难点）
      - 德育过程是一个促进学生思想内部矛盾斗争的发展过程，是教育与自我教育相结合的过程
      - 德育过程是组织学生的活动和交往，统一多方面教育影响的过程
      - 德育过程是一个长期的、反复的、逐步提高的过程
  - 德育原则
    - 德育原则的概念
    - 我国中小学主要的德育原则（重点）
      - 导向性原则、疏导原则
      - 因材施教原则、知行统一原则
      - 集体教育和个别教育相结合原则
      - 尊重信任学生与严格要求学生相结合的原则
      - 正面教育与纪律约束相结合的原则
      - 依靠积极因素，克服消极因素的原则
      - 教育影响的一致性和连贯性原则
  - 德育的途径与方法
    - 德育途径
      - 思想品德课（思想政治课）与其他学科教学
      - 社会实践活动，课外、校外活动
      - 共青团、少先队组织的活动
      - 校会、班会、周会、晨会、时事政策的学习
      - 班主任工作
    - 德育方法（重点）
      - 说服教育法、榜样示范法
      - 陶冶教育法、实际锻炼法
      - 自我修养指导法、品德评价法
      - 角色扮演法、合作学习法
  - 德育模式
    - 认知模式
    - 体谅模式
      - “多关心，少评价”
    - 社会模仿模式
    - 价值澄清模式
    - 社会行动模式

## 考向分析

本章属于教育学的基础章节，也是河南、河北、江西、安徽、辽宁、黑龙江、内蒙古等省份的特岗笔试重点考查的章节，内容广泛、理解性知识多，在考试中常以选择题、判断题、填空题、辨析题、简答题、论述题、案例分析题等形式考查。本章的考向分析如下：

第二部分

| 考点名称 | 常考题型 | 能力层级 | 考查热度 |
| --- | --- | --- | --- |
| 我国学校德育的主要内容 | 单选、多选 | 识记 | ★★ |
| 德育过程的基本规律 | 单选、多选、判断、填空、简答、论述 | 识记、理解、运用 | ★★★ |
| 我国中小学主要的德育原则 | 单选、多选、填空、简答、案例分析 | 识记、理解、运用 | ★★★ |
| 德育途径 | 单选、多选、判断、辨析、简答、论述 | 识记、理解 | ★★ |
| 学校德育常用的方法 | 单选、多选、判断、填空、论述、案例分析 | 识记、理解、运用 | ★★★ |
| 德育的体谅模式 | 单选、多选、判断 | 识记 | ★★ |

## 核心考点

## 第一节　德育概述

### 一、德育的概念　【单选】★

**广义的德育**泛指所有有目的、有计划地对社会成员在政治、思想与道德等方面施加影响的活动，包括社会德育、社区德育、学校德育和家庭德育等方面。

**狭义的德育**则专指学校德育，是指教育者按照一定社会或阶级的要求和受教育者品德形成发展的规律与需要，有目的、有计划、系统地对受教育者施加思想、政治和道德等方面的影响，并通过受教育者积极的认识、体验与践行，使其形成一定社会与阶级所需要的品德的教育活动，即教育者有目的地培养受教育者品德的活动。

### 二、德育的性质　【单选】★

德育的性质是由特定的社会经济基础决定的。(1)德育具有**社会性**，是各个社会共有的社会、教育现象，与人类社会共始终；(2)德育具有**历史性**，随社会发展变化而变化；(3)阶级和民族存在的社会，德育具有**阶级性和民族性**；(4)德育具有**继承性**，在其历史发展过程中，其原理、原则、内容和方法等存在一定的共同性。

### 三、德育的功能　【单选】★

学校德育的功能可以概括地表述为以下三个方面：

(1)**德育的社会性功能**。德育的社会性功能是指学校德育能够在何种程度上对社会发挥何种性质的作用。具体来说，主要指学校德育对社会政治、经济、文化等发生影响的政治功能、经济功能、文化功能等。

(2)**德育的个体性功能**。德育的个体性功能是指德育对德育对象个体发展能够产生的实际影响。德育的个体性功能可以描述为德育对个体**生存**、**发展**、**享用**发生影响的三个方面。其中，享用性功能是德育个体性功能的最高境界。

所谓德育的享用功能，就是说，可使每一个个体实现某种需要、愿望（主要是精神方面的），从中体验满

足、快乐、幸福，获得一种精神上的享受。人具有向善、求善的本能，这就是所谓的人在道德上的精神需求。道德需求的精神性使得许多人在日常生活中感到做奉献就是一种幸福，而不觉得是“牺牲”。正是这种道德需求的精神性才能使人把做人的价值放在自然生命的价值之上，做到“杀身成仁”而不“存身以害仁”。道德人格的崇高或壮美由此而生。

德育的个体发展功能的发挥应注意两个问题：①个体发展功能的发挥必须充分尊重学习个体的主体性，否则就会阻抑这一功能的正常发挥；②品德发展实质上是人的文明化或社会化。

（3）**德育的教育性功能**。德育的教育性功能有两大含义：一是指德育的“教育”或价值属性；二是指德育作为教育子系统对平行系统的作用。



真题面对面

1.［2022内蒙古，单选］在日常生活中有些人感到做出奉献就是一种幸福，而不觉得是“牺牲”。这体现的是德育的（　　）

A. 享用功能　　B. 生存功能　　C. 发展功能　　D. 政治功能

2.［2020辽宁辽阳，单选］德育的个体发展功能的发挥应注意（　　）

A. 强调德育的外在强制性　　B. 注意功能实现的间接性

C. 注重个体的享用性　　D. 尊重学习个体的主体性

**答案**：1. A　2. D

## 四、德育目标　【单选、判断】★

### 考点1 德育目标的概念

**德育目标**是教育目标在受教育者思想品德方面要达到的总体规格要求，亦即德育活动所要达到的预期目的或结果的质量标准。德育目标是德育工作的出发点，它不仅决定了德育的内容、形式和方法，而且制约着德育工作的基本过程。

### 考点2 影响和制约德育目标的因素

影响和制约德育目标的因素主要有两大方面：社会因素和个人因素。

（1）社会因素主要表现在：①德育目标的制定和德育内容的选择必须符合社会发展的需要；②社会因素对德育目标的影响与制约还表现在社会政治、经济制度对德育目标的影响；③一个国家、一个民族的文化传统也对德育目标有着深远的影响。

（2）个人因素主要表现在：德育目标的制定还必须符合人的身心发展规律和年龄特征。

真题面对面

［2022内蒙古，判断］德育目标是德育工作的出发点，它不仅决定了德育的内容、形式和方法，而且制约着德育工作的基本过程。（　　）

**答案**：√

## 五、德育内容

### 考点1 德育内容的概念

德育内容是指实施德育工作的具体材料和主体设计，是形成受教育者品德的社会思想政治准则和道德规范的总和。德育目标确定了培养人的总体规格和要求，但必须落实到德育内容上，才能进行有效的德育活动，达到预期目标。

考点 2 我国学校德育的主要内容 【单选、多选】 ★★

根据1988年、1994年和1996年中共中央颁布的有关决定，我国学校德育内容主要有政治教育、思想教育、道德教育和心理健康教育。也有说法认为，我国学校德育内容主要有政治教育、思想教育、道德教育、法制教育和心理健康教育。

第二部分

(1)**政治教育**，主要是按照特定国家的政治观和社会对公民的一般要求，对公民进行系统的政治理论教育和法制教育以及社会行为规范教育。

(2)**思想教育**，即有关人生观、世界观以及相应思想观念方面的教育，包括辩证唯物主义和历史唯物主义世界观和人生观教育、革命理想和革命传统教育、劳动教育、自觉纪律教育。

(3)**道德教育**，即注重受教育者的良好个性塑造和培养的教育，我们所说的道德教育是指社会主义道德教育和共产主义道德教育。

(4)**心理健康教育**，指通过对受教育者进行心理健康知识的训练，培养良好的心理素质，预防心理疾病的发生，促进身心和谐发展的教育。我国学校的心理健康教育主要有三方面的内容，即学习辅导、生活辅导和择业指导。

## 第二节 德育过程

### 一、德育过程的内涵

考点 1 德育过程的概念与本质

**德育过程**是教育者按照一定的道德规范和受教育者思想品德形成的规律，对受教育者有目的、有计划地施加影响，以形成教育者所期望的思想品德的过程，是促使受教育者道德认识、道德情感、道德意志和道德行为发展的过程，德育过程从本质上说是**个体社会化与社会规范个体化**的统一过程。

考点 2 德育过程与品德形成过程的关系 【单选、判断、辨析】 ★

**1. 德育过程与品德形成过程的联系**

德育过程与思想品德形成过程是教育与发展的关系。德育过程的最终目标是使受教育者形成一定的思想品德。品德形成属于人的发展过程，德育过程是对品德的形成与发展过程的调节与控制。德育只有遵循人的品德形成发展规律，才能有效地促进人的品德形成与发展。

**2. 德育过程与品德形成过程的区别**

德育过程是一种教育过程，是教育者与受教育者双方统一活动的过程，是培养和发展受教育者品德的过程。教育者根据社会发展提出的要求，依据学生特点，以适当的方式调动受教育者的主观能动性，从而将相应的社会规范转化为学生的品德，不断提高学生的道德水平。而品德形成过程是受教育者思想道德结构不断建构完善的过程，品德形成过程属于人的发展过程，影响这一过程的有生理的、社会的、主观的和实践的等因素。

考点 3 德育过程的构成要素(结构) 【多选、填空】 ★

德育过程通常由教育者、受教育者、德育内容和德育方法四个相互制约的要素构成。

(1)**教育者**是德育过程的组织者、领导者，在德育过程中起主导作用。

(2)**受教育者**包括受教育者个体和群体,他们都是德育的对象。在德育过程中,受教育者既是德育的客体,又是德育的主体。

(3)**德育内容**是用以形成受教育者品德的社会思想政治准则和道德规范,是教育者进行德育工作的重要依据,是受教育者学习、修养和内化的客体,是教育者与受教育者双边活动的中介。

(4)**德育方法**是教育者施教传道和受教育者受教修养之间相互作用的活动方式的总和。

真题面对面

[2021河北,填空]德育过程的构成要素:教育者、________、德育内容、德育方法。

**答案:**受教育者

## 二、德育过程的基本矛盾 【单选、多选】 ★

德育过程的矛盾是指德育过程中各要素、各部分之间和各要素、各部分内部各方面之间的对立统一关系,包括教育者与受教育者的矛盾,教育者与德育内容、方法的矛盾,受教育者与德育内容、方法的矛盾,受教育者自身思想品德内部诸要素之间的矛盾等。

德育过程的基本矛盾是教育者提出的德育要求(社会所要求的道德规范)与受教育者已有品德水平之间的矛盾。这是德育过程中最一般、最普遍的矛盾,也是决定德育过程本质的特殊矛盾。

## 三、德育过程的基本规律 【单选、多选、判断、填空、简答、论述】 ★★★

### 考点 1 德育过程是对学生知、情、意、行的培养与提高过程

**1. 知、情、意、行是构成思想品德的四个基本要素**

学生的思想品德由知、情、意、行四个心理因素构成。学生思想品德的形成与发展,即这四个心理因素的形成与发展的过程,学校德育过程也就是对这四个品德心理因素的培养过程。

知即品德认识,是人们对是非善恶的认识和评价,以及在此基础上形成的品德观念,包括品德知识和品德判断两个方面。品德认识是学生品德形成的**基础**。

情即品德情感,是人们对客观事物做出是非、善恶判断时引起的内心体验,表现为人们对客观事物的爱憎、好恶的态度。品德情感是学生产生品德行为的内部动力,是实现转化的催化剂。

意即品德意志,是人们为实现一定的品德行为目的所做出努力的过程。品德意志是调节学生品德行为的精神力量。

行即品德行为,它是通过实践或练习形成的,是实现品德认识、情感以及由品德需要产生的品德动机的行为定向及外部表现。品德行为是衡量品德水平的**重要标志**。

**2. 知、情、意、行之间的关系及其发展**

德育过程的一般顺序可以概括为:提高品德认识、陶冶品德情感、锻炼品德意志和培养品德行为习惯。德育过程一般以知为开端,以行为终结。但由于社会生活的复杂性、德育影响的多样性等因素,在德育具体实施过程中,又具有多种开端,可根据学生品德发展的具体情况,或从导之以行开始,或从动之以情开始,或从锻炼品德意志开始,最后达到使学生品德在知、情、意、行几方面和谐发展的目的。

**3. 对德育的启示**

(1)德育要注重全面性。要从知、情、意、行四方面着手来发展学生的品德,使这四者相辅相成,全面和谐地得到发展。

(2)德育要注重多端性。实施德育,既可以从知或情的培养入手,也可以从意或行的锻炼开始,可以有多种开端。总之要具体问题具体分析。

(3)德育要注重针对性。为了提高学校德育的实效性,应该要针对知、情、意、行的不同特点采取不同的德育手段与方法,实施有针对性的培养。



真题面对面

[2022江西,多选]德育四要素规律对于德育实施的要求,主要包括(　　)

A. 注重全面性　　B. 注重多端性

C. 注重针对性　　D. 注重区域性

答案:ABC

### 考点2 德育过程是一个促进学生思想内部矛盾斗争的发展过程,是教育与自我教育相结合的过程

(1)学生思想品德的任何变化,都依赖于学生个体的心理活动。任何外界的教育和影响,都必须通过学生思想状态的变化,经过学生思想内部的矛盾斗争,才能发生作用,促使学生品德的真正形成。

(2)在德育过程中,学生思想内部的矛盾斗争实质上是对外界教育因素的分析、综合过程。教育者应当自觉利用矛盾运动的规律,促进学生思想矛盾向社会需要的方向转化。

(3)学生的自我教育过程,实际上也是他们思想内部矛盾斗争的过程,斗争的过程也是学生品德不断发展的过程,这一规律要求教育者高度重视培养学生的自我教育能力,发挥学生在德育过程中的主观能动性。

### 考点3 德育过程是组织学生的活动和交往,统一多方面教育影响的过程

(1)活动和交往是品德形成的**基础**。个体的思想品德是在活动和交往的过程中,接受外界教育影响,逐渐形成和发展起来的,并最终通过活动和交往的过程表现出来。教育者有目的地根据德育目标和思想品德的形成规律设计实施活动,能加快个体品德发展的速度,对学生品德发展方向起规范和保证作用。这就要求教育者要精心设计和组织教育活动和交往。

(2)学生在活动中,必定受到多方面的影响,其中既有校内的正式影响,又有校外的非正式影响;既有积极正面的影响,也有消极负面的影响。学校德育应在多方面影响中发挥主导作用,抵制负面消极影响,将各种积极正面的教育影响统一到教育目的上来,形成学校、家庭、社会教育的合力,促进学生良好品德的形成和发展。

(3)德育过程中活动和交往的主要特点:①具有引导性、目的性和组织性;②不脱离学生学习这一主导活动,主要交往对象是教师和同学;③具有科学性和有效性,是按照学生品德形成发展规律和教育学、心理学原理组织的,因而能更加有效地影响学生品德的形成。

### 考点4 德育过程是一个长期的、反复的、逐步提高的过程

(1)德育过程是一个长期的过程。一方面,随着人类社会的不断进步,德育要在内容、手段、方法等方面不断加以调整和补充;另一方面,知、情、意、行等心理因素的培养提高也需要长期的训练和积累,这就决定了德育过程必然是一个长期的、坚持不懈的过程。

(2)德育过程是一个反复的、逐步提高的过程。学生正处于成长期,世界观尚未形成,思想很不稳定,品德发展容易出现反复,这就要求教育者要正确认识和对待这种现象,持之以恒、耐心细致地教育学生,引导学生在反复中逐步前进。

[2021内蒙古,简答]简述德育过程的基本规律。

答案:详见内文

## 第三节 德育原则

第二部分

### 一、德育原则的概念

德育原则是根据教育目的、德育目标和德育过程规律而提出的指导德育工作的基本要求。德育原则对制定德育大纲、确定德育内容、选择德育方法、运用德育组织形式等具有指导作用。

### 二、我国中小学主要的德育原则 【单选、多选、填空、简答、案例分析】 ★★★

#### 考点1 导向性原则

**1. 基本含义**

导向性原则是指进行德育时要有一定的理想性和方向性,以指导学生向正确的方向发展。在我国,德育工作要把无产阶级的政治方向放在首位,对学生的德育要求要同共产主义目标相联系。

**2. 贯彻这一原则的要求**

(1)坚持正确的政治方向;(2)德育目标必须符合新时期的方针政策和总任务的要求;(3)要把德育的理想性和现实性结合起来。

#### 考点2 疏导原则

**1. 基本含义**

疏导原则是指进行德育时要循循善诱、以理服人,从提高学生认识入手,调动学生的主动性,使他们积极向上。疏导原则也就是**循循善诱原则**。我国古代教育家孔子很善于诱导他的学生,其弟子颜回这样称赞道:“夫子循循然善诱人,博我以文,约我以礼,欲罢不能。”

疏导原则

**2. 贯彻这一原则的要求**

(1)讲明道理,疏通思想;(2)因势利导,循循善诱;(3)以表扬、激励为主,坚持正面教育。

#### 考点3 因材施教原则(从学生实际出发)

**1. 基本含义**

因材施教原则是指教育者在德育过程中,应根据学生的年龄特征、个性差异以及品德发展现状,采取不同的方法和措施,加强德育的针对性和实效性。孔子很早就提出了用“视其所以,观其所由,察其所安”的方法来了解学生,并根据学生的特点进行有区别的教育。这一原则是对我国优良教育传统的继承和发扬,也符合青少年学生的身心发展规律。

**2. 贯彻这一原则的要求**

(1)以发展的眼光客观、全面、深入地了解学生,正确认识和评价当代青少年学生的思想特点;(2)根据不同年龄阶段学生的特点,选择不同的内容和方法进行教育,防止一般化、成人化、模式化;(3)注意学生的个别差异,因材施教。

第二部分

## 考点4 知行统一原则

**1. 基本含义**

知行统一原则是指教育者在进行德育时，既要重视对学生进行系统的思想道德的理论教育，又要重视组织学生参加实践锻炼，把提高认识和行为养成结合起来，使学生做到言行一致。

**2. 贯彻这一原则的要求**

(1)加强理论教育，提高学生的思想道德认识；(2)组织和引导学生参加社会实践，通过实践活动加深认识，增强情感体验，养成良好的行为习惯；(3)对学生的评价和要求要坚持知行统一的原则；(4)教育者要以身作则，严于律己，言行一致。

## 考点5 集体教育和个别教育相结合原则

**1. 基本含义**

这一原则是指在德育过程中，教育者要善于组织和教育学生热爱集体，并依靠集体教育每个学生，同时通过对个别学生的教育，来促进集体的形成和发展，从而把集体教育和个别教育有机地结合起来。

这一原则是苏联教育家**马卡连柯**成功教育经验的总结。马卡连柯指出：教师要影响个别学生，首先要去影响这个学生所在的集体，然后通过集体和教师一道去影响这个学生，便会产生良好的教育效果。这就是著名的“平行教育原则”。

**2. 贯彻这一原则的要求**

(1)建立健全的学生集体；(2)开展丰富多彩的集体活动，充分发挥学生集体的教育作用；(3)加强个别教育，并通过个别教育影响集体，增强集体的生机和活力。

## 考点6 尊重信任学生与严格要求学生相结合的原则

**1. 基本含义**

德育过程中，教育者既要尊重信任学生，又要对学生提出严格的要求，把严和爱有机地结合起来，使教育者的合理要求转化为学生的自觉行动。

这一原则是教育者正确对待受教育者的基本情感和态度。学生受到教师的尊重，内心会产生满意感和光荣感，这是促进学生积极向上的内在力量。当然，教师尊重学生并不意味着放松对学生的要求，更不代表教师可以放任学生。尊重学生，是对学生的信任，相信学生的能力，相信他们未来的发展。严格要求是指教师按照教育目的的要求，教育、培养学生。在德育工作中尊重信任与严格要求是辩证统一的，尊重和信任是严格要求的前提，正如苏联教育家马卡连柯所说：“要尽量多地要求一个人，也要尽可能地尊重一个人。”爱是严的基础，严是爱的体现，只有把两者紧密结合在一起，才能取得最佳教育效果。

**2. 贯彻这一原则的要求**

(1)教育者要有强烈的事业心、责任感以及尊重热爱学生的态度；(2)教育者应根据教育目的和德育目标，对学生严格要求，认真管理；(3)教育者要从学生的年龄特征和品德发展状况出发，提出适度的要求，并坚定不渝地贯彻到底。

## 考点7 正面教育与纪律约束相结合的原则

**1. 基本含义**

德育工作既要正面引导，说服教育，启发自觉，调动学生接受教育的内在动力，又要辅之以必要的纪律约束，并使两者有机结合起来。青少年学生缺乏一定的行为自控能力，这就决定了教育者在正面引导的同时，必须加以必要的纪律约束。

2. 贯彻这一原则的要求

(1)坚持正面教育原则,以客观的事实、先进的榜样和表扬鼓励为主的方法教育和引导学生;(2)坚持摆事实,讲道理,以理服人,启发自觉;(3)建立健全学校规章制度和集体组织的公约、守则等,并且严格管理,认真执行。

### 考点 8 依靠积极因素,克服消极因素的原则(长善救失原则)

1. 基本含义

在德育工作中,教育者要善于依靠、发扬学生自身的积极因素,调动学生自我教育的积极性,克服消极因素,以达到长善救失的目的。

2. 贯彻这一原则的要求

(1)教育者要用一分为二的观点,全面分析,客观地评价学生的优点和不足;(2)教育者要有意识地创造条件,将学生思想中的消极因素转化为积极因素;(3)教育者要提高学生自我认识、自我评价的能力,启发他们自觉思考,克服缺点,发扬优点。

真题面对面

[2022江西,多选]关于长善救失德育原则的观点,以下表述正确的是(　　)

A. "善"是指学生的闪光点

B. 要求"一分为二"地看待学生

C. 要求对学生进行正面赏识

D. 要求对学生进行因势利导

答案:AB

### 考点 9 教育影响的一致性和连贯性原则

1. 基本含义

在德育工作中,教育者应主动协调多方面教育力量,统一认识和步调,有计划、有系统、前后连贯地教育学生,发挥教育的整体功能,培养学生正确的思想品德。

2. 贯彻这一原则的要求

(1)充分发挥教师集体的作用,统一学校内部的多种教育力量,使之成为一个分工合作的优化群体;(2)争取家长和社会的配合,主动协调好与家庭、社会教育的关系,逐步形成以学校为中心的"三位一体"的德育网络;(3)保持德育工作的经常性和制度化,处理好衔接工作,保证对学生影响的连续性、系统性,使学生的思想品德得以循序渐进地持续发展。

记忆有妙招

为方便考生记忆,编者将我国中小学主要的德育原则总结成以下口诀:

两导两因一知行,尊重集体要正面,另外还有一教育。

## 第四节　德育的途径与方法

### 一、德育途径　【单选、多选、判断、辨析、简答、论述】★★

德育途径是指学校教育者对学生实施德育时可供选择和利用的渠道,又称为德育组织形式。我国学校德育途径是广泛多样的,具体如下:

(1)思想品德课(思想政治课)与其他学科教学。思想品德课(思想政治课)与其他学科教学是学校有目的、有计划、系统地对学生进行德育的基本途径。学校以教学为主,因此,思想品德课之外的其他各科教学是学校德育**最经常**、**最基本**、**最有效**的途径。通过教学实施德育是通过传授和学习科学文化知识实现的。各科教材中都包含有丰富的德育内容,只要充分发掘教材本身所固有的德育因素,把教学的科学性和思想性统一起来,就能在传授和学习科学文化知识的同时,使学生受到科学精神、社会人文精神的熏陶,从而形成良好品德。

(2)社会实践活动。学生的思想品德是在活动和交往中形成,并通过活动和交往表现出来的。社会实践活动也是学校德育不可缺少的重要途径。

(3)课外、校外活动。课外、校外活动是整个教育体系中必不可少的组成部分,它不受教学计划的限制,是向学生进行德育的重要途径。

(4)共青团、少先队组织的活动。

(5)校会、班会、周会、晨会、时事政策的学习。

(6)班主任工作。班主任工作是学校对学生进行德育的一个重要而又特殊的途径。

**易混点辨析**

德育的基本途径与重要而又特殊的途径易混淆,考生在做题时要注意区分。

基本途径:思想品德课与其他学科教学;

重要而又特殊的途径:班主任工作。

**真题面对面**

1. [2022黑龙江,判断]对学生进行思想品德教育最有效、最经常、最基本的途径是班主任工作。(　　)
2. [2022河北,简答]简述学校德育的途径。

答案:1. × 2. 详见内文

## 二、德育方法

### 考点1 德育方法的概念

**德育方法**是为了达到既定德育目的,在德育过程中所采用的教育者和受教育者相互作用的活动方式的总和。它包括教育者的施教传道方式和受教育者的受教修养方式。它是实现德育任务,提高德育实效性的关键因素。

### 考点2 学校德育常用的方法 【单选、多选、判断、填空、论述、案例分析】★★★

**1. 说服教育法**

(1)说服教育法的概念

说服教育法又叫说理教育法,是通过语言说理,使学生明晓道理,分清是非,提高品德认识的德育方法。这是一种坚持正面理论教育和正面思想引导,增强辨别是非能力,促进道德发展的重要方法。该方法是社会主义学校对学生进行思想品德教育的基本方法。

说服教育法的方式:第一类是运用语言文字进行说服的方式,如讲解、报告、谈话、讨论、辩论、读书指导等;第二类是运用事实进行说理教育的方式,主要包括参观、访问和调查。

(2)运用说服教育法的要求

①明确目的性和针对性;②富有知识性、趣味性;③注意时机;④以诚待人。

**2. 榜样示范法**

(1)榜样示范法的概念

榜样示范法是用榜样人物的优秀品德来影响学生的思想、情感和行为的德育方法。由于榜样能把社会真实的思想、政治和法纪、道德关系表现得更直接、更亲切、更典型,因而能给人以极大的影响、感染和激励,教育、带动和鼓舞人们前进;运用榜样示范法符合青少年学生爱好学习、善于模仿、崇拜英雄、追求上进的年龄特点,也符合人的认识由生动直观到抽象的发展规律。榜样包括伟人的典范、教育者的示范、学生中的好榜样等。

(2)运用榜样示范法的要求

①选好学习的榜样;②激起学生对榜样的敬慕之情;③狠抓落实,引导学生用榜样来调节行为,提高修养。

真题面对面

[2021 河北,单选]"其身正,不令而行,其身不正,虽令不从"体现的德育方法是(　　)

A. 说服教育法　　B. 情感陶冶法

C. 榜样示范法　　D. 实际锻炼法

答案:C

**3. 陶冶教育法**

(1)陶冶教育法的概念

陶冶教育法也称情感陶冶法,是教师利用环境和自身的教育因素,对学生进行潜移默化的熏陶和感染,使其在耳濡目染中受到感化的德育方法。它表现为非强制性、愉悦性、隐蔽性和无意识性。陶冶教育法的方式主要有环境陶冶、情感陶冶、人格陶冶、艺术陶冶、科学知识陶冶、各种活动和交往情境陶冶等。

(2)运用陶冶教育法的要求

①创设良好的环境;②与启发、说服相结合;③引导学生参与情境的创设。

真题面对面

[2022 安徽,单选]学校长期注重校园及班级墙壁文化环境建设。学生在耳濡目染的过程中,既丰富了情感体验,又重塑了道德情操。该过程运用的德育方法是(　　)

A. 陶冶教育法　　B. 榜样示范法

C. 角色扮演法　　D. 实际锻炼法

答案:A

**4. 实际锻炼法**

(1)实际锻炼法的概念

实际锻炼法是有目的地组织学生参加各种实践活动,使其在活动中锻炼思想,增长才干,培养优良的思想和行为习惯的德育方法。锻炼的方式主要是学习活动、社会活动、生产劳动和课外文体科技活动。

(2)运用实际锻炼法的要求

①目的明确,计划周密,加强指导,坚持严格要求;②生动活泼,灵活多样,调动学生的主动性;③注意检查和持之以恒,随时总结。

真题面对面

[2022河南,单选]学校通过组织“我为父母洗脚”的活动,培养学生的感恩之心,这种德育方法属于( )

A. 说服法　　B. 榜样法　　C. 锻炼法　　D. 陶冶法

答案:C

第二部分

**5. 自我修养指导法**

自我修养指导法是学生在教育者的帮助下,主动地进行自我学习、自我反思、自我锻炼、自我监控等来提升自己修养的一种德育方法。自我修养的方式有“自知”“自反”“内省”“躬行”“慎独”等。

**6. 品德评价法**

(1)品德评价法的概念

**品德评价法**是通过对学生品德进行肯定或否定的评价而予以激励或抑制,促使其品德健康形成和发展的德育方法。包括奖励、惩罚、评比和操行评定等。

(2)运用品德评价法的要求

①公平、正确、合情合理;②发扬民主,获得群众支持;③注重宣传与教育;④奖励为主,抑中带扬。

**7. 角色扮演法**

**角色扮演法**是通过让儿童扮演处境特别的求助者或其他有异于自己的社会角色,使扮演者暂时置身于他人的位置,按照他人的处境或角色来行事、处世,以求在体验别人的态度、方式中,增进扮演者对他人及其社会角色的理解和认同。角色扮演法对于发展个体关爱他人、体谅他人的社会情感以及发展人际交往能力有着重要意义。

**8. 合作学习法**

(1)合作学习法的概念

**合作学习法**是中小学重要的德育方法之一。合作学习有助于培养合作精神,建设学生集体,提高个体的群体意识、归属感、自尊心和成就感。合作学习法的具体策略包括双人式学习、小组学习、小队式学习、跨小组的协作式学习、小组之间的竞争式学习、全班协作学习等。

(2)运用合作学习法的要求

①要让学生明白合作是一种重要的目标;②要根据学习内容选择恰当的合作学习策略,或者从合作策略出发,安排或设计恰当的学习内容;③要规定一些重要的合作原则;④要指导学生学习一些基本的合作技巧。

除上述常用的德育方法外,还有**道德叙事法、交往实践法、道德讨论法**等。

### 考点3 选择德育方法的依据 【单选】 ★

(1)德育目标;(2)德育内容;(3)学生的年龄特点和个性差异。

此外,选择德育方法还要考虑到所面对的时代特征、学生的思想实际、学校和教师的实际情况,以及文化传统的作用。

真题面对面

[2019辽宁辽阳,单选]选择德育方法的依据一般不包括( )

A. 德育目标　　B. 德育内容

C. 学生个性差异　　D. 教育手段实施的可能性

答案:D

## 第五节 德育模式

德育模式实际上是在德育实施过程中德育理念、德育内容、德育手段、德育方法、德育途径等的有机组合方式。当代影响较大的德育模式有认知模式、体谅模式、社会模仿模式、价值澄清模式和社会行为模式等。

### 一、认知模式 【单选】★

#### 考点1 认知模式的主要观点

道德教育的认知模式是当代德育理论中流行**最为广泛、占据主导地位**的德育学说，它是由瑞士学者**皮亚杰**提出，而后由美国学者**科尔伯格**进一步深化的。该模式假定人的道德判断力按照一定的阶段和顺序从低到高不断发展，道德教育的目的就在于促进儿童道德判断力的发展及其行为的发生。

这一学说的特征是：(1)人的本质是理性的；(2)必须注重个体认知发展与社会客体的相互作用；(3)注重研究个体道德认知能力的发展过程。

#### 考点2 认知模式的特色

(1)提出以公正观发展为主线的德育发展阶段理论；

(2)建构了较为科学的道德发展观，提出智力与道德判断力关系的一般观点；

(3)通过实验建立了崭新的学校德育模式。

### 二、体谅模式 【单选、多选、判断】★★

#### 考点1 体谅模式的主要观点

体谅模式(或学会关心的道德教育模式)形成于20世纪70年代，为英国学校德育学家**彼得·麦克费尔**和他的同事所创。“体谅”即教师要对学生“多关心，少评价”，确定了学校道德教育的侧重点应该以情感为主。

该理论的特征是：(1)坚持性善论；(2)坚持人具有一种天赋的自我实现趋向；(3)把培养健全人格作为德育目标；(4)大力倡导民主的德育观。

#### 考点2 体谅模式的特色

(1)有助于教师较全面地认识学生在解决特定的人际—社会问题时的各种可能反应；

(2)有助于教师较全面地认识学生在解决特定的人际—社会问题时可能遇到的种种困难，以便更好地帮助学生学会关心；

(3)它提供了一系列可能的反应，教师能够根据它们指导学生围绕大家提出的行动方针进行讲座或角色扮演的主题活动。

### 三、社会模仿模式 【单选】★

#### 考点1 社会模仿模式的主要观点

社会模仿模式(又称社会学习模式)主要是由美国的**班杜拉**创立的，该模式认为人与环境是一个互动体，人既能对刺激做出反应，也能主动地解释并作用于情境。其基本观点有：(1)儿童的道德行为、道德判断是通过社会学习(观察学习)获得和改变的；(2)榜样示范是道德教育的主要手段；(3)提出环境、行为和人的交互作用论；(4)强调自我调节。

#### 考点2 社会模仿模式的特色

(1)在吸收其他学派观点的基础上，发展了行为主义，使之对人的道德行为做出更合理的阐释，对德育工作有很大意义；

(2)在文化环境与人的道德发展相互作用方面有重要的成果，系统论述了示范榜样对道德发展的内在作用机制以及影响道德行为的各种形式和途径；

(3)自我评价和自我效能的理论给学校德育研究开辟了新的领域，具体阐述培养学生自我评价能力，建立认知调节机制的基本过程，把环境的示范和个体的发展与认知调节机制的互动表达出来，从中可以看到学生是如何内化外部作用，从而逐渐发展起自我评价能力的；

(4)注重理论与实践相结合。

第二部分

### 四、价值澄清模式　【单选】 ★

价值澄清模式的代表人物是美国的**拉斯**、**哈明**、**西蒙**等人。这种模式着眼于价值观教育，试图帮助人们减少价值混乱并通过评价过程促进统一的价值观的形成。其目的是通过选择、赞扬和实践过程来增进赋予理智的价值选择。

### 五、社会行动模式　【多选】 ★

社会行动模式是美国教育学家**弗雷德·纽曼**等人创建的一种道德教育课程模式。社会行动模式整合了道德认知、情感和行动等多个方面，并且将它们同公民投身于社会变革联系起来，该模式把重点放在公民行动上，强调每个公民都有对公共事务施加影响的权利和自觉行为。教师在社会行动课程中，可以充当四种角色：信息员、顾问、专家和活动分子。

**真题面对面**

[2019辽宁辽阳，多选]教师在社会行动课程中充当的角色有(　　)

A. 信息员　　B. 顾问　　C. 专家　　D. 组织者

答案：ABC

### 核心考点回顾

1. 我国学校德育内容主要有哪些？如何区分这些内容？(参见本书P182)
2. 德育过程的规律有哪些？各规律如何理解？(参见本书P183)
3. 我国中小学主要的德育原则有哪些？各原则的含义和贯彻要求分别是什么？(参见本书P185)
4. 德育的主要途径有哪些？(参见本书P187)
5. 常用的德育方法有哪些？各方法的概念和运用要求分别是什么？(参见本书P188)
6. 德育的体谅模式的主要观点有哪些？(参见本书P191)

## 达标测评

| 建议用时 | 实际用时 | 测评总分 | 实际得分 |
|---|---|---|---|
| 30分钟 | ______分钟 | 25分 | ______分 |

**一、单项选择题(每小题1分，共3分)**

1. 某班主任采用戏剧化班会形式，通过情景剧，让学生模仿不同人物，体验他人的思想感情，学会理解他人。

该教师运用的德育方法是(　　)

A. 说理教育法　　B. 角色扮演法　　C. 品德评价法　　D. 榜样示范法

2. 知行统一的德育原则是遵循(　　)规律而提出来的。

A. 德育过程是对学生知、情、意、行的培养与提高的过程

B. 德育过程是促进学生思想内部矛盾斗争的过程

C. 德育过程是组织学生的活动与交往,统一多方面教育影响的过程

D. 德育过程是长期的、反复的、逐步提高的过程

3. 某班每月都评选学习之星、进步之星,并颁发荣誉奖状,从而激发学生健康品德和优良行为的培养。教师运用的德育方法是(　　)

A. 陶冶教育法　　B. 实际锻炼法　　C. 品德评价法　　D. 自我教育法



二、多项选择题(每小题2分,共4分)

1. 贯彻德育疏导原则的基本要求有(　　)

A. 讲明道理,疏通思想　　B. 建立健全的规章制度

C. 因势利导,循循善诱　　D. 统一校内外教育力量

2. 说服教育法的具体方式有(　　)

A. 讲解　　B. 讨论　　C. 谈话　　D. 报告

三、判断题(每小题1分,共2分)

1. 学校教育在学生身心发展中起主导作用,因此,学生在学校中受到良好的德育,就能形成良好的品德。(　　)

2. 德育个体性功能的最高境界是发展性功能。(　　)

四、辨析题(本大题共4分)

只要运用正面说服的教育方法,一切学生都能教育好。因此,应反对使用纪律处分等强制性的方法。

五、案例分析题(本大题共12分)

王老师发现班里的小兰虽然很聪明,但是不爱学习,经常在课堂上与同学聊天,影响他人学习。所以,他将小兰调到学习成绩好又不爱讲话的小伟旁边,希望能让小兰有所改变。然而一段时间后,小伟找到王老师,说小兰经常给他写情书。于是,王老师在班会课上把小兰的情书公之于众,并通知了小兰的家长。结果,小兰受到了家长的责骂和同学的取笑,每天情绪都很低落。

该案例中王老师的行为违背了哪些德育规律和德育原则?正确的做法应该是什么?

## 参考答案及解析

一、单项选择题

1. B　[解析]角色扮演法是通过让儿童扮演处境特别的求助者或其他有异于自己的社会角色,使扮演者暂时置身于他人的位置,按照他人的处境或角色来行事、处世,以求在体验别人的态度、方式中,增进扮演者对他人及其社会角色的理解和认同。角色扮演法对于发展个体关爱他人、体谅他人的社会情感以及发展人际交往能力有着重要意义。因此,该教师运用的德育方法是角色扮演法。

2. A　[解析]知行统一的德育原则要求把提高认识和行为养成结合起来,使学生做到言行一致。它是遵循"德育过程是对学生知、情、意、行的培养与提高的过程"规律而提出来的。

3. C [解析]品德评价法是通过对学生品德进行肯定或否定的评价而予以激励或抑制，促使其品德健康形成和发展的德育方法。包括奖励、惩罚、评比和操行评定等。题干中的某班通过评选学习之星、进步之星以及给学生颁发荣誉奖状等来对学生进行德育，运用的是品德评价法。

二、多项选择题

1. AC [解析]贯彻疏导原则的要求包括：(1)讲明道理，疏通思想；(2)因势利导，循循善诱；(3)以表扬、激励为主，坚持正面教育。

2. ABCD [解析]说服教育法的方式：第一类是运用语言文字进行说服的方式，如讲解、报告、谈话、讨论、辩论、读书指导等；第二类是运用事实进行说理教育的方式，主要包括参观、访问和调查。

三、判断题

1. × [解析]学生良好品德的形成仅靠学校教育是不行的，还需要家庭和社会各方面的共同努力。

2. × [解析]德育的个体性功能可以描述为德育对个体生存、发展、享用产生影响的三个方面。其中，享用性功能是德育个体性功能的最高境界。

四、辨析题

(1)这种说法是不正确的。(2)在对学生进行德育时，正面的说服教育起着重要作用，但说服教育法不是万能的，不可能把一切学生都教育好。青少年学生缺乏一定的行为自控能力，因此在教育过程中要坚持正面教育与纪律约束相结合的原则，既要正面引导，说服教育，启发自觉，调动学生接受教育的内在动力，又要辅之以必要的纪律约束，并使两者有机结合起来。

五、案例分析题(参考答案)

(1)德育过程是一个促进学生思想内部矛盾斗争的发展过程，是教育与自我教育相结合的过程。①学生思想品德的任何变化，都依赖于学生个体的心理活动。②在德育过程中，学生思想内部的矛盾斗争实质上是对外界教育因素的分析、综合过程。③学生的自我教育过程，实际上也是他们思想内部矛盾斗争的过程，斗争的过程也就是学生品德不断发展的过程。案例中的王老师公开小兰写的情书并通知其家长，导致小兰受到家长责骂和同学取笑，说明王老师没有重视培养小兰的自我教育能力，没有发挥小兰在德育过程中的主观能动性。

(2)教师在德育过程中要坚持尊重信任学生与严格要求学生相结合的原则。①尊重信任学生与严格要求学生相结合原则是指在德育过程中，教育者既要尊重信任学生，又要对学生提出严格的要求，把严和爱有机地结合起来，使教育者的合理要求转化为学生的自觉行动。②贯彻这一原则的要求：教育者要有强烈的事业心、责任感以及尊重热爱学生的态度；教育者应根据教育目的和德育目标，对学生严格要求，认真管理；教育者要从学生的年龄特征和品德发展状况出发，提出适度的要求，并坚定不渝地贯彻到底。案例中的王老师在班会上公开小兰写的情书，是不尊重、不热爱学生的表现。在德育过程中，只有把尊重学生与严格要求学生紧密结合在一起，才能取得最佳教育效果。

(3)正确做法：本着尊重、信任学生的原则，运用说服教育、自我教育等德育方法教导学生，让学生意识到自己行为的不当，并改正。同时，还要与小兰的家长积极沟通，与其家长一道解决小兰的问题，而不是单纯地向家长告状。

# 第八章　班级管理与班主任工作



## 思维导图

班级管理与班主任工作
- 班级与班级管理
  - 班级概述
  - 班级管理
    - 内容：班级组织建设、班级制度管理、班级教学管理、班级活动管理（难点）
    - 模式：班级常规管理、班级平行管理、班级民主管理、班级目标管理（难点）
- 良好班集体的培养
  - 班集体的概念
  - 班集体的特征：明确的共同目标，这是班集体形成的基础
  - 班集体的教育作用
  - 班集体的发展阶段
  - 班集体的形成与培养（重点）
    - 确定班集体的发展目标
    - 建立得力的班集体核心
    - 建立班集体的正常秩序
    - 组织形式多样的教育活动
    - 培养正确的舆论和良好的班风
- 班主任工作概述
  - 班主任的概念
  - 班主任在班级管理中的地位和作用
    - 班级建设的设计者
    - 班级组织的领导者
    - 协调班级人际关系的主导者（艺术家）
  - 班主任的领导方式：专制型、民主型、放任型
  - 班主任工作的任务
  - 班主任工作的内容与方法："了解组织多协调，指导课外建档案，操行评定需总结，个别班会偶处理"（重点）
  - 班主任建设和管理班级组织的策略

## 考向分析

本章属于教育学的基础章节，也是河北、江西、四川、安徽、辽宁、内蒙古等省份的特岗笔试重点考查的章节，识记、理解性知识多，在考试中常以选择题、判断题、简答题、论述题等形式考查。本章的考向分析如下：

| 考点名称 | 常考题型 | 能力层级 | 考查热度 |
|---|---|---|---|
| 班级管理的内容 | 单选、多选、辨析、简答 | 识记、理解 | ★★ |
| 班级管理的模式 | 单选、多选、判断、论述 | 识记、理解 | ★★ |
| 班集体的形成与培养 | 单选、简答、材料分析 | 识记、运用 | ★★ |
| 班主任工作的内容与方法 | 单选、多选、判断、简答、论述 | 识记、理解、运用 | ★★★ |

核心考点

第二部分

## 第一节 班级与班级管理

### 一、班级概述

考点1 班级的概念 【单选】 ★

班级是学校为实现一定的教育目的，将年龄和知识程度相近的学生编班分级而形成的，有固定人数的基本教育单位。班级是学校行政体系中最基层的行政组织，是开展教学活动的基本单位。文艺复兴时期的著名教育家**埃拉斯莫斯**最先提出“班级”一词。

考点2 班级组织的发展

班级组织是历史发展的产物。

16世纪，随着资本主义工商业的发展和科学技术的进步，教育对象范围的扩大和教学内容的增加，一种新的适应大工业生产的教学组织形式——班级授课制应运而生。班级的概念基本上是随着班级教学或班级授课制概念的提出而出现的。

17世纪，捷克教育家**夸美纽斯**在其代表作《**大教学论**》中对班级组织进行了论证，从而奠定了班级组织的理论基础。后来，德国教育家**赫尔巴特**进一步设计和实施了班级教学。此后，班级组织在欧洲许多国家的学校中得到逐步推广和普及。

19世纪，英国学校中出现的“导生制”极大地推动了班级组织的发展。

20世纪初，我国实行“废科举，兴学校”之后，班级组织开始在全国推广普及。

随着学校教育的不断发展，班级逐渐成为学校教育的基本单位，并对学生的发展产生越来越大的影响。

考点3 班级组织的功能 【单选、填空】 ★

(1)**社会化功能**。主要表现为：传递社会价值观，指导生活目标；传授科学文化知识，形成社会生活的基本技能；教导社会生活规范，训练社会行为方式；提供角色学习条件，培养社会角色。

(2)**个体化功能**。主要表现为：促进发展功能；满足需求功能；诊断功能；矫正功能。

真题面对面

[2020河北，填空]教育者通过班级组织向学生传授科学文化知识，使之形成社会生活的基本技能，这是班级组织________功能的体现。

答案：社会化

### 二、班级管理

考点1 班级管理的概念

**班级管理**是一个动态的过程，它是班主任和教师根据一定的目的和要求，采用一定的手段和措施，带领全班学生对班级中的各种资源进行计划、组织、协调、控制，以实现教育目标的组织活动过程。

考点2 班级管理的功能 【单选、多选、简答】 ★

(1)有助于实现教学目标，提高学习效率——**主要功能**；(2)有助于维持班级秩序，形成良好的班风——**基本功能**；(3)有助于锻炼学生能力，学会自治自理——**重要功能**。

记忆有妙招

为方便考生记忆，编者将班级管理的功能总结成以下口诀：
主要抓教学、基本是秩序、重要在学生。

真题面对面

[2020江西，多选]班级管理的功能包括（　　）

A. 有助于实现教学目标，提高学习效率
B. 有助于加强学生控制，保障班级发展
C. 有助于维持班级秩序，形成良好班风
D. 有助于锻炼学生能力，学会自治自理

答案：ACD



## 考点3 班级管理的内容 【单选、多选、辨析、简答】★★

### 1. 班级组织建设

（1）班级组织的结构

班级组织机构是班级组织结构形成的基础与前提。班级组织的结构包括：班级的正式组织和非正式组织、班级组织的角色结构、班级组织的信息沟通结构、班级组织的规模。下面重点讲一下班级的正式组织和非正式组织。

我国中小学班级的正式组织一般分为三个层次：第一层是对全班工作负责的角色，即班干部；第二层是对小组工作负责的角色，即小组长；第三层是只对自身的任务负责的角色，即小组一般成员。

非正式组织源于班级组织的个人属性层面的人际关系，是学生在共同的学习与活动中基于成员间的需求、能力、特点的不同，从个人的好感出发而自然形成的。学生的这种非正式组织有四种类型：①积极型。这种群体的价值目标与班级正式群体的价值目标是一致的，是班级正式群体的补充。例如，学生自发组织的文艺活动小组、公益活动小组、体育活动小组等。②娱乐型。同学们由于情绪上的好感和消磨课余闲暇时间的需要而聚集在一起，他们的主要目的是好玩、有趣。这些小团体有时格调不高，甚至庸俗，但他们却感到了满足。③消极型。这种群体会自觉或不自觉地与班主任、班委会发生对立，如破坏纪律、发牢骚、不参加集体活动等。④破坏型。这类群体已经游离出正式组织，他们没有是非善恶标准，凭借一种所谓的江湖人的欲望、勇气和胆量而作为，常常对班级组织产生破坏甚至震慑作用。

（2）班级组织建设的内容

班级组织建设要做的主要工作有以下两个方面：①建立良好的班集体。②指导班级建设。

（3）班级组织建构的原则

①有利于教育的原则。有利于教育的原则是班级组织建立的一条首要原则。当其他的原则与其发生冲突的时候，其他原则都必须无条件地服从这一原则。②目标一致的原则。③有利于身心发展的原则。

### 2. 班级制度管理

制度是调节人与人之间关系的行为规范，对于班级管理来说，制度是管理的具体体现。按制度的形成，可分为成文制度和非成文制度。

成文的制度是学校教育教学工作的基本规范要求，即实施常规管理。成文的制度管理既是学校的规章制度，也是班级的规章制度，它是学校中每一个班级都必须遵守的，具有普遍性的舆论，在班级建设中发挥着引导、评价、调节和指标作用，对班级建设起着重要的规范作用，属于定型性的管理。

非成文的制度是指班级的传统、舆论、风气、习惯等，即不成文的、约定俗成的非常规管理。非成文的制度管理是班级组织在形成过程中班级本身建立的规范，常常是班级个性的体现，属于不定型性的管理。

**3. 班级教学管理**

对一个"教学班"的教学管理，是班主任最重要的管理职能之一。班级教学管理的内容包括以下几个方面：(1)明确教学管理的目标和任务。(2)建立行之有效的班级教学秩序。(3)建立班级管理指挥系统。建立班级管理指挥系统主要包括三个方面：①以班主任为核心的班级任课教师群体；②以班长为骨干力量，以班干部成员为辅助力量；③以各学习小组为中心。(4)指导学生学会学习。

**4. 班级活动管理**

班级活动是班级在班主任指导下，根据学校整体安排或班级学生发展需要而进行的全员性活动的总称。它既可以是弥补课程教学不足的教学活动，也可以是开发智力或发展能力的课外、校外活动，是学校教育活动的有机组成部分。

第二部分

真题面对面

[2022四川，单选]学生自发组织的足球运动小组属于(　　)

A. 积极型正式组织　　B. 消极型正式组织

C. 积极型非正式组织　　D. 消极型非正式组织

答案：C

## 考点4　班级管理的模式　【单选、多选、判断、论述】★★

**1. 班级常规管理**

(1)班级常规管理的内涵

班级常规管理是指通过制定和执行规章制度来管理班级的经常性活动。班级常规管理是建立良好班集体的基本要素。遵守班级规章制度是对每个学生的基本要求，也是每个学生必须履行的基本义务和职责。

(2)班级常规管理的内容

开展以班级规章制度为核心的常规管理，是班主任工作的重要内容之一。一般来说，班级的规章制度主要由三部分组成：①教育行政部门统一规定的有关班集体与学生管理的制度，如学生守则等；②学校根据教育目标、上级有关指示制定的学校常规制度，如考勤制度、奖惩制度、作业要求等；③班集体根据学校要求和班级实际情况讨论制定的班级规范，如班规、值日生制度、考勤制度等。

**2. 班级平行管理**

(1)班级平行管理的内涵

班级平行管理是指班主任既通过对集体的管理去间接影响个人，又通过对个人的直接管理去影响集体，从而把对集体和个人的管理结合起来的管理方式。

班级平行管理的理论源于**马卡连柯**的**"平行影响"**的教育思想。马卡连柯认为，教师要影响个别学生，首先要影响这个学生所在的班级，然后通过学生集体与教师一起去影响这个学生，这样就会产生巨大的教育力量。

(2)实行班级平行管理的要求

班主任实行班级平行管理时，要实施对班集体与个别学生双管齐下、互相渗透的管理，既要充分发挥班集体的教育功能，使其真正成为教育的力量，又要通过转化个别学生来促进班集体的管理与发展。

**3. 班级民主管理**

(1)班级民主管理的内涵

班级民主管理是指班级成员在服从班集体的正确决定和承担责任的前提下参与班级全程管理的一种

管理方式。班级民主管理的实质是在班级管理的全过程中，调动学生自我教育的力量，使人人都积极主动地参与班级事务。

(2)实行班级民主管理的要求

实行班级民主管理主要应该做好两方面的工作：①组织全体学生参与班级全程管理，即在班级管理的计划、实行、检查、总结的各个阶段，都让学生参与进来；②建立班级民主管理制度，如干部轮换制度、定期评议制度、值日生制度、值周生制度、民主教育活动制度等。

**4. 班级目标管理**

(1)班级目标管理的内涵

**班级目标管理**是指班主任与学生共同确定班级总体目标，然后转化为小组目标和个人目标，使其与班级总体目标融为一体，形成目标体系，以此推动班级管理活动，实现班级目标的管理方法。目标管理是由美国管理学家**德鲁克**提出来的。

(2)实行班级目标管理的要求

在班级中实施目标管理，就是要围绕全体成员共同确立的班级奋斗目标，将学生的个体发展与班级进步紧密地联系在一起，并在目标的引导下，实施学生的自我管理。

真题面对面

[2022内蒙古，单选]班主任既通过对集体的管理去间接影响个人，又通过个人的直接管理去影响集体，从而把对集体和个人的管理结合的管理方式是(　　)

A. 常规管理　　B. 平行管理　　C. 民主管理　　D. 目标管理

答案：B

## 考点5 当前我国学校班级管理中存在的问题及解决策略 【单选、多选、论述、案例分析】★

**1. 当前我国学校班级管理中存在的问题**

(1)班主任的班级管理方式偏重于专断型；

(2)班级管理制度缺乏活力，学生参与班级管理的程度较低。

**2. 建立以学生为本的班级管理机制**

(1)以满足学生的发展为目的。学生的发展是班级管理的核心。班级管理的实质就是让学生的潜能得到尽可能的开发。

(2)确立学生在班级中的主体地位。发展学生的主体性是班级管理的宗旨。现代班级管理强调以学生为核心，建立一套能够持久地激发学生主动性、积极性的管理机制，确保学生的持久发展。

(3)有目的地训练学生自我管理班级的能力。把以教师为中心的班级教育活动转变为学生自我教育的过程，即把班集体作为学生自我教育的主体。要实行班级干部的轮流执政制，让每个学生都有锻炼机会，并学会与人合作。

真题面对面

[2022江西，多选]解决班级管理中存在的问题的主要策略包括(　　)

A. 以满足学生的发展为目的　　B. 确定学生在班级中的主体地位

C. 对违纪学生采用轻微的经济处罚　　D. 实行班干部轮换制

答案：ABD

## 第二节 良好班集体的培养

第二部分

### 一、班集体的概念

班集体是按照班级授课制的培养目标和教育规范组织起来的，以共同学习活动和直接性人际交往为特征的社会心理共同体。

### 二、班集体的特征 【单选、简答】★

班级是学校中开展各类活动的最基本的组织形式，是学校行政体系中最基层的行政组织，是按照一定的教育目的、教学计划和教育要求组织起来的学生群体。但一个班的学生群体还不能称为班集体，学生群体和班集体之间有着本质差别。班集体必须具备四个基本特征：(1)明确的共同目标。这是班集体形成的基础。(2)一定的组织结构，有力的领导集体。(3)共同生活的准则，健全的规章制度。(4)具有正确的集体舆论以及团结、和谐、向上的人际关系。

**真题面对面**

[2020辽宁辽阳，单选]班集体形成的基础是(　　)

A. 明确的共同目标　　B. 平等、心理相容的氛围

C. 共同的生活准则　　D. 一定的组织结构

答案：A

### 三、班集体的教育作用

(1)有利于形成学生的群体意识。

(2)有利于培养学生的社会交往能力与适应能力。

(3)有利于训练学生的自我教育能力。班集体是训练班级成员自己管理自己、自己教育自己、自主开展活动的最好载体。

### 四、班集体的发展阶段 【单选】★

班级成立以后，从其初步形成到巩固成熟是一个连续的动态的发展过程，通常把班集体的发展分为以下几个阶段：

**1. 班集体初建期的松散群体阶段**

班级处于组建之初，班级成员之间互不认识，每位同学只是按照课表进入同一教室上课或根据班主任的统一安排参加共同活动而已。同学彼此之间处在新奇而互相观察的状态，对班主任依赖性较强，班级工作主要由班主任主持。因此，这一时期是班主任工作最繁忙的时期，也是班主任工作能力经受考验的关键期。

**2. 班集体形成期的合作群体阶段**

这一时期，班级中开始涌现出热心为大家服务的同学，班主任指定的班干部也开始发挥核心作用，班级的凝聚力有所显现，多数学生在班集体中获得了归属感，在班主任的指导下，班干部可以独立组织班级活动。因此，这一时期是班主任培养班级骨干的重要时期。

**3. 班集体成熟期的集体阶段**

这一阶段是班集体趋向成熟的时期，集体的特征得到充分而完全的体现，并为集体成员所内化，全班已

成为一个组织制度健全的有机整体，学生积极参与班级活动，并使自己的个性特长得到发展，整个班级洋溢着一种平等、和谐、上进、合作的心理气氛。班主任已经开始成为班级领导者，主要任务在于根据学校教育计划，加强班集体的特色化建设；同时根据对每位学生的了解，为学生提出发展规划建议，促进学生的个性发展。

## 五、班集体的形成与培养 【单选、简答、材料分析】 ★★

班集体不是自然形成的，任何一个班集体的形成，都会经历组建、形成、发展的过程，这实际上也是教育培养与社会化的过程。

### 1. 确定班集体的发展目标

目标是集体发展的方向和动力，一个班集体只有具有共同的目标，才能使班级成员在认识上和行动上保持统一，才能推动班集体的发展。班集体的发展目标一般可分为近期、中期、远期三种，目标的提出应由易到难，由近到远，逐步提高。

在实现班集体目标的过程中，教师要充分调动班级成员的积极性，使实现目标的过程成为教育与自我教育的过程。

### 2. 建立得力的班集体核心

一个得力的班集体核心非常重要，它是维护和推动班级工作的有力助手，是带动全班同学实现集体发展目标的核心。班集体中的核心队伍是由积极分子与班干部组成的。

建立班集体的核心队伍，首先教师要善于发现和培养积极分子。这就需要教师在了解学生的基础上，及时发现并选拔出热心为集体服务、团结同学且具有一定管理能力的学生干部；其次，教师应把对积极分子的使用与培养结合起来。

### 3. 建立班集体的正常秩序

班集体的正常秩序是维持和控制学生在校生活的**基本条件**，是教师开展工作的**重要保证**。班集体的正常秩序包括必要的规章制度、共同的生活准则以及一定的生活规律。教师在班集体的组建阶段，就应着手正常秩序的建立工作，特别是当接到一个教育基础较差的班级时，首先就要做好这项工作。

### 4. 组织形式多样的教育活动

班集体是在全班同学参加各种教育活动的过程中逐步成长起来的，而各种教育活动又可以使每个人都有机会为集体出力并展示自己的才能。班级教育活动主要由日常性的教育活动与阶段性的教育活动两大部分组成，所涉及的内容有主题教育活动、文艺体育活动、社会公益活动等。

教师在组织各种教育活动时，要有明确的目的和要求，精心设计活动内容，注意形式的适龄化，力争把活动的开展过程变成教育过程。

### 5. 培养正确的舆论和良好的班风

班集体舆论是班集体生活与成员意愿的反映。正确的班集体舆论是一种巨大的教育力量，对班集体每个成员都有约束、激励的作用，是教育集体成员的重要手段。良好的班风是班集体大多数成员精神状态的共同倾向与表现。正确的舆论和良好的班风是班集体形成的重要标志。

**记忆有妙招**

为方便考生记忆，编者将班集体的形成与培养总结成以下口诀：
定目标、建核心、建秩序、搞活动、树班风。

## 第三节 班主任工作概述



### 一、班主任的概念

班主任是班集体的组织者和领导者，是学校贯彻国家教育方针、促进学生健康成长的骨干力量。教育部印发的《中小学班主任工作规定》指出："班主任是中小学日常思想道德教育和学生管理工作的主要实施者，是中小学生健康成长的引领者，班主任要努力成为中小学生的人生导师。"

### 二、班主任在班级管理中的地位和作用 【单选、多选】★

**1. 班主任是班级建设的设计者**

班主任是班级建设的主帅，对教育对象个体来说，班主任的职能可归结为"灵魂工程师"；但对教育对象群体来说，班主任更多的是班集体的缔造者、设计者。

班级建设的设计以班级建设目标的制定最为重要。班级目标的设计，主要依据两方面的因素：一是国家的教育方针、政策和学校的培养目标；二是班级群体的现实发展水平。

**2. 班主任是班级组织的领导者**

班主任在班级管理中的影响力主要表现在两个方面：一是班主任的权威、地位、职权，这些构成班主任的**职权影响力**；二是班主任的个性特征与人格魅力，这些构成班主任的**个性影响力**。

**3. 班主任是协调班级人际关系的主导者(艺术家)**

交往是班级人际关系形成和发展的重要手段，班主任应悉心研究班级的人际关系，指导学生的交往活动。(1)要把学生作为交往的主体，研究学生的交往需要及能力的差异性，指导学生避免和解决冲突，营造积极的交往环境；(2)要设计内容充实、频率高的交往结构，形成一个相互渗透、交互作用的交往网络；(3)要在与学生的交往中建立相互间充满信任的关系。

**考点 再拔高**

▼ 班主任的角色

中小学班主任角色主要包含四个方面：(1)学生思想道德的教育者；(2)学生日常生活的管理者；(3)学生健康成长的引导者；(4)学校文化的建设者。

**真题面对面**

[2021陕西，多选]中小学班主任的角色包括(　　)

A. 学生的职业规划者　　B. 学生思想道德的教育者

C. 学生日常生活的管理者　　D. 学生健康成长的引导者

答案：BCD

### 三、班主任的领导方式 【单选】★

表2-30　班主任的领导方式

| 领导方式 | 指导类型及特点 | 学生的反应 |
| --- | --- | --- |
| 专制型 | 属于支配性指导。无视学生的个别差异，以僵硬的对策为基础，只给予统一强制的指导，或一味地斥责、威胁 | 学生的自主性、能动性行为显著减少，消极性、依存性行为增多 |

续表

| 领导方式 | 指导类型及特点 | 学生的反应 |
| --- | --- | --- |
| 民主型 | 属于综合性的指导。比较善于倾听学生的意见，能够灵活地适应学生的个别差异，以此为基础引出学生的自发行为，促进学生在合作中进行思想交流 | 学生的行为较稳定，自主积极的行为较多 |
| 放任型 | 属于不干预性指导。容忍班级生活的种种冲突，更无意组织班级活动，回避学生的主动精神 | 学生有目的的活动水平低下，违背团体原则的自发行为增多 |

真题面对面

[2022四川，单选]无视学生的个别差异，以僵硬的对策为基础，只给予统一强制的指导，或一味地斥责、威胁的班主任领导方式属于（　　）

A. 管理型　　B. 专制型　　C. 放任型　　D. 民主型

答案：B

## 四、班主任工作的任务　【单选、判断】★

班主任工作的基本任务是带好班级、教好学生。对学生进行思想品德教育，是班主任的工作重点和经常性的工作。班主任的具体职责与任务参见附赠“教师招聘考试·教育政策法规”中《中小学班主任工作规定》的相关内容。

(1)班主任工作的首要任务是组织建立良好的班集体。(2)班主任工作的中心任务是促进班集体全体成员的全面发展。为了使每个学生都能在原有基础上获得进步与提高，班主任除了组建一个良好的班集体外，还特别需要关注以下几方面的工作：①培养学生自立、自策、自勉的精神和民主作风；②在学生中树立热爱科学、勤奋学习的良好风气；③指导本班班委会、共青团、少年先锋队组织的工作等。

真题面对面

[2020河北，单选]班主任工作的首要任务是（　　）

A. 组织建立良好的班集体　　B. 抓好学生的学习

C. 组织学生的活动　　D. 评定学生的操行

答案：A

## 五、班主任工作的内容与方法　【单选、多选、判断、简答、论述】★★★

### 考点1　了解和研究学生

**1. 了解和研究学生的意义**

了解和研究学生是班主任工作的前提和基础，是做好班级工作的前提条件，也是班级教育过程中有效开展各项工作必不可少的基本环节。

**2. 了解和研究学生的主要内容**

(1)了解和研究学生个人。内容包括：学习态度、学习成绩、学习方法、思维特点、智力水平；体质健康状况、个人卫生习惯；课外与校外活动情况；兴趣、爱好、性格等。

(2)了解学生的群体关系。内容包括：班级风气、舆论倾向、不同层次学生的结构、同学之间的关系、学生干部情况等。

(3)了解和研究学生的学习与生活环境。内容包括：了解学生的家庭类型、家庭物质生活与精神生活条件、家长的职业及思想品德和文化修养、学生在家庭中的地位、家长对学生的态度等。

**3. 班主任了解学生的方法**

班主任了解和研究学生的要求是全面、经常和及时。其具体方法如下：

(1)观察法，即在自然条件下，有目的、有计划地对学生的各种行为表现进行观察。这是班主任了解、研究学生的最基本方法。

(2)谈话法，指班主任通过与学生面对面谈话来深入了解学生情况的方法。具有灵活、方便、容易了解事情细节、有利于感情沟通等特点。

(3)调查法，即通过对学生本人或知情者的调查访问，从侧面间接地了解学生，包括问卷、座谈等。通过这种方法可获得大量第一手材料，反映的问题比较深刻全面。

(4)书面材料分析法，即借助学生的成绩表、作业、日记等书面材料对学生进行了解的方法。这是了解学生基本情况最简易的方法。

第二部分

真题面对面

[2021 内蒙古，单选]班主任工作的前提和基础是(　　)

A. 了解和研究学生　　B. 组织和培养班集体

C. 注重培养个别学生　　D. 统一各方教育力量

答案：A

## 考点 2 有效地组织和培养优秀班集体

组织和培养班集体是班主任工作的中心环节。班主任应有计划、有组织地在短时间内有效地组建班集体，具体内容参见本章第二节中的“班集体的形成与培养”。

## 考点 3 协调校内外各种教育力量

班主任要对班级实施有效的教育与管理，必须要争取校内外各种教育力量的配合，调动各种积极因素。具体内容如下：(1)协调本班各任课教师的工作，充分发挥本班任课教师的作用；(2)协助和指导班级团队活动；(3)争取运用家庭和社会教育力量。班主任要与学生家庭和社会有关方面取得联系，加强学生的思想政治工作。

## 考点 4 学习指导、学习活动管理和生活指导、生活管理

**1. 学习指导、学习活动管理**

学习指导包括：指导学生掌握科学的学习方法；指导学生养成良好的学习习惯；指导学生制订学习计划。

学习活动管理包括上课、课外作业、考试、学生的集体自修等。

**2. 生活指导、生活管理**

生活指导包括：对学生进行礼仪常规教育；指导学生的日常交往；指导学生搞好生理卫生；指导学生遵纪守法；对学生进行劳动教育。

生活管理包括考勤、日常作息安排、维持各种活动纪律、清洁卫生、执行守则、保持学生正常秩序等。

## 考点 5 组织课外、校外活动和指导课余生活

课外活动与校外活动一般都以班为单位来组织与安排，所以，组织与指导这些活动也是班主任的一项经常性的重要工作。班主任还应经常关心和了解学生的课余生活，并给予必要的指导。

## 考点 6 建立学生档案

班主任在全面了解学生的基础上，对掌握的材料进行分析处理，并将整理结果分类存放起来，即建立学生的档案。建立学生档案一般分四个环节：收集—整理—鉴定—保管。

## 考点 7 操行评定

**操行评定**是以教育目的为指导思想，以“学生守则”为基本依据，对学生一个学期内在学习、劳动、生活、品行等方面的小结与评价。操行评定的主要内容有道德品行、学习、身心健康三个方面。

**1. 学生操行评语的基本写法**

(1)谈心式；(2)描述性；(3)过程性；(4)情感性。

**2. 操行评定的一般步骤**

(1)学生自评；(2)小组评议；(3)班主任评价；(4)信息反馈。

**3. 班主任做好操行评定应注意的几个方面**

(1)要实事求是，抓主要问题，要准确反映学生思想品德的全面表现和发展趋向；(2)要充分肯定学生的进步，并适当指出他们的不足；(3)评语要简明、具体、贴切，严防用词不当伤害学生的情感。

## 考点 8 班主任工作计划与总结

班主任工作计划一般分为学期计划、月或周计划以及具体的活动计划。其中，学期计划比较完整，一般包括三大部分：(1)基本情况；(2)班级工作的内容、要求和措施；(3)本学期中的主要活动与安排。

班主任工作总结一般分为两类：**全面总结和专题总结**，一般在学期学年末进行。做好总结应注意两点：(1)平时注意对班主任工作资料的积累；(2)注意做阶段小结。

## 考点 9 个别教育工作

班主任必须根据学生的个别差异，做好学生的个别教育工作。只有使每个学生都得到发展，班集体才能健康地发展。班主任做好个别教育工作，包括做好先进生的教育工作、中等生的教育工作和后进生的教育工作。

做好个别教育工作的一般要求：(1)摸清情况，分析原因，区别对待；(2)热爱和尊重学生，促其转化；(3)发现“闪光点”，及时表扬，逐步提高；(4)自我剖析，制定措施，接受监督；(5)常抓不懈，持之以恒。

这里着重谈先进生和后进生的教育工作。

**1. 先进生工作**

先进生的心理特征：(1)自尊心强，充满自信；(2)强烈的荣誉感；(3)较强的超群愿望与竞争意识。

对于先进生的教育，班主任应注意：(1)严格要求，防止自满；(2)不断激励，弥补挫折；(3)消除嫉妒，公平竞争；(4)发挥优势，全班进步。

**2. 后进生工作**

后进生通常指那些学习积极性不高、学习成绩暂时落后、不太守纪律的学生。后进生是一个相对概念，运用时应谨慎。

后进生一般具有如下心理特征：(1)不适度的自尊心；(2)学习动机不强；(3)意志力薄弱。

对于后进生的教育，班主任应注意：(1)关心爱护后进生，尊重他们的人格；(2)培养和激发学习动机。

**真题面对面**

[2020安徽，判断]班主任进行个别教育就是做好学习困难学生的思想教育工作。(　　)

**答案：**×

第二部分

### 考点 10 班会活动的组织

**1. 班会的概念及类型**

班会是以班级为单位,在班主任的指导下,一般由学生干部主持进行的全班性会务活动。班会一般有三类,即常规班会、生活班会和主题班会。

**2. 班会的主要形式——主题班会**

主题班会是班主任依据教育目标,指导学生围绕一定主题,由学生自己主持、组织进行的班会活动。

(1)主题班会的形式:①主题报告会;②主题汇报会;③主题讨论会;④科技小制作成果展评会;⑤主题竞赛;⑥主题晚会。

(2)组织主题班会的阶段:①确定主题;②精心准备;③具体实施;④总结深化。

(3)组织主题班会应注意的问题:①主题不能过杂;②要有的放矢;③班主任要做好"导演"而不是"演员"。

### 考点 11 偶发事件的处理

**偶发事件**是指在教育的过程中发生的事先难以预料、出现频率较低,但必须迅速做出反应、加以特殊处理的事件。具有突发性、紧迫性、冲击性和多样性的特点。

(1)偶发事件处理的原则:①教育性原则;②客观性原则;③有效性原则;④可接受性原则;⑤冷处理原则。

(2)偶发事件处理的办法:①沉着冷静面对;②机智果断应对;③公平民主处理;④善于总结引导。

**记忆有妙招**

为方便考生记忆,编者将班主任工作的内容与方法总结成以下口诀:

**了解组织多协调,指导课外建档案,操行评定需总结,个别班会偶处理。**

## 六、班主任建设和管理班级组织的策略 【论述】 ★

**1. 创造性地规划班级发展目标**

(1)以提高素质、发展个性为导向,制定适合班级组织实际水平的发展目标;(2)在班级组织的目标管理中,既要注重提高班级的整体发展水平,又要为班级中的每个成员精心规划其个性发展目标,并创造达成合理的个人发展目标的机会和条件,使班级中的每个成员在集体目标下树立自尊、自信、自强的自我形象。

**2. 合理地确定学生在班级中的角色位置**

(1)科学地诊断班级人际关系的现状;(2)实行班干部轮换制;(3)丰富班级管理角色;(4)正确对待班级中的非正式群体。

**3. 协调好班内外各种关系**

(1)协调班级内的各种组织和成员的关系;(2)协调与各任课教师及学校其他部门、其他班级的关系;(3)协调班级与社会、家庭的关系;(4)协调好班级内的各种活动和事务。

**4. 构建"开放、多维、有序"的班级活动体系**

班级活动可分为日常性活动和主题性活动,都蕴藏着丰富的教育资源。班级建设必须构建一个由自主性的课堂教学活动、选择性的课外活动、创造性的社会实践活动有机组合的开放、多维、有序的共同活动体系,从而为每一个成员提供发现、尝试、锻炼和表现自己天赋和才能的自由时间和空间。

**5. 营造健康向上、丰富活跃的班级文化环境**

创建班级文化要做到:(1)营造文化性物质环境;(2)营造社会化环境;(3)营造良好的人际环境;(4)营

造正确的舆论和班风；(5)营造健康的心理环境。

真题面对面

[2021四川，论述]班主任建设和管理班级组织的主要策略有哪些？

答案：详见内文

第二部分

## 核心考点回顾

1. 班级管理的内容有哪些？(参见本书P197)
2. 班级管理的模式有哪些？(参见本书P198)
3. 班集体形成与培养的策略有哪些？(参见本书P201)
4. 班主任工作的内容主要有哪些？各项内容应该如何理解？(参见本书P203)

# 达标测评

| 建议用时 | 实际用时 | 测评总分 | 实际得分 |
| --- | --- | --- | --- |
| 30分钟 | ______分钟 | 25分 | ______分 |

一、单项选择题(每小题1分，共4分)

1. 最早使用“班级”一词的著名教育家是(　　)

A. 夸美纽斯　　B. 布鲁纳　　C. 罗杰斯　　D. 埃拉斯莫斯

2. 下列哪项工作是班主任的主要任务和工作重点(　　)

A. 对学生进行思想品德教育　　B. 教育学生努力学习，完成学习任务

C. 指导学生课余生活，关心学生身体健康　　D. 做好家长工作，争取社会有关方面的配合

3. 班主任在课余时间和学生聊天以了解学生的方法是(　　)

A. 谈话法　　B. 访问法　　C. 问卷法　　D. 作品分析法

4. 某班班主任和班委干部商量后，成立了班级事务委员会，班级事务工作由委员长齐同学做好分配，其他班级成员积极参与配合。在班主任的指点下，所有学生都参与了班级事务工作，教师省心，学生也得到了锻炼。这种班级管理模式属于(　　)

A. 常规管理　　B. 平行管理

C. 民主管理　　D. 目标管理

二、多项选择题(本题共2分)

下列属于班级的个体化功能的主要表现的有(　　)

A. 促进发展的功能　　B. 满足需求的功能

C. 诊断功能　　D. 矫正功能

E. 指导生活目标

三、判断题(每小题1分，共2分)

1. 班主任写的评语要生动而具体，既要展现学生的优点，也要适当地指出其不足。(　　)

2. 班主任组织班会时，要做好“演员”。(　　)

四、简答题(本大题共5分)

简述做好个别教育工作的一般要求。

五、案例分析题(本大题共12分)

小袁曾是班上有名的“差生”,不但成绩拖全班的后腿,还经常惹“乱子”。有一次他要参加学校美术兴趣小组。鉴于他的表现,起初,我不想同意,后来一想,还是让他去参加吧,也许借此契机能促使他转变。于是,我批准了他的请求。不久,学校举办了“第二课堂展览”,我们班有一幅美术作品获了大奖。没想到这幅作品竟出自小袁之手。我在班会上称赞他心灵手巧,敢于创新。说来也奇怪,从此以后,小袁像变了一个人似的,学期结束,他还被评上了文明学生。

请说明案例中的老师在教育实践中是如何转变“差生”的。



## 参考答案及解析

一、单项选择题

1. D [解析]文艺复兴时期的著名教育家埃拉斯莫斯最先提出“班级”一词。
2. A [解析]对学生进行思想品德教育是班主任的主要任务和工作重点。故选A项。
3. A [解析]谈话法是班主任通过与学生面对面谈话来深入了解学生情况的方法,具有灵活、方便、容易了解事情细节、有利于感情沟通等特点。
4. C [解析]班级民主管理是指班级成员在服从班集体的正确决定和承担责任的前提下参与班级全程管理的一种管理方式。其实质是在班级管理的全过程中,调动学生自我教育的力量,使人人都积极主动地参与班级事务。故题干所述体现的班级管理模式属于民主管理。

二、多项选择题

ABCD [解析]班级的个体化功能主要表现在:(1)促进发展功能;(2)满足需求功能;(3)诊断功能;(4)矫正功能。

三、判断题

1. √ [解析]班主任写评语要简明、具体、贴切,严防用词不当伤害学生的情感;并且要充分肯定学生的进步,并适当指出他们的不足。
2. × [解析]组织班会时,班主任要做好“导演”而不是“演员”。

四、简答题(参考答案)

(1)摸清情况,分析原因,区别对待;(2)热爱和尊重学生,促其转化;(3)发现“闪光点”,及时表扬,逐步提高;(4)自我剖析,制定措施,接受监督;(5)常抓不懈,持之以恒。

五、案例分析题(参考答案)

所谓“差生”,也就是常说的“后进生”,通常指那些学习积极性不高、学习成绩暂时落后、不太守纪律的学生。后进生是一个相对概念,班主任在运用时应谨慎。后进生一般具有如下心理特征:不适度的自尊心;学习动机不强;意志力薄弱。对于后进生的教育,班主任应注意:(1)关心爱护后进生,尊重他们的人格;(2)培养和激发学习动机。

案例中的老师并没有因为小袁是有名的“差生”而不批准其参加兴趣小组,尊重了他的人格;得奖后,老师及时表扬和鼓励他,增强了小袁的自信心,激发了小袁的学习动机,进而他的表现也越来越好,被评上了文明学生。

# 第九章　课外活动与三结合教育

思维导图

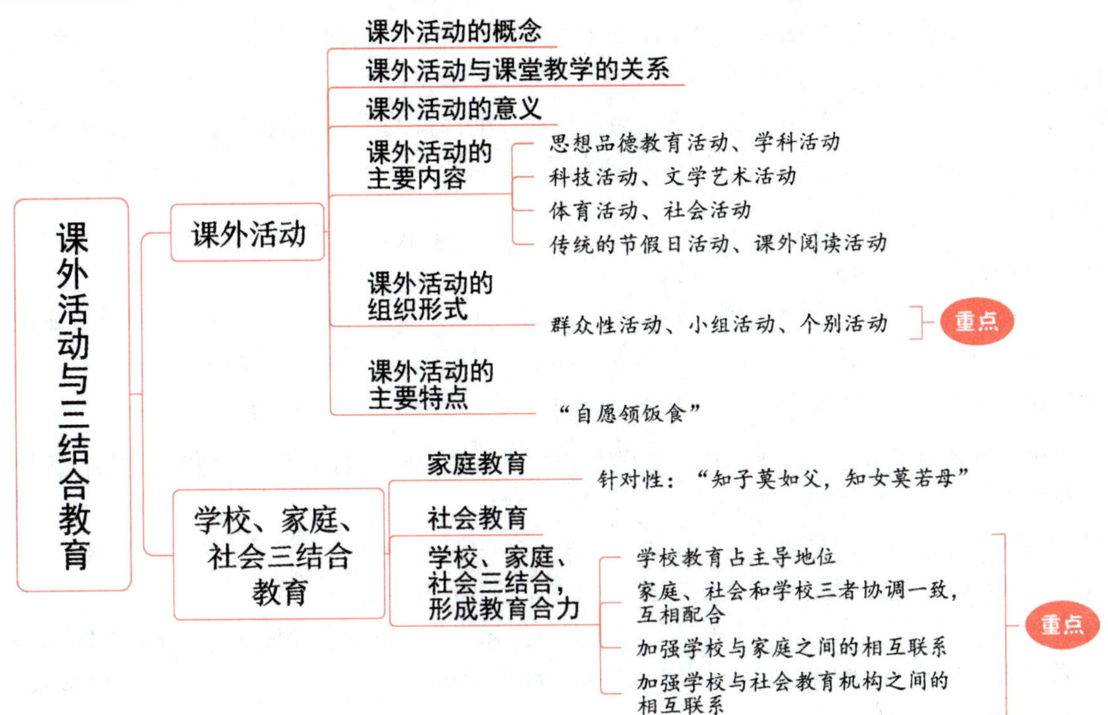


## 考向分析

本章属于教育学的基础章节，也是河北、湖北、四川、辽宁、黑龙江、内蒙古等省份的特岗笔试重点考查的章节，识记性知识多，在考试中常以选择题、判断题、简答题等形式考查。本章的考向分析如下：

| 考点名称 | 常考题型 | 能力层级 | 考查热度 |
|---|---|---|---|
| 课外活动的组织形式 | 单选、多选 | 识记 | ★★ |
| 课外活动的主要特点 | 单选、多选 | 识记 | ★★ |
| 学校、家庭、社会三结合，形成教育合力 | 单选、多选、判断、简答 | 识记、理解 | ★★ |

核心考点

## 第一节　课外活动

### 一、课外活动的概念

**课外活动**是指在课程计划和学科课程标准以外，利用课余时间，对学生施行的各种有目的、有计划、有组织的教育活动。

在学校的教育教学活动中，课堂教学包括课程计划中计入总课时的必修课和选修课。因此，选修课、自习课不属于课外教育。课外活动不限于校内活动，凡是由学校在课外组织的活动，都属于课外活动。

## 二、课外活动与课堂教学的关系　【单选】★

课外活动与课堂教学既有联系，又有区别。

(1)从两者的联系看，它们的目的是一致的，都是为了实现全面发展的教育目的。此外，两者在教育过程中是互相配合、互相补充的。课堂教学使学生掌握系统的科学文化知识，又为课外活动提供条件；在课外活动中，学生运用所学知识，锻炼活动能力，使学习效果得到发展和提高。

(2)课外活动又区别于课堂教学，有着不可替代的教育作用。它对课堂学习有一定的促进作用，但又不仅仅局限于课堂教学的内容和教学大纲的范围。



课外活动不是课堂教学活动的延伸，不是为完成作业而开辟的领域，它主要是通过活动的形式促进学生的全面发展。课外活动在学生的发展中有其本体性的功能，也就是说，课外活动在学生的发展中有其独特的价值。

## 三、课外活动的意义

(1)课外活动有利于学生开阔眼界，获得知识；(2)课外活动有利于发展学生智力，培养学生的各种能力；(3)课外活动是进行德育的重要途径；(4)课外活动是因材施教，发展学生个性特长的广阔天地。

## 四、课外活动的主要内容　【单选、填空】★

(1)思想品德教育活动。课堂教学中严谨的思想品德教育更多地给学生以理性的认识，而课外鲜活的现实活动则能给学生切实的感受，更能震撼学生心灵。

(2)学科活动。学科活动是以学习和研讨某一学科的知识或培养某一方面的能力为主要目的的活动。这类活动是学校课外活动的主体部分，学校应高度重视，分科组织落实。

(3)科技活动。科技活动是以让学生学习和了解科技知识为目的的课外活动。例如，举办科技讲座，参观游览，成立无线电小组、航模小组、园艺小组等，开展小发明、小创造、小制作、小实验、小论文等“五小活动”。

(4)文学艺术活动。文学艺术活动主要是培养学生对文艺的爱好和发展学生文艺方面的才能。例如，组织文学作品的欣赏和评论、参观展览等，还可以成立美术、书法、摄影等文艺小组。

(5)体育活动。体育活动的主要目的是发展学生的体能，增强他们的体质，训练他们的运动技能，培养他们吃苦耐劳的精神和对体育运动的兴趣，并尽可能地满足体育爱好者的需要，及早发现和培养体育专业人才。

(6)社会活动。社会活动是让学生走出学校接触社会，了解科学技术的发展，了解社会生活、经济建设实际状况的教育活动。包括社会调查、参观、考察、访问以及各种无偿的社会服务和公益劳动。

(7)传统的节假日活动。中小学的课外活动要充分利用传统节假日，适时对学生进行教育，让学生更好地了解这些节假日所承载的文化内涵，形成民族意识，养成优良品行。

(8)课外阅读活动。课外阅读活动是指在课堂教学范围之外，学生根据自己的兴趣爱好或某一方面的需要进行的一种自觉的读书活动。

## 五、课外活动的组织形式　【单选、多选】★★

### 1. 群众性活动

群众性活动是一种面向多数或全体学生的带有普及性质的活动。群众性活动的方式有集会活动，竞赛活动，参观、访问、游览和调查活动，文体活动，墙报和黑板报，社会公益劳动和主题系列活动等。

### 2. 小组活动

小组活动是课外活动的基本组织形式。小组活动以自愿组合为主，根据学生的兴趣、爱好和学校的具体条件，进行有目的、有计划的经常性活动。小组活动的特点是自愿组合、小型分散、灵活机动。

### 3. 个人活动

个人活动(也称个别活动)是指学生在教师指导下,在课外、校外单独进行的活动。它往往与小组或群众性活动相结合,由小组或集体分配任务,根据个人的兴趣和才能单独进行。个人活动能充分发展学生的兴趣爱好,丰富和充实学生的精神生活,培养学生独立完成作业的能力。

## 六、课外活动的主要特点 【单选、多选】 ★★



### 1. 自愿性

课外活动是在课堂教学计划之外,学生自由选择、自愿参加的一种活动,强调学生可以按照自己的兴趣爱好和特长自愿选择,可以根据自己的条件、能力和状态,选择、控制、调节活动内容和方式等。这就能够比较充分地照顾到每个学生的兴趣和爱好,有利于发展学生的特殊才能。教师可以向学生介绍各种课外活动,诱发学生的动机,给予指导,但参加与否,决定权在学生,不具有强制性。

### 2. 自主性

课外活动可以由学生自己组织、设计和动手。可以说,课外活动是学生自己的活动,学生是课外活动的主体。同时,这也突出了学生的独立性。教师是活动的指导者、辅导者,对学生活动的组织起辅助作用。

### 3. 灵活性

课外活动,无论是活动的内容,还是活动的形式都体现了灵活性。活动的具体内容是根据课外活动的目的,从现有设备条件,辅导教师的特点、能力以及学生的不同需要出发确定的。活动的组织形式也是多种多样的,它包括小组活动、群众性的调查参观、竞赛演讲、个人活动等,要根据实际情况灵活安排。

### 4. 实践性

课外活动注重学生的实践环节。在活动中,学生的知识和技能主要通过自己设计、动手获得;那些经由教师辅导获得的知识和技能,学生可运用到实践当中来验证它们的科学性,这样也就培养了学生的实践能力。

### 5. 广泛性

课外活动的内容不受课程计划、课程标准的限制,可以根据参加活动者的愿望和要求,以及学校、校外教育机关的具体条件而确定。只要围绕学校的教育目的,课外活动的内容可非常广泛,可涉及科技活动、文学艺术活动、体育活动、生产劳动以及各种社会实践活动等。不仅如此,课外活动的内容还富有伸缩性,内容可深可浅、可宽可窄、可多可少。课外活动内容的广泛性,能拓宽学生的学习空间,丰富学生的生活,充实学生的精神世界,满足学生发展多方面才能的需要。

**记忆有妙招**

为方便考生记忆,编者将课外活动的主要特点总结成以下口诀:
**自愿领饭食。自:**自主性。**愿:**自愿性。**领:**灵活性。**饭:**广泛性。**食:**实践性。

# 第二节 学校、家庭、社会三结合教育

## 一、家庭教育 【单选】 ★

家庭是人们生活和消费的最基本单位,承担着生养和教育子女的基本社会职能。家庭对儿童和青少年身体的发育、知识的获得、能力的培养、品德的陶冶、个性的形成都是至关重要的。狭义的家庭教育是指在家庭生活中,由父母或其他年长者对其子女与年幼者实施的教育和影响。广义的家庭教育应当是家庭成员之间的一种影响。我们一般所说的家庭教育,是狭义的家庭教育。家庭教育是学校教育的基础和补充,有不可替代的教育作用。

**考点1** 家庭教育的特点

(1)先导性。家长的政治态度、对问题的看法,甚至思想作风、爱好特长,都直接或间接地影响着学生。家庭这种先入为主的教育对他们以后的德、智、体等方面的发展影响极大,甚至影响他们的未来。

(2)感染性。所谓感染性,就是人的喜、怒、哀、乐等情感能够引起别人产生同样的或与之相联系的情感。情感的感染性像无声的语言,对人起着感动和感化的作用,是一种潜移默化的力量。

(3)权威性。家庭教育与其他教育相比,具有更大的权威性。家长的权威是家庭教育成功的保障和前提。

(4)针对性。人们常说:"知子莫如父,知女莫若母。"子女自幼随父母生活,长期相处,父母能够全面细致地了解、熟知子女。

(5)终身性。家庭教育的终身性是家庭教育的一个显著特点。

(6)个别性。与学校教育中教师要面对几十名学生相比,学生在家庭里有可能得到更多的个别教育。

**考点2** 家庭教育的基本要求

(1)环境和谐——创造和谐的家庭环境;

(2)方法科学——家长教育子女需要科学的态度和方法;

(3)以身作则——树立良好的榜样;

(4)爱严相济——家长要把对孩子的关心爱护与严格要求紧密结合;

(5)要求一致——家长对孩子的要求应统一,前后一贯;

(6)全面关心——要对孩子的物质生活与精神生活、身体健康与心理健康、智力开发与非智力因素的培养等多方面给予全面关心,把孩子培养成全面发展的合格公民。

## 二、社会教育

社会教育主要是指学校、家庭环境以外的社区、文化团体和组织等给予儿童和青少年的影响。它主要通过以下途径和形式来影响儿童和青少年的身心发展。

### 1. 社区对学生的影响

社区环境对儿童的价值观念和生活习惯的养成有着直接的影响。

### 2. 各种校外机构的影响

各种校外教育机构主要是指少年宫、少年科技站、各种业余学校等。这些机构在一定程度上弥补了学校教育的不足,在培养儿童和青少年不同兴趣爱好和特长方面发挥着重要的作用。

### 3. 报刊、广播、电影、电视、戏剧等大众传播媒介的影响

由于报刊、广播、电影等大众传播媒介具有灵活性、生动形象、趣味性强等特点,因此深受儿童和青少年的喜爱,并对他们产生了巨大吸引力和影响力。教师和家长在指导青少年儿童接受宣传教育时要注意培养他们的辨别能力和批判能力,自觉抵制不良影响。

## 三、学校、家庭、社会三结合,形成教育合力 【单选、多选、判断、简答】★★

**教育合力**是指学校、家庭、社会三种教育力量相互联系、相互协调、相互沟通,统一教育方向,形成以学校教育为主体、以家庭教育为基础、以社会教育为依托的共同育人的力量,使学校、家庭、社会教育一体化,以提高教育活动实效。

**考点1** 学校教育占主导地位

学校作为专职教育机构,有着明确的目的、周密的计划、科学的组织,有经验丰富、掌握青少年学生身心发展规律的专门教育工作者。同时,学校具有学生集中、学习环境好、规章制度健全、育人周期长等明显的教育优势,并在社会上具有广泛的凝聚力、号召力,容易得到包括党政机关在内的社会各界的支持协助。

## 考点 2 家庭、社会和学校三者协调一致，互相配合

三者协调一致有利于保证整个教育在方向上的高度一致，实现各种教育间的互补作用，从而加强整体教育效果。

## 考点 3 加强学校与家庭之间的相互联系

学校可以通过与家庭相互访问、建立通讯联系、定时举行家长会、组织家长委员会、举办家长学校等途径加强与家庭之间的联系。

第二部分

## 考点 4 加强学校与社会教育机构之间的相互联系

**1. 建立学校、家庭和社会三结合的校外教育组织**

校外教育组织的任务是：(1)相互交换情况，研究学生在学校、家庭和社会上的各种表现；(2)宣传好人好事；(3)制订转变后进生的计划和具体措施；(4)共同协商一些主要问题，如学生勤工俭学、校外文体活动所需要的器材、指导教师和场地等问题。

**2. 学校与校外教育机构建立经常性的联系**

学校应与宣传部门、社会公共文化机构及专门性的社会教育机构建立联系，通过开展各种活动丰富学生的课余生活，提高学生对社会的关注度及实践能力。

**3. 采取走出去、请进来的方法与社会各界保持密切联系**

社会各界可以指有关工矿、企业和部队等单位。学校可以请这些单位的优秀同志到学校做报告或聘请他们为校外辅导员，也可以组织学生到这些地方参观、访问和劳动。

在我国，家庭、学校和社会的根本利益是一致的。为了使受教育者身心得以健康的发展，学校应成为这三者相互联系、相互配合的最积极的倡导者和组织者，而家庭和社会应大力支持学校工作。

### 真题面对面

[2021河北，简答]为什么学校教育占主导地位？

**答案：**详见内文

## 核心考点回顾

1. 课外活动的内容、组织形式、主要特点分别有哪些？(参见本书P210)
2. 家庭教育的特点有哪些？(参见本书P212)
3. 三结合教育具体指哪三种教育？(参见本书P212)

## 达标测评

| 建议用时 | 实际用时 | 测评总分 | 实际得分 |
|---|---|---|---|
| 15分钟 | ______分钟 | 15分 | ______分 |

一、单项选择题(每小题1分，共5分)

1. 课外活动不包括(　　)

A. 社会活动　　B. 科技活动　　C. 文学艺术活动　　D. 选修课

2. 孩子从很小的时候就会模仿父母的行为，所以父母一定要做好榜样，表里如一。这体现的是家庭教育的(　　)

A. 先导性　　B. 权威性　　C. 感染性　　D. 针对性

3. “养不教，父之过”，我国历来重视亲子关系，重视父辈对子辈的家庭教育。下列关于家庭教育的说法，错误的是(　　)

A. 家庭教育是学校教育的基础和补充
B. 家庭是第一所学校，父母是第一任老师
C. 家庭教育内容更具有生活化的特点
D. 家庭教育占主导地位，影响孩子的一生

4. 课外活动的内容可涉及科技活动、文学艺术活动、生产劳动以及各种社会实践活动等多个方面。这体现了课外活动的(　　)

A. 自主性
B. 实践性
C. 广泛性
D. 自愿性

5. 课外活动与课堂教学在(　　)上是统一的。

A. 教育目的
B. 教育内容
C. 教育方法
D. 教育组织形式

二、判断题(本大题共1分)

当前社会上存在的“5+2=0”现象，反映了学校、家庭、社会三方要充分合作，才能促进学生全面发展。(　　)

三、辨析题(本大题共4分)

课外教育的开展要因地制宜，要与当地的经济、文化的发展要求相适应。

四、简答题(本大题共5分)

简述家庭教育的基本要求。

## 参考答案及解析

一、单项选择题

1. D　[解析]选修课属于课堂教学，不是课外活动。
2. A　[解析]家庭教育具有先导性的特点，家庭的生活环境和家长的言行举止，从小就对孩子产生了深远影响。故题干的描述体现的是家庭教育的先导性特点。
3. D　[解析]学校教育占主导地位，选项D说法错误。
4. C　[解析]题干所述内容说明了课外活动的内容涉及的范围非常广泛，体现了课外活动的广泛性。
5. A　[解析]课外活动与课堂教学的目的是一致的，都是为了实现全面发展的教育目的。故选A项。

二、判断题

√　[解析]“5+2=0”的现象说明学校教育和家庭教育、社会教育的方向不一致，导致教育效果落空。因此，只有当学校、家庭、社会三种教育力量相互联系、相互协调、相互沟通，统一教育方向，才能取得很好的教育效果，促进学生的全面发展。

三、辨析题

(1)这种说法是正确的。(2)我国幅员辽阔，各地情况千差万别。发达地区和边远地区、城市和农村、重点学校与一般学校，在经济文化背景、学校物质条件和师资水平等方面相差很大。因此，开展课外教育要因地制宜、因校制宜，要与当地的经济、文化的发展要求相适应。

四、简答题(参考答案)

(1)环境和谐——创造和谐的家庭环境；(2)方法科学——家长教育子女需要科学的态度和方法；(3)以身作则——树立良好的榜样；(4)爱严相济——家长要把对孩子的关心爱护与严格要求紧密结合；(5)要求一致——家长对孩子的要求应统一，前后一贯；(6)全面关心——要对孩子的物质生活与精神生活、身体健康与心理健康、智力开发与非智力因素的培养等多方面给予全面关心，把孩子培养成全面发展的合格公民。

# 第十章　教育研究



## 思维导图

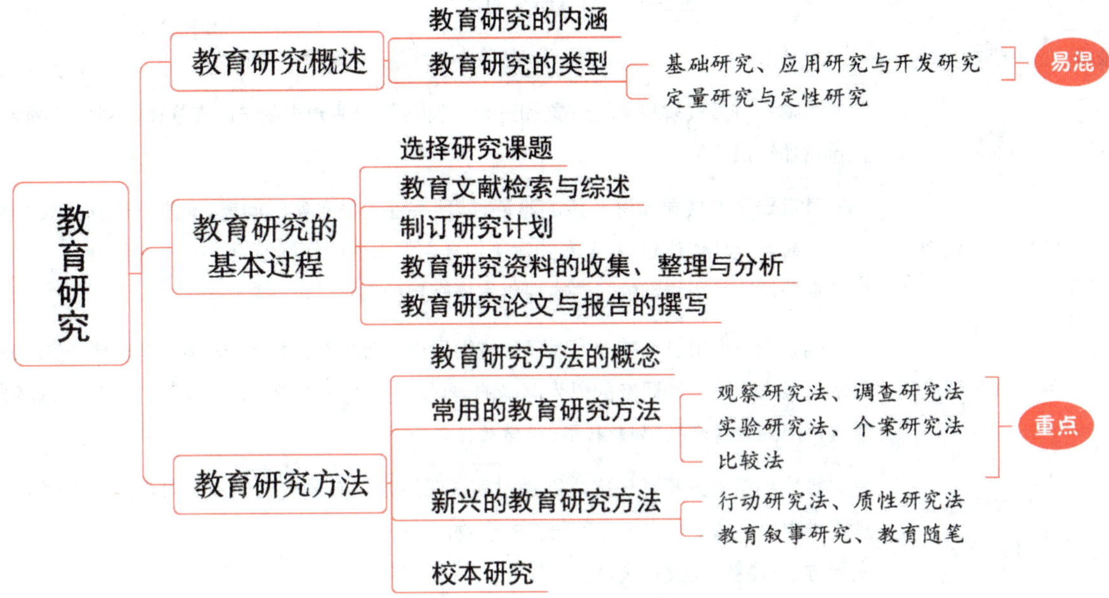


## 考向分析

本章属于教育学的基础章节，也是河南、河北、陕西、重庆、吉林、辽宁、贵州、安徽、黑龙江等省份的特岗笔试重点考查的章节，内容广泛，在考试中常以选择题、判断题等形式考查。本章的考向分析如下：

| 考点名称 | 常考题型 | 能力层级 | 考查热度 |
| --- | --- | --- | --- |
| 教育研究的类型 | 单选 | 识记、理解 | ★ |
| 教育研究的基本过程 | 单选、判断 | 识记 | ★ |
| 常用的教育研究方法 | 单选、判断 | 识记、理解 | ★★ |
| 行动研究法、教育叙事研究 | 单选、判断 | 识记、理解 | ★ |

## 核心考点

## 第一节　教育研究概述

### 一、教育研究的内涵

**考点 1**　教育研究的概念

**教育研究**是以教育问题为对象，运用科学的方法，遵循一定的研究程序，收集、整理和分析有关资料，以发现和总结教育规律的一种认识活动。教育研究同所有的科学研究一样，由三个要素组成，即客观事实、科学理论和方法技术。

考点 2 教育研究的对象

教育研究的对象是教育问题，包括理论问题与实践问题。教育问题具有以下特点：复杂性、两难性、开放性、整合性与扩散性。

## 二、教育研究的类型 【单选】 ★

表2-31 教育研究的类型

| 分类依据 | 研究类型 | 内涵 |
|---|---|---|
| 研究目的 | 基础研究 | 目的是揭示、描述、解释某些现象和过程以及它们的活动机制与内在规律。对研究领域具有直接增加知识的价值 |
| | 应用研究 | 即对基础研究的成果做进一步的验证，就所关注的某一实际问题，如某一课程设置问题、某一特殊的教师培训计划，从大量的案例中寻求概率性的必然结论。<br>目的在于解决某些特定的问题或提供直接有用的知识 |
| | 开发研究 | 在基础研究与应用研究基础上对研究成果做进一步推广以扩大其影响，实现其价值的研究。目的是寻求上述两种研究的更为明确的、具体技术的表现形式，为实际教育工作者提供能够直接运用的教育产品，如教科书、教学软件等 |
| 方法论 | 定量研究（量化研究） | 是对事物的量的分析和研究。即通过解决"是多少"等的数量问题来对事物进行研究，主要侧重于用数字和量表来描述所研究的事物。<br>主要方法：测量法、实验法等 |
| | 定性研究（质化研究） | 是对事物的质的方面的分析和研究。即通过解决所研究事物"为什么"的问题，继而对所研究的事物做出语言文字的描述。<br>主要方法：访问法、案例研究法等 |

# 第二节 教育研究的基本过程

## 一、选择研究课题 【单选】 ★

选择和确定研究课题是进行教育研究的第一步，并且是关键性的一步。

研究课题可以来源于教育实践，也可以来源于教育理论。

一个好的研究课题必须具有以下特点：(1)选题必须有价值；(2)选题必须有科学的现实性；(3)选题必须明确具体；(4)选题必须新颖，有独创性；(5)选题必须有可行性。

## 二、教育文献检索与综述 【单选】 ★

考点 1 教育文献的分类

**1. 按文献的功能划分**

(1)事实性文献。事实性文献是指专门为教育科学研究提供事实证据的文献，包括古今中外已被发现和证实的各种形式、各种内容的事实资料，如文物、教育史学专著、各种测验量表、各类教育实验报告、教育名家教育实录等。

(2)工具性文献。工具性文献是指专门为教育科学研究提供检索咨询的文献，包括工具书、网上检索查询、学术动态综述等。

(3)理论性文献。理论性文献是指专门为教育科学研究提供理性认识的文献,包括教育专著、论文、文集、教育家评传、方法论著作等。

(4)政策性文献。政策性文献是指专门为教育科学研究提供政策依据的文献,包括规章制度、政府文件与统计资料等。

(5)经验性文献。经验性文献是指专门为教育科学研究提供感性认识的文献,包括调查报告、工作总结、经验、教育参考书、各级各类学校教科书、教学大纲等。

**2. 按文献的处理、加工程度划分**

(1)一次文献。**一次文献**包括专著、论文、调查报告、档案材料等以作者本人的实践为依据而创作的原始文献。

(2)二次文献。**二次文献**是对原始文献加工、整理,使之系统化、条理化的检索性文献。一般包括题录、书目、索引、提要和文摘等。

(3)三次文献。三次文献是在利用二次文献的基础上对某个范围内的一次文献进行广泛深入的分析研究之后,综合浓缩而成的参考性文献,包括动态综述、专题述评、数据手册、年度百科大全以及专题研究报告等。

真题面对面

[2018陕西,单选]在教育研究文献中,工具书、网上检索查询、学术动态综述等属于(　　)

A. 工具性文献　　B. 事实性文献　　C. 理论性文献　　D. 政策性文献

答案:A

### 考点2 教育文献检索

在教育研究过程中,文献检索是必不可少的步骤,它贯穿研究的全过程。

查阅文献资料的途径有很多,既可利用目录、索引、文摘等检索工具进行,也可利用联机检索、光盘检索、上网检索等计算机检索方法进行。其中,**网络检索**是查阅资料最快捷的方法。文献检索的基本方法包括顺查法、逆查法、引文查找法、综合查找法。

### 考点3 教育文献综述

文献资料综述,也就是在对文献进行整理、阅读、思考、分析、综合、概括的基础上,用自己的语言将与研究课题有关的文献内容叙述出来,在叙述的同时可以根据需要进行评论。

文献综述有两种类型:一种是叙述性文献综述,另一种是述评性文献综述。

## 三、制订研究计划 【单选、判断】★

**研究计划**是研究工作进行之初所做的书面规划,是如何进行研究的具体设想,是研究实施的蓝图,是实现研究目的的前提。撰写研究计划,首先必须了解研究计划的基本要求和写作形式。基本要求可以概括为四个问题:研究什么、为什么研究、怎样研究、预计成效。

制订研究计划,需要做好以下几个方面的工作:(1)确定研究类型和方法;(2)选择研究对象;(3)分析研究变量;(4)形成研究方案。

## 四、教育研究资料的收集、整理与分析

(1)收集研究资料。收集资料是研究的主要任务和研究基础。收集资料的方法有定性和定量两种,定量研究主要有调查、观察、测量、实验、文献分析等;定性研究主要有个案研究、行动研究、叙事研究等。

(2)整理研究资料。资料整理是根据调查、研究的目的,对收集和调查研究所得的资料进行科学的审核、分类、汇总和再加工的过程。

(3)分析研究资料。分析研究资料就是对收集到的教育事实和数据进行整理和分析,做理性的加工处理。资料分析的基本步骤:阅读资料—筛选资料—解释资料。

### 五、教育研究论文与报告的撰写

研究论文是对某一问题进行探讨、研究后写出的具有自己独到见解的研究文章,是研究成果的书面表达形式。分为两大类:(1)实证性的研究报告,其主要形式有实验报告、调查报告、观察报告等;(2)理论性的学术论文,常见的形式有案例、综述、述评、理论性的论文等。一般教育学术论文的结构,由题目、署名、摘要、关键词、前言、正文、结论、注释(或参考文献)等组成。其中,前言、正文和结论构成论文的主体。



**记忆有妙招**

为方便考生记忆,编者将教育研究的基本过程总结成以下口诀:
一选二检三制订,整理分析写报告。

## 第三节　教育研究方法

### 一、教育研究方法的概念

**教育研究方法**是按照某种途径,有组织、有计划、有系统地进行教育研究和构建教育理论的方式,是以教育问题为对象、以一定的方法为手段,遵循一定的研究程序,以获得教育科学规律性知识为目标的一整套系统研究过程。简言之,教育研究方法就是人们在进行教育研究中所采取的步骤、手段和方法的总称。

### 二、常用的教育研究方法　【单选、判断】★★

**考点 1** 观察研究法

**1. 观察研究法的概念**

观察研究法是指人们有目的、有计划地通过感官和辅助仪器,对处于自然状态下的客观事物进行系统考察,从而获取经验事实的一种科学研究方法。观察研究法是教育科学研究广泛使用的一种方法。观察研究法不限于肉眼观察、耳听手记,还可以利用视听工具,如录音机、录像机等。

**2. 观察研究法的类型**

表2-32　观察研究法的类型

| 分类依据 | 类型 | 特点 |
| --- | --- | --- |
| 观察的情境条件 | 自然情境中的观察 | 能收集到客观真实的材料,但材料往往是观察对象的外部行为表现 |
| | 实验室的观察 | 有严密的计划,有详细的观察指标体系,对观察情境有较严格的要求 |
| 观察的方式 | 直接观察 | 凭借人的感官,在现场直接对观察对象进行感知和描述 |
| | 间接观察 | 利用一定的仪器或其他技术手段为中介对观察对象进行的观察 |
| 观察者是否直接参与被观察者所从事的活动 | 参与性观察 | 研究者直接参与到所观察对象的群体和活动当中去,不暴露研究者真正身份,在参与活动中进行隐蔽性的研究观察 |
| | 非参与性观察 | 不要求研究人员站到与观察对象同一地位上,而是以"旁观者"的身份,采取公开或秘密的方式进行观察 |

续表

| 分类依据 | 类型 | 特点 |
| --- | --- | --- |
| 观察实施的方法 | 结构式观察 | 有明确目标、问题和范围，有详细的观察计划、步骤和合理设计的可控性观察 |
| | 非结构式观察 | 对研究问题的范围目标采取弹性的态度，观察内容项目与观察步骤不预先确定，也无具体记录要求的非控制性观察 |

**3. 观察研究法的记录方法**

(1)描述记录

①日记描述法：最早使用这种方法的是瑞士教育家裴斯泰洛齐，他以观察日记的方式对儿童自然发展进行描述。

②轶事记录法：着重记录某种有价值的行为，可以是有主题的，也可以是没有主题的，随时记录感兴趣的问题，不受任何时间和条件限制，事先也不需要做特别的编码分类。

③连续记录法：即在一段时间内连续记录观察对象的行为。

(2)取样记录

①时间取样：以时间作为选择标准，专门观察和记录在特定时间内所发生的行为。

②事件取样：个体的行为是多种多样的，从中选取有代表性的、并与研究目的有直接联系的行为进行观察，记录其发生和变化过程。

(3)行为核对表

主要是用来核对重要行为的呈现与否，观察者将规定观察的项目预先列出表格，当出现该行为时，就在该项上画"√"。此法只判断行为出现与否，不提供行为性质的材料。

**4. 观察研究法的优缺点**

观察研究法的优点：(1)可以在自然状态下获取教育事实数据；(2)不干扰观察对象的自然表现，可以获得客观、真实的数据；(3)可以对同一观察对象进行较长时间的跟踪研究。

观察研究法的不足：(1)取样小，观察研究法一般限于小样本的研究；(2)所获材料具有一定的表面性；(3)观察缺乏控制，不能说明所观察到的现象之间的因果关系。

真题面对面

1. [2022贵州，单选]根据观察法的记录方式，随时记录某种有价值的行为，不受任何时间和条件的限制，也不需要做特别的编码分类，该记录方式属于(　　)

A. 行为核对法　　B. 轶事记录法　　C. 日记描述法　　D. 事件取样法

2. [2022安徽，判断]文献法是人们有目的、有计划地通过感官和辅助仪器，对处于自然状态下的客观事物进行系统考察，从而获取经验事实的一种科学研究方法。(　　)

答案：1. B　2. ×

## 考点2 调查研究法

**1. 调查研究法的概念**

调查研究法是在教育理论指导下，通过运用观察、列表、问卷、访谈、个案研究及测验等方式，收集教育问题的资料，从而对教育的现状做出科学分析，并提出具体工作建议的一整套实践活动。在教育调查研究中，常用的调查方法有查阅资料、问卷法、开调查会、访谈法和调查表法，其中最基本、使用最广泛的方法是问卷调查。

**2. 调查研究法的优缺点**

调查研究法最突出的优点是：可以深入了解教育现状，发现问题，弄清事实，为教育行政部门制定教育政策、教育规划以及为教育改革提供事实依据。

但是调查研究法也有其自身的局限性，主要表现在：(1)调查往往只是表面的，难以确定其因果关系；(2)调查的成功往往取决于被调查者的合作态度，更多地受制于研究对象；(3)调查的可靠性有一定限制，调查者的主观倾向、态度都有可能影响被调查者，使调查的客观性降低。

第二部分

真题面对面

[2020河北，单选]通过对学生的作业本、试卷等进行分析研究，找到学生学习成绩优秀、良好、不合格的原因，这种方法属于( )

A. 观察法　　B. 实验法　　C. 文献法　　D. 调查法

答案：D

### 考点3 实验研究法

**1. 实验研究法的概念**

实验研究法是根据研究目的，运用一定的人为手段，主动干预或控制研究对象的发生、发展过程，通过观察、测量、比较等方式探索、验证所研究现象因果关系的研究方法。实验研究的目的是发现事物间的因果关系，是各类研究中唯一能确定因果关系的研究。

**2. 实验研究法的类型**

(1)按照实验研究的目的，可分为探索性实验、验证性实验和改造性实验；(2)根据对实验的控制程度，可分为前实验、准实验和真实验；(3)根据实验环境，可分为实验室实验和自然实验；(4)根据被试分配方法，可分为等组实验、单组实验和轮组实验；(5)根据自变量因素的多少，可分为单因素实验和多因素实验。

**3. 实验研究法的步骤**

(1)提出实验的假说；(2)设置变量；(3)选择实验被试，选择适当的实验组织形式；(4)对实验组实施干预，同时严密控制无关变量；(5)实验进行一个轮次或一个阶段，对因变量进行后效测试(后测)，并对结果进行比较；(6)检验课题假说能否成立。

**4. 实验研究法的优缺点**

实验研究法的优点主要有：(1)能确立因果关系，认识事物的本质和规律；(2)研究结果客观、准确、可靠；(3)能对变量进行控制，提高研究的信度；(4)能为理论的构建提供佐证和说明；(5)能将实验变量和其他变量的影响分离开来；(6)严密的逻辑性是其他研究方法难以比拟的。

实验研究法的缺点主要有：(1)应用范围有限，有些问题难以用实验的方法来解决；(2)可能会有人为造作的痕迹，实验的结果不一定就是现实的结果，缺乏生态效应等。

### 考点4 个案研究法

**1. 个案研究法的概念**

个案研究法是对某一个体、某一群体或某一组织在较长时间里连续进行调查，从而研究其行为发展变化全过程的研究方法。

**2. 个案研究法的优缺点**

个案研究法的优点是它能生动地描述过程、形象地展示个案，这是定量统计难以做到的。

个案研究法也有其自身的局限：(1)研究结论的主观性较强；(2)常常会遇到伦理道德问题；(3)个案研

究成果的推广性有限；(4)对研究人员的语言技能、洞察力有较高要求。

### 考点 5 比较法

**比较法**是根据一定的标准，对不同国家的教育制度、教育理论或教育实践进行比较研究，找出各国教育的特殊规律和普遍规律的研究方法。

## 三、新兴的教育研究方法 【单选、判断】★

### 考点 1 行动研究法

**1. 行动研究法的概念**

行动研究法是指实际工作者(如教师)基于解决实际问题的需要，与专家、学者及本单位的成员共同合作，将实际问题作为研究的主题，进行系统的研究，以期解决实际问题的一种研究方法。

**2. 行动研究法的特点**

教育行动研究的特点可以概括为“为教育行动而研究”“在教育行动中研究”“由教育行动者研究”。其中，“为教育行动而研究”指出了教育研究的目的，行动研究以提高行动质量、解决实际问题为首要目标；“在教育行动中研究”指出了研究的情境和研究的方式，行动研究以行动过程与研究过程的结合为主要表现形式；“由教育行动者研究”指出了教育行动研究的主体是实际工作者，主要是教师。

**3. 行动研究法的步骤**

行动研究的基本过程大致分为循序渐进的四个环节，即计划、行动、考察和反思。

**4. 行动研究法的优缺点**

行动研究法的优点：(1)灵活，能适时做出反馈与调整；(2)能将理论研究与实践问题结合起来；(3)对解决实际问题有效。

对行动研究法的批评：(1)研究过程松散、随意，缺乏系统性，影响研究的可靠性；(2)研究样本受具体情境的限制，缺少控制，影响研究的代表性。

**考点 再拔高**

▼ 教师提高教学研究技能的途径

教师提高教学研究技能的途径有三种：**阅读**，即教师自己阅读有关教学理论和教学研究方法的论著；**合作**，即与大学或研究机构的教学研究专家合作进行实验研究；**行动研究**，即教师针对实际问题自己思考解决问题的办法。这三种方式之中，实际上以“行动研究”最有实效。教师只有通过自主的研究才能唤起阅读的需要和合作的兴趣。

### 考点 2 质性研究法

**1. 质性研究法的概念**

质性研究法也称为“**实地研究法**”或“**参与观察法**”，它是基于经验和直觉的研究方法，以研究者本人作为研究工具，凭借研究者自身的洞察力，在与研究对象的互动中理解和解释其行为和意义建构。质性研究实际上并不是一种方法，而是许多不同研究方法的统称。

**2. 质性研究法的特点**

质性研究最早起源于人类学、社会学、民俗学等学科，近年来逐渐应用于教育领域，它的总体特征可以概括为一种归纳的、描述的、现场参与的研究方法。

**3. 质性研究法的优缺点**

质性研究法的优点：(1)适合在微观层面对教育现象进行比较深入细致的描述和分析；(2)适合对小样

本进行个案调查和比较深入的研究;(3)注重事件发生的自然情境和事件发展的动态过程。

质性研究法的不足:(1)无法精确描述群体现象;(2)研究过程周期较长、耗时费力;(3)难以检验研究的信度和效度;(4)研究在结论和推论方面都有欠缺。

### 考点3 教育叙事研究

叙事研究是抓住人类经验的故事性特征进行研究,并用故事的形式呈现研究结果的一种研究方式。它所关注的是在一定的场景和实践中所发生的故事,以及主人公是如何思考、筹划、应对、感受、理解这些故事的。即教育主体叙述教育教学中的真实情境的过程,是通过讲述教育故事,体悟教育真谛的一种研究方法。叙事研究属于一种质的研究方法,它从根本上不同于自然科学的定量研究法。

第二部分

真题面对面

1. [2021吉林,判断]教育叙事研究属于定量研究。( )

2. [2021河南,判断]中小学教师通过描述自身的教育故事,对这些故事进行意义建构,在此基础上形成对教育活动的解释性理解。这种研究方法属于行动研究。( )

答案:1. × 2. ×

### 考点4 教育随笔

教育随笔,顾名思义就是谈教育思想观点的随笔,也可以说"教育心得",主要是写教育过程中某一点体会的心得。教育随笔的主要特点是短小精悍、取材广泛、迅速及时。

## 四、校本研究 【单选、多选】 ★

### 考点1 校本研究的概念

校本教研或称校本研究是"以校为本的教学研究"的简称,指以学校自身条件为基础,以学校校长、教师为主力军,针对学校现实存在的问题而开展的有计划的研究活动。它与传统教育的最大区别是研究的重心下移到学校,是一种"从学校中来,到学校中去"的研究活动。

### 考点2 校本研究的特点

**1. 校本研究是一种实践研究**

教学研究可以分为理论研究与实践研究。理论研究的着眼点是揭示教学规律、深化教学认识;实践研究的着眼点是解决教学问题、改善教学实践。显然,校本研究是一种教学实践研究。

**2. 校本研究以校为基础和前提**

学校是真正发生教育或进行教育的地方,是教育改革的基点,教育的中心和灵魂在学校。以校为本的基本内涵是:

(1)为了学校。一切为了学校的发展,为了学校教育能力和教育精神的建设,为了学校文化的提升。

(2)在学校中。学校的发展只能在学校中进行,只有植根于学校的生活、贯穿于教学的过程,并被所有教师所认同、所追求的改革才能沉淀为学校的血肉、传统和文化。

(3)基于学校。学校发展的主体力量是校长和教师。要相信校长和教师的创造潜能,充分发挥他们的主观能动性,引导他们从学校实际出发,规划学校、发展学校。

### 考点3 校本研究的基本理念和要素

**1. 校本研究的基本理念**

(1)学校是校本教研的主阵地;(2)教师是校本教研的主体;(3)解决教学的实际问题是校本教研的核心。

2. 校本研究的基本要素

(1)自我反思。自我反思被认为是教师专业发展和自我成长的核心因素,是开展校本研究的基础和前提。

(2)同伴互助。同伴互助的实质是教师作为专业人员之间的交往、互动与合作,其基本形式有三种:对话、协作、帮助。

(3)专业引领。专业引领就其实质而言,是理论对实践的指导,是理论与实践之间的对话,是理论与实践关系的重建。



真题面对面

[2018辽宁丹东,单选]校本教研的主体是( )

A. 学生 B. 教材 C. 教师 D. 校长

答案:C

## 核心考点回顾

1. 教育研究依据不同的划分标准可分为哪几种类型?(参见本书P216)
2. 教育研究的基本过程是什么?(参见本书P216)
3. 常用的教育研究方法有哪些,各教育研究方法的概念和优缺点分别是什么?(参见本书P218)
4. 新兴的教育研究方法有哪些,各教育研究方法的概念和优缺点是什么?(参见本书P221)

## 达标测评

| 建议用时 | 实际用时 | 测评总分 | 实际得分 |
| --- | --- | --- | --- |
| 15分钟 | ____分钟 | 15分 | ____分 |

一、单项选择题(每小题1分,共4分)

1. 教育调查研究中最基本也是使用最广泛的一种研究方法是( )

A. 访谈调查 B. 测量调查

C. 个案研究 D. 问卷调查

2. ( )对研究领域具有直接增加知识的价值。

A. 定量研究 B. 开发研究 C. 基础研究 D. 应用研究

3. 某学校一年级语文教师邓老师发现所教学生错别字偏多,于是他在识字教学中尝试运用字理教学法,之后他设计申报“小学低年级学生产生错别字的心理机制与对策研究”课题。就课题产生而言,邓老师设计的课题来源于( )

A. 文献的梳理 B. 教育实践

C. 各级课题指南 D. 他人课题的启示

4. 下列对教育行动研究的表述,不正确的是( )

A. 它适用于解决实际问题 B. 它适用于解决理论问题

C. 它能将理论研究与实践问题结合起来 D. 它要求实践者与研究者相互协作

二、多项选择题(每小题2分,共4分)

1. 同伴互助的基本形式包括(　　)

A. 对话　　B. 协作　　C. 反思　　D. 帮助

2. 教育文献检索的基本方法有(　　)

A. 顺查法　　B. 逆查法　　C. 引文查找法　　D. 问卷调查法

三、判断题(每小题1分,共2分)

1. 开发研究是为了对研究的成果与经验加以运用、推广和普及。(　　)

2. 专著、论文、调查报告、档案材料等属于三次文献。(　　)

四、简答题(本大题共5分)

简述实验研究法的优点。



## 参考答案及解析

一、单项选择题

1. D　[解析]在教育调查研究中,常用的调查方法有查阅资料、问卷法、开调查会、访谈法和调查表法等,其中,最基本、使用最广泛的方法是问卷调查。

2. C　[解析]基础研究的目的是揭示、描述、解释某些现象和过程以及它们的活动机制与内在规律,对研究领域具有直接增加知识的价值。

3. B　[解析]邓老师的研究课题来源于他自己在工作中发现的教学问题以及进行的教学方法改革,所以他设计的课题来源于教育实践。

4. B　[解析]行动研究法是指实际工作者(如教师)基于解决实际问题的需要,与专家、学者及本单位的成员共同合作,将实际问题作为研究的主题,进行系统的研究,以解决实际问题的一种研究方法。

二、多项选择题

1. ABD　[解析]同伴互助的实质是教师作为专业人员之间的交往、互动与合作,其基本形式有三种:对话、协作、帮助。

2. ABC　[解析]文献检索的基本方法包括顺查法、逆查法、引文查找法、综合查找法。

三、判断题

1. √　[解析]开发研究是在基础研究与应用研究基础上对研究成果做进一步推广以扩大其影响,实现其价值的研究。它不是为了获取知识,而是为了展开知识,将研究的成果与经验加以运用、推广和普及。

2. ×　[解析]专著、论文、调查报告、档案材料等属于一次文献。

四、简答题(参考答案)

(1)能确立因果关系,认识事物的本质和规律;(2)研究结果客观、准确、可靠;(3)能对变量进行控制,提高研究的信度;(4)能为理论的构建提供佐证和说明;(5)能将实验变量和其他变量的影响分离开来;(6)严密的逻辑性是其他研究方法难以比拟的。

# 第三部分

# 心理学

# 内容导学

本部分内容共分为四章。

第一章是对心理学的概述，考查题型以客观题为主。

第二章主要介绍了认知过程的内容，考查题型以客观题为主，但也会考查主观题。

第三章是对情绪情感和意志的阐述，考查题型多侧重于客观题。

第四章主要讲述了个性心理特征和个性心理倾向性的内容，考查题型以客观题为主，但偶尔会考查主观题。

考生要重点掌握第二章、第三章和第四章的内容。在备考时，应结合历年真题与自身实际，有针对性地复习。

# 第一章　心理学概述

第三部分

## 思维导图

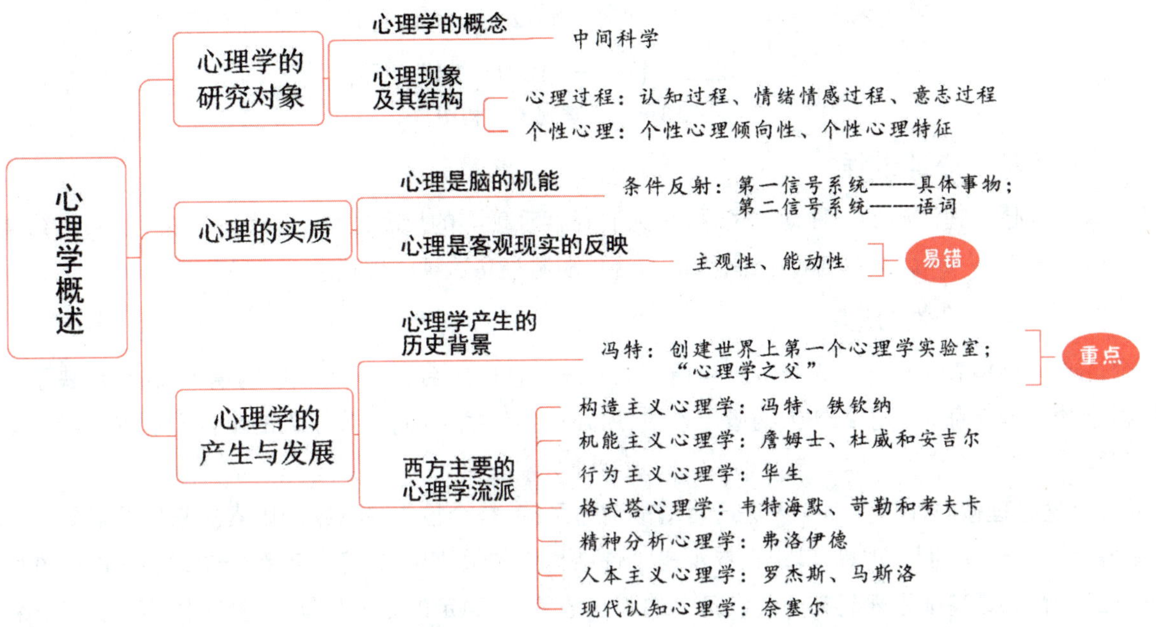


## 考向分析

本章属于心理学的基础章节，也是河南、辽宁、吉林、江西、黑龙江等省份的特岗笔试重点考查的章节，内容琐碎、识记性知识多，在考试中常以选择题、判断题、辨析题等形式考查。本章的考向分析如下：

| 考点名称 | 常考题型 | 能力层级 | 考查热度 |
|---|---|---|---|
| 心理现象及其结构 | 单选、多选、判断、辨析 | 识记、理解 | ★★★ |
| 反射与反射弧 | 单选 | 识记、理解 | ★★ |
| 心理是客观现实的反映 | 判断 | 理解 | ★★ |
| 心理学产生的历史背景 | 单选 | 识记 | ★★ |
| 西方主要的心理学流派 | 单选 | 识记、理解 | ★★ |

## 核心考点

### 第一节　心理学的研究对象

#### 一、心理学的概念

**心理学**是研究心理现象及其发生发展规律的科学，心理现象又称心理活动。心理学既研究动物的心理，也研究人的心理，而以人的心理现象为主要研究对象。心理学兼有自然科学和社会科学的性质，是一门中间(边缘)科学。

## 二、心理现象及其结构 【单选、多选、判断、辨析】★★★

心理现象非常复杂,但从形式上可以归纳为心理过程和个性心理两个方面。

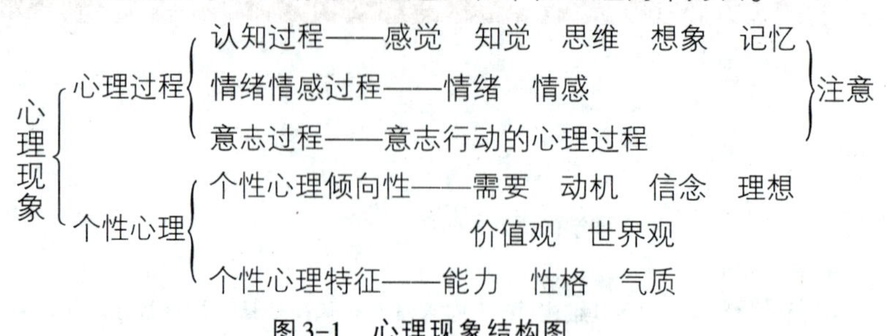


图 3-1 心理现象结构图

### 考点1 心理过程

心理过程是心理活动的一种动态过程,是人脑对客观现实的反映过程。它包括认知过程、情绪情感过程和意志过程三个方面。人的各种心理活动中,都伴随着注意这种心理状态。

### 考点2 个性心理

个性心理是指表现在一个人身上比较稳定的心理特性的综合,是一个人总的精神面貌,反映了人与人之间稳定的差异特征。由于每个人的遗传素质、所处社会环境不同,形成了人的个性心理的差异。个性心理的差异主要表现在个性心理倾向性和个性心理特征两个方面。

(1)**个性心理倾向性**是推动个人进行活动的动力系统,是个性中最活跃的因素。它包括需要、动机、兴趣、爱好、信念、理想、世界观等,其中世界观是个性结构中的最高层次,它决定着一个人的总的个性倾向和态度。(2)**个性心理特征**是表现在一个人身上的那些经常的、稳定的心理特征,包括个体的气质、性格、能力等。个性心理特征影响着个体的行为举止,集中体现了人的心理活动的独特性。

**真题面对面**

1. [2022江西,单选]影响着个体的行为举止,集中地体现了一个人心理活动的独特性的是( )

A. 个性心理倾向性　　B. 个性心理特征

C. 自我　　D. 心理状态

2. [2020黑龙江,多选]下列选项中属于心理过程的是( )

A. 认知过程　　B. 情绪情感过程　　C. 意志过程　　D. 思维过程

答案:1. B　2. ABC

# 第二节 心理的实质

## 一、心理是脑的机能

心理是脑的机能,脑是心理的器官。1861年,法国医生布洛卡解剖了一位失语症病人的脑,发现他大脑皮层的一个区域里的神经细胞严重损坏,由此证明了脑的这个部位(后称“布洛卡区”)与人的语言活动有关,以后的大量实验论证了心理是脑的机能。

### 考点1 神经系统的结构

**神经系统**是心理活动的主要物质基础。人的心理活动,都要通过它的活动来实现。

**1. 神经元**

**神经元**(又称神经细胞)是神经系统结构和机能的单位。神经元一般分为细胞体(或称胞体)、树突(短而密且分支多)和轴突(长、分支少)三部分。

**2. 神经系统**

(1)中枢神经系统

中枢神经系统包括脑和脊髓,是整个神经系统的主干。

①大脑两半球是中枢神经系统的最高部位,是整个神经系统的最高司令部。其中,大脑的结构和主要功能分区如下表所示。

表3-1 大脑的结构和功能分区

| | | |
|---|---|---|
| 结构 | 左半球 | 负责身体的右边,是抽象逻辑思维和言语中枢的优势半球。<br>主要负责言语、阅读、书写、运算和推理等 |
| | 右半球 | 负责身体的左边,是形象思维和高度空间知觉的优势半球。<br>主要处理的信息是知觉物体的空间关系、情绪情感、欣赏音乐和艺术等 |
| 功能分区 | 额叶 | 躯体运动中枢,在组织有目的、有方向的活动中,有使活动服从于坚定意图和动机的作用 |
| | 顶叶 | 感觉中枢,主要是调节机体的触压觉、温度觉、痛觉和内脏感觉等 |
| | 枕叶 | 视觉中枢 |
| | 颞叶 | 听觉中枢 |

**记忆有妙招**

为方便考生记忆,编者将大脑的结构和功能分区总结成以下口诀:

(1)左右脑的功能:**左抽烟,右星空**。**抽**:抽象逻辑思维。**烟**:言语。**星**:形象思维。**空**:空间知觉。

(2)大脑的功能分区:**额顶枕颞;动感视听**。

②脊髓是中枢神经系统的最低级部位,同时脊髓也是脑和周围神经系统的桥梁,可以完成一些简单的反射活动。

(2)周围神经系统

周围神经系统由12对脑神经和31对脊神经组成,其功能是把各感觉器官的神经冲动(信息)传给中枢,再把中枢活动的神经冲动(信息)传给有关的器官。

## 考点2 神经系统的活动方式

**1. 反射与反射弧** 【单选】★★

脑的反射活动是人的心理活动的基础,人的行为是由反射组成的。**反射**是神经系统活动的基本形式,是有机体通过神经系统对体内外刺激产生有规律的应答活动。例如,手碰到强烈刺激就立即缩回。实现反射活动的生理结构是**反射弧**,它由感受器、传入神经、中枢神经、传出神经、效应器五个部分组成。

反射分为无条件反射和条件反射。**无条件反射**是先天的,即所谓无意识的本能行为。例如,婴儿生下来就会吃奶,就有唾液分泌,这是食物反射。**条件反射**又称信号反射,是后天经过学习才能得到的反射,即所谓有意识学习得来的知识、技能、经验等。例如,婴儿见到常用的奶瓶就欢喜,并有唾液分泌。

根据条件刺激的特点,**巴甫洛夫**把大脑皮层的功能分为第一信号系统活动和第二信号系统活动。用具体事物作为条件刺激而建立的条件反射系统叫作第一信号系统,它以声、光、化学性和机械性等具体刺激,作为条件刺激的信号。这是人和动物共同具有的。例如,望梅生津。用语词作为条件刺激而建立的条件反射系统叫作第二信号系统，它是人类特有的，是人类和动物的条件反射活动的根本区别。例如，谈虎色变。

无条件反射

第一信号系统

第二信号系统

真题面对面

[2021吉林，单选]下列属于第二信号系统条件反射的是（　　）

A. 望而生畏　　B. 谈梅生津　　C. 视而不见　　D. 尝梅生津

答案：B

**2. 神经活动的基本过程与规律**

神经活动主要是指大脑皮层的活动。它的基本过程是兴奋和抑制，前者是指神经细胞的活动状态；后者是指神经细胞处于暂时性的减弱或停止的状态。例如，学习时大脑神经就处于兴奋状态，而睡眠时大脑神经细胞则处于抑制状态。机体的活动是神经系统兴奋和抑制互相对立、互相转化的结果。神经活动的基本规律包括：

（1）兴奋和抑制的扩散与集中。**扩散**是兴奋或抑制从原发点向四周扩散开来，**集中**是兴奋或抑制从四周向原发点集中（集合）过来。例如，一个令人高兴的信息，由于在大脑皮层上兴奋点的扩散，会导致人们手舞足蹈。而后，逐渐冷静下来的时候，说明了兴奋的集中，抑制的扩散。

（2）兴奋和抑制的相互诱导。相互诱导在效果上可分为负诱导和正诱导。负诱导是由兴奋过程引起或加强邻近区域的抑制过程；正诱导是由抑制过程引起或加强邻近区域的兴奋过程。相互诱导可能是同时性的，也可能是继时性的。同时性诱导是指兴奋过程和抑制过程同时发生；相继性诱导是指兴奋和抑制的发生有先后顺序。

## 二、心理是客观现实的反映 【判断】 ★★

### 考点1 客观现实决定人的心理

人的心理活动，就其产生方式来说，是客观事物引起人脑反射的活动；就其内容来说，是作用于人脑的客观现实的反映。必须强调的是，人的社会生活实践对人的心理起着决定性的作用。总之，人的心理是客观现实的反映，而社会环境和社会生活条件对人的心理起着决定性的作用。

### 考点2 心理是人脑对客观现实的主观映像

人的心理既是客观的又是主观的，它是由具体的个体在头脑中进行的。由于人的知识经验、需要、愿望以及个性特征的不同，因而对客观现实的反映也不同。所以，人的心理是客观现实的主观映像。

第三部分

## 考点 3 心理是人脑对客观现实的能动的反映

人的心理不是消极被动地、录像式地对客观现实进行反映，而是能动地去反映客观世界。人们不仅反映客观事物具体的表面现象，而且还会通过脑的分析综合，把握客观事物的本质和规律，预测客观事物发展变化的过程，从而有效地认识和改造客观世界。这些都是在实践过程中通过主客观的相互作用而实现的。

**易错点提示**

心理对客观现实的反映特性主要体现在两个方面：一个是主观性，一个是能动性。考生在区分这两个特性的时候需注意：前者强调"人心不同""仁者见仁，智者见智"，理解关键词是"不同"；后者强调人作为高级动物的主动性，理解关键词在于"不是消极被动""透过现象看本质""把握规律""预测""改造"。

**真题面对面**

1. [2022河南，判断]"仁者见仁，智者见智"是人的心理主观性的体现。(　　)
2. [2021吉林，判断]人的心理是人脑对社会现实的客观反映。(　　)

答案：1. √　2. ×



# 第三节　心理学的产生与发展

## 一、心理学产生的历史背景　【单选】★★

心理学是一门古老而又年轻的学科。在欧洲，心理学的历史可以追溯到古希腊柏拉图、亚里士多德的时代。亚里士多德的《论灵魂》是历史上第一部论述各种心理现象的著作。现代心理学的诞生和发展有两个重要的历史渊源。一是受到近代哲学思潮的影响；二是受到实验生理学的影响，现代心理学的实验方法直接来源于实验生理学。

1879年，德国著名心理学家冯特在德国莱比锡大学创建了世界上第一个心理学实验室，开始对心理现象进行系统的实验研究。在心理学史上，人们把这一事件看作是心理学脱离哲学，走上独立发展道路的标志，也意味着科学心理学的诞生。冯特因此被称为"心理学之父"。他的代表作有《生理心理学原理》《民族心理学》《心理学大纲》等。

**真题面对面**

[2021陕西，单选]科学心理学诞生的标志是(　　)

A. 艾宾浩斯的记忆研究　　B. 斯金纳提出了操作性条件反射学说

C. 冯特建立了心理学实验室　　D. 韦伯的心理学研究

答案：C

## 二、西方主要的心理学流派　【单选】★★

表3-2　西方主要的心理学流派

| 心理学流派 | 代表人物 | 主要观点 |
| --- | --- | --- |
| 构造主义心理学 | 冯特、铁钦纳 | (1)主张心理学研究人们的直接经验即意识，并把人的经验分为感觉、意象和激情状态三种元素；(2)主张采用实验内省法 |

续表

| 心理学流派 | 代表人物 | 主要观点 |
| --- | --- | --- |
| 机能主义心理学 | 詹姆士、杜威和安吉尔 | (1)主张研究意识,但是他们不把意识看成是个别心理元素的集合,而是看成一种持续不断、川流不息的过程,提出了"意识流";(2)强调对意识作用与功能的研究,不赞成构造主义对心理结构进行分析;(3)主张心理学的研究对象是具有适应性的心理活动,强调意识活动在人类有机体的需要与环境之间起重要的中介作用 |
| 行为主义心理学(西方心理学的"第一势力") | 华生 | (1)反对研究意识,主张研究行为;(2)反对内省,采用实验方法 |
| 格式塔心理学(完形心理学) | 韦特海默、苛勒和考夫卡 | 反对把意识分析为元素,而强调心理作为一个整体、一种组织的意义,认为:(1)整体不能还原为各个部分、各种元素的总和;(2)部分相加不等于整体;(3)整体先于部分而存在,并且制约着部分的性质和意义;(4)整体大于部分之和 |
| 精神分析心理学(西方心理学的"第二势力") | 弗洛伊德 | (1)研究异常行为和无意识;(2)行为根源于欲望 |
| 人本主义心理学(西方心理学的"第三势力") | 罗杰斯、马斯洛 | 着重于人格方面的研究,认为:(1)人的本质是善良的;(2)人有自由意志,有自我实现的需要 |
| 现代认知心理学(信息加工心理学) | 奈塞尔 | (1)诞生标志:奈塞尔1967年出版的《认知心理学》;(2)把心理活动看作信息加工系统,由感官搜集信息,经过分析、存储、转换,然后加以利用 |

## 核心考点回顾

1. 心理过程和个性心理分别包含哪几个方面?(参见本书P228)
2. 条件反射可以被分为哪几种? 各自的含义是什么?(参见本书P229)
3. 冯特的称号是什么? 他对科学心理学的诞生有哪些贡献?(参见本书P231)
4. 西方主要的心理学流派有哪些? 各流派的代表人物是谁?(参见本书P231)

## 达标测评

| 建议用时 | 实际用时 | 测评总分 | 实际得分 |
| --- | --- | --- | --- |
| 10分钟 | _____分钟 | 10分 | _____分 |

一、单项选择题(每小题1分,共4分)

1. 心理学是一门研究(　　)的科学。

A. 心理过程　　B. 心理现象　　C. 个性心理　　D. 认知过程

2. 历史上第一部论述各种心理现象的著作是(　　)

A.《心理学大纲》　　B.《认知心理学》

C.《论灵魂》　　D.《生理心理学原理》

3. 下列选项中,属于第一信号系统的是(　　)

A. 望梅生津　　B. 谈梅生津　　C. 含梅流涎　　D. 谈虎色变

4. 听觉中枢位于大脑皮层的(　　)

A. 额叶　　B. 顶叶　　C. 颞叶　　D. 枕叶

二、多项选择题(每小题2分,共4分)

1. 以意识为研究对象的西方心理学流派有(　　)

A. 构造主义心理学　　B. 机能主义心理学

C. 行为主义心理学　　D. 人本主义心理学

2. 下列选项中属于认知过程的有(　　)

A. 感知　　B. 记忆　　C. 思维　　D. 信念

三、判断题(每小题1分,共2分)

1. 大脑左半球主要负责形象思维和空间知觉。(　　)

2. 心理学兼有自然科学和社会科学的性质,是一门中间(边缘)科学。(　　)

## 参考答案及解析

一、单项选择题

1. B　[解析]心理学是研究心理现象及其发生发展规律的科学,心理现象又称心理活动。

2. C　[解析]亚里士多德的《论灵魂》是历史上第一部论述各种心理现象的著作。《生理心理学原理》和《心理学大纲》是冯特的代表作,奈塞尔的《认知心理学》标志着现代认知心理学的诞生。

3. A　[解析]第一信号系统指用具体事物作为刺激而建立的条件反射系统,是人和动物共有的,如“望梅生津”;B、D选项是以语词作为条件刺激建立的条件反射,属于第二信号系统;C项属于本能行为,是无条件反射。

4. C　[解析]额叶在组织有目的、有方向的活动中,有使活动服从于坚定意图和动机的作用;顶叶主要是调节机体的触压觉、温度觉、痛觉和内脏感觉等;枕叶是视觉中枢;颞叶是听觉中枢。故选C项。

二、多项选择题

1. AB　[解析]构造主义和机能主义的研究对象都是意识;行为主义心理学主张研究行为;人本主义着重人格方面的研究,认为人的本质是好的、善良的。

2. ABC　[解析]认知过程包括感觉、知觉、记忆、想象、思维等,故答案选A、B、C三项。而D项信念属于个性心理倾向性。

三、判断题

1. ×　[解析]大脑左半球是抽象逻辑思维和言语中枢的优势半球,它主要负责言语、阅读、书写、运算和推理等。大脑右半球是形象思维和高度空间知觉的优势半球,它主要处理的信息是知觉物体的空间关系、情绪情感、欣赏音乐和艺术等。

2. √　[解析]心理学兼有自然科学和社会科学的性质,是一门中间(边缘)科学。

# 第二章 认知过程

## 思维导图

认知过程

- 注意
  - 注意概述
    - 注意的特点：指向性、集中性
    - 注意的分类：无意注意、有意注意、有意后注意
  - 注意的品质
    - 广度、稳定性、分配、转移（易混）
  - 运用注意规律组织教学
- 感觉与知觉
  - 感觉
    - 感觉的规律：感觉适应、感觉对比、感觉后效、补偿、联觉（重点）
  - 知觉
    - 知觉的规律：选择性、理解性、整体性、恒常性（易错）
  - 中小学生感知觉的发展
  - 感知规律在教学中的应用
- 记忆
  - 记忆概述
    - 记忆的分类：形象记忆、情景记忆、语义记忆、情绪记忆和动作记忆；陈述性记忆和程序性记忆；外显记忆和内隐记忆
    - 记忆的品质：“准备劫持”
  - 记忆过程
    - 保持与遗忘
  - 记忆系统
    - 瞬时记忆、短时记忆、长时记忆
  - 提高记忆效果的方法（运用记忆规律，促进知识保持）
- 表象与想象
  - 表象概述
  - 想象概述
    - 想象的种类：无意想象——没有预定目的、不由自主产生；有意想象——再造想象、创造想象、幻想（重点）
  - 中小学生想象发展的特点
  - 学生想象力的培养
- 言语与思维
  - 言语
  - 思维概述
    - 思维的特点：间接性、概括性（易混）
    - 思维的类型：直观动作思维、具体形象思维和抽象逻辑思维；分析思维和直觉思维；聚合思维和发散思维；再造性思维和创造性思维；经验思维和理论思维
  - 思维的一般过程
  - 思维的基本形式
  - 创造性思维
  - 中小学生思维的发展

## 考向分析

本章属于心理学的重点章节，也是河北、辽宁、陕西、重庆、安徽、黑龙江、江西等省份的特岗笔试重点考查的章节，内容广泛，识记性和理解性知识多，在考试中常以选择题、判断题、辨析题、简答题、论述题等形式考查。本章的考向分析如下：

| 考点名称 | 常考题型 | 能力层级 | 考查热度 |
|---|---|---|---|
| 注意的分类 | 单选、多选、判断、简答 | 理解、掌握 | ★★★ |
| 注意的品质 | 单选、判断、辨析 | 理解、掌握 | ★★★ |

续表

| 考点名称 | 常考题型 | 能力层级 | 考查热度 |
| --- | --- | --- | --- |
| 感觉的相互作用规律 | 单选、判断 | 识记、理解 | ★★★ |
| 知觉的基本特性 | 单选、多选、判断 | 识记、理解 | ★★★ |
| 记忆的分类 | 单选、多选 | 识记 | ★★ |
| 遗忘及其规律 | 单选 | 识记 | ★★ |
| 影响遗忘进程的因素 | 单选、判断、简答 | 理解、掌握 | ★★ |
| 遗忘的原因 | 单选、多选、辨析 | 理解、掌握 | ★★ |
| 防止遗忘的方法——复习 | 单选、判断、简答、论述 | 掌握、运用 | ★★ |
| 记忆系统 | 单选、多选 | 识记、理解 | ★★ |
| 想象的种类 | 单选、多选、判断 | 识记、理解 | ★★★ |
| 思维的概念和特点 | 单选 | 识记、理解 | ★★ |
| 思维的类型 | 单选 | 识记 | ★★★ |



## 核心考点

# 第一节　注　意

## 一、注意概述

### 考点1　注意的概念与特点

**1. 注意的概念**

注意是心理活动或意识对一定对象的指向和集中，它是心理过程的动力特征之一。它与认知过程、情绪情感过程、意志过程难以分开，是一切心理活动的共同特征。

**2. 注意的特点**

（1）**指向性**。注意的指向性是指心理活动有选择地反映一定的对象，而离开其余的对象。注意的指向性表现为人的心理活动具有选择性。

（2）**集中性**。注意的集中性是指心理活动停留在被选择的对象上的强度或紧张度，它使心理活动离开一切无关的事物，并且抑制多余的活动，以保证注意的对象能得到比较鲜明和清晰的反映。

### 考点2　注意的功能　【单选】 ★

**1. 选择功能**

注意的选择功能，表现为人的心理活动指向那些有意义、符合需要、与当前活动相一致的刺激，避开或抑制那些无意义的、附加的、干扰当前活动的刺激和信息，具有一定指向性。

**2. 维持功能**

注意具有维持的功能，即当对外界信息进入知觉、记忆等心理过程进行加工时，注意能够把已经选择为有意义、需要进一步加工的信息保持在意识中。

**3. 调节和监督功能**

注意不仅表现在稳定而持续的活动中，而且也表现在活动的变化上。当需要从一种活动转向另一种活动的时候，注意就表现出重要的调节和监督功能，使人的活动朝向目标，并根据需要适当分配和适时转移，使其对外界事物或自己的行为、思想、情感反映得清晰和准确。另外，人在活动过程中难免会出现偏差，这时就需要注意的监控，及时加以修正。人只有在注意转移的状态下，才能实现活动的转变。

真题面对面

[2021四川，单选]学生发现自己开小差主动将注意再次转向学习，主要体现注意的(　　)

A. 选择功能　　B. 保持功能　　C. 调节功能　　D. 分配功能

答案：C

考点3　注意的分类　【单选、多选、判断、简答】★★★

根据有无目的和意志努力，注意可以分为无意注意、有意注意和有意后注意三种。

**1. 无意注意**

(1)无意注意的概念

无意注意也称不随意注意，是没有预定目的、无需意志努力、不由自主地对一定事物所发生的注意。

(2)引起无意注意的条件

①客观条件，即刺激物本身的特点。包括**刺激物的强度**，如一道强烈的光线；**刺激物之间显著的对比关系**，如万绿丛中一点红；**刺激物的活动和变化**，如活动变化的霓虹灯、演讲者抑扬顿挫的声调；**刺激物的新异性**，如画廊中新张贴的广告等。

②主观条件，即人本身的状态。包括当时的需要；当时的特殊情绪状态；当时的直接兴趣等。

重难点解读

无意注意常结合实例进行考查，下面是总结的常见实例：

(1)一名教师走到安静的教室门口时故意咳嗽两声引起的学生的注意。

(2)上课过程中，外界的刺激，如突然有人推门进来，教室外的小鸟、电闪雷鸣等引起的学生的注意。

(3)针对课堂上开小差的同学，教师故意把讲课音量提高或者突然中断讲课，引起分心学生的注意。

(4)教师讲课语言生动、形象、富有吸引力，声音抑扬顿挫，引起学生的注意。

**2. 有意注意**

(1)有意注意的概念

有意注意也称随意注意，是有预先目的、必要时需要意志努力、主动地对一定事物所发生的注意。

(2)维持有意注意的条件

①加深对目的任务的理解。②合理组织活动。③对兴趣的依从性。间接兴趣是一种对活动结果的兴趣。有了这种间接兴趣，尽管活动本身枯燥，但有意注意仍能保持很长时间，使人长久地从事这种活动，直到任务完成。④排除内外因素的干扰。

**3. 有意后注意**

有意后注意也称随意后注意，是注意的一种特殊形式，是指有自觉目的，但不需要意志努力的注意。它同时具有无意注意和有意注意的某些特征，是在有意注意的基础上发展起来的。例如，初学文言文，你可能对此不感兴趣，只是为了完成任务，这时候的注意是有意注意。此后，随着你对基础知识的掌握，对文言文

产生兴趣，凭兴趣可自然地将注意力集中到学习上，这时的注意就是有意后注意。有意后注意是一种更高级的注意，在活动进行中不容易感到疲倦，这对完成长期性和连续性的工作有重要意义，但有意后注意的形成需要付出一定的时间和精力。培养学生的有意后注意关键在于发展其对活动的兴趣。有意后注意形成的条件有两个：(1)对活动浓厚的兴趣；(2)活动的自动化。

**真题面对面**

1. [2022四川，单选]教室外汽车的鸣笛声引起了学生的“注意”。这一注意是(　　)

A. 有意注意　　B. 无意注意　　C. 有意后注意　　D. 转移注意

2. [2022重庆，多选]下列选项中，有助于引起学生无意注意的措施有(　　)

A. 增加刺激物的新异性　　B. 培养间接兴趣

C. 加大刺激物的强度　　D. 加强对学习目的和任务的理解

答案：1. B　2. AC

## 二、注意的品质　【单选、判断、辨析】★★★

### 考点1 注意的广度

注意的广度，也称注意的范围，是指在同一时间内，人们能够清楚地知觉出的对象的数目。“一目十行”指的就是注意的范围。注意的紧张度与注意的范围有着密切的联系：注意的紧张度越高，注意的范围越小；注意的范围越大，要保持高紧张度的注意就越困难。已有研究表明，在简单的任务下，注意的广度大约是7±2个组块，即5～9个项目；而互不关联的外文字母的注意的广度则约为4～6个。

### 考点2 注意的稳定性

**1. 注意的稳定性的概念**

注意的稳定性，是指注意保持在某一对象或某一活动上的时间长短特性。持续时间愈长，注意就愈稳定。

在注意的稳定性中可以区分出狭义的注意稳定性和广义的注意稳定性。**狭义的注意稳定性**是指注意保持在同一对象上的时间。**广义的注意稳定性**是指注意保持在同一活动上的时间。广义的注意稳定性并不意味着注意总是指向同一对象，而是指注意的对象和行动会有所变化，但注意的总方向和总任务不变。例如，上课时学生既要听教师讲课，又要记笔记，还要看实验演示或幻灯片等。但所有这些行为都服从于听课这一总任务，因此，他们的注意是稳定的。

**2. 注意的起伏和注意的分散**

短时间内注意周期性地不随意跳跃现象称为**注意的起伏**(或**注意的动摇**)，它是由人的感受性不能长时间地保持固定的状态，而是间歇性地加强和减弱造成的。注意的起伏周期一般为2、3秒至12秒。这种现象在复杂的认知活动中是经常发生的，但只要我们的注意没有离开当前的对象，注意起伏就不会产生消极的作用。

注意不稳定表现为**注意的分散**，也叫**分心**。注意的分散是指注意离开了当前应当完成的任务而被无关的事物所吸引。它使我们不能清晰地认识事物，所以我们必须和它做斗争。

### 考点3 注意的分配

注意的分配是指人在进行两种或多种活动时能把注意指向不同对象的现象。例如，学生在课堂上一边听课，一边记笔记。

**考点 4** 注意的转移

注意的转移是根据新的任务，主动地把注意从一个对象转移到另一个对象或由一种活动转移到另一种活动的现象。

**易混点辨析**

注意的分散、注意的转移、注意的分配与注意的稳定性易混淆，考生做题时要注意区分：(1)在注意的分散中，注意离开了当前事物而被无关事物吸引，是消极的；(2)在注意的转移中，注意主动地从一个任务转移到另一个任务，是有积极意义的；(3)而注意的分配则强调同时进行两种及两种以上活动；(4)注意始终指向同一对象或者同一活动都说明注意是稳定的。

第三部分

**真题面对面**

1. [2021陕西，单选]教师上课时一边讲课，一边观察学生的表现，这种注意的品质属于(　　)

A. 分心　　B. 注意的起伏

C. 注意的分配　　D. 注意的转移

2. [2022河北，辨析]注意转移等于注意分散。

答案：1. C　2. (1)这种说法是错误的。(2)注意的转移是根据新的任务，主动地把注意从一个对象转移到另一个对象或由一种活动转移到另一种活动的现象。注意的分散，也叫分心，是指注意离开了当前应当完成的任务而被无关的事物所吸引。因此，题干中的说法是错误的。

## 三、运用注意规律组织教学　【论述、案例分析】★

**考点 1** 根据注意的外部表现了解学生的听课状态

在课堂教学中，学生如果是认真听讲，注意教师的教学活动，会有相应的外部表现。教师通过观察学生的外部表现，既能够判断学生是否在专心听讲，又能够了解自己的教学效果，从而保证课堂教学的最优化。

**考点 2** 运用无意注意的规律组织教学

无意注意可以由刺激物本身的特点引起，刺激物本身的特点既可以成为顺利完成教学任务的因素，又可以成为造成学生学习分心的因素。因此，在教学过程中，教师要善于利用有关刺激物的特点组织学生的注意。

**1. 创造良好的教学环境**

为了使学生在学习过程中不受外部无关刺激的干扰，应该创造一个安静、整洁的教学环境。教师不仅要注意教室外环境对课堂的干扰，还应注意教室内的环境。

**2. 注重讲演、板书技巧和教具的使用**

(1)在讲课过程中，教师应该音量适中，语音、语调做到抑扬顿挫，遇到重点、难点还要加强语气，伴以适当的手势和表情。声音太大、语调平淡，容易使学生产生疲劳；声音过小，学生听不到或听不清，就很容易分心。

(2)板书是课堂教学的重要辅助手段。板书应该做到运用有度、重点突出、清晰醒目，必要时还要用彩色粉笔和图、表格加以强调。

(3)许多学科的教学还需要借助教具作为辅助手段，尤其在低幼儿童的教学中，合理使用教具可以激发学生的直接兴趣，吸引学生的无意注意。教具应该新颖直观，能够很好地说明问题。教师用教具时还要给予言语讲解，引导学生正确观察，避免学生只关注表面现象，忽略实际问题。

**3. 注重教学内容的组织和教学形式的多样化**

(1)个体的知识经验是影响无意注意产生的因素，学生更愿意关注与自己知识经验有联系的事物。这就需要教师找出教学内容与学生知识结构的结合点，提供具体的实例，引起学生的直接兴趣，维持学生的注意。

(2)教师应该运用多种教学方法和灵活、多样的教学手段，调动学生饱满的情绪状态和学习积极性，如教师在讲解和板书之外，还应穿插使用教具演示、个别提问、角色扮演、集体讨论以及动手操作等教学形式。

### 考点 3 运用有意注意的规律组织教学

学习是经验获得和行为改变的过程，是一种复杂的活动。学习过程中会遇到很多困难和干扰，如果学生只凭借无意注意是难以完成学习任务的，必须培养学生的有意注意。(1)明确学习的目的和任务；(2)培养间接兴趣；(3)合理组织课堂教学，防止学生分心；(4)运用多种教学手段。

### 考点 4 运用两种注意相互转换的规律组织教学

在教学过程中如果过分地要求学生使用有意注意，则容易引起疲劳；而如果只让学生凭借无意注意来学习，则不利于他们克服学习过程中的困难。所以，无论是在整个教学活动过程中，还是在一堂课上，教师都应充分利用两种注意转换的规律来组织教学。例如，在讲授新的教学内容时，要求学生对教学内容产生无意注意，但当讲到重点、难点时，则必须设法让学生保持有意注意，以充分理解和思考问题。此外，教师还应有意识地培养学生的有意后注意，提高学生的学习效率。

**真题面对面**

[2021 黑龙江，论述]如何利用注意规律组织教学。

答案：详见内文

## 第二节 感觉与知觉

### 一、感觉

### 考点 1 感觉的概念和种类

**1. 感觉的概念**

感觉是人脑对直接作用于感觉器官的客观事物的**个别属性**的反映，它是一种最简单的心理现象，是认识的起点。可以说感觉是一切知识和经验的基础，是人正常心理活动的必要条件。

**2. 感觉的种类**

比较常见的感觉分类，是从感觉器官的角度来划分的，即外部感觉和内部感觉。

**外部感觉**是指感受外部刺激，反映外部事物个别属性的感觉，主要分为视觉、听觉、嗅觉、味觉和肤觉(包括触压觉、温度觉和痛觉)五大类，其中，视觉在人的各种感觉中起主导作用。

**内部感觉**是指感受内部刺激，反映机体内部变化的感觉，主要分为机体觉、平衡觉和运动觉。

## 考点 2 感受性与感觉阈限 【单选】★

感觉器官对适宜刺激的感觉能力叫**感受性**。感觉阈限是指刚刚能引起感觉或差别感觉的刺激量。感受性的高低是用感觉阈限的大小来度量的。感受性与感觉阈限在数值上成反比关系，感受性高，则感觉阈限低；反之，感受性低，则感觉阈限高。

**易混点辨析**

感觉阈限与感受性易混淆，考生做题时要注意区分：感觉阈限是一种数值或范围，感受性是一种能力；两者在数值上成反比关系。

**1. 绝对感受性与绝对感觉阈限**

刺激物只有达到一定程度才能引起人的感觉。这种刚刚能引起感觉的最小刺激量，叫**绝对感觉阈限**；而人的感官觉察这种微弱刺激的能力，叫**绝对感受性**。各种感觉的绝对阈限各不相同，同一感觉的绝对阈限也会因人而异。

**2. 差别感受性与差别阈限**

两个同类的刺激物，它们的强度只有达到一定的差异，才能引起差别感觉。这种刚刚能引起差别感觉的刺激物间的最小差异量，叫**差别阈限或最小可觉差**；对这一最小差异量的感受能力，叫**差别感受性**。

**真题面对面**

[2021重庆，单选]差别感觉阈限指的是（　　）

A. 人对刺激物的感觉能力
B. 最小可觉察的刺激量
C. 刚能引起差别感觉的最小差异量
D. 人对差别的感觉能力

答案：C

## 考点 3 感觉的相互作用规律 【单选、判断】★★★

**1. 同一感觉的相互作用**

（1）感觉适应

由于刺激对感受器的持续作用而使感受性发生变化的现象，叫感觉适应。适应现象表现在所有感觉中，但是在各种感觉中的表现是不同的。

①视觉适应。视觉的适应可分为暗适应和明适应。**暗适应**是指照明停止或由亮处转入暗处时视觉感受性提高的过程。与暗适应相反，**明适应**是指照明开始或由暗处转入亮处时视觉感受性下降的过程。

②嗅觉适应。“入芝兰之室，久而不闻其香；入鲍鱼之肆，久而不闻其臭”是嗅觉的适应。

③痛觉适应。痛觉的适应很难发生，因此痛觉才成为伤害性刺激的信号而具有生物学意义。此外，过于强烈的刺激，如强烈的气味、特别热的水、苦味等，都很难产生感觉适应。

（2）感觉对比

感觉对比是同一感受器接受不同的刺激，而使感受性发生变化的现象。感觉对比分为两种：同时对比和继时对比。几个刺激物同时作用于同一感受器会产生**同时对比现象**。例如，“月明星稀”、把一个灰色的小方块放在白色的背景上，小方块就显得暗些；把相同的小方块放在黑色的背景上，小方块就显得亮些。刺激物先后作用于同一感受器会产生**继时对比现象**。例如，吃过糖之后吃橘子，会觉得橘子特别酸。

（3）感觉后效

在刺激作用停止后暂时保留的感觉现象称为**感觉后效**，即**感觉后像**。在各种感觉中，视觉的后效最显著，又称视觉后像。视觉后像有两种：正后像和负后像。注视发光的灯泡几秒钟，再闭上眼睛，就会感到眼

前有一个同灯泡差不多的光源出现在黑暗的背景里，这时出现的就是**正后像**。正后像出现以后，如果我们把视线转向白色的背景，就会感到在明亮的背景上有黑色的斑点，此时出现的是**负后像**。

**2. 不同感觉的相互作用**

(1)不同感觉的相互影响

任何一种感受器的感受性，都会因受到同时或继时发生作用的其他感受器的影响而有所变化。对某一感受器的微弱刺激，能提高其他感受器的感受性；而强烈刺激则降低其他感受器的感受性。

(2)不同感觉的相互补偿

**感觉的补偿**是指某种感觉系统的机能丧失后，由其他感觉系统的机能来弥补。例如：盲人失去视觉，通过实践活动使听觉更加敏锐；聋哑人能“以目代耳”等。

(3)联觉

一种感觉兼有另一种感觉的心理现象叫**联觉**。在日常生活中各种感觉现象经常联系在一起，由此产生了联觉，如红色给人以热烈、紫色给人以高贵、蓝色给人以安静、黑色给人以沉重的感觉等。不同的声音也会产生不同的联觉，如欢快的歌曲、沉重的乐曲等。

**真题面对面**

1. [2022重庆，单选]根据视觉负后像原理，在注视任何一种颜色后，你会在白色背景上看到一个(　　)

A. 相同颜色　　B. 相近颜色

C. 相反颜色　　D. 无关颜色

2. [2022安徽，判断]感觉适应既可引起感受性的降低，也可引起感受性的提高。(　　)

3. [2022黑龙江，判断]“月明星稀”是一种联觉。(　　)

答案：1. C　2. √　3. ×

## 二、知觉

### 考点1 知觉概述　【单选】★

**1. 知觉的概念**

知觉是在感觉的基础上产生的，它是人脑对直接作用于感觉器官的客观事物**整体属性**的反映。例如，某物体绿中透红，表皮光滑，有清香的水果气味，吃起来酸甜，人脑把这些属性综合起来，知道它是“苹果”，这便是知觉。知觉来自感觉，但又高于感觉。

**2. 知觉与感觉的关系**

表3-3　知觉与感觉的关系

| 关系 | 感觉 | 知觉 |
| --- | --- | --- |
| 区别 | 反映事物的个别属性 | 反映事物的整体属性 |
| | 仅依赖于个别感觉器官的活动 | 依赖于多种感觉器官的联合活动 |
| | 受感觉系统的生理因素影响 | 受感觉系统的生理因素、人的过去经验、心理特点的制约 |
| | —— | 与词联系在一起 |
| 联系 | (1)都是刺激物直接作用于感觉器官而产生的，都是我们对现实的感性反映形式；<br>(2)都是人类认识世界的初级形式，反映的都是事物的外部特征和外部联系 | |



第三部分

真题面对面

[2022江西,单选]关于感知觉,下列说法正确的是(　　)

A. 知道这是一个苹果是感觉的结果　　B. 知觉来自感觉但高于感觉

C. 知觉一般不需要过去经验的作用　　D. 知觉是几种不同感觉的相加

答案:B

## 考点2 知觉的种类

根据知觉过程中起主导作用的分析器,可以把知觉分为视知觉、听知觉、嗅知觉、触知觉等;根据人脑反映的对象的不同,可以把知觉分为物体知觉和社会知觉。根据知觉对象是否符合客观实际和反映现实的精确程度,可以把知觉分为精细知觉、模糊知觉、错觉和幻觉。下面主要讲解物体知觉、社会知觉和错觉。

### 1. 物体知觉

物体知觉可分为空间知觉、时间知觉、运动知觉等。

(1)空间知觉

**空间知觉**是指物体的空间特性在人脑中的反映,包括形状知觉、大小知觉、深度知觉、方位知觉等。

(2)时间知觉

**时间知觉**是对客观事物时间关系(即事物运动的速度、延续性和顺序性)的反映。

(3)运动知觉

**运动知觉**是对物体在空间位置移动的知觉,直接依赖于对象运动的速度。物体运动的速度太慢,或单位时间内物体位移的距离太小,都不能使人产生运动知觉。

运动知觉分为真正运动的知觉和似动知觉。物体按特定速度或加速度,从一处向另一处做连续位移,由此引发的知觉就是**真正运动的知觉**。**似动知觉**是指在一定的时间和空间条件下,人们在静止的物体间看到了运动,或者在没有连续位移的地方看到了连续的运动。似动知觉的主要形式有:

表3-4　似动知觉的形式

| 类别 | 定义 | 举例 |
| --- | --- | --- |
| 动景运动 | 当两个刺激(如光点、直线、图形等)按一定空间间隔和时距相继呈现时,我们就会看到从一个刺激物向另一个刺激物的连续运动现象 | 我们看到的电影、电视、霓虹灯活动广告都是按照动景运动发生的原理制成的 |
| 诱导运动 | 由于一个物体的运动使其相邻的静止的物体产生运动的现象 | 夜空中的月亮是相对静止的,而浮云是运动的。可是,由于浮云的运动,人们看到月亮在动,而云是静止的 |
| 自主运动 | 人在注视暗环境中一个微弱的、静止的光点,片刻后感觉到光点在来回移动的现象 | 在暗室里,如果你点燃一支熏香或烟头,并注视着这个光点,你会看到这个光点似乎在运动 |
| 运动后效 | 在注视向一个方向运动的物体之后,如果将注视点转向静止的物体,那么会看到静止的物体似乎向相反的方向运动 | 在注视飞速开过的火车之后,会觉得附近的树木向相反的方向运动 |

### 2. 社会知觉　【单选】★

(1)社会知觉的概念

**社会知觉**是个体在生活实践中,对别人、对群体以及对自己的知觉,也叫**社会认知**。它包括对别人的知觉、自我知觉、人际知觉三部分。

社会刻板效应与晕轮效应

(2)社会知觉常出现的几种偏差

表3-5 常见的社会知觉偏差

| 类别 | 定义 | 举例 |
|---|---|---|
| 社会刻板效应 | 对一群人的特征或动机加以概括，把概括得出的群体的特征归属于团体中的每一个人，认为他们每个人都具有这种特征，而无视团体成员中的个体差异 | 人们倾向于认为教师是儒雅的、知识渊博的；法国人是浪漫的 |
| 晕轮效应（光环效应） | 当我们认为某人具有某种特征时，就会对他的其他特征做相似判断 | 学生认为外表有魅力的老师教学能力强 |
| 首因效应（最初效应） | 在总体印象形成上，最初获得的信息比后来获得的信息影响更大的现象 | 人们交往时很注重第一印象 |
| 近因效应（最近效应） | 在总体印象形成上，新近获得的信息比原来获得的信息影响更大的现象 | 多年不见的朋友，在自己脑海中的印象最深的其实就是临别时的情景 |
| 投射效应 | 由于个体具有某种特性，因而推断他人也有与自己相同特性的心理现象 | 以小人之心，度君子之腹 |
| 积极性偏差（宽大效应） | 个体在评价他人时，往往更多地对他人做出积极的、肯定的评价，即评价他人时总有一种特别宽大的倾向 | —— |

易错点提示

社会刻板效应和晕轮效应易理解错误，考生应注意：社会刻板效应是把群体特征推及个体，认为每个个体都具有这种特征。晕轮效应即“一好百好”“一坏百坏”“爱屋及乌”，从个体的某种特征推及他的其他特征，并往往带有夸大的成分。

▼ 马太效应

《圣经·马太福音》中有一句名言：“凡有的，还要加给他，叫他有余；没有的，连他所有的也要夺过来。”后来，美国科学史研究者罗伯特·莫顿根据这句话概括出一种社会心理现象：任何个体、群体或地区，一旦在某一个方面(如金钱、名誉、地位等)获得成功和进步，就会产生一种积累优势，就会有更多的机会取得更大的成功和进步，即“好的愈好，坏的愈坏，多的愈多，少的愈少”的现象。

真题面对面

1. [2022重庆，单选]初次与某人交往，当得知他是一名知名学者时，马上断定他很有学问、有修养、性情温和、待人民主。从心理学的观点看，此种现象属于(　　)

A. 首因效应　　B. 社会刻板效应　　C. 近因效应　　D. 马太效应

2. [2021河北，单选]学生因喜欢年轻老师时尚的穿着，于是喜欢她上的课，这属于(　　)

A. 社会刻板印象　　B. 晕轮效应

C. 皮格马利翁效应　　D. 罗森塔尔效应

答案：1. B　2. B

**3. 错觉**

错觉是指在特定条件下对事物必然会产生的某种固有倾向的歪曲知觉，错觉与幻觉不同，它是在一定条件下必然产生的，是一种正常的知觉现象。错觉的种类有大小错觉、形状和方向错觉、时间错觉、倾斜错觉等。产生错觉的原因是多种多样的：既有客观的原因，也有主观的原因；既有生理的原因，也有心理的原因。研究错觉的成因有助于揭示人们正常知觉客观世界的规律。

## 考点 3 知觉的基本特性（知觉的特征或规律） 【单选、多选、判断】★★★

### 1. 知觉的选择性

知觉的选择性是指当面对众多的客体时，知觉系统会自动地将刺激分为对象和背景，并把知觉对象优先地从背景中区分出来。被清晰反映的刺激物叫知觉的对象，被模糊反映的刺激物叫知觉的背景。例如，学生听教师讲课，教师的语言就成为学生知觉的对象，听得很清楚；而其余事物，如室外的声音、室内同学的私语，就成为背景，听不清楚。知觉的对象与背景是相对的，可以互相转换。（如图3-2）

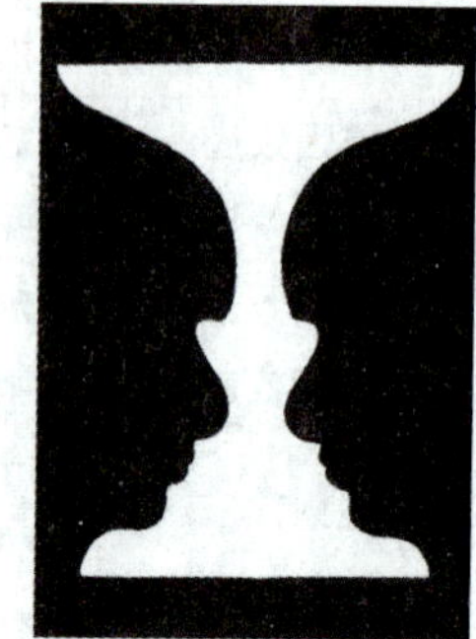
图3-2 花瓶与人脸侧影

知觉的选择性受主客观两方面因素的影响。

（1）客观方面：①刺激物的绝对强度。②对象和背景的差别性，也即差异律。③对象的活动性，也即活动律。④刺激物的新颖性、奇特性，也容易引起学生优先知觉。此外，还有组合律，即知觉对图形的组织原则。

（2）主观方面：①知觉有无目的和任务；②个体已有知识经验的丰富程度；③个人的需要、动机、兴趣、爱好、定势与情绪状态等。

### 2. 知觉的理解性

知觉的理解性是指人以知识经验为基础对感知的事物加工处理，并用语词加以概括赋予说明的加工过程。例如，外行看热闹，内行看门道。知觉的理解性与人已有的知识经验有密切关系。知识经验越丰富，理解就越深刻，知觉也就越完整、精确。

### 3. 知觉的整体性

知觉的整体性是指人根据自己的知识经验把直接作用于感官的客观事物的多种属性整合为统一整体的过程。知觉是在知识经验的基础上对感觉信息的整合过程，知觉的整体性就是人把事物各部分属性综合起来，从而能够整体地把握该事物。知觉的整体性既有助于人的知觉能力与速度的提高，也可能妨碍和干扰对部分与细节特征的反映。

知觉的整体性往往取决于四种因素：

（1）知觉对象的特点，如接近、相似、闭合、连续等因素。

（2）对象各组成部分的强度关系。

（3）知觉对象各部分之间的结构关系也影响知觉的整体性。同样一些部分，处于不同的结构关系中就会成为不同的知觉整体。例如，把相同的音符置于不同的排列顺序、不同的节拍和旋律之中就构成不同的曲调；如果曲调的各成分关系不变，只是个别刺激成分发生变化，或用不同的乐器演奏或由不同人来演唱，就不会改变我们对其歌曲整体性的知觉。

（4）知觉的整体性主要依赖于知觉者本身的主观状态，其中最主要的是知识与经验。

### 4. 知觉的恒常性

知觉的恒常性是指客观事物本身不变，但知觉条件在一定范围内发生变化时，人的知觉映像仍相对不变。知觉恒常性包括颜色恒常性、明度恒常性（亮度恒常性）、形状恒常性、大小恒常性和声音恒常性。

（1）颜色恒常性。一个有颜色的物体在色光照明下，它的表面颜色并不受色光照明的严重影响，而是保持相对不变。例如，用不太饱和的黄光照射蓝色色盘，我们看到的不是灰色，而是一种饱和度较小的蓝色。

同样，用红光照射白色的物体表面，我们看到的物体表面不是红色，而是在红光照射下的白色。

(2)明度恒常性(亮度恒常性)。在照明条件改变时，物体的相对明度保持不变，叫明度恒常性。例如，白墙在阳光下和月光下看，它都是白色的；而煤块在阳光和月色下，看上去都是黑的。

(3)形状恒常性。当我们从不同角度观察同一物体时，物体在视网膜上投射的形状是不断变化的。但是，我们知觉到的物体形状并没有显出很大变化，这就是形状的恒常性。例如，平视桌面上的一本书与斜视桌面上同一位置的同一本书，在视网膜上成像的形状虽有不同，但人对书的形状知觉却仍然保持不变。

(4)大小恒常性。当我们从不同距离观看同一物体时，物体在视网膜上成像的大小是有变化的。距离大，它在视网膜上成像较小；距离小，它在视网膜上成像较大。但是，在实际生活中，人们看到的对象大小变化，并不和视网膜映像大小的变化相吻合，而是趋向于原物的实际大小。例如，一个人从我面前走向教室后门，尽管他在我的视网膜上的投射大小有很大变化，可是我看到的大小并没有明显改变。

易错点提示

知觉的基本特性是常考点，常结合具体事例进行考查，一般来说，对其进行区分的关键在于：选择性强调对象与背景；理解性强调知识经验；整体性强调整体把握；恒常性强调条件改变而知觉映像不变。

(5)声音恒常性。尽管物体离我们的距离发生了变化，声音听起来减弱了，但我们仍然把它感知为原来的声音。例如，我们觉得飞机在高空发出的声音要大于蚊子在耳边的叫声。

第三部分

**真题面对面**

1. [2021陕西，单选]当我们走在校园时，会自动把某一事物作为知觉对象，与此同时把其他事物作为知觉的背景，这种现象说明知觉具有(　　)

A. 整体性　　B. 选择性　　C. 理解性　　D. 恒常性

2. [2021重庆，单选]“窥一斑而见全豹”所描述的人的知觉特征是(　　)

A. 整体性　　B. 选择性　　C. 理解性　　D. 恒常性

3. [2021黑龙江，判断]知觉对象与背景的关系是相对的，可以相互转化。(　　)

答案：1. B　2. A　3. √

## 三、中小学生感知觉的发展　【单选】 ★

### 考点1 感觉的发展

小学生的视觉、听觉和运动觉发展很快。视觉在整个感知觉中已占主导地位；纯音听觉的敏感度随着年龄的增长逐渐提高，但整个小学阶段都不如成人，更未达到高峰；大、小肌肉的运动觉都在发展，速度和水平与训练有关。到了初中阶段，各科教学和各种活动对青少年的感知能力提出了更高的要求。中学生的视觉感受性不断提高，区别各种颜色和色度的精确性也在增加。

### 考点2 知觉的发展

初入小学的儿童一般已能很好地辨认前后、上下、远近，但对左右方位的辨认还不完善，常常要和具体事物联系起来才能辨认。刚入学儿童对字形的感知，注意形状而不注意方位，因此他们常把b与d、p与q相混淆。这是小学生方位知觉不精确的表现。到小学三年级以后，随着思维能力的发展，学生逐渐能够比较概括、灵活地掌握一般的空间概念，但对超出经验范围较大的空间概念，掌握起来有一定的困难。

在初中阶段，少年期学生的知觉出现许多新的特点。知觉的有意性和目的性提高，精确性和概括性发展起来，也开始出现逻辑性知觉。

真题面对面

[2019辽宁辽阳，单选]个体常把"W"和"M"记混，这说明个体的(　　)不成熟。

A. 注意能力　　B. 想象能力　　C. 感知能力　　D. 逻辑能力

答案：C

## 四、感知规律在教学中的应用

### 考点1 感知规律与直观教学 【单选、判断】★

**1. 直观教学的基本形式**

(1)实物直观

实物直观指在感知实际事物的基础上提供感性材料的直观教学方式。例如，观察标本、演示实验、到工厂或农村进行实地参观访问等。

优点：实物直观富于真实性，因而有利于提高学生对教材内容的正确理解，也有助于激发学生的学习兴趣。

局限性：①实物直观往往不易突出事物的本质要素。②由于受时间、空间的限制，它无法提供某些重要的感性材料。

(2)模像直观

模像直观指观察与教材相关的模型与图像(如图片、图表、幻灯片、电影、录像、电视等)，形成感知表象。

优点：模像直观可以采用一些人为的手段消除或减弱实物直观的缺点，扩大直观的范围，提高直观的效果。正因为模像直观具有这些独特的优点，因此它已成为现代化教学的重要手段，是现代教育技术学研究的重要内容。

局限性：由于模像只是事物的模拟形象，而非实际事物本身，因此，模像与实际事物之间有一定距离。

(3)言语直观

言语直观指在生动形象的言语作用下唤起学生头脑中的表象，以提供感性材料的直观方式。

优点：①不受时间、空间和设备的限制，感性材料来源更丰富，是教学中大量采用的直观方式。②对培养学生的想象力也有独特的作用。

局限性：一般情况下，由言语唤起的表象不如通过观察实物和模型所获得的映像完整、稳定、鲜明和准确，故应将三者相结合使用。

**2. 遵循感知规律，促进直观教学**

(1)灵活选用实物直观和模像直观。一般而言，模像直观的教学效果优于实物直观。

(2)加强词和形象的配合。

(3)运用感知规律，突出直观对象的特点。

①强度律。指作为知识的物质载体的直观对象(实物、模像或言语)必须达到一定强度，才能被学习者清晰地感知。因此，在直观过程中，教师应突出那些强度低但较重要的要素，使它们充分地展示在学生面前。

②差异律。指对象和背景的差异越大，对象从背景中区分开来越容易。在物质载体层次上，应通过合理的板书设计、教材编排等方面恰当地加大对象和背景的差异。比如，凡是题目、标题、重要定律、结论等，

应用粗体字，使它特别醒目，容易被学生感知；教师应该用红笔批改学生的作业，使学生能够迅速、清楚地感知到自己的作业正确与否；教师讲到重要的地方声音要放大一些，这也会提高感知的效果。

③活动律。指活动的对象较静止的对象容易被感知。为此，应注意在活动中进行直观、在变化中呈现对象，要善于利用现代科学技术作为知识的物质载体，使知识以活动的形象呈现在学生面前。

④组合律。指空间上接近、时间上连续、形状上相同、颜色上一致的事物，易于构成一个整体被人们清晰地感知。因此，教材编排应分段分节，教师讲课应有间隔和停顿。

(4)培养学生的观察能力。

(5)让学生充分参与直观过程。

**真题面对面**

1. [2022陕西，单选]知识直观有模像直观、实物直观及(　　)

A. 言语直观　　B. 形象直观　　C. 感知直观　　D. 表象直观

2. [2021河南，判断]教师在讲课时利用手势以增强学生感知的效果，其所依据的感知规律是强度律。(　　)

答案：1. A　2. ×

## 考点2 学生观察力的发展与培养 【多选】 ★

**1. 观察的概念**

观察是人的一种有目的、有计划、持久的知觉活动，是知觉的高级形式，又叫“思维的知觉”。

**2. 观察的品质**

(1)观察的目的性。观察的目的性表现为个体在观察前能否清楚地意识到观察的目的与任务，在观察过程中能否排除干扰、有始有终地完成观察任务。

(2)观察的精确性。观察精确性强的人能细致全面地观察客体，能发现事物间的细微差别。而观察精确性弱的人则观察粗疏、笼统，容易遗漏对象的特征，对有细微差别的事物常常做出泛化的反应。

(3)观察的全面性。观察是否全面取决于观察是否有序以及是否使用了多种感官。观察有序的人观察系统，能捕捉到事物的全部信息，表达也有条理。而观察无序的人观察凌乱，容易遗漏事物的重要细节，表达也很混乱。

(4)观察的深刻性。观察肤浅的人往往只注意到事物外在的联系和表面特征。观察深刻的人却能透过现象看本质，发现事物内在的联系。

**记忆有妙招**

为方便考生记忆，编者将观察的品质总结成以下口诀：

目精面刻。目：目的性。精：精确性。面：全面性。刻：深刻性。

**3. 学生观察力的发展**

(1)小学生观察力的发展特点

①观察的目的性较差；②观察缺乏精确性；③观察缺乏顺序性；④观察缺乏深刻性。

(2)中学生观察力的发展特点

①具有明确的目的性；②持久性明显发展；③精确性提高；④概括性增强。

**4. 观察力的培养**

观察力是指人迅速、敏锐地发现事物细节和特征等方面的知觉能力。在学校教育教学中，培养学生的观察力可以从以下几个方面入手：

(1)引导学生明确观察的目的与任务，是良好观察的重要条件。

(2)充分的准备、周密的计划、提出观察的具体方法，是引导学生完成观察的重要条件。

(3)在实际观察中应加强对学生的个别指导，有针对性地培养学生的良好观察习惯。

(4)引导学生学会记录整理观察结果，在分析研究的基础上，写出观察报告、日记或作文。

(5)引导学生开展讨论、交流并汇报观察成果，不断提高学生的观察能力，培养良好的观察品质。

此外，教师还应努力培养学生的观察兴趣与优良的性格特征，如学习的坚韧性、独立性等。培养学生的观察力还应教会他们养成自觉观察的习惯。

第三部分

**记忆有妙招**

为方便考生记忆，编者将学生观察力的培养方法总结成以下口诀：

**明确目的与任务，做好准备与计划，个别指导要跟上，引导记录与汇报。**

**真题面对面**

[2021黑龙江，多选]下列符合小学生观察特点的有(　　)

A. 观察缺乏精确性　　B. 观察缺乏顺序性

C. 观察目的性较差　　D. 观察缺乏深刻性

E. 观察缺乏果断性

答案：ABCD

# 第三节　记　忆

## 一、记忆概述

### 考点1 记忆的概念

记忆是人脑对过去经验的保持和再现。它是比感知觉更为复杂的心理现象。人们感知过的事物、体验过的情绪情感、做过的活动及动作等都可能在头脑中留下痕迹，以后还会再认或回忆出来，这就是记忆现象。

### 考点2 记忆的分类　【单选、多选】★★

**1. 形象记忆、情景记忆、语义记忆、情绪记忆和动作记忆**

根据记忆的内容和经验的对象的不同，可将记忆分为形象记忆、情景记忆、语义记忆、情绪记忆和动作记忆。

(1)形象记忆是以我们感知过的事物形象为内容的记忆。例如，人们游览过“万里长城”后在头脑中留下了生动的形象，这就是形象记忆。

(2)情景记忆是以亲身经历的、发生在一定时间和地点的事件(情景)为内容的记忆。情景记忆接受和储存的信息和个人生活中的特定时间、地点有关，并以个人的经历为参照，如想起自己参加过的一个会议或曾经去过的地方。

(3)语义记忆又称语词逻辑记忆，是以语词所概括的事物的关系以及事物本身的意义和性质为内容的记忆。例如，概念、定理、公式和规则等。

（4）情绪记忆是个体以曾经体验过的情绪或情感为内容的记忆，如一朝被蛇咬，十年怕井绳。

（5）动作记忆是以做过的运动或动作为内容的记忆，又称运动记忆，如在头脑中保留的体操动作、舞蹈动作等都属于动作记忆。动作记忆中的信息保持和提取都比较容易，也不容易遗忘。

### 2. 陈述性记忆和程序性记忆

根据信息加工与存储的内容不同，可将记忆分为陈述性记忆和程序性记忆。

（1）陈述性记忆是指对有关事实和事件的记忆。它可以通过语言传授一次性获得，它的提取往往需要意识的参与。例如，我们在课堂上学习的各种课本知识和日常生活常识都属于这类记忆。

（2）程序性记忆是指如何做事情的记忆，包括对知觉技能、认知技能和运动技能的记忆。这类记忆往往需要通过多次尝试才能逐渐获得；这类记忆往往不需要意识的参与。例如，在学习游泳之前，我们可能读过一些有关的书籍，记住了某些动作要领，这种记忆就是陈述性记忆；以后我们经过不断练习，把知识变成游泳技能，真正学会了游泳，这时的记忆就是程序性记忆。

第三部分

### 3. 外显记忆和内隐记忆

根据记忆时意识参与的程度，可将记忆分为外显记忆和内隐记忆。

（1）外显记忆是指个体有意识地或主动地收集某些经验用以完成当前任务时表现出来的记忆。

（2）内隐记忆是指在不需要意识参与或不需要有意回忆的情况下，个体的已有经验自动对当前任务产生影响而表现出来的记忆。

**真题面对面**

1. [2022重庆，单选]在篮球比赛中，对于如何组织进攻、传球、上篮的记忆属于（　　）

A. 程序性记忆　　B. 语义记忆　　C. 陈述性记忆　　D. 情绪记忆

2. [2021陕西，单选]我们游览长城之后，会在脑海中留下深刻印象，这种记忆属于（　　）

A. 形象记忆　　B. 运动记忆　　C. 情绪记忆　　D. 逻辑记忆

答案：1. A　2. A

## 考点3 记忆的品质　【单选】★

表3-6　记忆的品质

| 品质 | 特征 | 含义或良好表现 | 培养注意事项 |
| --- | --- | --- | --- |
| 敏捷性 | 记忆的速度和效率特征 | 能够在较短的时间内记住较多的东西，就是记忆敏捷性良好的表现 | （1）要明确识记的目的；<br>（2）要集中注意力 |
| 持久性 | 记忆的保持特征 | 能够把知识经验长时间地保留在头脑中，甚至终身不忘，就是记忆持久性良好的表现 | （1）要善于把识记的材料纳入已有的知识体系中；<br>（2）进行及时和经常性的复习 |
| 准确性 | 记忆的正确和精确特征 | 对于所识记的材料，在再认和回忆时，没有歪曲、遗漏、增补和臆测 | （1）必须进行认真的识记，在大脑皮层上建立精确的暂时神经联系；<br>（2）在复习时要把相似的材料经常加以比较，防止混淆；<br>（3）要把正确识记的事物同仿佛记住的东西区别开，把所见所闻的真实材料与主观的增补、臆测区别开来 |

续表

| 品质 | 特征 | 含义或良好表现 | 培养注意事项 |
| --- | --- | --- | --- |
| 准备性 | 记忆的提取和应用特征 | 使人能及时、迅速、灵活地从记忆信息的储存库中提取所需要的知识经验，以解决当前的实际问题 | 要使掌握的知识系统化，这样才能做到有条不紊地从记忆仓库中，随时迅速地提取所需要的材料 |

注：记忆的准确性极为重要，如果缺乏记忆的准确性，那么记忆的其他品质也就没有了价值；记忆的准备性具体表现为出口成章、对答如流、一挥而就等。它是其他三种品质的综合体现，而其他三种品质只有与记忆的准备性结合起来，才有价值。

**记忆有妙招**

为方便考生记忆，编者将记忆的品质总结成以下口诀：

**准备劫持。准：**准确性。**备：**准备性。**劫：**敏捷性。**持：**持久性。

第三部分

**真题面对面**

[2019安徽，单选]在记忆事物时，有的人可以过目不忘，而有的人则久难成诵。这种现象显示的记忆特征是(　　)

A. 记忆的敏捷性　　B. 记忆的持久性

C. 记忆的准确性　　D. 记忆的准备性

答案：A

## 二、记忆过程

记忆过程包括识记、保持、再现(再认或回忆)三个环节。从信息加工的角度来看，记忆过程是对输入信息的编码、存储和提取的过程。信息的输入编码相当于识记过程，信息的存储相当于保持过程，信息的提取相当于再认或回忆过程。

### 考点1 识记

**1. 识记的概念**　【单选】★

识记是记忆过程的第一个基本环节，是指个体获得知识经验的过程。它具有选择性的特点，即对信息的识记具有选择性。

**真题面对面**

[2022安徽，单选]记忆过程的第一个环节是(　　)

A. 识记　　B. 保持　　C. 再认　　D. 回忆

答案：A

**2. 识记的分类**

表3-7　识记的分类

| 分类依据 | 类别 | 概念 |
| --- | --- | --- |
| 根据识记有无目的性 | 无意识记 | 事先没有预定目的，也不需要运用任何有助于识记的方法和意志努力，自然而然的识记 |
|  | 有意识记 | 有明确的目的，并运用一定方法的识记，在识记过程中需要一定的意志努力。学生的学习活动主要依靠有意识记 |

续表

| 分类依据 | 类别 | 概念 |
| --- | --- | --- |
| 根据识记材料的性质和识记方法的不同 | 机械识记 | 根据材料的外在联系，采取多次重复的方式所进行的识记，即平时所说的死记硬背 |
| | 意义识记 | 在理解的基础上，依据材料的内在联系，并运用已有的知识经验而进行的识记，有人也称之为理解记忆或逻辑记忆 |

**3. 影响识记效果的因素**

（1）识记的目的与任务；（2）识记的态度和情绪状态；（3）活动任务的性质；（4）材料的数量和性质；（5）识记的方法。在材料的难度、数量、结构形式相近的情况下，分散识记的效果优于集中识记。

## 考点2 保持与遗忘

**1. 保持及其规律**

（1）保持的概念

**保持**是指已获得的知识经验在人脑中的巩固过程，是记忆过程的第二个环节。

（2）保持的规律

保持并非原封不动地保存着头脑中识记过的材料的静态过程，而是一个富于变化的动态过程。这种变化表现在量和质两个方面：

①保持在数量上的变化，一般表现为识记的内容随着时间的进程呈减少的趋势，甚至遗忘。保持在数量上的变化还表现为记忆恢复。**记忆恢复**（记忆回涨）是指识记某种材料，经过一段时间后测得的保持量大于识记后即时测得的保持量。这种现象一般发生在儿童身上和不完全的学习（即没有达到透彻理解、牢固记忆的学习）上，并且有一定的时间限制。

②保持在质的方面的变化。一方面，记忆内容中不重要的细节部分趋于消失，而主要内容及显著特征能较好地保持，从而使记忆内容简略、概括和合理。另一方面，记忆内容中的某些特点和线索有选择地被保留下来，同时增添某些特征，使记忆内容成为较易理解的“事物”。

**2. 遗忘及其规律** 【单选】 ★★

（1）遗忘的概念

**遗忘**是与保持相反的心理过程，是指对识记过的材料不能回忆或再认，或者表现为错误的回忆或再认。遗忘并不是所记忆的信息完全丧失，而是所保持的信息不能在使用时顺利地提取出来。按照信息加工的观点，遗忘是信息提取不出或提取错误。

（2）遗忘的种类

表3-8 遗忘的种类

| 依据 | 分类 | 含义 | 原因 |
| --- | --- | --- | --- |
| 时间 | 暂时性遗忘（假性遗忘） | 已经转入长时记忆的内容暂时不能被提取，但在适宜的条件下还可能恢复，这是一种与线索有关的遗忘 | 干扰造成的提取信息障碍 |
| | 永久性遗忘（真性遗忘） | 发生在瞬时记忆与短时记忆阶段的记忆材料未经复习而消失产生的遗忘 | 衰退造成的存储性障碍 |
| 是否主动 | 主动性遗忘（有意遗忘） | 人们为了减轻心理不安，有意识地逼迫自己不去回忆那些引起特别痛苦的体验与感受的事件，或者以某种方式有意地歪曲它们，使其不再出现 | 为减轻心理不安 |
| | 被动性遗忘 | 人们因为消退、干扰、腐蚀、衰减等原因引起的遗忘 | 消退、干扰、腐蚀、衰减 |

注:弗洛伊德提出的"压抑性遗忘"及巴特莱特于1932年提出的"创见性遗忘"均属于主动性遗忘。

(3)艾宾浩斯遗忘规律

艾宾浩斯

最早对遗忘进行实验研究的是德国心理学家**艾宾浩斯**,他以自己作为实验的测试对象,选用无意义音节进行记忆,并在一段时间后进行回忆,记录回忆量,其结果如表3-9所示。然后,艾宾浩斯又根据这些点描绘出了一条曲线,这就是非常著名的揭示遗忘规律的曲线——艾宾浩斯遗忘曲线。

表3-9 遗忘数据

| 时间间隔 | 记忆量 |
|---|---|
| 刚刚记忆完毕 | 100% |
| 20分钟之后 | 58.2% |
| 1小时之后 | 44.2% |
| 8~9小时之后 | 35.8% |
| 1天后 | 33.7% |
| 2天后 | 27.8% |
| 6天后 | 25.4% |
| 一个月后 | 21.1% |

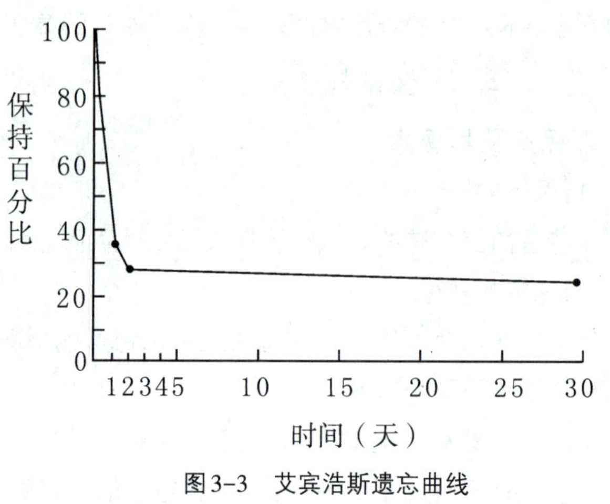

图3-3 艾宾浩斯遗忘曲线

这条曲线表明,遗忘在学习之后立即开始,而且在最初的时间里遗忘速度很快,随着时间的推移,遗忘的速度逐渐缓慢下来,过了相当长的时间后,几乎不再发生遗忘。由此可以看出,遗忘是有规律的,即遗忘的进程是不均衡的,其趋势是先快后慢、先多后少,呈负加速,并且到一定的程度就几乎不再遗忘了。

真题面对面

[2022重庆,单选]德国心理学家艾宾浩斯研究发现,遗忘的进程是不均衡的,它表现为( )

A. 中间稍慢　　B. 中间稍快　　C. 先慢后快　　D. 先快后慢

答案:D

**3. 影响遗忘进程的因素** 【单选、判断、简答】 ★★

(1)**学习材料的性质**。学习材料的性质指材料的种类、长度、难度、系列位置以及意义性。有意义的材料比无意义的材料遗忘得慢;形象、直观的材料比抽象的材料遗忘得慢;比较长的、难度较大的材料的遗忘进程更符合艾宾浩斯遗忘曲线,长度、难度适中的材料保持效果最好;凡是能引起主体兴趣,符合主体需要、动机,激起主体强烈情绪,在主体的工作、学习、生活上具有重要意义的材料,一般不易遗忘,反之,则遗忘得快。

(2)**系列位置效应**。所谓系列位置,是指在系列学习中,学习材料处于系列记忆的不同位置。位置不同,回忆效果也不同。**系列位置效应**就是指接近开头和末尾的记忆材料的记忆效果好于中间部分的记忆效果的趋势。开头部分和结尾部分的记忆效果较好,分别称为首因效应和近因效应,而效果较差的中间部分被称为渐近部分。例如,学习一篇课文,一般总是开头和结尾部分容易记住,而中间部分则容易忘记。其原因是:课文的开始部分只受倒摄抑制的影响,不受前摄抑制的影响;结尾部分只受前摄抑制的影响,不受倒摄抑制的影响;中间部分则受两种抑制的影响,因而最容易遗忘。**前摄抑制**是先学习的材料对识记和回忆

后学习材料的干扰作用。**倒摄抑制**是指后学习的材料对保持和回忆先学习的材料的干扰作用。

(3)**识记材料的数量和学习程度**。一般来说,材料越多,越容易遗忘。学习程度太小或太大,都不利于对知识的记忆。实验证明,过度学习达到50%,即学习的熟练程度达到150%时,学习的效果最好;超过150%时,效果并不递增,很可能引起厌倦、疲劳而成为无效劳动。**过度学习**是指学习达到恰能背诵之后再继续学习。例如,读一篇外语课文,学习30分钟就刚好能背诵并正确回忆,为了巩固记忆,又增加了15分钟的学习时间,这就是过度学习,其过度量为50%。

(4)**记忆任务的长久性与重要性**。一般来说,长久的识记任务有利于材料在头脑中保持时间的延长,不重要和未经复习的内容则容易遗忘。

(5)**识记的方法**。以理解为基础的意义识记比机械识记的效果好得多。

(6)**时间因素**。根据遗忘规律,记忆的最初阶段遗忘速度快,随后逐渐变慢。学习内容的保存量随时间减少。

(7)**情绪和动机**。

第三部分

**真题面对面**

1. [2021贵州,单选]临睡前的学习效果一般较好,确切地说,这是因为该阶段的学习主要不受(　　)的干扰。

A. 前摄抑制　　B. 倒摄抑制　　C. 单一抑制　　D. 多重抑制

2. [2021重庆,单选]过度学习能增强记忆效果。一般来说,最佳过度学习的比例是过度学习(　　)

A. 10%　　B. 30%　　C. 50%　　D. 70%

3. [2021河南,判断]课间休息有助于减少前后两节课记忆材料引起的前摄抑制和倒摄抑制。(　　)

答案:1. B　2. C　3. √

### 4. 遗忘的原因　【单选、多选、辨析】★★

表3-10　遗忘的原因

| 遗忘理论 | 主要观点 | 举例 |
| --- | --- | --- |
| 消退说 | 遗忘是因为记忆痕迹得不到强化而逐渐衰弱 | —— |
| 干扰说 | 遗忘是由于在学习和回忆之间受到其他刺激的干扰 | 前摄抑制、倒摄抑制 |
| 压抑说(动机说) | 遗忘是因为情绪或动机的压抑 | 考试时由于情绪紧张而引起的知识遗忘 |
| 提取失败说 | 遗忘是因为编码不准确,失去了检索线索或线索错误 | "舌尖现象"或"话到嘴边现象" |
| 同化说(认知结构说) | 遗忘是由于知识的组织和认知结构的简化 | —— |

注:"舌尖现象"或"话到嘴边现象"是指明明知道某件事,但就是不能回忆出来的现象。

**真题面对面**

1. [2021辽宁沈阳,单选]很多人都曾有过这样的经历,当要做某件事或寻找某样东西时,我们会突然忘记自己想做的事情,但当回到原来的场景时,就可以回忆起。可以解释这种现象的理论是(　　)

A. 消退说　　B. 干扰说　　C. 压抑动机说　　D. 提取失败说

2. [2019陕西,多选]能够解释学生在学习中遗忘原因的学说有(　　)

A. 干扰说　　B. 压抑说　　C. 衰退说　　D. 同化说

答案:1. D　2. ABCD

5. 防止遗忘的方法——复习 【单选、判断、简答、论述】 ★★

有效组织复习的方法有：

(1)复习时机要得当

①及时复习。遗忘发展的规律表明，识记后遗忘很快就会发生。因此，对于新学习的材料，为了防止遗忘，必须"趁热打铁"，及时进行复习。所谓及时复习就是在初期大量遗忘开始之前就进行复习。②合理分配复习时间。③间隔复习。④循环复习。

(2)复习方法要合理

①分散复习与集中复习相结合。复习难度小的材料可适当集中，难度大的材料可采取分散复习的方式，做到分散复习与集中复习相结合。对于大多数学习而言，分散复习的效果优于集中复习，因为分散复习可以降低疲劳感，可以减少前摄抑制和倒摄抑制的影响。②复习方法多样化。③运用多种感官参与复习。多种感官参与复习可以更好地提高记忆效果。④尝试回忆与反复识记相结合。

(3)复习次数要适宜

要掌握复习的量：①复习内容的数量要适当，就是说一次复习内容的数量不宜过多，因为，学习内容的数量与复习的次数及所用的时间是成正比增长的；②提倡适当的过度学习，即达到150%的学习(过度学习的材料能避免遗忘)，从而提高记忆效果。

(4)重视对记忆品质的培养

具体内容参见本节中"记忆的品质"。

(5)注意用脑卫生

脑的健康状况是影响记忆好坏的重要生理条件，它与学习和记忆有密切的关系。因此，在学习过程中，要特别重视脑的营养与适当的休息。严重营养不良，缺乏蛋白质，以及吸毒、酒精中毒、脑外伤等都会给记忆带来不良影响，使记忆力下降。

**记忆有妙招**

为方便考生记忆，编者将有效组织复习的方法总结成以下口诀：

**十次方知味。十**：时机。**次**：次数。**方**：方法。**知**：记忆品质。**味**：用脑卫生。

**真题面对面**

1. [2021吉林，单选]艾宾浩斯遗忘曲线表明，复习时主要应采取的方法是(　　)

A. 过度学习　　B. 多样化的复习方法

C. 及时复习　　D. 回忆和反复阅读相结合

2. [2021内蒙古，判断]多种感官参与学习能有效地增强记忆。(　　)

3. [2021安徽，简答]依据遗忘规律，如何合理地组织复习。

答案：1. C　2. √　3. 详见内文

## 考点3 再认或回忆 【单选】 ★

1. 再认

再认是指人们对感知过、思考过或体验过的事物，当它再度呈现时，仍能认识的心理过程。例如：好友重逢，一眼就认出了对方；旧地重游，处处有熟悉之感。再认是记忆的初级表现形式，是比回忆较为容易和简单的一种恢复经验的形式。

**2. 回忆**

(1)回忆的概念

回忆是过去经历过的事物不在面前,人们在头脑中把它重新呈现出来的过程。回忆是记忆的最高表现,是比再认更为复杂的一种恢复经验的形式。再认与回忆二者之间没有本质的区别,只有保持程度上的不同。

**易错点提示**

再认或回忆是记忆过程的最后一个环节。二者没有本质上的区别,只有保持程度上的不同。一般来说,再认比回忆要容易、简单。

再认:记忆的初级表现,如考试时回答选择题、判断题等。

回忆:记忆的最高表现,如考试时回答填空题、简答题、论述题等。

小香有话说

(2)回忆的种类

表3-11 回忆的种类

| 分类依据 | 类别 | 概念 | 举例 |
|---|---|---|---|
| 是否有预定的目的、任务和意志努力的程度 | 无意回忆 | 没有预定目的,也不需要任何意志努力的回忆 | 触景生情或偶然想起了一件往事;自由联想 |
| | 有意回忆 | 有回忆任务、并做一定的意志努力、自觉追忆以往经验的回忆 | 课堂上学生回答老师的提问等 |
| 回忆时的条件和方式的不同 | 直接回忆 | 由当前事物直接唤起旧经验的重现 | 对熟记的外语单词的回忆 |
| | 间接回忆 | 通过一系列中间环节或中介性的联想才能达到要回忆的旧经验 | 根据一些提示和推断回想起钥匙所遗落的地方 |

**真题面对面**

[2019重庆,单选]闭卷考试时,学生在头脑中呈现问答题答案的心理活动属于(　　)

A. 识记　　B. 保持　　C. 再认　　D. 回忆

答案:D

## 三、记忆系统　【单选、多选】 ★★

按照现代信息加工的观点,记忆是一个结构性的信息加工系统。根据信息从输入到提取所经过的时间、信息编码方式和记忆阶段的不同,可将记忆分为瞬时记忆、短时记忆和长时记忆。

### 考点 1 瞬时记忆(又称感觉记忆或感觉登记)

**1. 瞬时记忆的概念**

当客观刺激停止作用后,感觉信息会在一个极短的时间内保存下来,这种记忆叫**瞬时记忆**,是记忆系统的开始阶段。瞬时记忆是记忆系统在对外界信息进行进一步加工前的暂时登记。

**2. 瞬时记忆的特点**

(1)时间极短。瞬时记忆的信息贮存时间极短,大约为0.25~2秒。(2)容量较大。(3)形象鲜明。瞬时记忆贮存的信息是未经任何处理,以感觉痕迹的形式存在的,完全按客观刺激的物理特性编码,并按感知的先后顺序被登记,所以形象鲜明。(4)信息原始,记忆痕迹容易衰退。

**3. 瞬时记忆的编码**

瞬时记忆的编码方式有图像记忆和声像记忆两种。图像记忆保持的时间约1秒左右，声像记忆虽超过1秒，但也不长于4秒。图像记忆是瞬时记忆的主要编码形式。有研究发现，听觉通道也存在瞬时记忆。

## 考点2 短时记忆(又称工作记忆)

**1. 短时记忆的概念**

短时记忆是指人脑中的信息在一分钟之内加工与编码的记忆，是信息从感觉记忆到长时记忆的过渡阶段。感觉记忆中的信息只要得到注意，就能进入短时记忆。短时记忆中的内容在经过复述后可以进入长时记忆，作为知识经验长期储存起来。处在工作状态中的短时记忆，或者在完成当前任务时起作用的短时记忆，就是工作记忆。

**2. 短时记忆的特点**

(1)时间很短，不超过1分钟。

(2)容量有限。短时记忆的容量一般是7±2个组块，即5～9个项目，平均值为7。米勒提出了组块的概念。所谓组块是指将若干小单位联合成大单位的信息加工，也指这样组成的单位。他认为，短时记忆容量是以组块来计算的。组块化加工在短时记忆中用得很普遍。经过复述和组块化加工，信息就可以暂时储存在短时记忆中并准备进入长时记忆及与另外后续信息发生互动。组块可以把时空上接近的单个项目组合成一个较大的块，也可以利用已有的知识经验把彼此无关的单个项目组成有意义的块，这样就能大大提高短时记忆的容量。

(3)意识清晰。短时记忆是唯一对信息进行有意识加工的记忆阶段。

(4)操作性强。

(5)易受干扰。

**3. 短时记忆的编码和存储**

短时记忆的编码方式有听觉编码和视觉编码两种，主要是**听觉编码**。

**复述**是短时记忆信息存储的有效方法。实验表明，精细复述是短时记忆存储的重要条件。

**真题面对面**

1.[2022四川，单选]下列关于瞬时记忆的说法正确的是(　　)

A. 记忆容量大　　B. 进行组块化加工

C. 发生了意义识别　　D. 也称短时记忆

2.[2022陕西，单选]短时记忆保持的最长时间为(　　)

A. 5秒　　B. 30秒　　C. 1分钟　　D. 1小时

答案：1. A　2. C

## 考点3 长时记忆(又称永久性记忆)

**1. 长时记忆的概念**

长时记忆是信息经过充分加工，在头脑中长久保持的记忆。它是指信息在头脑中储存的时间在1分钟以上，直至保持终生的记忆。**图尔文**将长时记忆分为两类：**情景记忆**和**语义记忆**。情景记忆是指人们根据时空关系对某个事件的记忆。语义记忆是指人们对一般知识和规律的记忆，与特殊的时间和地点无关。

**2. 长时记忆的特点**

(1)容量无限；(2)信息保持时间长久。在理论上认为长时记忆是永久存在的。

**3. 长时记忆的编码和存储**

长时记忆中的信息以**意义编码**为主。意义编码有两种形式：表象编码和语义编码，它们又被称为信息的双重编码，其中语义编码是长时记忆最主要的编码形式。编码时的意识状态和加工深度都会影响长时记忆的编码。

长时记忆中存储的信息原则上是分类处理的。认知心理学认为，人类的长时记忆中存储着两种不同的记忆：程序性记忆和陈述性记忆。

## 四、提高记忆效果的方法(运用记忆规律，促进知识保持)

(1)理解学习材料的意义。在学习中要以意义记忆为主，机械记忆为辅，发挥两种记忆各自的长处，从而提高整个记忆的效果。

(2)对材料进行精细加工，促进对知识的理解。认知心理学研究表明，如果人们在获得信息时对它进行深度加工，那么这些信息的保持效果就可以得到提高，并有利于信息的提取和回忆。所谓**深度加工**，是指通过对要学习的新材料增加相关的信息来达到对新材料的理解和记忆的方法，*如对材料补充细节、举出例子、做出推论，或使之与其他观念形成联想*。

(3)运用组块化学习策略，合理组织学习材料。对记忆材料可以用多种方式组织加工，常见的组织加工方式是类别群集，即把一系列项目按一定的类别来记忆。

(4)运用多重信息编码方式，提高信息加工处理的质量。

(5)有效运用记忆术。记忆术是运用联想的方法对无意义的材料赋予某些人为意义，以促进知识保持的策略。具体内容参见教育心理学部分第四章第二节中“记忆术”。

(6)适当过度学习。

(7)重视复习方法，防止知识遗忘。具体内容参见本节中“防止遗忘的方法——复习”。

# 第四节　表象与想象

## 一、表象概述

### 考点 1　表象的概念与特征

**表象**是事物不在面前时，人们在头脑中出现的关于事物的形象。

表象具有：(1)直观性；(2)概括性；(3)可操作性。库珀和谢帕德通过“心理旋转实验”证明了表象的可操作性。

### 考点 2　表象的分类

**1. 视觉表象、听觉表象和运动表象**

从表象产生的主要感觉通道来划分，表象可以分为视觉表象(*如想起母亲的笑脸*)、听觉表象(*如想起吉他的声音*)和运动表象(*如想起舞蹈动作*)等。

**2. 记忆表象和想象表象**

根据表象创造程度的不同，表象可分为记忆表象和想象表象。通常讲的表象，是记忆表象的简称。**记忆表象**是在记忆中保持的客观事物的形象，*如想起朋友的音容笑貌*。记忆表象是在感知的基础上形成的，是保持在人脑中的过去感知的形象，具有直观形象性的特点，但和知觉相比，形象的鲜明性、完整性和稳定性都有差异。表象的形象具有较模糊、暗淡、片段、不稳定等特点。**想象表象**是在头脑中对记忆形象进行加工改组后形成的新形象。这些形象可能从未经历过,或者世界上还不存在。

## 二、想象概述

想象是人脑对已储存的表象进行加工改造,形成新形象的心理过程。

### 考点 1 想象的种类 【单选、多选、判断】★★★

根据想象的目的和计划性,可将想象分为无意想象和有意想象。

**1. 无意想象**

无意想象又称不随意想象,是没有预定目的,不由自主产生的想象。例如,把天上的白云自然而然地想象成草原上的羊群或连绵起伏的山峦;学生常常出现的"白日梦"现象,就是无意想象的表现。梦是无意想象的极端表现。

**2. 有意想象**

有意想象又称随意想象,是指有预定目的、自觉进行的想象,是意识活动的一种形式。这种想象活动具有一定的预见性、方向性,人们在想象过程中一直控制着想象的方向和内容。

根据创造程度的不同,有意想象又可以分为再造想象和创造想象。幻想是创造想象的一种特殊形式。

(1)再造想象

再造想象是依据词语或符号的描述、示意在头脑中形成与之相应的新形象的过程。人在阅读文艺作品、历史文献,工人在看建筑或机械图纸,学生在听教师对课文生动形象的描述时,头脑中出现的有关事物的形象,都属于再造想象。

再造想象产生的条件:①必须具有丰富的表象储备;②为再造想象提供的词语及实物标志要准确、鲜明、生动;③正确理解词语与实物标志的意义。

(2)创造想象

创造想象是按照一定目的、任务,使用自己以往积累的表象,在头脑中独立地创造出新形象的过程。例如,科学家对于科学研究的设计和研究成果的预见,革新家对生产工具和产品的改革与发明等,都是创造想象的过程。它是一切创造性活动的重要组成部分。

创造想象产生的条件:①强烈的创造愿望;②丰富的表象储备;③积累必要的知识经验;④原型启发;⑤积极的思维活动;⑥灵感的作用。此外,创造性思维能力、高水平的表象改造能力、丰富的情绪生活、正确的理想和世界观也是创造想象产生的条件。

**真题面对面**

1. [2022重庆,多选]小红看了小说《水浒传》后,头脑中浮现出武松的人物形象,这种想象属于( )

A. 再造想象　B. 有意想象　C. 创造想象　D. 幻想

2. [2022河南,判断]萌萌听老师讲《猴子捞月》的故事,头脑中就产生了小猴子调皮、淘气的形象,这属于创造想象。( )

答案:1. AB　2. ×

(3)幻想

幻想是一种与生活愿望相结合并指向于未来的想象。幻想也是独立创造新形象的过程。幻想可分为科学幻想、理想、空想三种形式。

①科学幻想是科学预见的一种形式，是创造想象的准备阶段和发展的推动力，是具有进步意义和有实现可能的积极幻想。

②理想是符合事物发展规律、有实现可能的积极幻想。

③空想是与客观现实相违背的消极幻想，根本不可能实现。

真题面对面

[2022黑龙江，判断]幻想是创造想象的特殊形式。(　　)

答案：√

### 考点2 想象的加工方式

(1)黏合。它是指把两种或两种以上客观事物的属性、元素、特征或部分结合在一起而形成新形象的过程，如神话中的孙悟空形象。

(2)夸张。它是指改变客观事物的正常特点，对某些特点加以夸大和强调，使其增大、缩小、数量增多、色彩加浓等，如运用夸张方式创造出“千手观音”的形象。

(3)拟人化。把人类的特性、特点加在外界事物上，使之人格化的过程，称为拟人化。例如，“雷公”“电母”等许多形象。

(4)典型化。它是指根据一类事物共同的、典型的特征创造新形象的过程，如小说中的人物形象，就是作家综合了许多人的特点后创作出来的。

### 考点3 想象的功能

(1)预见功能；(2)补充功能；(3)替代功能；(4)调节功能。

## 三、中小学生想象发展的特点 【单选、简答】★

### 考点1 小学生想象发展的特点

**1. 想象的有意性迅速增长**

在教学过程中，教师要求小学生按照教学的目的产生符合教材内容的想象，因此，小学生想象的有意性、目的性就增长起来。

**2. 想象中的创造性成分日益增多**

小学生在教学影响下，由于表象的积累和抽象逻辑思维的发展，不但再造想象更富于创造性成分，而且以独创性为特色的创造想象也日益发展起来。当然，在整个小学阶段，学生想象的复杂性、概括性、逻辑性的水平，还是不高的，他们对于不熟悉的事物，想象总是简单贫乏的。

**3. 想象逐步富于现实性**

儿童入学以后，想象的现实性逐渐提高，主要表现在：(1)想象所反映的形象，越发接近现实事物。想象形象的特征数由少到多，结构配置由不合理到合理。(2)从热衷于完全脱离现实的神话虚构，逐渐转向对现实生活的幻想。例如，在小学儿童对文艺作品的喜爱方面，低年级儿童对童话、神话信以为真，爱听童话故事、神话故事，爱看动画片。随着教学活动的发展和思维水平的提高，三年级以后的儿童，就逐渐过渡到以现实为主的阶段。他们的兴趣逐步从童话故事转移到英雄模范故事、侦探小说、反特影片等等题材上。

### 考点2 中学生想象发展的特点

**1. 中学生的创造想象日益占优势地位**

对于学龄前儿童和小学阶段的学生来说，再造想象占主要地位。随着年龄的增长，创造想象占据越来



第三部分

越重要的位置。中学生对于很多问题则已经有了自己独特的看法和视角。有些对文学感兴趣的中学生开始进行文学创作，有些对科学感兴趣的同学开始有了小的发明创造，这些现象都说明，中学生想象的创造成分比小学阶段有了更进一步的发展。初中二年级到初中三年级是学生空间想象发展的加速期或关键期，初中生想象的创造性成分在不断增加。

**2. 中学生的想象表现出更大的主动性和有意性**

小学生的再造想象和创造想象往往是在老师的引导下进行的被动的过程，而中学生的想象在很大程度上是由自己的兴趣引导的主动的过程。中学校园里各种各样的兴趣特长班都是中学生自愿选择加入的，他们进行的文学创作和发明创造也是在自己兴趣的驱使下主动进行的。

**3. 中学生的想象更趋于现实化**

小学生的想象中很多成分都是虚构的，中学生的想象则和现实有着更紧密的结合。他们的创造发明经常是和日常生活中的一些需要相联系的。

第三部分

真题面对面

1. [2020 辽宁辽阳，单选]从爱听童话、神话故事发展到爱听英雄模范故事，这是想象(　　)发展的表现。

A. 有意性　　B. 现实性　　C. 创造性　　D. 概括性

2. [2021 黑龙江，简答]简述小学生想象发展的特点。

答案：1. B　2. 详见内文

## 四、学生想象力的培养　【简答】★

### 考点 1　在教学中发展学生的再造想象

(1)要扩大学生头脑中的表象储备；(2)教师要帮助学生真正弄懂描述中关键性词句和实物标志的含义；(3)教师要唤起学生对教材的想象，以加深对知识的理解和巩固。

### 考点 2　在教学中培养学生的创造想象

(1)要引导学生学会观察，丰富学生的表象储备；(2)引导学生积极思考，有利于打开想象力的大门；(3)引导学生努力学习科学文化知识，扩大学生的知识经验以发展学生的空间想象能力；(4)注意发展学生的语言能力；(5)结合学科教学，有目的地训练学生的想象力；(6)引导学生进行积极的幻想。

真题面对面

[2022 安徽，简答]简述教师培养学生想象力的措施。

答案：详见内文

# 第五节　言语与思维

## 一、言语

### 考点 1　言语的概念与特点

言语是指人们用语言进行交际的活动过程。

言语的特点包括：目的性、开放性、规则性、离散性、社会性和个体性。

## 考点 2 言语的种类

表3-12 言语的种类

| 种类 | | | 概念 | 特点 | 典例 |
|---|---|---|---|---|---|
| 外部言语 | 口头言语 | 对话言语 | 两个人或几个人直接交际时的言语活动 | 情境性、反应性和简略性 | 聊天、座谈 |
| | | 独白言语 | 个人独自进行的,与叙述思想、情感相联系的,较长而连贯的言语 | 展开性、准备性和计划性 | 报告、讲演 |
| | 书面言语 | | 一个人借助文字来表达自己的思想或借助阅读来接受别人言语的影响的言语 | 随意性、展开性和计划性 | 写文章 |
| 内部言语 | | | 一种自问自答或不出声的言语活动 | 隐蔽性和简略性 | 默读 |

## 二、思维概述

### 考点 1 思维的概念和特点 【单选】★★

**1. 思维的概念**

思维是人脑对客观事物的本质属性与内在联系的概括的、间接的反映。它是借助语言实现的、能揭示事物本质特征及内部规律的理性认知过程。

**真题面对面**

[2022重庆,单选]早上出门发现路上是湿的,你不必亲眼看到或听到就知道昨天晚上下雨了。从心理过程上来看,这个过程属于( )

A. 感觉　　B. 思维　　C. 知觉　　D. 记忆

答案:B

**2. 思维的特点**

(1)间接性

所谓间接性,是指思维能对感官所不能直接把握的或不在眼前的事物,借助于某些媒介物与头脑加工来进行反映。例如:内科医生不能直接看到病人内脏的病变,却能以听诊、化验、切脉、试体温、量血压、B超、CT检验等手段为中介,经过思维加工间接判断出病人的病情。

(2)概括性

所谓**概括性**,包含两层意思:①把同一类事物的共同特征和本质特征抽取出来加以概括。例如:人们把形状、大小等各不相同而能结出枣的树木称之为"枣树";把枣树、苹果树、梨树等依据其根、茎、叶、果等共性称为"果树"。②将多次感知到的事物之间的联系和关系加以概括,得出有关事物之间的内在联系的结论。例如:每次看到"月晕"就要"刮风","础石潮湿"就要"下雨",就能得出"月晕而风,础润而雨"的结论。

**易混点辨析**

思维的间接性与概括性易混淆,考生做题时要注意区分:

(1)把握题干中的关键词。间接性的关键词是"根据""推断";概括性的关键词是"对……的认识""得出……结论"。

(2)遇到谚语时不能一概而论,要具体分析题目强调哪方面的意思。题目强调"间接地推测事物",选间接性;题目强调人们通过自身多年劳动经验,总结归纳出一套生活的规律,选概括性。

**真题面对面**

1. [2021河北,单选]灯是照明的工具,体现了思维的(　　)

A. 间接性　　B. 灵活性　　C. 概括性　　D. 敏捷性

2. [2021重庆,单选]医生根据病人的体温、血压、心电图等资料确诊病患,反映的思维特征是(　　)

A. 间接性　　B. 概括性　　C. 预见性　　D. 抽象性

答案:1. C　2. A

## 考点2 思维的类型　【单选】★★★

### 1. 直观动作思维、具体形象思维和抽象逻辑思维

根据思维的内容凭借物、任务的性质、发展水平以及解决问题的方式,可将思维分为直观动作思维、具体形象思维和抽象逻辑思维。

**直观动作思维**是以实际动作为支柱的思维过程。例如,3岁前的幼儿的思维就属于直观动作思维,他们的思维活动离不开触摸、摆弄物体的活动。

**具体形象思维**是以直观形象和表象为支柱的思维过程。表象是思维的材料,思维过程往往表现为对表象的概括、加工和操作。具体形象思维具有形象性、整体性、可操作性等特点。

**抽象逻辑思维**是以词为中介来反映现实的思维过程,也叫词的思维或逻辑思维。抽象逻辑思维是人类思维的典型形式,是人类思维区别于动物思维的最本质特征。例如,学生证明某一命题、定理时,要运用数字符号和概念来进行推导和求证。

从个体思维发展的经历来看,儿童总是先发展直观动作思维和具体形象思维,在此基础上才能逐步发展抽象逻辑思维。人到了成年以后,哪种思维形式占优势,这并不表明个人思维水平的高低。

直观动作思维

具体形象思维

抽象逻辑思维

### 2. 分析思维和直觉思维

根据结论是否有明确的思考步骤和思维过程中意识的清晰程度和逻辑性,可将思维分为分析思维和直觉思维。

**分析思维**是遵循严密的逻辑程序和规律,逐步推导,然后得出合乎逻辑的正确答案或做出合理的结论的思维。例如,学生在解数学题时,通过多步的推理和论证,得出答案的过程。分析思维具有程序性的特点。

**直觉思维**是未经逐步分析就迅速对问题答案做出合理的猜测、设想或突然领悟的思维。直觉思维具有敏捷性、直接性、简缩性、突然性(突发性)、猜测性的特点。足球运动员在一瞬间把握球场上对方球员的布

局漏洞，不失时机地把球踢进球门，就是直觉思维的表现。灵感现象就是直觉思维的结果。

### 3. 聚合思维和发散思维

根据思维的指向性，可将思维分为聚合思维和发散思维。

**聚合思维**，也叫**求同思维**、**集中思维**、**辐合思维**、**会聚思维**，是指人们解决问题时，思路集中到一个方向，从而形成唯一的、确定的答案。

发散思维，也叫求异思维、分散思维、辐射思维，是指人们解决问题时，思路朝各种可能的方向扩散，从而求得多种答案。

### 4. 再造性思维和创造性思维

根据思维的创造程度，可将思维分为再造性思维和创造性思维。

**再造性思维**也称**常规性思维**，是指人们运用已获得的知识经验，按现成的方案和程序，用惯常的方法、固定的模式来解决问题的思维方式。例如，学生运用已学会的公式解决同一类型的问题。这种思维创造性水平较低。

**创造性思维**是指以新颖、独特的方式来解决问题的思维方式。例如，新的大型工具软件的开发、新的科学理论的提出都需要创造性思维。

### 5. 经验思维和理论思维

根据思维过程中是以日常经验还是以理论为指导来划分，可将思维分为经验思维和理论思维。

人们凭借日常生活经验进行的思维活动叫作**经验思维**。例如，学前儿童根据他们的经验，认为“果实是可食用的植物”“鸟是会飞的动物”。

**理论思维**是根据科学的概念和论断，判断某一事物，解决某个问题。例如，我们说“心理是客观现实在人脑中的主观映像”，就是理论思维的结果。

**真题面对面**

1. [2022重庆，单选]人们思考问题的时候，根据当前问题给定的信息和记忆系统中存储的信息，沿着不同的方向和角度思考，从多方面寻求多样性答案，这种思维活动属于(　　)

A. 聚合思维　　B. 集中思维　　C. 发散思维　　D. 常规思维

2. [2021陕西，单选]学生用抽象的概念进行判断和推理解决教学问题的思维过程属于(　　)

A. 直观动作思维　　B. 具体形象思维　　C. 直觉思维　　D. 抽象逻辑思维

答案：1. C　2. D

## 考点3　思维的品质及其培养

### 1. 思维的品质　【单选、判断】★

(1)思维的广阔性与深刻性

**思维的广阔性**是指思路开阔，能从各个角度、多个方面揭露事物的联系，全面地思考问题。

**思维的深刻性**是指能深入地思考问题，善于透过事物的表面现象，抓住事物的实质，揭露事物之间的内在联系。

(2)思维的独立性(独创性)与批判性

**思维的独立性(独创性)**是指既能不受他人暗示、不人云亦云、不盲从别人的见解、不依赖现成的方法和结论，又能不武断、不一意孤行、不固执己见、不唯我是从，充分地发挥个人的主观能动性，独立地发现、思考、处理和解决问题。思维的独创性是智力的高级表现。思维的灵活性是思维独创性的条件和基础。

**思维的批判性**是指既善于批判地评价他人的思想和成果，吸取别人的长处、优点和思想的精华，摒弃别人的短处、缺点和思想的糟粕；也善于严格而精细地思考问题，冷静而客观地评价和自觉地控制自己的思维活动，不易受自己的情绪和偏爱的影响。

(3)思维的灵活性与敏捷性

**思维的灵活性**是指能灵活地思考问题。它表现为能从不同角度、运用不同方法思考问题；在条件发生变化时，能随机应变，及时地改变原有计划、方案，寻找新的解决问题的途径。

**思维的敏捷性**是指思维活动迅速正确，能当机立断。思维的敏捷性与轻率迥然不同，它不仅要求思维速度快，而且要求思维的正确性高。思维敏捷性强的学生能迅速准确地认识事物的本质和规律。

(4)思维的逻辑性和严谨性

**思维的逻辑性**是指考虑和解决问题时思路鲜明，条理清楚，严格遵循逻辑规律。

思维的严谨性是指提问明确，推理严密，主次分明，论证充分，有的放矢，有说服力，结论证据确凿。思维的逻辑性和严谨性是思维品质的中心环节，是所有思维品质的集中体现。

第三部分

**记忆有妙招**

为方便考生记忆，编者将思维的品质总结成以下口诀：

**横向广，纵向深；于人独，对己批；灵则变，敏则快；逻辑严谨是中心。**

**真题面对面**

[2018安徽，单选]学生在学习过程中敢于对教师提出质疑，勇于向权威挑战，反映了学生的思维具有(　　)

A. 深刻性　　B. 灵活性　　C. 敏捷性　　D. 批判性

答案：D

**2. 良好思维品质的培养**

(1)加强科学思维方法的训练；(2)运用启发式方法调动学生思维的积极性、主动性；(3)加强言语交流训练；(4)发挥定势的积极作用；(5)培养学生解决实际问题的思维品质。

## 三、思维的一般过程　【单选、简答】 ★

思维的一般过程

思维的一般过程包括分析与综合、比较与分类、抽象与概括、系统化与具体化。其中，分析与综合是思维的基本过程，其他过程都是由此派生出来的。

**1. 分析与综合**

分析是指在头脑中把事物或对象分解成各个部分或各个属性。例如，把一棵树分解为根、茎、叶、花等。

综合是在人脑中把事物或对象的个别部分或属性联合为一体。例如，把一个人过去与现在的经历联系起来编成一个短剧，儿童把几个积木块搭成一个小房子的思维过程都是综合。

**2. 比较与分类**

比较是指在人脑中把各种事物和现象加以对比，来确定它们之间的异同点和关系的思维过程。

分类是思想上按照事物的异同，把它们区分为不同种类的思维过程。比较是分类的基础。

**3. 抽象与概括**

抽象是在人脑中提炼各种事物与现象的共同的、本质的特征，舍弃其个别的、非本质的特征的过程。总

结鸽子、老鹰、鸡、鸭等共同的、本质的特征,即“有羽毛”“是动物”;舍弃那些“会不会飞”“颜色”“大小”等非本质特征,这就是抽象的过程。

**概括**是人脑把事物间共同的、本质的特征抽象出来加以综合的过程。例如,人们把那些“有羽毛的动物”统称为鸟类,就是概括的过程。概括有不同的等级或水平,经验概括是初级水平的概括,科学概括是高级水平的概括。

抽象和概括是彼此紧密联系的。抽象是概括的基础,如果没有抽象就不可能进行概括。概括就是把分析、比较、抽象的结果加以综合,形成概念。概括的作用在于使人的认识由感性上升到理性,由特殊上升到一般。只有通过概括才能使认识深化,才能更正确、更完全、更本质地反映事物。任何一个概念、一条规律、一个公式或原则,都是抽象和概括的结果。

**4. 系统化与具体化**

**系统化**是指人脑把具有相同本质特征的事物归纳到一定类别系统中去的思维过程。例如,把犬科、猫科动物归为哺乳类的过程就是系统化的过程。

**具体化**是指人脑把经过抽象概括后的一般特征和规律推广到同类的具体事物中去的过程。例如,用某数学公式解一道具体应用题的过程就是具体化的过程。

第三部分

**真题面对面**

[2021 重庆,单选]钢笔、铅笔、毛笔、签字笔、圆珠笔等各种笔,虽然外观不一、特点各异,但其共同属性是“可以写字”。这种在头脑中把各种事物与现象的共同特征和属性提取出来,舍弃个别特征和属性的过程是(　　)

A. 分析　　B. 综合　　C. 抽象　　D. 概括

答案:C

## 四、思维的基本形式　【填空】 ★

### 考点 1　概念

**1. 概念的定义**

概念是人脑对客观事物本质特征的认识,是思维的基本单位。

**2. 概念的学习**

概念学习的过程包括概念的获得和概念的运用两个环节。

(1)概念的获得

①概念形成

**概念形成**是指个体通过反复接触大量同一类事物或现象的共同特征或共同属性,并通过肯定的例子(正例)或否定的例子(反例)加以证实的过程。概念形成的标志是把握概念的本质特征,并能在实际中运用。概念形成的操作定义是个体学会了按照一定规则对客观事物进行正确分类的过程。例如,向小学生呈现各种各样的两条直线间的相互关系,告诉他们哪些垂直,哪些不垂直,当他们能够正确区分垂直(正例)和非垂直(反例)情况时,就形成了关于“垂直”的概念。发现学习是概念形成的主要方式。概念形成一般经历三个阶段:抽象化、类化和辨别。

②概念同化

学生获得概念的主要形式是概念同化,所谓**概念同化**,就是利用学习者认知结构中原有的概念,以定义的方式直接给学习者提示概念的关键特征，从而使学习者获得概念的方式。接受学习是概念同化的典型方式。

(2)概念的运用

概念一旦获得之后，就能在认知活动中发挥作用，从而对认知活动产生影响，这就是概念的运用，它一般反映在两个水平上：①在知觉水平上的运用。这是指运用已经获得的概念，帮助识别具体的同类事物并将其归入这一类型。②在思维水平上的运用。这是指运用概念对事物进行判断、推理或将概念进行重新改组，以满足解决问题的需要。

**3. 科学概念的掌握**

**概念的掌握**是指个人借助词语，在人脑中把人类现有的概念转化为个体的概念的过程。教学是引导学生获得科学概念的主要途径。教师在教学过程中帮助学生掌握概念时应注意：(1)以感性材料作为概念掌握的基础；(2)合理利用过去的知识经验；(3)提供概念范例，配合运用正例和反例，适当运用比较；(4)突出有关特征，控制好无关特征的数量和强度，正确而充分地利用“变式”；(5)正确运用语言表达，明确提示概念的本质特征；(6)形成正确的概念体系，并运用于实践中。



**4. 概念转变的影响因素**

概念转变是由于个体原有的某种知识经验受到与此不一致的新经验的影响而发生的重大改变。下面介绍影响概念转变的几种因素。

(1)学习者的形式推理能力。为克服错误概念，学习者需要理解新的科学概念，能意识到证明新概念有效性的证据，看到事实材料是如何支持科学概念，而违背原有的错误概念的。所有这些都依赖于学习者的形式推理能力。

(2)先前知识经验背景。学习者影响先前知识概念转变的三个特征分别是强度、一致性和坚信度。

(3)学习者的动机与态度。一些研究者深入分析了动机因素与概念转变的关系，提出了影响概念转变的几种主要的动机性因素：目标取向；学科兴趣和态度；自我效能感；控制点。态度对学生概念转变的影响也是教学工作者必须考虑的。

(4)课堂情境。

(5)新概念的特征。

## 考点 2 判断

判断是指认识概念与概念之间的联系。它是事物之间的联系和关系在人脑中的反映。

## 考点 3 推理

推理是由一个或几个相互联系的已知判断推出合乎逻辑的新判断的思维形式，是根据已有的知识推出新的结论的思维活动。推理可分为归纳推理和演绎推理两种。**归纳推理**是由具体事物归纳出一般规律的推理过程，即从特殊到一般的推理过程。例如，由铁能导电，铜能导电，铝能导电等，推理出“金属能够导电”的结论。**演绎推理**是从一般到特殊或具体的推理过程。例如，所有的哺乳类动物都是胎生的，虎是哺乳类动物，因此得出结论虎也是胎生的。

**真题面对面**

[2020河北，填空]思维的基本形式包括________、判断和推理。

**答案：**概念

## 五、创造性思维 【单选、多选】★

创造性思维是指用独特、新颖的方法解决问题的思维过程。它是人类思维的高级形态，是智力的高级表现。

### 考点 1 创造性思维的特征

创造性思维的特征表现为：(1)新颖独特性。这是创造性思维最本质的特征。(2)创造性思维是多种思维的结晶。创造性思维以发散思维为核心。发散思维具有流畅性、灵活性(变通性)和独创性(独特性)等特点。(3)创造性想象的积极参与。(4)灵感状态。

**真题面对面**

[2021内蒙古，单选]创造性思维的核心成分是( )

A. 集中思维　　B. 发散思维　　C. 形象思维　　D. 直觉思维

答案：B

### 考点 2 创造性思维能力的培养

**1. 运用启发式教学，保护学生的好奇心，激发学生的求知欲，培养创造性动机，调动学生学习的积极性和主动性**

好奇心是人对新异事物产生好奇并进行探究的一种心理倾向。**求知欲**又称**认识兴趣**，它是好奇心的升华，是人渴望获得知识的一种心理状态。好奇心和求知欲是学生主动观察事物、进行创造性思维的内部动因。

**2. 培养学生的发散思维，并将发散思维和集中思维相结合**

发散思维训练应该有意识地从培养思维的独创性、灵活性和流畅性入手。在教学中尽量提供给学生创造性思维发展的机会。

**3. 发展学生的创造性想象能力**

思维的基础是表象和想象。想象与创造性思维有着密切的联系，它是人类创造活动所不可缺少的心理因素。具有丰富的创造性想象是产生创造性成果的必要条件。因此，教师要注意发展学生的想象力。

**4. 组织创造性活动，正确评价学生的创造性**

创造性思维的培养依托于创造性活动的开展。教师应多组织合作教学、情境教学等有利于创造性思维发展的教学形式。

**5. 开设具体创造性课程，教授学生创造性思维策略和创造技法**

(1)常见的创造性课程

①创造发明课。

②直觉思维训练课。

③发散思维训练课。训练发散思维的方法有多种，如用途扩散、结构扩散、方法扩散、形态扩散等。**用途扩散**，即让学生以某件物品的用途为扩散点，尽可能多地设想它的用途。比如，尽可能多地说出别针的用途。**结构扩散**，即以某种事物的结构为扩散点，设想出利用该结构的各种可能性。比如，尽可能多地画出包含A结构的东西，并写出或说出它们的名字。**方法扩散**，即以解决某一问题或制造某种事物的方法为扩散点，设想出利用该种方法的各种可能性。比如，尽可能多地列举出用“吹”的方法可以完成的事情。**形态扩散**，即以事物的形态(如颜色、味道、形状等)为扩散点，设想出利用某种形态的各种可能性。比如，利用红色

可以做什么，办什么事。

④推测与假设训练课。这类训练的主要目的是发展学生的想象力和对事物的敏感性，并促使学生深入思考，灵活应对。

⑤自我设计训练课。这是一种灵活性较强的训练课程。教师为学生提供必要的材料与工具，让学生利用这些材料，实际动手去制作某种物品。

⑥假设课。即创设一种设身处地的问题情境，然后提出解决问题的办法。

⑦侧向思维训练课。侧向思维是指从其他事物中得到启示而产生新设想的思维方式。侧向思维是创造性思维的重要形式，历史上许多发明创造都是侧向思维的产物。

(2)促进创造性思维发展的创造技法

促进创造性思维发展的创造技法有头脑风暴法、系统探求法、联想类比法、组合创新法、对立思考法、转换思考法、检查单法等。接下来主要讲一下头脑风暴法。

第三部分

头脑风暴法由心理学家**奥斯本**提出。**头脑风暴法**通常以集体讨论的方式进行，鼓励参加者尽可能快地提出各种各样异想天开的设想或观点，相互启迪，激发灵感，从而引发创造性思维的连锁反应，形成解决问题的新思路。

具体应用此方法时，应遵循四条基本原则：①让参与者畅所欲言，对提出的所有方案禁止批评，延迟评价。评价必须在所有的想法出来之后再进行。②鼓励标新立异、与众不同的观点，提倡自由奔放的思考，充分发表自己的看法。③以获得方案的数量而非质量为目的，即鼓励多种想法，多多益善。④鼓励提出改进意见或补充意见，提倡对他人的设想进行组合和重建以求改善。

**6. 结合各学科特点进行创造性思维训练**

虽然各种直接的、专门的创造性训练是有效、可行的，但不应取代或脱离课堂教学。许多研究证明，结合各个学科特点进行创造性思维训练，既可以发挥教师的创造性，也可以有效地提高学生的创造力。排斥或脱离学科而孤立地训练创造力，实际上是舍本逐末的做法，也不可能真正提高学生的创造力。

真题面对面

**[2021 河南，单选]**教师让学生尽可能多地写出曲别针的用途来训练学生的创造力。这种方法属于(　　)

A. 头脑风暴训练　　B. 发散思维训练

C. 推测与假设训练　　D. 自我设计训练

**答案：**B

## 六、中小学生思维的发展 【判断】★

**1. 具体形象思维和抽象逻辑思维的发展**

小学低年级学生的思维离不开事物的具体形象，需要借助具体事物的表象来解决问题。随着年龄的增长，小学高年级学生思维的概括性和抽象性逐渐增强，由具体形象思维逐步向抽象逻辑思维过渡。

到了中学阶段，学生的思维以抽象逻辑思维为主，学生已能够理解和掌握一般的抽象概念(如定理、定义)，并进行逻辑推导。但是，和成人相比，中学生(尤其是初中生)的逻辑思维还很不成熟。高中生学习的内容更加丰富和复杂，他们不仅能认识事物的本质属性，揭示事物运动、发展、变化的原因，还能把握事物间的对立统一关系。这说明了高中生的抽象逻辑思维已明显占优势，辩证逻辑思维也基本形成。

真题面对面

[2022黑龙江,判断]中学生思维发展的特点是从具体形象思维向抽象逻辑思维过渡。(　　)

答案:×

**2. 思维品质的发展**

小学生知识少,经验不足,观察问题较为肤浅,思维具有表面性。随着思维的抽象概括能力的提高,初中生的思维深刻性有了明显的发展,但思维的表面性仍然存在,他们在分析问题时常被事物的个别特征或外部特征所困扰,而难以深入到事物的本质中去,在对自然规律和社会现象进行评价时容易受表面特征左右。此外,由于知识经验的不断积累,初中生的思维还具有独创性和批判性。到了高中阶段,学生的抽象逻辑思维逐渐由经验型向理论型过渡,思维的深刻性也得到提高。



考点再拔高

▼ 青少年思维发展特点的其他说法

(1)抽象逻辑思维日益占据主导地位;(2)思维具有更强的预见性;(3)对思维的自我意识和监控能力显著增强;(4)思维的创造性提高;(5)青少年辩证思维迅速发展。

## 核心考点回顾

1. 注意可以分为哪几种? 各类注意的概念是什么?(参见本书P236)
2. 注意的品质有哪些?(参见本书P237)
3. 感觉的相互作用规律有哪些?(参见本书P240)
4. 知觉的基本特性有哪些?(参见本书P244)
5. 按照不同标准,记忆分别可以分为哪几类? 各类记忆的概念是什么?(参见本书P248)
6. 艾宾浩斯遗忘规律的内容是什么?(参见本书P252)
7. 想象的种类有哪些? 它们的概念分别是什么?(参见本书P258)
8. 思维的特点有哪些?(参见本书P261)
9. 按照不同标准,思维分别可以分为哪几类? 各类思维的概念是什么?(参见本书P262)

## 达标测评

| 建议用时 | 实际用时 | 测评总分 | 实际得分 |
| --- | --- | --- | --- |
| 25分钟 | ____分钟 | 20分 | ____分 |

一、单项选择题(每小题1分,共7分)

1. 游览黄山时见到一块石头,导游提示其很像一只雄鸡,此景点叫作“金鸡叫天门”,于是越看越像。这主要体现了知觉的(　　)

A. 整体性　　B. 恒常性　　C. 选择性　　D. 理解性

2. 在《唐伯虎点秋香》中,唐伯虎第一次看到秋香时并不觉得秋香美丽,当祝枝山喊了一句“美女”后,华家所有女性都转过头时，秋香在唐伯虎眼里就美若天仙，这是一种(　　)现象。

A. 视觉适应　　B. 感觉后效　　C. 同时对比　　D. 感觉补偿

3. 下列属于陈述性记忆的是(　　)

A. 端午节的日期　　B. 打篮球　　C. 骑车的技能　　D. 跳舞

4. 教师在讲课时能“左右逢源”，这体现了教师思维的(　　)

A. 流畅性　　B. 广阔性　　C. 变通性　　D. 深刻性

5. 下列选项中，说明了语义记忆和情景记忆的区别的是(　　)

A. 记住“psychology”的中文意思和记住“psychology”这个单词怎么拼写

B. 记得自己五年级的班主任名字和记得怎样选择聊天软件

C. 记住“孺子”的意思和记得前年校庆晚会上教师合唱节目

D. 记得怎样使用PPT制作多媒体课件和记得曾经教过哪些学生

6. 小明在学习了哺乳动物都是胎生的，虎是哺乳动物这些概念后，得出虎是胎生的这一判断。小明的这种思维形式是(　　)

A. 抽象概念　　B. 关系判断　　C. 归纳推理　　D. 演绎推理

7. 学生对学习弹钢琴不感兴趣，但被要求学习一段时间后，对钢琴产生兴趣，能专心致志地学习了，这种专心致志是一种(　　)

A. 有意注意　　B. 无意注意　　C. 有意后注意　　D. 共同注意

二、多项选择题(每小题2分，共6分)

1. 头脑风暴训练的基本原则包括(　　)

A. 参与者畅所欲言，组织者进行批评　　B. 鼓励标新立异、与众不同的观点

C. 鼓励提出多种想法，多多益善　　D. 鼓励提出改进或补充意见

2. 想象与表象的区别在于(　　)

A. 想象是对已有的表象进行加工改造，创造出新形象的思维过程

B. 表象是过去感知过的事物的形象在头脑中的再现

C. 表象并没有创造出新的形象，因此它属于记忆的范畴

D. 想象是新形象的创造，所以属于思维的范畴

3. “入芝兰之室，久而不闻其香；入鲍鱼之肆，久而不闻其臭。”这种现象在心理学上属于(　　)

A. 感觉适应　　B. 嗅觉适应　　C. 嗅觉感受性下降　　D. 嗅觉感受性增强

三、判断题(每小题1分，共2分)

1. 学生在上课时，其视、听、动作始终随着老师从一个问题到另一个问题，这是注意的分配现象。(　　)

2. 能够在较短的时间内记住较多的东西，就是记忆准确性良好的表现。(　　)

四、简答题(本大题共5分)

简述学生良好思维品质的培养方法。

## 参考答案及解析

一、单项选择题

1. D　[解析]知觉的理解性是指人以知识经验为基础对感知的事物加工处理，并用语词加以概括赋予说明

的加工过程。题干所述体现了知觉的理解性。

2. C [解析]几个刺激物同时作用于同一感受器会产生同时对比现象。在《唐伯虎点秋香》中，华家所有女性都转过头出现在唐伯虎的视线中时，就尤其突出了秋香的美貌，这体现了同时对比现象。

3. A [解析]陈述性记忆是指对有关事实和事件的记忆。例如，我们在课堂上学习的各种课本知识和日常生活常识。

4. B [解析]思维的广阔性是指思路开阔，能从各个角度、多个方面揭露事物的联系，全面地思考问题。教师讲课时能"左右逢源"，说明其知识面广，思维具有很好的广阔性。

5. C [解析]语义记忆又称语词逻辑记忆，是以语词所概括的事物的关系以及事物本身的意义和性质为内容的记忆。例如，概念、定理、公式和规则等。情景记忆是以亲身经历的、发生在一定时间和地点的事件(情景)为内容的记忆。记住"孺子"的意思属于语义记忆，记得前年校庆晚会上教师的合唱节目属于情景记忆。故选C项。

6. D [解析]题干所述为演绎推理，即从一般到特殊或具体的推理过程。

7. C [解析]有意后注意也称随意后注意，是注意的一种特殊形式，是指有自觉目的，但不需要意志努力的注意。刚开始对钢琴不感兴趣，这时的学习属于有意注意，被要求学习一段时间后，对钢琴产生了兴趣，这时专心致志地学习属于有意后注意。

二、多项选择题

1. BCD [解析]应用头脑风暴法时，应遵循四条基本原则：(1)让参与者畅所欲言，对提出的所有方案禁止批评，延迟评价；(2)鼓励标新立异、与众不同的观点；(3)以获得方案的数量而非质量为目的，即鼓励多种想法，多多益善；(4)鼓励提出改进意见或补充意见。

2. ABCD [解析]想象是人脑对已储存的表象进行加工改造，形成新形象的心理过程。表象是事物不在面前时，人们在头脑中出现的关于事物的形象。表象并没有创造出新的形象，因此它属于记忆的范畴；想象是新形象的创造，所以属于思维的范畴。故本题全选。

3. ABC [解析]由于刺激对感受器的持续作用而使感受性发生变化的现象叫感觉适应。适应现象表现在所有感觉中，如视觉适应、痛觉适应、嗅觉适应等。题干所述为嗅觉适应，表现为感受性的下降，故答案选A、B、C三项。

三、判断题

1. × [解析]注意的转移是根据新的任务，主动地把注意从一个对象转移到另一个对象或由一种活动转移到另一种活动的现象。学生在上课时，注意随着老师从一个问题转到另一个问题，这体现了注意的转移。

2. × [解析]能够在较短的时间内记住较多的东西是记忆敏捷性良好的表现。记忆的准确性是指记忆的正确和精确特征。

四、简答题(参考答案)

(1)加强科学思维方法的训练；(2)运用启发式方法调动学生思维的积极性、主动性；(3)加强言语交流训练；(4)发挥定势的积极作用；(5)培养学生解决实际问题的思维品质。

第三部分

# 第三章　情绪情感和意志过程

## 思维导图

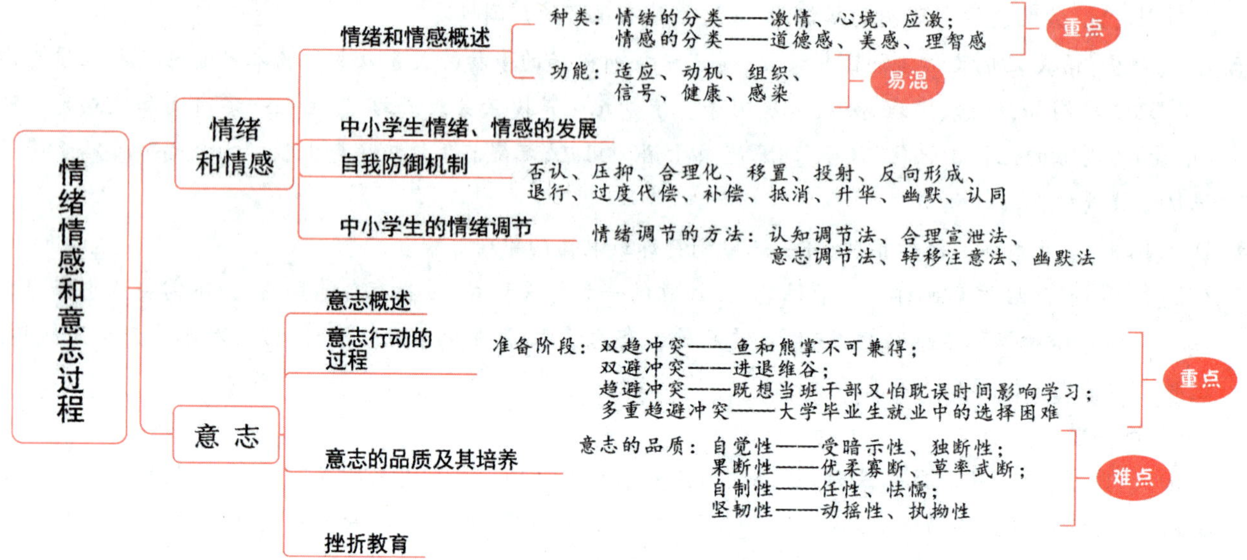


## 考向分析

本章属于心理学的基础章节，也是河南、安徽、重庆、江西、陕西、吉林等省份的特岗笔试重点考查的章节，结构简单、内容较少，但存在一些比较容易混淆的知识点，在考试中常以选择题、判断题、论述题等形式考查。本章的考向分析如下：

| 考点名称 | 常考题型 | 能力层级 | 考查热度 |
|---|---|---|---|
| 情绪和情感的种类 | 单选、多选、判断 | 识记、理解 | ★★★ |
| 自我防御机制 | 单选 | 识记、理解 | ★★ |
| 动机斗争 | 单选、多选、判断 | 识记、理解 | ★★ |
| 意志的品质及其培养 | 单选、判断、论述 | 识记、理解 | ★★ |

## 核心考点

## 第一节　情绪和情感

### 一、情绪和情感概述

考点 1　情绪和情感的概念及其关系　【判断】 ★

**1. 情绪和情感的概念**

情绪和情感是人对客观事物的态度体验及相应的行为反应。认知是情绪和情感产生的基础，需要是引

发情绪情感的中介。那些满足人们需要的事物和对象，能引起各种肯定的态度，使人产生满意、愉快的情绪体验。不同的态度体验反映着客观事物与人的需要之间的不同关系。

**2. 情绪和情感的关系**

表3-13　情绪和情感的关系

| 关系 | 情绪 | 情感 |
| --- | --- | --- |
| 区别 | 原始的、低级的，与生理需要是否满足相联系 | 后继的、高级的，与社会需要是否满足相联系 |
| | 具有情境性和易变性 | 具有稳定性和持久性 |
| | 带有冲动性，伴随明显的外部表现 | 比较内隐，较为深沉 |
| 联系 | (1)情绪是情感的基础，情感离不开情绪。人的情感是在大量情绪体验的基础上形成和发展起来的，也是通过情绪表达出来的。(2)对人类而言，情绪离不开情感。情绪是情感的外在表现，情感是情绪的本质内容 | |

真题面对面

[2020安徽，判断]情绪和情感反映的是客观事物和主体需要之间的关系。(　　)

答案：√

## 考点2　情绪和情感与认识过程的关系　【单选】 ★

(1)认识过程是情绪和情感的基础，并引导情绪和情感的发展。只有通过认识过程对客观事物的反映，主体才能确定客观事物是否满足自己的需要，从而产生相应的态度体验，引起不同的情绪和情感。

(2)情绪和情感伴随着认识活动的发展而发展。古语"知之深，爱之切"，就是说两个人随着了解的深入，感情不断地加深。

(3)情绪和情感反过来对认识过程起调节作用。积极的情绪和情感会促进人的认识活动，提高学习和工作的效率；消极的情绪和情感则会妨碍人的认识活动，降低活动效率。

真题面对面

[2019重庆，单选]"知之愈深，爱之愈切"反映了(　　)

A. 认知对情绪的影响　　B. 环境对心理的影响

C. 情绪对认知的影响　　D. 心理对环境的能动性

答案：A

## 考点3　情绪和情感的种类　【单选、多选、判断】 ★★★

**1. 情绪的分类**

根据主体与客体之间关系的不同，心理学家把人的基本情绪分为快乐、悲哀、愤怒、恐惧四种类型；依据情绪发生的强度、持续性和紧张度的不同，可以把情绪状态划分为激情、心境和应激三种。

(1)激情

激情是一种爆发式的、猛烈而时间短暂的情绪状态。例如，狂喜、暴怒、恐惧、绝望、剧烈的悲痛等，都是激情的表现。它往往带有特定的指向性和较明显的外部行为表现，如暴跳如雷、浑身战栗、手舞足蹈等。激情发生时，意识范围缩小，意识对行为的控制作用明显降低，理解力降低，判断力减弱，易感情用事，不考虑后果。有人用激情爆发来原谅自己的错误，认为"激情时完全失去理智，自己无法控制"，这种说法是不对的，人能够意识到自己的激情状态，也能够有意识地调节和控制它。

(2)心境

心境是一种微弱的、持续时间较长的、带有弥漫性的情绪状态。心境一经产生就不只表现在某一特定对象上,而是在相当长的一段时间内,使人的整个心理活动都染上某种情绪色彩,影响人的整个行为表现,成为情绪生活的背景。所谓"忧者见之则忧,喜者见之则喜"说的就是心境。

心境是具有感染性的情绪状态。当人处于某种心境时,会以同样的情绪体验看待周围事物。例如,杜甫《春望》中的"感时花溅泪,恨别鸟惊心"就是这种表现。

(3)应激

应激是出乎意料的紧迫情况所引起的急速而高度紧张的情绪状态。当人们遇到突发事件或意外发生危险时,为了应付瞬息万变的紧急情况,就得果断地采取决定,迅速地做出反应。应激正是在这种情境中产生的内心体验。应激状态既有积极的作用,也有消极的作用。一般的应激状态是一种行为保护机制,使人更加机智勇敢,集中全身精力以应付危急局面,急中生智,摆脱困境。应激状态持续时间不可过长,否则会有害健康。

激情

心境

应激

**真题面对面**

1. [2022重庆,单选]"人逢喜事精神爽"这种情绪状态是(　　)

A. 心境　　B. 应激　　C. 激情　　D. 理智感

2. [2021安徽,判断]人在激情状态时,认知和自控能力就会减弱,所以总是会做错事。(　　)

答案:1. A　2. ×

**2. 情感的分类**

情感是同人的社会性需要相联系的态度体验。从情感的社会内容角度来看,人类的情感有道德感、美感和理智感三种形式。

(1)道德感

**道德感**是根据一定的道德标准评价人的思想、意图和言行时所产生的主观体验。它表现在对待国家、集体、工作、事业、学习以及人与人之间的关系等各个方面,如爱国主义情感、集体主义情感、责任感、义务感、事业心、荣誉感、自尊心等。道德感是在人的社会实践中发生和发展的,并受社会历史条件的制约。

(2)美感

**美感**是人们根据一定的审美标准来评价事物时所产生的情感体验。

(3)理智感

理智感是人认识事物和探求真理的需要是否得到满足而产生的主观体验。例如,人们在探索真理时产生的求知欲,了解和认识未知事物时的兴趣和好奇心;在解决疑难问题时体验到的迟疑、惊讶和焦躁,解决

问题后产生的喜悦和快慰；在坚持自己观点时的热情；由于违背事实感到羞愧等，都是理智感的体现。理智感对人们学习知识、认识事物、发现规律和探求真理的活动都有积极的推动作用。

真题面对面

1. [2022河南，单选]"先天下之忧而忧，后天下之乐而乐"体现的情感是（　　）

A. 道德感　　B. 理智感　　C. 愉悦感　　D. 热爱感

2. [2021陕西，多选]属于人类高级社会情感的是（　　）

A. 理智感　　B. 道德感　　C. 应激　　D. 美感

3. [2022安徽，判断]道德感不受社会历史条件的制约。（　　）

答案：1. A　2. ABD　3. ×

## 考点4　情绪和情感的功能　【单选、判断】★

### 1. 适应功能

情绪和情感是有机体适应生存和发展的一种重要方式。例如，动物遇到危险时，产生怕的呼救，就是动物求生的一种手段。

### 2. 动机功能

情绪、情感是动机的源泉之一，是动机系统的一个基本成分。它能够激励人的活动，提高人的活动效率。同时，情绪对于生理内驱力也具有放大信号的作用，成为驱使人们行为的强大动力。

### 3. 组织功能

这种功能表现为积极情绪的协调作用和消极情绪的破坏、瓦解作用。中等强度的愉快情绪，有利于提高认知活动的效果。而消极情绪的激活水平越高，操作效果越差。情绪的组织功能还表现在人的行为上，当人们处在积极、乐观的情绪状态时，易注意事物美好的一方面，愿意接纳外界的事物；而当人们处在消极的情绪状态时，容易失望、悲观，放弃自己的愿望，有时甚至产生攻击性行为。

### 4. 信号功能

情绪和情感在人际间具有传递信息、沟通思想的功能。情绪的信号功能体现在个体将自己的愿望、要求、观点、态度通过一定的情感表达方式传递给别人并加以影响。这种功能是通过表情实现的。例如，点头微笑表示赞赏，摇头皱眉表示否定。

### 5. 健康功能

人对社会的适应是通过调节情绪来进行的，情绪调控的好坏会直接影响到身心健康。情绪情感的健康功能表现为积极的情绪有助于身心健康，消极的情绪会引起人的各种疾病。积极而正常的情绪体验是保持心理平衡与身体健康的条件。曾有人说过："一个小丑进城胜过一打医生。"就非常形象地说明了情绪对人身体健康的影响。

### 6. 感染功能

人类的情绪和情感可以互相传递，具有感染性。人们之间的感情沟通正是通过情绪和情感的易感性功能才得以实现的。这种易感性，具体体现为"共鸣"和"移情"作用。共鸣是指某人已经发生的情绪和情感引起他人相同或相似的情绪和情感，是指情绪和情感的互通现象，如所谓"掬一把同情泪"。移情是个人将自己的内心感受赋予他人或物，如"爱屋及乌"。个体对各种信息意义的鉴别与认定，通常通过共鸣和移情来进行。

此外，情绪情感还具有强化功能、迁移功能、疏导功能和协调功能。

易混点辨析

情绪的组织功能和动机功能易混淆，考生做题时要注意区分：二者有共同之处，都能起到激励促进作用，但表现形式上存在差异。组织功能针对现有的情绪状态，是指良好的情绪起推动作用，不良的情绪起阻碍作用。动机功能的激励作用体现在动力方面，可以从无到有地引发人们的行动。

真题面对面

[2021贵州，单选]“笑一笑，十年少。”这句话体现了情绪与情感的(　　)功能。

A. 组织　　B. 信号　　C. 感染　　D. 健康

答案：D

## 二、中小学生情绪、情感的发展

### 考点1 小学生情绪、情感发展的特点　【单选】★

(1)情感体验的内容日益丰富。主要表现在：①多样化的活动丰富了小学儿童的情绪、情感。②小学儿童的情感进一步分化。由于知识经验的积累，小学儿童的情感分化逐渐精细。以笑为例，小学儿童除了会微笑、大笑外，还会羞涩地笑、嘲笑、冷笑、苦笑、狂笑等。③小学儿童情感的表现手段更为丰富。

(2)情感表现的深刻性逐步增加。

(3)友谊感逐渐发展。

(4)情感的动力特征明显。

(5)高级情感得到进一步发展。直到入学以后，儿童的各种高级情感才真正发展起来，逐渐形成比较稳定而深刻的道德感、理智感和美感。这是小学生情感发展的最重要的特征。

(6)情绪、情感的稳定性明显增强。小学生的情绪、情感逐步从冲动性、易变性向平衡性、稳定性方向发展。一般来讲，小学三年级是这种转变的转折点。

(7)情绪、情感的自控力不断增强。

真题面对面

[2020辽宁辽阳，单选]随着知识经验的积累，儿童情感的分化逐渐精细、准确。以笑为例，小学儿童除了会微笑、大笑外，还会羞涩地笑、偷笑、嘲笑、冷笑等。这说明小学儿童情感的(　　)得到发展。

A. 丰富性　　B. 深刻性　　C. 可控性　　D. 稳定性

答案：A

### 考点2 中学生情绪、情感发展的特点

(1)情绪和情感的易感性、冲动性、两极性明显。

(2)反抗情绪与逆反心理。逆反心理是指中学生由于自身成熟而产生的独立或自重的要求与对长辈的不满、反抗情绪相矛盾的心理。中学生的逆反心理往往发生在父母或教师等成人遇事“爱唠叨”，说话过头，限制了他们的求知欲、好奇心、交友结伴的时候。因此，成人在教育他们时，要注意尊重他们、讲究方法，同时要提倡他们孝敬、体谅长者，设法使他们加强修养，鼓励他们学会控制自己的情感，这样，逆反心理还是可以克服的。

(3)对异性的情感。随着性意识的萌芽，中学生开始感受到来自异性的吸引，并产生接近异性的倾向和愿望。但由于认识水平不高，容易形成表面疏远而内心“爱慕”的矛盾心理与行为。这应该引起教师和家长的注意，并采取相应的教育引导措施。

## 三、自我防御机制 【单选】★★

表3-14 常见的自我防御机制

| 常见类别 | 定义 | 举例 |
|---|---|---|
| 否认 | 对某种痛苦的现实无意识地加以否定 | “掩耳盗铃”“眼不见为净” |
| 压抑 | 把意识所不能接受的观念、情感或冲动抑制到无意识中去 | 对痛苦体验或创伤性事件的选择性遗忘 |
| 合理化（文饰作用） | 通过无意识地用一种似乎有理的解释或实际上站不住脚的理由来为其难以接受的情感、行为或动机辩护以使其可以接受 | 合理化有两种表现：(1)酸葡萄心理，即把得不到的东西说成是不好的；(2)甜柠檬心理，即当得不到葡萄而只有柠檬时，就说柠檬是甜的 |
| 移置 | 无意识地将指向某一对象的情绪、意图或幻想转移到另一个对象或替代的象征物上，以减轻精神负担取得心理安宁 | 一个孩子被妈妈打后，满腔愤怒，难以回敬，转而踢倒身边的板凳，把对妈妈的怒气转移到身边的物体上 |
| 投射 | 自我将不能接受的冲动、欲望或观念归因（投射）于客观或别人 | “以小人之心，度君子之腹” |
| 反向形成 | 对内心的一种难以接受的观念或情感以相反的态度与行为表现出来 | 一个有强烈的性冲动压抑的人可能积极参与检查淫秽读物或影片的活动 |
| 退行 | 退回到前面的发展阶段是退行，是指一个人遇到困难的时候放弃已学到的比较成熟的应对技巧和方式，而使用原先比较幼稚的方式去应付困难和满足自己的欲望 | 老人做出幼稚的表现，童心未泯，像个“老小孩”或“老顽童”，很可能是内心孤独，渴望得到子女的关爱 |
| 过度代偿 | 又称过度补偿，是指一个真正的或幻想的躯体或心理缺陷可通过代偿而得到超乎寻常的纠正 | 有些残疾人可通过惊人的努力而变成世界著名的运动员；有些口吃者可成功地变成一位说话流利的演说家 |
| 补偿 | 通过新的满足来弥补原有欲望达不到的痛苦 | 学习成绩平平，但体育成绩突出，或因有其他特长，而使自己能够得到满足 |
| 抵消 | 一个不能接受的行为象征性地、反复地用相反的行为加以显示，以图解除焦虑 | 除夕打碎了碗，习俗上说句“岁岁平安” |
| 升华 | 把社会所不能接受的性欲或攻击性冲动所伴有的力比多能量转向更高级的、社会所能接受的目标或渠道，进行各种创造性的活动 | 一个在感情上受到挫折的人，把全部精力转移到事业上，并取得了很大的成功 |
| 幽默 | 对于困境以幽默的方式处理，它没有个人的不适也没有不快地影响别人情感的公开显露 | 被嘲笑个子矮，一句“浓缩就是精华”就化解了尴尬 |
| 认同 | 无意识中取他人（一般是自己敬爱和尊崇的人）之长归为己有，作为自己行为的一部分去表达，借以排解焦虑与适应的一种防御手段 | 儿童在做作业遇到困难时，常说“我要学习解放军叔叔”，从而有力量和信心把作业坚持写下去，直到成功 |

**真题面对面**

1. [2021河南，单选]当个体追求的目标失败时，以“失败乃成功之母”来达到心理平衡的心理效应是(　　)

A. 酸葡萄效应　B. 首因效应　C. 甜柠檬效应　D. 近因效应

2. [2020辽宁辽阳，单选]“掩耳盗铃”“眼不见为净”的心理现象是(　　)

A. 压抑作用　B. 否认作用　C. 反向作用　D. 投射作用

**答案**：1. C　2. B

第三部分

## 四、中小学生的情绪调节

### 1. 教会学生形成适宜的情绪状态

教会学生调节情绪的紧张度，就要使他们学会按自己的意愿形成适宜的情绪状态。比如，有人用座右铭"忍"字来时刻告诫自己不要感情用事，以防止或缓和激动的情绪；沮丧时，想一想过去愉快的情景，消极的情绪也能得到一些缓解。

### 2. 丰富学生的情绪体验

学生不适宜情绪的产生，往往是由于缺乏一定的情绪体验。学生考试、公开发言都容易引起情绪波动，这是临场经验不足造成的。教师应给学生创造一种过渡性情境，即从不紧张到较为紧张，最后再到更高一级的紧张环境，使学生积累各种情境下的情绪体验。

### 3. 引导学生正确看待问题(调整认知)

学生分析问题的能力还不完善，对一个问题往往只从一个角度解释，所以容易遭受挫折。教师应该指导学生从多个角度看待问题，以发现问题的积极意义，从而产生健康的情绪。多角度、多侧面地帮助学生提高认识，有助于学生的情绪情感向正确的方向发展。

### 4. 教会学生情绪调节的方法 【单选】 ★

教师的教最终是为了学生能够学会调节自己的情绪，因此，传授学生一些调节情绪的方法，是必不可少的。常见的健康情绪调节方法有：

(1)认知调节法。学生不良情绪的产生主要是因为自我意识的发展不够成熟。当学生发现自己有负性情绪时，可以通过两种方式来认识自己：第一，思考自己的感觉是怎么产生的；第二，分析这种感觉是否是由自己的想法或解释造成的，和自己的个性、习惯又有哪些联系。美国心理学家**艾利斯**提出的"**情绪ABC**"理论认为，一个人情绪的好坏主要是由自己的认知和想法所决定的。如果能改变一个人非理性的思想、观念和评价，就能改变他的情绪和行为。根据此心理学原理引导学生，当个体处于负性情绪时，如果能找到人的非理性信念，并驳斥干预此信念，用合理信念取而代之，人就会产生新的情绪。

(2)合理宣泄法(自我排解)。当人受到不良刺激而产生消极情绪时，应让不良情绪充分得以宣泄，通过合理的宣泄来减轻心理负担，恢复心理平静。宣泄可以采用适当的方式：找亲朋好友倾吐不愉快的事；大哭一场或自言自语，以发泄心中的委屈和不满等。宣泄必须合理、适当，否则，可能导致消极后果。

(3)意志调节法。意志调节法也称升华作用。具体内容参见本节"自我防御机制"。

(4)转移注意法。当人受了刺激产生不良情绪时，应尽可能离开不良刺激的环境，把注意力转移到新环境和新事物上去，避免不良情绪的蔓延和加重。

(5)幽默法。具体内容参见本节"自我防御机制"。

**真题面对面**

[2022河南，单选]通过写诗作画让自己摆脱失去亲人的痛苦，这种情绪调节的方法是( )

A. 系统脱敏法　　B. 强化法　　C. 幽默法　　D. 升华法

答案：D

### 5. 通过实际锻炼提高学生情绪调节能力

在日常生活学习中，教师要不断鼓励学生克服不良情绪状态，养成积极乐观的心理品质。同时注意创设情境，让学生体验不良情绪的困扰，从而找到合理宣泄的渠道，这也有助于增强其心理抗压力。

# 第二节　意　志

## 一、意志概述

### 考点 1 意志的概念　【判断】★

意志是指人自觉地确定目的，有意识地根据目的、动机调节支配行动，努力克服困难，实现目标的心理过程。意志总是表现在人们的实际行动之中，也被称为意志行动。意志是人的心理的主观能动性、积极性的集中体现。

**真题面对面**

[2019安徽，判断]意志是个体自觉地确立行动目的，并根据目的支配、调节自己的行动，克服困难，从而实现目标的心理过程。(　　)

答案：√

### 考点 2 意志行动的特征

(1)意志行动是人特有的自觉确定目的的行动。人的行动是以意识为中介，以自觉目的为特征的意志行动，这是人区别于动物的根本标志。(2)意志对活动有调节支配作用，使人的行动能按设定好的目的去改造世界。(3)克服内部和外部的困难是意志行动最重要的特征。(4)意志行动以随意动作为基础。

## 二、意志行动的过程

### 考点 1 准备阶段(采取决定阶段/确定决定阶段)

准备阶段，包括动机斗争、确定目的、选择行动方法和制订行动计划等环节。

**1. 动机斗争**　【单选、多选、判断】★★

人的行为动机往往以愿望的形式表现出来。由于人的需要多种多样并且是不断发展的，所以个体在同一时间内往往存在多种动机。几种动机相互矛盾，就形成了动机斗争。动机斗争可分为四类：

表3-15　动机斗争

| 分类 | 定义 | 典例 |
| --- | --- | --- |
| 双趋冲突 | 从自己同时都很喜爱的两个事物中仅择其一的心理状态 | 鱼和熊掌不可兼得 |
| 双避冲突 | 从希望回避的两种事物中必取其一的心理状态 | 进退维谷 |
| 趋避冲突 | 对同一目的兼具好恶的矛盾心理 | 既想当班干部又怕耽误时间影响学习 |
| 多重趋避冲突 | 对含有吸引与排斥两种力量的多种目标予以选择时所发生的冲突 | 大学毕业生就业中的选择困难 |

双趋冲突

双避冲突

趋避冲突

多重趋避冲突

**重难点解读**

动机冲突是考试中的重点，常结合实例进行考查。通常可以根据题意，运用关键词组进行区分：

(1)双趋冲突：表述中含有“既想……又想……，但不可兼得”的含义。(2)双避冲突：表述中含有“既怕……又怕……”的含义。(3)趋避冲突：表述中含有“既想……又怕……”的含义。(4)多重趋避冲突：表述中的冲突因素为两个以上。

小香有话说

**真题面对面**

1. [2021陕西，单选]某学生既想为校争光，又怕影响学习，这属于意志行动中(　　)

A. 双趋冲突　　B. 双避冲突

C. 趋避冲突　　D. 多重趋避冲突

2. [2022重庆，多选]下列关于动机冲突的选项中，属于双趋冲突的有(　　)

A. 鱼我所欲也，熊掌亦我所欲也，二者不可得兼

B. 学生既怕考试不及格又怕吃苦

C. 学生既想考音乐学院，又想考设计学院

D. 学生既不想做家务，又不想被家长批评

答案：1. C　2. AC

**2. 确定目标**

目标的确定与动机的取舍是相随而行的。目标越明确，人的行动就会越自觉；目标越远大，它对行动的动力作用越大；目标越深刻，被这一目标所唤起的意志力也越大。

**3. 选择行动方法和制订行动计划**

目标确定之后，必须考虑如何实现这个目标。为了实现目标，必须选择适宜的行动方法和行动计划。

### 考点2 执行决定阶段

行动计划制订后，执行计划，采取有效的行动，是达到目的的关键步骤。执行决定阶段是意志行动的中心环节，是意志努力的集中表现。

## 三、意志的品质及其培养　【单选、判断、论述】★★

### 考点1 意志的品质

表3-16　意志的品质

| 品质 | 含义 | 相反的意志品质及其表现 |
|---|---|---|
| 自觉性 | 一个人清晰地意识到自己行动的目的和意义，并且能够主动地支配自己的行动，使之符合既定目的的意志品质 | 受暗示性(盲从)：容易接受别人的影响，不加分析地接受别人的思想和行为，轻易改变或放弃自己的决定，表现为行动上的盲目 |
| | | 独断性：对自己的决定自信不疑，一概拒绝他人的意见或建议 |
| 果断性 | 一种善于辨明是非、抓住时机、迅速而合理地采取决定并执行决定的意志品质 | 优柔寡断：在做决定时顾虑重重、犹豫不决，一直处于动机斗争状态而迟迟做不出决定 |
| | | 草率武断：懒于思考、滥下结论、行动鲁莽、轻举妄动 |
| 自制性 | 一个人善于控制和支配自己的情绪，约束自己言行的意志品质 | 任性：不能约束自己的行动 |
| | | 怯懦：在行动中畏缩不前，惊慌失措 |



第三部分

续表

| 品质 | 含义 | 相反的意志品质及其表现 |
| --- | --- | --- |
| 坚韧性（坚持性） | 一个人在行动中坚持决定，百折不挠地克服重重困难去达到行动目的的品质。坚持是对行动目的的坚持 | 动摇性：或缺乏坚定的行动目的，对既定目的持怀疑态度；或对实现目的缺乏信心和决心 |
| | | 执拗性：不能根据形势的变化而灵活调整自己的思想行为。常常在明知自己的主张和观点错误时，仍然固执己见，违背客观规律而一意孤行 |

**记忆有妙招**

为方便考生记忆，编者将意志的品质总结成以下口诀：

**强调主动选自觉，约束自己是自制，犹豫不决缺果断，坚持不懈是坚韧。**

**真题面对面**

1.［2022河南，单选］学生的学习目的不明确，在家长的督促下才能完成作业，应着重培养其意志品质的（　　）

A. 自制性　　B. 自觉性　　C. 果断性　　D. 坚持性

2.［2022陕西，单选］有的人遇事总是举棋不定、优柔寡断，这说明他们缺乏的意志品质是（　　）

A. 坚韧性　　B. 果断性　　C. 持久性　　D. 自制性

答案：1. A　2. B

### 考点2　良好意志品质的培养

（1）加强生活目的性教育，树立科学的世界观、远大的理想和信念，培养学生行为的目的性，减少其行动的盲目性。树立远大的理想和信念，这是培养学生形成良好意志品质的首要条件。（2）加强养成教育，培养学生的自制能力。**养成教育**就是通过培养学生自觉遵守纪律和生活制度的常规训练，使学生形成自动控制的良好的行为习惯。（3）组织实践活动，在困难环境中锻炼学生的意志，让学生取得意志锻炼的直接经验。（4）教育学生正确对待挫折。（5）根据学生意志品质上的差异，采取不同的锻炼措施。（6）发挥教师、班集体和榜样的模范作用，给予必要的纪律约束。（7）加强自我锻炼，从点滴小事做起。

## 四、挫折教育　【单选】★

**挫折**是指个体的意志行为受到无法克服的干扰或阻碍，预定目标不能实现时所产生的一种紧张状态和情绪反应。

### 考点1　挫折的产生

挫折的产生需要三个因素：（1）挫折情境，即干扰或阻碍意志行为的情境。（2）挫折认知，即个体对挫折情境的认知、态度和评价，这是产生挫折和如何对待挫折的关键。挫折情境能否构成挫折，在很大程度上取决于个体对挫折情境的态度和评价。同一挫折情境由于个体的志向水平不同，感受挫折的程度也是有区别的。（3）挫折反应，即伴随着挫折认知而产生的情绪和行为反应。当挫折情境、挫折认知和挫折反应同时存在时便构成心理挫折。但是，有时只有挫折认知和挫折反应这两个因素也可以构成心理挫折。

### 考点2　挫折的应对

（1）帮助儿童分析产生挫折的原因，找出避免挫折的方法；（2）面对挫折，鼓励儿童充满信心地战胜挫折，有时候也可以用限制、批评、惩罚的方法来制止那些不良的表现；（3）在教育教学中，注意培养儿童调节和控制自己心理活动的能力，提高学生的挫折耐受力。

## 考点3 积极适应挫折的方法和技术

通过训练和有意识的辅导,帮助学生掌握积极适应挫折的方法和技术,使他们学会如何对挫折做出积极主动的适应是挫折教育不可忽视的内容。常见的积极适应挫折的方式有:

(1)理智的压抑。这是一种成熟的适应方式,指当一个人的欲望、冲动或本能因不符合社会规范或要求而无法达到、满足或表现时,有意识地去压抑、控制、想办法延缓其满足需要。

(2)升华。具体内容参见本章“自我防御机制”。

(3)补偿。具体内容参见本章“自我防御机制”。

(4)幽默。具体内容参见本章“自我防御机制”。

(5)合理宣泄。具体内容参见本章“教会学生情绪调节的方法”。

(6)认知改组(认知重组)。主体对挫折情境的认识评价如何,直接影响挫折感的产生。比如高考落榜是考生产生挫折的情境,如果改变对高考落榜严重性的认识,看到上大学并非唯一成才之路,通过自修下一年再考也不迟,这样就可以减轻挫折感。

第三部分

**真题面对面**

[2018河南,单选]考试失利时不是垂头丧气,而是认真分析失败的原因,确定努力的方向。这种对待挫折的方式是( )

A.宣泄　　B.放松　　C.心理补偿　　D.认知重组

答案:D

### 核心考点回顾

1. 情绪的分类有哪些?情感的分类有哪些?(参见本书P273)
2. 常见的自我防御机制有哪几种?(参见本书P277)
3. 各动机冲突的定义和典例分别是什么?(参见本书P279)
4. 意志的品质有哪些?(参见本书P280)

## 达标测评

| 建议用时 | 实际用时 | 测评总分 | 实际得分 |
| --- | --- | --- | --- |
| 10分钟 | ____分钟 | 10分 | ____分 |

一、单项选择题(每小题1分,共6分)

1. 当同学们获悉本班取得学校合唱比赛第一名的成绩时欣喜若狂,这属于( )

A. 心境　　B. 激情　　C. 应激　　D. 热情

2. 某大学生想通过中介找兼职赚点零花钱,并得到实践锻炼;却又担心上当受骗和影响学习。这种心理状态是( )

A. 双趋冲突　　B. 双避冲突　　C. 趋避冲突　　D. 多重趋避冲突

3. 人们在欣赏名画《蒙娜丽莎》时,陶醉在“永恒”的微笑中,感到非常愉悦。这种情感属于( )

A. 道德感　　B. 美感　　C. 理智感　　D. 自豪感

4. 小明在学校表现并不突出,为了引起同学们的注意,小明经常大肆炫耀自己是一名“富二代”。小明采取

的自我防御方式是(　　)

A. 投射　　B. 补偿　　C. 移置　　D. 升华

5. 情绪可以驱动有机体从事活动,提高人的活动效率。这是指情绪的(　　)功能。

A. 适应　　B. 动机　　C. 组织　　D. 信号

6. 对缺乏信心和决心的学生,应注重培养其意志品质的(　　)

A. 自觉性　　B. 自制性　　C. 果断性　　D. 坚韧性

二、多项选择题(每小题2分,共4分)

1. 下列关于情绪状态的说法,正确的是(　　)

A. 应激是已经预料到的紧急情况而引起的情绪状态

B. 激情是一种强烈短暂的爆发性的情绪状态

C. 心境是一种微弱平静且持续时间较长的情绪状态

D. 情绪与情感的概念相同

2. 意志行动中的冲突主要出现在意志行动的准备阶段,在这一阶段中包括动机斗争、确立行动目的和选择行动方法等环节。意志行动中的冲突主要有(　　)

A. 双趋式冲突　　B. 双避式冲突　　C. 趋避式冲突　　D. 多避式冲突

## 参考答案及解析

一、单项选择题

1. B　[解析]激情是一种爆发式的、猛烈而时间短暂的情绪状态。例如,狂喜、暴怒、恐惧、绝望、剧烈的悲痛等,都是激情的表现。因此,根据题干中“欣喜若狂”一词可知,学生们的情绪状态属于激情。

2. C　[解析]趋避冲突是指对同一目的兼具好恶的矛盾心理。某大学生既想通过中介找兼职,又害怕上当受骗和影响学习,这体现了趋避冲突。

3. B　[解析]美感是人们根据一定的审美标准来评价事物时所产生的情感体验。人们欣赏名画所产生的情感属于美感。

4. B　[解析]补偿指通过新的满足来弥补原有欲望达不到的痛苦。题干中小明通过大肆炫耀“富二代”的身份来弥补自身在学校表现不突出而不被注意的痛苦,正是补偿这种自我防御方式在现实生活中的运用。

5. B　[解析]情绪和情感是动机的源泉之一,是动机系统的一个基本成分。它能够激励人的活动,提高人的活动效率。同时,情绪对于生理内驱力也具有放大信号的作用,成为驱使人们行为的强大动力。

6. D　[解析]意志的坚韧性是一个人在行动中坚持决定,百折不挠地克服重重困难去达到行动目的的品质。与坚韧性相反的意志品质是动摇性和执拗性。有动摇性的人或缺乏坚定的行动目的,对既定目的持怀疑态度,或对实现目的缺乏信心和决心。

二、多项选择题

1. BC　[解析]依据情绪发生的强度、持续性和紧张度的不同,可以把情绪状态划分为激情、心境、应激三种。激情是一种爆发式的、猛烈而时间短暂的情绪状态,故B项说法正确。心境是一种微弱的、持续时间较长的、带有弥漫性的情绪状态,故C项说法正确。应激是出乎意料的紧迫情况所引起的急速而高度紧张的情绪状态,故A项说法错误。情绪和情感既有区别又有联系,因此不能说情绪与情感的概念相同,故D项说法错误。

2. ABC　[解析]动机冲突的种类主要有:(1)双趋冲突;(2)双避冲突;(3)趋避冲突;(4)多重趋避冲突。故答案选ABC三项。

# 第四章 个性心理

第三部分

## 思维导图

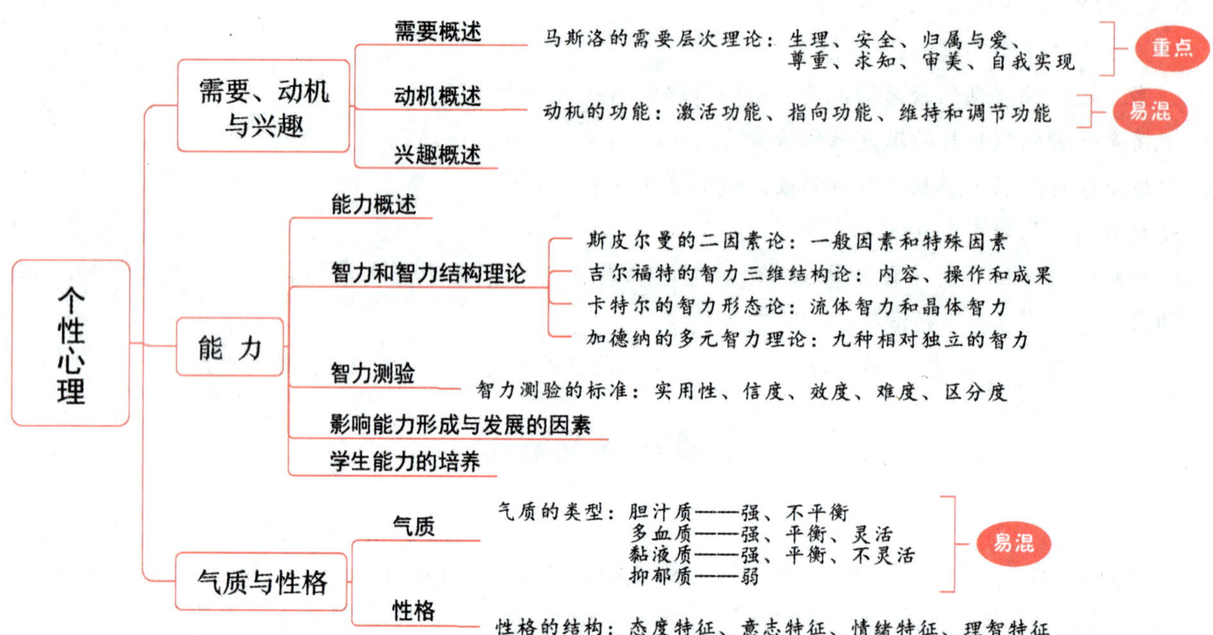


## 考向分析

本章属于心理学的重点章节，也是河北、安徽、重庆、江西、辽宁、黑龙江、吉林等省份的特岗笔试重点考查的章节，内容广泛、识记性和理解性知识多，在考试中常以选择题、判断题、简答题、案例分析题等形式考查。本章的考向分析如下：

| 考点名称 | 常考题型 | 能力层级 | 考查热度 |
| --- | --- | --- | --- |
| 马斯洛的需要层次理论 | 单选、多选、判断、简答、案例分析 | 掌握、运用 | ★★★ |
| 卡特尔的智力形态论 | 单选、判断 | 识记、理解 | ★★★ |
| 加德纳的多元智力理论 | 单选、多选 | 识记、理解 | ★★ |
| 智力测验的标准 | 单选、判断 | 识记、理解 | ★★ |
| 气质的类型 | 单选 | 理解、掌握 | ★★★ |
| 性格及其结构 | 单选、多选 | 识记、理解 | ★★ |

核心考点

## 第一节　需要、动机与兴趣

### 一、需要概述

考点 1　需要及其种类

**1. 需要的概念**　【判断】★

需要是有机体感到某种缺乏或不平衡状态而力求获得满足的心理倾向，是有机体自身和外部生活条件的要求在头脑中的反映。需要是个体活动积极性的源泉。需要具有对象性、动力性、社会性的特点。

**2. 需要的种类**

表3-17　需要的种类

| 分类依据 | 类别 | 定义 | 举例 |
| --- | --- | --- | --- |
| 需要的起源 | 生理性需要（原发性需要） | 与保持个体的生命安全和种族延续相联系的一些需要 | 对饮食、睡眠、休息、性、运动、排泄的需要 |
| | 社会性需要 | 在生理性需要基础上，在社会实践和教育的影响下发展起来的需要 | 对劳动、交往、成就、友谊、尊严、求知、审美、道德等的需要 |
| 需要的对象 | 物质需要 | 对生存和发展所必需的物质生活的需要 | 对与衣、食、住、行有关物品的需要，以及对劳动工具、生产资料、文化用品、科研用品等的需要 |
| | 精神需要 | 对社会精神生活及其产品的需求 | 对知识、文化艺术的需要 |

考点 2　马斯洛的需要层次理论　【单选、多选、判断、简答、案例分析】★★★

马斯洛是美国当代人本主义心理学家。他的需要层次理论是最富有影响力的需要理论。早期，他根据需要出现的先后及强弱顺序，把需要分成了五个层次，即生理需要、安全需要、归属与爱的需要、尊重需要和自我实现的需要。后来他又补充了求知需要和审美需要，即需要由五个层次扩充为七个层次。

马斯洛

（1）**生理需要**。生理需要是人对食物、水分、空气、睡眠、性等的需要。它是人的所有需要中最基本、最原始，也是最强有力的需要，是其他一切需要产生的基础。

（2）**安全需要**。安全需要是指希求受到保护与免遭威胁从而获得安全感的需要。人在生理需要相对满足的情况下，就会出现安全需要。人们希望得到较稳定的职位，愿意参加各种保险，都表现了他们的安全需要。

（3）**归属与爱的需要**。归属与爱的需要，也称社交需要，是指每个人都有被他人或群体接纳、爱护、关注、鼓励及支持的需要。它是更高一级的需要，包括被人爱与爱他人、保持友谊、被团体接纳等。

（4）**尊重需要**。尊重需要是在生理、安全、归属与爱的需要得到基本满足后产生的对自己社会价值追求的需要，包括自尊和受到别人的尊重两个方面。这种需要得到满足，个体就会感受到自信、价值和能力，否则就会产生自卑或保护性反抗。

（5）**求知需要**。求知需要，又称认知与理解的需要或认知需要，是指个人对自身和周围世界的探索、理解及解决疑难问题的需要。马斯洛将其看成克服障碍的工具，当认知需要受挫时，其他需要的满足也会受到威胁。

（6）**审美需要**。审美需要是指对对称、秩序、完整结构以及行为完美的需要。审美需要与其他需要是相互关联，不可截然分开的，如对秩序的需要既是审美需要，也是安全需要、认知需要（如数学、数量方面）。

（7）**自我实现的需要**。这是最高层次的需要，是在上述几种需要得到满足后产生的。所谓“自我实现”，即追求自我理想的实现，是充分发挥个人潜能、才能的心理需要，也是一种创造和自我价值得到体现的需要。有学者认为，自我实现作为一种最高级的需要，包含认知、审美和创造的需要。

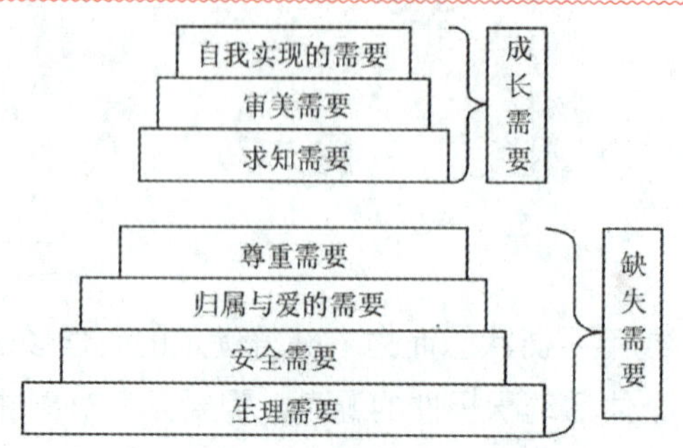


图3-4　马斯洛需要层次理论

马斯洛对以上七种需要进行了进一步的区分：位于需要层次底部的四种需要被称为缺失需要或基本需要，它们是个体生存所必需的；后三种需要是**成长需要或心理需要**，它们虽不是我们生存所必需的，但对于我们适应社会来说却有重要的积极意义。较低级的需要至少必须部分满足之后才会出现对较高级需要的追求。与缺失需要相反，成长需要是永远得不到完全满足的需要。马斯洛并未直接研究学习动机问题，但是需要层次理论却对教育、教学、学习等产生了间接的影响。需要层次理论说明，在某种程度上学生缺乏学习动机可能是由于某种缺失性需要没有得到充分满足。

**记忆有妙招**

为方便考生记忆，编者将马斯洛的需要层次理论的内容总结成以下口诀：

**李安蜀中求美食。李**：生理需要。**安**：安全需要。**蜀**：归属与爱的需要。**中**：尊重需要。**求**：求知需要。**美**：审美需要。**食**：自我实现的需要。

**真题面对面**

1.［2022江西，单选］自我实现作为一种最高级的需要，不包括（　　）

A. 认知需要　　B. 审美需要　　C. 创造需要　　D. 尊重需要

2.［2022黑龙江，多选］马斯洛的需要层次理论中的缺失性需要包括（　　）

A. 生理需要　　B. 安全需要　　C. 尊重需要　　D. 归属与爱的需要

E. 自我实现的需要

答案：1. D　2. ABCD

## 二、动机概述

### 考点1　动机的概念和种类

**1. 动机的概念**

动机是激发和维持有机体的行动，并使该行动朝向一定目标的心理倾向或内部驱力。动机可以激起或抑制人行动的愿望和意图，是推动人行动的内在原因。

**2. 动机的种类**

按需要的种类，可以把动机分为生理性动机与社会性动机。

(1)**生理性动机**是与人的生理需要有关的初级的、原发性动机,也称为内驱力。

(2)**社会性动机**是与人的心理、社会需要有关的后天习得的动机。社会性动机包括两个层次:一是比较原始的三种驱动力,即好奇心、探索与操作;二是人类特有的成就动机和社会交往动机等。交往动机是在交往需要的基础上产生的社会性动机。交往需要表现为每个人都有团体归属感,每个人都希望得到别人的关心、支持、友谊、合作与奖赏。这种需要促使人们结交朋友,寻找支持,参加群体活动,因而形成交往动机。

## 考点 2 动机的功能 【单选、多选】 ★

**1. 激活功能**

动机是个体能动性的一个主要方面,它具有发动行为的作用,能推动个体产生某种活动,使个体由静止状态转向活动状态。

**2. 指向功能**

动机的指向功能是指在动机的作用下,人的行为将指向某一目标。例如,在学习动机的支配下,人们去图书馆或教室看书。

**3. 维持和调节功能(强化功能)**

动机具有维持功能,它表现为行为的坚持性。美国心理学家阿特金森在全面探讨了有关动机研究的文献后,发现了一个较为普遍的规律,这就是完成某项具体学习任务所需要的时间与对该项任务的动机水平成正相关。当动机激发个体的某种活动后,这种活动能否坚持下去,同样受动机的调节和支配。

指向功能与激活功能易混淆,考生做题时要注意二者的区别。激活功能强调一个人的行为从无到有;指向功能强调面对很多对象时,只选择其一。例如:口渴了促使人去觅水,这属于激活功能;当你从白开水、可乐、果汁、奶茶中选择其一时,这属于指向功能。

**真题面对面**

[2020内蒙古,多选]动机的功能有( )

A. 激活功能　　B. 适应功能　　C. 支持功能　　D. 强化功能

E. 指向功能

答案:ADE

## 三、兴趣概述

### 考点 1 兴趣的概念和分类

**1. 兴趣的概念**

兴趣是人对事物的一种认识倾向,伴随着积极的情绪体验,对个体活动,特别是对个体的认知活动有巨大的推动作用。兴趣具有定向和动力功能。

**2. 兴趣的分类**

(1)直接兴趣和间接兴趣

兴趣可以分为直接兴趣和间接兴趣两种。**直接兴趣**是由认识事物本身的需要引起的,如对看电视、小说的兴趣;**间接兴趣**是由认识事物的目的和结果引起的。例如,科学家可能对繁杂的数据处理没有兴趣,只对研究结果有兴趣,这种兴趣就是间接兴趣。

(2)中心兴趣和广阔兴趣

从兴趣的广度来看,兴趣可以分为中心兴趣和广阔兴趣两种。**中心兴趣**是对某一方面的事物或活动有极浓厚而稳定的兴趣；**广阔兴趣**是对多方面的事物或活动表现出兴趣。

(3)个体兴趣和情境兴趣

兴趣还可以分为个体兴趣和情境兴趣。**个体兴趣**是指个体长期指向一定客体、活动和知识领域的一种相对稳定的兴趣，*如美术是某人一生的爱好*。**情境兴趣**是指由环境中的某一事物突然激发的兴趣，持续时间较短，是一种唤醒状态的兴趣，*如某人最近突然对游泳感兴趣*。

## 考点2 兴趣的品质

(1)兴趣的广度，是指兴趣的范围大小，即兴趣广泛与否。

(2)兴趣的中心(兴趣的倾向性)，指对某个特定领域的事物形成更浓厚、更强烈的兴趣。

(3)兴趣的稳定性，指对事物具有持续、稳定的兴趣。

(4)兴趣的效能，指兴趣能积极推动人的活动，提高活动的效能，即兴趣对认知的推动作用。

## 考点3 学习兴趣的培养和激发 【论述】 ★

**1. 通过各种活动发展学生的兴趣**

(1)在课堂教学中，要调动一切手段，让学生充分参与活动，开动脑筋，使他们能生动、活泼、主动地学习；(2)要充分利用学校课外活动和少先队活动，组织各种有趣的比赛、游戏、参观、义务劳动、游览等活动，把校内与校外活动结合起来，为学生开辟广阔的活动天地，在活动中发展学生的兴趣。

**2. 通过提高教学水平，引发学生兴趣**

(1)教师教学的水平，是学生学科兴趣形成的最重要的条件；

(2)教师的教学应使学生感到"有趣、有味、有奇、有惑"。

**3. 引导学生将广泛兴趣与中心兴趣结合起来**

(1)教师要善于在学生广泛兴趣的基础上，引导和培养他们有一个中心兴趣，即要求对某一方面进行更为深入的钻研，并使其他各种兴趣都能直接或间接地为它服务。(2)教师要注意防止学生的广泛兴趣中可能存在的消极的、不利于身心健康的兴趣。一旦发现，教师要及时、正确地引导，向他们晓以利害，并以积极、有效的兴趣代替无益的兴趣。

**4. 要根据学生的年龄特征来提高学生的学习兴趣**

不同年龄阶段的学生在学习兴趣的形成和表现上有很大的差异。

(1)小学生方面：小学生的学习兴趣还不稳定，比较笼统、模糊，容易对学习的形式感兴趣并从中获得满足，任何新颖的、形象的、具体的事物都会引起他们极大的兴趣。因此，小学课堂教学应更注意教学方式灵活多样、教学内容生动活泼以及教具的新颖具体。

(2)中学生方面：①相关研究表明，儿童早期兴趣比较不稳定，兴趣一般在15岁以后才趋向稳定。中学生的学习兴趣开始明显分化并趋向稳定，其学习兴趣的范围也不断扩大，表现为对课外阅读和课外活动的兴趣增强，开始注重学习内容。②教师还应对严重偏爱某一学科的学生给予正确引导。

**5. 要根据学生的知识基础培养学生的学习兴趣**

教师培养学生的学习兴趣时，必须区别对待，因材施教。(1)对于成绩优秀、基础好的学生，教师要使他们了解知识海洋的浩瀚无边和自己知识面的狭窄，帮他们克服自满情绪。另外，要为他们提供较难的学习材料，启发他们自学和独立思考，使他们对学习始终保持浓厚的兴趣。(2)对于知识基础薄弱的学生，教师应给予特别的关心，深入调查他们学习不积极的原因，有针对性地给予帮助和指导。

**6. 通过积极的评价使学生的兴趣得以强化**

积极的评价是指当学生取得成功或有了进步时，教师要及时给予鼓励与表扬，使学生体验到成功的喜

悦，从而能进一步增强原有的兴趣。但积极的评价也要恰当，表扬、鼓励既不要过头，也不可不足，而且要做到及时。若对不同性格特点的学生采取不同的表扬与鼓励的方式，所达到的强化效果会更好。

**7. 充分利用原有兴趣的迁移**

兴趣是可以迁移的。兴趣的迁移是指将学生已有的兴趣延伸到相关的事物上，使其对该事物也发生兴趣。但兴趣的迁移要满足以下条件：(1)教师要善于发现学生感兴趣的事物或活动；(2)教师应寻找到使学生感兴趣的新事物或活动与学生原有兴趣的相同点；(3)教师要通过各种方法使学生产生对新事物与活动的认识需要，并把这种需要转化成强烈的动机。

## 第二节 能 力



### 一、能力概述

考点1 能力的内涵 【单选、判断】 ★

能力是直接影响人的活动效率，促使活动顺利完成的个性心理特征。它是人顺利完成某项活动的必要的心理条件和直接有效的可能性心理特征，但不是全部心理条件。从事某种活动必须以一定的能力为前提。能力是保证活动取得成功的基本条件，但不是唯一条件。

几种相关的、结合在一起的能力统称**才能**。人的活动比较复杂，不是单独一种能力所能胜任的，常常需要几种相关能力配合起作用，才能保证活动顺利进行。才能的高度发展是**天才**。

真题面对面

[2021辽宁沈阳，单选]有的人能歌善舞，具有很高的音乐才能；有的人能说会道，善于与人相处，表现出较高的人际交往水平。这体现的是个性心理特征中的(　　)

A. 能力　　B. 天赋　　C. 性格　　D. 信念

答案：A

考点2 能力与知识、技能的关系

**1. 能力与知识、技能的联系**

(1)能力是掌握知识与技能的前提。能力的高低会影响到知识掌握的深浅、难易和技能水平的高低。从一个人掌握知识和技能的速度和质量上可以看出个人的能力高低。

(2)能力是在掌握知识和技能的过程中形成和发展起来的，掌握系统的知识和技能有利于能力的增长和发挥。

**2. 能力与知识、技能的区别**

(1)能力与知识、技能具有不同的概括水平。知识是人类社会历史经验的概括和总结，技能是对一系列活动方式的概括，能力是人在从事某种活动时表现出来的多种心理品质的概括。

(2)在一个人身上，知识和技能的发展是无止境的，它随着学习进程的不断增多而不断丰富；而能力的发展则有一定的限度。

(3)知识、技能的掌握和能力的发展是不同步的。知识多了，能力并不一定就高。教师在教学中不仅要向学生传授知识，更要注重培养和发展学生的能力。

## 考点 3 能力的分类 【单选】★

表3-18 能力的分类

| 分类依据 | 类别 | 定义 | 举例 |
|---|---|---|---|
| 能力适应活动范围的大小 | 一般能力 | 在不同种类活动中表现出来的能力 | 观察力、记忆力、抽象概括能力、创造力等，其中抽象概括能力是一般能力的核心 |
| | 特殊能力 | 从事某种专门活动所需要的能力 | 音乐能力、绘画能力等 |
| 从事活动时创造性程度的高低 | 模仿能力 | 通过观察别人的行动和活动，以相同的方式做出反应的能力 | 观察学习 |
| | 创造能力 | 按照预先设定的目标，利用一切已有的信息，创造出新颖、独特、具有个人或社会价值的产品的能力 | 发明、创造 |
| 能力的功能不同 | 认知能力 | 人脑存储、加工和提取信息的能力 | 观察力、记忆力、想象力等 |
| | 操作能力 | 人们操纵自己的肢体去完成各项活动的能力 | 劳动能力、实验操作能力等 |
| | 社交能力 | 人们在社会交往活动中所表现出来的能力 | 沟通能力、解决纠纷能力等 |

此外，还有一种分类把能力分为认知能力与元认知能力。

**真题面对面**

[2019安徽，单选]下列各种能力中，属于一般能力的是(　　)

A. 写作能力　　B. 绘画能力　　C. 体育能力　　D. 想象能力

答案：D

## 二、智力和智力结构理论

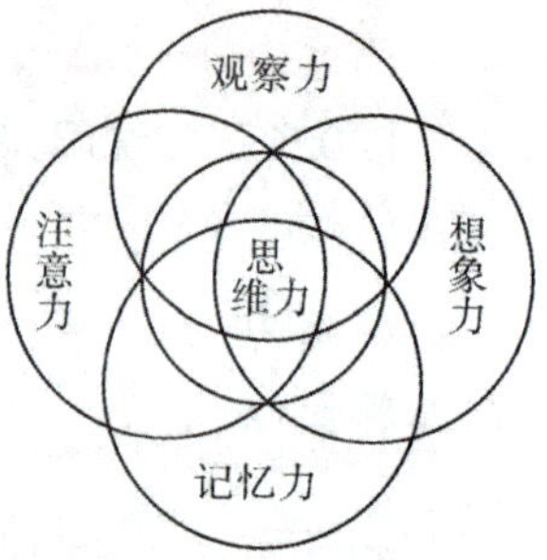

智力是使人能顺利地从事某种活动所必需的一般性认知能力，由注意力、观察力、想象力、记忆力和思维力等基本因素组成。(见图3-5)但它又绝不是这些基本因素的简单相加，而是各种因素的有机结合，其中以思维力(尤其是抽象思维能力)为核心，创造力是智力的最高表现，每一因素的水平都会影响整个智力的水平以及其他诸因素作用的发挥。

图3-5 智力五因素结构模式图

### 考点 1 斯皮尔曼的二因素论

英国心理学家**斯皮尔曼**首先提出了智力的二因素论。他认为，智力包括两种因素：**一般因素**(即G因素)和**特殊因素**(即S因素)。G因素代表一个人普遍而概括化的能力，参与所有的智力活动。一个人智力水平的高低取决于G因素的数量。S因素代表一个人的特殊能力，只在某些特殊方面(如绘画、唱歌等)表现出来。S因素参与不同的智力活动，但每种智力活动中主要有一种特定的S因素存在。人在从事任何一项智力活动时都需要有G因素和S因素的共同参与。一般智力测验所测量的只是普通能力(G因素)。

### 考点 2 吉尔福特的智力三维结构论

美国心理学家**吉尔福特**提出了智力的三维结构论。他认为，智力是一个由不同方式对不同信息进行加工的各种能力的综合系统，是一个包括内容、操作和成果的三维结构。**内容**是指思维的对象，包括视觉、听觉、符号、语义和行为五种。**操作**是指智力活动的反应方式，包括认知、记忆、发散思维、辐合思维和评价五种，真正代表智力的高低。**成果**是指智力活动的产物，包括单元、类别、关系、系统、转换、寓意六种。每个维度中的任何一项，都可以与其他两个维度中的一项结合成一种智力因素。因此，形成的智力因素总共有150

(5×5×6)种,其中每一种智力因素都是一种特殊的能力。

卡特尔

### 考点3 卡特尔的智力形态论 【单选、判断】★★★

美国心理学家卡特尔根据因素分析结果,按心智功能上的差异,将人的智力分为流体智力和晶体智力两种不同的形态。**流体智力**指一般的学习和行为能力,由速度、能量、快速适应新环境的测验度量,如逻辑推理测验、记忆广度测验、解决抽象问题和信息加工速度测验等。**晶体智力**指已获得的知识和技能,由词汇、社会推理以及问题解决等测验度量。两者各具特色,具体对比见下表。

表3-19 流体智力与晶体智力

| 关系 | | 流体智力 | 晶体智力 |
| --- | --- | --- | --- |
| 区别 | 影响因素 | 以生理为基础,受先天遗传因素的影响较大 | 以学得的经验为基础,受后天经验的影响较大 |
| | 主要表现 | (1)在信息加工和问题解决过程中所表现出来的能力。主要表现为对新奇事物的快速辨认、记忆、理解等;<br>(2)需要较少的专业知识,包括理解复杂关系和解决问题的能力,如在处理数字系列、空间视觉感和图形矩阵项目时所需的能力 | 获得语言、数学等知识的能力。主要表现为运用已有知识和技能去吸收新知识和解决新问题的能力 |
| | 与年龄的关系 | 一般人在20岁以后,流体智力的发展达到顶峰,30岁以后随着年龄的增长而降低 | 随着年龄的增长而升高 |
| | 与教育文化的关系 | 受教育、文化的影响较少,可用于文化公平测验 | 与教育、文化有关 |
| 联系 | | 人通过解决问题时投入流体智力而发展晶体智力,但是,生活中的许多任务(如数学推理)同时需要流体智力和晶体智力 | |

**真题面对面**

1. [2022重庆,单选]晶体智力的发展( )

A. 在成年达到顶峰　　B. 在20岁左右达到顶峰

C. 随年龄增长而下降　　D. 在成年后仍然增长

2. [2020安徽,判断]根据卡特尔的观点,流体智力在人的一生中一直在发展。( )

答案:1. D　2. ×

加德纳

### 考点4 加德纳的多元智力理论 【单选、多选】★★

**1. 多元智力理论的主要内容**

多元智力理论是美国心理学家**加德纳**提出的。这一理论认为,智力是在某种文化环境的价值标准之下,个体用以解决问题与生产创造所需的能力。加德纳认为,人的智力结构中存在着七种(后发展为九种)相对独立的智力,这几种智力在每个人身上的组合方式是多种多样的。

表3-20 加德纳的多元智力理论

| 智力维度 | 界定 | 典型人群 |
| --- | --- | --- |
| 言语智力 | 说话、阅读、书写的能力。能说会道、妙笔生花是言语智力高的表现 | 作家、演说家 |
| 逻辑—数学智力 | 数学运算与逻辑思考的能力以及科学分析的能力 | 数学家 |

续表

| 智力维度 | 界定 | 典型人群 |
| --- | --- | --- |
| 视觉—空间智力 | 认识环境、辨别方向的能力 | 画家、雕塑家、建筑师 |
| 音乐智力 | 对声音的辨识与韵律表达的能力，多为天赋 | 作曲家、乐师、乐评人、歌手及善于感知的观众 |
| 运动智力 | 支配肢体以完成精密作业的能力 | 出色的舞蹈家、运动员、外科医生 |
| 人际智力（社交智力） | 与人交往并和睦相处的能力。人际智力高者善于处理人际关系，善于与人交往 | 推销员、教师、心理咨询医生、政治家 |
| 自知智力（内省智力） | 认识自己并选择自己生活方向的能力 | 神学家、哲学家和心理学家 |
| 认识自然智力（自然观察智能） | 认识自然，并对我们周围环境中的各种事物进行分类的能力 | 考古学家、收藏家、农夫及宝石鉴赏家 |
| 存在智力 | 陈述、思考有关生与死、身体与心理等问题的倾向性 | 可能存在于哲学家和宗教人士身上 |

记忆有妙招

为方便考生记忆，编者将加德纳提出的九种智力总结成以下口诀：

**语数音体多社交，认识自然看空间，常常内省思存在。语**：言语智力。**数**：逻辑—数学智力。**音**：音乐智力。**体**：运动智力。**社交**：社交智力。**认识自然**：认识自然智力。**空间**：视觉—空间智力。**内省**：内省智力。**存在**：存在智力。

**2. 多元智力理论与新课程改革**

加德纳的多元智力理论对传统的智力观念提出了新的诠释，也为我国新课程改革“建立促进学生全面发展的评价体系”提供了有力的理论依据与支持。对当前教学改革产生了重大的影响：

(1)积极乐观的学生观。(2)科学的智力观。长期以来，学校教育偏重于培养学生的言语智力和逻辑—数学智力，而多元智力理论把培养学生的多种能力放在同等重要的地位。(3)因材施教的教学观。多元智力理论所倡导的教学观是一种“对症下药”的因材施教观。(4)多样化人才观和成才观。

真题面对面

[2021重庆，多选]下列选项中，不属于加德纳的“多元智力理论”中的智力类型的有(　　)

A. 音乐智能　　B. 液态智能　　C. 数理逻辑智能　　D. 操作智能

答案：BD

## 三、智力测验

考点1 智力测验量表　【单选、判断、填空】★

表3-21　一般智力测验

| 量表名称 | 编制者 | 相关概念 | 计算公式 |
| --- | --- | --- | --- |
| 比纳—西蒙智力量表（最早：1905） | 比纳、西蒙（法国） | 智龄是以被试能通过哪一年龄组的测验项目来计算的，即通过测验确定儿童的实际智力达到的年龄水平 | 用智力年龄来表示智力水平 |

续表

| 量表名称 | 编制者 | 相关概念 | 计算公式 |
| --- | --- | --- | --- |
| 斯坦福—比纳量表（最著名） | 推孟（美国） | 用智龄和实际年龄的比率代表的智商，称作比率智商；1960年修订时，改用离差智商 | 智商(IQ)=智龄(MA)÷实龄(CA)×100 |
| 韦克斯勒智力量表 | 韦克斯勒（美国） | 离差智商：代表一个人的智力水平偏离本年龄组平均水平的方向和程度 | $IQ=100+15Z$<br>$Z=(X-\bar{X})/SD$<br>$Z$代表个体的标准分，$X$表示个体测验得分（原始分数），$\bar{X}$代表相应年龄群体的平均分，SD是群体得分的标准差 |

**考点 再拔高**

▼ 年级当量

教育成就测验上的分数经常可用年级当量来解释。年级常模可以从计算各年级学生在某份测验上的平均原始分数而得，如果一标准化常模样组中四年级学生正确解答某一数学测验的问题数目平均为23，那么原始分数23便相当于4年级的年级当量。各年级之间的年级当量，可以采用内插法而得，另外也可通过在一学年中的各时期直接测量而得到。年级当量可以用年级月数来表示，因为一年当中学生在校时间约为10个月，所以年级当量4.0便表示四年级开始时的平均成绩，而4.5则表示学年中间（即第五个月时）的平均成绩。

**真题面对面**

[2021河北，填空]IQ是________，可通过斯坦福—比纳量表、韦克斯勒量表测量。

**答案：**智商

## 考点2 智力测验的标准 【单选、判断】★★

智力测验是标准化的测验，智力测验量表是标准化的测验工具。评定测验质量优劣的主要技术指标如下：

（1）**实用性。**实用性反映了试题的基本质量，其具体要求有：①便于组织；②测验便于实施；③容易评分；④结果要容易解释。

（2）**信度。**信度是指一个测验量表的可靠程度（或可信程度）。它以反复测验时能否提供相同的结果来说明。如果同一个人在初测时分数很高，而在复测时分数很低，说明测验的信度差。

（3）**效度。**效度是指一个测验工具希望测到某种行为特征的有效性与准确程度。表示测验效度的一种方法，是将测量的结果与随后的行为进行对照。如果一种测验能够预测后来的行为，这种测验的效度就高。

**考点 再拔高**

▼ 信度与效度的关系

信度是效度的必要条件，但不是充分条件。一个测量工具要有效度必须有信度，没有信度就没有效度；但是有了信度不一定有效度。信度低，效度不可能高。信度高，效度未必高。例如，如果我们准确地测量出某人的经济收入，也未必能够说明他的消费水平。效度低，信度很可能高。例如，即使一项研究未能说明人口流动的原因，但它很有可能很精确很可靠地调查了各个时期各种类型的人口流动数量。效度高，信度也必然高。

(4)难度。难度指题目的难易程度，通常以答对或通过该项目的人数占应试总人数的百分比来表示，也就是用通过率来表示难度。难度指数越大，试题的难度越小。难度在能力测验里称为项目的难度水平，而在非能力测验里，称为“**通俗性**”或“**流行性**”水平。

(5)区分度。区分度指该项题目对不同水平的答题者反应的区分程度和鉴别能力。难度适中，区分度较高的题目较好。

**真题面对面**

1. [2021黑龙江，单选]测验题目对考生实际水平的区分程度或鉴别能力，叫作(　　)

A. 效度　　B. 信度

C. 难度　　D. 区分度

2. [2021内蒙古，判断]一个测验能够测出其想要测量的东西的程度为信度。(　　)

答案：1. D　2. ×



## 四、影响能力形成与发展的因素

### 1. 遗传与营养

遗传素质是智力发展的生物前提。遗传素质是智力发展的基础和自然条件。有研究发现：遗传关系越密切，个体之间的智力越相似。但是，遗传只为智力发展提供了可能性，要使智力发展的可能性变成现实性，还需要社会、家庭与学校教育许多方面的共同作用。另有研究证实，胎儿及婴幼儿的营养状况也会影响智力的发展。

### 2. 早期经验

人的智力发展的速度是不均衡的。研究表明，早期阶段获得的经验越多，智力发展得就越迅速，不少人把学龄前称为智力发展的一个关键期。美国学者布卢姆提出了一个重要假设，把5岁前视为智力发展最迅速的时期，如果17岁的智力水平为100%，那么从出生到4岁就获得50%的智力，其余30%是4～7岁获得的，另外20%是8～17岁获得的。

### 3. 教育与教学

智力不是天生的，教育和教学对智力的发展起着主导作用。教育和教学不仅使儿童获得前人的知识经验，而且促进儿童心理能力的发展。

### 4. 社会实践

人的智力是人在认识和改造客观世界的实践中逐渐发展起来的。社会实践不仅是学习知识的重要途径，也是智力发展的重要基础。

### 5. 主观努力

环境和教育的决定作用，只能机械、被动地影响智力的发展。如果没有主观努力和个人的勤奋，要想获得事业的成功和智力的发展是根本不可能的。

## 五、学生能力的培养　【判断】★

(1)注重对学生早期能力的培养；(2)教学中要加强知识与技能的学习与训练；(3)教学中要针对学生的能力差异因材施教；(4)在教学中要积极培养学生的元认知能力和创造能力；(5)社会实践活动是培养学生能力的基本途径；(6)要注意培养学生的非智力因素。

**考点 再拔高**

▼ 非智力因素

1. 非智力因素的内涵

非智力因素主要是指那些不直接参与认知过程,但对认知过程起着起始、定向、引导、维持、强化作用的所有心理因素。它主要包括需要、动机、兴趣、情感、意志、气质和性格等。在个性心理结构中,诸多非智力因素组成了彼此联系、相互制约与相互作用的动力系统,是人的个性中最活跃、最积极的因素,它决定人进行活动的积极程度。

2. 非智力因素的功能

(1)动力功能。亦称之为始动功能。即非智力因素转化为活动动机,成为人们进行这种或那种活动的内在动力。

(2)定向功能。定向功能是指非智力因素可以帮助人们确立活动目标。

(3)维持和调节功能。维持调节功能指它支持、激励个体的行为,使之能够始终坚持目标,如若遇到障碍,则表现为克服困难、坚持不懈。

(4)补偿功能。优良的非智力因素对智力的某些弱点具有补偿功能,即所谓"勤能补拙"。

(5)定型功能。所谓定型功能是指把某种认识或行为的组织情况越来越固定化。

**真题面对面**

[2019河南,判断]"笨鸟先飞""勤能补拙"强调了非智力因素的作用。(   )

答案:√

## 第三节 气质与性格

### 一、气质

**考点1 气质及其类型**

**1. 气质的概念**

气质是表现在心理活动的强度、速度、灵活性与指向性等方面的一种稳定的心理特征,即我们平时说的脾气、禀性。现代心理学一般认为,气质是不以活动目的和内容为转移的典型的、稳定的心理活动的动力特点。气质不决定人的智力发展水平,也不决定人的性格、品德,更不决定人的社会成就的大小。气质有稳定性、可塑性、动力性等特点。

**2. 气质的类型** 【单选】 ★★★

气质类型是指在一类人身上共有或相似的心理活动特征的有规律的结合。

(1)气质的体液说

古希腊著名医生**希波克拉底**提出,人体内有四种性质不同的体液:血液、黄胆汁、黑胆汁和黏液。他认为,这四种体液的配合比例不同,形成了四种不同类型的人。罗马医生**盖伦**从希波克拉底的体液说出发,加进了人的道德品行,组成了13种气质类型,后来简化为4种气质类型,即多血质、胆汁质、黏液质和抑郁质。每一种气质类型的特点都是某种体液占优势的结果,并有特定的心理表现。



第三部分

表3-22　气质类型及其特征

| 气质类型 | 特征 | 代表人物 |
| --- | --- | --- |
| 胆汁质 | 精力旺盛、粗枝大叶、表里如一、刚强、易感情用事 | 张飞、李逵 |
| 多血质 | 反应迅速、有朝气、活泼好动、动作敏捷、情绪不稳定 | 王熙凤 |
| 黏液质 | 稳重,但灵活性不足;踏实,但有些死板;沉着冷静,但缺乏生气 | 沙僧、林冲 |
| 抑郁质 | 敏锐、稳重、体验深刻、外表温柔、怯懦、孤独、行动缓慢 | 林黛玉 |

(2)气质的神经活动类型说

巴甫洛夫在研究高等动物的条件反射时发现,动物高级神经系统活动的兴奋和抑制有强度、平衡性、灵活性三种特性。根据这三种特性的结合,巴甫洛夫将动物的高级神经活动分为四种类型:强、不平衡(不可遏制型);强、平衡、灵活(活泼型);强、平衡、不灵活(安静型);弱(弱型)。

表3-23　高级神经活动类型与气质类型对照表

| 高级神经活动类型 | 高级神经活动过程 | 气质类型 |
| --- | --- | --- |
| 不可遏制型(兴奋型) | 强、不平衡 | 胆汁质 |
| 活泼型(灵活型) | 强、平衡、灵活 | 多血质 |
| 安静型(不灵活型) | 强、平衡、不灵活 | 黏液质 |
| 弱型(抑制型) | 弱 | 抑郁质 |

真题面对面

1. [2021安徽,单选]李伟勇敢果断,直率热情,但脾气暴躁,易冲动,他的气质类型属于(　　)

A. 多血质　　B. 胆汁质　　C. 黏液质　　D. 抑郁质

2. [2021河北,单选]一个人行动缓慢,情感情绪持续时间长,这表明其属于(　　)气质。

A. 胆汁质　　B. 多血质　　C. 黏液质　　D. 抑郁质

答案:1. B　2. D

## 考点2 气质与教育　【材料分析】★

在教育教学中,根据学生的不同气质类型,可以从以下几方面做好教育工作:

**1. 对待学生应克服气质偏见**

气质仅使人的行为带有某种动力特征,无所谓好坏;同时,每一种气质类型都有其积极的方面,也都有其消极的方面,无法比较好坏。

**2. 针对学生气质差异因材施教**

针对学生的气质差异,在教育过程中对不同气质类型的学生采取的方法应尽可能地因人而异,做到"一把钥匙开一把锁"。

(1)对胆汁质的学生,教师应采取直截了当的方式,但这些学生不宜轻易激怒,对其严厉批评要有说服

力，培养其自制力、坚持到底的精神，豪放、勇于进取的人格品质。

(2)对多血质的学生，可以采取多种教育方式，但要定期提醒，对其缺点严厉批评。教师应鼓励他们勇于克服困难，培养扎实专一的精神，防止其见异思迁；创造条件，多给他们活动的机会，培养他们朝气蓬勃、足智多谋的优点。

(3)对黏液质的学生，教师要采取耐心教育的方式，让他们有考虑和做出反应的足够时间，培养其生气勃勃的精神、热情开朗的个性和以诚待人、工作踏实、顽强的优点。

(4)对抑郁质的学生，则应采取委婉暗示的方式，对其多关心、爱护，不宜在公开场合下指责，不宜过于严厉地批评，培养他们亲切、友好、善于交往、富有自信的精神，培养其敏感、机智、认真、细致、高自尊的优点。

**3. 帮助学生进行气质的自我分析、自我教育，培养良好的气质品质**

随着学生年龄的增长，他们对自身气质特征的认识能力和控制能力将大大提高。因此，教师应帮助学生对自己的气质特点进行分析，让他们主动用自己坚强的意志力去克服气质的消极面，或以气质的积极面去掩盖其消极面。

**4. 特别重视胆汁质和抑郁质学生**

胆汁质和抑郁质的学生由于兴奋性太强或太弱而容易影响其心理健康。因此，在教育中，对这两种极端类型的学生应该给予特别的照顾，采取一些特殊的措施，尽量避免强烈的刺激和大起大落的情绪变化。

**5. 组建学生干部队伍时，应考虑学生的气质类型**

在任命班干部时应考虑学生的气质类型，使班干部的气质类型与每种职务的工作要求相符合，充分发挥学生干部的潜力和优势。

## 二、性格

### 考点1 性格及其结构 【单选、多选】 ★★

**1. 性格的概念**

性格是指人的较稳定的态度与习惯化了的行为方式相结合而形成的人格特征。它是一个人的心理面貌本质属性的独特结合，是人与人相互区别的主要方面。对性格概念的理解要注意以下三点：

(1)性格是人对现实的态度和行为方式概括化与定型化的结果；(2)性格是指一个人独特的、稳定的个性心理特征；(3)性格是个性特征中最具核心意义的心理特征。

**真题面对面**

1. [2022安徽，单选]班级中有的学生做事认真，有的学生粗心大意，这种差异主要是由于个体的(　　)不同。

A. 能力　　B. 性格　　C. 需要　　D. 意志

2. [2020江西，单选](　　)是个体在生活过程中形成的对现实稳定的态度以及与之相适应的习惯化的行为方式。

A. 能力　　B. 性格　　C. 气质　　D. 个性

答案：1.B　2. B

**2. 性格的结构**

(1)性格的态度特征。它是指个体对自己、他人、集体、社会以及对工作、劳动、学习的态度特征。例如，谦虚或自负、利他或利己、粗心或细心、创造或墨守成规等。性格的态度特征在性格结构中具有核心意义。

(2)性格的意志特征。它是指个体自觉地确定目标,调节支配行为,从而达到目标的性格特征。例如,顽强拼搏、当机立断。

(3)性格的情绪特征。它是指个体稳定而独特的情绪活动方式。例如,情绪活动的强度、稳定性、持久性和主导心境等方面的特征。

(4)性格的理智特征(认知特征)。它是指个体在感知、记忆、想象、思维等认知过程中表现出来的认知特点和风格。例如,主动感知或被动感知,习惯于看到细节还是看到轮廓等。

真题面对面

1.[2021黑龙江,单选]小黄热爱班集体,学习认真,对自己要求严格。小黄的这种性格特征属于(　　)特征。

A. 意志　　B. 理智　　C. 情绪　　D. 态度

2.[2022重庆,多选]下列选项中,属于性格的态度特征的有(　　)

A. 优柔寡断　　B. 热爱集体　　C. 大公无私　　D. 乐于助人

答案:1. D　2. BCD

第三部分

## 考点2 性格与气质的关系 【单选、判断】★

**1. 联系**

(1)性格与气质都属于稳定的人格特征。

(2)性格与气质相互渗透,彼此制约,二者相互影响。这表现在:①气质影响到一个人对事物的态度和行为方式,因而使性格带上某种气质的色彩和具有某种特殊的形式;②气质影响性格的形成和发展,以及形成的速度;③性格可以掩蔽和改造气质,指导气质的发展,使它服从于生活实践的要求。

**2. 区别**

(1)气质受生理影响大,性格受社会影响大。(2)气质的稳定性强,性格的可塑性强。(3)气质特征表现较早,性格特征表现较晚。(4)气质无所谓好坏,性格有优劣之分。气质特征是职业选择的依据之一。气质与职业活动的关系表现在两个方面:①要使个人的气质特征适应于职业活动的客观要求;②在选拔人才和安排工作时应考虑个人的气质特点。性格表现了一个人的品德,受人的世界观、人生观、价值观的影响,具有道德评价含义。性格是在后天社会环境中逐渐形成的,有好坏、优劣之分,能最直接地反映出一个人的道德风貌。

真题面对面

[2019黑龙江,判断]气质无好坏之分,性格有好坏之分。(　　)

答案:√

## 考点3 影响性格形成与发展的因素

(1)家庭;(2)学校教育;(3)同伴群体;(4)社会实践;(5)自我教育;(6)社会文化因素。

## 考点4 学生优良性格的培养 【论述】★

(1)加强人生观、世界观和价值观的教育;(2)及时强化学生的积极行为;(3)充分利用榜样人物的示范作用;(4)利用集体的教育力量;(5)提供实际锻炼的机会;(6)及时进行个别指导;(7)提高学生的自我教育能力。

**记忆有妙招**

为方便考生记忆，编者将学生优良性格的培养总结成以下口诀：

**强三观，强良行，利用榜样和集体，自我教育要提高，个别指导要及时，实际锻炼少不了。**

## 核心考点回顾

1. 马斯洛将需要分为哪几种？每种需要的内涵是什么？(参见本书P285)
2. 卡特尔将智力分为哪几种？每种智力的特点是什么？(参见本书P291)
3. 加德纳提出的几种智力分别是什么？(参见本书P291)
4. 智力测验的标准包含哪些内容？(参见本书P293)
5. 气质的体液说包含了哪几种气质类型？(参见本书P295)

## 达标测评

| 建议用时 | 实际用时 | 测评总分 | 实际得分 |
|---|---|---|---|
| 20分钟 | ____分钟 | 15分 | ____分 |

一、单项选择题(每小题1分，共7分)

1. 初中生王虎平时沉默寡言，作业完成很认真，考试成绩却总是不理想。班主任了解到王虎从小父母离异，跟着七十多岁的奶奶长大。根据马斯洛的需要层次理论，王虎的(　　)没有得到满足。

A. 生理需要　B. 安全需要　C. 归属与爱的需要　D. 尊重需要

2. 小江学习刻苦认真，虽然基础并不好，但他遇到困难时总能勇往直前，不达目的不罢休，因此他的学习成绩在班里一直名列前茅。这体现了小江性格的(　　)特征。

A. 态度　B. 理智　C. 意志　D. 情绪

3. 人们喝水是为了解渴，锻炼是为了身体健康，学习是为了适应工作和生活的要求，在心理学中，驱动人进行有目的的活动的内部动力称为(　　)

A. 气质　B. 性格　C. 动机　D. 情感

4. 巴甫洛夫划分的强、平衡、灵活的高级神经活动类型相当于气质类型中的(　　)

A. 胆汁质　B. 多血质　C. 黏液质　D. 抑郁质

5. 在心理健康课上，同一批学生在第二次进行同样内容的人格测验时获得的分数与上一次测验的差别较大。这说明该测验存在的问题是(　　)

A. 信度问题　B. 效度问题　C. 难度问题　D. 区分度问题

6. 同样是努力学习，有些学生只是为了获得老师或家长的赞许，并不在意自己是否真正掌握了知识；而有些学生则是对学习内容本身较为感兴趣。这种现象体现了动机具有(　　)

A. 激活功能　B. 指向功能　C. 调节功能　D. 维持功能

7. 小强不善于结交朋友，语文、数学成绩一般，但擅长绘画。根据加德纳的多元智力理论，小强具备较高的(　　)

A. 视觉—空间智力　B. 言语智力　C. 逻辑—数学智力　D. 人际智力

二、判断题(每小题1分,共3分)

1. 果果能歌善舞,琴棋书画无所不通,说明其兴趣具有倾向性。 ( )

2. 个体的阅读和计算能力受后天影响较大,这属于流体智力。 ( )

3. 气质和性格两者是彼此联系、相互制约的,性格可以制约气质的表现。 ( )

三、简答题(本大题共5分)

简述影响性格形成与发展的因素。

## 参考答案及解析

第三部分

一、单项选择题

1. C [解析]归属与爱的需要,也称社交需要,是指每个人都有被他人或群体接纳、爱护、关注、鼓励及支持的需要。王虎从小父母离异,其归属与爱的需要没有得到充分满足。

2. C [解析]性格的意志特征是指个体自觉地确定目标,调节支配行为,从而达到目标的性格特征。题干所述体现了小江性格的意志特征。

3. C [解析]动机是激发和维持有机体的行动,并使该行动朝向一定目标的心理倾向或内部驱力。动机可以激起或抑制人行动的愿望和意图,是推动人行动的内在原因。

4. B [解析]高级神经活动过程与气质类型的对照如下表:

| 高级神经活动过程 | 气质类型 |
|---|---|
| 强、不平衡 | 胆汁质 |
| 强、平衡、灵活 | 多血质 |
| 强、平衡、不灵活 | 黏液质 |
| 弱 | 抑郁质 |

5. A [解析]信度是指一个测验量表的可靠程度(或可信程度)。它以反复测验时能否提供相同的结果来说明。

6. B [解析]动机的指向功能是指在动机的作用下,人的行为将指向某一目标。根据题干所述,不同的学生学习的目标指向不同,这体现了动机的指向功能。

7. A [解析]视觉—空间智力是指认识环境、辨别方向的能力。画家、雕塑家、建筑师大多视觉—空间智力发达。小强擅长绘画,说明小强具备较高的视觉—空间智力。

二、判断题

1. × [解析]兴趣的广度,是指兴趣的范围大小,即兴趣广泛与否;兴趣的倾向性,是指个体对某个特定领域的事物形成更浓厚、更强烈的兴趣。题干中果果能歌善舞,琴棋书画无所不通,这体现的是兴趣的广度,即兴趣广泛与否。

2. × [解析]晶体智力是以学得的经验为基础的认知能力,它受后天经验的影响较大。流体智力以生理为基础,受先天遗传因素的影响较大。

3. √ [解析]性格与气质相互渗透,彼此制约,二者相互影响。性格对气质有一定的制约作用,可以掩蔽和改造气质,指导气质的发展,使它服从于生活实践的要求。

三、简答题(参考答案)

(1)家庭;(2)学校教育;(3)同伴群体;(4)社会实践;(5)自我教育;(6)社会文化因素。

# 第四部分

# 教育心理学

# 内容导学

本部分内容共分为六章。

第一章是对教育心理学的概述，考查题型多偏重于客观题。

第二章至第五章主要介绍教育教学活动所涉及的基础理论，考查题型侧重于客观题，但也有主观题考点。

第六章主要是对心理健康知识的阐述，考查题型多偏重于客观题。

考生要重点掌握第二章至第四章的内容。在备考时，应结合历年真题与自身实际，有针对性地复习。

# 第一章　教育心理学概述

## 思维导图

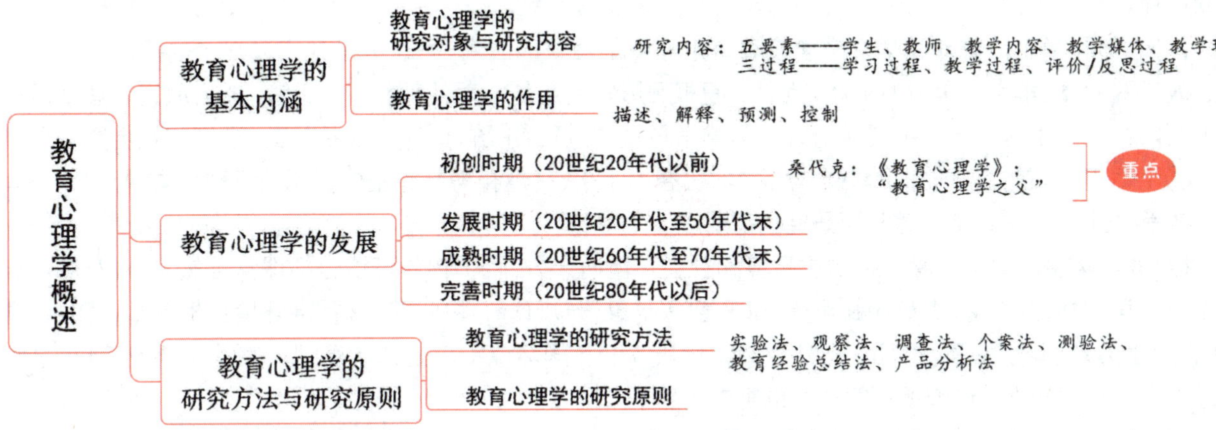


## 考向分析

本章属于教育心理学的基础章节，也是辽宁、内蒙古、黑龙江、四川等省份的特岗笔试重点考查的章节，内容琐碎，需要识记的知识较多，在考试中常以选择题、判断题等形式考查。本章的考向分析如下：

| 考点名称 | 常考题型 | 能力层级 | 考查热度 |
| --- | --- | --- | --- |
| 教育心理学的研究内容 | 单选、多选、判断 | 识记 | ★★ |
| 教育心理学的初创时期 | 单选 | 识记、理解 | ★★ |
| 教育心理学的研究方法 | 单选 | 识记、理解 | ★★ |

## 核心考点

### 第一节　教育心理学的基本内涵

#### 一、教育心理学的研究对象与研究内容

**考点 1**　教育心理学的概念

教育心理学是研究教育教学情境中学与教的基本心理规律的科学。它拥有自身独特的研究课题，即如何学、如何教以及学与教之间的相互作用。教育心理学可以从广义与狭义两个方面理解：(1)广义的教育心理学是指研究教育实践中各种心理与行为规律的科学，既包括学校教育心理学，也包括家庭和社会教育心理学。(2)狭义的教育心理学专指学校教育心理学。

**考点 2**　教育心理学的学科性质

教育心理学的学科特点可以从不同方面加以剖析。从学科范畴来看，它既是心理学的一个分支学科，

又是以教育学与心理学结合而产生的交叉学科；从学科作用来看，它既是一门理论性学科（具有基础性），又是一门应用性较强的学科（具有实践指导性），并以应用为主。

### 考点3 教育心理学的研究内容 【单选、多选、判断】★★

教育心理学的具体研究范畴是围绕学与教相互作用的过程展开的。学与教的相互作用过程是一个系统过程，该系统包含学生、教师、教学内容、教学媒体和教学环境五种要素，由学习过程、教学过程和评价/反思过程这三种活动过程交织在一起组成。这里主要介绍教师、学生与教学环境这三个要素和学习过程这一活动过程。

（1）教师和学生。教师和学生是学校教育过程中最活跃的因素，同时也是教育过程中的两大主体。教师是教育的主体，学生是学习的主体，他们之间相互影响引起的心理活动和行为改变，成为教育心理学研究的主要内容。学生这一要素主要从两方面影响学与教的过程：①群体差异，包括年龄、性别和社会文化差异等。②个体差异，包括先前知识基础、学习方式、智力水平、兴趣和需要等差异。无论哪种差异，都影响着学习与教学的过程，都是教育心理学要研究的范畴。

（2）教学环境。教学环境包括物质环境和社会环境两个方面：①物质环境包括课堂自然条件（如温度和照明）、教学设施（如桌椅、黑板和投影仪）以及空间布置（如座位的排列）等；②社会环境包括课堂纪律、课堂氛围、师生关系、同学关系、校风以及社会文化背景等。教学环境不仅是课堂管理研究的主要范畴，也是学习过程研究和教学设计研究所不能忽视的重要内容。

（3）学习过程。学习过程指学生在教学情境中通过与教师、同学以及教学信息的相互作用获得知识、技能和态度的过程。学习过程是教育心理学研究的核心内容，如学习的实质、条件、动机、迁移以及不同种类学习的特点等。

第四部分

**真题面对面**

[2021内蒙古，判断]教育心理学是教育学和心理学的交叉学科，但它有自身独特的研究课题。（ ）

答案：√

## 二、教育心理学的作用 【多选、论述】★

教育心理学对教育实践具有描述、解释、预测和控制的作用。具体来说包括以下几个方面：（1）帮助教师准确地了解问题；（2）为实际教学提供科学的理论指导；（3）帮助教师预测并干预学生；（4）帮助教师结合实际教学进行教育研究。

**真题面对面**

[2020辽宁辽阳，多选]教育心理学对教育实践具有（ ）的作用。

A. 描述 B. 解释 C. 验证 D. 预测

答案：ABD

# 第二节 教育心理学的发展

教育心理学的发展史，就是心理学与教育学相结合并逐步形成一门独立的心理学分支的历史，大致经历了以下四个时期。

## 一、初创时期（20世纪20年代以前） 【单选】★★

（1）瑞士教育家**裴斯泰洛齐**第一次提出“教育教学的心理学化”的思想。

(2)德国教育家与心理学家**赫尔巴特**首次提出把教学理论的研究建立在心理学这个科学基础之上。

(3)1868年俄国教育家**乌申斯基**出版了《人是教育的对象》一书，对当时的心理学发展成果进行了总结，他因此被誉为“**俄罗斯教育心理学的奠基人**”。

(4)1877年，俄国教育家和心理学家**卡普捷列夫**发表了《教育心理学》一书，这是最早正式以“教育心理学”命名的著作。

(5)1903年，美国心理学家**桑代克**出版了《教育心理学》，这是西方第一本以“教育心理学”命名的著作。1913～1914年，该书又扩充为三卷本的《教育心理大纲》，奠定了教育心理学发展的基础，西方教育心理学的名称和体系由此确立，桑代克也因此被称为“**教育心理学之父**”。

真题面对面

[2022陕西，单选]现代“教育心理学之父”是(　　)

A. 桑代克　　B. 布鲁纳　　C. 斯金纳　　D. 奥苏贝尔

答案：A

## 二、发展时期(20世纪20年代至50年代末)　【单选】★

20世纪20年代至30年代，西方教育心理学吸取了儿童心理学和心理测验方面的成果，并将学科心理学纳入自己的学科内容中。40年代，**弗洛伊德**的理论广为流传，有关儿童的个性和社会适应以及生理卫生问题也进入教育心理学的研究领域。50年代，程序教学和教学机器的兴起，也相应影响和改变了教育心理学的内容。这一时期，学习理论一直是主要的研究领域。

**考点 再拔高**

▼ 我国教育心理学的发展

我国出版的第一本教育心理学著作是1908年房东岳翻译自日本小原又一著的《教育实用心理学》。1924年，廖世承编写了我国第一本《教育心理学》教科书。

**记忆有妙招**

为方便考生记忆，编者将教育心理学家及其地位总结成以下口诀：

**裴赫首提出，乌申俄奠基，房东岳翻译，廖世承编写。中国第一廖和房，西方第一桑代克，世界第一卡普捷。**

## 三、成熟时期(20世纪60年代至70年代末)

20世纪60年代初，教育心理学的研究由行为主义转向认知范畴。**布鲁纳**发起的**课程改革运动**促使美国教育心理学转向对教育过程、学生心理、教材、教法和教学手段改进的探讨。60年代掀起了一股人本主义思潮，**罗杰斯**“以学生为中心”的主张，使美国教育心理学开始重视研究教学中的社会心理因素。70年代，**奥苏贝尔**以认知心理学的观点系统阐述了有意义学习的条件，而**加涅**则对人类的学习进行了系统分类，这两种学习理论为教育心理学的成熟奠定了基础。随着计算机的普及，计算机辅助教学(CAI)也越来越受到人们的重视。

这一时期，西方教育心理学的内容和体系出现了一些变化。教育心理学的内容日趋集中，教育心理学学科体系基本形成。行为、认知和人本主义学派的分歧日趋缩小，学科研究越来越注重对学校教育实践的指导。

### 四、完善时期(20世纪80年代以后)

20世纪80年代以后,教育心理学越来越注重与教学实践相结合,各个理论派别相互吸收,体系愈加完善。1994年,美国心理学家布鲁纳总结了教育心理学80年代以来的成果:(1)主动性研究;(2)反思性研究;(3)合作性研究;(4)社会文化研究。

## 第三节 教育心理学的研究方法与研究原则

### 一、教育心理学的研究方法 【单选】 ★★

**1. 实验法**

实验法是指根据研究目的,改变或控制某些条件,以引起被试某种心理活动的变化,从而揭示特定条件与这种心理活动之间因果关系的方法。它主要包括实验室实验和现场实验。**实验室实验**是在实验室内借助于各种专门仪器设备进行教育心理实验的方法。**现场实验**,也叫**自然实验法**,是在自然情境下,由实验者创设或改变一些条件,以引起学生某些心理活动的变化从而进行研究的方法。*如原苏联心理学家阿格法诺夫为了研究儿童的勇敢性,在保育院做的"拾火柴"实验。*实验法是心理学研究中**应用最广**、**成就最大**的一种方法。

**2. 观察法**

观察法是指在教育过程中,研究者通过感官或借助于一定的科学仪器,有目的、有计划地考察和描述个体某种心理活动的表现或行为变化,从而收集相关的研究资料的方法。观察法是教育心理学研究中采用的**最基本**、**最普遍**的方法。

**3. 调查法**

调查法是通过各种途径间接了解被试心理活动的一种研究方法。调查法总体上易于进行,但在调查的过程中往往会因为被调查者记忆不够准确等原因使调查结果的可靠性受到影响。在教育心理学研究中,常用的调查方法有问卷法、访谈法等。问卷法是采用书面问答的方式,要求被试回答研究者提出的问题,以获得被试心理和行为表现资料的方法。访谈法是通过与研究对象或与研究对象有关的人进行口头交谈的方式来收集研究资料的一种方法。

**4. 个案法**

个案法要求对某个人进行深入而详尽的观察与研究,收集相关资料,分析其心理特征,以便发现影响其某种行为和心理的原因。

**5. 测验法**

测验法即心理测验法,是指用一套预先经过标准化的问卷(量表)来测量某种心理品质的方法。心理测验按内容可分为智力测验、成就测验、态度测验和人格测验;按形式可分为文字测验和非文字测验;按测验规模可分为个别测验和团体测验等。

**6. 教育经验总结法**

教育经验总结法是教育心理学一个重要的研究方法,它是依据教育实践所提供的事实,按照科学研究的程序,分析和概括教育现象,揭示其内在联系和规律,使之上升为教育理论的一种教育科研方法。

**7. 产品分析法**

产品分析法也是教育心理学的研究方法之一,又称**活动产品分析**或**作品分析法**,是指通过分析学生的活动产品,以了解学生的能力、倾向、技能、熟练程度、情感状态和知识范围等。

真题面对面

[2020辽宁辽阳,单选]苏联心理学家阿格法诺夫做出的"拾火柴"实验是(　　)

A. 观察法实验　　B. 自然实验

C. 实验室实验　　D. 自然实验与实验室实验相结合

答案:B

## 二、教育心理学的研究原则 【单选】★

**1. 客观性原则**

客观性原则是指教育心理学研究要贯彻实事求是的精神,即根据教育心理现象的本来面貌来研究其本质、规律与机制,采取实事求是的态度。遵循客观性原则是进行科学研究的前提条件。客观性原则是任何科学及其研究都必须遵循的原则。

**2. 教育性原则(道德性原则)**

教育性原则是指在教育心理学的研究过程中,所采用的研究手段与方法应能促进被试心理的良性发展,这是所有关于人的心理学研究中都应遵从的一个基本伦理道德原则。

**3. 发展性原则**

发展性原则是指教育心理学研究要求研究者牢记被试的心理是不断发展变化的,应该采用动态的、变化的指标进行衡量。它还要求研究者在发挥其主导作用的同时,充分考虑被试已有的知识经验和态度对其心理发展的影响。

**4. 理论联系实际原则(实践性原则)**

理论联系实际原则是由教育心理学的应用学科性质决定的。这一原则要求教育心理学的研究应从教育情境,尤其是主体的实际需要出发,解决教育教学中的实际心理问题。

**5. 系统性原则**

系统性原则要求在教育心理学的研究中,坚持以全面的、发展的和整体的观点去观察、分析和解决问题。

## 核心考点回顾

1. 教育心理学的研究内容有哪些?(参见本书P304)
2. 教育心理学初创时期的代表人物有哪些? 他们的作品及地位分别是什么?(参见本书P304)
3. 教育心理学的研究方法有哪些?(参见本书P306)

# 达标测评

| 建议用时 | 实际用时 | 测评总分 | 实际得分 |
|---|---|---|---|
| 10分钟 | ____分钟 | 10分 | ____分 |

一、单项选择题(每小题1分,共6分)

1. 教育心理学的知识是围绕(　　)相互作用的过程而组织的。

A. 教学和成长　　B. 学习和发展　　C. 教学和发展　　D. 学习和教学

2. 通过分析学生的活动产品，以了解学生的能力、倾向、技能、熟练程度、情感状态和知识范围的研究方法是(　　)

A. 实验法　　B. 个案法　　C. 教育经验总结法　　D. 产品分析法

3. 教育心理学就学科性质而言(　　)

A. 是应用学科　　B. 是纯理论学科

C. 主要是理论，次要是应用　　D. 是理论与应用相结合的学科

4. 刚开学时，班主任为了了解班里同学的性格特点，从而更好地管理班级，采取一对一访谈法，把班里同学轮流叫到办公室谈话。该班主任所采用的研究方法是(　　)

A. 相关研究法　　B. 因果研究法　　C. 调查法　　D. 观察法

5. 教育心理学受到弗洛伊德理论的影响扩展了其研究领域。同一时期，程序教学兴起。以上事件大致发生在(　　)

A. 19世纪末20世纪初　　B. 20世纪20年代到50年代末

C. 20世纪60年代到70年代末　　D. 20世纪80年代以后

6. 被称为“俄罗斯教育心理学的奠基人”的是(　　)

A. 马卡连柯　　B. 苏霍姆林斯基　　C. 乌申斯基　　D. 谢切诺夫

二、多项选择题(每小题2分，共4分)

1. 教学环境包括物质环境和社会环境两个方面，下列属于物质环境的是(　　)

A. 课堂自然条件　　B. 教学设施　　C. 空间布置　　D. 课堂纪律

2. 美国心理学家布鲁纳总结了教育心理学20世纪80年代以来的成果，主要表现在(　　)

A. 主动性研究　　B. 反思性研究　　C. 合作性研究　　D. 社会文化研究

第四部分

## 参考答案及解析

一、单项选择题

1. D　[解析]教育心理学的具体研究范畴是围绕学与教相互作用的过程展开的。

2. D　[解析]产品分析法是教育心理学的研究方法之一，又称活动产品分析或作品分析法，是指通过分析学生的活动产品，以了解学生的能力、倾向、技能、熟练程度、情感状态和知识范围等。

3. D　[解析]教育心理学既是一门理论性学科(具有基础性)，又是一门应用性较强的学科(具有实践指导性)，并以应用为主。

4. C　[解析]调查法是通过各种途径间接了解被试心理活动的一种研究方法。常用的调查方法有问卷法、访谈法等。访谈法是通过与研究对象或与研究对象有关的人进行口头交谈的方式来收集研究资料的一种方法。题干中的班主任就是采用了访谈法，故选C项。

5. B　[解析]20世纪40年代，弗洛伊德的理论广为流传，有关儿童的个性和社会适应以及生理卫生问题进入教育心理学的研究领域。20世纪50年代，程序教学和教学机器的兴起，也相应影响和改变了教育心理学的内容。以上事件都发生在教育心理学的发展时期，即20世纪20年代至50年代末。

6. C　[解析]1868年俄国教育家乌申斯基出版了《人是教育的对象》一书，对当时的心理学发展成果进行了总结，他因此被誉为“俄罗斯教育心理学的奠基人”。

二、多项选择题

1. ABC　[解析]教学环境包括物质环境和社会环境两个方面。其中，物质环境包括课堂自然条件(如温度和照明)、教学设施(如桌椅、黑板和投影仪)以及空间布置(如座位的排列)等。D项属于社会环境。

2. ABCD　[解析]美国心理学家布鲁纳总结了教育心理学20世纪80年代以来的成果，主要表现在以下四个方面：(1)主动性研究；(2)反思性研究；(3)合作性研究；(4)社会文化研究。

# 第二章 心理发展及个别差异

## 思维导图

- 心理发展及个别差异
  - 心理发展概述
    - 个体的心理发展——一般规律：连续性与阶段性、定向性与顺序性、不平衡性、差异性
    - 中小学生心理发展的阶段特征
    - 影响个体心理发展的因素
    - 中小学生心理发展的教育含义——学习准备状态、关键期
  - 认知发展与教育
    - 皮亚杰的认知发展观
      - 图式、同化、顺应、平衡
      - 感知运动阶段、前运算阶段、具体运算阶段、形式运算阶段（难点）
    - 维果斯基的心理发展观
      - 最近发展区：儿童现有水平与可能达到的发展水平的差距
  - 中小学生人格发展
    - 人格概述（重点）
      - 人格的特征：独特性、稳定性、整合性、功能性、社会性、复杂性
      - 弗洛伊德的人格“三我”结构：本我、自我、超我
    - 影响人格形成与发展的因素（易混）
      - 生物遗传因素
      - 社会因素：家庭教养方式、学校教育、同伴群体
      - 个人主观因素
    - 自我意识
      - 自我意识的成分：自我认识、自我体验、自我监控
      - 自我意识的发展阶段：生理自我、社会自我、心理自我
    - 埃里克森的人格发展阶段论（重点）
      - 基本的信任感对不信任感
      - 自主感对羞耻感
      - 主动感对内疚感
      - 勤奋感对自卑感
      - 自我同一性对角色混乱
  - 学生的个别差异
    - 学生的认知差异（重点）
      - 认知能力差异：个体差异——类型差异、发展水平的差异、表现早晚的差异；群体差异——性别差异、年龄差异、种族差异
      - 认知方式差异：场依存型与场独立型；冲动型与沉思型；辐合型与发散型
    - 学生的性格差异

## 考向分析

本章属于教育心理学的重点章节，也是辽宁、内蒙古、黑龙江、四川、重庆、陕西等省份的特岗笔试重点考查的章节，内容广泛，需要识记和理解的知识较多，在考试中常以选择题、判断题、名词解释、辨析题、简答题、论述题等形式考查。本章的考向分析如下：

| 考点名称 | 常考题型 | 能力层级 | 考查热度 |
|---|---|---|---|
| 个体心理发展的一般规律 | 单选、多选、辨析 | 识记、理解 | ★★★ |
| 中小学生心理发展的教育含义 | 单选、多选、判断、辨析 | 识记、理解 | ★★ |
| 皮亚杰的认知发展阶段理论 | 单选、多选、判断、简答 | 理解、掌握 | ★★★ |
| 维果斯基的心理发展观 | 单选、多选、判断 | 识记、理解 | ★★★ |
| 人格的特征 | 单选 | 识记 | ★★ |

续表

| 考点名称 | 常考题型 | 能力层级 | 考查热度 |
|---|---|---|---|
| 弗洛伊德的人格"三我"结构 | 单选、多选 | 识记、理解 | ★★ |
| 影响人格形成与发展的因素 | 单选、多选、判断、论述 | 识记、理解 | ★★★ |
| 自我意识 | 单选、多选、名词解释 | 识记、理解 | ★★ |
| 埃里克森的人格发展阶段论 | 单选、多选 | 理解、掌握 | ★★★ |
| 学生的认知能力差异 | 单选、多选、判断 | 识记、理解 | ★★ |
| 学生的认知方式差异 | 单选、多选、判断 | 理解、掌握 | ★★★ |

核心考点

## 第一节 心理发展概述

### 一、个体的心理发展

考点1 心理发展 【单选、判断、填空】 ★

心理发展就是指个体从出生、成熟、衰老直至死亡的整个生命进程中所发生的一系列心理变化。它是随着年龄的增长个体心理所发生的积极的、有次序的变化过程。在人的一生中,个体心理的发展既是一个连续的过程,也可以分为不同的阶段。个体发展到一定的年龄阶段,应该表现出与个体年龄相符合的行为特征,这种社会期待的行为标准,称为发展任务。心理学家将个体的心理发展划分为八个阶段:乳儿期(0~1岁)、婴儿期(1~3岁)、幼儿期或学龄前期(3~6、7岁)、童年期或学龄初期(6、7~11、12岁)、少年期或学龄中期(11、12~14、15岁)、青年期(14、15~25岁)、成年期(25~65岁)、老年期(65岁以后)。

真题面对面

[2021内蒙古,判断]心理发展是个体从出生到成年期间所发生的心理变化。( )

答案:×

考点2 个体心理发展的一般规律(基本特征) 【单选、多选、辨析】 ★★★

**1. 连续性与阶段性**

心理发展是一个不断由量变到质变的发展过程。当某一种心理活动在发展变化之中而又未出现新质变时,它就正处于一种量变的积累过程。这种心理变化在未达到新质变而进行着的孕育更新的质的量变,就表现为心理发展的连续性。实际上,每一种心理过程、心理特征的发展,都以先前的状况为基础,都是对先前心理活动的继承与发展。例如,个体整个思维的发展是连续的过程。不同年龄阶段的儿童思维状况既有上一年龄阶段的思维的"影子",又向下一年龄阶段的思维发展特点趋近。具体来说,学前儿童的思维继承着婴儿动作思维的特点,但形象思维也开始发展起来;小学中、低年级儿童的思维以形象思维为主,但又开始发展抽象思维;小学高年级儿童的抽象思维更进一步发展,但仍保留着具体形象思维的特点。而心理发展的阶段性表现为心理发展在每一时期有相对固有的特性。心理发展从量的积累产生质变,使得个体在不同的时期表现出与其他时期不同的心理特点,心理发展从而表现出明显的阶段性。

**2. 定向性与顺序性**

在正常条件下，心理的发展总是具有一定的方向性和先后顺序。尽管发展的速度有个别差异，会加速或延缓，但发展是不可逆的，也不可逾越。例如，在各种心理机能中，感知觉的发展最早，然后是运动机能、情绪、动机和社会交往能力的发展，而抽象思维的出现和发展最迟；言语发展从对话言语向独白言语发展；学习兴趣由直接兴趣向间接兴趣发展等。

**3. 不平衡性**

心理的发展可以因进行的速度、到达的时间和最终达到的高度而表现出多样化的发展模式。一方面表现出个体不同系统在发展的速度、发展的起止时间与到达成熟时期的不同进程；另一方面也表现出同一机能特性在发展的不同时期有不同的发展速率。

**4. 差异性**

任何一个正常学生的心理发展总要经历一些共同的基本阶段，但发展的速度、最终达到的水平以及发展的优势领域等方面往往又千差万别。学生心理发展的个别差异是教师要面对的一个重要问题，只有了解学生的个体差异，才能通过因材施教满足具有不同智力结构和学习风格的学生的不同需求，促使每个学生得到全面的和个性的发展。

**真题面对面**

1. [2022四川，单选]学前儿童的思维继承着婴儿动作思维的特点，但形象思维也开始发展起来；小学中、低年级儿童的思维以形象思维为主，但又有了抽象思维的发展。这主要说明儿童的心理发展具有(　　)

A. 阶段性　　B. 连续性　　C. 不平衡性　　D. 个别差异性

2. [2022内蒙古，多选]下列表述体现了个体心理发展具有顺序性特征的有(　　)

A. 道德判断的发展从他律到自律
B. 思维发展从动作到形象再到抽象
C. 记忆发展从机械记忆到意义记忆
D. 言语发展从独白言语向对话言语发展
E. 学习兴趣由直接兴趣向间接兴趣发展

答案：1. B　2. ABCE

## 二、中小学生心理发展的阶段特征　【单选、多选、判断】 ★

### 考点1　童年期

**童年期**又称**学龄初期**，是个体一生发展的基础时期，也是生长发育最旺盛、变化最快、可塑性最强、接受教育最佳的时期。学习开始成为儿童的主导活动，通过识字、阅读和写作，小学生的口头言语逐步过渡到书面言语。四年级(10~11岁)儿童的思维开始从具体形象思维为主过渡到抽象逻辑思维为主，但其抽象逻辑思维仍需以具体形象为支柱。儿童的自我意识增强，对自我有了一定的评价。道德概念也已从直观具体的、比较肤浅的认识逐步过渡到比较抽象的、本质的认识，并开始从动机与效果的统一来评价道德行为。小学生与父母在总体上仍保持着亲密关系，小学低年级学生对教师绝对崇拜和服从，高年级学生的独立性和评价能力不断增长，开始对老师做出评价。

### 考点2　少年期

少年期又称学龄中期，大致相当于初中阶段，是个体从童年期向青年期过渡的时期，具有半成熟、半幼稚的特点。整个少年期充满独立性和依赖性、自觉性和幼稚性错综的矛盾。这一时期也被称为“**心理断乳期**”或“**危险期**”。这个时期身体和生理机能都发生了急速变化，成为生长发育的**第二高峰**(第一个生长高峰在0～1岁）。身体状态的剧变、内心世界的发现、自我意识的觉醒、独立精神的加强是少年期表现出的总体性的阶段特征。在这一时期，抽象思维已占主导地位，并出现反省思维，但抽象思维在一定程度上仍要以具体形象为支柱。思维的独立性和批判性也有所发展，但仍带有不少片面性和主观性。初中生心理活动的随意性显著增长，可长时间集中精力学习，能随意调节自己的行动。他们也开始关心自己和别人的内心世界，同龄人间的交往和认同大大增强，社会高级情感迅速发展。初中生的道德行为更加自觉，能通过具体的事实概括出一般伦理性原则，并以此来指导自己的行动，但因自我控制力不强，常出现前后矛盾的行为。

**考点 再拔高**

▼ 初中生心理上成人感与幼稚性矛盾的特点

初中生的成熟性主要表现为他们产生了对成熟的强烈追求和感受，其幼稚性主要表现在认知能力、思想方式、人格特点及社会经验上。由于初中生心理上的成人感及幼稚性并存，所以表现出种种心理冲突和矛盾，具有明显的不平衡性，主要包括：(1)反抗性与依赖性；(2)闭锁性与开放性；(3)勇敢和怯懦；(4)高傲和自卑；(5)否定童年又眷恋童年。

### 考点 3 青年初期

**青年初期**又称学龄晚期，相当于高中时期，是个体在生理上、心理上和社会性上向成人接近的时期。这一时期的青年，智力接近成熟，抽象逻辑思维由“经验型”向“理论型”转化，开始出现辩证思维，与人生观相联系的情感占主要地位，道德感、理智感和美感有了深刻的发展。他们不仅能比较客观地看待自我，而且能明确地表达自我，敏感地防卫自我并珍重自我，形成了理智的自我意识。然而，理想自我与现实自我仍面临分裂的危机，自我肯定与自我否定常发生冲突。他们对未来充满理想，意志的坚强性与行动的自觉性有了较大发展，但有时也会出现与生活相脱节的幻想。

## 三、影响个体心理发展的因素

综合分析各派观点可知，影响个体心理发展的因素主要有遗传、环境、教育以及个体的主观能动性。

(1)遗传。通过遗传获得的、与生俱来的解剖生理特征称为遗传素质，如机体的结构、形态、神经系统的特征等。遗传素质在个体心理发展中的作用是不可忽视的，它是个体心理发展的生物前提和物质基础，没有这一前提条件就谈不上心理的发生与发展。

(2)环境。环境对个体的心理发展有着十分巨大的影响。人所处的环境和一般动物有着本质的区别，离开了社会环境与社会实践，人的心理就不可能向人的方向发展。

(3)教育。教育对心理发展起主导作用。教育制约着学生心理发展的过程、方向、趋势、速度和程度。因此，教育在儿童心理发展上比一般的环境影响起着更为主要的作用。但是，这种作用只有当教育工作符合儿童心理发展的规律时才能发生。

(4)主观能动性。个体的主观能动性，是指人的主观意识和活动对于客观世界的积极作用，包括能动地认识客观世界和能动地改造客观世界，并统一于人们的社会实践活动中。个体的主观能动性是个体心理发展的内在动力。

## 四、中小学生心理发展的教育含义 【单选、多选、判断、辨析】★★

### 考点 1 教育必须以一定的心理发展特点为依据

**1. 结合学生的心理发展特点，注意学生心理发展的个体差异**

教师在教育中除了以心理发展的共性为依据外，还要考虑学生的个体差异，因材施教。

**2. 注意学生的学习准备状态**

(1)准备状态的概念

学习准备,又可称为学习的“准备状态”或学习的“准备性”,指的是学习者在从事新的学习时,学生原有的知识水平或心理发展水平对新的学习的适合性,即学生在学习新知识时,那些促进或妨碍学习的个人生理、心理发展的水平和特点。

(2)准备状态的构成因素

学习准备状态是由多种因素构成的,大体可分为以下三个维度:

①生理方面的发展状态

特别是神经系统的发育与成熟程度,是构成准备状态的物质基础。只有生理发育到一定程度,儿童才能顺利地学会某些动作和行为,掌握某些知识和技能,超越阶段进行学习往往不能产生有效的结果。

②智力和技能方面的准备

这是接受学校教育的重要条件。智力的发展和技能的掌握不仅要与生理发育的一定成熟程度相适应,而且要以某些先行心理因素的发展为前提。

③非智力因素的准备

非智力因素,如学习动机与兴趣、学习态度和习惯、生活经验与人际交往等,这些因素的准备状态不仅影响到学生的学习成绩,而且关系到学生的学习热情和意志品质的发展。

**3. 抓住关键期**

关键期的概念源于奥地利动物习性学家**劳伦兹**在研究动物习性时发现的“**印刻现象**”。心理学家所讲的**关键期**,是指人或动物的某些行为与能力的发展有一定的时间,如果在此时给予适当的良性刺激,会促使其行为与能力得到更好的发展;反之,则会阻碍发展甚至导致行为的缺失。已有研究指出,0~5岁是儿童语言习得的关键期;2岁是口头言语发展的关键期;4岁是形状知觉形成的关键期;4~5岁是学习书面言语的关键期。

对于关键期的争论:有研究者认为,如果缺失关键期内的有效刺激,会导致认知、语言、社会交往等方面的能力低下,且难以通过教育与训练得到改进。也有研究者提倡用敏感期这样的概念更为合适,即对于大部分心理功能而言,错过敏感期,经过补偿性学习仍有可能得到发展,只是难度要大些。

## 考点2 教育对心理发展起主导作用

有研究者指出,教育对发展具有主导作用,具体表现在:(1)学生心理的发展依赖于教育提出的要求和方向;(2)教育能够促进学生的心理发展;(3)教育可以加速或延缓学生心理发展的进程;(4)教育能够使心理发展的可能性转化为现实性。

真题面对面

1. [2022重庆,单选]下列选项中,不符合个体心理发展关键期含义的是(　　)

A. 关键期指的是0~3岁这个时期

B. 错过这个时期,个体获得这种能力变得困难

C. 不可逆转的时期

D. 某种能力获得的最佳时期

2. [2022内蒙古,判断]学习准备状态受智力发展和技能掌握的影响较大,受生理发展状态的影响较小。(　　)

答案:1. A　2. ×

# 第二节　认知发展与教育

## 一、皮亚杰的认知发展观

### 考点1 建构主义的发展观

**1. 心理发展的实质**

皮亚杰的理论核心是“发生认识论”。皮亚杰认为，所有生物包括人都有适应和建构的倾向，这也是认知发展的两种机能。皮亚杰认为，人的知识来源于动作，动作是感知的源泉和思维的基础。儿童心理发展的实质和原因就是主体通过动作完成对客体的适应。适应的本质在于取得机体与环境的平衡。适应分为两种不同的类型：同化和顺应。儿童对环境做出的适应性变化并不是消极被动的过程，而是一种内部结构的积极建构过程，即儿童的认知是在已有图式的基础上，通过同化、顺应和平衡，不断从低级向高级发展。

皮亚杰

**2. 图式、同化、顺应与平衡**　【单选、多选】★

(1)图式。图式是指人在认识周围世界的过程中，形成自己独特的认知结构。从发展的角度来看，儿童最初的图式是遗传所带来的一些本能的反射行为，如吸吮反射、定向反射等。

(2)同化。同化是指在有机体面对一个新的刺激情境时，把刺激整合到已有的图式或认知结构中。通过这一过程，主体才能对新刺激做出反应，动作也得以加强和丰富（量变）。

(3)顺应。顺应是指当有机体不能利用原有图式接受和解释新刺激时，其认知结构发生改变来适应刺激的影响（质变）。

(4)平衡。平衡是指同化和顺应之间的“均衡”。皮亚杰认为，同化和顺应过程对于认知能力的发展变化是非常重要的。

儿童通过同化和顺应达到机体与环境的平衡，如果失去平衡，就需要改变行为以重建平衡。但平衡是相对的，不是绝对的。儿童在平衡与不平衡的交替中不断建构和完善认知结构，实现认知发展。

① 小孩天生有吸吮的图式。

② 原有的图式“吸吮”接纳新的刺激“奶瓶”，认知结构没有发生根本变化，这是同化。

③ 小孩改变原有的图式“吸吮”，学会用“咀嚼”的动作来接纳新的刺激，比如米饭、菜等，认知结构发生了根本变化，这是顺应。

④ 我们时而需要同化，时而需要顺应，以达到身体与环境的平衡，这就是平衡。

### 考点2 皮亚杰的认知发展阶段理论　【单选、多选、判断、简答】★★★

皮亚杰认为，认知发展是一个构建的过程，是个体在与环境的相互作用中实现的。他提出了认知发展的阶段理论，将个体的认知发展分为以下四个阶段：

**1. 感知运动阶段（0～2岁）**

(1)感觉和动作的分化。儿童只能依靠自己的肌肉动作和感觉应付环境中的刺激。

(2)“客体永久性”（即知道某人或某物虽然现在看不见但仍然是存在的）的形成。在感知运动阶段的后期，完整清晰的客体永久性已经形成。此时，尽管儿童并没有看见这些物体放在某个特定的地方，但也能积极地寻找他们认为被藏起来的东西。

(3)问题解决能力开始得到发展。

**(4)延迟模仿的产生。**皮亚杰研究发现，12～18个月的婴儿能够比较精确地进行模仿，到18个月左右就出现了延迟模仿，即榜样已经离开了现场，婴儿也能够表现出榜样的行为。

**2. 前运算阶段(2～7岁)**

**(1)早期的信号功能。**儿童能将各种感知信息以心理符号的形式储存下来，积累了表象素材，促进了表象性思维的发展。随着年龄的增长，儿童越来越多地使用符号来表示外部世界，如用"牛""羊"来代表真正的牛和羊等。

**(2)自我中心性**(中心化)。所谓**自我中心**就是指儿童往往只注意主观的观点，不能从客观事物的角度出发，只能考虑自己的观点，无法接受别人的观点，也不能将自己的观点与别人的观点相协调。儿童还不能设想他人所处的情境，常以自己的经验为中心，从自己的角度出发来观察和理解世界。皮亚杰曾设计了著名的"三山实验"来测验儿童"自我中心"的思维特征。

**(3)不可逆运算。**前运算阶段的儿童还没有"守恒"能力或没有形成"守恒"的概念，思维缺乏观念的传递性。儿童观察事物时往往只能注意表面的、显著的特征，倾向于注意事物的静止状态。思维活动表现的关系单一，不能进行可逆运算。例如，问一名4岁儿童："你有兄弟吗？"他回答："有。""兄弟叫什么名字？"他回答："吉姆。"但反过来问："吉姆有兄弟吗？"他回答："没有。"

**(4)不能够推断事实。**前运算阶段的儿童往往是根据知觉到的表面现象做出反应，不能够推断事实。例如，给3岁的幼儿一辆红色的玩具小汽车，当着他的面盖上一块罩子，使小汽车看起来是黑色的，这时问他小汽车是什么颜色的，他会说是黑色的。

**(5)泛灵论。**前运算阶段儿童的思维具有泛灵论的特点，即将人类的特征赋予无生命的物体。前运算阶段的儿童会认为任何物体都是有生命的。例如，让处于前运算阶段的儿童把洋娃娃扔到地上去，他会说不能扔到地上，会摔疼洋娃娃的。

**(6)不合逻辑的推理。**

**(7)不能理顺整体和部分的关系。**

**(8)认知活动具有具体性，还不能进行抽象的思维运算。**

**3. 具体运算阶段(7～11岁)**

具体运算是一种与真实、具体的物体相关的可逆的心理活动。与前运算阶段相比，具体运算阶段的儿童能够运用逻辑思维解决具体问题，但必须依赖于实物和直观形象的支持才能进行逻辑推理和运用逻辑思维解决问题，不能够进行纯符号运算。这一阶段儿童的思维具有以下特征：

**(1)去自我中心性**(去中心化)。具体运算阶段的儿童不能想象独立于他们直接经验之外的事物，但能够考虑多个感知特征，即去自我中心，得出具体问题的解决方法。在皮亚杰和英海尔德的"三山实验"任务中，7～9岁的儿童就能够注意到一种情境的多个方面，从他人的角度理解问题。在这一时期，儿童区别现实与想象的能力得到提高。去自我中心性是具体运算阶段儿童思维成熟的最大特征。

**(2)可逆性。**皮亚杰提出，在儿童思维发展的所有特征中最重要的是可逆性。一个具体运算阶段的儿童能理解先前曾是一团泥土的飞机模型能够再变成一团泥土；他同样明白8个珠子加6个珠子等于14个珠子，而从14个珠子中拿走6个珠子还剩8个珠子。

**(3)守恒。**在发展中处于具体运算阶段的儿童能够去中心化并能逆向运算，因此，守恒能力迅速发展。6岁左右的儿童可以解决数字守恒问题，7或8岁的儿童则能解决面积或容积守恒问题，9～10岁的儿童能够解决重量守恒问题，到11或12岁时儿童能解决体积守恒问题等。另外，儿童开始进行一些运用符号的逻辑思考活动，可以形成一系列的行动心理表象。比如，8岁左右的儿童去过几次小朋友的家，就能够画出具体

第四部分

的路线图来，而5、6岁的儿童则无法做到。

(4)分类。具体运算阶段的儿童能够进行分类。5岁时儿童已经能够进行一些简单分类，如呈现一组白色或黑色的圆圈、方块和三角形，儿童可能会将它们分成两组：白色和黑色。但在具体运算阶段之前，大多数儿童不具有类包含的概念，不能够理解某一特定的人或物可以从属于不同的类别，形成分类系统。

(5)序列化。序列化是指能够根据大小、体积、重量或其他的一些特性对一系列要素进行心理上的排序。排序的能力在4岁或更小的儿童中就已经出现，但他们的排序比较粗糙，并且要经过尝试错误。具体运算阶段的儿童能够顺利完成排列大小的任务，如给他们长短不等的小木棒，他们能够按照从长到短或从短到长的顺序进行排序。

(6)多维思维。多维思维是指儿童可以同时从两个或两个以上角度思考问题。例如，一个具有具体运算能力的7岁儿童面临液体守恒问题时，会同时考虑到两个容器的高度和宽度，从而获得了去中心性，能够正确地回答。

**4. 形式运算阶段(11岁～成人)**

形式运算阶段，是儿童思维发展趋于成熟的阶段。本阶段儿童思维的特征如下：

(1)命题之间的关系。本阶段儿童的思维是以命题形式进行的。他们不仅能考虑命题与经验之间的真实性关系，而且能看到命题与现实之间的关系，并能推论两个或多个命题之间的逻辑关系。

(2)假设—演绎推理。本阶段的儿童不仅能够运用经验—归纳的方式进行逻辑推理，而且能够运用假设—演绎推理的方式来解决问题。

(3)类比推理。形式运算阶段的儿童能够很好地进行类比推理，能够理解类比关系。例如，“皮毛对狗就像羽毛对鸟一样”，这个类比的核心是“狗—皮毛”与“鸟—羽毛”之间的关系。

(4)抽象逻辑思维。本阶段的儿童能理解符号的意义、隐喻和直喻，能对事物做一定的概括，其思维发展水平已接近成人的水平。

(5)可逆与补偿。本阶段的儿童不仅具备了逆向性的可逆思维，而且具备了补偿性的可逆思维。例如，对于“在天平的一边加一点东西，天平就失去平衡，怎样使天平重新平衡”的问题，他们不仅能考虑把所加的重量拿走(逆向性)，而且能考虑移动天平的较重一方的盘子使它靠近支点，即使力臂缩短(补偿性)。

(6)反思能力。形式运算阶段的儿童具备了反思能力，即系统地检验假设的能力，能够系统地概括出解决某一问题的所有可能方法或能进行组合推理。

(7)思维的灵活性。本阶段的儿童不再刻板地恪守规则，反而常常由于规则与事实的不符而违反规则。

(8)形式运算思维的逐渐发展。形式运算思维是逐渐出现的，而不是一次全部出现。

**真题面对面**

1. [2022湖北，单选]李想同学可以从两种甚至两种以上的角度来思考问题，根据皮亚杰的观点，这一特征是儿童认知发展水平达到(　　)的重要标志。

A. 感知运动阶段　B. 前运算阶段　C. 具体运算阶段　D. 形式运算阶段

2. [2021黑龙江，多选]根据皮亚杰的认知发展阶段理论，具体运算阶段的儿童的思维特点包括(　　)

A. 可逆性　B. 守恒

C. 单一性　D. 泛灵论

E. 去自我中心性

3. [2021安徽，判断]根据皮亚杰的理论，在良好的外界环境下，学生的认知发展可以从前运算阶段直接跨越至形式运算阶段。(　　)

答案：1. C　2. ABE　3. ×

**考点 3** 影响认知发展的因素

皮亚杰提出，影响认知发展的因素主要有以下四个：

(1)**成熟**。成熟是指机体的成长，特别是大脑神经系统和内分泌系统的成熟。借助于成熟，个体才能获得发展的可能性，但要使这种可能性变为现实，还必须通过机能的练习与习得经验。

(2)**练习与习得经验(又称练习与经验、物理环境)**。练习与习得经验是认知发展的必要条件。它包括两类：第一类是物理经验，指个体作用于物体，抽象出物体的特性；第二类是逻辑数理经验，指个体作用于物体，目的在于理解动作间相互协调的结果。

(3)**社会经验(又称社会性经验、社会环境)**。社会经验包括社会生活、文化教育和语言在内的各种因素，指社会的相互作用和社会信息相互交换的过程。社会经验也是认知发展的一个必需而重要的因素，但不是决定性因素。社会经验依赖个体与社会的相互作用。

(4)**平衡化**。平衡化是心理发展的决定因素。平衡化具有自我调节的作用，通过调节同化和顺应的关系，使个体的认知不断发展。

## 二、维果斯基的心理发展观 【单选、多选、判断】★★★

**考点 1** "文化—历史"发展理论的基本观点

维果斯基

维果斯基强调社会文化在认知发展中的作用。为此，维果斯基创立了"文化—历史"发展理论。

(1)维果斯基区分了两种心理机能：①作为动物进化结果的低级心理机能，如简单的感觉和无意注意等；②作为历史发展结果的高级心理机能，即以符号系统为中介的心理机能，如抽象逻辑思维。高级心理机能是人类所特有的，它使得人类心理在本质上区别于动物。维果斯基指出，儿童在与成人交往的过程中，通过掌握高级心理机能的工具——语言符号这一中介环节，使其在低级的心理机能基础上形成各种新的心理机能。语言是维果斯基认知发展论的核心。

(2)他还提出了著名的"两种工具"说，即物质生产的工具和精神生产的工具(语言符号系统)。物质生产工具指向外部，引起客体的变化；语言符号系统则指向内部，影响人的心理结构和行为。

**考点 2** 教学与发展的关系

在维果斯基看来，社会文化历史对儿童心理发展的影响，集中体现在学校教学上，学校教学是儿童发展的源泉。在教学与发展的关系上，维果斯基提出了三个重要的问题：一个是最近发展区思想；一个是教学应当走在发展的前面；一个是关于学习的最佳期限问题。下面主要讲解最近发展区的概念和"教学应走在发展的前面"包含的两层含义。

**1. 最近发展区的概念**

维果斯基认为，儿童有两种发展水平：一是儿童的现有水平，即由一定的已经完成的发展系统所形成的儿童心理机能的发展水平；二是可能达到(即将达到)的发展水平，也就是通过教学所获得的潜力。这两种水平之间的差异，就是最近发展区。也就是说，最近发展区是儿童在有指导的情况下，借助成人的帮助所能达到的解决问题的水平与独自解决问题所达到的水平之间的差异，实际上是两个邻近发展阶段间的过渡状态。

**2. "教学应走在发展的前面"包含的两层含义**

在维果斯基看来，教学的可能性由学生的最近发展区决定，"教学应该走在发展的前面"。这里有两层含义：(1)教学在发展中起主导作用。它决定着儿童的发展，决定着发展的内容、水平、速度及智力活动的特点。(2)教学创造着最近发展区。教学应适应学生的现有水平，但更重要的是要发挥教学对发展的主导作用。

它的提出说明了儿童发展的可能性,其意义在于:指导教育者不应只看到儿童今天已达到的发展水平,还应看到仍处于形成的状态,正在发展的过程。所以,维果斯基强调教学不能只适应发展的现有水平,还应适应最近发展区,从而走在发展的前面,最终跨越"最近发展区"而达到新的发展水平。因此,教学的最佳效果产生于"最近发展区"。

真题面对面

1. [2022黑龙江,单选]提出"最近发展区"概念的是(　　)

A. 巴甫洛夫　B. 维果斯基　C. 斯腾伯格　D. 弗洛伊德

2. [2021吉林,单选]维果斯基认为教学与发展的关系应该是(　　)

A. 发展要走在教学的前面　B. 发展和教学齐头并进

C. 教学要走在发展的前面　D. 发展和教学相互决定

答案:1. B　2. C

### 考点3 适时辅导学生是教学的必由之路——教学支架的应用

为促进教学发展,维果斯基认为教师可采用教学支架,进行支架式教学,即在学生试图解决超出当前知识水平的问题时给予支持和指导,帮助其顺利通过最近发展区,使之最终能够独立完成任务。支架式教学可采用的方式有:(1)把学生要学习的内容分割成许多便于掌握的片段;(2)向学生示范要掌握的技能;(3)提供有提示的练习等。需要注意的是,教师提供的支持和帮助要合适。帮助过多,学生独立解决问题的能力就不能充分发展;帮助不够,学生亦可能因失败而泄气,久而久之,可能会形成习得性无助感。

第四部分

真题面对面

[2022贵州,单选]下列选项中,最符合维果斯基"最近发展区"思想的教学模式是(　　)

A. 同伴合作　B. 交互式教学　C. 教学支架　D. 学徒制

答案:C

## 第三节　中小学生人格发展

### 一、人格概述

### 考点1 人格的概念与特征

**1. 人格的概念**

人格是构成一个人思想、情感及行为的特有模式,这个独特模式包含了一个人区别于他人的稳定而统一的心理品质,即人格是决定个体的外显行为和内隐行为,并使其与他人行为有稳定区别的综合心理特征。

**2. 人格的特征**　【单选】★★

表4-1　人格的特征

| 特征 | 要点 | 举例 |
| --- | --- | --- |
| 独特性 | 不同的遗传、生存和教育环境使每个人都有独特的心理特点 | 人心不同,各如其面 |
| 稳定性 | 人格特点相对稳定,不易改变 | 江山易改,禀性难移 |

续表

| 特征 | 要点 | 举例 |
| --- | --- | --- |
| 整合性(统合性) | 人格各结构的整合统一或彼此冲突 | 健康的人格特征或人格分裂 |
| 功能性 | 人格决定个人的生活方式和命运 | 性格决定命运 |
| 社会性 | 人的社会化;社会的人所特有的 | 人满足食物需要的内容和方式是受具体的社会历史条件制约的 |
| 复杂性 | 人的行为表现的多元化、多层面 | 横眉冷对千夫指,俯首甘为孺子牛 |

**真题面对面**

1. [2021重庆,单选]"性格决定命运",这说明人格具有(　　)

A. 独特性　　B. 稳定性　　C. 复杂性　　D. 功能性

2. [2022黑龙江,判断]人格是社会的人所特有的。(　　)

答案:1. D　2. √

### 考点2　弗洛伊德的人格"三我"结构　【单选、多选】★★

弗洛伊德将人格结构分成三个层次:本我、自我和超我。

(1)**本我**。本我位于人格结构的最底层,是由先天的本能、欲望所组成的能量系统,包括各种生理需要。本我是无意识、非理性、非社会化和混乱无序的。它遵循**快乐原则**。

(2)**自我**。自我是从本我中逐渐分化出来的,位于人格结构的中间层。其作用主要是调节本我与超我之间的矛盾,它一方面调节着本我,一方面又受制于超我。它遵循**现实原则**,以合理的方式来满足本我的要求。

(3)**超我**。超我位于人格结构的最高层次,是道德化了的自我,由社会规范、伦理道德、价值观念内化而来,其形成是社会化的结果。超我遵循**道德原则**,它具有三个作用:①抑制本我的冲动;②对自我进行监控;③追求完善的境界。

本我是生物本能我,自我是心理社会我,超我是道德理想我。当三者处于协调状态时,人格表现出一种健康状况;当三者互不相让,产生敌对关系时,就会产生心理疾病。

## 二、影响人格形成与发展的因素　【单选、多选、判断、论述】★★★

人格是在遗传与环境交互作用下逐渐发展形成的。遗传决定了人格发展的可能性,环境决定了人格发展的现实性。

### 考点1　生物遗传因素

总结以往研究,遗传对人格的作用主要体现在以下几个方面:(1)遗传是人格不可缺少的影响因素;(2)遗传因素对人格的作用程度因人格特征的不同而异;(3)人格发展过程是遗传与环境交互作用的结果,遗传因素影响人格的发展方向及改变。

### 考点2　社会因素

人格的发展是个体社会化的结果。不管什么社会,影响个体人格发展的社会因素基本上都是家庭、学校、同伴以及电视、电影、文艺作品等社会宣传媒体。

**1. 家庭教养方式**

**鲍姆宁**曾根据控制、成熟的要求、父母与儿童的交往、父母的教养水平等四个指标,将父母的教养行为分成专制型、放纵型和民主型三种方式,具体内容见下表:

表4-2 家庭教养方式

| 类型 | 父母表现 | 孩子表现 |
| --- | --- | --- |
| 专制型 | 过于支配 | 消极、被动、依赖、服从、懦弱,做事缺乏主动性,甚至会形成不诚实的性格特征 |
| 民主型 | 平等和谐,尊重孩子 | 活泼、自立、彬彬有礼、善于交往、富于合作精神、思想活跃等,表现最成熟 |
| 放纵型 | 溺爱、任孩子随心所欲,对孩子的教育有时会处于失控状态 | 任性、幼稚、自私、野蛮、无礼、独立性差、蛮横无理、胡闹,表现最不成熟 |

**2. 学校教育**

学校教育按一定社会的教育目标,有计划、有步骤地对学生施加影响,因而直接制约着学生人格发展的方向和基本质量。学校教育在学生社会化中的作用主要是通过教师与学生的相互影响来实现的。教师对学生人格的发展具有指导定向的作用。教师的品德修养、知识经验、教育和教学技巧、对学生的态度等,对学生社会化与人格的发展都有举足轻重的意义。

**3. 同伴群体(同辈群体)**

随着年龄的增长,同伴的影响越来越强,在某种程度上甚至超过父母的影响。与同伴群体的交往能促进儿童的社会化和人格的发展,但是教师要注意防止不良同伴群体对中学生人格发展造成的不良影响。

### 考点3 个人主观因素

社会上各种影响因素,首先要为个人接受和理解,才能转化为个体的需要、动机和兴趣,才能推动他去思考与行动。另外,个体已有的心理发展水平对人格特征形成的作用会随着年龄的增加而日益增强。

第四部分

真题面对面

[2021陕西,论述]试述影响人格发展的主要因素,并举例说明。

答案:详见内文

## 三、自我意识 【单选、多选、名词解释】 ★★

### 考点1 自我意识的概念

自我意识是作为主体的我对自己以及自己与周围事物的关系,尤其是人我关系的意识。一般认为,自我意识包括三种成分:

(1)**自我认识**,即个体对自己的心理特点、人格特征、能力及自身社会价值的自我了解与自我评价;

(2)**自我体验**,如自尊、自爱、自豪、自卑及自暴自弃等;

(3)**自我监控**,即对自己的意志控制,如自我检查、自我监督、自我调节、自我追求等。

### 考点2 自我意识的发展阶段

个体自我意识的发展要经历三个阶段:

(1)**生理自我**(自我中心期),即自我意识最原始的状态,在3岁左右基本成熟。

(2)**社会自我**(客观化时期)。儿童在3岁以后,社会自我开始发展,到少年期基本成熟。

(3)**心理自我**(主观自我时期)。心理自我是在青春期开始发展和形成的。

## 四、埃里克森的人格发展阶段论 【单选、多选】 ★★★

美国精神分析学家埃里克森认为,人格发展是一个逐渐形成的过程,必须经历八个顺序不变的阶段,其中前五个阶段属于儿童成长和接受教育的时期。

**1. 基本的信任感对不信任感(0~1.5岁)**

本阶段的发展任务是发展对周围世界,尤其是对社会环境的基本态度,**培养信任感**。父母或照料者要

给予婴儿适当的、稳定的与不间断的关切、照顾、哺育和抚摸，帮助婴儿形成对世界基本的信任感。这种信任感是青年时期发展同一性的基础。

**2. 自主感对羞耻感（2～3岁）**

本阶段的发展任务是**培养自主性**。儿童初步尝试独立处理事情，如果父母允许幼儿去做他们力所能及的事，鼓励幼儿独立探索的欲望，幼儿就会逐渐认识到自己的能力，养成主动、自主的性格；反之，如果父母过分溺爱和保护或过分批评指责，就可能使儿童怀疑自己对自我和环境的控制能力，产生羞耻感。

**3. 主动感对内疚感（4～5岁）**

本阶段的发展任务是**培养主动性**。这一阶段如果父母或教师对儿童的建议给予适当鼓励或妥善处理，则儿童不仅发展了主动性，还能培养明辨是非的道德感；反之，如果父母对儿童的问题感到不耐烦或嘲笑儿童的活动，儿童就会产生内疚感。

**4. 勤奋感对自卑感（6～11岁）**

本阶段的发展任务是**培养勤奋感**。在这个时期，多数儿童已进入学校，第一次接受社会赋予他们并期望他们完成的任务。他们追求任务完成时获得的成就感及由此带来的长辈的认可和赞许。如果儿童在学习、游戏等活动中不断取得成就并受到成人的奖励，儿童将以成功、嘉奖为荣，养成乐观、进取和勤奋的性格；反之，如果由于学习方法不当或努力不够而多次遭受挫折或其成就受到漠视，儿童容易形成自卑感。本阶段影响儿童活动的主要因素已由父母转向同伴、学校和其他社会机构，教师在培养儿童勤奋感方面具有特殊作用。敏感、耐心、富于指导经验的教师有可能使具有自卑感的学生重新获得勤奋感。

**5. 自我同一性对角色混乱（12～18岁）**

本阶段的发展任务是**培养自我同一性**。自我同一性是指个体组织自己的动机、能力、信仰及活动经验而形成的有关自我的一致性形象。由于这个年龄阶段的个体正处于身心迅速发展和接近成熟的时期，他们对周围世界开始有了自己的评价和判断，自我意识增强，情感更加丰富，但他们又缺乏对世界的实际了解，缺乏自立能力，思想、情感常处于一种冲突和混乱之中。如何形成自我同一性，克服自我角色的混乱是这一时期所面临的任务。如果学校和家庭给予他们正确的引导，提供适当的工作和锻炼的机会，将有助于他们建立稳定的同一自我形象。反之，如果引导不当，锻炼不够，提供活动的内容和形式不当，则容易出现自我同一性的混乱。

其他三个阶段分别为：亲密感对孤独感（成年早期，18～25岁）、繁殖感对停滞感（成年中期，25～50岁）、自我整合对绝望感（成年晚期，50岁以后）。

**真题面对面**

1. [2021黑龙江，单选]埃里克森人格发展阶段论中，12～18岁对应的主要冲突是（　　）

A. 自主感对羞怯感　　B. 主动感对内疚感

C. 勤奋感对自卑感　　D. 自我同一性对角色混乱

2. [2021江西，单选]培养勤奋感的最佳时期是（　　）

A. 2～3岁　　B. 4～5岁　　C. 6～11岁　　D. 12～18岁

答案：1. D　2. C

## 第四节　学生的个别差异

学生的个别差异，从心理角度看，包括认知差异与性格差异。其中认知差异包括认知能力差异和认知方式差异。



第四部分

## 一、学生的认知差异

### 考点 1 学生的认知能力差异 【单选、多选、判断】★★

研究表明，个体的智力在13岁以前是直线上升发展的，以后缓慢发展，到25岁时达到最高峰，26～35岁保持高原水平，35岁开始有下降趋势。学生的智力发展也存在一定的差异，包括个体差异和群体差异。

**1. 智力的个体差异**

(1)智力类型差异

智力类型差异主要是指学生在知觉、记忆、言语和思维等方面表现出的差异。例如，有的人长于想象，有的人长于记忆，有的人长于思维等。

(2)智力发展水平的差异

智力发展水平差异(即一般能力差异)指的是个体之间或个体内部智力水平高低不同的程度。研究表明，人们的智力水平呈正态分布，又称常态分布，大多数人的智力属于中等水平。正态分布函数曲线呈钟形，因此人们又经常称之为**钟形曲线**。一般认为，IQ超过130为**智力超常**；IQ低于70为**智力落后**；IQ超过140的人属于**天才**。

(3)智力表现早晚的差异

智力表现早晚差异是指智力的成熟有早晚之分，有人早慧，有人则大器晚成。

**2. 智力的群体差异**

智力的群体差异是指不同群体之间的智力差异，包括智力的**性别差异**、**年龄差异**、**种族差异**等。其中智力的性别差异表现在：(1)男女智力的总体水平大致相等，但男性智力分布的离散程度比女性大；(2)男女的智力结构存在差异，各自具有自己的优势领域。男女在一般智力因素上没有显著差异，其性别差异主要反映在特殊智力因素中，主要包括数学能力、言语能力和空间能力。

**3. 智力对学习的影响**

智力是影响学习的一个重要因素。在传统教学条件下，智力是学习成绩的一个可靠的预测指标。然而，智力并不影响学习能否发生，它主要影响学习的速度、数量、巩固程度和学习迁移。

**真题面对面**

[2021黑龙江，判断]男女智力总体发展水平相当。(　　)

答案：√

### 考点 2 学生的认知方式差异 【单选、多选、判断】★★★

**认知方式**也称**认知风格**，是指人们在认知活动中所偏爱的信息加工方式。它是一种比较稳定的心理特征，存在很大的个体差异。认知方式没有优劣、好坏之分，只是表现为学生对信息加工方式的某种偏爱，主要影响学生的学习方式。

**考点再拔高**

▼ 学习风格

学习风格是学习者在探究、解决其学习任务时所表现出来的典型的、一贯的、独具个人特色的学习策略和学习倾向。学习风格的认知要素实质上是一个人的认知风格在学习中的体现。学习风格一经形成，就具有持久性和稳定性，并且无高低、好差之分。凡是教学效果好的教师，都会有意识或者无意识地对学生的学习风格进行认真地学习、研究。

### 1. 场依存型与场独立型

心理学家把外界环境描述为一个场。美国心理学家赫尔曼·威特金将认知方式分为两种：场依存型与场独立型。场依存型的学生对客观事物的判断常以外部线索为依据，其态度和自我认知易受周围环境或背景的影响，往往不易独立地对事物做出判断，而是人云亦云，从他人处获得标准；行为常以社会为定向，社会敏感性强，爱好社交活动。场独立型的学生对客观事物的判断常以自己的内部线索为依据，不易受到周围环境因素的影响和干扰，倾向于对事物的独立判断；行为常是非社会定向的，社会敏感性差，不善于社交，关心抽象的概念和理论，喜欢独处。

场依存型
与场独立型

表4-3 场依存型者与场独立型者的学习特点

| 学习特点 | 场依存型者 | 场独立型者 |
| --- | --- | --- |
| 学科兴趣偏好 | 人文、社会科学和社会工作 | 理科、自然科学 |
| 学科成绩倾向 | 理科、自然科学成绩差，人文、社会科学成绩好 | 理科、自然科学成绩好，人文、社会科学成绩差 |
| 学习策略特点 | 易受暗示，学习欠主动，由外在动机支配 | 独立自觉学习，由内在动机支配 |
| 教学方式偏爱 | 结构严密的教学，需要教师的明确指导与讲解 | 结构不严密的教学 |

### 2. 冲动型与沉思型

杰罗姆·卡根将认知方式分为两种：冲动型与沉思型。冲动型的学生在解决认知任务时，总是急于给出问题的答案，而不习惯对解决问题的各种可能性进行全面思考，有时问题还未弄清楚就开始解答。这种类型的学生解决问题的速度虽然很快，但错误率高，在运用低层次事实性信息的问题解决中占优势。沉思型的学生在解决认知任务时，总是谨慎、全面地检查各种假设，在确认没有问题的情况下才会给出答案。这种类型的学生认知问题的速度虽然慢，但错误率很低，在解决高层次问题时占优势。区分冲动与沉思的标准是反应时间和精确性。

### 3. 辐合型与发散型

辐合型认知方式是指在解决问题过程中常表现出辐合思维的特征，表现为搜集或综合信息与知识，运用逻辑规律缩小解答范围，直到找到最合适的唯一正确解答。**发散型**认知方式则是指在解决问题过程中常表现出发散思维的特征，表现为个人的思维沿着许多不同的方向发展，使观念发散到各个有关的方面，最终产生多种可能的答案而不是唯一正确的答案，因而容易产生有创见性的新颖观念。

**真题面对面**

1. [2022河南，单选]小轩在老师上课提问时，经常没有弄清题意，便抢先回答。他的认知风格属于(　　)

A. 冲动型　　B. 场独立型　　C. 沉思型　　D. 场依存型

2. [2022内蒙古，单选]对于认知风格属于场依存型的学生，适合的教学方法是(　　)

A. 多鼓励学生

B. 为其提供无结构的材料，让他自己探索

C. 给学生充分的时间，让其总结出结构性的知识

D. 教师要给学生提供一些明确的指导和讲解

3. [2022黑龙江，判断]场独立型者独立自觉学习，由内在动机支配。场依存型者易受暗示，学习动力由外在动机支配，这两种认知风格没有孰优孰劣。(　　)

答案：1. A　2. D　3. √

第四部分

## 二、学生的性格差异 【多选、判断】★

### 考点1 性格的特征差异

**1. 奥尔波特的性格特征分类**

**奥尔波特**将性格特征分为共同特质和个人特质。**共同特质**是在同一文化形态下的群体所共同具有的特质，它是在共同的生活方式下形成的。**个人特质**是个人所独有的、代表个人行为倾向的特质，它包括首要特质、中心特质和次要特质。**首要特质**是一个人最典型、最具有概括性的特质，它影响一个人的各方面的行为，如多愁善感是林黛玉的首要特质。**中心特质**是构成个体独特性的几个重要特质，在每个人身上大约有5~10个，如清高、率直、聪慧、孤僻都属于林黛玉的中心特质。**次要特质**也是人格的组成因素，是个体的一些不太重要的特质，往往只有在特殊的情况下才会表现出来。

**2. 卡特尔的性格特征分类**

**卡特尔**将性格特征分为表面特质和根源特质。**表面特质**指从外部行为能直接观察到的特质。表面上看来相似的特征或行为，却可能有大相径庭的原因。**根源特质**是决定外显行为的潜在变量，是人格的本质。卡特尔用因素分析的方法，找出了16种相互独立的根源特质。

**考点 再拔高**

▼ 性格特质理论

性格特质的研究，起源于20世纪40年代的美国。其主要代表人物是美国心理学家奥尔波特和卡特尔。上面已经详细介绍，在此不再一一赘述。

在特质理论研究方面，艾森克、塔佩斯、特里根继续发展了早期的特质理论。艾森克认为人格是由外倾性、神经质、精神质三个因素构成，并据此编制了艾森克人格问卷。塔佩斯则认为人格是由五个相对稳定的因素组成(大五人格)，这五个因素是开放性、责任心、外倾性、宜人性、神经质或情绪稳定性。

### 考点2 性格的类型差异

性格类型是指在一类人身上所共有的性格特征的独特结合。常见的分类学说有向性说和独立顺从说。依据个人心理活动的倾向性，可把人的性格分为外倾型与内倾型；依据一个人独立或顺从的程度，可把人的性格分为独立型和顺从型。

**真题面对面**

1. [2020辽宁辽阳，多选]根据个人心理活动的倾向性，可以把人的性格分为(　　)

A. 独立型　　B. 外倾型

C. 内倾型　　D. 顺从型

2. [2021河南，判断]人们常说"北方人比较豪爽""军人严格自律"，这体现的是人格的首要特质。(　　)

答案：1. BC　2. ×

## 核心考点回顾

1. 个体心理发展的一般规律有哪些？(参见本书P310)

2. 皮亚杰提出的认知发展阶段理论的四个阶段是什么?(参见本书P314)

3. 维果斯基提出的教学与发展的关系有哪些内容?(参见本书P317)

4. 人格的特征有哪些?(参见本书P318)

5. 埃里克森的人格发展阶段论的前五个阶段的内容有哪些?(参见本书P320)

6. 学生的认知方式主要有哪些类型?(参见本书P322)

## 达标测评

| 建议用时 | 实际用时 | 测评总分 | 实际得分 |
|---|---|---|---|
| 15分钟 | _____分钟 | 15分 | _____分 |

一、单项选择题(每小题1分,共4分)

1. 人们常说:"三岁看大,七岁看老。"这句话反映出了人格的(　　)

A. 社会性　　B. 稳定性　　C. 整体性　　D. 独特性

2. 小东原来认为空气没有重量,经过老师的实验演示,他认识到自己错了,改变了自己的观点。小东的这一认识变化过程属于(　　)

A. 同化　　B. 顺应　　C. 组织　　D. 平衡

3. 小说中的重要人物通常都具有鲜明的特点,以至于提到这些特点我们一下子就会想到这些人物。从人格特质的角度出发,这些特点属于这些人物的(　　)

A. 共同特质　　B. 差异特质

C. 首要特质　　D. 次要特质

4. 妞妞今年5岁,她很喜欢帮忙做家务。一次,她清理餐桌时不小心打碎了一叠盘子。她的父亲很生气,当场责骂了她,说她什么都不干就是最大的帮忙,然后让她的姐姐清理完了餐桌。如果这位父亲经常这么对妞妞,那么根据埃里克森的观点,妞妞最有可能发展出(　　)

A. 自卑感　　B. 内疚感　　C. 不信任感　　D. 主动感

二、多项选择题(每小题2分,共8分)

1. 下列哪些属于少年期表现出的总体性的阶段特征(　　)

A. 思想品德的形成　　B. 内心世界的发现

C. 自我意识的觉醒　　D. 独立精神的加强

2. 智力发展的个体差异表现在(　　)

A. 水平高低的差异　　B. 表现早晚的差异

C. 类型的差异　　D. 种族差异

3. 弗洛伊德认为人格结构由哪三部分组成(　　)

A. 本我　　B. 自我　　C. 他我　　D. 超我

4. 场独立型的人容易将知觉目标从背景中分离出来,其特点是(　　)

A. 判断时以内部参照为准,不受外部因素影响

B. 以外部因素为判断依据

C. 善于察言观色,并注意记忆言语信息中的社会因素

D. 独立于周围环境,思考问题更加抽象

三、判断题(每小题1分,共3分)

1. 自我意识的发展会遵循一定的规律,一般而言,人的自我意识发展的最终阶段是社会自我。(　　)

2. 同一心理机能在不同时期可能有不同的发展速率。 (　　)

3. 小黄性格孤僻、行动迟缓，他善于觉察别人不易察觉到的细小事物，具有内倾性等心理特征。小黄的气质类型最有可能是抑郁质。 (　　)

## 参考答案及解析

一、单项选择题

1. B [解析]一个人的某种人格特点一旦形成，就相对稳定下来了，要想改变它是比较困难的事情。“三岁看大，七岁看老”体现的就是人格的稳定性。

2. B [解析]顺应是指当有机体不能利用原有图式接受和解释新刺激时，其认知结构发生改变来适应刺激的影响。题干中的小东改变自己的观点，认识到空气是有重量的，这属于顺应的过程。

3. C [解析]首要特质是一个人最典型、最具有概括性的特质，它影响一个人的各方面的行为。小说中重要人物具有的鲜明特点就是该人物的首要特质。

4. B [解析]根据埃里克森的人格发展阶段论，4～5岁儿童的主要发展任务是培养主动性，如果父母对儿童的问题感到不耐烦或嘲笑儿童的活动，儿童就会产生内疚感。根据题干所述，如果父亲经常责骂妞妞，妞妞最有可能发展出内疚感。

二、多项选择题

1. BCD [解析]身体状态的剧变、内心世界的发现、自我意识的觉醒、独立精神的加强是少年期表现出的总体性的阶段特征。

2. ABC [解析]智力的个体差异包括：智力类型差异、智力发展水平的差异和智力表现早晚的差异。

3. ABD [解析]弗洛伊德将人格结构分成三个层次：本我、自我和超我。

4. AD [解析]场独立型的学生对客观事物的判断常以自己的内部线索为依据，不易受到周围环境因素的影响和干扰，倾向于对事物的独立判断；行为常是非社会定向的，社会敏感性差，不善于社交，关心抽象的概念和理论，喜欢独处。

三、判断题

1. × [解析]个体自我意识的发展经历了从生理自我到社会自我，再到心理自我的过程。因此，题干说法错误。

2. √ [解析]个体心理发展的不平衡性是指心理的发展可以因进行的速度、到达的时间和最终达到的高度而表现出多样化的发展模式。一方面表现出个体不同系统在发展的速度、发展的起止时间与到达成熟时期的不同进程；另一方面也表现出同一机能特性在发展的不同时期有不同的发展速率。故题干表述正确。

3. √ [解析]抑郁质的人以敏锐、稳重、体验深刻、外表温柔、怯懦、孤独、行动缓慢为特征。题干中的小黄性格孤僻、行动迟缓、敏锐，这说明他的气质类型最有可能是抑郁质。

# 第三章　学习理论

第四部分

## 思维导图

学习理论
- 学习概述
  - 学习的内涵
  - 学习的分类
    - 学习水平分类："信刺反锁，言别概念，原理解决"
    - 学习结果分类：智慧技能、认知策略、言语信息、动作技能、态度
    - 奥苏贝尔的分类：接受学习和发现学习；有意义学习和机械学习
- 行为主义学习理论
  - 巴甫洛夫的经典性条件作用理论
    - 主要规律：泛化——相似性；分不清／分化——差异性；分得清（易混）
  - 桑代克的联结—试误学习理论
    - 三条原则：准备律、练习律、效果律
  - 斯金纳的操作性条件作用理论（重点）
    - 强化：正强化、负强化
    - 逃避条件作用与回避条件作用
    - 消退：条件反应会逐渐减弱，直至消失的现象
    - 惩罚：呈现性惩罚、移除性惩罚
  - 班杜拉的社会学习理论
    - 观察学习的过程：注意、保持、复现、动机
    - 对强化的划分：直接强化、替代强化、自我强化
- 认知派学习理论
  - 格式塔学派的完形—顿悟学习理论
  - 托尔曼的符号学习理论
  - 布鲁纳的认知—发现学习理论
    - 学习的实质：主动形成认知结构
    - 教学原则："冻结城墙"
  - 奥苏贝尔的有意义接受学习理论（有意义言语学习理论）（重点）
    - 有意义学习：非人为、实质性的联系
    - 先行组织者：引导性学习材料
  - 加涅的信息加工学习理论
    - 学习过程的八个阶段："东街活宝会盖作坊"
- 人本主义学习理论
  - 知情统一的教学目标观
  - 有意义的自由学习观
    - 无意义学习、有意义学习
  - 学生中心的教学观
  - 人本主义的典型教学模式
- 建构主义学习理论
  - 建构主义学习理论的主要内容
    - 知识观、学习观、学生观、教师观
  - 建构主义的教学模式

## 考向分析

本章属于教育心理学的重点章节，也是河南、辽宁、内蒙古、黑龙江、江西、陕西等省份的特岗笔试重点考查的章节，内容广泛，需要识记和理解的知识较多，在考试中常以选择题、判断题、名词解释、辨析题、简答题等形式考查。本章的考向分析如下：

| 考点名称 | 常考题型 | 能力层级 | 考查热度 |
|---|---|---|---|
| 学习的实质 | 单选、多选、判断 | 识记、理解 | ★★ |
| 加涅关于学习的划分 | 单选、多选、判断、辨析、简答 | 识记、理解 | ★★★ |

续表

| 考点名称 | 常考题型 | 能力层级 | 考查热度 |
|---|---|---|---|
| 桑代克的联结—试误学习理论 | 单选、多选、判断、简答 | 识记、理解 | ★★★ |
| 斯金纳的操作性条件作用理论 | 单选、多选、判断 | 理解、掌握 | ★★★ |
| 班杜拉的社会学习理论 | 单选、多选、判断、简答 | 识记、理解 | ★★ |
| 布鲁纳的认知—发现学习理论 | 单选、多选、名词解释、简答 | 识记、理解 | ★★★ |
| 先行组织者策略 | 单选、名词解释、判断简析 | 理解、掌握 | ★★★ |
| 建构主义学习理论的主要内容 | 单选、多选、判断、简答 | 理解、掌握 | ★★ |

## 核心考点

# 第一节　学习概述

## 一、学习的内涵

### 考点 1　学习的实质　【单选、多选、判断】★★

学习是个体在特定情境下由于练习或反复经验而产生的行为或行为潜能的相对持久的变化。也有学者将学习定义为：通过主客体的相互作用，在主体头脑内部积累经验、构建心理结构以积极适应环境的过程，它可以通过行为或者行为潜能的相对持久的变化表现出来。学习的内涵可以从以下几方面去理解：(1)学习实质上是一种适应活动；(2)学习是人和动物共有的普遍现象；(3)学习是由反复经验引起的；(4)学习是有机体后天习得经验的过程；(5)学习的过程可以是有意的，也可以是无意的；(6)学习引起的是相对持久的行为或行为潜能的变化。但值得注意的是，并非所有的行为变化都是由学习产生的，如生理成熟、疲劳、药物等因素亦可引起行为的变化。

**重难点解读**

考生在判断一项活动是否为学习时，可以从以下两个方面出发：(1)学习的定义；(2)学习的"五非原则"，即非本能、非成熟、非疲劳、非药物、非病。

学习的定义有广义和狭义之分。广义的学习是指人类的学习和动物的学习，狭义的学习是指人类的学习。人类的学习即在社会实践中，以语言为中介，自觉地、积极主动地掌握社会和个体经验的过程。人类的学习和动物的学习的本质区别有：(1)人类的学习是一个积极、主动的建构过程。(2)人类的学习是掌握社会历史经验和个体经验的过程。动物的学习仅仅是掌握个体经验。(3)人类的学习是在社会活动中，以语言为中介来实现的。

**真题面对面**

1. [2022重庆，单选]下列选项中，不能说明学习内涵的是(　　)

A. 学习一定会导致行为或行为潜能的变化

B. 学习导致的变化是相对持久的

C. 学习是主体积累经验、构建心理结构的过程

D. 学习是生理成熟引起行为变化的过程

2. [2021黑龙江，判断]学习引起的行为变化是暂时的。(　　)

答案：1. D　2. ×

第四部分

考点2 学生的学习 【简答】 ★

人类学习与学生学习之间是一般与特殊的关系，学生的学习既与人类的学习有共同之处，但又有其特殊性。

学生学习的特点主要表现在：(1)接受学习是学习的主要形式，具有目的性、计划性和组织性；(2)学习过程是主动构建过程，具有自主性、策略性和风格性，是师生互动的过程；(3)学习内容以系统学习人类的间接知识经验为主，具有间接性；(4)学习目标具有全面性、多重目的性；(5)学生的学习具有一定程度的被动性。

考点再拔高

▼ 小学生学习的特点

小学儿童的学习既有上述学生学习的基本特点，又表现出其年龄阶段所特有的特点。研究者将小学生学习活动的基本特点概括为直观—操作性、指导—模仿性、基础—再现性。

(1)直观—操作性是指小学生通过对实物、模型及形象性的言语的直接感知、对学习材料的直接操作来获取基本的经验与基本的态度。

(2)指导—模仿性是指小学生的学习活动是在教师的指导下，通过对教师的教授活动及其他同伴的学习活动的模仿而获得的。

(3)基础—再现性是指小学生的学习是以获取和再现人类知识体系中的最基础的部分、形成必要的行为规范、内化基本的生活态度为目的的，而不是以掌握当代的前沿性的知识经验或创造、发现新的知识领域为目的。

真题面对面

[2021黑龙江，简答]简述小学生学习的特点。

答案：详见内文

## 二、学习的分类

考点1 加涅关于学习的划分 【单选、多选、判断、辨析、简答】 ★★★

**1. 学习水平分类**

根据学习情境由简单到复杂、学习水平由低到高的顺序，加涅把学习分为八类，建构了一个完整的学习层级结构。

(1)**信号学习**。信号学习是指学习对某种信号做出某种反应，其过程为：刺激—强化—反应，如巴甫洛夫的经典性条件反射。

(2)**刺激—反应学习**。刺激—反应学习是指学会对某一情境中的刺激做出某种反应，以获得某种结果，如桑代克和斯金纳的操作性条件反射，与经典性条件反射不同，其过程是：情境—反应—强化，即先有情境，做出反应动作，然后得到强化。

(3)**连锁学习**。连锁学习是指学习联合两个或两个以上的刺激—反应动作，以形成一系列刺激—反应动作的联结。

(4)**言语联结学习**。言语联结学习是指形成一系列的言语单位的联结，即言语连锁化。

(5)**辨别学习**。辨别学习是指学会识别多种刺激的异同并对之做出不同的反应。

(6)概念学习。概念学习是指对刺激进行分类时，学会对一类刺激做出同样的反应，也就是对事物的抽象特征的反应。

(7)规则或原理学习。规则或原理学习是指学习两个或两个以上概念之间的关系。

(8)解决问题的学习(高级规则的学习)。解决问题学习是指在各种情况下，使用所学原理或规则去解决问题。

**记忆有妙招**

为方便考生记忆，编者将学习水平分类总结成以下口诀：

**信刺反锁，言别概念，原理解决。**

**2. 学习结果分类**

按学习结果，加涅将学习分为五种类型：

(1)智慧技能。智慧技能指运用符号或概念与环境交互作用的能力。

(2)认知策略。认知策略指调控自己的注意、学习、记忆和思维等内部心理过程的技能。

(3)言语信息。言语信息指有关事物的名称、时间、地点、定义以及特征等方面的事实性信息。

(4)动作技能。动作技能指通过身体动作的质量的不断改善而形成的整体动作模式。

(5)态度。态度指影响个人对人、事、物采取行动的内部状态。

第四部分

**考点再拔高**

▼ 智慧技能的结构及各结构间的关系

智慧技能的学习可分为五个小类：辨别学习、具体概念学习、定义性概念学习、规则学习、高级规则学习。

(1)辨别。辨别是一种基本技能，指的是对一个或几个物理量不同的刺激物做出不同的反应的能力。例如，学习者能够辨别三角形和非三角形。

(2)具体概念。具体概念是在一系列事物中找出共同特征并给同类事物赋予同一名称的一种习得的能力。具体概念指的是具体事物的特征，如颜色、形状以及事物的位置。**例如，学习者能把几个不同的三角形从一堆图形中挑出来，归为一类。**

(3)定义性概念。它是指识别同类抽象事物分类的能力。

(4)规则。它是揭示两个或更多的概念之间的关系的一种语言表达。

(5)高级规则。由简单的规则组合在一起，组成一条能解决问题的高级规则。

加涅认为，高级规则的学习以简单规则的学习为先决条件，简单规则的学习以概念学习为先决条件，概念学习以辨别学习为先决条件，从而构成了一个累积的学习层次。

**真题面对面**

[2022黑龙江，简答]简述加涅的学习结果分类。

**答案：**详见内文

**考点 2** 奥苏贝尔关于学习的划分

奥苏贝尔从两个维度对学习做了区分：从学生学习的方式上，将学习分为接受学习与发现学习；从学习

内容与学习者认知结构的关系上，又将学习分为有意义学习和机械学习。接受学习和发现学习是学生学习最基本的类型，也是最主要的学习方式。

表4-4 奥苏贝尔的学习分类

| 分类依据 | 学习类型 | 含义 |
|---|---|---|
| 学习内容与学习者认知结构的关系 | 机械学习 | 学习者并未理解符号所代表的知识，只是依据字面上的联系，记住某些符号的词句或组合，死记硬背 |
|  | 有意义学习 | 符号所代表的新知识与学习者认知结构中已有的适当观念建立起非人为的和实质性的联系 |
| 学习者学习的方式 | 接受学习（掌握学习） | 人类个体经验的获得是源于学习活动中主体对他人经验的接受，把别人发现的经验经过掌握、占有或吸收，转化为自己的经验 |
|  | 发现学习（创造学习） | 人类个体经验的获得是源于学习活动中主体对经验的直接发现或创造，并非由他人的传授而得 |

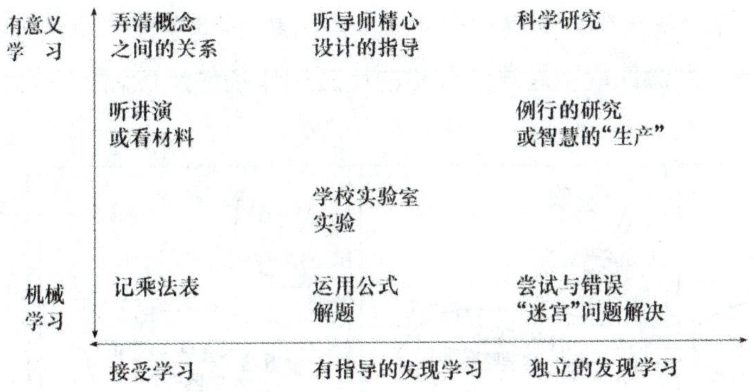

图4-1 奥苏贝尔的学习分类

## 考点3 其他关于学习的划分 【多选】 ★

（1）从学习主体来说，学习可分为动物学习、人类学习和机器学习。

（2）按学习时的意识水平，美国心理学家**阿瑟·S·雷伯**将学习分为内隐学习和外显学习。**内隐学习**是指有机体在与环境接触的过程中不知不觉地获得了一些经验并因此改变其事后某些行为的学习。例如，人们能够辨别哪些语句符合语法，却不一定能够说出这些语法规则是什么。相反，**外显学习**则类似于有意识的问题解决，是受意识支配的、需要做出心理努力并按照规则做出反应的学习。例如，学习物理中的牛顿运动定律。

（3）按学习内容，我国学者一般把学习分为知识的学习、技能的学习和行为规范的学习。

**真题面对面**

[2020江西，多选]我国教育心理学家主张把学习分为（　　）

A. 知识的学习　　B. 技能的学习

C. 情感的学习　　D. 行为规范的学习

答案：ABD

## 第二节 行为主义学习理论

行为主义学习理论的核心观点认为，学习过程是有机体在一定条件下形成刺激与反应的联系，从而获得新经验的过程。由于行为主义强调刺激—反应的联结，因此，也属于联结派学习理论。联结学习理论认为，一切学习都是通过条件作用，在刺激和反应之间建立直接联结的过程。强化在刺激和反应联结的建立中起着重要作用。在刺激—反应联结之中，个体学到的是习惯，而习惯是反复练习与强化的结果。习惯一旦形成，只要原来的或类似的刺激情境出现，习得的习惯性反应就会自动出现。

### 一、巴甫洛夫的经典性条件作用理论

#### 考点1 巴甫洛夫的经典性条件作用

巴甫洛夫

俄国生理学家巴甫洛夫在研究狗的进食行为时发现：狗吃到食物时，会分泌唾液。这是自然的生理反应，不需要学习，这种反应叫无条件反射，引起这种反应的刺激是食物，称为无条件刺激。如果在狗每次进食时发出铃声，一段时间后，狗只要听到铃声就会分泌唾液，这时作为中性刺激的铃声由于与无条件刺激联结而成了条件刺激，由此引起的唾液分泌就是条件反射。这种单独呈现条件刺激即能引起唾液分泌的反应叫作条件反应，后人称为“**经典性条件作用**”。

#### 考点2 经典性条件作用的主要规律 【单选、多选】★

**1. 泛化与分化**

机体对与条件刺激相似的刺激做出条件反应，属于**刺激的泛化**。如果只对条件刺激做出条件反应，而对其他相似刺激不做反应，则出现了**刺激的分化**。

刺激泛化和刺激分化是互补的过程。泛化是对事物的相似性的反应，分化则是对事物的差异性的反应。泛化能使我们的学习从一种情境迁移到另一种情境；而分化则能使我们对不同的情境做出不同的恰当反应，从而避免盲目行动。

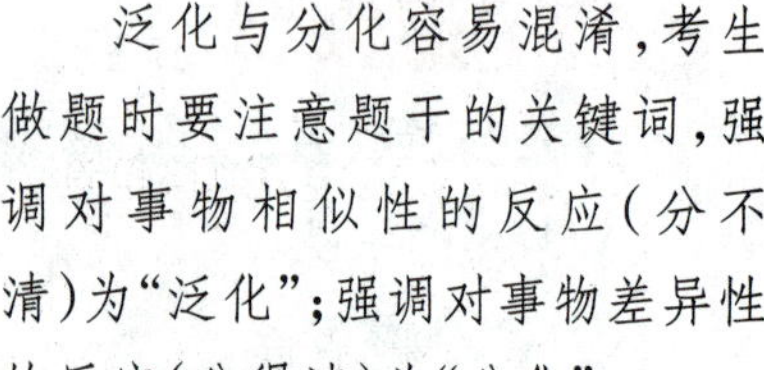


泛化与分化容易混淆，考生做题时要注意题干的关键词，强调对事物相似性的反应(分不清)为“泛化”；强调对事物差异性的反应(分得清)为“分化”。

**2. 获得与消退**

条件作用的获得过程是通过条件刺激反复与无条件刺激相匹配，从而使个体学会对条件刺激做出条件反应的过程。条件反射形成以后，如果得不到强化，条件反应会逐渐减弱，直至消失，称为**消退现象**。

**3. 恢复**

消退现象发生后，如果个体得到一段时间的休息，条件刺激再度出现，这时条件反射可能又会自动恢复。这种未经强化而条件反射自动重现的现象被称为**恢复**。

## 二、桑代克的联结—试误学习理论 【单选、多选、判断、简答】★★★

### 考点1 学习的实质

学习的实质在于形成情境与反应之间的联结。联结公式是S-R。桑代克认为刺激与反应之间的联结是直接的，并不需要中介作用。

### 考点2 学习的过程

学习的过程就是形成刺激与反应之间联结的过程，而联结是通过尝试错误的过程建立的。桑代克认为，学习的进程是一种渐进的、盲目的、尝试错误的过程。在此过程中随着错误反应的逐渐减少和正确反应的逐渐增加，而最终在刺激与反应之间形成牢固的联结。这种理论又被称为尝试错误论，简称试误论。

### 考点3 学习要遵循的三条原则

(1)**准备律**是指联结的加强或削弱取决于学习者的心理准备和心理调节状态。

(2)**练习律**是指刺激与反应之间的联结会由于重复或练习而加强，不重复或练习，联结的力量就会减弱。练习律又分为应用律和失用律两个次律。

(3)**效果律**是指刺激和反应之间的联结可因导致满意的结果而加强，也可因导致烦恼的结果而减弱。

第四部分

### 考点4 联结—试误说的教育意义

桑代克的联结—试误理论虽然是从动物实验中推导出来的，但对于人类学习和学生学习仍有很大的借鉴意义。根据学生的学习特点，这一理论特别强调"从做中学"，即在实际的操作过程中学习有关的概念、原理、技能和策略等。具体而言，对教育有以下指导意义：

(1)在学习过程中，教师应该允许学生犯错误，并鼓励学生多尝试，从错误中学习，这样获得的知识才会更牢固。

(2)任何学习都应该在学生有准备的状态下进行，不能经常搞"突然袭击"。(准备律)

(3)在学习过程中，应加强合理的练习，并注意学习结束后不时地进行练习。(练习律)

(4)在实际教育过程中，教师应努力使学生的学习能得到自我满足的积极结果，防止一无所获得到消极的后果。(效果律)

**真题面对面**

1. [2022陕西，单选]教师在讲新知识前讲了相关故事，属于行为主义规律的(　　)

A. 练习律　　B. 准备律

C. 效果律　　D. 强化律

2. [2020辽宁辽阳，单选]"学习过程就是尝试错误的过程"，这一观点属于哪种学习理论(　　)

A. 行为主义　　B. 认知主义　　C. 人本主义　　D. 建构主义

3. [2021陕西，多选]桑代克总结的学习规律包括(　　)

A. 练习律　　B. 准备律　　C. 效果律　　D. 冲刺律

答案：1. B　2. A　3. ABC

## 三、斯金纳的操作性条件作用理论 【单选、多选、判断】★★★

斯金纳

桑代克为操作性条件作用理论奠定了基础，斯金纳则系统地发展了这一理论，并使之对教育实践产生巨大作用。

斯金纳把人和动物的行为分为两类：应答性行为和操作性行为。应答性行为是由特定刺激引起的，是不随意的反射性反应；而操作性行为则不与任何特定刺激相联系，是有机体自发做出的随意反应。在日常生活中，人的大部分行为都是操作性行为。经典性条件反射理论可以解释应答性行为的产生，而操作性条件反射理论可以解释操作性行为的产生。

### 考点 1 经典性条件作用与操作性条件作用的比较

表4-5 两种条件作用的比较

| 比较范畴 | 经典性条件作用 | 操作性条件作用 |
| --- | --- | --- |
| 主要代表人物 | 巴甫洛夫 | 斯金纳 |
| 行为 | 无意的、情绪的、生理的 | 有意的 |
| 顺序 | 行为发生在刺激之后 | 行为发生在刺激之前，强调行为后的强化 |
| 学习的发生 | 中性刺激与无条件刺激的匹配 | 行为后果影响随后的行为 |
| 典例 | 学生将课堂（开始是中性的）与教师的热情联结在一起，课堂引发出积极情绪 | 学生回答问题后受到表扬，学生回答问题的次数增加 |

第四部分

**真题面对面**

1. [2022四川，单选]在良好的班级氛围中，某学生自发产生的积极行为被肯定，他良好的行为习惯逐渐形成。能很好地解释这一现象的理论是（　　）

A. 经典性条件反射理论　　B. 操作性条件反射理论

C. 精神分析学习理论　　D. 符号学习理论

2. [2021内蒙古，判断]操作性条件作用理论强调行为前的强化。（　　）

答案：1. B　2. ×

### 考点 2 操作性条件作用的基本规律

操作性条件作用的基本规律有：强化、逃避条件作用与回避条件作用、消退、惩罚。

**1. 强化**

强化是采用适当的强化物而使机体反应频率、强度和速度增加的过程。凡是能增强行为频率的刺激或事件叫作强化物。斯金纳认为，强化是塑造行为的有效而重要的条件，塑造行为的过程就是学习的过程。

强化有正强化和负强化之分。正强化也称积极强化，是通过呈现想要的愉快刺激来增强反应频率；负强化也称消极强化，是通过消除或中止厌恶、不愉快刺激来增强反应频率。

在选择强化物时，可以遵循**普雷马克原理**，又称“**祖母法则**”，即用高频活动作为低频活动的有效强化物。但是要注意行为和强化的顺序不能颠倒，必须先有行为，再有强化；要让学生明确感觉到这种行为和强化的依随关系；不能过度使用强化物，否则，可能使强化物失去原有的效力。

**2. 逃避条件作用与回避条件作用**

逃避条件作用是指当厌恶刺激出现时，有机体做出某种反应，从而逃避了厌恶刺激，则该反应在以后的类似情境中发生的概率便增加的一类条件作用。在日常生活中，逃避条件作用不乏其例。例如：看见路上

的垃圾后绕道走开;感觉屋内人声嘈杂时暂时离屋等。

**回避条件作用**是指当预示厌恶刺激即将出现的刺激信号呈现时,有机体也可以自发地做出某种反应,从而避免了厌恶刺激的出现,则该反应在以后的类似情境中发生的概率便增加的一类条件作用。它是在逃避条件作用的基础上建立的,是个体在经历过厌恶刺激的痛苦之后,学会了对预示厌恶刺激的信号做出反应,从而免受痛苦等。

逃避条件作用

回避条件作用

**易错点提示**

“逃避条件作用”和“回避条件作用”易理解错误,考生在做题时可根据题干的指向时间进行记忆,“逃避条件作用”→过去时(已经遭受厌恶刺激带来的痛苦);“回避条件作用”→将来时(未实际遭受厌恶刺激带来的痛苦)。

### 3. 消退

消退是指条件刺激形成以后,如果得不到强化,条件反应会逐渐减弱,直至消失的现象。

### 4. 惩罚

惩罚是指当有机体做出某种反应以后,呈现一个厌恶刺激,以消除或抑制此反应的过程。惩罚与负强化有所不同,负强化是通过厌恶刺激的排除来增加反应在将来发生的概率,而惩罚则是通过厌恶刺激的呈现来降低反应在将来发生的概率。惩罚只有符合负强化的意义才会产生最大的教育价值。依据刺激是呈现还是移除,惩罚也可以分为呈现性惩罚和移除性惩罚。

强化与惩罚

表4-6 强化和惩罚的区别

| | 强化 | | 惩罚 | |
|---|---|---|---|---|
| 分类 | 正强化 | 负强化 | 呈现性惩罚(正惩罚) | 移除性惩罚(负惩罚) |
| 特点 | 呈现愉快刺激 | 取消厌恶刺激 | 呈现厌恶刺激 | 取消愉快刺激 |
| 目的 | 增加反应频率 | 增加反应频率 | 降低反应频率 | 降低反应频率 |
| 举例 | 给予表扬 | 完成作业,老师不再批评学生 | 孩子乱跑,打孩子屁股 | 不写完作业不能出去玩 |

**真题面对面**

1. [2022贵州,单选]小强喜欢以告状的方式引起刘老师的关注,为了减少这一行为的发生,刘老师对其采取了不理会的方式,这属于( )

A. 正强化　　B. 负强化　　C. 惩罚　　D. 消退

2. [2022江西,多选]关于强化,下列说法正确的是( )

A. 学生准时交作业获得教师的表扬属于正强化

B. 负强化的本质是为了增加某个行为的发生频率

C. 消退是一种强化的过程

D. 惩罚只有在符合负强化的意义时，才会产生最大的教育价值

3. [2021黑龙江，判断]不认真完成作业就不让孩子出去玩，这是一种负强化。(　　)

答案：1. D　2. ABD　3. ×

## 考点3 强化、消退、惩罚的运用

### 1. 强化的运用

在学习过程中，强化物有很多种类，如表扬、奖励、自我强化等。表扬或奖励可以根据具体的情况采用不同的形式。在对学生的行为进行奖励时，应注意避免外部奖励对内部兴趣的破坏。奖励虽然是塑造行为的有效手段，但是奖励的运用必须得当，否则便会强化不良行为。

### 2. 消退的运用

消退是一种无强化过程，其作用在于降低某种反应在将来发生的概率，以达到消除某种行为的目的。不去强化而去淡化，既可消除不正确行为，又不会带来诸如惩罚等导致的感情受挫的副作用。因此，消退是减少不良行为、消除坏习惯的有效方法。



### 3. 惩罚的运用

(1)惩罚并不能使行为发生永久性的改变，它只能暂时抑制行为，而不能根除行为。

(2)惩罚的运用必须慎重，惩罚一种不良行为应与强化一种良好行为结合起来，方能取得预期的效果。

(3)一般来说，要尽可能少用惩罚，在必要的时候才使用。

(4)惩罚的运用应该及时，即在学生做出某种行为之后，立即给予惩罚。惩罚紧紧跟在错误行为之后，与错误的行为之间建立联结。

(5)在惩罚时，最好选择一定的替代反应进行强化，即指出正确的行为方式，在孩子做出正确的行为后给予强化。

强化、消退、惩罚对课堂管理、学生行为的塑造与矫正作用很大，教师应对上述原理灵活掌握。

## 考点4 斯金纳关于程序教学、行为塑造的意义

### 1. 程序教学

斯金纳将操作性条件反射原理应用到教学活动上，提出了程序教学论及其教学模式。程序教学是一种个别化的教学形式。斯金纳将要学习的大问题分解为一系列小问题，并将其按一定的程序编排呈现给学生，要求学生学习并回答问题，学生回答问题后及时得到反馈信息。程序教学的基本原理是采用连续接近法，通过设计好的程序不断强化，使学生形成教育者希望的行为模式。程序教学的原则包括：(1)小步子原则；(2)积极反应原则；(3)自定步调原则；(4)及时反馈原则；(5)低错误率原则。

### 2. 行为塑造

所谓塑造，就是通过小步强化帮助学生达到目标。斯金纳认为“教育就是塑造行为”，他采用连续接近的方法，对趋向于所要塑造的反应的方向不断地给予强化，直到引出所需要的新行为。例如，训练鸽子或老鼠的头抬到一定的高度，只有当其头朝着实验所需的方向抬起来时才强化，下一次要求再多一点，直到完全达到所需的方向和高度。这时，新的行为就塑造成了。

**真题面对面**

1.［2020河南，单选］下列选项中，最能体现斯金纳的操作性条件作用理论在教育上应用的是(　　)

A. 确定教学主题　　B. 更新教学内容　　C. 塑造学生行为　　D. 了解学生态度

2.［2022陕西，多选］程序教学的基本原则包括(　　)

A. 积极反应原则　　B. 小步子原则　　C. 及时反馈原则　　D. 自定步调原则

答案：1. C　2. ABCD

### 四、班杜拉的社会学习理论　【单选、多选、判断、简答】★★

班杜拉

**考点1** 学习的实质——观察学习

班杜拉以儿童的社会行为习得为研究对象，形成了其关于学习的基本思路，即观察学习理论。班杜拉认为，学习是个体通过对他人的行为及其强化结果的观察，从而获得某些新的行为反应或已有的行为反应得到修正的过程。他认为，观察学习是人类的主要学习方式之一，其核心是替代性学习和替代性强化。

**考点2** 观察学习的过程

班杜拉把观察学习的过程分为**注意**、**保持**、**复现**和**动机**四个子过程。(1)在**注意过程**中，观察者注意并知觉榜样情境的各个方面；(2)在**保持过程**中，观察者记住从榜样情境中了解的行为，以表象和语言形式将它们在记忆中进行表征、编码以及存储；(3)在**复现过程**中，观察者将头脑中有关榜样情境的表象和符号概念转为外显的行为；(4)在**动机过程**中，观察者因表现出所观察到的行为而受到激励。他还认为习得的行为不一定都表现出来，学习者是否会表现出已习得的行为，会受强化的影响。

**考点3** 对强化的重新解释

(1)直接强化。直接强化是指观察者因表现出观察行为而受到强化。

(2)替代强化。替代强化是指观察者因看到榜样的行为被强化而受到强化。

(3)自我强化。自我强化是指对自己表现出的符合或超出标准的行为进行自我奖励。

**真题面对面**

1.［2022内蒙古，单选］小刚看到别的同学努力学习得到了老师的表扬，因此在心里告诫自己要努力学习。这体现了(　　)

A. 直接强化　　B. 自我强化　　C. 替代强化　　D. 间隔强化

2.［2021河南，判断］对“榜样学习”的教育效应做出合理解释的心理学理论是班杜拉的观察学习理论。(　　)

答案：1. C　2. √

## 第三节　认知派学习理论

认知派学习理论认为，有机体获得经验的过程是通过积极主动的内部信息加工活动形成新的认知结构的过程。

## 一、格式塔学派的完形—顿悟学习理论　【单选】★

苛勒等人通过著名的黑猩猩实验，对学习的实质及原因做出了解释。他们关于学习的观点如下：

**1. 学习的实质——形成新的完形**

从学习的结果来看，学习并不是形成刺激—反应的联结，而是形成了新的格式塔(完形)。

**2. 学习的过程——顿悟过程**

从学习的过程来看，学习是通过顿悟过程实现的。学习是个体利用本身的智慧与理解力对情境及情境与自身关系的顿悟，而不是动作的累积或盲目的尝试。

## 二、托尔曼的符号学习理论　【单选】★

托尔曼是一位受格式塔学派影响的行为主义者，他提出的认知学习理论和内部强化理论对现代认知学习理论的发展有一定的贡献。他关于学习的主要观点包括：(1)学习是有目的的，是期望的获得。**期望**是托尔曼学习理论的核心概念。(2)学习是对完形的认知，是形成**认知地图**的过程。托尔曼主张将行为主义S-R公式改为S-O-R公式，O代表机体的内部变化。**中介变量**就是在有机体内正在进行的东西，包括需求变量和认知变量。

托尔曼的上述观点得到了他和他的同事们所做实验的支持，其中最有说服力的动物学习实验有**位置学习实验**和**潜伏学习实验**等。**潜伏学习**是指在没有强化的条件下学习也会发生，只不过结果不太明显，是"潜伏"的。一旦受到强化，具备了操作的动机，这种结果就明显通过操作而表现出来。

第四部分

**真题面对面**

[2021四川，单选]学习获得了"认知地图"，但这个结果却不显示出来，托尔曼把这种学习叫(　　)

A. 联结学习　　B. 潜伏学习　　C. 观察学习　　D. 有意义学习

答案：B

## 三、布鲁纳的认知—发现学习理论　【单选、多选、名词解释、简答】★★★

布鲁纳是美国著名的认知教育心理学家，他主张学习的目的在于以发现学习的方式，使学科的基本结构转变为学生头脑中的认知结构。因此，他的理论常被称为**认知—结构教学论**或**认知—发现学习说**。

### 考点1　学习观

**1. 学习的实质**

布鲁纳认为，学习的实质在于主动形成认知结构。**认知结构**是指一种反映事物之间稳定联系或关系的内部认识系统，或者说，是某一学习者的观念的全部内容与组织。

**2. 学习的过程**

布鲁纳认为学习包括三种几乎同时发生的过程，这三种过程是：新知识的获得、知识的转化、知识的评价。这三个过程实际上就是学习者主动地建构新认知结构的过程。

**真题面对面**

[2021陕西，单选]认为学习的最好方式是发现学习的是(　　)

A. 布鲁纳　　B. 奥苏贝尔　　C. 斯金纳　　D. 班杜拉

答案：A

### 考点2 教学观

**1. 教学的目的在于理解学科的基本结构**

由于布鲁纳强调学习的主动性和认知结构的重要性，所以他主张教学的最终目标是促进学生对学科基本结构的一般理解。所谓学科的基本结构，是指学科的基本概念、基本原理及其基本态度和方法。

**2. 掌握学科的基本结构的教学原则**

(1)动机原则。所有学生都具有内在的学习愿望，内在动机是维持学习的基本动力。学生具有三种最基本的内在动机：**好奇内驱力**(即求知欲)、**胜任内驱力**(即成功的欲望)和**互惠内驱力**(即人与人之间和睦共处的需要)。

(2)结构原则。任何知识结构都可以用动作、图像和符号三种表征形式来呈现。

(3)程序原则。教学就是引导学习者通过有条不紊地陈述一个问题或大量知识的结构，来提高他们对所学知识的掌握、转化和迁移的能力。

(4)强化原则。教学规定适合的强化时间和步调是学习成功的重要一环。知道结果应恰好在学生评估自己作业的那个时刻。知道结果过早，易使学生慌乱，从而阻挠其探究活动的进行；知道结果太晚，易使学生失去接受帮助的机会，甚至有可能接受不了正确的信息。

**记忆有妙招**

为方便考生记忆，编者将掌握学科的基本结构的教学原则总结成以下口诀：

**冻结城墙**。**冻**：动机原则。**结**：结构原则。**城**：程序原则。**墙**：强化原则。



### 考点3 发现学习

**1. 发现学习的概念**

布鲁纳认为，发现是教育儿童的主要手段，学生掌握学科的基本结构的最好方法是发现学习。发现学习是指给学生提供有关的学习材料，让学生通过探索、操作和思考，自行发现知识、理解概念和原理的教学方法。

**2. 发现学习的特点**

(1)发生较早；(2)发现学习的内容是尚无定论的实际材料，而不是现成的结论；(3)学习的过程较为复杂；(4)特别强调学生的主动探索；(5)直觉是发现学习的前奏；(6)探索中发现的正误答案同具反馈价值。

**真题面对面**

[2021重庆，单选]学生通过对多个大小不一的圆的实际测量，独立探索出圆的周长和直径之间的比值接近一个常数3.14。这种学习属于(　　)

A. 被动学习　　B. 机械学习　　C. 接受学习　　D. 发现学习

答案：D

## 四、奥苏贝尔的有意义接受学习理论(有意义言语学习理论)

### 考点1 接受学习 【单选、判断】 ★

奥苏贝尔

与布鲁纳的发现学习观相反，奥苏贝尔认为，学生的学习主要是接受学习。接受学习不同于发现学习。接受学习的特征是把要学习的全部内容或多或少地以定论的形式呈现给学习者，不需要学习者任何形式的独立发现，只需要学习者把学习材料加以内化，把新旧材料的内容有机地结合，即新学习的内容与认知结构中的有关内容融为一体，并存储下来。

奥苏贝尔强调，必须消除对接受学习的误解。接受学习未必都是机械学习，它可以而且也应该是有意义的学习。同样，发现学习未必都是有意义的学习，它也可能是机械学习。学校应主要采用有意义的接受学习。同时，必须把接受学习与被动学习区分开来。被动学习是与主动学习相对的。接受学习可能是主动的，也可能是被动的，它与被动学习、主动学习都没有必然联系。有不少人将接受学习与被动学习相等同，这是错误的。

真题面对面

[2020河北，单选]下面说法中正确的是(　　)

A. 发现学习就是有意义学习，接受学习就是机械学习

B. 接受学习在很大程度上是机械的，发现学习是有意义的

C. 接受学习和发现学习都存在有意义学习和机械学习之分

D. 只有接受学习存在有意义学习和机械学习之分

答案：C

## 考点 2 有意义学习(有意义言语学习) 【单选、简答】 ★

### 1. 有意义学习的实质

有意义学习的本质就是以符号为代表的新观念与学习者认知结构中原有的适当观念建立起非人为的和实质性的联系的过程，是原有观念对新观念加以同化的过程。

### 2. 有意义学习的条件

(1)客观条件，是指受学习材料本身性质的影响。有意义学习的材料本身必须合乎这种非人为的和实质性的标准，即具有逻辑意义。教材一般符合此要求。

(2)主观条件，是指受学习者自身因素的影响。主要表现在：①学习者必须具有有意义学习的心向；②学习者认知结构中必须具有适当的知识，以便与新知识进行联系；③学习者必须积极主动地使这种具有潜在意义的新知识与认知结构中有关的旧知识发生相互作用。

真题面对面

1. [2022四川，单选]在学习菱形的概念时，学生将新的概念与原有的平行四边形的概念建立起实质性的联系。这种学习是(　　)

A. 联结学习　　B. 有意义学习　　C. 发现学习　　D. 机械学习

2. [2021四川，简答]简述有意义学习的条件。

答案：1. B　2. 详见内文

## 考点 3 组织学习的原则与策略

以有意义学习和认知同化的观点为基础，奥苏贝尔提出了几个组织学习的基本原则和策略。

### 1. 逐渐分化原则

逐渐分化原则，即首先应该传授最一般、包容性最广的观念，然后根据具体细节对它们逐渐加以分化，这样可以为每个知识单元的教学都提供理想的固定点，即对新知识起固定作用的先前知识。

### 2. 整合协调原则

整合协调原则，是指如何对学生认知结构中的现有要素重新加以组合。

### 3. 先行组织者策略 【单选、名词解释、判断简析】★★★

奥苏贝尔就如何贯彻“逐渐分化”和“整合协调”的原则,提出了具体应用的技术:先行组织者。这也是奥苏贝尔提出的一种重要的教学策略。

先行组织者即先于某个学习任务本身呈现的引导性学习材料。先行组织者的抽象、概括和综合水平高于学习任务,并与认知结构中的原有观念及新的学习任务相关联。它可以在学习者已有的知识与需要学习的新内容之间架设一道桥梁,使学生能更有效地同化、理解新学习的内容。

**真题面对面**

[2021四川,判断简析]“先行组织者”策略是布鲁纳对知识教学的独特贡献。(　　)

**答案:**(1)×。(2)“先行组织者”策略是奥苏贝尔对知识教学的独特贡献。奥苏贝尔提出“先行组织者”概念,即先于某个学习任务本身呈现的引导性学习材料。因此,题干说法错误。

## 五、加涅的信息加工学习理论 【单选】★

### 考点1 学习过程的阶段性

加涅将学习过程看作信息加工流程。加涅认为学习的外部条件和内部条件应加以区别,发生在学习者头脑里(中枢神经系统)的内部活动是学习过程,它是在外界影响下发生的。教学是有目的、有计划地发动、激发、维持和提高学习者学习的一整套外部条件。在此基础上,加涅提出了他的学习过程的八个阶段和相应心理过程的假设:

(1)动机阶段——激发学习者的学习动机。(2)了解(领会)阶段——注意和选择性知觉。(3)获得阶段——所学的信息进入短时记忆,并编码和储存。(4)保持阶段——已编码的信息进入长时记忆储存。(5)回忆阶段——进行信息的检索。(6)概括阶段——实现学习的迁移。(7)操作阶段(作业阶段)——反应发生阶段。学生通过作业表现其操作活动。(8)反馈阶段——证实预期,获得强化。

**记忆有妙招**

为方便考生记忆,编者将加涅的学习过程的八个阶段总结成以下口诀:

**东街活宝会盖作坊。东:**动机。**街:**了解。**活:**获得。**宝:**保持。**会:**回忆。**盖:**概括。**作:**操作。**坊:**反馈。

**真题面对面**

[2021辽宁沈阳,单选]某物理老师在讲授《机械运动》时,用“小小竹排江中游,巍巍青山两岸走”来引入,并提出“为什么青山会在两岸走”的问题,使学生形成学习期望。根据加涅提出的学习过程八阶段理论,此时学生处于(　　)

A. 动机阶段　　B. 领会阶段　　C. 习得阶段　　D. 保持阶段

**答案:**A

### 考点2 教学过程

学习是学生与环境之间相互作用的结果。学习过程是由一系列事件构成的。加涅将教学过程分为九个教学事件:引起注意、告诉学习者目标、刺激对先前学习的回忆、呈现刺激材料、提供学习指导、诱导学习表现(行为)、提供反馈、评价表现、促进记忆和迁移。他认为,学生内部的学习过程一环接一环,形成一个链子;与此相应的学习阶段则把这些内部过程与构成教学的外部事件联系起来了。

## 第四节 人本主义学习理论

人本主义一方面反对行为主义把人看作是动物或机器,另一方面也批评认知心理学虽然重视人类的认知结构,但却忽视人类情感、态度、价值观等对学习的影响。它认为心理学应该探讨完整的人,强调人的价值,强调人有发展的潜能和自我实现的倾向。人本主义的学习理论以人本主义心理学的基本理论框架为基础,其代表人物**罗杰斯**对学习问题进行了专门的论述。

在学习结果上,人本主义心理学家认为,学习的目的和结果是使学生成为一个完善的人、一个充分起作用的人,即使学生整体的人格得到发展。人本主义心理学家罗杰斯认为,当代最有用的学习是学习过程的学习,即让学习者"学习如何学习",而学习的内容是次要的。学习过程应始终以人为本,明确学生是学习活动的主体,必须重视学习者的意愿、情感、需要、价值观等,应坚信学习者是可以自己教育自己,发展自己的潜能,最终达到自我实现。因此,人本主义提出,教育的目标应该是以学习者为中心,使学生的个性得到发展、潜能得到发挥,进而使他们能够更加愉快地、创造性地学习和工作。

第四部分

### 一、知情统一的教学目标观

罗杰斯认为,情感和认知是人类精神世界中两个不可分割的有机组成部分,彼此是融为一体的。因此,罗杰斯的教育理想就是要培养"躯体、心智、情感、精神、心力融汇一体"的人,也就是既用情感的方式也用认知的方式行事的知情合一的人。这种知情融为一体的人,他称之为"全人"或"功能完善者"。

### 二、有意义的自由学习观 【单选】 ★

根据学习对学习者的个人意义,人本主义将学习分为无意义学习和有意义学习两类。

**1. 无意义学习**

无意义学习,是指学习没有个人意义的材料,类似于心理学上的无意义音节,不涉及感情或个人意义,仅仅涉及经验累积与知识增长,与完整的人(具有情感和理智的人)无关,学得吃力,而且容易遗忘。

**2. 有意义学习**

有意义学习,是指一种涉及学习者是完整的人,使个体的行为、态度、个性以及在未来选择行动方针时发生重大变化的学习,是一种与学习者各种经验融合在一起的、使个体全身心地投入其中的学习。*例如,让一个学生取一杯冰水,他就可以学到"冷"这个词的意义,并知道冰加热能融化,而在夏天,装冰水的杯子外面会有水滴等。*

有意义学习包含四个要素:(1)学习是学习者自我参与的过程,整个人都要参与到学习之中,既包括认知参与,也包括情感参与;(2)学习是学习者自我发起的,内在动力在学习中起主要作用;(3)学习是渗透性的,它会使学生的行为、态度以及个性等都发生变化;(4)学习的结果由学习者自我评价,他们知道自己想学什么和学到了什么。

### 三、学生中心的教学观 【单选】 ★

考点 1 教学观点

罗杰斯认为,促进学生学习的关键不在于教师的教学技巧,而在于特定的心理氛围。它包括:(1)真实或真诚;(2)尊重、关注和接纳;(3)移情性理解。

考点 2 教学模式

**1. 非指导性教学模式的概念**

学生中心模式又称为**非指导性教学模式**。在这个模式中，教师最富有意义的角色不是权威，而是“助产士”和“催化剂”。教师只是一个“为学习提供便利条件的人”“学习的促进者”。在这个模式中，罗杰斯强调：(1)以学生为本；(2)让学生自发地学习；(3)排除对学习者自身的威胁；(4)给学生安全感。人本主义理论提倡自我激励、自我调节的学习、情感教育、真实性评定、合作学习以及开放课堂和开放学校。

**2. 非指导性教学模式的阶段**

非指导性教学过程包括五个阶段：(1)**确定帮助的情境**，即教师要鼓励学生自由地表达自己的情感；(2)**探索问题**，即鼓励学生自己来界定问题，教师要接受学生的感情，必要时加以澄清；(3)**形成见识**，即让学生讨论问题，自由地发表看法，教师给学生提供帮助；(4)**计划和抉择**，即由学生计划初步的决定，教师帮助学生澄清这些决定；(5)**整合**，即学生获得较深刻的见识，并做出较为积极的行动，教师对此要予以支持。

真题面对面

[2020辽宁辽阳，单选]罗杰斯提出的“以学生为本”“让学生自发地学习”“排除对学习者自身的威胁”的教学原则属于(　　)

A. 结构主义课程模式　　B. 发展性教学模式

C. 最优化教学模式　　D. 非指导性教学模式

答案：D

## 四、人本主义的典型教学模式

考点 1 以题目为中心的课堂讨论模式

这是人本主义心理学家将精神分析心理学家、群体心理治疗专家科恩 1969 年创建的“以题目为中心的相互作用心理疗法”应用于学校教育而形成的一种教育模型。其主要做法是围绕一个题目进行群体讨论，让师生之间、学生之间相互作用，相互促进。

考点 2 自由学习的教学模式

这是一种更为自由的教学模式，罗杰斯认为，教师应最大限度地给予学生选择与追求最有意义的学习目标，因此提出了这一模式，罗杰斯认为该模式比较适合于大学的教学。

考点 3 开放课堂的教学模式

开放课堂的教学模式是韦伯于1971年提出的。开放课堂的典型特点是无拘无束、不拘形式。在实施开放课堂的学校里，学生并不需要把自己限制在某个课堂或中心区域，走进学校以后可以做他想做的事，学他想学的任何科目，如绘画、编织、写作、阅读。在开放的课堂内，学生自由地从事能激发他们兴趣的活动。教师的作用是鼓励和引导学生的活动。

# 第五节　建构主义学习理论

建构主义是认知学习理论的新发展，对当前的教学改革产生了深远的影响。它不是一个特定的学习理论，而是许多理论观点的统称。建构主义思想的核心是：知识是在主客体相互作用的活动中建构起来的。

## 一、建构主义学习理论的主要内容　【单选、多选、判断、简答】★★

### 考点 1　建构主义知识观

建构主义在一定程度上对知识的客观性和确定性提出质疑，强调知识的动态性。建构主义的知识观包括：(1)知识并不是对现实的准确表征，也不是最终答案，而只是一种解释、一种假设；(2)知识并不能精确地概括世界的法则，在具体问题中，并不能拿来就用，一用就灵，而是要针对具体情境进行再创造。此外，知识不可能以实体的形式存在于具体个体之外，尽管我们通过语言符号赋予了知识一定的外在形式，但学习者仍然会基于自己的经验背景进行理解并建构属于自己的知识。

### 考点 2　建构主义学习观

建构主义在学习观上强调学习的主动建构性、社会互动性和情境性三方面。

(1)学习的**主动建构性**是指学生能够主动地对已有知识经验进行综合、重组和改造，从而用以解释新信息，并最终建构属于个人意义的知识内容。建构主义学习理论认为，学习是学习者建构自己知识的过程，学习者不是被动的信息接受者，而是信息意义的主动建构者，他要对外部信息进行主动的选择与加工，主动建构信息的意义。信息的意义并不是由信息本身决定的，外部信息本身没有意义，意义是学习者通过新旧知识经验之间反复的、双向的相互作用过程而建构成的。每个学习者都会以自己的原有经验为基础对新信息进行编码，形成自己的理解，而原有知识又因新经验的进入而发生调整和改变。



(2)学习的**社会互动性**主要表现为：学习是通过对某种社会文化的参与而内化相关的知识和技能、掌握有关工具的过程，这一过程常常需要通过一个学习共同体的合作互动来完成。建构主义者认为，学习不是每个学生单独在头脑中进行的活动，学习者也不是一个孤独的探索者，而是一个社会的人。学习总是学习者在一定社会文化环境下进行的，即使表现上学习者是一个人在进行学习，但是他在学习中采用的学习材料、学习用具以及学习环境等都是属于社会的，是集体经验的累积。

(3)学习的**情境性**主要指学习、知识和智慧的情境性，建构主义认为知识是不可能脱离活动情境而孤立存在的。只有通过实际应用活动，知识才能真正被理解。因此，人的学习应该与情境化的社会实践活动相联系，通过对某种社会实践的参与而逐渐掌握有关的社会规则并形成相应的知识。

建构主义学习理论认为**“情境”“协作”“会话”“意义建构”**是学习环境中的四大要素或四大属性。

### 考点 3　建构主义学生观

建构主义非常强调学习者本身已有的经验结构，认为学习者在学习新信息、解决新问题时往往可以基于相关的经验，依靠其认知能力形成对问题的解释。通过对儿童早期认知发展的研究也发现，即使是年龄非常小的孩子也已经形成了远比我们所想象的要丰富得多的知识经验。因此，教学不能无视学生的已有经验，而是要把儿童现有的知识经验作为新知识的生长点，引导儿童从原有的知识经验中发展出新的知识经验。

### 考点 4　建构主义教师观

建构主义提倡在教师指导下的以学习者为中心的学习，也就是说，既强调学习者的认知主体作用，又不忽视教师的主导作用。教师是意义建构的帮助者、促进者；而不是知识的传授者与灌输者。教师的角色就是学生学习的辅导者，真实学习环境的设计者，学生学习过程的理解者和学生学习的合作者。

真题面对面

1. [2021 陕西，单选]学习者在已有知识经验的基础上，通过新旧知识经验之间的反复的、双向的相互作用形成新的意义，从而丰富自己的知识，这种学习观是(　　)

A. 行为主义学习观　　B. 认知主义学习观

C. 人本主义学习观　　D. 建构主义学习观

2. [2022 内蒙古，判断]建构主义认为教师是学生学习的帮助者、合作者。(　　)

答案：1. D　2. √

## 二、建构主义的教学模式　【单选、多选】★

### 考点 1　抛锚式教学模式

**抛锚式教学模式**指以问题为中心，将知识抛锚在一定的问题情境中，以激发学生的好奇心和创造力的教学模式。这里所谓的"锚"指的是支撑课程与教学实施的支撑物，它通常是一个故事、一段历险或者是学生感兴趣的一系列问题情境。

抛锚式教学的基本程序：创设情境—确定问题—自主学习—协作学习—效果评价。

### 考点 2　支架式教学

**支架式教学**应当为学习者建构对知识的理解提供一种概念框架。这种框架中的概念是为发展学习者对问题的进一步理解所需要的。

基本环节：进入情境—搭建支架，引导探索—学生独立探索—协作学习—效果评价。

### 考点 3　随机进入教学(随机通达教学)

斯皮诺的认知弹性理论把学习分为两种：初级学习和高级学习。建构主义者在探讨高级学习的基础上提出了适合高级学习阶段的教学模式——"随机通达教学"。随机通达教学也叫随机进入教学，是指学习者可以随机通过不同途径、不同方式进入同样教学内容的学习，从而获得对同一事物或同一问题的多方面认识和理解。

### 考点 4　认知学徒制

这是指让学习者像手工艺行业中的徒弟跟随师傅那样在实际中进行学习，从多个角度观察、模仿专家在解决真实性问题时所外化出来的认知过程，从而获得可应用的知识和解决问题的能力。在认知学徒制中，教师经常给学生示范。然后，教师或者有经验的同辈支持学生努力地完成学习任务。最终，他们鼓励学生独立完成。

### 考点 5　培养学习共同体

这一模式适用于中小学教学，目的是解决课堂教学中彼此联系少的问题。培养学习共同体模式可以使用互联网支持系统，利用网络教学环境使得学生能够有机会理解自己是团体小组中的一名成员。讨论的题目常常是社团学习的焦点，积极鼓励学生思考怎样学习、问题如何解决、怎样更好地理解和发展人们共同生活的世界。培养学习共同体主要方法有成人的榜样作用、学生教学生、实施网上讨论。

## 核心考点回顾

1. 加涅根据学习结果，将学习分为哪几种类型？（参见本书P330）
2. 经典性条件作用的主要规律有哪些？（参见本书P332）
3. 桑代克的联结—试误学习理论的内容有哪些？（参见本书P333）
4. 操作性条件作用的基本规律有哪些？（参见本书P334）
5. 班杜拉将强化分为哪几类？（参见本书P337）
6. 布鲁纳的认知—发现学习理论的内容有哪些？（参见本书P338）
7. 奥苏贝尔提出的先行组织者的概念是什么？（参见本书P341）
8. 建构主义知识观和学生观的基本观点是什么？（参见本书P344）

## 达标测评

| 建议用时 | 实际用时 | 测评总分 | 实际得分 |
| --- | --- | --- | --- |
| 20分钟 | ____分钟 | 15分 | ____分 |

一、单项选择题（每小题1分，共4分）

1. 在实际的教育和教学过程中，引导学生分辨勇敢和鲁莽、谦让和退缩，要求学生区别重力和压力、质量和重量等，需要对刺激进行（　　）

A. 分化　　B. 消退　　C. 泛化　　D. 撤销

2. 下面情况发生了学习的是（　　）

A. 小李从亮处走进暗室，视力显著提高　　B. 小明喝酒后脾气变得暴躁

C. 大猩猩模仿游人吃饼干　　D. 小张服用兴奋剂后百米赛跑夺冠

3. 张老师在教研活动课上强调，学生的学习应该与情境化的社会实践活动联系在一起，要注意学生的学习应该是存在于具体的情境中的。由此可知，这位老师可能更支持（　　）

A. 认知主义学习理论　　B. 人本主义学习理论

C. 行为主义学习理论　　D. 建构主义学习理论

4. 在巴甫洛夫的经典性条件作用的实验中，当狗看到食物时会自然分泌唾液。食物属于（　　）

A. 信号刺激　　B. 无条件刺激

C. 条件刺激　　D. 中性刺激

二、多项选择题（每小题2分，共4分）

1. 下列属于机械学习的是（　　）

A. 宇航员探索太空　　B. 学生尝试走出迷宫

C. 小学生背诵乘法口诀表　　D. 中学生听过讲座后理解概念之间的关系

2. 人本主义对有意义学习的理解是（　　）

A. 学习是学习者自我参与的过程

B. 学习是学习者自我发起的

C. 学习会使学生的行为、态度等发生变化

D. 学习的结果由学习者自我评价

三、判断题(每小题1分,共2分)

1. 加涅的高级规则学习与解决问题学习不是同质概念。 ( )

2. 奥苏贝尔强调的有意义的接受学习是指学习材料有意义。 ( )

四、简答题(本大题共5分)

简述班杜拉的社会学习理论。

## 参考答案及解析

一、单项选择题

1. A [解析]分化是对事物的差异性的反应,分化能使我们对不同的情境做出不同的恰当反应,从而避免盲目行动。区分不同事物,需要对刺激进行分化。

2. C [解析]学习是个体在特定情境下由于练习或反复经验而产生的行为或行为潜能的相对持久的变化。C项符合学习的定义。

3. D [解析]根据建构主义学习观可知,学习的情境性指人的学习应该与情境化的社会实践活动相联系,通过对某种社会实践的参与而逐渐掌握有关的社会规则并形成相应的知识。题干中,张老师主张学生的学习应与情境化的社会实践活动联系在一起,即强调学习的情境性。因此,张老师可能更支持建构主义学习理论。

4. B [解析]俄国生理学家巴甫洛夫在研究狗的进食行为时发现:狗吃到食物时,会分泌唾液。这是自然的生理反应,不需要学习,这种反应叫无条件反射,引起这种反应的刺激是食物,称为无条件刺激。

二、多项选择题

1. BC [解析]根据奥苏贝尔的学习分类,A项属于有意义学习;B项属于机械学习;C项属于机械学习;D项属于有意义学习。因此,本题选B、C两项。

2. ABCD [解析]人本主义学习理论强调有意义学习包含四个要素:(1)学习是学习者自我参与的过程,整个人都要参与到学习之中,既包括认知参与,也包括情感参与;(2)学习是学习者自我发起的,内在动力在学习中起主要作用;(3)学习是渗透性的,它会使学生的行为、态度以及个性等都发生变化;(4)学习的结果由学习者自我评价,他们知道自己想学什么和学到了什么。

三、判断题

1. × [解析]加涅关于学习的划分中,第八类是解决问题学习,即高级规则的学习。解决问题学习是指在各种情况下,使用所学原理或规则去解决问题。

2. × [解析]奥苏贝尔强调的"有意义"是指材料能与学习者认知结构中原有的适当观念建立起非人为的和实质性的联系。

四、简答题(参考答案)

(1)班杜拉认为学习的实质是观察学习。班杜拉以儿童的社会行为习得为研究对象,形成了其关于学习的基本思路,即观察学习理论。班杜拉认为,学习是个体通过对他人的行为及其强化结果的观察,从而获得某些新的行为反应或已有的行为反应得到修正的过程。他认为,观察学习是人类的主要学习方式之一,其核心是替代性学习和替代性强化。

(2)班杜拉把观察学习的过程分为注意、保持、复现和动机四个子过程。

(3)班杜拉对强化进行了重新解释,将强化分为直接强化、替代强化、自我强化。

# 第四章　学习心理

第四部分

思维导图

- 学习心理
  - 学习动机
    - 学习动机概述
      - 分类：内部学习动机和外部学习动机；高尚的学习动机和低级的学习动机；近景的直接性学习动机和远景的间接性学习动机；认知内驱力、自我提高内驱力和附属内驱力
      - 耶克斯—多德森定律：动机水平与行为效率呈倒U型曲线
    - 学习动机理论（重点）
      - 成就动机理论：力求成功、避免失败
      - 成败归因理论：能力、努力程度、工作难度、运气、身心状况、外界环境
      - 自我效能感理论：结果期待、效能期待
      - 成就目标理论：能力增长观、能力实体观
    - 学习动机的激发与培养
  - 学习策略
    - 学习策略的概念与特点
    - 学习策略的种类（重点）
      - 认知策略：复述策略、精加工策略、组织策略
      - 元认知策略：计划策略、监控策略、调节策略
      - 资源管理策略：时间管理策略、环境管理策略、努力管理策略、学业求助策略
    - 学习策略的训练与教学
  - 学习迁移
    - 学习迁移及其种类
      - 典例："举一反三""触类旁通"
      - 种类：正迁移、负迁移和零迁移；顺向迁移和逆向迁移；水平迁移和垂直迁移；一般迁移和具体迁移；同化性迁移、顺应性迁移和重组性迁移（重点）
    - 学习迁移理论
      - 早期：形式训练说、相同要素说、概括化理论、关系理论（易错）
      - 当代：认知结构迁移理论、产生式理论
    - 学习迁移与教学
  - 知识的学习
    - 知识概述
    - 知识学习的类型（易混）
      - 符号学习、概念学习、命题学习
      - 下位学习、上位学习、并列结合学习
    - 知识的获得
  - 技能的形成
    - 技能概述
      - 种类：操作技能、心智技能
    - 操作技能的形成
      - 形成阶段：菲茨和波斯纳——认知阶段、联系形成阶段、自动化阶段；冯忠良——操作定向、操作模仿、操作整合、操作熟练
    - 心智技能的形成
      - 形成阶段：原型定向、原型操作、原型内化
  - 问题解决与创造性
    - 问题解决概述
      - 影响问题解决的主要因素：问题情境、定势与功能固着、原型启发、酝酿效应、迁移、情绪与动机
    - 创造性及其培养
      - 影响创造性的因素：环境、智力、个性
      - 创造性的培养
  - 态度与品德的形成
    - 态度与品德概述
      - 品德的心理结构：知、情、意、行
    - 品德发展的阶段理论
      - 科尔伯格的道德发展阶段理论：三水平六阶段
    - 学生品德的发展
    - 态度与品德的形成与培养
      - 形成过程：依从、认同、内化
    - 学生不良行为的矫正

## 考向分析

本章属于教育心理学的重点章节，也是河南、河北、辽宁、内蒙古、黑龙江、四川等省份的特岗笔试重点考查的章节，内容广泛，需要识记和理解的知识较多，在考试中常以选择题、判断题、填空题、名词解释、辨析题、简答题、论述题、案例分析题等形式考查。本章的考向分析如下：

| 考点名称 | 常考题型 | 能力层级 | 考查热度 |
| --- | --- | --- | --- |
| 学习动机的分类 | 单选、多选、判断 | 识记、理解 | ★★ |
| 学习动机与学习效果的关系 | 单选、多选、判断、案例分析 | 掌握、运用 | ★★★ |
| 成败归因理论 | 单选、多选、判断、案例分析 | 掌握、运用 | ★★★ |
| 自我效能感理论 | 单选、多选、判断、名词解释 | 识记、理解 | ★★ |
| 学习动机的激发 | 判断、简答、论述、案例分析 | 掌握、运用 | ★★ |
| 学习策略的种类 | 单选、多选、判断 | 识记、理解 | ★★★ |
| 学习迁移的概念 | 单选、判断 | 识记 | ★★ |
| 学习迁移的种类 | 单选、多选、判断、判断简析 | 识记、理解 | ★★★ |
| 学习迁移理论 | 单选、多选、判断、简答 | 理解、掌握 | ★★ |
| 影响学习迁移的因素 | 多选、判断、辨析、简答、论述 | 识记 | ★★★ |
| 促进学习迁移的教学 | 多选、判断、简答、论述 | 理解、掌握 | ★★ |
| 知识的分类 | 单选、多选、判断、判断简析 | 识记、理解 | ★★ |
| 知识学习的类型 | 单选 | 识记、理解 | ★★ |
| 技能的种类 | 单选、多选、判断 | 识记、理解 | ★★★ |
| 操作技能的培训要求 | 单选、判断、简答 | 识记、理解 | ★★ |
| 影响问题解决的主要因素 | 单选、多选、判断、简答 | 理解、掌握 | ★★★ |
| 影响创造性的因素 | 单选、多选、判断、简答 | 理解、掌握 | ★★ |
| 创造性的培养 | 简答、论述、案例分析 | 掌握、运用 | ★★ |
| 品德概述 | 单选、多选、判断、填空、名词解释、辨析 | 理解、掌握 | ★★★ |
| 科尔伯格的道德发展阶段理论 | 单选、多选、辨析 | 识记、理解 | ★★ |
| 态度与品德的形成过程 | 单选、判断、简答 | 识记、理解 | ★★ |

核心考点

# 第一节 学习动机

## 一、学习动机概述

### 考点 1 学习动机的实质 【单选、名词解释】 ★

学习动机是指激发个体进行学习活动，维持已引起的学习活动，并使行为朝向一定学习目标的一种心理倾向或内部动力。学习动机是直接推动学生进行学习的内部动力，是学习积极性的核心内容。

## 考点2 学习动机的成分

学习动机的两个基本成分是学习需要与学习期待，两者相互作用形成学习的动机系统。

**1. 学习需要与内驱力**

**学习需要**是指个体在学习活动中感到有某种欠缺而力求获得满足的心理状态，它包括学习的兴趣、爱好和学习的信念等。学习兴趣是学习动机中最活跃的成分，在学习动机结构中占主导地位。内驱力也是一种需要，但它是动态的。从需要的作用上来看，学习需要即为学习的内驱力，即学习驱力。

**2. 学习期待与诱因**

**学习期待**是个体对学习活动所要达到目标的主观估计。学习期待所指向的目标可以是成绩，也可以是奖品、教师的赞扬、名誉、地位等。

学习期待不等于学习目标。学习期待是学习目标在个体头脑中的反映。**诱因**是指能够激起有机体的定向行为，并能满足某种需要的外部条件或刺激物。诱因可以是简单的物体，也可以是复杂的事物。学习期待是静态的，诱因是动态的。学习期待就其作用来说就是学习的诱因。

## 考点3 学习动机的分类 【单选、多选、判断】 ★★

**1. 内部学习动机和外部学习动机**

根据动机产生的诱因来源，可以把学习动机分为内部学习动机和外部学习动机。

**内部学习动机**是指诱因来自学习者本身的内在因素，即学生因对活动本身发生兴趣而产生的动机。**外部学习动机**是指诱因来自学习者外部的某种因素，即在学习活动以外由外部的诱因激发出来的学习动机。

**2. 高尚的学习动机和低级的学习动机**

根据学习动机的社会意义，可以把学习动机分为高尚的学习动机和低级的学习动机。**高尚的学习动机**的核心是利他主义，*如学生把当前的学习同国家和社会的利益联系在一起，把学习看成是对社会多做贡献和应尽的义务*；**低级的学习动机**的核心是利己的、自我中心的，学习动机只来源于自己眼前的利益，*如把学习看成是猎取个人名利的手段*。

**3. 近景的直接性学习动机和远景的间接性学习动机**

根据学习动机的作用与学习活动的关系，可以把学习动机分为近景的直接性学习动机和远景的间接性学习动机。

**近景的直接性学习动机**是指由活动的直接结果所引起的对某种活动的动机，它是与学习活动直接相连的，来源于对学习内容或学习结果的兴趣。*例如，学生的求知欲、成功的愿望、对某门学科的浓厚兴趣，以及教师生动形象的讲解、教学内容的新颖等都直接影响到学生的学习动机*。这种动机很具体，作用的效果很明显，但不够稳定，容易随着环境的变化而变化。

**远景的间接性学习动机**是指由于了解活动的社会意义、活动结果的社会价值而引起的对某种活动的动机，它是与学习的社会意义和个人的前途相连的。

**4. 认知内驱力、自我提高内驱力和附属内驱力**

根据学校情境中的学业成就动机的不同，奥苏贝尔等人将动机分为认知内驱力、自我提高内驱力和附属内驱力。

认知内驱力是指要求了解、理解和掌握知识以及解决问题的需要。一般来说，这种内驱力大多是从好奇倾向中派生出来的。在有意义学习中，认知内驱力是最重要而且稳定的动机。这种动机指向学习任务本身（为了获得知识），满足这种动机的奖励（知识的实际获得）是由学习本身提供的，属于内部动机。

自我提高内驱力是指个体因自己的胜任或工作能力而赢得相应地位的需要。自我提高内驱力并非直接指向学习任务本身，而是把成就看作赢得地位与自尊心的根源，属于外部动机。

附属内驱力(亲和内驱力)是指个体为了获得长者们(如家长、教师)的赞许或认可而表现出把工作、学习做好的一种需要。附属内驱力是一种间接的学习需要,属于外部动机。

认知内驱力、自我提高内驱力和附属内驱力在动机结构中所占的比重并非一成不变的,通常是随着年龄、性别、个性特征、社会地位和文化背景等因素的变化而变化。在儿童早期,附属内驱力最为突出,他们努力获得学业成就,主要是为了实现家长的期待,并得到家长的赞许。到了儿童后期和少年期,附属内驱力的强度有所减弱,来自同伴、集体的赞许和认可逐渐替代了对长者的依附。在这期间,赢得同伴的赞许就成为一个强有力的动机因素。而到了青年期,认知内驱力和自我提高内驱力成为学生学习的主要动机,学生学习的主要目的在于满足自己的求知需要,并从中获得相应的地位和威望。

认知内驱力

自我提高内驱力

附属内驱力

**真题面对面**

1. [2022内蒙古,单选]奥苏贝尔认为学生附属内驱力最为突出的时期是(　　)

A. 儿童早期　　B. 少年期　　C. 青年初期　　D. 成年期

2. [2021陕西,多选]受学生外部学习动机支配的行为有(　　)

A. 学生因为喜爱数学而认真学习数学　　B. 学生为了获得老师的表扬而认真学习

C. 学生为了考试取得好成绩而认真学习　　D. 学生为了赢得同学的尊重而努力学习

3. [2021黑龙江,判断]学生为得到老师或父母的奖励而努力学习的动机是内部动机。(　　)

答案:1. A　2. BCD　3. ×

## 考点 4　学习动机对学习的作用

学习动机是学习活动顺利进行的支持性条件。学习动机对学习的作用可表现在两方面:影响学习过程、影响学习结果。

### 1. 学习动机对学习过程的影响

学习动机对学习过程的影响主要表现为:学习动机对学习行为有启动、定向和维持作用。

### 2. 学习动机与学习效果的关系　【单选、多选、判断、案例分析】★★★

(1)学习动机对学习效果的影响

学习动机对学习效果的影响可分为两个方面:一方面是总体上整个动机水平对整个学习活动的影响;另一方面是具体的学习活动中学习动机对学习效果的影响。

①总体而言,一般情况下,学习动机与学习效果的关系是一致的,表现为学习动机可以促进学习,提高成绩。因为学习动机强的学生,通常学习目标明确,所激起的紧张性使其能认真、专心地投入学习,学习效率就高,而这又将有助于最终获得好的学习成绩。

②对一项具体的学习活动而言，学习动机与学习效果的关系并不是那么简单。只有当学习动机的强度处于最佳水平时，才能产生最好的学习效果。

**“耶克斯—多德森定律”**表明，动机不足或过分强烈都会影响学习效率。第一，动机的最佳水平随任务性质的不同而不同。在比较容易的任务中，学习效率随动机的提高而上升；随着任务难度的增加，动机的最佳水平有逐渐下降的趋势。第二，一般来讲，最佳水平为中等强度的动机。第三，动机水平与行为效率呈倒U型曲线。

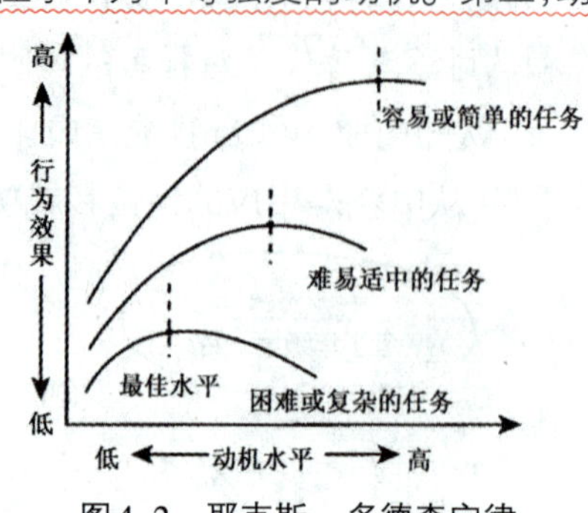


图4-2　耶克斯—多德森定律

（2）学习效果对学习动机的影响

学习效果反作用于学习动机。所学知识的增多，学习成就的取得可以进一步激发学生的好奇心、求知欲，进一步提高学生的自信心等，从而增强学生进一步学习的动机。教师在强调动机对学习的重要作用的同时，也应该看到所学的知识反过来又可以增强学习的动机。对于那些尚无学习动机或者学习动机不强的学生，尤其是年龄较小的学生，教师没有必要推迟学习活动。教学的最好办法是，把重点放在学习的认知方面而不是动机方面，致力于有效地教他们掌握有关知识，让他们获得成功的体验。学生尝到了学习的乐趣，就有可能产生或者增强其学习的动机。

第四部分

**考点再拔高**

▼ 焦虑与学习

焦虑是指一个人的动机性行为遇到实际的或臆想的挫折而产生的消极不安的情绪体验状态。焦虑存在水平上的差异，分为正常焦虑、低度焦虑和高度焦虑。学习中的焦虑和学习的成功和失败、学习评定的体验紧密相关。在人的一生中，焦虑水平始终是影响其学业成绩的重要变量。深入研究，焦虑与学习之间的关系是复杂的，它对学习既有促进作用，也有抑制作用。

**真题面对面**

1.［2021重庆，单选］研究发现，在简单的活动中，工作效率随动机强度的增强而提高；但当活动难度加大时，动机强度应（　　）

A. 降低　　B. 升高　　C. 保持不变　　D. 无所谓

2.［2022四川，简答］简述学习效果与学习动机的关系。

答案：1. A　2. 详见内文

## 二、学习动机理论

考点 1 成就动机理论　【单选、判断】★

**1. 基本观点**

成就动机理论的主要代表人物是**阿特金森**。**成就动机**是指个体努力克服障碍，施展才能，力

求又快又好地解决某一问题的愿望或趋势。阿特金森把个体的成就动机分为两类:**力求成功的动机**和**避免失败的动机**。**力求成功者**的目的是获取成就,即通过各种活动努力提高自尊心和获得心理上的满足,成功概率为50%的任务是他们最有可能选择的。**避免失败者**则往往通过各种活动防止自尊心受伤害和产生心理烦恼,倾向于选择非常容易或非常困难的任务。如果成功的概率大约是50%时,他们会回避这项任务。

**2. 成就动机理论的教育启示**

(1)在教育实践中对力求成功者,应通过给予新颖且有一定难度的任务,安排竞争的情境,严格评定分数等方式来激发其学习动机;

(2)对于避免失败者,则要安排少竞争或竞争性不强的情境,如果取得成功则要及时表扬并给予强化,评定分数时要求稍稍放宽些,并尽量避免在公共场合下指责其错误;

(3)由于力求成功的动机比避免失败的动机具有更大的主动性,因此,对学生还应增加他们力求成功的成分,使他们不以避免失败为满足,而以获取成功为快乐,这样才能真正调动一个人的积极性。

## 考点2 成败归因理论 【单选、多选、判断、案例分析】★★★

**1. 基本观点**

归因是人们对自己或他人活动及其结果的原因所做的解释和评价。

最早提出归因理论的是**海德**。后来,**罗特**对归因理论进行了发展,提出了控制点的概念。在海德和罗特研究的基础上,**韦纳**对行为结果的归因进行了系统探讨,发现人们倾向于将活动成败的原因即行为责任归结为以下六个因素,即能力、努力程度、工作难度、运气、身心状况、外界环境。又把上述六项因素按各自的性质,分别归入三个维度:内部归因和外部归因、稳定性归因和非稳定性归因、可控制归因和不可控制归因。



表4-7 韦纳成败归因理论中的六因素与三维度

| 维度/因素 | 成败归因维度 | | | | | |
|---|---|---|---|---|---|---|
| | 稳定性 | | 因素来源(控制点) | | 可控制性 | |
| | 稳定 | 不稳定 | 内在 | 外在 | 可控制 | 不可控制 |
| 能力 | √ | | √ | | | √ |
| 努力程度 | | √ | √ | | √ | |
| 工作难度 | √ | | | √ | | √ |
| 运气 | | √ | | √ | | √ |
| 身心状况 | | √ | √ | | | √ |
| 外界环境 | | √ | | √ | | √ |

韦纳认为,每一维度对动机都有重要的影响。控制点维度与个体成败的情绪体验有关;稳定性维度与

个体对未来成败的期望有关;可控性维度既与情绪体验有关,又与对未来成败的预期有关。

习得性无助是当个体感到无论做什么事情都不会对自己的重要生活事件产生影响时所体验到的一种抑郁状态。一个总是失败并把失败归于内部的、稳定的和不可控的因素(即能力低)的学生会形成一种习得性无助的自我感觉。这样他们就认为自己无论做什么都不会改变现状,从而更易放弃学习。

**2. 成败归因理论的教育启示与意义**

韦纳的归因理论在教育上具有重要意义:

(1)教师根据学生的自我归因可预测其此后的学习动机。

(2)长期消极的归因不利于学生的人格成长,这就需要教师利用反馈的作用,并在反馈中给予鼓励和支持,帮助学生正确归因,重塑自信。

(3)通过归因训练改变学生消极的自我认识,提高学习动机。根据归因理论,学生将成败归因于努力比归因于能力会产生更强烈的情绪体验。一般来说,如把学习成败归因于努力程度,对学习动机的激励作用最大。因此,教师在给予奖励时,不仅要考虑学生的学习结果,而且要联系学生学习进步与努力程度的状况来看,强调内部、可控制的因素。在学生付出同样努力时,对能力低的学生应给予更多的奖励;对能力低而努力的人给予最高评价;对能力高而不努力的人则给予最低评价,以此引导学生进行正确归因。

第四部分

**真题面对面**

1. [2021安徽,单选]佑佑认为自己学习成绩好全是勤奋努力的结果。根据韦纳的成败归因理论,佑佑的归因属于( )

A. 稳定的内部归因　　B. 稳定的外部归因

C. 可控的内部归因　　D. 可控的外部归因

2. [2022重庆,多选]按韦纳的归因理论,下列属于内部、不可控归因的有( )

A. 身体状态　　B. 努力程度

C. 任务太难　　D. 能力水平

3. [2021内蒙古,判断]当学生把学习成绩不好归结为自己能力低时,他们更可能放弃学习。( )

答案:1. C　2. AD　3. √

## 考点3 自我效能感理论 【单选、多选、判断、名词解释】 ★★

**1. 自我效能感的内涵**

自我效能感由**班杜拉**首次提出,是指人对自己能否成功从事某一成就行为的主观判断。班杜拉指出,人的行为受行为的结果因素与先行因素的影响。行为的结果因素是强化。行为的先行因素是人在认识到行为与强化之间的依随关系之后产生的对下一步强化的期待。期待包括结果期待和效能期待。**结果期待**是指人对自己的某一行为会导致某一结果的推测。**效能期待**是指人对自己能够进行某一行为的能力的推测或判断,它意味着人是否确信自己能够成功地进行带来某一结果的行为。当个体确信自己有能力进行某一活动时,他就会产生高度的"自我效能感",并努力实施该活动。

**易混点辨析**

结果期待和效能期待易混淆,考生做题时要注意区分:结果期待强调对结果的预测;效能期待强调对自己进行某一行为的能力的判断。

**2. 自我效能感的作用**

(1)决定人们对活动的选择,以及对活动的坚持性;(2)影响人们在困难面前的态度;(3)自我效能感不仅影响新行为的习得,而且影响已习得行为的表现;(4)自我效能感还会影响活动时的情绪。

**3. 自我效能感的影响因素**

(1)个人自身行为的成败经验(直接经验)。这一效能信息源对自我效能感的影响最大。一般来说,成功经验会提高效能期望,反复的失败会降低效能感。当然,成败经验对效能期待的影响还要取决于个体对成败的归因方式。如果把成功归于外部、不可控的因素就不会增强自我效能感;把失败归于外部、不可控的因素也不一定就会降低自我效能感。因此个体的归因方式直接影响自我效能感的形成。

(2)替代经验。个体的许多效能期望来源于对他人的观察,如果看到一个与自己一样或不如自己的人成功,自己的效能感就会提高。

(3)言语暗示(言语劝说)。他人的言语暗示能提高自己的效能感,但缺乏经验基础的言语暗示效果是不牢固的。

(4)情绪唤醒。班杜拉发现,高水平的情绪唤醒使成绩降低而影响自我效能感。自我效能感与情绪状态之间存在相互影响。

**真题面对面**

[2021 内蒙古,单选]根据班杜拉的理论,影响自我效能感的最主要因素是个体自身行为的(　　)

A. 受教育程度　　B. 归因方式　　C. 成败经验　　D. 判断能力

答案:C

## 考点 4 成就目标理论

20世纪80年代初,德维克等在社会认知框架的最新研究成果基础上,综合以前成就动机的研究成果,提出了较为完善的成就目标理论。德维克认为人们对智力和能力的看法持有两种不同的内隐观念,即**能力增长观**和**能力实体观**。不同的成就目标对应不同的动机模式,具体内容见下表。

表4-8　成就目标及相应的动机模式

| 能力的内隐观 | 智力概念 | 成就目标 | 动机模式 | 特征表现 |
| --- | --- | --- | --- | --- |
| 能力增长观 | 智力是后天培养的,是可以变化的 | 学习目标 | 掌握模式 | 认知:关心如何尽快提高自己的能力,关心学习的过程,对成败进行努力和策略归因。<br>情感:面对失败,焦虑程度适中。<br>行为:敢于面对挑战性任务,对困难坚持性高 |
| 能力实体观 | 智力是天生的,是固定不变的 | 成绩目标 | 无助模式 | 认知:关心自己的能力是否充分,关心对能力的评价结果,对成败进行能力归因。<br>情感:面对失败易产生高焦虑。<br>行为:不敢面对挑战性任务,对困难坚持性低 |

# 三、学习动机的激发与培养

## 考点 1 学习动机的激发　【判断、简答、论述、案例分析】★★

**1. 创设问题情境,激发兴趣,维持好奇心**

兴趣和好奇心是内部动机最为核心的成分,是培养和激发学生内部学习动机的基础。**问题情境**是指有一定的难度,需要学生努力克服,而又是力所能及的学习情境。成功的教学应不断创设问题情境,以激发学生的好奇心、求知欲,激发学生的内部学习动机。

**2. 设置合适的目标**

当目标是由个体自己设定,而不是由他人设定时,个体通常会付出更多的努力。在设定一个目标时,教

第四部分

师可以与学生讨论过去设定的目标的实现情况，哪些成功了，哪些失败了，原因何在，并以此作为设置新目标的参考。教师要帮助学生设定一个既具有挑战性，但是又现实的目标，并表扬学生对目标的设定及实现。

**3. 根据作业难度，恰当控制动机水平**

根据"耶克斯—多德森定律"，教师在教学时，要根据学习任务的不同难度，恰当控制学生学习动机的激起程度。所谓"平时如战时，战时如平时"，就是要求在学习较容易、较简单的课题时，应尽量使学生集中注意力，使学生尽量紧张一点，动机激起水平达到中等偏高的最佳状态；而在学习较复杂、较困难的课题时，则应尽量创造轻松自由的课堂气氛，让动机激起水平处于中等稍低的最佳状态；在学生遇到困难或出现问题时，要尽量心平气和地慢慢引导，以免学生过度紧张和焦虑。从这个角度来看，平日在学生中流传的"大考大耍，小考小耍，不考不耍"的俏皮话，在一定程度上是有积极意义的。

**4. 表达明确的期望**

学生需要清楚地了解自己应该做什么，如何被评价，以及成功之后会有什么收获，因此教师把期望明确地传达给学生就显得十分重要。

**5. 提供明确的、及时的、经常性的反馈**

心理学研究表明，来自学习结果的种种反馈信息，对学习效果有明显影响。这是因为，一方面学习者可以根据反馈信息调整学习活动，改进学习策略；另一方面学习者为了取得更好的成绩或避免再犯错误而增强了学习动机，从而保持了学习的主动性和积极性。布克和诺维尔的一项实验研究说明，有关学习结果的反馈信息，对学习动机具有激发作用，有利于提高学习成绩。

需要注意的是：(1)反馈必须明确、具体，特别是对年幼的学生，从而帮助学生形成有动机效应的努力归因；(2)反馈必须及时，紧随个体的学习结果，以免学生延续类似的错误；(3)反馈必须是经常性的，使学生能够付出最大的努力。频繁给予小的奖励比偶尔地给予大的奖励更能够促进学生的学习。

**6. 合理运用外部奖赏**

外部奖赏在此是指物质上的奖励。对学生的学习行为和学习结果给予奖励能有效地促进其学习。虽然表扬和奖励对学习具有推进作用，但使用过多或者使用不当，也会产生消极作用。有许多研究表明，如果滥用外部奖励，不仅不能促进学习，而且可能破坏学生的内部动机。只有当内部动机缺乏时，物质奖励才能起到很好的激励作用。教师要根据学生的具体情况进行奖励，把奖励看成某种隐含着成功的信息，其本身并无价值，只是用它来吸引学生的注意力，促使学生由外部动机向内部动机转换，对信息任务本身产生兴趣。

**7. 有效地运用表扬**

赞扬、奖励一般比批评、惩罚更具激励作用。表扬应注意：(1)表扬的方式比表扬的次数更重要。当表扬是针对某一行为结果，并且具体可信时，表扬就是一种有效的激励因素。(2)表扬应该是针对优于常规水平的行为。

表扬的有效性取决于它的具体性、可靠性以及行为结果的依随性，教师在运用表扬与批评时，要根据学生的年龄特征与个别差异，做到客观、公正、全面、恰到好处，既要赏罚分明，又要以理服人，这样才能收到预期的教学效果。

**8. 对学生进行竞争教育，适当开展学习竞争**

竞争是激发学习动机的重要手段。竞争既有积极作用又有消极作用，教师在运用竞争时需要注意以下几点：(1)教师要教育学生认识竞争的利弊，教给学生公平竞争的手段；(2)按学生的能力等级进行竞争；(3)进行多指标竞争，让每个人都获得成就感；(4)提倡团体竞争；(5)鼓励个人的自我竞争和团体的竞争。

### 考点 2 学习动机的培养

(1)了解和满足学生的需要，促进学习动机的产生；(2)重视立志教育，对学生进行成就动机训练；(3)帮助学生确立正确的自我概念，获得自我效能感；(4)培养学生努力导致成功的归因观；(5)培养对学习的兴趣；(6)利用原有动机的迁移，使学生产生学习的需要。

真题面对面

[2020河南，判断]教师要根据学习任务的不同难度，恰当控制学生学习动机的激发程度。(　　)

答案：√

## 第二节　学习策略

### 一、学习策略的概念与特点　【单选、名词解释】 ★

**学习策略**是指学习者为了提高学习的效果和效率，有目的、有意识地制定有关学习过程的复杂的方案。这一界定明确了学习策略的四个方面的特征：

(1)**主动性**：学习策略是学习者为了完成学习目标而积极主动地使用的。(2)**有效性**：学习策略是有效学习所需的。(3)**过程性**：学习策略是有关学习过程的。(4)**程序性**：学习策略是学习者制订的学习计划，由规则和技能构成。

### 二、学习策略的种类　【单选、多选、判断】 ★★★

**迈克卡**等人将学习策略区分为三种，并对它们间的层次关系进行了分析。他们认为，学习策略可分为**认知策略、元认知策略和资源管理策略**三种。认知策略是信息加工的策略，元认知策略是对信息加工过程进行调控的策略，资源管理策略则是辅助学生管理可用的环境和资源的策略，对学生的动机具有重要的作用。

- 学习策略
  - 认知策略
    - 复述策略(如及时复习、分散复习、过度学习、运用有意识记和无意识记、排除相互干扰、运用多种感官协同记忆、整体识记与部分识记相结合、复习形式多样化、画线)
    - 精加工策略(如记忆术，做笔记，提问，生成性学习，运用背景知识、联系客观实际)
    - 组织策略(如归类、纲要)
  - 元认知策略
    - 计划策略(如设置学习目标、浏览阅读材料、设置思考题、分析如何完成学习任务)
    - 监控策略(如阅读时对注意加以跟踪、对材料进行自我提问、考试时监控速度和时间)
    - 调节策略(如调整阅读速度、重新阅读、复习、使用应试策略)
  - 资源管理策略
    - 时间管理策略(如统筹安排学习时间、高效利用最佳时间、灵活利用零碎时间)
    - 环境管理策略(如调节自然条件、设计好学习的空间)
    - 努力管理策略(如激发内在的动机、树立正确的学习信念、选择有挑战性的任务、调节成败的标准、正确归因、自我奖励)
    - 学业求助策略(如寻找教师帮助、伙伴帮助，使用伙伴/小组学习，获得个别指导)

图4-3　学习策略的种类

#### 考点 1　认知策略

**认知策略**是学习者信息加工的方法和技术。其基本功能有两个方面：一是对信息进行有效的加工与整理，二是对信息进行分门别类的系统存储。

**1. 复述策略**

**复述策略**是指在工作记忆中为了保持信息，运用内部语言在大脑中重现学习材料或刺激，以便将注意力维持在学习材料上的方法。它是短时记忆的信息进入长时记忆的关键。常用的复述策略有：(1)在复述的时间上，采用及时复习、分散复习；(2)在复述的次数上，强调过度学习；(3)在复述的方法上，包括利用随意记忆、运用有意识记和无意识记、排除相互干扰、运用多种感官协同记忆、整体识记与部分识记相结合、复习形式多样化、反复阅读与尝试背诵相结合、画线、圈点批注等。

**2. 精加工策略**

**精加工策略**是指把新信息与头脑中的旧信息联系起来从而增加新信息意义的深层加工策略。它常被描述成一种理解记忆的策略，其要旨在于建立信息间的联系。对于比较复杂的课文学习，精加工策略有说出大意、总结、建立类比、用自己的话做笔记、解释、提问以及回答问题等。

(1)记忆术

**记忆术**即通过把那些枯燥无味但又必须记住的信息"牵强附会"地赋予意义，使记忆过程变得生动有趣，从而提高记忆效果的方法。常用的记忆术主要有：

①**形象联想法**。这种方法是通过人为联想，使无意义的、难记的材料和头脑中鲜明奇特的形象相结合，从而提高记忆效果。想象的形象越鲜明、具体越好，形象越夸张、奇特越好，形象之间的逻辑联系越紧密越好。

②**谐音联想法**。这种方法是通过谐音线索，运用视觉表象，假借意义进行人为联想。例如，把圆周率"3.1415926535……"编成顺口溜"山巅一寺一壶酒，尔乐苦煞吾……"等。

③**首字连词法**。这种方法是利用每个词语的第一个字形成缩写，或者用一系列词描述某个过程的每个步骤，然后将这一系列词提取首字作为记忆的支撑点。

④**位置记忆法**。这是一种传统的记忆术，最早被古希腊演讲家使用。它是通过与熟悉的地点顺序相联系来记忆一些名称或者客体顺序的方法。位置记忆法对记忆有顺序的系列项目特别有用。使用位置记忆法，就是学习者在头脑中创建一幅熟悉的场景，在这个场景中确定一条明确的路线，在这条路线上确定一些特定的点，然后将所要记的项目全都视觉化，并按顺序把这条路线上的各个点联系起来，回忆时，按这条路线上的各个点提取所记的项目。

⑤**缩简和编歌诀**。缩简就是将识记材料的每条内容简化成一个关键性的字，然后变成自己所熟悉的事物，从而将材料与过去经验联系起来。编歌诀法就是利用编制歌谣口诀的方式来帮助记忆的方法。例如，教师为了让学生能够区分"烧、浇、晓、绕、翘、饶"，可以用这样的顺口溜："用火烧，用水浇，东方日出是拂晓，左边绞丝弯弯绕，右边加羽尾巴翘，丰衣足食才富饶。"

⑥**关键词法**。关键词法就是将新词或概念与相似的声音线索词，通过视觉表象联系起来。例如，英文的"gas"(煤气)一词，可以用汉语"该死"做关键词。两者读音相似，可以产生"人因煤气中毒而死"的联想，这样"gas"一词就很容易记住了。

⑦**视觉联想**。视觉联想就是要通过心理想象来帮助人们对有联系的事物进行记忆。如前述位置记忆法实际上就是一种视觉联想法，利用了心理表象。联想时，想象越奇特而又合理，记忆就越牢固。例如，可以使用夸张、动态、奇异的手段进行联想。

⑧**语义联想**。通过联想，将新材料与头脑中的旧知识联系在一起，赋予新材料以更多的意义。实际上，就是要在理解的基础上，把过去的旧知识当作"衣钩"来"挂住"所要记住的新材料。因此，要设法找出新旧材料之间的内在逻辑联系。

⑨**特征记忆法**。法国大革命发生于1789年，只要记住前边是1，后面789是三个顺序相连的数，就很容易记。

⑩**译意法**。将要记的内容转译成有意义的材料，如郑州以西的第一个大城市是"洛阳"，可以记成"从郑州西望夕阳西下"，就不会忘记这座城市叫"洛阳—落阳"了。

**⑪识记的连锁法**。简单来说，如要识记没有任何内在联系的A、B、C、D、E几件东西，在识记时应首先通过联想把A和B联结起来，接着按顺序联结BC、CD、DE，最后将这四组东西联成一个锁链，就可以一个个地记起来了。

(2)做笔记

做笔记策略是使用较为普遍的精加工策略。俗话说，好记性不如烂笔头。对于复杂的知识，教师可以指导学生做笔记。做笔记不仅可以有效地控制自己的认知加工过程，还有助于概括新的知识和建立新旧知识之间的联系。做笔记有利于保持学习者的注意和兴趣，以及有效地组织材料。

(3)提问

无论阅读还是听讲，学生要经常评估自己的理解状态，思考这样一些问题：这些新信息意味着什么，与课文中的其他信息以及以前所学的信息有什么联系。如果教师在给学生上阅读课时，向学生提一些“谁”“什么”“哪儿”和“如何”的问题并要求学生回答，他们可能对阅读的内容领会得更好。

(4)生成性学习

**生成性学习**就是要训练学生对所阅读的东西产生一个类比或表象，如图形、图像、表格和图解等，以加强其深层理解。

(5)运用背景知识，联系客观实际

对于意义性较强的学习材料可以通过新知识与旧知识之间的联结，用头脑中已有的图式使新信息合理化。要充分利用背景知识，应注意在对新材料理解的基础上进行学习，而不是机械记忆式地学习，适时建立类比。也可以利用先行组织者策略，在新材料学习之前，温习与新材料有关的已有的背景知识，以理解和记忆新知识。

第四部分

**3. 组织策略**

**组织策略**是指将经过精加工提炼出来的知识点加以构造，形成更高水平的知识结构的信息加工策略。组织策略主要有两种：一种是归类策略，用于概念、语词、规则等知识的归类整理；一种是纲要策略，主要用于对学习材料结构的把握。

(1)归类策略，也即组块。组块的方法有很多，有相似归类、对比归类、从属归类、递进归类等。归类是把材料分成小单元，再把这些单元归到适当的类别里。归类策略的应用能使人理清头绪，各知识点与概念之间不致混淆，方便知识的理解、记忆以及提取。

(2)纲要策略。纲要策略也称提纲挈领，是掌握学习材料纲目的方法。纲要可以是用语词或句子表达的主题纲要，也可以是用符号、图式等形象表达的符号纲要。符号纲要法主要有：系统结构图、流程图、模式或模型图、网络关系图。

**真题面对面**

1. [2022黑龙江，单选]老师通过编口诀的方式帮助学生记忆，这种学习策略属于(　　)

A. 精加工策略　　B. 元认知策略

C. 资源管理策略　　D. 组织策略

2. [2022江西，单选]以下不属于“精加工策略”的是(　　)

A. 做笔记　　B. 利用表格　　C. 提问　　D. 生成性学习

3. [2022陕西，多选]认知策略主要包括(　　)

A. 复述策略　　B. 精加工策略　　C. 组织策略　　D. 组块化

答案：1. A　2. B　3. ABC

## 考点2 元认知策略

### 1. 元认知

元认知就是对认知的认知，即个体对认知活动的自我意识与调节。美国心理学家**弗拉维尔**在《认知发展》一书中**首次提出**了元认知的概念。他认为，元认知是个人关于自己认知过程的知识和调节这些过程的能力。它具有两个独立但又相互联系的成分，即元认知知识和元认知控制。**董奇**认为，元认知由元认知知识、元认知体验和元认知监控三部分构成。

### 2. 元认知策略的类型

学习的元认知策略是指学生对自己整个学习过程的有效监视及控制的策略。元认知策略大致可分为以下三种：

(1)**计划策略**。计划策略是指根据认知活动的特定目标，在认知活动开始之前计划完成任务所涉及的各种活动、预计结果、选择策略，设想解决问题的方法，并预估其有效性等。元认知计划策略包括设置学习目标、浏览阅读材料、设置思考题以及分析如何完成学习任务等。

(2)**监控策略**。监控策略是指在认知过程中，根据认知目标及时检测认知过程，寻找两者之间的差异，并对学习过程及时进行调整，以期顺利实现有效学习的策略。它具体包括领会监控、策略监控和注意监控。监控策略包括阅读时对注意加以跟踪和对材料进行自我提问、考试时监视自己的速度和时间等。

(3)**调节策略**。调节策略是指在学习过程中根据对认知活动监视的结果，找出认知偏差，及时调整策略或修正目标。在学习活动结束时，评价认知结果，采取相应的补救措施，修正错误，总结经验教训等。调节策略能帮助学生矫正自己的学习行为，补救理解上的不足。调节策略与监控策略有关。例如，当学习者意识到自己不理解课文的某一部分时，就会退回去重读困难的段落；在阅读困难或不熟的材料时放慢速度；复习他们不懂的课程材料；测验时跳过某个难题先做简单的题目等。

元认知策略的这三个方面总是相互联系在一起工作的。

**真题面对面**

[2022湖北，单选]下列例子中，属于元认知策略的是(　　)

A. 学生考试之后能准确预测出自己的分数

B. 学生在考试时会监视自己的速度和时间

C. 学生在考试后与同学沟通交流解答思路

D. 学生在考试前选择安静的地方背诵课文

答案：B

## 考点3 资源管理策略

### 1. 时间管理策略

(1)统筹安排学习时间。教师应指导每个学生根据自己的总体目标，对时间做出总体安排，并通过阶段性的时间表来落实。对每一天的活动，都要列出一张活动优先表来。在制订学习计划时，要注意将学习计划落实在学习成果上。在执行学习计划时，要防止拖拉作风。

(2)高效利用最佳时间。首先，要根据自己的生物钟安排学习活动。其次，要根据一周内学习效率的变化安排学习活动。再次，要根据一天内学习效率的变化安排学习活动。最后，要根据自己的工作曲线安排学习活动。

(3)灵活利用零碎时间。首先，可以利用零碎时间处理学习上的杂事。其次，读短篇或看报刊杂志，拓宽自己的知识面，或者背诵诗词和外文单词。此外，可以进行讨论。

**2. 环境管理策略**

(1)注意调节自然条件,如流通的空气、适宜的温度、明亮的光线以及和谐的色彩等;(2)要设计好学习的空间,如空间范围、室内布置、用具摆放等。良好的学习环境对于学生保持良好的心态具有重要作用。

**3. 努力管理策略**

为了使学生维持自己的意志努力,需要不断鼓励学生进行自我激励。这包括激发内在的动机、树立正确的学习信念、选择有挑战性的任务、调节成败的标准、正确归因、自我奖励等。

**4. 学业求助策略**

学业求助策略指当学生在学习上遇到困难时,向他人请求帮助的行为。学业求助不是自身能力缺乏的标志,而是获取知识、增长能力的一种途径,是一种重要的学习策略。学业求助包括两个方面:(1)学习工具的利用,如善于利用参考资料、工具书、图书馆、电脑等;(2)社会性人力资源的利用,如善于利用老师的帮助以及同学间的合作与讨论来加深对学习内容的理解。

**考点 再拔高**

▼ 常见的学习策略——PQ4R方法

PQ4R方法是由托马斯和罗宾逊提出来的。PQ4R是由几个步骤首字母的缩写组成,分别代表预习(Preview)、设问(Question)、阅读(Read)、反思(Reflect)、背诵(Recite)和复习(Review)。有研究表明PQ4R方法对稍大的儿童有效。PQ4R程序的进行可使学生集中注意力从而有意义地组织信息、使用其他有效的策略,诸如产生疑问、精细加工、过一段时间后复习等。

**真题面对面**

[2021内蒙古,单选]学生根据生物钟安排学习活动属于学习策略中的(　　)

A. 认知策略　　B. 资源管理策略　　C. 组织策略　　D. 元认知策略

答案:B

## 三、学习策略的训练与教学

### 考点1 影响小学儿童掌握学习策略的因素

小学儿童虽然有时也能自发地使用学习策略,但这种使用通常是偶然的、不稳定的。影响小学儿童掌握学习策略的因素包括:(1)个体的内在因素。①认知策略的发展水平;②动机类型;③归因模式;④自我效能感;⑤元认知水平。(2)外在因素。①材料的难度;②教师因素。教师丰富的策略教学经验,能促使学生获得和运用学习策略。

### 考点2 学习策略训练的原则

(1)主体性原则。主体性原则是指学习策略教学中应该发挥和促进学生的主体作用。它既是学习策略训练的目的,又是必要的方法和途径,任何学习策略的使用都依赖于学生主动性和能动性的充分发挥。

(2)内化性原则。内化性原则是指在学习策略的学习过程中,学生能够不断实践各种学习策略,逐步将其内化成自己的学习能力,熟练掌握并达到自动化的水平,从而能够在新的情境中灵活应用。

(3)特定性原则。特定性原则是指学习策略一定要适合于学习目标和学生的类型。同样的策略,不同的学生使用起来的效果是不一样的。教师要针对学生的年龄、已有的知识水平以及学习动机类型,帮助学生选择学习策略或改善不良的学习策略。

(4)生成性原则。生成性原则是指在学习过程中要利用学习策略对学习的材料重新进行加工，产生某种新的东西。也就是说，学习者应该利用学习的策略对学习材料进行生成性加工，而不是简单利用别人已有的知识和经验。

(5)有效监控原则。有效监控原则是指学生应该把注意力集中在学习结果和学习过程之间的关系上，监控自己使用每种学习策略所导致的学习结果，以便确定所选策略是否有效。经过这样的监控实践，学生就能够灵活把握何时、何地以及如何使用某种策略，甚至在这些策略运作时能将它描述出来。

(6)个人效能感原则。个人效能感原则是指学生在执行某一任务时对自己胜任能力的判断和自信程度，它是影响学习策略选择的一个重要的动机因素。

**记忆有妙招**

为方便考生记忆，编者将学习策略的训练原则总结成以下口诀：

**煮花生特有效。煮：**主体性。**花：**内化性。**生：**生成性。**特：**特定性。**有：**有效监控。**效：**个人效能感。

### 考点3 训练学习策略的教学模式

**1. 指导教学模式**

指导教学模式的基本思想是学生在教师的引领下学习有关的学习策略，由激发、讲演、练习、反馈和迁移等环节构成。

**2. 程序化训练模式**

根据加涅的学习层次理论，程序化训练就是将活动的基本技能分解成若干有条理的小步骤，在其适宜的范围内作为固定程序。学习者要按程序进行活动，经过反复练习使之达到自动化程度。

**3. 完形训练模式**

完形训练就是在直接讲解策略之后，提供不同程度的完整性材料，促使学生练习策略的某一个成分或步骤，然后逐步降低完整性程度，直至完全由学生自己完成所有成分或步骤。

**4. 交互式教学模式**

交互式教学模式，是由教师和一组学生(大约6人)一起进行的，主要是为了把擅长阅读的人的心智模型，通过策略外化成不擅长阅读的学生能操作的程序，以帮助成绩差的学生阅读领会。此外，交互式学习还是一种很好的改善人际关系的学习方式，学生在互帮互学的过程中增加交往活动。

交互式教学模式旨在教学生这样四种策略：(1)总结——总结段落内容；(2)提问——提与要点有关的问题；(3)析疑——明确材料中心的难点；(4)预测——预测下文会出现什么。

**5. 合作学习模式**

在这种学习活动中，两个学生一组，一节一节地彼此轮流向对方总结材料，当一个学生主讲时，另一个学生听着，纠正错误和遗漏。然后，两个学生彼此变换角色，直到学完所学材料为止。合作性讲解的两个参与者都能从这种学习活动中受益，而主讲者比听者获益更大。

## 第三节 学习迁移

### 一、学习迁移及其种类

### 考点1 学习迁移的概念 【单选、判断】★★

学习迁移也称训练迁移，是指一种学习对另一种学习的影响，或习得的经验对完成其他活动的影响。

迁移是学习的一种普遍现象，广泛存在于各种知识、技能、行为规范与态度的学习中，平时所说的“举一反三”“触类旁通”等即典型的迁移形式。通过迁移，各种经验得以沟通，经验结构得以整合。

真题面对面

[2021贵州，单选]下列不属于迁移的是(　　)

A. 杯弓蛇影　　B. 见异思迁　　C. 惊弓之鸟　　D. 因噎废食

答案：A

考点 2 学习迁移的种类　【单选、多选、判断、判断简析】★★★

**1. 正迁移、负迁移和零迁移**

根据迁移的性质和结果，可将迁移分为正迁移、负迁移和零迁移。

**正迁移**也叫“**助长性迁移**”，是指一种学习对另一种学习的促进作用。例如：学习数学有利于学习物理；学习珠算有利于学习心算；懂得英语的人很容易掌握法语等。

**负迁移**也叫“**抑制性迁移**”，是指一种学习对另一种学习产生阻碍作用。例如，在掌握了汉语语法的情况下，在初学英语语法时，总是出现用汉语语法去套英语语法的情况，从而影响了英语语法的掌握。

两种学习也可能不发生影响，这种状态称为**零迁移**，它是迁移的一种特殊形式。

在记忆领域的心理学研究中，正迁移又叫作前摄易化或倒摄易化，负迁移又叫前摄抑制或倒摄抑制。

**2. 顺向迁移和逆向迁移**

根据迁移发生的方向，可将迁移分为顺向迁移和逆向迁移。

**顺向迁移**是指先前学习对后继学习产生的影响。例如，在物理中学习了“平衡”概念，就会对以后学习化学平衡、生态平衡、经济平衡产生影响。通常所说的“举一反三”就是顺向迁移的例子。

**逆向迁移**是指后继学习对先前学习产生的影响。例如，学习了微生物后对先前学习的动物、植物概念的理解会产生影响等。

表4-9　四种迁移的相互关系

| 迁移类型 | 含义 | 典例 |
| --- | --- | --- |
| 顺向正迁移 | 先前学习对后继学习的积极影响 | 先学习普通心理学，更容易学会教育心理学 |
| 顺向负迁移 | 先前学习对后继学习的消极影响 | 在初学英语时，学生容易用学过的汉语拼音的读音读英语字母(前摄抑制) |
| 逆向正迁移 | 后继学习对先前学习的积极影响 | 学会教育心理学之后，加深了对之前学习的普通心理学知识的理解 |
| 逆向负迁移 | 后继学习对先前学习的消极影响 | 掌握了英语后，可能用英语字母的发音读之前学过的汉语拼音(倒摄抑制) |

**3. 水平迁移和垂直迁移**

根据迁移内容的抽象和概括水平不同(难度不同)，可将迁移分为水平迁移和垂直迁移。

**水平迁移**也叫横向迁移，是指先行学习内容与后继学习内容在难度、复杂程度和概括层次上属于同一水平的学习活动之间产生的影响。

**垂直迁移**也称纵向迁移，是指先行学习内容与后续学习内容是不同水平的学习活动之间产生的影响。垂直迁移表现在两个方面：(1)**自下而上的迁移**，即下位的较低层次的经验影响上位的较高层次的经验的学习；(2)**自上而下的迁移**，即上位的较高层次的经验影响下位的较低层次的经验的学习。

**4. 一般迁移和具体迁移**

根据迁移内容的不同，可将迁移分为一般迁移和具体迁移。

**一般迁移**也称非特殊迁移、普遍迁移，是指一种学习中所习得的一般原理、原则和态度对另一种具体内

第四部分

容学习的影响，即原理、原则和态度的具体应用，如获得基本的运算技能、阅读技能后运用到各种具体的学科学习中。

**具体迁移**也称特殊迁移，是指学习迁移发生时，学习者原有的经验组成要素及其结构没有变化，只是将一种学习中习得的经验要素重新组合并移用到另一种学习之中。例如，学习了"日""月"对学习"明"的影响，掌握了加减法对做四则运算题的影响等。

**5. 同化性迁移、顺应性迁移和重组性迁移**

根据迁移过程中所需的内在心理机制的不同，可将迁移分为同化性迁移、顺应性迁移和重组性迁移。

**同化性迁移**是指不改变原有的认知结构，直接将原有的认知经验应用到本质特征相同的一类事物中去。原有认知结构在迁移过程中不发生实质性的改变，只是得到某种充实。平时我们所讲的"举一反三""闻一知十"等都属于同化性迁移。

**顺应性迁移**指将原有认知经验应用于新情境中时，需调整原有的经验或对新旧经验加以概括，形成一种能包容新旧经验的更高一级的认知结构，以适应外界的变化。

**重组性迁移**指重新组合原有认知系统中某些构成要素或成分，调整各成分间的关系或建立新的联系，从而应用于新情境。在重组过程中，基本经验成分不变，但各成分间的结合关系发生了变化，即进行了调整或重新组合。

第四部分

**真题面对面**

1. [2022安徽，单选]对相关历史知识的学习深化了学生对之前学习的某篇古文的理解，这种迁移属于(　　)

A. 顺向正迁移　　B. 顺向负迁移　　C. 逆向负迁移　　D. 逆向正迁移

2. [2020辽宁辽阳，多选]下列属于正迁移的是(　　)

A. 数学审题技能的掌握对物理、化学的影响

B. 在学校爱护公物的言行影响在校外规范自己的行为

C. 外语学习中，词汇的掌握对阅读的影响

D. 学习汉语字母发音对英语字母发音的影响

3. [2021四川，判断简析]前摄抑制是一种顺向迁移，倒摄抑制是一种逆向迁移。(　　)

**答案**：1. D　2. ABC　3. (1)√。(2)前摄抑制是先学习的材料对识记和回忆后学习材料的干扰作用。后学习的材料对保持和回忆先学习的材料的干扰作用，称为倒摄抑制。根据迁移发生的方向，可以分为顺向迁移与逆向迁移。顺向迁移是指先前学习对后继学习产生的影响。逆向迁移是指后继学习对先前学习产生的影响。因而，前摄抑制属于顺向迁移，倒摄抑制属于逆向迁移。因此，题干说法正确。

## 二、学习迁移理论　【单选、多选、判断、简答】★★

### 考点 1 早期的迁移理论

**1. 形式训练说**

**形式训练说**是最早的关于迁移的理论，以官能心理学为基础。它认为心理官能只有通过训练才能得以发展，迁移就是心理官能得到训练而发展的结果，迁移是无条件的、自发的。形式训练说还认为，训练和改进心理官能是教学的重要目标，教育的任务就是要改善学生的各种官能，而改善以后的官能就能够自动地迁移到其他学习中去，一种官能的改进也能增强其他的官能。

2. 相同要素说

桑代克和武德沃斯等人认为，迁移是非常具体的、有条件的，需要有共同的要素。只有当两个机能的因素中有相同要素时，一个机能的变化才会改变另一个机能的习得。两种情境中的刺激相似，反应也相似时，迁移才会发生。两种情境中相同要素越多，迁移的量也就越大。

3. 概括化理论

**概括化理论**也称**经验类化说**，由美国心理学家**贾德**提出，其主要观点是，一个人只要对自己的经验进行了概括，就可以完成从一个情境到另一个情境的迁移。他认为先前的学习之所以能迁移到后来的学习中，是因为在先前学习中获得了一般原理，这种一般原理可以部分或全部地运用于后面的学习中。对原理了解、概括得越好，迁移效果也越好。贾德在1908年所做的“水下击靶”实验，是概括化理论的经典实验。

4. 关系理论

格式塔心理学家提出关系理论，也称为**关系转换**说或**转换理论**。认为迁移是学习者突然发现两个学习经验之间关系的结果，是对情境中各种关系的理解和顿悟，而非由于具有共同成分或原理而自动产生。学习迁移的重点不在于掌握原理，而在于觉察到手段与目的之间的关系，这是实现迁移的根本条件。他们认为学生“顿悟”情境之间的关系，特别是手段—目的之间的关系，是实现迁移的根本条件。**苛勒**所做的“小鸡觅食”实验是支持关系转换说的经典实验。

易错点提示

“早期的迁移理论”考生易记忆错误，在做题时可根据关键词进行判断，“形式训练说”强调心理官能的训练；“相同要素说”强调有相同的要素；“概括化理论”强调对经验、原理的概括；“关系理论”强调对关系的理解和顿悟。

第四部分

真题面对面

[2021陕西，单选]1903年教育心理学家桑代克以大学生为被试，训练他们对平行四边形的面积进行估算，结果发现被试对矩形的面积估算更准确了，但对圆形和不规则图形的面积估算没有影响。能解释上述现象的学习迁移理论是(　　)

A. 形式训练说　　B. 相同要素说

C. 概括说　　D. 关系说

答案：B

考点2 当代的迁移理论

1. 认知结构迁移理论

奥苏贝尔在有意义接受学习理论的基础上提出了认知结构迁移理论，认为一切有意义的学习都是在原有认知结构的基础上产生的，不受原有认知结构影响的有意义学习是不存在的。一切有意义的学习必然包括迁移，迁移是以认知结构为中介进行的，先前学习所获得的新经验，通过影响原有认知结构的有关特征影响新学习。认知结构迁移理论指出，学生学习新知识时，认知结构可利用性高、可辨别性大、稳定性强，就能促进对新知识学习的迁移。“为迁移而教”实际上是塑造学生良好认知结构的问题。在教学中，可以通过改革教材内容和教材呈现方式改进学生的原有认知结构以达到迁移的目的。

2. 产生式理论

产生式迁移理论是针对认知技能的迁移提出的，其基本思想是：前后两项学习任务产生迁移的原因是两项任务之间产生式的重叠，重叠越多，迁移量越大。两项任务之间的迁移，是随其共有的产生式的多少而变化的。

真题面对面

[2022黑龙江,判断]一切有意义的学习必然包括迁移。(　　)

答案:√

## 三、学习迁移与教学

### 考点1 影响学习迁移的因素(条件) 【多选、判断、辨析、简答、论述】★★★

**1. 学习材料的特点**

学习材料作为学生学习的对象和知识的主要来源,对学习迁移有着重要影响。很多迁移理论都在其理论假说中提及材料对迁移的重要作用,如桑代克的相同要素说。学习对象没有或缺少共同因素,或虽有共同因素,但要求学习者做出不同的反应时,则可能在学习时产生负迁移。共同因素是学习迁移产生的客观必要条件,但不是唯一的条件。

根据桑代克的相同要素说,两种学习材料或对象在客观上具有某些共同点是实现迁移的必要条件。两种材料之间存在的共同因素越多,越容易发生学习迁移。共同因素对学习迁移的影响可以从不同的角度来进行研究。现代心理学倾向于从学习对象的构成成分来分析。他们把学习对象的构成成分区分为**结构成分**和**表面成分**两大类。所谓结构成分是指学习任务中与最终所要达到的目标或结果有关的成分,而表面成分是指学习任务中与最终目标的获得无关的成分。如果两个任务具有共同的结构成分,则会产生正迁移;结构成分不同则不能促进正迁移,甚至会产生负迁移。但不管是表面的还是结构的相似性,都将增加学习者对两个任务的相似程度的知觉,而知觉的相似性决定迁移量的多少,两种情境的结构相似性则决定迁移的正或负。

第四部分

**2. 原有的认知结构**

奥苏贝尔的认知结构迁移理论认为原有认知结构的特征直接决定了迁移的可能性及迁移的程度。原有认知结构对迁移的影响表现在以下三个方面:(1)学习者是否拥有相应的背景知识,这是迁移产生的基本前提条件;(2)原有认知结构的概括水平对迁移起到至关重要的作用;(3)学习者是否具有相应的认知技能或策略以及对认知活动进行调节、控制的元认知策略对迁移的产生有重要影响。

**3. 对学习情境的理解**

大多数心理学理论都强调情境在迁移中具有重要作用。

**4. 学习的心理准备状态(心向)**

心理准备状态是在过去学习或活动过程中形成的,又对未来的学习或活动会产生影响,这种影响有时候是积极的,有时候也可能是消极的。学习定势在迁移研究中是较多讨论的一种心理准备状态。所谓定势就是指由先前影响所形成的往往不被意识到的心理准备状态,它将支配人以同样的方式去对待同类后继活动。定势的作用有两重性:一是积极的促进作用;二是消极的阻碍作用。

**5. 学习策略的水平**

学习策略和方法对学习迁移效果的影响范围非常广泛,主要表现在认知策略与元认知策略对迁移的影响。学习策略对迁移的影响主要表现在发展水平、学习策略的丰富程度以及依据情境的变化灵活运用等方面。

**6. 智力与能力**

个体智力的高低对学习迁移的质量有一定的影响,智力较高的人能较容易地发现学习情境之间的相同要素和关联,能更好地概括总结出一般原理原则,能较好地将习得的学习策略与方法运用于新的学习情境之中。

**7. 教师的指导**

教师有意识的指导能令学习者发生正迁移。教师要启发学生注意对学习材料进行必要的概括总结，还可以直接教给学生一般性的原则，有效地指导学生的实践。"授人以鱼，不如授人以渔。"教师还应该关注学习方法和策略的传授，让学生学会学习。

**记忆有妙招**

为方便考生记忆，编者将影响学习迁移的因素总结成以下口诀：

**知情心，策智能，学点教导。知：**原有的认知结构。**情：**对学习情境的理解。**心：**心向。**策：**学习策略的水平。**智能：**智力与能力。**学点：**学习材料的特点。**教导：**教师的指导。

**真题面对面**

1. [2021内蒙古，简答]简述影响迁移的主要因素。
2. [2021黑龙江，简答]简述影响学习迁移的客观因素。

答案：1. 详见内文　2. 详见内文

## 考点2 促进学习迁移的教学 【多选、判断、简答、论述】★★

**1. 改革教材内容，促进迁移**

根据认知结构迁移理论，认知结构中是否有适当的起固定作用的观念可以利用，是决定新的学习与保持的重要因素。为了促进迁移，教材中必须有那种具有较高概括性、包容性和强有力的解释效应的基本概念和原理。要做到：(1)精选教材，提高对概念和原理的理解水平。精选的标准就是迁移规律，即选择那些具有广泛迁移价值的科学成果作为教材的基本内容。所谓具有广泛迁移价值的材料，就是学科的基本概念、基本原理、基本法则、基本方法、基本态度等。在选择这些基本的经验作为教材内容的同时，还必须包括基本的、典型的事实材料，脱离事实材料空谈概念、原理，则概念、原理也是空洞的，是无源之水、无本之木，当然也无法迁移。(2)合理编排教学内容，突出知识的组织特点。教材内容还要保持结构化、一体化与网络化的统一，才能更好地促进迁移的发生。

**2. 合理编排教学方式，促进迁移**

优良的教材只有通过合理的教学进行呈现和传达，才能充分发挥其迁移的效能，否则迁移效果并不显著，甚至会阻碍迁移的产生。教师在组织教学时，一方面要抓住教材内容的核心；另一方面要合理安排教学程序，使得学生顺利地将所学习的内容融会贯通，提高迁移的效果。

**3. 教授学习策略，提高学生的迁移意识**

"授人以鱼供一饭之需，授人以渔则终生受用无穷。"这句话给予教育者的启示是，学习不只是要让学生掌握一门或几门学科的具体知识与技能，而且还要让学生学会如何去学习，即掌握学习方法的知识与技能。

**4. 改进对学生的评价**

教学条件下的评价作为教学活动的组成部分，同样具有教育性，有效运用评价手段对学生形成积极的学习态度，对学习迁移都具有积极的作用。

**真题面对面**

1. [2022江西，多选]为了促进迁移的教学，要精选教材，以下对精选教材描述正确的是(　　)

A. 应选择那些具有广泛迁移价值的科学成果作为教材的基本内容

第四部分

B. 教材内容需要包括基本的、典型的事实材料

C. 合理安排教学程序

D. 使学生学会学习，提高迁移的意识性

2. [2022内蒙古，简答]简述促进迁移的教学措施。

答案：1. AB　2. 详见内文

## 第四节　知识的学习

### 一、知识概述

知识是指主体通过与环境相互作用而获得的信息及其组织。其实质是人脑对客观事物的特征与联系的反映，是客观事物的主观表征。

考点 1　知识的分类　【单选、多选、判断、判断简析】★★

**1. 陈述性知识和程序性知识**

安德森根据知识的不同表征形式，将知识分为陈述性知识和程序性知识。

(1)陈述性知识

陈述性知识也叫描述性知识，是个人能用言语进行直接陈述的知识，主要用于区别和辨别事物。陈述性知识是回答事物"是什么""为什么"等问题的言语信息方面的知识。当代认知心理学认为，陈述性知识学习的过程包括**获得**、**保持**和**提取**三个阶段。

(2)程序性知识

程序性知识即操作性知识，是一种经过学习后自动化了的关于行为步骤的知识，表现为在信息转换活动中进行具体操作。程序性知识是有关"怎么办"和"如何做"的知识，是关于方法和应用的知识。

关于程序性知识，加涅认为，程序性知识本质上是由概念和规则构成的。由于运用概念和规则办事的指向性不同，程序性知识又可分为两个亚类：一类为运用概念和规则对外办事的程序性知识，加涅称之为智慧技能，主要用来加工外在的信息。另一类为运用概念和规则对内调控的程序性知识，加涅称之为认知策略，主要用来调节和控制自己的加工活动。

程序性知识学习的一般过程是从陈述性知识转化为自动化的技能的过程，它主要由陈述性阶段、程序化阶段、自动化阶段三个阶段构成。

**2. 策略性知识**

美国心理学家**梅耶**提出了一种策略性知识，它是与程序性知识相似但又存在区别的知识。**策略性知识**是关于如何学习和如何思维的知识，即个体运用陈述性知识和程序性知识去学习、记忆、解决问题的一般方法和技巧。例如，知道如何写好作文。

**3. 显性知识和隐性知识**

**显性知识**是指用"书面文字、图表和数学公式表述的知识"，通常是用言语等人为方式，通过表述来实现的，所以又称为"言明的知识"。**隐性知识**是指尚未被言语或其他形式表述的知识，是"尚未言明的"或者"难以言传的"知识。例如，我们能够从成千上万甚至上百万张脸中认出某一个人的脸，但是在通常的情况下，我们却说不出是怎样认出这张脸的。这便是波兰尼的著名命题："我们知晓的比我们能说出的多。"

**4. 感性知识和理性知识**

由于反映活动的深度不同，知识可分为感性知识和理性知识。**感性知识**是对活动的外表特征和外部联系的反映，可分为感知和表象两种水平。**理性知识**，反映的是活动的本质特征与内在联系，包括概念和命题

两种形式。

真题面对面

1. [2022四川,单选]关于“如何做”的知识称为(　　)

A. 陈述性知识　　B. 程序性知识　　C. 感性知识　　D. 言语知识

2. [2021重庆,多选]下列选项中,属于程序性知识的有(　　)

A. 勾股定律　　B. 圆的面积公式　　C. 解题策略　　D. 记忆方法

3. [2021四川,判断简析]陈述性知识就是有关“怎么办”的知识。(　　)

答案:1. B　2. CD　3. (1)×。(2)陈述性知识也叫描述性知识,是个人能用言语进行直接陈述的知识,主要用于区别和辨别事物。陈述性知识用来回答“是什么”和“为什么”的问题。程序性知识即操作性知识,是一种经过学习后自动化了的关于行为步骤的知识,表现为在信息转换活动中进行具体操作。程序性知识是有关“怎么办”的知识。因此题干说法错误。

### 考点2　知识的表征

**知识的表征**是指信息在人脑中的存储和呈现方式,它是个体知识学习的关键。**陈述性知识**主要以命题和命题网络的形式进行表征,表象和图式也是其表征的重要形式;**程序性知识**则主要以产生式和产生式系统进行表征。一个大的知识单元中既有陈述性知识,又有程序性知识,二者相互交织在一起,许多心理学家用图式描述这种大块知识的表征。

## 二、知识学习的类型　【单选】★★

### 考点1　符号学习、概念学习和命题学习

根据知识本身的存在形式和复杂程度,知识学习分为符号学习、概念学习和命题学习。这也是奥苏贝尔有意义学习的三种类型。

**1. 符号学习**

符号学习又称表征学习,是指学习单个符号或一组符号的意义,或者是说学习符号本身代表什么。符号学习的心理机制是符号和它们所代表的事物或观念在学习者认知结构中建立相应的等值关系。

符号学习的主要内容是词汇学习。例如,汉字、英语单词的学习,就属于词汇学习。但是符号不限于语言符号(词),也包括非语言符号(如实物、图像、图表、图形等)。因此,对数学图表的认识、对瓜果树木的认识、对各种机床的认识等,也属于符号学习。同时,符号学习还包括事实性知识的学习,即学习一组符号(语言或非语言)所表示的某一具体事实,如历史课中历史事件和历史人物的学习,地理课中地形地貌和地理位置的学习,均属于事实性知识的学习。

**2. 概念学习**

概念学习是指掌握概念的一般意义,其实质是掌握一类事物的共同的本质属性和关键特征。概念学习以表征学习为前提,又为命题学习奠定基础,因此,它是意义学习的核心。

**3. 命题学习**

命题学习是指获得由几个概念构成的命题的复合意义,实际上是学习表示若干概念之间关系的判断。命题是知识的最小单元,它既可以陈述简单的事实,也可以陈述一般规则、原理、定律、公式等,因此它被看成是陈述性知识掌握的高级形式。命题学习旨在反映事物之间的

易混点辨析

概念学习和命题学习易混淆,考生做题时要注意分析题干,如果题干强调事物共同的本质属性、关键特征,就属于概念学习;如果强调两个或两个以上概念之间的关系,就属于命题学习。

第四部分

关系，是一种更加复杂的学习。

**考点 再拔高**

▼ 有意义学习的核心成分的其他说法

命题有两类：一类是非概括性的（表示一个事实），如"月亮绕地球转"；一类是概括性的（表示某种规律、定理、规则或原理），如"圆的直径是它的半径的两倍"，指一切圆的所有直径都是它的半径的两倍。因此，命题学习包括事实学习和规律、定理或原理学习，其中规律、定理或原理学习是掌握概念之间的关系，是有意义学习的核心成分。

考生在做此类试题时，应注意存在两种说法，具体情况具体分析。

## 考点 2 下位学习、上位学习和并列结合学习

奥苏贝尔根据新知识与原有认知结构的关系，将知识学习分为下位学习、上位学习和并列结合学习。

### 1. 下位学习

下位学习与上位学习

下位学习又称类属学习，是一种把新的观念归属于认知结构中原有观念的某一部分，并使之相互联系的过程。原有观念在包容和概括水平上高于新学习的知识。下位学习包括派生类属学习和相关类属学习。**派生类属学习**指新观念是认知结构中原有观念的特例或例证，新知识只是旧知识的派生物。这种学习比较简单，只需经过具体化过程即可完成。例如，掌握了轴对称图形的概念后，再学习圆时，将"圆也是轴对称图形"这一命题纳入原有概念中，新命题就能很快获得意义。当新知识扩展、修饰或限定学生已有的旧知识，并使其精确化时，便产生了**相关类属学习**。例如，学生已有"挂国旗是爱国行动"这一命题，现在要学习"保护能源是爱国行动"这个新命题，新命题因类属于旧命题而获得意义，原有概念的内涵被加深或扩展。派生类属学习和相关类属学习的主要区别在于学习之后原有观念是否发生本质属性的改变。

**重难点解读**

理解相关类属学习和派生类属学习时，可以根据新知识与旧认知结构的包含程度来判断。如果新知识能完全被旧认知结构包含，则属于派生类属学习；如果新知识的概括程度小于旧认知结构，但是无法被旧认知结构直接解释，需要对旧认知结构进行扩充，这属于相关类属学习。

### 2. 上位学习

上位学习又称总括学习，是在学习掌握一个比认知结构中原有概念的概括和包容程度更高的概念或命题时产生的。上位学习遵循从具体到一般的归纳概括原则。例如，为了让学生掌握"面积"的概念，教师以桌面、地面、墙面、操场为例证，并比较其大小，最后得出"面积就是平面图形或物体表面的大小"的定义，就属于上位学习。

### 3. 并列结合学习

并列结合学习是在新命题与认知结构中特有的命题既非下位关系又非上位关系，而是一种并列的关系时产生的。例如，学习质量与能量、遗传与变异、需求与价格等概念之间的关系就属于并列结合学习。一般而言，并列结合学习比较困难，必须认真比较新旧知识之间的联系与区别才能掌握。

**真题面对面**

1. [2021四川，单选]在学习了"导体"这一概念后，再学习铁、铜等概念，这属于（　　）

A. 上位学习　　B. 下位学习

C. 并列结合学习　　D. 机械学习

第四部分

2. [2021内蒙古,单选]学生掌握了“铜”“铁”等概念之后,再学习“金属”概念,这种学习是(　　)

A. 上位学习　　B. 下位学习

C. 并列结合学习　　D. 派生类属学习

3. [2020辽宁辽阳,单选]小学生学习“三角形的内角和是180°”,这在奥苏贝尔的有意义学习分类中属于(　　)

A. 概念学习　　B. 符号学习　　C. 表征学习　　D. 命题学习

答案:1. B　2. A　3. D

## 三、知识的获得　【单选、判断、名词解释】 ★

知识学习主要是学生对知识的内在加工过程。现代认知心理学认为,这一过程一般分为三个阶段:(1)知识的获得;(2)知识的保持,又称知识的巩固;(3)知识的应用。由于知识的保持已在心理学部分第二章第三节“记忆”中进行了阐述,这里我们将深入探讨知识的获得问题。

知识的获得是通过知识的直观和知识的概括两个环节来实现的,是知识学习的第一个阶段。有关知识直观的具体内容参见心理学部分第二章第二节中“感知规律与直观教学”。**知识概括**是指主体通过对感性材料的分析、综合、比较、抽象、概括等深度加工改造,从而获得对一类事物的本质特征与内在联系的抽象的、一般的、理性的认识活动过程。有效进行知识概括的教学策略有以下四条:

(1)配合运用正例和反例

概括的目的在于区分事物的本质和非本质要素,抽取事物的本质要素,抛弃事物的非本质要素。因此,教师在指导学生概括时,不仅要注意抽取本质的一面,也要注意抛弃非本质的一面。为此,必须配合使用概念或规则的正例和反例。**正例**又称**肯定例证**,指包含着概念或规则的本质特征和内在联系的例证;**反例**又称**否定例证**,指不包含或只包含了一小部分概念或规则的主要属性和关键特征的例证。一般而言,概念或规则的正例传递了最有利于概括的信息,反例则传递了最有利于辨别的信息。

在实际的教学过程中,教师最好能利用机会把正反两种例证同时加以说明。例如,在教“鸟”的概念时,可用麻雀、燕子作为正例,说明“有羽毛”“前肢为翼”“无齿有喙”是鸟概念的本质特征;用蝙蝠作为反例,说明“会飞”是鸟概念的无关特征。

正反例的使用还要注意一定的顺序,邓尼森等人指出,在运用例子说明概念时,可以采用下列三条原理:①按由易到难的顺序呈现例子;②选择彼此各不相同的例子;③比较正例和反例。

(2)正确运用变式

在教学实际中,要提高概括的成效,必须给学生提供丰富而全面的感性知识,必须注意变式的正确运用。所谓变式,就是变换使用不同形式的直观材料或事例说明事物的属性,使本质属性保持不变而非本质属性或有或无,以便突出本质属性。例如,在生物学中介绍“果实”的概念时,不要只选可食的果实(如苹果、西红柿、花生等),还要选择一些不可食的果实(如橡树籽、棉籽等),这样才有利于学生看到一切果实都有“种子”这一关键属性,而舍弃“可食性”等无关特征。变式的有效性并不在于运用变式的数量,而取决于材料呈现方式的典型性和代表性。例如,如果问大家:“鸡鸭是不是鸟?”很多人的答案都是否定的,那就是因为之前的生物课,老师呈现的正例的代表性不够,多是会飞的,于是学生就把“会飞”这个无关特征作为本质特征来记忆。

(3)科学地进行比较

比较主要有两种方式:同类比较和异类比较。**同类比较**是关于同类事物之间的比较。通过同类比较,便于区分对象的一般与特殊、本质与非本质特征,从而找出一类事物所共有的本质特征。**异类比较**即不同类但相似、相近、相关的事物之间的比较。通过异类比较，不仅能使相比客体的本质更清楚，而且有利于确切了解彼此间的联系与区别，防止知识间的混淆与割裂，有助于知识的系统化。

(4)启发学生进行自觉概括

为了促进知识的获得，在实际的教学情境中，教师应该启发学生去进行自觉地概括，鼓励学生自己去总结原理、原则，尽量避免一开始就要求学生记忆或背诵。教师启发学生进行自觉概括，最常用的方法是鼓励学生主动参与问题的讨论。在概括过程中，教师应充分调动学生的思维，让学生自己去归纳和总结，从根本上改变“教师做总结，学生背总结”的被动方式。

真题面对面

[2021内蒙古，判断]知识的获得是知识学习的最终阶段。(　　)

答案：×

## 第五节　技能的形成

第四部分

### 一、技能概述

#### 考点1　技能的概念与特点

**技能**是指经过练习而获得的合乎法则的认知活动或身体活动的动作方式。技能具有如下特点：(1)技能是学习得来的，不同于本能行为；(2)技能是一种活动方式，不同于知识；(3)技能是合乎法则的活动方式，不同于一般的随意运动。

#### 考点2　技能与习惯

**习惯**是个体在一定情境下自动化地进行某种动作的需要或特殊倾向。技能与习惯的区别见下表：

表4-10　技能与习惯的区别

| 技能 | 习惯 |
|---|---|
| 向一定的标准动作体系提高 | 保持原来的动作组织情况 |
| 有高级、低级之分，但没有好坏之别 | 有好坏之分 |
| 与一定的情境、任务都有联系；主动的 | 只和一定的情境相联系；被动的 |
| 与一定的客观标准做对照 | 与上一次动作做对照 |

#### 考点3　技能的种类　【单选、多选、判断】★★★

技能按其本身的性质和特点，可分为**操作技能**和**心智技能**。

**1. 操作技能**

(1)操作技能的概念和特点

**操作技能**又叫**运动技能**、**动作技能**，是通过学习而形成的合乎法则的操作活动方式。日常生活中的写字、打字、绘画，音乐方面的吹、拉、弹、唱，体育方面的田径、球类、体操，生产劳动方面的车、刨、磨等活动方式，都属于操作技能的范畴。

操作技能除了具有上面所列举的技能的一般特点之外，还具有与心智技能不同的其他一些特点：①动作对象的客观性；②动作进行的外显性；③动作结构的展开性。

(2)操作技能的种类

表4-11 操作技能的种类

| 划分依据 | 类别 | 理解要点 | 示例 |
| --- | --- | --- | --- |
| 动作连贯与否 | 连续的操作技能 | 完成的动作序列较长 | 骑自行车、开汽车、舞蹈、弹琴、滑冰 |
| | 不连续的操作技能 | 只包括较短的序列,其精确性可以计数 | 射击、投篮、投标枪、举重、按电钮、紧急刹车 |
| 动作技能进行过程中外部条件是否变化 | 封闭的操作技能 | 根据个体内部的反馈信息来调节、完成 | 跳水、体操 |
| | 开放的操作技能 | 依赖于周围环境提供的信息来调节、完成 | 开汽车、打排球、击剑 |
| 动作的精细程度与肌肉运动强度不同 | 细微型操作技能 | 依靠小肌肉群的运动来实现,需要手、脚、眼的巧妙的协调 | 打字、弹琴 |
| | 粗放型操作技能 | 依靠大肌肉群的运动来实现,需要全身运动的神经或肌肉的协调 | 举重、铁饼、标枪 |
| 操作对象的不同 | 徒手型操作技能 | 依靠操作自身的机体来实现 | 自由体操、跑步 |
| | 器械型操作技能 | 依靠器械等来实现 | 打字、玩单杠 |

**2. 心智技能**

(1)心智技能的概念和特点

**心智技能**也称为**智力技能**、**认知技能**,是通过学习而形成的合乎法则的心智活动方式。阅读技能、写作技能、运算技能、解题技能等都是常见的心智技能。一般而言,心智技能与操作技能相比,具有以下三个特点:①动作对象的观念性;②动作执行的内潜性;③动作结构的简缩性。

(2)心智技能的种类

根据心智技能适用范围的不同,可将其分为:一般心智技能和专门心智技能。**一般心智技能**指在一般的心智活动中形成的心智技能,可以广泛应用于各领域,如观察技能、比较技能、倾听技能等。**专门心智技能**指在某种专门的心智活动中形成的心智技能,如默读、快速阅读、心算等。

真题面对面

**[2021内蒙古,多选]**心智技能与操作技能相比,有(　　)特点。

A. 对象具有观念性　　B. 执行具有内潜性

C. 结构具有简缩性　　D. 动作具有外显性

E. 运用具有闭合性

**答案:**ABC

## 二、操作技能的形成

### 考点1 操作技能的形成阶段　【单选、简答】 ★

**1. 菲茨和波斯纳的三阶段模型**

菲茨和波斯纳将操作技能学习的过程分为认知、联系形成和自动化三个阶段。

(1)认知阶段

在学习一种新的动作技能初期,个体首先要通过对示范动作的观察及对刺激情境的知觉,形成一个内部的动作意象,以作为实际执行动作时的参照。这个阶段的主要任务是领会技能的基本要求、重点,掌握组成技能的局部动作。

(2)联系形成阶段

在该阶段,练习者把组成操作技能的动作整体逐一进行分解,并试图发现它们是如何构成的,最后尝试性地完成所学新技能中的各个动作。经过练习,逐步掌握了一系列的局部动作,并逐渐从个别动作转向整体动作的组织与协调。

(3)自动化阶段

操作技能形成的最后阶段是一长串的动作系列联合成为一个有机的整体并巩固下来。此阶段,各个动作相互协调似乎是自动流出来的,无需特殊的注意和纠正。操作技能逐步由脑的低级中枢控制。这时,练习者的多余动作和紧张状态已经消失,能根据情况变化灵活、迅速而准确地完成动作,并且这种动作已经达到自动化程度,几乎不需要有意识的控制,这就是操作技能进入自动化阶段的熟练操作特征。

**2. 冯忠良的四阶段模型**

(1)操作定向

操作技能表现为一系列的操作活动,在形成之初,学习者必须了解做什么、怎么做的有关信息与要求,形成对动作的初步认识。操作定向就是了解操作活动的结构与要求,在头脑中建立起操作活动的定向映像的过程。

(2)操作模仿

个体在定向阶段了解了一些基本的动作机制之后,就会尝试做出某种动作。模仿的实质是将头脑中形成的定向映像以外显的实际动作表现出来。模仿是在定向的基础上进行的,缺乏定向映像的模仿是机械的模仿。只有通过模仿,才能使这一映像得到检验、巩固与充实。操作模仿是掌握操作技能的开端,需要以认知为基础。

(3)操作整合

操作整合是把构成整体的各动作要素,依据其内在联系联结成整体,形成操作活动的序列,获得有关操作活动的完整的动觉映像的过程。只有通过整合,各动作成分之间才能协调联系,动作结构才趋于合理,动作的初步概括化才得以实现。

(4)操作熟练

操作熟练是操作技能掌握的高级阶段。通过动作练习形成的活动方式对各种变化的条件具有高度的适应性,动作的执行达到高度的程序化、自动化和完善化。自动化并非无意识,而是指它的执行过程不需要意识的高度控制,可以将注意力分配给其他活动。

**表4-12 操作模仿、操作整合和操作熟练阶段的特点**

| 特点 | 操作模仿 | 操作整合 | 操作熟练 |
|---|---|---|---|
| 动作品质 | 动作的稳定性、准确性、灵活性较差 | 动作可以表现出一定的灵活性、稳定性和精确性,但当外界条件发生变化时,动作的这些特点都有所降低 | 动作具有高度的灵活性、稳定性和准确性,在各种变化的条件下都能顺利完成动作 |
| 动作结构 | 各个动作要素之间的协调性较差,互相干扰,常有多余动作产生 | 各个动作成分趋于分化、精确,整体动作趋于协调、连贯,各动作成分间的相互干扰减少,多余动作也有所减少 | 各个动作之间的干扰消失,衔接连贯、流畅,高度协调,多余动作消失 |
| 动作控制 | 主要靠视觉控制,动觉控制水平较低,不能主动发现错误与纠正错误 | 视觉控制不起主导作用,逐步让位于动觉控制,肌肉运动的感觉变得较清晰、准确,并成为动作执行的主要调节器 | 动觉控制增强,不需要视觉的专门控制和有意识的活动,视觉注意范围扩大,能准确地觉察到外界环境的变化并调整动作方式 |

续表

| 特点 | 操作模仿 | 操作整合 | 操作熟练 |
| --- | --- | --- | --- |
| 动作效能 | 完成一个动作往往比标准速度要慢,个体经常感到疲劳、紧张 | 疲劳感、紧张感降低,心理能量不必要的消耗减少,但没有完全消除 | 心理消耗和体力消耗降至最低,表现为紧张感、疲劳感减少,动作具有轻快感 |

记忆有妙招

为方便考生记忆,编者将不同操作阶段的动作控制特点总结成以下口诀:

**模仿靠视觉,整合让动觉,熟练主动觉。**

真题面对面

[2020辽宁辽阳,单选]小学生学写新字时,先听教师讲解,观察教师书写示范。这时的技能学习阶段处于( )

A. 操作定向　　B. 操作模仿　　C. 操作整合　　D. 操作熟练

答案:A

## 考点2 操作技能的培训要求 【单选、判断、简答】★★

**1. 准确的示范与讲解**

示范、讲解在操作技能形成过程中是不可缺少的,准确的示范与讲解有利于学习者不断地调整头脑中的动作表象,形成准确的定向映像,进而在实际操作活动中可以调节动作的执行。

**2. 必要而适当的练习**

练习是形成各种操作技能所不可缺少的关键环节,通过应用不同形式的练习,可以使个体掌握某种技能。练习是动作技能形成的基本途径。一般来说,随着练习次数的增多,动作的精确性、速度、协调性等会逐步提高。从练习曲线(图4-4)中可以看出技能随着练习量的增加而提高的一般趋势。

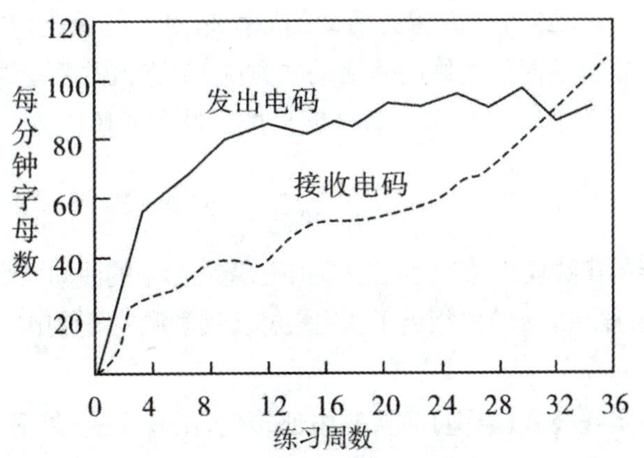


图4-4 常见的练习曲线(学习电码的练习曲线)

虽然不同的学习者的练习曲线存在差异,但也具有共同点,表现在:

(1)开始进步快。

(2)中间有一个明显的、暂时的停顿期,即高原期。通常把学生在学习过程中出现一段时间的学习成绩和学习效率停滞不前,甚至学过的知识感觉模糊的现象,称为“高原现象”。产生的原因在于:①学习方法的固定化;②学习任务的复杂化;③学习动机减弱;④兴趣降低;⑤心理和生理上的疲劳;⑥意志不够顽强。如果学生能够调整好自己的心态，正确认识自我及现状，并采取一些改进学习方法的措施，消除消极因素的干扰，就能顺利度过“高原期”，学习成绩也会有所提高。

(3)后期进步较慢。

(4)总趋势是进步的，但有时出现暂时的退步。整个练习过程中，成绩往往会有一些波动起伏现象。而且，多数情况下，练习曲线反映出来的技能的进步是先快后慢，也有少数情况可能出现先慢后快的趋势。

**3. 充分而有效的反馈**

反馈指在学习与练习过程中信息的返回传递。一般来讲，反馈来自两个方面：

(1)内部反馈，即操作者自身的感觉系统提供的感觉反馈。这是个体通过自身的视觉、听觉、触觉、动觉等获取的反馈信息，尤其是动觉反馈信息最有代表性。

(2)外部反馈，即操作者自身以外的人和事给予的反馈，有时也称结果知识。这是教师、教练、示范者、录像、计算机等外部信息源对学习者的操作结果及其操作过程的反馈。

反馈在操作技能学习过程中的作用是非常关键的，只有通过反馈，学习者才知道自己的动作是否合乎要求。其中准确的结果反馈可以引导学生矫正错误动作、强化正确动作，并鼓励学生努力改善其操作，作用尤为明显。影响反馈效果的因素有：(1)反馈的内容；(2)反馈的频率；(3)反馈的方式。

**4. 建立稳定清晰的动觉**

要进行专门的动觉训练，以提高其稳定性和清晰性，充分发挥动觉在技能学习中的作用。

[2022 内蒙古，判断]练习是动作技能形成的基本途径。(　　)

答案：√

## 三、心智技能的形成

### 考点1　心智技能的形成阶段　【单选】★

**1. 原型定向**

原型指那些被模拟的自然现象或过程。智力活动的原型是对一些最典型的智力活动样例的设想。**原型定向就是了解原型的活动结构，从而使主体明确活动的方向，知道该做哪些动作和怎样去完成这些动作。**这一阶段是主体掌握操作性知识的阶段，也是心智技能形成的准备阶段。这一阶段相当于加里培林的“活动的定向阶段”。

**2. 原型操作**

原型操作是依据智力技能的实践模式，把学生在头脑中已建立起来的活动程序计划以外显的操作方式付诸实施，获得完备的动觉映像的过程。这一阶段相当于加里培林及其学派的著作中的“物质或物质化活动阶段”。

**3. 原型内化**

原型内化，即智力活动的实践模式(原型)向头脑内部转化，由物质的、外显的、展开的形式变成观念的、内潜的、简缩的形式的过程。该阶段开始借助言语来对观念性对象进行加工，是原型在学习者头脑中转化为心理结构内容的过程，是心智技能的完成阶段。这一阶段相当于加里培林的以下三个阶段：出声的外部言语动作阶段、不出声的外部言语动作阶段和内部言语动作阶段。

### 考点2　心智技能的培养要求

**1. 确立合理的智力活动原型**

由于形成的心智技能一般存在于有着丰富经验的专家的头脑中，因此，模拟确立模型的过程实际上是

把专家头脑中的观念的、内潜的、固定的经验“外化”为物质的、展开的、外显的活动模式的过程。

**2. 教师利用示范和讲解，并有效进行分阶段练习**

由于心智技能是按一定的阶段逐步形成的，因此，在培训方面只有分阶段进行练习，才能获得良好的教学效果。为提高分阶段练习的成效，在培养工作方面，必须充分依据心智技能的形成规律，采取有效的措施，包括：(1)激发学习的积极性和主动性；(2)注意原型的完备性、独立性和概括性；(3)适应培养阶段的特征，正确使用言语；(4)注意学生的个别差异；(5)科学地进行练习。

**3. 知识影响技能的形成**

了解学生的知识基础，并为学生提供相关知识。

**4. 注重培养学生认真思考的习惯和独立思考的能力**

要注意形成学生的概括性联想，培养学生的概括力和灵活的思维品质。

## 第六节　问题解决与创造性

### 一、问题解决概述

考点1 问题与问题解决的界定

**1. 问题的界定**

**问题**是个体不能用已有的知识经验直接加以处理并因此而感到疑难的情境。

现实中的问题多种多样，研究者倾向于将问题分为两类：有结构的问题（结构良好问题）和无结构的问题（结构不良问题）。**有结构的问题**是指已知条件和要达到的目标都非常明确，个体按照一定的思维方式即可获得答案的问题；**无结构的问题**是指已知条件与要达到的目标都比较含糊，问题情境不明确，各种影响因素不确定，也不容易找出解答线索的问题。

每一个问题都必然包含三种成分：(1)给定信息，指有关问题初始状态的一系列描述；(2)目标，指有关问题结果状态的描述；(3)障碍，指在解决问题的过程中会遇到的种种亟待解决的因素。

**2. 问题解决的界定**

问题解决是指为了从问题的初始状态到达目标状态，而采取一系列具有目标指向性的认知操作的过程。问题解决具有以下特征：

(1)**目的性**。问题解决总是要达到某个特定的目标状态，因而具有明确的目的性。没有明确目的指向的心理活动，*如漫无目的的幻想等*，不能称为问题解决。

(2)**认知性**。问题解决活动是通过内在的心理加工实现的，整个活动的过程依赖于一系列认知操作的进行。自动化的操作，*如走路等*，基本上没有重要的认知成分参与，因而不属于问题解决的范畴。

(3)**序列性**。问题解决包含一系列的心理活动，如分析、联想、比较、推论等，仅有一个心理操作不能称为问题解决。*简单的记忆操作不能称之为问题解决，如回忆某人的名字等*。而且这些心理操作是有一定序列的，序列出错，问题也无法解决。

考点2 问题解决的过程　【单选、多选】★

问题解决的过程一般可分为发现问题、理解问题、提出假设和检验假设四个阶段。

(1)**发现问题**。从完整的问题解决过程来看，发现问题是其首要环节。能否发现问题，与个体的活动积极性、已有知识经验等有关。

(2)**理解问题（明确问题）**。理解问题就是把握问题的性质和关键信息，摒弃无关因素，并在头脑中形成有关问题的初步印象，即形成问题的表征。认知心理学将理解问题看作是在头脑中形成问题空间的过程。

(3)提出假设。提出假设就是提出解决问题的可能途径与方案，选择恰当的解决问题的操作步骤。能否有效地提出假设，受到个体思维的灵活性与已有知识经验的影响。提出假设是问题解决的关键阶段。

(4)检验假设。检验假设就是通过一定的方法来确定假设是否合乎实际、是否符合科学原理。检验假设的方法有两种：直接检验和间接检验。

**真题面对面**

[2021内蒙古，单选]( )是指问题解决中分析问题，抓住问题关键、找出主要矛盾的过程。

A. 发现问题　　B. 理解问题

C. 提出假设　　D. 验证假设

答案：B

### 考点3 问题解决的策略 【单选、多选、判断】★

现代认知心理学家指出，问题解决的策略主要可以分为两大类：算法和启发法。

**1. 算法**

算法策略是将所有可能的针对问题解决的方法都一一列举出来并进行尝试，直到最终从根本上解决问题。

采用算法策略的优点是它能够保证问题的解决，但是采用这种策略在解决某些问题时需要大量的尝试，因此费时费力，而且当问题复杂、问题空间很大时，人们很难依靠这种策略来解决问题。另外，有些问题也许没有现成的算法或尚未发现其算法，对这种问题算法策略将是无效的。

**2. 启发法**

与算法的思维过程不同，启发法是基于一定的经验，根据现有问题状态与目标状态之间的内在联系，采用较少搜索而找到解决问题途径的一种策略。启发法不需要像算法策略那样费时费力，往往是一种比较快捷的方法，但却并不能保证一定可以成功地解决问题。以下是几种常用的启发法策略：

(1)手段—目的分析法。手段—目的分析法是将需要达到的问题的目标状态分成若干个子目标，通过实现一系列的子目标而最终达到总目标。

(2)爬山法。爬山法是采用一定的方法逐步降低初始状态和目标状态的距离，以达到问题解决的一种方法，与手段—目的分析法类似。其不同之处在于，手段—目的分析法包括这样一种情况，即有时人们为了达到目的，不得不暂时扩大目标状态与初始状态之间的差距，以便最终达到目标。

(3)逆推法。逆推法又称逆向搜索法，就是从问题的目标状态开始搜索直至找到通往初始状态的方法。逆向搜索更适合于解决那些从初始状态到目标状态只有少数解决方法的问题，数学中的推理运算有时采用这一策略。

**真题面对面**

[2022重庆，单选]人们在解决问题时，把每种可能性都试验一遍，直到成功为止，这种解决问题的方法是( )

A. 手段—目的分析法　　B. 算法式

C. 爬山法　　D. 逆向工作法

答案：B

## 考点 4 影响问题解决的主要因素 【单选、多选、判断、简答】★★★

问题解决的思维过程受多种心理因素的影响，有些因素能促进思维活动对问题的解决，有些因素则妨碍思维活动对问题的解决。这些因素可以分成问题因素和个人因素。**问题因素**包括问题的刺激特点、功能固着以及反应定势等。**个人因素**包括有关的知识背景、智慧水平、对问题的敏感性、好奇心和综合各种观念的能力以及动机和气质等。两种因素相互作用，共同影响了问题解决的过程和结果。

### 1. 问题情境（问题表征）

**问题情境**就是指问题呈现的知觉方式。问题呈现的知觉方式与人们已有的知识经验越接近，问题就越容易解决；反之，如果与人们已有的知识经验相差甚远，问题解决起来就很困难。

### 2. 定势与功能固着

定势与功能固着

**定势**（即心向）是指重复先前的操作所引起的一种心理准备状态。在定势的影响下，人们会以某种习惯的方式对刺激情境做出反应。定势对解决问题有积极作用，也有消极作用。

人们把某种功能赋予某物体的倾向称为**功能固着**。在功能固着的影响下，人们不易摆脱事物用途的固有观念，从而直接影响问题解决的灵活性。

### 3. 原型启发

对问题解决起启发作用的事物叫**原型**。**原型启发**是指从其他事物上发现解决问题的途径和方法。任何一个人对某一项目的发明创造或革新，都不是凭空想象出来的，在开始时总要受到某种类似的事物或模型的启发。例如，鲁班从丝茅草割破手得到启发，发明了锯。

原型启发

### 4. 酝酿效应

当一个人长期致力于某一问题解决而又百思不得其解的时候，如果他暂时停下对这个问题的思考去做别的事情，几小时、几天或几周之后，他可能会忽然想到解决的办法，这就是**酝酿效应**。酝酿效应实际上是产生了顿悟，使人们打破了以往不恰当的思路，从一个新的角度思考问题，从而使问题得以解决。

### 5. 迁移（已有知识经验、认知结构）

迁移是指已有的知识经验对解决新课题的影响。任何问题解决都离不开一定的知识作为基础，必要的知识经验、完善的知识结构有利于问题顺利地解决。

### 6. 情绪与动机

情绪对问题解决有一定影响，肯定、积极的情绪状态有利于问题的解决，而否定、消极的情绪状态则会阻碍问题的解决。人们对活动的态度、责任感等都可以成为发现问题的动机，影响问题解决的效果。动机的强度不同，影响的大小也不一样。动机强度与问题解决的关系遵循“耶克斯—多德森定律”。

此外，个体的认知结构、个性特征以及问题的特点等也会影响问题的解决。

**真题面对面**

1. [2022 陕西，多选]影响问题解决的因素主要包括（　　）

A. 问题表征　　B. 定势　　C. 迁移　　D. 原型启发



第四部分

2. [2022 黑龙江，判断]思维定势对问题的解决总是起到妨碍的作用。(    )

答案：1. ABCD　2. ×

### 考点5　学生问题解决能力的培养　【论述】★

(1)培养学生主动质疑和解决问题的内在动机。(2)问题的难度要适当。(3)帮助学生正确表征问题。画草图、列表、写方程式等都是常用的表征问题的方式。(4)帮助学生养成分析问题和对问题归类的习惯。(5)提高学生知识储备的数量和质量，指导学生善于从记忆中提取信息。(6)训练学生陈述自己的假设及其步骤，鼓励自我评价和反思。(7)教授与训练解决问题的方法和策略。(8)提供多种练习机会。(9)训练逻辑思维能力，提高思维水平。

## 二、创造性及其培养

### 考点1　创造性的概念　【判断】★

一般把创造性看成是根据一定目的，运用已知信息，产生出某种新颖、独特、有社会价值的产品的能力或特性，也称为创造力。创造性并不是少数人独有的，而是人类普遍存在的一种潜能。

**真题面对面**

[2021 内蒙古，判断]创造性是少数人的天赋，一般人不可能有。(    )

答案：×

### 考点2　创造性的特征　【单选、判断】★

尽管不同的研究及其相关测验强调创造性的不同特征，但目前比较公认的是以发散思维的基本特征来代表创造性的特征。

(1)**流畅性**。流畅性是指在限定时间内产生观念数量的多少。在短时间内产生的观念越多，流畅性越大。该特征能反映个体的心智灵活、思路通达的程度。

(2)**灵活性**。灵活性是指摒弃以往的习惯思维方法而开创不同方向的能力，也叫思维的**变通性**。例如，让被试“举出报纸的用途”，如果回答“阅读”“学习”“获取信息”，就只是把报纸的用途局限在了“阅读材料”上；而如果回答“包东西”“折玩具”等，则范围更加广泛，变通性也就比较大。

(3)**独创性**(独特性)。独创性是指产生不寻常的反应和不落常规的能力，以及重新定义或按新的方式对所见所闻加以组织的能力。例如，在“曹冲称象”的故事中，曹冲把“石头”作为称象的工具就显得十分独特。

**重难点解读**

对创造性的特征(发散思维的基本特征)进行判断时，应抓住各个特征的关键词：流畅性强调单位时间内数量多(种类单一)，即时间短、速度快；灵活性强调范围广(种类多)，即打破旧的思维观念，从新角度考虑问题；独创性强调观念新(与众不同)，即超乎寻常，新奇独特。

**真题面对面**

1. [2022 江西，单选]摒弃以往的习惯思维方法，开创不同方向的能力，这体现了创造性的(    )

A. 流畅性　　B. 变通性　　C. 独创性　　D. 灵感性

2. [2020 宁夏，判断]发散思维的变通性是指对同一问题从不同角度探寻出不同类型的答案。(    )

答案：1. B　2. √

## 考点 3 影响创造性的因素 【单选、多选、判断、简答】 ★★

### 1. 环境

家庭与学校的教育环境以及社会文化是影响个体创造性的重要因素。

(1)父母的受教育程度、管教方式以及家庭气氛等都在不同程度上影响孩子的创造性。研究发现,父母受教育程度较高者、对子女的要求不过分严格者、对子女的教育采取适当辅导策略者以及家庭气氛比较民主者,都比较有利于孩子的创造性的培养。

(2)在学校教育方面,如果学校气氛较为民主,教师不以权威管理学生,教师鼓励学生的自主性,允许学生表达不同意见,学习活动有较多自由,教师允许学生在自行探索中去发现知识,这样的教育就有利于创造性的培养。

(3)社会文化也会影响学生创造性的发展。创设具有一定开放性和自由空间的成长环境,尊重学生的独立性、尊重他们的差异,是创造性培养的另一重要方面。

### 2. 智力

创造性与智力并非简单的线性关系,二者既有独立性,又在某种条件下具有相关性,在整体上呈正相关趋势。高智力是高创造性的必要条件,但不是充分条件。其关系表现为:(1)低智力不可能具有高创造性;(2)高智力可能有高创造性,也可能有低创造性;(3)低创造性者的智力水平可能高,也可能低;(4)高创造性者必须有高于一般水平的智力。

### 3. 个性

一般而言,创造性与个性之间具有互为因果的关系。综合有关研究,高创造性者一般具有以下个性特征:(1)具有幽默感;(2)有抱负和强烈的动机;(3)能够容忍模糊与错误;(4)喜欢幻想;(5)具有强烈的好奇心;(6)有独立性。

**真题面对面**

[2021重庆,单选]下列关于智力与创造性关系的描述中,正确的选项是(　　)

A. 高创造力必有高智力　　B. 高智力必定产生高创造力

C. 低智力也能产生高创造力　　D. 创造力大小与智力高低无关

答案:A

## 考点 4 创造性的培养 【简答、论述、案例分析】 ★★

创造性是由人的认知能力、个性倾向和社会环境相互作用产生的行为结果。因此,可以从以下四个方面来探索创造性的培养途径:

### 1. 培养创造性认知能力

(1)培养创造性的知识基础。知识是提高创造性的基础。(2)创造性思维的培养。具体内容参见心理学部分第二章第五节中"创造性思维能力的培养"。

### 2. 注重创造性个性的塑造

(1)保护好奇心;(2)解除个体对答错问题的恐惧心理;(3)鼓励独立性和创新精神;(4)重视非逻辑思维能力;(5)给学生提供具有创造性的榜样。

### 3. 创设有利的社会环境

(1)创设宽松的心理环境;(2)给学生留有充分选择的余地;(3)改革考试制度与考试内容。

**4. 培养创造型的教师队伍**

要培养学生的创造性,必须对教师进行有关创造性的相应培训和专门指导。具体表现在:(1)要转变教师的教育教学观念,使教师形成理解并鼓励学生的创造,把培养创造性作为一种教学目标的现代教育理念;(2)要教给教师必要的创造技法和思维策略,提高他们自身的创造意识和创造能力;(3)要为教师提供比较明晰的具有实际应用价值的关于创造性的操作定义、相应的评价标准和程序、有效的教学策略和技能。

真题面对面

1. [2022内蒙古,简答]简述如何塑造学生的创造性个性。
2. [2022贵州,简答]简述培养创造力的策略。

答案:1. 详见内文　2. 详见内文

## 第七节　态度与品德的形成

### 一、态度与品德概述

考点 1　态度概述　【单选、名词解释】★

**1. 态度的实质**

态度是通过学习而形成的影响个人行为选择的内部准备状态或反应的倾向性。对于该定义,可以从这几个方面来理解:(1)态度是一种内部准备状态,而不是实际反应本身;(2)态度不同于能力,虽然二者都是内部倾向,能力决定个体能否顺利完成任务,态度则决定个体是否愿意完成任务;(3)态度是通过学习形成的,不是天生的;(4)态度总有一定的对象,它是包罗万象的,可以是人,也可以是事;(5)态度具有价值判断的成分和感情色彩;(6)态度具有一定的稳定性与持续性。

社会态度的功能有:(1)适应功能;(2)自我防御功能;(3)价值表现功能;(4)认识或理解功能。

**2. 态度的结构**

态度的结构包括认知成分、情感成分和行为成分。态度的**认知成分**是指个体对态度对象所具有的带有评价意义的观念和信念;态度的**情感成分**是指伴随着态度的认知成分而产生的情绪或情感体验,是态度的核心成分;态度的**行为成分**是指准备对某对象做出某种反应的意向或意图。一般情况下,这三种成分是一致的,但也有不一致的情况,如知行脱节等。

真题面对面

[2021内蒙古,单选]态度的核心成分是(　　)

A. 认知　　B. 情感　　C. 动力　　D. 行为

答案:B

考点 2　品德概述　【单选、多选、判断、填空、名词解释、辨析】★★★

**1. 品德的实质**

品德又称道德品质,是个体依据一定的社会道德准则规范自己行动时所表现出来的稳定的心理倾向和特征。它是社会道德准则在个人思想与行动中的体现,是个性中具有道德评价意义的核心部分。

**2. 品德的特征**

(1)品德反映了人的社会特性,是将外在于个体的社会规范的要求转化为个体的内在需要的复杂过程。

(2)品德具有相对的稳定性,若只是此一时、彼一时地偶然表现,则不能称之为品德,只有经常地表现出一贯的规范行为,才标志着品德的形成。

(3)品德是在道德观念的控制下进行某种活动、参与某件事情或完成某个任务的自觉行为,也就是说,是认识与行为的统一。

**3. 道德与品德的关系**

表4-13　道德与品德的关系

<table>
<tr><th>关系</th><th>道德</th><th>品德</th></tr>
<tr><td rowspan="2">区别</td><td>依赖于整个社会的存在而存在的一种社会现象</td><td>依赖于某一个体的存在而存在的心理现象</td></tr>
<tr><td>发生和发展受社会发展规律的制约,具有明显的阶级性和历史性</td><td>不仅受社会环境的影响,还受个体生理、心理等内部因素的影响</td></tr>
<tr><td rowspan="2">区别</td><td>社会道德内容是一定社会或阶级伦理行为规范的完整体系</td><td>个体品德内容只是社会道德准则或规范的部分表现</td></tr>
<tr><td>伦理学和社会学研究的对象</td><td>心理学和教育学研究的对象</td></tr>
<tr><td>联系</td><td colspan="2">(1)社会道德制约着个人品德,离开了道德也就谈不上个人品德,个人品德的内容是社会道德在个体身上的具体表现,即品德是道德的具体化;<br>(2)品德是个人在社会生活中,主要在社会道德舆论、家庭成员与学校教育的影响下,通过自己的道德实践活动而形成、发展的;<br>(3)个人品德对社会道德风气能产生一定的反作用,特别是优秀人物的品德,作为一种道德品质的典范,往往会对整个社会良好道德风气产生深远的影响</td></tr>
</table>

注:*在考试中,除题目中明确要求区分品德与道德外,二者可以视作同一概念。*

**4. 品德的心理结构**

品德的心理结构包括四种相辅相成的基本心理成分:**道德认知、道德情感、道德意志和道德行为**,简称知、情、意、行。

(1)道德认知(道德认识)

**道德认知**是指对于行为规范及其意义的认识,是人的认识过程在道德上的表现。道德认知是社会的道德要求转化为个人的内在品质的首要环节,是整个道德品质形成的基础,是道德情感、道德意志产生的依据,对道德行为具有定向的意义,是行为的调节机制。品德的核心是道德认知。

道德认知的形成与发展主要包括道德概念的掌握、道德信念的确立和道德评价能力的发展三个环节。其中,道德概念的掌握依赖于三方面的内容:①具体的道德概念(即与具体的道德行为或一定的道德形象相联系的道德概念);②知识性的道德概念(即作为一种知识来理解的,没有内化为自己的道德观点,不能指导自己的言行的道德概念);③内化了的道德概念(即已形成了概括化的认识,并内化为自己的道德观点,成为进行道德评价和指导自己言行的标准的道德概念)。而道德信念是推动个人产生道德行动的强大动力,可以使人的道德行动表现出坚定性,因此它是道德品质形成中的关键因素。

(2)道德情感

**道德情感**是人的道德需要是否得到实现而引起的一种内心体验,也就是人在心理上所产生的对某种道德义务的爱憎、喜恶等情感体验。道德情感是个体道德行为的内部动力之一,是激发道德动机和进行自我监督的内心力量,是从道德认知到道德行为的中间环节,它左右着行为的决策与发动。

道德情感从表现形式上看,主要包括三种:①**直觉的道德情感**,即由于对某种具体的道德情境的直接感知而迅速发生的情感体验；②**想象的道德情感**，即通过对某种道德形象的想象而发生的情感体验；③**伦理的道德情感**，即以清楚地意识到道德概念、原理和原则为中介的情感体验。伦理的道德情感具有清晰的意识性和明确的自觉性，具有较大的概括性和较强的伦理性，具有稳定性和深刻性。爱国主义情感和集体主义情感属于伦理的道德情感。

(3)道德意志

道德意志是个体自觉地调节道德行为，克服困难，以实现预定道德目标的心理过程。道德意志实际上是道德观念的能动作用，是个体通过自己理智的权衡作用去解决道德生活中的内心矛盾与支配行为的力量，这种力量表现为能够排除内部障碍和外部困难，坚决执行道德动机所引起的行为决定。

(4)道德行为

道德行为是道德形成的最终环节，是指个体在一定的道德意识支配下表现出来的对他人和社会的有道德意义的活动。它是个体道德认知的外在表现，是实现道德动机的手段。道德行为是衡量道德品质的重要标志。

真题面对面

1. [2022重庆，单选]小明在课堂上经常讲话干扰课堂，老师找他谈话，他说："我也意识到了自己的错误，也想改正，但总是管不住自己。"在后续的教育中，老师应重点引导小明培养(　　)

A. 道德认知　　B. 道德情感　　C. 道德意志　　D. 道德行为

2. [2022黑龙江，单选]社会道德要求转化为个人内在品质的首要环节是(　　)

A. 道德意志　　B. 道德情感　　C. 道德认识　　D. 道德实践

3. [2021河北，填空]品德是个体依据一定的社会道德准则规范行动时表现出来的比较稳定的________。

答案：1. C　2. C　3. 心理倾向和特征

## 二、品德发展的阶段理论

### 考点1　皮亚杰的道德发展阶段理论　【单选、多选】★

皮亚杰采用"**对偶故事法**"对儿童道德判断的发展进行大量研究，发现并总结出了儿童道德认知发展的总规律，即儿童道德的发展经历从他律到自律的转化发展过程。他律是指早期儿童的道德判断只注意行为的客观效果，不关心主观动机，是受自身以外的价值标准所支配的道德判断，具有客体性。自律则是指儿童自己的主观价值和主观标准所支配的道德判断，具有主体性。他律水平和自律水平是儿童道德判断的两级水平。在此基础上皮亚杰还提出了儿童道德发展的年龄阶段。他认为，10岁是儿童从他律道德向自律道德转化的分水岭，10岁前儿童对道德行为的思维判断主要依据他人设定的外在标准，也就是他律道德；10岁以后儿童对道德行为的思维判断大多依据自己的内在标准，也就是自律道德。在他看来，一个人道德的成熟，主要表现在尊重准则和社会公正感两方面。

**1. 自我中心阶段(前道德阶段)(2～5岁)**

自我中心阶段是从儿童能够接受外界的准则开始的。例如，儿童在打弹珠游戏中总是自己玩自己的，按照自己的想象去执行规则。这是因为儿童还不能把自己同外在环境区别开来，而把外在环境看作是他自身的延伸。规则对于他来说，还不具有约束力。

**2. 权威阶段(他律道德阶段或道德实在论阶段)(6～8岁)**

这一阶段儿童的道德判断受外部的价值标准所支配和制约，表现出对外在权威的绝对尊重和顺从的愿

望。这个阶段的儿童认为，应该尊重权威和尊重年长者的命令。一方面，他们绝对遵从成人、权威者的命令；另一方面，他们也服从周围环境对他们所规定的规则或提出的要求。他们认为规则是必须遵守的，是不可更改的，只要服从权威就是对的，比如听父母或大人的话就是好孩子。儿童对行为的判断主要根据**客观结果**，而不考虑主观动机。例如，小学一、二年级学生好告状，就是儿童服从权威道德观念的具体表现。

**3. 可逆性阶段（自律或合作道德阶段）（8～10岁）**

这一阶段的儿童已不把准则看成是不可改变的，而把它看作是同伴间共同约定的。该阶段的特征是：儿童一般都形成了这样的概念，如果所有的人都同意的话，规则是可以改变的。儿童已经意识到一种同伴间的社会关系，应相互尊重。准则对他们来说已具有一种保证他们相互行动、互惠的可逆特征。同伴间的可逆关系的出现，标志着品德开始由他律进入自律阶段。开始以**动机**作为道德判断的依据，认为公平的行为都是好的。关于惩罚，认为只有回报的惩罚才是合理的。

**4. 公正阶段（10～12岁）**

这一阶段的公正观念是从可逆的道德认识中脱胎而来的。他们开始倾向于主持公正、公平等。公正的奖惩不能是千篇一律的，应根据个人的具体情况进行。也就是说，儿童不再刻板地按固定的规则去判断，在依据规则判断时应该考虑到同伴的一些具体情况，从关心和同情的角度出发去判断。

真题面对面

[2022江西，多选]关于皮亚杰的道德发展阶段理论，下列表达正确的观点是（　　）

A. 喜欢找老师告状是自我中心阶段的表现

B. 在可逆性阶段，儿童不再把规则看成是一成不变的

C. "好孩子"取向阶段属于习俗水平

D. 从他律到自律是道德发展的两个水平

答案：BD

### 考点2 科尔伯格的道德发展阶段理论　【单选、多选、辨析】 ★★

**科尔伯格**提出道德发展阶段论，采用"**道德两难故事法**"进行研究，最典型的就是"海因茨偷药"的故事，让儿童对道德两难问题做出判断。研究发现，不同国家和地区，虽然种族、文化各有不同，社会道德标准各异，但道德判断能力的发展却相当一致。因此，他以道德判断的发展代表道德认识的发展，进而代表品德发展的水平。

**科尔伯格**将道德判断分为三个水平，每一水平包含两个阶段，这六个阶段依照由低到高的层次发展。

**1. 前习俗水平**

前习俗水平大约出现在幼儿园及小学中低年级。该时期的特征是：个体着眼于人物行为的具体结果及其与自身的利害关系，认为道德的价值不决定于人及准则，而是决定于外在的要求。前习俗水平包括两个阶段：

（1）服从与惩罚的道德定向阶段。这一阶段儿童的道德价值来自对外力的屈从或对惩罚的逃避。他们衡量是非的标准是由成年人来决定的，对成人或准则采取服从的态度，缺乏是非善恶的观念。他们会认为，海因茨不能去偷药，因为如果被人抓住的话会坐牢的。

（2）相对功利的道德定向阶段（相对功利取向阶段、行为的功用和相互满足需要定向倾向、朴素的利己主义的定向阶段）。这一阶段儿童的道德价值来自对自己要求的满足，偶尔也来自对他人需要的满足。在进行道德评价时，他们开始从不同角度将行为与需要联系起来，但具有较强的自我中心性，认为符合自己需要的行为就是正确的。他们会认为，海因茨应该去偷药，谁让那个药剂师那么坏，便宜一点就不行吗。

**2. 习俗水平**

习俗水平

习俗水平是在小学中年级出现的，一直到青年、成年。这一阶段的特征是：个体着眼于社会的希望和要求，能够从社会成员的角度去思考道德问题；开始意识到人的行为必须符合群体或社会的准则；能够了解、认识社会行为规范，并遵守、执行这些规范。这一水平包括以下两个阶段：

（1）好孩子的道德定向阶段（寻求认可取向阶段、社会习俗的定向阶段、人际关系与补同的定向阶段）。这一阶段儿童的价值是以人际关系的和谐为导向，顺从传统的要求，符合大众的意见，谋求大家的称赞。在进行道德评价时，总是考虑到社会对一个"好孩子"的期望和要求，并总是按照这种要求去展开思维。他们会认为，海因茨应该去偷药，因为一个好丈夫就应该照顾好自己的妻子。如果他不这样做，结果妻子死了，别人都会骂他见死不救，没有良心。

（2）维护权威或秩序的道德定向阶段（遵守法规取向阶段、秩序和法规定向阶段、权威和社会权利控制的定向阶段）。这一阶段儿童的道德价值是以服从权威为导向，包括服从社会规范，遵守公共秩序，尊重法律的权威，以法制观念判断是非、知法守法。儿童会认为，海因茨不应该去偷药，因为如果人人都违法去偷东西的话，社会就会变得很混乱。

**3. 后习俗水平**

该时期的特点是：个体不只是自觉遵守某些行为规则，还认识到法律的人为性，并在考虑全人类的正义和个人尊严的基础上形成某些超越法律的普遍原则。这一水平包括以下两个阶段：

（1）社会契约的道德定向阶段（社会法制取向阶段、社会契约取向阶段）。这一阶段仍以法制观念为导向，有强烈的责任心和义务感，但不再把社会规则和法律看成是死板的、一成不变的条文，而认识到了它们的人为性和灵活性，他们尊重法制但不拘泥于法律条文，认为法律是人制定的，不合时宜的条文可以修改。也就是说，他们认识到法律或习俗的道德规范仅仅是一种社会契约，它由大家商定，可以改变，而不是固定僵死的。他们会认为，海因茨应该去偷药，因为一个人生命的价值远远大于药剂师对个人财产的所有权。

（2）普遍原则的道德定向阶段（原则或良心定向阶段、良心或普遍原则定向阶段、普遍伦理取向阶段）。这一阶段以价值观念为导向，有自己的人生哲学，对是非善恶的判断有独立的价值标准，思想超越了现实道德规范的约束，行为完全自律。由于认识到了社会秩序的重要性与维持这种共同秩序所带来的弊病，看到了社会准则与法律的界限性，所以在进行道德评价时，能超越以前的社会契约所规定的责任，而且是以正义、公平、平等、尊严等这些最高的原则为标准进行思考，以普遍的标准来判断人们的行为。他们认为，海因茨应该去偷药，因为和种种可考虑的事情相比，没有什么比人类的生命更有价值。

**真题面对面**

1. [2022河北，单选]科尔伯格认为道德判断发展的最高阶段是（　　）

A. 惩罚和服从阶段　　B. 维护权威或秩序定向阶段

C. 社会契约定向阶段　　D. 良心或原则定向阶段

2. [2022四川，单选]有孩子认为，因急事闯红灯违反了交通规则，扰乱了社会秩序，是不对的。这个孩子的道德发展水平处于（　　）

A. 前习俗水平　B. 习俗水平　C. 后习俗水平　D. 前道德水平

3. [2021河南，单选]学生认为"社会法则应符合公众权益，否则就应该修改。"根据科尔伯格的理论，该生的道德发展属于（　　）

A. 社会契约取向阶段　　B. 惩罚与服从取向阶段

C. 普遍伦理取向阶段　　D. 维护权威或秩序取向阶段

答案：1. D　2. B　3. A

## 三、学生品德的发展

### 考点 1 小学生品德的发展

小学阶段是品德发展的奠基阶段，是良好行为习惯养成的最佳时期。小学生品德的发展具有明显的形象性、过渡性和协调性。小学阶段的品德过渡性特点，是品德发展过程中的质变的具体表现，在这个过程中，存在着一个转折期，即儿童品德发展的“关键年龄”。研究结果表明这个关键期大致在小学三年级下学期前后，但是由于教育工作上的差异，前后有一定的出入。

### 考点 2 中学生品德的发展

(1)逐渐从他律变成自律，伦理道德已经开始形成。

(2)品德发展由起伏(动荡)向成熟过渡。①初中阶段品德发展具有波动性。这一时期既是人生观开始形成的时期，又是容易发生品德两极分化的时期。品德不良、违法犯罪多发生在这个时期。根据研究，初中二年级是品德发展的关键期。②高中阶段品德发展趋向成熟。高中阶段或青年初期的品德发展进入以自律为主要形式，应用道德信念来调节道德行为的成熟时期，表现在能自觉地运用一定的道德观点、信念来调节行为，并初步形成人生观和世界观。

## 四、态度与品德的形成与培养

亲历学习与观察学习是品德学习的两种方式。亲历学习指个体通过直接体验其行为后果而进行的学习。相比较而言，观察学习是学习态度的最有效的方式。

### 考点 1 态度与品德的形成过程 【单选、判断、简答】 ★★

态度与品德的形成是一个从外到内的转化过程，是社会规范的接受和内化，大致经历三个阶段：

(1)依从，即表面上接受规范，按照规范的要求来行动，但对规范的必要性或根据缺乏认识，甚至有抵触情绪。它是规范内化的初级阶段，是态度与品德建立的开端。依从包括从众和服从。依从阶段的行为具有盲目性、被动性、不稳定性，随情境的变化而变化。

(2)认同，是在思想、情感、态度和行为上主动接受他人的影响，把别人或某个群体的态度作为自己的态度，使自己的态度和行为与他人相接近。认同比依从更深入一层，它不受外界压力的控制，行为具有一定的自觉性、主动性和稳定性等特点。

(3)内化，是指在思想观点上与社会规范及其价值一致，将自己所认同的思想和自己原有的观点、信念融为一体，构成一个完整的价值体系。这一阶段的行为具有高度的自觉性、主动性和坚定性。

**真题面对面**

1. [2021黑龙江,判断]教师在教室时,学生普遍遵守班级纪律;教师离开教室后,学生就违反班级纪律,则这类学生处在态度与品德形成过程的认同阶段。(　　)

2. [2022四川,简答]简述品德的形成过程。

答案:1. ×　2. 详见内文

## 考点2 影响态度与品德学习的一般条件　【单选、多选】★

**1. 外部条件**

(1)**家庭教养方式**。研究表明,学生的态度与品德特征与家庭的教养方式有密切关系。若家庭教养方式是民主、信任、容忍的,则有助于儿童优良的态度与品德的形成与发展。若家长对待子女过分严格或放任,则孩子更容易产生不良的、敌对的行为。

(2)**社会风气**。社会风气由社会舆论、大众媒介传播的信息、各种榜样的作用等构成。社会上良好与不良的风气都有可能影响个体道德信念与道德价值观的形成,这也使得德育工作难度加大。

(3)**同伴群体**。学生的态度与道德行为在很大程度上受到他们所归属的同伴群体的行为准则和风气的影响。

**2. 内部条件**

(1)**认知失调**。人类具有一种维持平衡和一致性的需要,即力求维持自己的观点、信念的一致,以保持心理平衡。当认知不平衡或不协调时,比如,新出现的事物与自己原有的经验不一致,或者自己的观点与他人的、社会的观点或风气不一致等,这时内心就会有不愉快或紧张的感受,个体就试图通过改变自己的观点或信念,以达到新的平衡。可以说,认知失调是态度改变的先决条件。

(2)**态度定势**。个体由于过去的经验,对所面临的人或事可能会具有某种肯定或否定、趋向或回避、喜好或厌恶等内心倾向性,这种事先的心理准备或态度定势常常支配着人对事物的预料与评价,进而影响着是否接受有关的信息和接受的量。帮助学生形成对教师、对集体的积极的态度定势或心理准备是使学生接受道德教育的前提。

(3)**道德认知**。态度与品德的形成与改变取决于个体头脑中已有的道德准则、对规范的理解水平和掌握程度,取决于已有的道德判断水平。

此外,个体的智力水平、受教育程度、年龄等因素也对态度与品德的形成与改变有不同程度的影响。

**记忆有妙招**

为方便考生记忆,编者将态度与品德学习的一般条件总结成以下口诀:

**外家社群,内认定的**。**外**:外部条件。**家**:家庭教养方式。**社**:社会风气。**群**:同伴群体。**内**:内部条件。**认**:认知失调。**定**:态度定势。**的**:道德认知。

## 考点3 态度与品德的培养　【多选、简答、论述】★

教师可以综合应用一些方法来帮助学生形成或改变态度与品德。常用的方法有言语说服、榜样示范、群体约定、价值辨析、奖惩等。

(1)**有效的说服**。用言语说服学生需要一些技巧。包括:①有效地利用正反论据。对于理解能力有限的低年级学生,教师最好只提供正面论据,以免学生产生困惑、无所适从;对于理解能力较强的高年级学生,教师可以考虑提供正反两方面的论据,使学生产生客观、公正的感觉,从而相信教师所言,改变态度。当学生没有相反的观点时,教师应只呈现正面观点,不宜提出反面观点,以免转移学生的注意,误导学生怀疑正面观点;当学生原本就有反面观点时,教师应主动呈现两方面观点,以增强学生对错误观点的免疫力。当说服的任务是解决当务之急的问题时,应只提出正面观点,以免延误时间;当说服的任务是培养学生长期稳定的态度时,应提出正反两方面的材料。②发挥情感的作用,不仅要以理服人更要以情动人。③考虑原有态度的特点。

(2)**树立良好的榜样**。根据班杜拉的社会学习理论,对榜样的观察可以改变学生的行为。

(3)**利用群体约定**。教师可以利用集体讨论后做出的集体约定,来改变学生的态度。

(4)**价值辨析**。在价值辨析的过程中,教师引导学生利用理性思维和情绪体验来检查自己的行为模式,鼓励他们努力去发现自身的价值,并根据自己的价值选择来行事。

(5)**给予适当的奖励和惩罚**。奖励和惩罚作为外部的调控手段,不仅影响着认知、技能和策略的学习,而且对个体态度和品德形成也起到一定的作用。虽然对惩罚的教育效果有不同的看法,但从抑制不良行为的角度来看,惩罚还是有必要的,也是有助于良好的态度与品德形成的。

除上述所介绍的各种方法外,角色扮演、小组道德讨论等方法对于态度与品德的形成和改变都是非常有效的。

**记忆有妙招**

为方便考生记忆,编者将态度与品德的培养方式总结成以下口诀:

**嫁给有理数**。**嫁**:价值辨析。**给**:给予适当的奖励和惩罚。**有**:有效的说服。**理**:利用群体约定。**数**:树立良好的榜样。

**真题面对面**

[2021内蒙古,多选]培养良好态度与品德的方法有(    )

A. 有效的说服　　B. 价值辨析　　C. 利用群体约定　　D. 激发潜能

E. 树立良好的榜样

答案:ABCE

## 五、学生不良行为的矫正

### 考点1 过错行为与不良品德行为的概念

学生的不良行为可分为**过错行为**与**不良品德行为**两种。学生的过错行为是指那些不符合道德要求的问题行为,如调皮捣蛋、恶作剧、起哄、无理取闹、考试作弊等。学生的不良品德行为则是指那些由错误道德意识支配的,经常违反道德准则,损害他人或集体利益的问题行为。

### 考点2 学生不良行为的原因分析

(1)客观方面,学生不良行为产生的原因来自家庭、学校和社会环境三个方面:①家庭教育失误;②学校教育不当;③社会文化的不良影响。

(2)主观方面,学生的不良行为主要受这些因素的影响:①缺乏正确的道德观念和道德信念;②消极的情绪体验;③道德意志薄弱;④不良行为习惯的支配;⑤性格上的缺陷等。

### 考点3 学生不良行为的矫正

学生不良行为的矫正是一项复杂的工作,其效果取决于教育时机的选择和对众多教育因素的控制。分析和理解其矫正的心理过程,有利于选择矫正措施,提高矫正的效果。一般认为,学生不良行为的矫正要经



第四部分

历醒悟阶段、转变阶段和自新阶段三个过程。下面介绍一些矫正的心理学策略:(1)改善人际关系,消除疑惧心理和对立情绪;(2)保护自尊心,培养集体荣誉感;(3)讲究谈话艺术,提高道德认知;(4)锻炼与诱因做斗争的毅力,巩固新的行为习惯;(5)注重个别差异,运用教育机智。

真题面对面

[2022陕西,单选]品德不良的纠正一般要经历的阶段有( )

A. 执拗、醒悟、改变

B. 醒悟、再犯、顿悟

C. 醒悟、转变、自新

D. 转变、自新、醒悟

答案:C

## 核心考点回顾

1. 奥苏贝尔将学习动机划分为哪些? 其各自的内涵是什么?(参见本书P350)
2. 耶克斯—多德森定律的基本内容有哪些?(参见本书P352)
3. 成败归因理论中六大因素的归因维度分别是什么?(参见本书P353)
4. 迈克卡将学习策略分为哪几种?(参见本书P357)
5. 学习迁移的种类有哪些?(参见本书P363)
6. 影响学习迁移的因素有哪些?(参见本书P366)
7. 知识学习的类型有哪些?(参见本书P369)
8. 技能的种类有哪些?(参见本书P372)
9. 影响问题解决的主要因素有哪些?(参见本书P379)
10. 科尔伯格的道德发展阶段理论的主要内容是什么?(参见本书P385)

## 达标测评

| 建议用时 | 实际用时 | 测评总分 | 实际得分 |
| --- | --- | --- | --- |
| 30分钟 | ____分钟 | 25分 | ____分 |

一、单项选择题(每小题1分,共6分)

1. 下列关于学习迁移的说法,错误的是( )

A. 概括化理论认为,一个人只要对他的经验进行了概括,就可以完成从一种情境到另一种情境的迁移

B. 苛勒等人认为,迁移是非常具体的、有条件的,需要有共同的要素

C. 学会骑自行车反倒不利于学习骑三轮车属于负迁移

D. 加强基本原理的教学有利于促进原理或规则的迁移

2. 学生学会骑车实际学会的是( )

A. 陈述性知识　　B. 程序性知识　　C. 直觉性知识　　D. 创造性知识

3. 下列关于操作整合的特点的描述,不正确的是( )

A. 动作可以表现出一定的灵活性、稳定性和精确性,但当外界条件发生变化时,动作的这些特点都有所降低

B. 各个动作成分趋于分化、精确，整体动作趋于协调、连贯，各动作成分间的相互干扰减少，多余动作也有所减少

C. 听觉控制不起作用，逐渐让位于视觉控制

D. 疲劳感、紧张感降低，心理能量不必要的消耗减少，但没有完全消除

4. 小王是一名中学生，下列选项中有可能对小王的自我效能感没有影响的是（　　）

A. 小王多次数学考试失败的经验

B. 与小王水平相仿的小红英语考试失败

C. 小王在面对一个十分困难的任务时没有其他人的帮助而任务失败

D. 老师利用小王的偶像作为例子对小王进行引导

5. “知人所不知，见人所不见。”这表明了创造性的（　　）品质。

A. 流畅性　　B. 变通性　　C. 指向性　　D. 独创性

6. 如果一个孩子在听了“海因茨偷药”的故事后，认为“海因茨应该去偷药，谁让那个药剂师那么坏，便宜一点就不行吗”，那么这个孩子所处的道德发展阶段是（　　）

A. 前习俗水平　　B. 后习俗水平　　C. 准习俗水平　　D. 习俗水平

二、多项选择题（每小题2分，共4分）

1. 上位学习是在学生掌握一个比认知结构中原有概念的概括和包容程度更高的概念或命题时产生的。以下属于上位学习的是（　　）

A. 学完直角的概念之后再学习角的概念

B. 学完盐酸的概念再学酸的概念

C. 学完长方形的面积计算公式后再学正方形的面积计算公式

D. 学完鲸的习性再学哺乳动物的习性

2. 下列属于学生过错行为的是（　　）

A. 调皮捣蛋　　B. 恶作剧

C. 考试作弊　　D. 未经允许拿他人东西

三、判断题（每小题1分，共2分）

1. 学生因在学习过程中遇到自己无法克服的困难而向他人或物体（借助字典、参考书等）请求帮助的行为，是一种依赖性的表现。（　　）

2. 学习动机是学生学习的重要条件，当学生尚未表现出对学习有适当的兴趣或动机时，教师必须推迟教学活动。（　　）

四、辨析题（每小题4分，共8分）

1. 逆向迁移就是负迁移。

2. 习得性无助感与人们对失败的归因无关。

五、简答题（本大题共5分）

简述心智技能的培养要求。

## 参考答案及解析

一、单项选择题

1. B　[解析]迁移是非常具体的、有条件的，需要有共同的要素，这是桑代克相同要素说的观点。苛勒是关系转换说的代表人物。所以，B项说法错误。

第四部分

2. B [解析]程序性知识即操作性知识，是一种经过学习后自动化了的关于行为步骤的知识，表现为在信息转换活动中进行具体操作。学会骑车实际上是学会了程序性知识。

3. C [解析]操作整合过程中，视觉控制不起主导作用，逐步让位于动觉控制，肌肉运动的感觉变得较清晰、准确，并成为动作执行的主要调节器。

4. C [解析]自我效能感的影响因素有：(1)个人自身行为的成败经验；(2)替代经验；(3)言语暗示；(4)情绪唤醒。一个非常困难的任务的失败可能对小王的自我效能感没有影响，因为他可能本来就对困难任务的完成预期很低。

5. D [解析]独创性是指产生不寻常的反应和不落常规的能力，以及重新定义或按新的方式对所见所闻加以组织的能力。

6. A [解析]处于前习俗水平中相对功利的道德定向阶段的儿童，其道德价值来自对自己要求的满足，偶尔也来自对他人需要的满足。在进行道德评价时，他们开始从不同角度将行为与需要联系起来，但具有较强的自我中心性，认为符合自己需要的行为就是正确的。他们会认为，海因茨应该去偷药，谁让那个药剂师那么坏，便宜一点就不行吗。

二、多项选择题

1. ABD [解析]A项，直角属于角的一种，因此先学习直角后学习角属于上位学习。B项，酸包含盐酸，因此也属于上位学习。C项，正方形是特殊的长方形，故不属于上位学习，属于下位学习。D项，鲸属于哺乳动物，故属于上位学习。

2. ABC [解析]学生的过错行为是指那些不符合道德要求的问题行为，如调皮捣蛋、恶作剧、起哄、无理取闹、考试作弊等。未经允许拿他人东西属于学生的不良品德行为，违反了道德准则并且损害他人利益。

三、判断题

1. × [解析]学业求助策略指当学生在学习上遇到困难时，向他人请求帮助的行为。学业求助不是自身能力缺乏的标志，而是获取知识、增长能力的一种途径，是一种重要的学习策略。学业求助包括两个方面：(1)学习工具的利用，如善于利用参考资料、工具书、图书馆、电脑等；(2)社会性人力资源的利用，如善于利用老师的帮助以及同学间的合作与讨论来加深对学习内容的理解。

2. × [解析]对于那些尚无学习动机或者学习动机不强的学生，尤其是年龄较小的学生，教师没有必要推迟学习活动。教学的最好办法是，把重点放在学习的认知方面而不是动机方面，致力于有效地教他们掌握有关知识，让他们获得成功的体验。学生尝到了学习的乐趣，就有可能产生或者增强其学习的动机。

四、辨析题

1. (1)这种说法是不正确的。(2)逆向迁移是指后继学习对先前学习产生的影响。负迁移也叫“抑制性迁移”，是指一种学习对另一种学习产生阻碍作用。两者本质完全不同。

2. (1)这种说法是不正确的。(2)习得性无助是当个体感到无论做什么事情都不会对自己的重要生活事件产生影响时所体验到的一种抑郁状态。其形成的原因是连续的失败，并把失败归于内部的、稳定的和不可控的因素(即能力低)。

五、简答题(参考答案)

(1)确立合理的智力活动原型；(2)教师利用示范和讲解，并有效进行分阶段练习；(3)知识影响技能的形成；(4)注重培养学生认真思考的习惯和独立思考的能力。

# 第五章 教学心理

思维导图

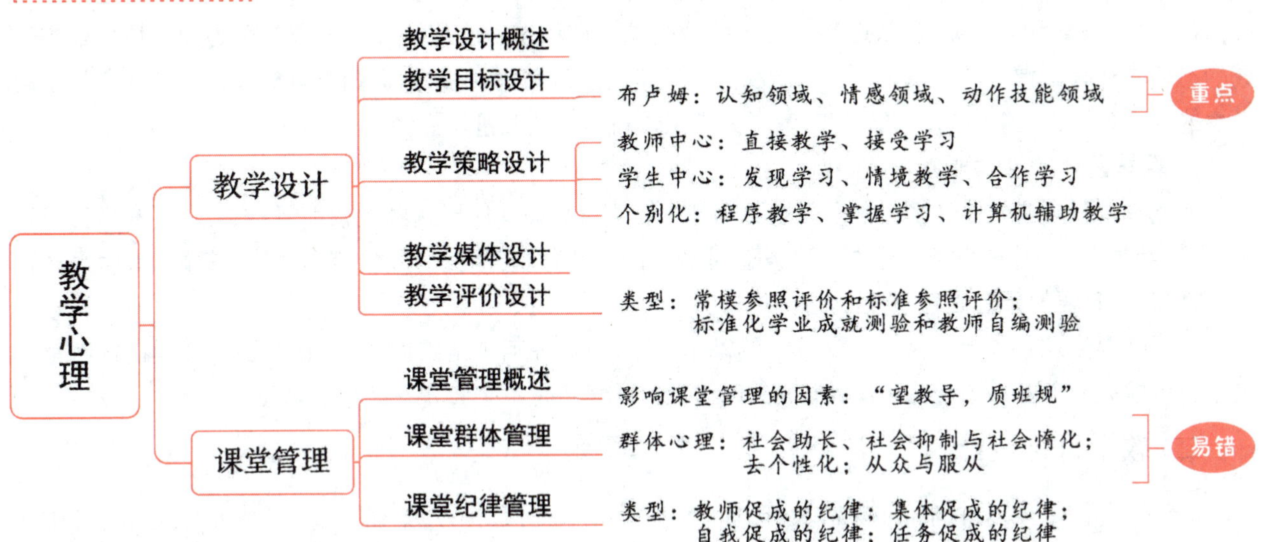


## 考向分析

本章属于教育心理学的基础章节，也是河南、河北、辽宁、内蒙古、江西等省份的特岗笔试重点考查的章节，知识点琐碎，需要识记和理解的知识较多，在考试中常以选择题、判断题、填空题、简答题、案例分析题等形式考查。本章的考向分析如下：

| 考点名称 | 常考题型 | 能力层级 | 考查热度 |
|---|---|---|---|
| 布卢姆的教学目标分类 | 单选、多选、简答 | 识记、理解 | ★★ |
| 影响课堂管理的因素 | 单选、多选、简答 | 识记、理解 | ★★ |
| 群体心理 | 单选、判断 | 识记 | ★★ |
| 课堂问题行为及其应对 | 单选、多选、案例分析 | 掌握、运用 | ★★ |

核心考点

## 第一节 教学设计

### 一、教学设计概述

#### 考点1 教学设计的概念及依据

教学设计是指在实施教学之前由教师对教学目标、教学方法、教学评价等进行规划和组织并形成设计方案的过程。教学设计既是每位教师都要完成的一项教学的基本环节，又是教育心理学研究的基本内容之一。

教学设计的依据有:(1)理论依据:①现代教学理论、学习理论与传播理论;②系统的原理和方法。(2)现实依据:①教学的实际需要;②教师的教学经验;③学生的需要和特点。

### 考点 2 教学设计的基本程序与基本要素

**1. 教学设计的基本程序**

教学设计作为对教学活动系统规划、决策的过程,其程序包括:(1)规定教学的预期目标,分析教学任务,尽可能用可观察和可测量的行为变化来作为教学结果的指标;(2)确定学生的起点状态,包括他们原有的知识水平、技能和学习动机、状态等;(3)分析学生从起点状态过渡到终点状态应掌握的知识技能或应形成的态度与行为习惯;(4)考虑用什么方式和方法给学生呈现教材,提供学习指导;(5)考虑用什么方法引起学生的反应并提供反馈;(6)考虑如何对教学的结果进行科学的测量与评价。

**2. 教学设计的基本要素**

上述基本程序集中体现了教学设计的四个基本要素:(1)教学所要达到的预期目标是什么(教学目标);(2)为达到预期目的,应选择怎样的知识经验(教学内容);(3)如何组织有效的教学(教学策略、教学媒体);(4)如何获取必要的反馈信息(教学评价)。

这四个要素从根本上规定了教学设计的基本框架,无论在何种范围内进行教学设计,教学设计者都应当综合考虑这四个基本要素,否则,所形成的教学设计方案将是不全面和不完整的。

第四部分

## 二、教学目标设计

### 考点 1 教学目标的概念及作用

教学目标是指在教学活动中期待得到的学生的学习结果。教学目标是教学活动的出发点和归宿,是课堂教学的灵魂,因此,确定教学目标是教学设计中最先考虑的问题。教学目标是整个教学设计中最重要的部分。它是对教学活动提出的具体要求,不仅规范着教师教的活动,而且也规范着学生学的活动。其作用主要体现在三个方面:(1)教学目标是选择教学方法的依据;(2)教学目标是进行教学评价的依据;(3)教学目标具有指引学生学习的作用。

### 考点 2 教学目标的分类

**1. 布卢姆的教学目标分类** 【单选、多选、简答】 ★★

美国教育心理学家**布卢姆**将教学目标分为认知、情感和动作技能三个领域,每一领域的目标又从低级到高级分成若干层次。其中,**认知领域**的教学目标分为知识、领会(理解)、运用(应用)、分析、综合、评价六级;**情感领域**的教学目标分为接受、反应、形成价值观念、组织价值观念系统、价值体系个性化五级;**动作技能领域**的教学目标包括知觉、模仿、操作、准确、连贯、习惯化六个层次。

**2. 加涅的分类**

加涅将学生的学习结果或教学目标分为五类:言语信息、智力技能、认知策略、动作技能和态度。加涅的教学目标分类被公认为具有处方性,因为这种分类不仅是条目的说明,还进一步告诉教师怎样设置情境去达成预定的教学目标。加涅还特别强调了与实现学生的学习结果密切相关的学习的内在条件。

### 考点 3 教学目标的陈述

教学目标设计的前提是教学目标的明确化。教学目标的明确化是陈述教学目标的基本要求,需要做到:(1)教学目标要用可观察的行为来表述,使教学目标具有可操作性;(2)教学目标的表述要反映学生行为的变化,陈述学生的学习结果。依据这两点,下面具体介绍两种教学目标的陈述方法。

**1. 行为目标陈述法**

行为目标也称操作目标,是指用可观察和可测量的学生行为来陈述的目标。陈述良好的教学目标应该

具备三个要素:(1)具体目标;(2)产生条件;(3)行为标准。

**2. 心理与行为相结合的目标陈述法**

行为目标强调行为结果而未注意内在的心理过程。为了弥补行为目标的不足,可用心理与行为相结合的方式来陈述教学目标,即先陈述内部心理过程的目标,然后列出表明这种内部心理变化的可观察的行为样例,使目标具体化。

## 三、教学策略设计

### 考点 1 教学策略的概念

**教学策略**指教师采取的有效达到教学目标的一切活动计划,包括教学事项的顺序安排、教学方法的选用、教学媒体的选择、教学环境的设置以及师生相互作用设计等。

### 考点 2 可供选择的教学策略

**1. 以教师为中心的教学策略**

(1)直接教学(指导教学)

**直接教学**是以学习成绩为中心、在教师指导下使用结构化的有序材料的课堂教学策略。直接教学尤其适用于教授那些学生必须掌握的、有良好结构的信息或技能。当教学的主要目标是深层次的概念转变、探究、发现,或者是开放的教学目标时,直接教学就不太适用了。

(2)接受学习

接受学习是**奥苏贝尔**所倡导的,是在他提出的认知结构同化理论的基础上提出来的,也是我们通常所提到的讲授式教学策略。与直接教学不同的是,直接教学可能更适合于教授程序性的知识与技能,如算术、体育等;而对于陈述性知识,如历史、文学等,接受学习则更加合适。

**2. 以学生为中心的教学策略** 【单选、多选、填空】 ★

(1)发现学习

发现学习的定义参见本部分第三章第三节中"布鲁纳的认知—发现学习理论"的相关内容。

许多研究表明,发现学习受到一些条件的制约:①**学生的先备知识**。当学生具备适当的相关背景知识时,他们更可能从发现学习中受益。②**学生的智力水平**。哈特用小学生进行研究表明,发现学习更适合智力水平较高的儿童。③**学习材料的性质**。发现学习最适合的教材,必须具备多方面的诱导假说,有明确阐述原理的内容,一般理科教材比较适合。④**教师的指导**。发现学习离不开教师的指导,尤其是当学习材料比较复杂、内容较难时,就更需要教师的指导。研究表明,没有教师指导的"纯"发现学习通常是无效的。在无指导的发现学习中学生经常产生错误的概念。⑤**教学时间**。发现学习通常比讲授法花费较多的教学时间。

(2)情境教学

**情境教学**指在应用知识的具体情境中进行知识的教学的一种教学策略。在情境教学中,教学的环境是与现实情境相类似的问题情境。

(3)合作学习

**合作学习**指学生们以主动合作学习的方式代替教师主导教学的一种教学策略。它是一种由**能力各异**的多名学生组成小组,一起互相帮助共同完成一定的学习任务的教学方法。合作学习的目的不仅是培养学生主动求知的能力,而且是发展学生合作过程中的人际交往能力。

合作学习分组的原则:①组内异质,组间同质。②小组成员人数以5人左右为宜。一般来说,最为有效的小组人数是4~6个成员。

第四部分

合作学习在设计与实施上必须具备以下五个特征：①分工合作；②密切配合；③各自尽力；④社会互动；⑤团体过程。

### 3. 个别化教学

个别化教学指让学生以自己的水平和速度进行学习的一种教学模式。

下面简单介绍几种经典的个别化教学模式：

(1)程序教学

**程序教学**是一种能让学生以自己的速度和水平自学，以特定顺序和小步子安排材料的个别化教学方法。程序教学的思想来源于普莱西发明的教学机器，但程序教学的真正首创者应归功于美国行为主义心理学家**斯金纳**。程序教学的具体内容参见本部分第三章第二节中“斯金纳关于程序教学、行为塑造的意义”。

(2)掌握学习

**掌握学习**是由美国心理学家**布卢姆**提出来的一种适应学习者个别差异的教学方法。该方法将学习内容分成小的单元，学生每次学习一个小的单元并参加单元考试，直到学生以80%～100%的掌握水平通过考试，才能进入下一个单元的学习。它代表着一种非常乐观的教学方法，并假设只要给以足够的学习时间和相应的教学，大多数学生都能够学会学校里的科目。

(3)计算机辅助教学

计算机辅助教学会在接下来的“教学媒体设计”中具体介绍。



## 四、教学媒体设计

**教学媒体**是指在教学过程中传递信息的物质工具。按感官来分主要包括听觉媒体、视觉媒体、视听型媒体和交互型媒体；按媒体的表达方式可分为口语媒体、印刷媒体和电子媒体。

**计算机辅助教学**，简称CAI，是指使计算机作为一个辅导者呈现信息，给学生提供练习机会，评价学生的成绩以及提供额外的教学。随着多媒体技术、通讯网络技术的发展，人们把以计算机为核心的所有个别化教学技术都称为计算机辅助教学。与传统的教学相比，CAI具有这样几个优越性：(1)**交互性**，即人机对话；(2)**即时反馈**；(3)**以生动形象的手段呈现信息**；(4)**自定步调**等。计算机还能用于管理，如确定错误率，了解学生的进步情况，通过诊断布置学习任务等。

## 五、教学评价设计

### 考点1 教学评价的类型 【单选】★★

关于教学评价的分类，诊断性评价、形成性评价和总结性评价等在本书教育学部分已做具体论述，这里我们再介绍几种重要的评价类型。

### 1. 常模参照评价和标准参照评价

按对教学评价的处理方式不同，分为常模参照评价与标准参照评价。

**常模参照评价**以学生团体测验的平均成绩即常模为参照点，比较分析某一学生的学业成绩在团体中的相对位置。它采用相对的观点解释学生的学业成就，着重于学生之间的比较，主要用于选拔、编组等。

**标准参照评价**则以教学目标所确定的作业标准为依据，根据学生在试卷上答对题目的多少来评定学生的学业成就。学校教学评价一般都采用标准参照评价。

### 2. 标准化学业成就测验和教师自编测验

按教学评价中使用测验的来源，分为标准化学业成就测验和教师自编测验。

**标准化学业成就测验**是指由学科专家和测验编制专家按照一定标准和程序编制的测验，适用于大规模范围内评定个体学业成就水平。**标准化测验的优点**：(1)**客观性**。标准化测验最大的优势在于它的客观性。

(2)计划性。(3)可比性。标准化测验由于具有统一的参照标准，使得不同考试的分数具有可比性。

**教师自编测验**是教师根据教学需要自行设计与编制的，通常没有统一、具体的规定，内容及取样全部由任课教师决定，操作过程容易，适用于测量教师设定的特殊教学目标，作为班内比较的依据。它在学校教学评价中应用最多，也是教师最愿意用的测验。

教师自编测验包括：(1)客观题。这类题型包括选择题、是非题、匹配题、填空题。(2)主观题。这类题型包括论文题、问题解决题等。

教师自编测验的原则包括：(1)测验应反映教学目标与内容；(2)测验的结构以测验目标为依据；(3)注意测验的信度；(4)测验要促进学生的学习。

教师自编测验的特点有：(1)测验形式灵活多变，与测验目的完全一致；(2)测验内容与教材内容高度一致；(3)测验难度切合学生的实际水平；(4)测验编制简易快速。

**真题面对面**

1. [2022陕西，单选]标准化学业成就测验的优势表现为(　　)、计划性和可比性。

A. 客观性　　B. 有效性　　C. 公平性　　D. 可靠性

2. [2021河北，单选]教师自编测验的命题有主观题和客观题，主观题包括问题解决和(　　)

A. 选择题　　B. 填空题　　C. 多选题　　D. 论文题

答案：1. A　2. D

## 考点2 教学评价的方法与技术

### 1. 量化教学评价的方法

学校教学评价中使用最多的是教师自编测验。传统的课堂测验通常采用纸笔考试的形式来测量学生对课程内容的掌握情况。典型的纸笔测验题包括选择题、匹配题、是非题、填空题、论文题和问题解决题等。其中，选择题评分客观、可靠，但编写困难，难以排除学生猜测的成分，且不易测量学生的综合能力。论文题能评价学生对所学知识的组织、分析、综合等较高级的认知能力，但评分困难，且主观性强，涵盖的教学内容较少。

有效自编测验的特征有：信度、效度、区分度。

### 2. 质化教学评价的方法

(1)观察评价

观察评价是指教师在教学过程中对学生的学习表现和学习行为进行自然观察，并对所观察到的现象做客观、详细的记录，然后根据这些观察和记录对教学效果做出评价。观察评价设计常采用行为检查单、轶事记录和等级评价量表等方式进行。

(2)档案袋评价

档案袋评价，又称文件夹评价、学生成长记录袋评价、档案评价等，是为了取代传统的标准化考试、以体现学生实际发展水平而产生的评价方法。档案袋评价法是教师依据教学目标与计划，请学生持续一段时间主动收集、组织与省思学习成果的档案，以评定其努力、进步、成长情形的一种评价方法。档案袋评价的实施过程分为组织计划、资料收集和成果展示三个阶段。

## 考点3 教学评价结果的处理

### 1. 评分

学校教育中衡量学生学业成就一般采用评分这种方式。评分有相对评分和绝对评分两种。

2. 报告

除了常用的评分方法外，教师还可以使用其他方式来报告学生的评价结果。有些课程采用合格和不合格来评价学生的成就，教师可根据学生是否完成每次作业或其作业情况，甚至是出勤情况来评分。教师也可以通过写学生的个人鉴定或定期的综合评价，提供给家长和学生，以此来评价学生的学业情况。观察报告也是一种报告评价结果的形式。此外，与家长面谈也是交流关于学生学习、行为和态度等资料的一种方法。

## 第二节　课堂管理

### 一、课堂管理概述

考点 1　课堂管理的概念及功能

**课堂管理**是指教师为有效利用时间、创造愉快的和富有建设性的学习环境以及减少问题行为而采取的组织教学、设计学习环境、处理课堂行为等一系列活动与措施。课堂管理过程的实质就是师生在课堂中相互作用的过程。课堂教学效率的高低，取决于教师、学生和课堂情境三大要素的相互协调。课堂管理的功能主要体现在：

（1）**维持功能**。所谓维持功能，是指课堂管理能够在课堂教学中，持久地维持良好的学习环境，有效地排除各种干扰因素，使学生充分地参与到学习活动中。维持功能是课堂管理的基本功能。

（2）**促进功能**。课堂管理的促进功能是指良好的课堂管理能够增强、提升课堂教学的效果，促进学生的学习。

（3）**发展功能**。课堂管理本身可以教给学生一些行为准则，促进学生从他律走向自律，帮助学生获得自我管理能力，使学生逐步走向成熟。

考点 2　课堂管理的目标

课堂管理的目的是建立一个积极的、有建设性的课堂环境，而不是让学生安静、驯服地遵守课堂纪律。科学有效的课堂管理，不仅能维持课堂秩序，而且能增进教学效果；不仅能提高课堂教学质量，而且能促进学生健康地发展。一般来说，课堂管理具有三个重要目标：（1）为学生争取更多的学习时间；（2）增加学生参与学习活动的机会；（3）帮助学生形成自我管理的能力。

考点 3　影响课堂管理的因素　【单选、多选、简答】★★

（1）**教师的领导风格**。教师的领导风格对课堂管理有直接的影响。参与式领导注意创造课堂自由气氛，鼓励自由发表意见，不把自己的意见强加于人；而监督式领导则待人冷淡，只注重集体讨论的进程，经常监督学生的行为有无越轨。

（2）**班级规模**。班级的大小是影响课堂管理的一个重要因素。这主要基于以下几个原因：①班级的大小会影响成员间的情感联系。班级越大，情感纽带的力量就越弱。②班内的学生越多，学生间的个别差异就越大，课堂管理所遇到的阻力也可能越大。③班级的大小也会影响交往模式。班级越大，成员间相互交往的频率就越低，对课堂管理技能的要求也就越高。④班级越大，内部越容易形成各种非正式小群体，而这些小群体又会影响课堂教学目标的实现。

（3）**班级的性质**。不同的班级往往有不同的群体规范和不同的凝聚力，教师不能用固定不变的课堂管理模式对待不同性质的班级，而应该在深入了解的基础上，掌握班集体的特点。

（4）**对教师的期望**。学生对教师的课堂行为会形成一定的期望，期望教师以某种方式进行教学和课堂

管理，这种期望必然会影响教师的课堂管理。如果教师的实际行为与学生的期望不一致，学生就会不满。

**记忆有妙招**

为方便考生记忆，编者将影响课堂管理的因素总结成以下口诀：

**望教导，质班规。望：**对教师的期望。**教导：**教师的领导风格。**质：**班级的性质。**班规：**班级规模。

## 二、课堂群体管理

### 考点1 群体的概念

**群体**是指人们为了实现共同的目标，以一定方式的共同活动为基础而结合起来的联合体（人群）。课堂里的每个学生不是孤立存在的个体。他们通过相互交往，形成各种群体。学校可以说是个大群体，年级、班级则是不同层次上的群体。

### 考点2 群体心理 【单选、判断】★★

**1. 社会助长、社会抑制与社会惰化**

**社会助长**是指个体与别人在一起活动或有别人在场时，个体的行为效率提高的现象。例如，个体在独自骑单车的情况下时速是每小时24英里，如果与别人骑单车竞赛，时速会更快。

社会助长

**社会抑制**，也叫社会干扰，是指当他人在场或与他人一起从事某项工作时，个体行为效率下降的现象。比如，考试时，有些考生会因为老师站在旁边，一个字都写不出来。

**社会惰化**主要指当群体一起完成一件工作时，群体中的成员每人所付出的努力会比个体在单独情况下完成任务时偏少的现象。这种现象一般发生在多个个体为了一个共同的目标而合作，自己的工作成绩又不能单独计算的情况下。

**2. 去个性化（个体意识消退）**

去个性化是由**费斯廷格**等人提出来的。他们认为，在群体中，人们有时会感到自己被湮没在群体之中，于是个人意识和理解评价感丧失，个体的自我认同被群体的行动与目标认同所取代，个体难以意识到自己的价值与行为，自制力变得极低，结果导致人们加入到重复的、冲动的、情绪化的，有时甚至是破坏性的行动中去，这种现象叫作**去个性化**。去个性化具有三个特征：(1)成员的匿名性；(2)责任分散；(3)相互感染。

在课堂教学中，教师应尽力设法消除学生可能产生的“群体成员的匿名性”“责任分散”“消极的相互感染”等心理，避免因学生个人意识消退而出现破坏课堂教学秩序的现象。

**3. 从众与服从**

(1)从众

**从众**是个体在群体的压力下,放弃自己的意见而采取与大多数人一致的行为的社会现象。根据外显行为与内在的自我判断是否一致,可将从众行为分为三类:真从众、权宜从众、不从众。

从众的影响因素主要有三个方面:①群体方面。群体的规模;群体凝聚力;群体意见的一致性;群体的权威性。②情境方面。刺激的模糊性;反应的匿名性;承诺感(责任感,约束力)。③个人方面。性别;年龄;地位。

(2)服从

**服从**是指在权威命令、社会舆论或群体气氛的压力下,放弃自己的意见而采取与大多数人一致的行为。服从可能是出于自愿,也可能是被迫的。被迫的服从也叫**顺从**,即表面接受他人的意见或观点,在外显行为方面与他人相一致,而在认识与情感上与他人并不一致。

影响服从的因素有:①命令者的权威性;②服从者的道德水平和人格特征;③情境压力。

## 考点 3 正式群体与非正式群体 【单选、判断】★

**1. 正式群体**

正式群体是指在学校行政部门、班主任或社会团体的领导下,按一定章程组成的学生群体。班级、小组、少先队等都属于正式群体。正式群体的目标与任务明确,成员稳定,有一定的组织纪律和工作计划,这对增强集体凝聚力起到非常重要的作用。正式群体的发展要经历松散群体、联合群体和集体三个阶段。集体是群体发展的最高阶段。

教师在管理正式群体时:(1)要选好班级正式群体中的领导;(2)注意引导和支持;(3)适当授权,鼓励学生的自主管理。

**2. 非正式群体**

在同伴交往过程中,一些学生自由结合、自发形成的小群体,称为**非正式群体**。它是同伴关系的一种重要形式。学生的这种非正式组织有四种类型:

(1)**积极型**。这种群体的价值目标与班级正式群体的价值目标是一致的,是班级正式群体的补充。*例如,学生们自发组织的文艺活动小组、公益活动小组、体育活动小组等。*

(2)**娱乐型**。同学们由于情绪上的好感和消磨课余闲暇时间的需要而聚集在一起,他们的主要目的是玩好、有趣。这些小团体有时格调不高,甚至庸俗,但他们却感到了满足。

(3)**消极型**。这种群体会自觉和不自觉地与班主任、班委会发生对立,*如破坏纪律、发牢骚、不参加集体活动等。*

(4)**破坏型**。这类群体已经游离出正式组织,他们没有是非善恶标准,凭借一种所谓的江湖人的欲望、勇气和胆量而作为,常常对班级组织产生破坏甚至震慑作用。

非正式群体对学生个体和正式群体既有积极影响,也有消极影响。非正式群体对个体的影响是积极的还是消极的,主要取决于非正式群体的性质以及与正式群体的目标一致的程度。教师在管理非正式群体时,要注意:(1)要摸清非正式群体的性质;(2)对积极的非正式群体给予鼓励和帮助;(3)对消极的非正式群体给予适当的引导和干预。

**真题面对面**

[2021 内蒙古,判断]非正式群体对实现学校教育目标具有破坏性。(　　)

**答案:**×

## 考点4 群体动力

不管是正式群体还是非正式群体，其中都有群体凝聚力、群体规范、群体气氛以及群体成员的人际关系。所有这些影响群体与个人行为发展变化的力量的总和就是**群体动力**。

**考点再拔高**

▼ 群体动力学理论

在早期的群体理论中，受到普遍重视的是社会心理学家勒温提出的“群体动力学”理论。他用场理论和力学概念，来说明群体中成员之间各种力量相互依存和相互作用的关系，说明群体中的个人行为。勒温认为，按照场论，一个人的行为是个体与环境中各种有关力量相互作用的结果，这可以用函数式表示：B=f(P,E)。其中，B是个人行为的方向和强度，P是个人的内部动力、内部特征，E是个体所处的团体环境。

### 1. 群体凝聚力

群体凝聚力是指群体对成员的吸引力和成员之间的相互吸引力。它可以通过群体成员对群体的忠诚、责任感、荣誉感、成员间的友谊和志趣等来表明。关系融洽、凝聚力强的班级，会使学生产生强烈的自豪感和认同感，顺利完成课堂教学任务。所以，凝聚力常常成为衡量一个班集体成功与否的重要标志。

### 2. 群体规范

群体规范是约束群体内成员的行为准则，包括成文的正式规范和不成文的非正式规范。群体规范会形成群体压力，对学生的心理和行为产生极大的影响，还可能导致从众现象的发生。

### 3. 课堂气氛 【单选、判断】 ★

(1)课堂气氛的概念

**课堂气氛**是指在课堂上占优势地位的态度和情感的综合状态。它具有独特性，不同的课堂往往有不同的气氛，即使是同一课堂，也会形成不同教师的气氛区。一种课堂气氛形成后，往往能维持相当长的一段时间，而且不同的课堂活动也会被同样的课堂气氛所笼罩。

(2)课堂气氛的类型及特征

根据师生相互作用的方式不同，可以将课堂气氛划分为：

①**积极的课堂气氛**。积极的课堂气氛的特征是：课堂纪律良好，师生关系融洽；学生精神饱满，注意力集中，专心听讲，积极思维，反应敏捷，发言踊跃；教师善于点拨和积极引导；课堂气氛热烈、活跃与祥和。

②**消极的课堂气氛**。消极的课堂气氛的特征是：课堂纪律问题较多，师生关系疏远；学生无精打采，注意力分散，反应迟钝；多数学生处于被动应付教师的状态；不少学生做小动作，情绪压抑等。

③**一般型课堂气氛**。教学中大量的课堂气氛属于一般型课堂气氛，它介于积极型和消极型之间，即课堂教学能正常进行，教学效果一般。

④**对抗的课堂气氛**。对抗的课堂气氛的特征是：课堂纪律问题严重，师生关系紧张；学生随心所欲，各行其是；注意力指向无关对象；教师无法正常上课，时常被学生打断或不得不停下来维持课堂纪律，基本上是一种失控的课堂状态。

(3)课堂气氛的作用

积极的课堂气氛不但有助于知识的学习，而且也会促进学生的社会化进程。课堂气氛会使许多学生追求某种行为方式，从而导致学生间发生连锁性感染。积极的课堂气氛能使绝大多数学生参与教学，中差生主动配合教学，师生交往异常活跃。学习机会比较均等，这有利于全体学生共同进步，有利于大面积提高教学质量。因此，创造良好的课堂气氛是实现有效教学的重要条件。

(4)影响课堂气氛的因素

课堂气氛是师生在课堂活动中相互作用而产生的，主要受教师、学生、课堂内物环境等三方面因素的影响。

①教师因素

教师是课堂教学中的主导者，教师的领导方式、教师的移情、教师对学生的期望、教师的情绪状态、教师的教学能力是影响课堂气氛的决定因素。

②学生因素

课堂气氛是师生共同营造的，学生是课堂活动的主体。因此，学生的一些特点也是影响课堂气氛的重要因素。

③课堂内物环境因素

课堂内物环境又称作教学的时空环境，主要指教学时间和空间因素构成的特定的教学环境，包括教学时间的安排、班级规模、教室内的设备、教具、乐音或噪音、光线充足与否、空气清新或浑浊、高温或低温、座位编排方式等。这些因素虽然不是决定课堂气氛的主要原因，但是它们的优劣会对课堂气氛的形成起着促进或阻碍作用。

(5)创设积极的课堂气氛的方法

①发挥教师的主导作用

教师在营造良好的课堂氛围的过程中起着主导作用。如果教师能精心组织课堂教学，巧妙把握语言艺术，善于用良好的情绪情感感染学生，并善于处理课堂问题，就更容易创造出良好的课堂氛围。

②尊重学生的主体地位

创造良好的课堂氛围，关键在于教师能否切实调动学生学习的主观能动性，使学生真正成为教学的主体，学习的主人。因此，教师必须调动学生参与的积极性和主动性，让学生保持最佳的学习心态。

③构建和谐的师生关系

课堂中的师生关系，直接影响课堂气氛，可以采取以下措施来使师生关系更加和谐：第一，师生民主平等。第二，树立一定的教师威信。第三，教师要关心爱护学生。

**4. 课堂中的人际关系与人际交往**

(1)人际关系

①人际关系的概念和成分

人际关系是指人与人在相互交往过程中所形成的社会心理关系。它反映了个人或群体满足其社会需要的心理状态，其发展变化决定于交往双方社会需要满足的程度。人际关系双方通过交往建立起来的联系，可以是以个人情感目标为中心的，也可以是以个人情感之外的目标为中心的。

人际关系包含认知、情感和行为三种成分。在三种成分中，情感反映了人们的交往与彼此需要满足的关系，是人际关系的核心成分。

②人际关系需要

美国心理学家**舒茨**提出了人际需要的理论，最基本的人际关系需要有三类：第一，**包容需要**，这种需要表现为希望与别人发生相互作用，建立联系并维持和谐关系的愿望；第二，**控制需要**，这种需要表现为在权力或权威基础上与别人建立和维持良好关系的愿望；第三，**感情需要**，这种需要表现为在情感上与他人建立和维持良好关系的愿望。

③学生人际关系发展的特点

中小学生主要的人际关系包括亲子关系、师生关系和同伴关系。

小学生人际关系发展的特点主要表现在：

第一，亲子关系。进入小学后，儿童与父母的关系发生某些变化。双方交往时间减少；发生冲突的数量也减少，并开始具有解决冲突的多种不同的方式；父母对儿童的关注也有所减少；对儿童的控制由直接控制逐步转为引导、教育儿童自我控制、自我监督。

第二，师生关系。小学儿童与教师的关系是一种重要的人际关系。低年级学生对教师的要求绝对服从，从三年级开始学生不再无条件地服从、信任教师。

第三，同伴关系。小学儿童与同伴交往的特点体现在小学儿童的友谊、同伴群体、小学儿童的同伴接纳性三个方面。小学儿童选择朋友，表现出明显的同质性和趋上性的特点。

中学生人际关系发展的特点主要表现在：

第一，友谊占据十分重要和特殊的地位。第二，小团体现象突出。第三，师生关系有所削弱。第四，易与父母产生隔阂。第五，网络虚拟人际关系的建立。

(2)人际交往

**人际交往**是指人与人之间传递信息、沟通思想和交流情感等方面的联系过程。在课堂里，师生之间、学生之间不断地进行人际交往，在此基础上形成师生之间和学生之间的各种人际关系。

①学生间的人际交往与人际关系

学生之间主要的人际交往与人际关系表现为吸引与排斥、合作与竞争。

第一，吸引与排斥。

**人际吸引**是指交往双方出现相互亲近的现象，它以认知协调、情感和谐及行为一致为特征；**人际排斥**是指交往双方出现关系极不和谐、相互疏远的现象，它以认知失调、情感冲突及行为对抗为特征。

影响人际吸引的主要条件有：相似性与互补性；个人品质；接近性与熟悉性。

第二，合作与竞争。

**合作**是指学生为了共同目的在一起学习、工作或者完成某项任务的过程。合作是实现课堂管理促进功能的必要条件。

**竞争**是指个体或群体充分实现自身的潜能，力争按优胜标准使自己的成绩超过对手的过程。良性竞争不但不会影响学生间的人际关系，而且还会提高学习和工作的效率。

不少心理学家提倡开展群体间的竞争。一般来说，群体间竞争的效果取决于群体内的合作。竞争与合作是对立统一的，它们都以是否满足各自的利益为转移。在课堂的人际交往中，有时可能同时发生合作与竞争，有时则交替地引起合作与竞争。有效的课堂管理应该协调合作与竞争的关系，使两者相辅相成，成为实现促进功能的有益手段。

②师生之间的人际交往与人际关系

师生之间的人际交往与人际关系有四种：第一，单向交往；第二，双向交往；第三，师生保持双向交往；第四，以教师为中心的师生之间的双向交往。

单向交往，教学效果差；双向交往比单向交往的教学效果好；师生保持双向交往，也允许学生之间的交往，教学效果很好；教师成为互相交往的中心，并且促使所有学生与教师形成双向交往，教学效果最佳。

## 三、课堂纪律管理

### 考点 1 课堂纪律概述 【单选、简答】 ★

**1. 课堂纪律的概念**

**课堂纪律**是指为保障或促进学生的学习而设置的行为标准及施加的控制。良好的课堂纪律是课堂教学得以顺利进行的重要保障条件，有助于维持课堂秩序，减少学习干扰，也有助于学生获得情绪上的安全感。

**2. 课堂纪律的类型**

根据形成途径，课堂纪律一般可分为以下四类：

（1）**教师促成的纪律**，即在教师的指导帮助下形成的班级行为规范。

（2）**集体促成的纪律**，即在集体舆论和集体压力的作用下形成的群体行为规范。学生以同辈群体的集体要求和价值判断作为自己的行为准则，以"别人也都这么干"为理由而做某件事情，就是集体促成的纪律。

（3）**自我促成的纪律**，简单说就是自律，即在个体自觉努力下由外部纪律内化而成的个体内部约束力。形成自我促成的纪律是课堂纪律管理的最终目标。

（4）**任务促成的纪律**，即某一具体任务对学生行为提出的具体要求。

真题面对面

[2022内蒙古，单选]胡老师在制定班规时，组织全班同学进行讨论，并以契约的方式要求大家共同遵守，此方式促成的纪律属于（　　）

A. 自我促成的纪律　　B. 集体促成的纪律

C. 教师促成的纪律　　D. 任务促成的纪律

答案：C

第四部分

## 考点2　课堂结构

学生、学习过程和学习情境是课堂的三大要素，这三大要素相对稳定的组合模式就是课堂结构。课堂结构包括课堂情境结构和课堂教学结构。

**1. 课堂情境结构**

（1）班级规模的控制。班级过大容易限制师生交往和学生参加课堂活动的机会，阻碍课堂教学的个别化，有可能导致课堂出现较多的纪律问题。

（2）课堂常规的建立。课堂常规是每个学生必须遵守的最基本的日常课堂行为准则。它赋予学生的课堂行为一定的意义，使学生明白行为所依据的价值标准，具有约束和指导学生课堂行为的功能。

（3）学生座位的分配。研究发现，分配学生座位时，教师主要关心的是减少课堂混乱。其实，分配学生座位时，最值得教师关注的应该是对人际关系的影响。学生座位的分配一方面要考虑课堂行为的有效控制，预防纪律问题的发生；另一方面又要考虑促进学生间的正常交往，形成和谐的师生关系。

**2. 课堂教学结构**

（1）教学时间的合理利用。学生在课堂里的活动可以分为学业活动、非学业活动和非教学活动三种类型。在通常情况下，用于学业活动的时间越多，学业成绩越好。

（2）课程表的编制。它的编制首先应尽量将语文、数学和外语等核心课程安排在学生精力最充沛的上午第一、二、三节课，将音乐、美术、体育和习字等技能课安排在下午。其次，将文科与理科、形象性的学科与抽象性的学科交错安排，避免同类刺激长时间地作用于大脑皮层的同一部位而导致疲劳和厌烦。

（3）教学过程的规划。教学过程的合理规划是维持课堂纪律的又一个重要条件，不少纪律问题就是因教学过程规划不合理造成的。

## 考点3　维持课堂纪律的策略

（1）建立有效的课堂规则；（2）合理组织课堂教学；（3）做好课堂监控；（4）培养学生的自律品质。

## 考点4 课堂问题行为及其应对 【单选、多选、案例分析】★★

**1. 课堂问题行为的概念**

问题行为指不能遵守公认的正常行为规范和道德标准，不能正常与人交往和参与学习的行为。这样的行为不仅影响学生的学习，而且常常引起课堂纪律问题，影响教学质量。

**2. 课堂问题行为的分类**

心理学家试图从不同的角度对课堂问题行为进行分类。目前，最普遍的一种分类是根据学生行为表现的倾向，将课堂问题行为分为内向型问题行为（内向性问题行为）和外向型问题行为（外向性问题行为）。

（1）内向型问题行为包括回避、烦躁不安、焦虑等。例如，胡思乱想、心不在焉、乱涂乱写、抄袭作业、胆小退缩、迟到、早退、逃学、过度寻求帮助等。内向型问题行为往往具有隐蔽性，虽然不会直接干扰课堂秩序，但会影响教学效果，同时也会对学生的身心健康带来极为不利的影响。

（2）外向型问题行为表现为反抗、冲动、侵犯性、反社会行为和过度活跃。例如，打骂、推撞、追逐、嘲笑、交头接耳、替换座位、传递纸条、高声谈笑、发出怪音、做怪异动作、不服从指挥、反对班干部和教师等。外向型问题行为会直接干扰课堂纪律，影响教学活动的正常进行。

**3. 课堂问题行为产生的原因**

课堂问题行为具有普遍性，是教师经常遇到而又非常敏感的问题，如果处理不好，就会损害师生关系，破坏课堂气氛，影响教学效果。导致学生问题行为的原因概括起来有三点：（1）学生的人格特点、生理因素、挫折经历；（2）教师的教学技能、管理方式、威信；（3）校内外的环境，如大众传媒、家庭环境、课堂座位编排。

**4. 课堂问题行为的处置和矫正**

（1）正确对待学生的课堂行为

一般来说，课堂行为有积极的、中性的和消极的三种。

对于积极的课堂行为要给予肯定和鼓励。

对于中性的课堂行为，教师不宜在课堂上停止教学公开指责，以免干扰其他同学的注意。教师一般可采取给予信号、邻近控制、向其发问、暗示制止和课后谈话等措施，制止中性课堂行为向消极的课堂行为转化。

对于消极的课堂行为，适当的惩罚是必要的。有效的惩罚应注意以下几点：①明确惩罚的目的，它是让学生最终经过努力“避免”惩罚，而不是一定要让学生不断地去“体验”惩罚；②惩罚应尽可能及时，延时实施则须先说明原因；③惩罚强度应适当，太轻当然无效，过严也会抑制正常的行为；④惩罚应基于爱和尊重，态度和蔼与满怀深情者来实施效果更佳；⑤惩罚应按特定的时间或程序安排规范地进行；⑥惩罚务必与说理相结合，这一点尤为重要。此外，不要期望一步到位地消除课堂消极行为。要先将消极行为转化为中性行为，然后再将他们的中性行为转化为积极行为。

（2）课堂问题行为的矫正

①预防。这是处理一般问题行为的最好方式。在教学中，教师可以通过呈现生动有趣的课程，确定清晰的课堂规则和程序，使学生进行有意义的活动等来预防问题行为的发生。此外，变化课程内容、运用不同的材料和方法进行教学，教师显示出幽默和热情，以及让学生进行合作学习等也都能够减少学生因疲劳而引发问题行为的可能性。

②非言语暗示。由于一般问题行为大都是一些暂时性的干扰，教师在处理这些行为时，通常只需要运用简单的非言语线索进行暗示，就可以得到既制止问题行为又不影响课堂教学进程的双重效果。例如，如

第四部分

果两个学生正在交头接耳，那么教师就可以用眼睛看着这两个学生或其中的一个，或走到他们身边轻轻敲一下课桌，或突然停下咳嗽一两声，这样通常都能引起他们的注意，从而终止其问题行为。

③**表扬**。对许多学生来说，表扬是一种强有力的激励。减少一般课堂问题行为的一个重要策略就是表扬学生做出的与想要消除的问题行为相反的正确行为。也就是说，通过表扬正确行为来减少问题行为。假如某个学生上课经常不举手就发言，那么，当他举手发言时，教师就应当立即对他进行表扬。此外，表扬其他学生的良好行为也可以促使出现问题行为的学生表现出类似的良好行为，从而达到消除问题行为的目的。

④**言语提醒**。当非言语线索不能制止学生的问题行为时，教师采用适当的言语提醒也有助于让学生回到学习活动中来。在使用言语提醒时，教师要注意不要去追究学生的问题行为，而是要告诉学生他应该怎么做。如果某学生故意不按教师的要求去做，或是与教师辩解、找各种借口，这时，教师可以采用反复提醒的策略，即无视学生的辩解或借口，反复向他陈述要求他去做的事情，直到他服从为止。

⑤**有意忽视**。个别学生有时为了引起教师和其他同学的注意，会做出一些问题行为。这时，如果教师直接干预，正好迎合了学生的目的，从而对其问题行为起到强化作用。在这种情况下，教师采取有意忽视的态度，装作视而不见，是比较合适的处理方式。



⑥**转移注意**。对于一些自尊心比较强的学生所表现出来的问题行为，如果教师当众直接制止，可能会产生适得其反的效果。这时，教师可以采用比喻、声东击西等方法加以暗示，并转移其注意力，从而终止其问题行为。

有时，对于个别学生来说，教师也可以采用暂时隔离的办法，即让出现问题行为的学生暂时离开座位，到教室的某一角落，远离其他同学；或是到教室外面的过道上；或是到校长办公室；甚至可以到另一位教师的班级去。由于这种方法很可能引起学生对教师的不满甚至对抗，教师在使用时应当特别慎重，不宜滥用。

总之，无论采取什么方法处理学生的问题行为，教师首先一定要认清真正的问题行为所在，找出行为发生的原因，然后针对症结做出有效处理。

### 5. 上课时维持团体的注意焦点

上课时维持团体的注意焦点，是指使用课堂组织策略和提问技术，确保班上所有的学生都始终投入到课中，即使老师只叫起一个学生回答问题时也如此。科宁认为，维持团体注意焦点的两个基本成分是问责制和团体警觉。

**问责制**是指在提问和回答期间，教师让学生对他们完成任务的情况进行说明和反映。例如，所有的学生都举着他们的作业让老师看，老师在学生中间循环走动看他们正在做什么，让其他学生注意某个学生的任务完成情况。老师对全班同学说："我要你们所有的人都看看张××是怎么做的，然后你们要告诉我，你们是否同意他的回答。

**团体警觉**是指在讲演和讨论期间，老师用来鼓励学生保持注意力的提问方法。比较下面两种做法：

方法一：给定△ABC，已知边AB和AC的长度和角A的大小，我们能知道这个三角形的其他什么……（停顿），张××？

方法二：张××，已知边AB和AC的长度和角A的大小，我们能知道这个三角形的其他什么……

第一种方法中，在点起张××之前，全班所有学生都在进行思考，而第二种方法中，只有张××保持警觉，这就有了截然不同的提问效果。

以随机顺序点名也能保持团体警觉，这能使学生知道，教师可能会问他们一些有关上一个回答者的问题。例如："张××刚才使用的先决条件是什么……？李××？"

真题面对面

[2020辽宁辽阳,单选]钱老师上课时经常先提出问题让大家思考一会儿,然后再叫学生回答,以使学生的心理活动更好地维持在教学活动中。钱老师所采用的课堂管理方式是(　　)

A. 团体警觉　　B. 替代强化　　C. 最小干预　　D. 处理转换

答案:A

## 核心考点回顾

1. 布卢姆将教学目标分为哪几个领域?(参见本书P394)
2. 以学生为中心的教学策略包括哪些?(参见本书P395)
3. 影响课堂管理的因素有哪些?(参见本书P398)
4. 课堂问题行为的矫正方法有哪些?(参见本书P405)

# 达标测评

| 建议用时 | 实际用时 | 测评总分 | 实际得分 |
|---|---|---|---|
| 10分钟 | _____分钟 | 10分 | _____分 |

一、单项选择题(每小题1分,共7分)

1. 个别化教学是指让学生以自己的水平和速度进行学习的一种教学策略。下面哪项是个别化教学模式(　　)

A. 程序教学　　B. 情境教学　　C. 合作学习　　D. 发现学习

2. 在许多人"起哄"的时候,平时文雅的学生也会表现得粗鲁无礼。这种现象是(　　)

A. 内化　　B. 去个性化　　C. 自我概念　　D. 心理平衡

3. 课堂管理的基本功能是(　　)

A. 教育功能　　B. 维持功能　　C. 促进功能　　D. 发展功能

4. 课堂纪律管理的终极目标是(　　)

A. 形成教师促成的纪律　　B. 形成集体促成的纪律
C. 形成自我促成的纪律　　D. 形成任务促成的纪律

5. 教学目标的表述应该具体、明确而不是笼统模糊,应利用外显术语表述可观察、可测量的行为。下列表述清晰的教学目标是(　　)

A. 理解什么是力　　B. 了解地震的成因
C. 感受环境保护的重要性　　D. 能够流利背诵古诗《草》

6. 某堂课上,有两名学生一直在交头接耳、窃窃私语,教师多次通过眼神暗示提醒,他们依然没有改正。根据课堂纪律管理中的"最小干预"原则,这时教师采取下列哪种处置方式最为恰当(　　)

A. 有意忽视　　B. 暂时隔离
C. 剥夺奖励或进行惩罚　　D. 言语提醒

7. 滥竽充数是一种(　　)现象。

A. 从众　　B. 社会干扰　　C. 冲突　　D. 社会惰化

二、判断题(每小题1分,共3分)

1. 以个人喜好为基础,带有明显情绪色彩的若干同学自发结合在一起的联合体是非正式群体。 ( )
2. 人际关系双方通过交往建立起来的联系,只能以个人情感目标为中心。 ( )
3. 教师自编测验在学校教学评价中应用最多,也是教师最愿意用的测验。 ( )

## 参考答案及解析

一、单项选择题

1. A [解析]个别化教学指让学生以自己的水平和速度进行学习的一种教学模式。经典的个别化教学模式有以下几种:(1)程序教学;(2)掌握学习;(3)计算机辅助教学。
2. B [解析]去个性化是由费斯廷格等人提出来的。他们认为,在群体中,人们有时会感到自己被湮没在群体之中,于是个人意识和理解评价感丧失,个体的自我认同被群体的行动与目标认同所取代,个体难以意识到自己的价值与行为,自制力变得极低,结果导致人们加入到重复的、冲动的、情绪化的,有时甚至是破坏性的行动中去,这种现象叫作去个性化。
3. B [解析]课堂管理是指教师为有效利用时间、创造愉快的和富有建设性的学习环境以及减少问题行为而采取的组织教学、设计学习环境、处理课堂行为等一系列活动与措施。其功能主要体现在:(1)维持功能;(2)促进功能;(3)发展功能。其中,维持功能是课堂管理的基本功能。故B项符合题意。
4. C [解析]自我促成的纪律就是在个体自觉努力下由外部纪律内化而成的个体内部约束力。形成自我促成的纪律是课堂纪律管理的最终目标。
5. D [解析]教学目标的明确化是陈述教学目标的基本要求,需要做到:(1)教学目标要用可观察的行为来表述,使教学目标具有可操作性;(2)教学目标的表述要反映学生行为的变化,陈述学生的学习结果。"理解""了解""感受"等词语都是比较模糊的词语,不可观察或者测量。而"流利背诵"是可以测试出来的,故选D项。
6. D [解析]当非言语线索不能制止学生的问题行为时,教师采用适当的言语提醒有助于让学生回到学习活动中来。在使用言语提醒时,教师要注意不要去追究学生的问题行为,而是要告诉学生他应该怎么做。课堂上教师多次通过眼神暗示提醒窃窃私语的同学,但他们依然没有改正,这时候就要用适当的言语提醒帮助学生回到学习活动中来。
7. D [解析]社会惰化主要指当群体一起完成一件工作时,群体中的成员每人所付出的努力会比个体在单独情况下完成任务时偏少的现象。滥竽充数属于社会惰化的表现。

二、判断题

1. √ [解析]在同伴交往过程中,一些学生自由结合、自发形成的小群体,称为非正式群体。它是同伴关系的一种重要形式。
2. × [解析]人际关系双方通过交往建立起来的联系,可以是以个人情感目标为中心的,也可以是以个人情感之外的目标为中心的。
3. √ [解析]教师自编测验是教师根据教学需要自行设计与编制的,通常没有统一、具体的规定,内容及取样全部由任课教师决定,操作过程容易,适用于测量教师设定的特殊教学目标,作为班内比较的依据。它在学校教学评价中应用最多,也是教师最愿意用的测验。

# 第六章　心理健康与教师职业心理

## 思维导图

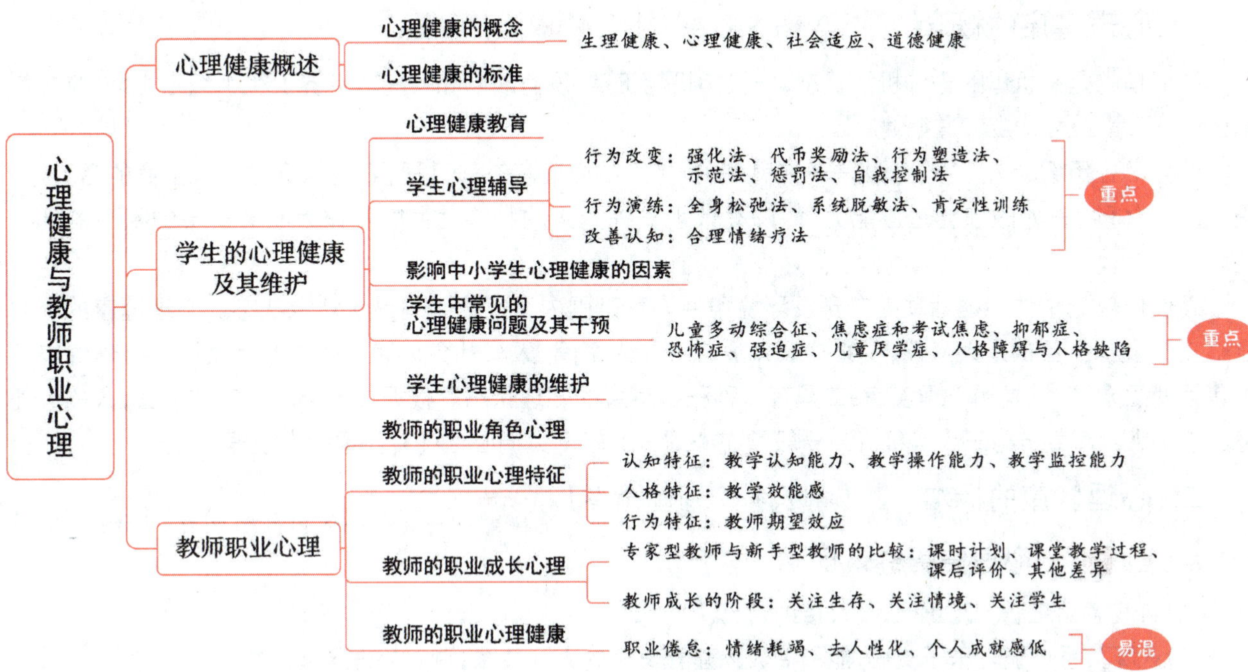


## 考向分析

本章属于教育心理学的基础章节，也是河南、黑龙江、辽宁、内蒙古、四川、贵州、河北、陕西等省份的特岗笔试重点考查的章节，内容琐碎，需要识记的知识较多，在考试中常以选择题、判断题、简答题、论述题、案例分析题等形式考查。本章的考向分析如下：

| 考点名称 | 常考题型 | 能力层级 | 考查热度 |
|---|---|---|---|
| 心理健康的概念 | 单选、多选、判断 | 识记 | ★★ |
| 心理健康的标准 | 单选、多选、判断、简答 | 识记、理解 | ★★ |
| 心理健康教育的目标、任务和途径 | 单选、判断、简答 | 识记 | ★★★ |
| 影响学生行为改变的方法 | 单选、判断 | 识记、理解 | ★★★ |
| 学生中常见的心理健康问题及其干预 | 单选、简答、论述、案例分析 | 掌握、运用 | ★★★ |
| 教师的期望行为 | 单选、判断 | 识记 | ★★ |
| 教师成长的阶段 | 单选、判断 | 识记 | ★★ |

核心考点

# 第一节　心理健康概述

## 一、心理健康的概念　【单选、多选、判断】★★

健康指的是有机体的一种机能状态，一般指机能正常，没有缺陷和疾病。世界卫生组织指出，健康应包括生理、心理、社会适应和道德健康等。

世界卫生组织认为，心理健康是一种良好的、持续的心理状态与过程，表现为个体具有生命的活力，积极的内心体验，良好的社会适应能力，能够有效地发挥个人的身心潜力以及作为社会一员的积极的社会功能。

心理健康是个体心理活动在自身及环境条件许可范围内所能达到的最佳功能状态。心理健康的个体能够充分发挥自己的最大潜能，妥善处理和适应人与人之间、人与社会环境之间的相互关系。心理健康至少包括两层含义：一是无心理疾病；二是有一种积极发展的心理状态。根据国内外的研究和实践，人的心理健康水平大致可划分为三个等级：(1)一般常态心理；(2)轻度失调心理；(3)严重病态心理。

## 二、心理健康的标准　【单选、多选、判断、简答】★★

### 考点1　心理健康的标准

(1)自我意识正确。能正确评价、接纳自己。

(2)人际关系协调。乐于交往，能和多数人建立良好的人际关系，具有处理矛盾的能力。

(3)性别角色分化。能够获得相应的性别角色，行为方式和相应的性别角色规范一致。

(4)社会适应良好。能够面对、接受、适应现实，能够妥善处理生活、学习和工作中的各种挑战。

(5)情绪积极稳定。情绪乐观稳定，热爱生活，积极向上，对未来充满希望，有烦恼能自行解脱。

(6)人格结构完整。具有较高的能力、完善的性格、良好的气质、正确的动机、广泛的兴趣和坚定的信念等。

**真题面对面**

[2020黑龙江，简答]简述心理健康的标准。

答案：详见内文

### 考点2　正确理解心理健康的标准

(1)判断一个人的心理健康状况时，应兼顾个体内部协调与对外良好适应两个方面。

(2)心理健康概念具有相对性，即心理健康有高低层次之分。高层次(积极)的心理健康不仅是没有心理疾病，而且能充分发挥个人潜能，发展建设性人际关系，从事具有社会价值的活动，追求高层次需要的满足，追求生活的意义。而低层次的心理健康主要指没有心理疾病。

(3)心理不健康与有不健康的心理和行为不能等同。心理不健康是指一种持续的不良状态。偶尔出现一些不健康的心理和行为并不等于心理不健康，更不等于已患心理疾病。因此，不能仅从一时一事而简单地给自己或他人下心理不健康的结论。

(4)心理健康与不健康不是泾渭分明的对立面，而是一种连续状态。

(5)心理健康的状态不是固定不变的,而是动态变化的过程。

(6)心理健康标准是一种理想尺度,它不仅为我们提供了衡量是否健康的标准,而且为我们指明了提高心理健康水平的努力方向。

(7)心理健康与否,相当程度上可以说是一个社会评价问题。

## 第二节　学生的心理健康及其维护

### 一、心理健康教育

#### 考点 1　心理健康教育的内涵及其意义　【单选、判断、简答】★★

当代心理健康教育问题,来源于20世纪初的临床医学实践。心理健康运动是在20世纪初由美国人比尔斯提出。中小学生心理健康教育,是指根据中小学生生理、心理发展特点,运用有关心理健康教育的方法和手段,培养学生良好的心理素质,促进学生身心全面和谐发展和素质全面提高的教育活动。

心理健康教育的意义:(1)心理健康教育是预防精神疾病,保障学生心理健康的需要。学校是学生心理健康教育的主要场所。(2)心理健康教育是提高学生心理素质,促进其人格健全发展的需要。(3)心理健康教育是学校日常教育教学工作的配合与补充。

真题面对面

[2022内蒙古,简答]简述心理健康教育的意义。

答案:详见内文

#### 考点 2　心理健康教育的目标、任务和途径　【单选、判断、简答】★★★

**1. 心理健康教育的目标**

心理健康教育的总目标是:提高全体学生的心理素质,培养他们积极乐观、健康向上的心理品质,充分开发他们的心理潜能,促进学生身心和谐可持续发展,为他们健康成长和幸福生活奠定基础。

心理健康教育的具体目标是:(1)使学生学会学习和生活,正确认识自我,提高自主自助和自我教育能力,增强调控情绪、承受挫折、适应环境的能力,培养学生健全的人格和良好的个性心理品质;(2)对有心理困扰或心理问题的学生,进行科学有效的心理辅导,及时给予必要的危机干预,提高其心理健康水平。

**2. 心理健康教育的任务**

(1)心理素质培养与心理健康维护

从内容来看,心理健康教育包括心理素质培养与心理健康维护两项任务。

心理素质培养主要是教育与培养个体形成各种良好的心理素质,以助其学业、事业成功。心理健康维护主要是使个体形成并维持正常的心理状态,从而能适应社会,正常地成长、发展。

这两项基本任务层次不同,心理素质培养主要是使学生能成功、成才;心理健康维护则主要是使学生能正常地生长发展,能适应、成人。

(2)发展性教育与补救性教育

从性质来看,心理健康教育包括发展性教育与补救性教育两项任务。

发展性教育主要是有目的、有计划地对学生的心理素质与心理健康进行培养、促进,使学生的心理品质不断优化。补救性教育主要是对心理处于不良状态或心理出现问题的学生进行专门的帮助,使之恢复正常状态。

这两项任务也是不同的层次，发展性教育主要是面对正常发展的学生，是提高性的；补救性教育则主要是面对在心理方面出现不同程度问题的学生，是矫正性的。

**3. 心理健康教育的途径**

(1)心理健康教育活动课；(2)学科渗透；(3)班主任工作；(4)学校心理咨询与心理辅导；(5)家庭教育；(6)环境教育；(7)社会磨砺；(8)其他途径(少先队、板报、校报、广播等)。

真题面对面

[2021内蒙古，简答]简述心理健康教育的途径。

答案：详见内文

## 考点3 学校心理健康教育的途径 【多选】 ★

**1. 开设心理健康教育的有关课程和心理辅导的活动课**

从目前国内各级各类学校开展心理辅导的情况来看，这种专门开设的心理健康课程一般有两种形式：(1)以讲授为主的有关课程；(2)开设心理辅导活动课。

**2. 在学科教学中渗透心理健康教育的内容**

在学科教学中渗透心理健康教育在时间和空间上的优势，使心理健康教育在学校里得以全方位地开展。

在学科教学中开展心理健康教育的作用表现在：(1)全体教师参与心理健康教育有利于提高教师素质；(2)教学中渗透心理健康教育有利于提高教学效果；(3)教学中渗透心理健康教育有利于优化学生心理素质。

**3. 结合班级、团队活动开展心理健康教育**

结合班会活动、课外活动、团体活动来进行，是这一途径的特点。心理辅导同学校、班级活动的宗旨是并行不悖的，从某种意义上说，学校心理健康教育与辅导还拓宽和加深了学校、班级的活动领域，提高了活动的科学性和有效性。但要注意的是，心理辅导仍须有自身的目标和内容，不要让心理辅导被班级、团队的日常活动所代替而丧失自己的特色。

**4. 个别心理辅导或咨询**

个别辅导是辅导教师通过与学生一对一的沟通互动来实现的专业助人活动，是对个别存在心理问题或心理障碍的学生提供针对性的辅导或矫治，以缓解学生的心理困惑或压力，并促使学生学会自我调节，从而使个人的心理得到健康发展。

**5. 小组辅导**

小组辅导也称团体辅导，指一组学生在辅导教师的指导下，围绕他们面临的共同问题，通过讨论、训练等一定的活动形式，使团体成员之间相互启发、诱导，达成共识与共同目标，进而改变团体成员的观念和行为。

## 考点4 学校心理咨询 【单选】 ★

**1. 学校心理咨询的原则**

(1)平等性原则。(2)发展性原则。(3)保密性原则。保密性原则是心理咨询中最基本、最重要的原则，是鼓励求助学生畅所欲言的心理基础，也是对求助者人格及隐私权的最大尊重。(4)预防重于治疗的原则。

**2. 学校咨询与辅导的基本任务**

(1)干预与矫正

①缺陷矫正。对于极少数长期处于恶劣环境下已经积累产生了严重的心理和行为障碍的学生，需要进行系统的矫正。

第四部分

②早期干预。面向少数学生进行，他们可能已经出现某种程度的心理和行为问题，如果得不到及时的帮助，就可能演变为严重的障碍。早期干预是指在问题出现初期给学生以帮助。

(2)预防与发展

①问题预防。对于部分学生群体来说，目前并没有出现明显的问题，但是某些心理素质比较薄弱的学生，有可能在一定环境条件下出现问题。**问题预防**是指在可能的问题发生之前，主动开展各种形式的工作，以提高学生应付将来可能发生的问题的能力。例如，一些平时比较容易紧张的学生，当重大考试临近的时候，有可能出现考试焦虑症。为了防止其发生，学校咨询人员可以提前较长时间就对这些学生进行集体辅导，讲授自我放松、缓解紧张的方法。

②发展指导。面向全体学生进行。学生在不同的时期，面临不同的适应和发展的任务，可能会出现一些普遍性的问题，在此之前，我们就应该开展必要的指导活动，帮助学生成功完成心理—社会发展任务。

(3)预防与干预的平衡

学校咨询工作应当在干预和预防之间取得平衡。我国从事学校咨询工作的人员特别缺乏，而且咨询的专业训练程度又很低，一开始也许可以更偏重发展性指导的任务，但今后也应当逐渐增强咨询服务方面的专业力量。

真题面对面

[2022内蒙古，单选]为防止考试焦虑发生，学校咨询人员可以提前对学生进行集体辅导，讲授自我放松、缓解紧张的方法。这属于(　　)

A. 早期干预　　B. 缺陷矫正　　C. 发展指导　　D. 问题预防

答案：D

## 二、学生心理辅导

### 考点1 心理辅导概述

**1. 心理辅导的概念**

**心理辅导**是指学校教育者根据学生心理发展的特征与规律，在一种新型的、建设性的人际关系中，运用心理学等专业知识技能，设计与组织各种教育性活动，以帮助学生形成良好的心理素质，充分发挥个人潜能，进一步提高心理健康水平的过程。理解这个概念，要特别注意以下几点：(1)学校心理辅导强调面向全体学生；(2)辅导以正常学生为主要对象，以发展辅导为主要内容；(3)心理辅导是一种专业活动，是专业知识和技能的运用。

**2. 心理辅导的原则**

要做好心理辅导工作，必须遵循面向全体学生、预防与发展相结合、尊重与理解学生、发挥学生主体性、个别对待学生、促进学生整体性发展的原则。

**3. 心理辅导的目标**　【单选】★

学校心理辅导的一般目标可归纳为两个方面：学会调适和寻求发展。学会调适是基本目标，以此为主要目标的心理辅导可称为调适性辅导；寻求发展是高级目标，以此为主要目标的心理辅导可称为发展性辅导。简言之，这两个目标分别是要引导学生达到基础层次的心理健康和高层次的心理健康。

### 考点2 影响学生行为改变的方法　【单选、判断】★★★

**1. 行为改变的基本方法**

(1)强化法。强化法可以用来培养新的适应行为。根据学习原理，一个行为发生后，如果紧跟着一个强化刺激，这个行为就可能再一次发生。例如，一个不敢同老师说话，学习上有了疑问也没有勇气求教的学生，一旦在一次主动请教后得到了老师的耐心解答和表扬，那么他的胆怯心理就会得到很大改善。

(2)代币奖励法。代币是一种象征性强化物，筹码、小红星、特制的塑料币等都可作为代币。当学生做出教师所期待的良好行为后，教师发给代币作为强化物，学生用代币可以兑换有实际价值的奖励物或活动。

(3)行为塑造法。行为塑造是指通过不断强化逐渐趋近目标的反应，来形成某种较复杂的行为。有时候教师所期望的行为在某个学生身上很少出现或很少完整地出现，这时就可以依次强化那些渐趋目标的行为，直至合意行为的出现。

(4)示范法。观察、模仿教师呈现的范例或榜样，是学生社会行为学习的重要方式。模仿学习的机制是替代强化。由于范例的不同，示范法有以下几种情况：辅导教师的示范，他人提供的示范，电视、录像、有关读物提供的示范，角色的示范等。

(5)惩罚法。惩罚的作用是消除不良行为。惩罚有两种：一是在不良行为出现后，呈现一个厌恶刺激(如否定评价、给予处分)；二是在不良行为出现后，撤销一个愉快刺激。

(6)自我控制法。自我控制是指让学生自己运用学习原理，进行自我分析、监督、强化和惩罚，以改善自身的行为。

第四部分

**2. 行为演练的基本方法**

(1)全身松弛法(全身松弛训练)。全身松弛法是通过改变肌肉紧张，减轻肌肉紧张引起的酸痛，以应对情绪上的紧张、不安、焦虑和气愤。

(2)系统脱敏法。**系统脱敏**是指当某些人对某事物、某环境产生敏感反应(害怕、焦虑、不安)时，我们可以在当事人身上发展起一种不相容的反应，使其对本来可引起敏感反应的事物不再发生敏感反应。例如：一个学生过分害怕猫，我们可以让他先看猫的照片，谈论猫；再让他远远观看关在笼中的猫，让他靠近笼中的猫；最后让他摸猫、抱起猫，消除对猫的惧怕反应，这就是“脱敏”。系统脱敏法由**沃尔帕**首创。

(3)肯定性训练(自信训练、果敢训练)。肯定性训练的目的是促进个人在人际关系中公开表达自己真实的情感和观点，维护自己的权益也尊重别人的权益，发展人的自我肯定行为。自我肯定行为主要表现在三个方面：①请求他人为自己做某事，以满足自己合理的需要；②拒绝他人的无理要求而又不伤害对方；③真实地表达自己的意见和情感。

**3. 改善学生认知的方法**

常见的方法有认知疗法、来访者中心疗法和合理情绪疗法，在此仅对合理情绪疗法展开叙述。

**合理情绪疗法**，又称**理性—情绪疗法(RET)**，是20世纪50年代由**艾利斯**在美国创立的，它是认知疗法的一种，因其采用了行为治疗的一些方法，故又被称为**认知行为疗法**。

艾利斯认为，人的情绪是由他的思想决定的，合理的观念导致健康的情绪，不合理的观念导致负向的、不稳定的情绪。人有许多非理性的观念，如我“必须”成功，并得到他人赞同；别人“必须”对我关怀和体贴等。人们持有的不合理信念总结起来有三个特征：绝对化要求、过分概括化和糟糕至极。通过改变不合理信念调整自己的认知，是维护心理健康的重要途径。他提出了一个解释人的行为的ABC理论。

A：个体遇到的主要事实、行为、事件。

B：个体对A的信念、观点。

C：事件造成的情绪结果。

我们的情绪反应C是由B(我们的信念)直接决定的。可是许多人只注意A与C的关系，而忽略了C是由B造成的。B如果是一个非理性的观念，就会造成负向情绪。若要改善情绪状态，必须驳斥(D)非理性信念

B,建立新观念并获得正向的情绪效果(E)。这就是艾利斯理性情绪治疗的ABCDE步骤。

真题面对面

[2021四川,单选]某老师给表现好的同学发徽章,这是(　　)

A. 代币奖励法　　B. 行为塑造法

C. 系统脱敏法　　D. 惩罚法

答案:A

## 三、影响中小学生心理健康的因素　【简答】★

(1)生理因素。个体的躯体、气质、智力、神经过程的活动特点,尤其是某些精神疾病,受遗传因素的影响尤为明显。

(2)环境因素。①家庭因素包括家长素质、父母期望、家庭教养方式、家庭重大生活事件等。②学校因素主要有学校教育条件、学习条件、生活条件,以及师生关系、同伴关系等。③社会环境包括社会文化、社会风气、学习生活环境和社区生活环境。社会生活中的种种不健康的思想、情感和行为,会严重地毒害学生的心灵。

(3)学生自身因素。中小学生正处于身心发展的重要时期,随着生理、心理的发育和发展,社会阅历的扩展,社会化程度的提高,中小学生的情感、意志、需要、动机、性格等都会出现相应的波动和变化。但是,中小学生对自身心理与行为的控制、调适能力毕竟有限,尤其是高年级小学生处于心理问题和行为问题较多的少年时期,初中生处于叛逆的青春期,学习、生活、家庭关系、社会环境对他们身心健康的影响十分明显。有情绪障碍的小学生自身性格也存在一定的问题。因此,对中小学生生理和心理发展的特点及其自身在成长中面临的种种问题的应对能力,是学校进行心理健康教育应该予以关注和考虑的问题。

第四部分

真题面对面

[2020贵州,简答]简述影响中小学生心理健康的主要因素。

答案:详见内文

## 四、学生中常见的心理健康问题及其干预　【单选、简答、论述、案例分析】★★★

### 考点1 儿童多动综合征

**1. 概念**

儿童多动综合征(简称**多动症**)是小学生中最为常见的一种以注意力缺陷和活动过度为主要特征的行为障碍综合征。高峰发病年龄为8~10岁。

**2. 特征**

(1)活动过多。这种儿童的多动与一般儿童的好动不同,他们的活动是杂乱无章的、缺乏组织性和目的性。(2)注意力不集中。注意力集中困难是该类儿童突出的、持久的临床特征。(3)冲动行为。多动症儿童的行动多先于思维,即他们经常未考虑就行动。

**3. 原因**

(1)先天体质上的原因。例如,产前、产中和产后缺血、缺氧引起的轻微脑损伤和遗传因素的作用。(2)社会因素。不安的环境可能引起他们的精神高度紧张,如父母的经常性批评等。

**4. 治疗方法**

(1)多动症可以在医生指导下采用药物治疗;(2)行为疗法,采用各种行为疗法的重点在于培养和发展其自制力、注意力,可用强化奖励法、代币法等;(3)自我指导训练的方法,即发展儿童的自我对话,加强内部言语对自身行为的引导和控制作用。

## 考点 2 焦虑症和考试焦虑

**1. 概念**

焦虑症是以与客观威胁不相适应的焦虑反应为特征的神经症。正常人在面临各种压力情境,特别是在个人自尊心受到威胁时,也会出现焦虑反应,但他们的焦虑与客观情境的威胁程度是相适应的。

**2. 表现**

(1)情绪方面:紧张不安,忧心忡忡;(2)注意和行为方面:注意力集中困难,极端敏感、对轻微刺激做过度反应,难以做出决定;(3)躯体症状方面:心跳加快,过度出汗等。

学生中常见的焦虑反应是**考试焦虑**。考试焦虑是一种复杂的情绪现象,是在一定的应试情境下,受个体认知评价能力、人格倾向与其他身心因素制约,以担忧为基本特征,以防御或逃避为行为方式,通过一定程度的情绪反应所表现出来的心理状态。其表现是:随着考试临近,心情极度紧张;考试时注意力不集中,知觉范围变窄;思维刻板,出现慌乱,无法发挥正常水平。

**3. 原因**

(1)学校的统考和应试教育体制使学生缺乏内在自尊;(2)家长对子女期望过高;(3)学生的个性过于争强好胜,缺乏对于失败的耐受力等,知识准备不足,缺乏相应的应试技能等。

**4. 治疗方法**

(1)采用肌肉放松、系统脱敏等方法;(2)采用认知矫正程序,指导学生在考试中使用正向的自我对话,如"我能应付这个考试";(3)锻炼学生的性格,提高挫折应对能力;(4)往最好处做,不要计较最后结果;(5)考前要注意调节情绪。

**真题面对面**

1. [2021 贵州,简答]简述中小学生焦虑症产生的原因。
2. [2021 河北,简答]教师应如何指导学生应对考试焦虑?

答案:1. 详见内文　2. 详见内文

## 考点 3 抑郁症

**1. 概念**

抑郁症是以持久的心境低落为特征的神经症。个体有过度的抑郁反应,通常伴随有严重的焦虑感。

**2. 表现**

(1)情绪消极、悲观、颓废、淡漠、失去满足感和对生活的乐趣;(2)消极的认知倾向,低自尊、无能感,对未来没有期望;(3)动机缺乏、被动、缺乏热情;(4)肢体疲劳、失眠、食欲不振。

**3. 原因**

(1)行为主义者认为抑郁是由多次不愉快的经历、生活中缺乏强化鼓励造成的;(2)精神分析派认为抑郁来源于各种丧失和失落(失去爱、失去地位);(3)认知派认为,抑郁源于个人自我贬低式的思维方式或者不适当的归因方式。

**4. 治疗方法**

(1)要给当事人以情感支持与鼓励;(2)采用合理情绪疗法,调整当事人消极的认知状态;(3)积极行动起来,从活动中体验成功与愉快;(4)服用抗抑郁药物。

## 考点 4 恐怖症

**1. 概念**

恐怖症是对特定的无实际危害的事物与场景的非理性的惧怕。恐怖症可分为单纯恐怖、广场恐怖和社交恐怖。

**2. 表现**

学生中**社交恐怖**较为常见,主要表现为:害怕在社交场合讲话,担心自己因双手发抖、脸红、声音颤抖、口吃而暴露自己的焦虑,觉得自己说话不自然,因而不敢抬头,不敢正视对方的眼睛。

**3. 原因**

(1)直接经验刺激;(2)观察学习;(3)对某些事物或情境的危险做出了不切实际的评估。

**4. 治疗方法**

(1)系统脱敏法是治疗恐怖症的最常用方法;(2)改善人际关系,营造宽松、自由的氛围,适当减轻当事人的压力。

## 考点 5 强迫症

**1. 概念**

强迫症是一种以强迫症状(主要包括强迫观念和强迫行为)为主要临床表现的神经症。

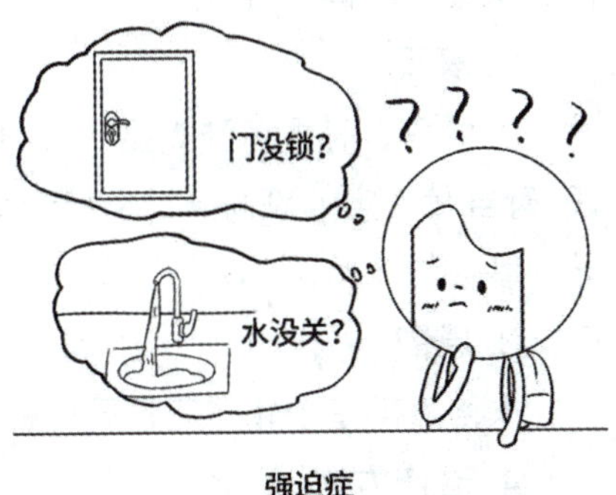


强迫症

**2. 表现**

(1)强迫观念表现为当事人身不由己地思考他不想考虑的事情。

(2)强迫行为表现为当事人反复去做他不希望执行的动作,如果不这样想、不这样做,他就会感到极端焦虑。强迫洗手、强迫计数、反复检查(门是否上锁)、强迫性仪式动作是生活中常见的强迫症状。

**3. 原因**

(1)社会心理原因,包括:学习过度紧张,家庭要求过于严格,学习困难,人际关系不良;(2)个人原因,如胆小怕事、优柔寡断、偏执刻板等。

**4. 治疗方法**

(1)药物治疗;(2)行为治疗,如暴露与阻止反应,主要用于控制当事人的刻板行为;(3)建立支持性环境;(4)森田疗法,强调放弃对强迫行为做无用控制的意图,而采取"忍受痛苦,顺其自然"的态度。

**真题面对面**

[2020辽宁辽阳,单选]郭阳同学近来总是不由自主地重复洗手,即便是洗了几遍仍然认为没洗干净。明知没有必要,却不能控制自己,这说明他可能患了(　　)

A. 抑郁症　　B. 焦虑症

C. 强迫症　　D. 恐怖症

答案:C

### 考点 6 儿童厌学症

**1. 概念**

厌学症又称学习抑郁症，是由人为因素造成的儿童厌恶学习的一系列症状。

**2. 原因**

(1)学校教育的失误，如填鸭式教育；(2)家庭教育的不当；(3)社会不良风气的影响，如一切向“钱”看，读书无用论等。

**3. 治疗方法**

(1)教师通过灵活多样的课堂教学活动和丰富多彩的第二课堂活动来调动学生的学习积极性；(2)家长需要改变自己的教养态度，采用民主式教养方式，建立和谐的家庭气氛；(3)纠正一些不良的社会风气，尽量避免这些风气对儿童的不良影响；(4)作为学生自身来说，要调整好心态，要有自信心，以坚毅的性格、乐观的态度为人处世，坚信付出必有收获；(5)要彻底遏制“厌学”的根源，还必须从根本上改造目前的应试教育体制，必须将素质教育的推广落到实处，要让教育成为大众的、快乐的、科学的教育。

### 考点 7 人格障碍与人格缺陷

**1. 概念**

人格障碍是长期固定的适应不良的行为模式，这种行为模式由一些不成熟、不适当的压力应对或问题解决方式所构成。“人格障碍”一语多用于成人，对于18岁以下的儿童的类似行为表现通常称为人格缺陷、品行障碍或社会偏差行为。

**2. 表现**

人格障碍有很多种类型，如：(1)依赖型人格障碍。主要表现为被动的生活取向，不能决策或者接受责任，有自我否定的倾向。(2)反社会型人格障碍。主要有两个特点：一是缺乏对他人的同情心与关心；二是缺乏羞耻心与罪恶感。

**3. 原因**

人格障碍是个体先天素质与后天教养的产物。

**4. 治疗方法**

人格障碍一旦形成较难治疗，具体方法有：(1)可以采用观察学习的方法，为他们提供良好的行为范例；(2)奖励当事人的积极行为，惩罚他的消极行为；(3)改变家庭教养方式，创造民主的家庭氛围。

## 五、学生心理健康的维护

**1. 学生个体进行积极的自我调适**

自我调适的方法主要有放松训练、认知压力管理、时间管理、社交训练和态度改变、归因训练、加强身体锻炼等。

**2. 学校通过多种方式进行心理健康教育，维护学生心理健康**

(1)学校积极开展专门的心理健康教育课和心理卫生教育课，教给学生心理健康的知识和调适心理的方法；(2)学校组织专门的心理老师对学生进行个别心理辅导；(3)平时的课堂教学中注意穿插心理健康教育知识，培养学生积极的心理品质；(4)改变传统应试教育的教学方式和教育理念，提高教师的素质，培养学生对学习的兴趣，杜绝教师伤害事件的发生。

**3. 与家长合作构建社会支持网络**

学生心理健康的维护需要家长和学校以及社会的共同作用。(1)学校积极与家长配合，通过班会等形式，共同关注学生的心理健康问题，并且针对问题进行相互交流；(2)学校专门的心理健康教育机构应该为家长提供支持，对家庭教育中存在的问题及其解决提出建议；(3)国家采取切实措施，重视优化学校周边环境，打击不良媒体对学生心理健康的侵蚀，创造有利于学生心理健康发展的社会环境。

## 第三节　教师职业心理

### 一、教师的职业角色心理

#### 考点1　教师的角色心理　【判断】★

**1. 教师角色的概念**

**教师角色**是指由教师的社会地位决定的，并为社会所期望的行为模式。也即教师角色代表教师个体在社会团体中的地位和身份，同时包含着许多社会期望教师个体应表现的行为模式，包括社会对教师个人行为模式的期望和教师对自己应有行为的认识两方面。

**2. 教师职业角色的形成阶段**

(1)角色认知阶段。角色认知是指角色扮演者对某一角色形成规范的认识和了解，知道哪些行为是正确的，哪些行为是不合适的。

(2)角色认同阶段。教师的角色认同是指教师亲身体验并接受教师角色所承担的社会职责，并用来控制和衡量自己的行为。

(3)角色信念阶段。教师角色中的社会要求转化为个体需要，这时教师坚信自己对教师职业的认识是正确的，并将其看作是自己行为的指南，形成了教师职业特有的自尊心和荣誉感。*例如，一些优秀的教师坚信教师是社会上传道、授业、解惑的使者，是一种神圣而光荣的职业。*

#### 考点2　教师威信　【简答、论述、案例分析】★★

**1. 教师威信概述**

(1)教师威信的概念

**教师威信**是指由教师的资历、声望、才能和品德等因素决定的，教师个人或群体在学生或社会中的影响力。教师威信实质上反映了一种良好的师生关系，是教师成功地扮演教育者角色、顺利完成教育使命的重要条件。

(2)教师威信的分类

教师的威信有两种：一种是权力威信，一种是信服威信。权力威信是教师根据教育法律法规、学校规章制度、教育传统以及社会心理优势而建立起来的威信。信服威信是由于教师良好的思想品德、教学能力、教学态度与民主作风而使学生自愿接受、内心佩服而树立起来的威信。教师应该树立信服威信，而不应该追求权力威信。

(3)教师威信的结构

教师威信主要包括人格威信、学识威信和情感威信三个方面的内容。

**2. 影响教师威信形成的因素**

(1)教师威信形成的客观条件

①教师在全社会的政治和经济地位、全民族的道德文化素养和尊师重教的良好社会风气是教师威信形成的重要条件；②教育行政机关和学校领导对教师工作的信任、关心和支持是提高教师威信的重要条件；

第四部分

③家长对教师的态度也是影响教师威信的重要因素。

(2)教师威信形成的主观条件

①教师的专业素质——教师高尚的思想道德品质、渊博的知识和高超的教育教学艺术是获取威信的基本条件。②教师的人格魅力——教师的仪表、作风和习惯,是教师获得威信的必要条件。③师生关系——师生平等交往是教师获得威信的重要条件。另外,在师生交往过程中,教师给学生的第一印象对教师获得威信有较大影响。④教师的评价手段。

**3. 教师威信的形成与发展**

(1)教师威信形成的过程,一般来说是由"不自觉威信"向"自觉威信"发展。

(2)建立教师威信的途径:①培养自身良好的道德品质;②培养良好的认知能力和性格特征;③注重良好仪表、风度和行为习惯的养成;④给学生以良好的第一印象;⑤做学生的朋友与知己。

(3)教师威信的维护:①教师要有坦荡的胸怀、实事求是的态度;②教师要正确认识和合理运用自己的威信;③教师要有不断进取的敬业精神;④教师要言行一致,做学生的楷模。

## 二、教师的职业心理特征

### 考点 1 教师的认知特征

教师的认知特征包括其知识结构和教学能力。基于我们对教学能力的认识,我们认为中小学教师必须具有的教学能力可以归结为五种:教学认知能力、教学设计能力、教学实施能力、教学反思能力、组织研究性学习能力。申继亮等人采用内隐理论的研究范式,对教师的教学能力进行了系列研究,把教师的教学能力分成以下几个方面:

**1. 教学认知能力**

教学认知能力是指教师对所教学科的定理、法则和概念等的概括化程度,以及对所教学生的心理特点和自己所使用的教学策略的理解程度。教师的认知特征主要包括以下三个方面:

(1)观察力特征。观察力敏锐的教师,既能找出某类学生共同具有的典型特点,又能发现每个学生的个别特点,从而及时采取有针对性的教育措施。

(2)思维特征。教师从观察中获得的材料,必须经过思维的加工才能形成教育决策,因此,思维能力是教师职业素养的重要标志。

(3)注意力特征。教师注意力的特点集中表现在注意分配能力上。

教师的智力水平与教学效果的相关极低,教师的智力水平超过了某一个临界点以后,教学效果并不随着教师智力水平的提高而提高,因此,教师的智力对教学效果的影响只是作为一个有限的因素在起作用。

**2. 教学操作能力**

教学操作能力是指教师在教学中使用策略的水平,其水平高低主要看他们是如何引导学生掌握知识、积极思考、运用多种策略解决问题的,它是教师课堂教学能力的集中体现。

**3. 教学监控能力**

教学监控能力是指教师为了保证教学达到预期的目的而在教学的全过程中,将教学活动本身作为意识对象,不断对其进行积极主动的计划、检查、评价、反馈、控制和调节的能力。

在这个教学能力结构中,教学认知能力是基础,教学操作能力是教学能力的集中体现,而教学监控能力是关键。

### 考点2 教师的人格特征 【单选】★★

教师的人格特征是影响教学的重要因素，其包含的内容是多方面的，如教师的职业信念、教师的性格特点和教师对学生的理解等。在教师的人格特征中，有两个重要特征对教学效果有显著影响：一是教师的热心和同情心；二是教师富于激励和想象的倾向性。在教师的激励下，学生的行为更富有建设性。教师对学生思想的认可与课堂成绩间能产生一定的正相关。教师的批评或不赞成与学生的成绩之间存在着负相关。尤其在那些个性、年龄不同的学生身上其差别表现更显著。

**1. 职业信念**

教师的职业信念是指教师对成为一个成熟的教育教学专业工作者的向往和追求，它为教师提供了奋斗的目标，是推动教师成长的巨大动力。有关职业信念的心理研究主要集中在以下两方面：

(1)教学效能感

教学效能感一般指教师对自己影响学生行为和学习结果的能力的一种主观判断。这种判断会影响教师对学生的期待和指导，从而影响教师的工作效率。教学效能感又分两个部分：一般教学效能感和个人教学效能感。前者指教师对教与学的关系、教育在学生身心发展中的作用等问题的一般看法和判断；后者指教师认为自己能够有效地影响学生，相信自己具有教好学生的能力。

(2)教学归因

**教学归因**是指教师对学生学习结果的原因的解释和推测，这种解释和推测所获得的观念必然会影响其自身的教学行为。*例如，倾向于将原因归于外部因素的教师，往往会更多地将学生的学习结果归结于学生的能力、教学条件等因素，因而在其面对挫折时，就比较倾向于采取职业逃避策略，做出听之任之或者怨天尤人的消极反应。*

**2. 职业性格**

有研究认为，优秀教师的性格品质的基本内核是促进，即对别人的行为有所帮助，教师的促进主要表现在三个方面：(1)理解学生；(2)与学生相处；(3)了解自己。

### 考点3 教师的行为特征

**1. 教师的教学行为**

教师的教学行为可以从以下六个方面来衡量：教师行为的明确性、教学方法的多样性、任务取向、富有启发性、参与性、及时评估教学效果。教师在教学中能做到这六个方面，教学效果必然会好。

**2. 教师的期望行为** 【单选、判断】★★

(1)教师期望效应

教师期望效应也叫罗森塔尔效应或皮格马利翁效应，即教师的期望或明或暗地传送给学生，会使学生按照教师所期望的方向来塑造自己的行为。教师期望效应的发生，既取决于教师自身的因素，也取决于学生的人格特征、原有的认知水平、归因风格和自我意识等心理因素。

(2)教师期望对学生的影响

多数心理学家认为，教师期待的自我实现预言效应确实是存在的。在日常教育中，经常可以发现，如果教师喜欢某些学生，对他们抱有较高期待，一段时间后，教师会将自己暗含期待的感情微妙地传递给学生，使这些学生更加自尊、自信、自爱、自强，诱发出一种积极向上的激情，这些学生常常像老师所期待的那样有所进步。相反，如果教师厌恶某些学生，对学生期待较低，一段时间后，学生也会感受到教师的“偏心”，也常常像老师所期待的那样一天天变差。教师的这种期待产生了相互交流的反馈，出现了教师期待的效果。

真题面对面

[2022陕西,单选]罗森塔尔效应说明能对学生产生巨大影响的是(　　)

A. 教师的人格特点　　B. 教师的教学水平

C. 教师对学生的期望　　D. 教师的成就

答案:C

## 三、教师的职业成长心理

### 考点1　专家型教师与新手型教师的比较

表4-14　专家型教师与新手型教师的比较

| 比较范畴 | | 专家型教师 | 新手型教师 |
|---|---|---|---|
| 课时计划 | 课时计划的内容 | 突出了课程的主要步骤和教学内容,并未涉及一些细节;修改与演练所需的大部分时间都是在正式计划的时间之外,自然地在一天中的某个时候发生 | 把大量的时间用在课时计划的一些细节上;要在临上课之前针对课时计划做一下演练 |
| | 教学的细节 | 教学的细节方面是由课堂教学活动中学生的行为决定。他们可以从学生那里获得一些有关教学细节的问题 | 新教师的课时计划往往依赖于课程的目标,仅限于课堂中的一些活动或一些已知的课程知识,而不能够把课堂教学计划与课堂情境中的学生行为联系起来 |
| | 制订课程计划 | 根据学生的先前知识来安排教学进度。他们认为实施计划是要靠自己去发挥的。因此,他们的课时计划就有很大的灵活性 | 仅仅按照课时计划去做,并想办法去完成它,却不会随着课堂情境的变化来修正他们的计划 |
| | 备课 | 表现出一定的预见性。他们会在头脑中形成包括教学目标在内的课堂教学表象和心理表征,并且能预测执行计划时的情况 | 认为自己不能预测计划执行时的情况,因为他们往往更多地想到自己做什么,而不知道学生将要做些什么 |
| 课堂教学过程 | 课堂规则的制定与执行 | 课堂规则明确,并能坚持执行 | 课堂规则较为含糊,难以坚持执行 |
| | 维持学生注意 | 有一套完善的维持学生注意的方法 | 相对缺乏 |
| | 教材内容的呈现 | 注重回顾先前的知识,并能根据教学内容选择适当的教学方法 | 不能很好地呈现教材内容 |
| | 课堂练习 | 看作检查学生学习的手段 | 当作必经的步骤 |
| | 家庭作业的检查 | 具有一套检查学生家庭作业的规范化、自动化的常规程序 | 缺乏相应的规范 |
| | 教学策略的运用 | 具有丰富的教学策略,并能灵活运用 | 缺乏或不会运用教学策略 |
| 课后评价 | 关注的焦点 | 多谈论学生对新教材的理解情况和课堂中值得注意的活动 | 更多地关注课堂中发生的细节 |

续表

| 比较范畴 | | 专家型教师 | 新手型教师 |
|---|---|---|---|
| 其他 | 师生关系 | 热情、平等地对待学生，师生关系融洽，具有强烈的成就体验 | 还没有形成良好的师生关系 |
| | 人格魅力 | 具有注重实际和自信心强的人格特点，能更好地控制和调节情绪，理智地处理面临的教育教学问题，并在课后进行评估和反思 | 不能理智地处理面临的教育教学问题，课后评价和反思能力不足 |
| | 职业道德 | 对职业的情感投入程度高，职业义务感和责任感强 | 有待发展 |

## 考点2 教师成长的阶段和途径

### 1. 教师成长的阶段 【单选、判断】★★

福勒和布朗根据教师的需要和不同时期所关注的焦点问题，把教师的成长划分为关注生存、关注情境和关注学生三个阶段。

(1)关注生存阶段。处于关注生存阶段的一般是新教师，他们非常关注自己的生存适应性，最担心的问题是“学生喜欢我吗”“同事们如何看我”“领导是否觉得我干得不错”等。因而，可能会把大量的时间花在如何与学生搞好个人关系上，想方设法控制学生，而不是更多地考虑如何让学生获得学习上的进步。

(2)关注情境阶段。处于**关注情境阶段**的教师关心的是如何教好每一堂课，以及班级大小、时间压力和备课材料是否充分等与教学情境有关的问题，如“内容是否充分得当”“如何呈现教学信息”“如何掌握教学时间”等。传统教学评价集中关注这一阶段，一般来说，老教师比新教师更关注此阶段。

(3)关注学生阶段。当教师顺利地适应了前两个阶段后，成长的下一个目标便是关注学生。教师将考虑学生的个别差异，认识到不同发展水平的学生有不同的需要，根据学生的差异采取适当的教学，促进学生发展。能否自觉关注学生是衡量一个教师是否成熟的重要标志之一。

关注生存阶段

关注情境阶段

关注学生阶段

**真题面对面**

1. [2022黑龙江，单选]根据教师职业发展三阶段理论，教师成长的初始阶段是(　　)

A. 关注自我阶段　　B. 关注生存阶段

C. 关注情境阶段　　D. 关注学生阶段



第四部分

2. [2022 内蒙古,单选]高某在走上教师岗位一段时间后,非常关注如何教好每一堂课的内容,开始研究班级的大小、时间设定及教学材料是否充分等问题对教学的影响。这属于教师成长过程中的(　　)

A. 关注生存阶段　　B. 关注学生阶段

C. 关注能力阶段　　D. 关注情境阶段

答案:1. B　2. D

### 2. 教师成长的途径　【简答、论述】★★

教师成长与发展的基本途径主要有两个方面:一是通过师范教育培养新教师作为教师队伍的补充;二是通过实践训练提高在职教师的素质。主要的成长途径有以下几个:

(1)观摩和分析优秀教师的教学活动。一般来说,为培养新教师和教学经验欠缺的年轻教师宜进行组织化观摩,可以是现场观摩,如组织听课,也可以观看优秀教师的教学录像。

(2)开展微格教学。微格教学是指以少数的学生为对象,在较短的时间内(5~20分钟),尝试做小型的课堂教学,并把这种教学过程摄制成录像,课后再进行分析。**微格教学**最重要的特点是训练单元小。这是训练新教师、提高其教学水平的一条重要途径。

(3)进行专门训练。教师的成长与发展也可以通过专门的教学能力训练来实现,如训练新教师掌握教学过程中有效的教学策略等。

(4)进行教学反思。**教学反思**是指教师以自己的教学活动为意识对象,对自己的教育理念、教学行为、决策以及由此所产生的结果进行认真的自我审视、评价、反馈、控制、调节、分析的过程。教学反思的成分有:①认知成分;②批判成分;③教师的陈述。

教学反思的过程一般为具体经验→观察分析→抽象地重新概括→积极地验证。在以上四个环节中,反思最集中地体现在观察与分析阶段,但它只有与其他环节结合起来才会更好地发挥作用。

布鲁巴奇等人认为教学反思的方法主要有:①**反思日记**。在每一天教学工作结束后,要求教师写下自己的经验,并与指导教师共同分析。②**详细描述**。教师相互观摩彼此的教学,详细描述看到的情景,并对此进行讨论分析。③**交流讨论**。来自不同学校的教师聚集在一起,主要的工作是:第一,提出课堂上发生的问题;第二,共同讨论解决问题的办法;第三,得到的方案为所有教师共享。④**行动研究**。为弄清课堂上遇到的问题的实质,探索用以改进教学的行动方案,教师以及研究者可以进行调查和实验研究,这不同于研究者由外部进行的旨在探索普遍法则的研究,而是直接着眼于教学实践的改进。

另外,教学反思的方法还有教学案例和教师成长档案袋。

美国教育心理学家**波斯纳**提出了**教师成长公式**:经验+反思=成长。

真题面对面

[2021 河南,论述]请结合实际,论述新任教师促进自身专业发展的主要途径。

答案:详见内文

## 四、教师的职业心理健康

### 考点 1　教师心理健康的标准

(1)能积极地悦纳自我;(2)有良好的教育认知水平;(3)热爱教师职业,积极地爱学生;(4)具有稳定而积极的教育心境；(5)能控制各种情绪与情感；(6)和谐的教育人际关系；(7)能适应和改造教育环境；(8)具有教育独创性。

考点2 职业倦怠 【单选、判断】★★

**1. 职业倦怠的概念**

长期的职业压力会导致教师的职业倦怠。职业倦怠是个体在长期的职业压力下，缺乏应对资源和应对能力而产生的身心耗竭状态。教师的职业倦怠是在长期工作压力和自身心理素质的互动下形成的，并带来生理、情绪、认知和行为等方面的问题，导致教师出现严重的身心疾病。

**2. 职业倦怠的特征**

玛勒斯等人认为职业倦怠主要表现为三个方面：(1)**情绪耗竭**，指个体情绪情感处于极度的疲劳状态，工作热情完全丧失；(2)**去人性化**，即刻意在自身和工作对象间保持距离，对工作对象和环境采取冷漠和忽视的态度；(3)**个人成就感低**，表现为消极地评价自己，贬低工作的意义和价值。

**3. 职业倦怠的原因**

教师职业倦怠产生的心理紧张源有：(1)社会因素，即教师职业的声望压力；(2)职业因素，即教师担当的多种角色所产生的角色职责压力、角色冲突、学生问题、升学考试压力等；(3)工作环境，即教师与学生、家长、领导、同事之间的人际关系压力，学校的考评、聘任制度所带来的压力；(4)个人因素，即教师个人的认知方式和应对紧张的策略与心理压力产生密切相关。

**4. 职业倦怠的干预**

合理的预防、积极的应对以减少和消除职业倦怠的方法主要有三点：(1)个体的自我干预；(2)组织有效的干预；(3)构建社会支持网络。

第四部分

## 核心考点回顾

1. 心理健康的标准是什么？(参见本书P410)
2. 影响学生行为改变的方法有哪些？(参见本书P413)
3. 学生中常见的心理健康问题有哪些？(参见本书P415)
4. 教师期望效应的概念是什么？(参见本书P421)
5. 教师成长的三个阶段是什么？(参见本书P423)

## 达标测评

| 建议用时 | 实际用时 | 测评总分 | 实际得分 |
|---|---|---|---|
| 10分钟 | _____分钟 | 10分 | _____分 |

一、单项选择题(每小题1分，共5分)

1. 从性质上看，心理健康教育包括(    )

A. 发展性教育和心理健康维护　　B. 发展性教育和补救性教育

C. 补偿性教育和心理素质培养　　D. 发展性教育与心理素质培养

2. 王老师在教学过程中，能不断对其教学活动积极主动地进行计划、监视、检查、评价、反馈、控制和调节，并

成功地实现教学目标。这反映了王老师具有较强的(　　)

A. 教学设计能力　　B. 教学效能感　　C. 教学监控能力　　D. 专业知识

3. 张老师这段时间对工作失去了热情,觉得工作没意思,同时总是感觉很疲劳,工作效率不高。他目前的状态属于职业倦怠中(　　)方面的表现。

A. 去人性化　　B. 个人成就感低　　C. 情绪耗竭　　D. 缺乏工作动机

4. 下列选项中,对心理健康理解不正确的是(　　)

A. 心理健康是比较而言的,从健康到不健康只是程度的不同,而无本质的区别

B. 心理健康反映的是某一段时间内的特定状态,而不应认为是固定的和永远如此的

C. 心理健康是一个发展的概念,会随着社会的发展变化而变化

D. 心理健康等于没有疾病或疾病仅限于躯体疾病

5. 学校心理辅导是学校实施心理健康教育的主渠道,下列对学校心理辅导理解正确的一项是(　　)

A. 学校心理辅导以少数有心理问题的个别学生为服务对象

B. 心理辅导把工作的重点放在预防心理问题的出现和促进学生潜能的发展上

C. 学校心理辅导侧重于学生的心理与行为障碍矫治的心理治疗

D. 心理辅导等同于心理咨询和心理治疗



二、简答题(本大题共5分)

建立教师威信的途径有哪些?

## 参考答案及解析

一、单项选择题

1. B　[解析]从内容来看,心理健康教育包括心理素质培养与心理健康维护两项任务;从性质来看,心理健康教育则包括发展性教育与补救性教育两项任务。

2. C　[解析]教学监控能力是指教师为了保证教学达到预期的目的而在教学的全过程中,将教学活动本身作为意识对象,不断对其进行积极主动的计划、检查、评价、反馈、控制和调节的能力。因此,题干表明王老师具有较强的教学监控能力。

3. C　[解析]玛勒斯等人认为职业倦怠主要表现为三个方面:情绪耗竭、去人性化、个人成就感低。其中,情绪耗竭指个体情绪情感处于极度的疲劳状态,工作热情完全丧失,张老师目前的状态就属于情绪耗竭。

4. D　[解析]心理健康至少包括两层含义:一是无心理疾病;二是有一种积极发展的心理状态。

5. B　[解析]学校心理辅导强调面向全体学生,辅导以正常学生为主要对象,以发展辅导为主要内容,A、C项错误;心理辅导是一种专业活动,是专业知识和技能的运用,但不等同于心理咨询与心理治疗,D项错误。

二、简答题(参考答案)

(1)培养自身良好的道德品质;(2)培养良好的认知能力和性格特征;(3)注重良好仪表、风度和行为习惯的养成;(4)给学生以良好的第一印象;(5)做学生的朋友与知己。

# 第五部分

# 新课程改革

# 内容导学

CONTENT GUIDANCE

本部分内容共分为三章。

第一章主要是对新课程改革基本内容的介绍，考查题型以客观题为主，偶尔也会涉及主观题。

第二章主要介绍新课程改革所倡导的教师角色、教学行为、教学观及学习方式等内容，考查题型主、客观均会涉及。

第三章主要是对综合实践活动和研究性学习的讲述，考查题型多侧重于客观题。

考生要重点掌握第一章第二节、第二章的内容。在备考时，应结合历年真题与自身实际，有针对性地复习。

## 思维导图

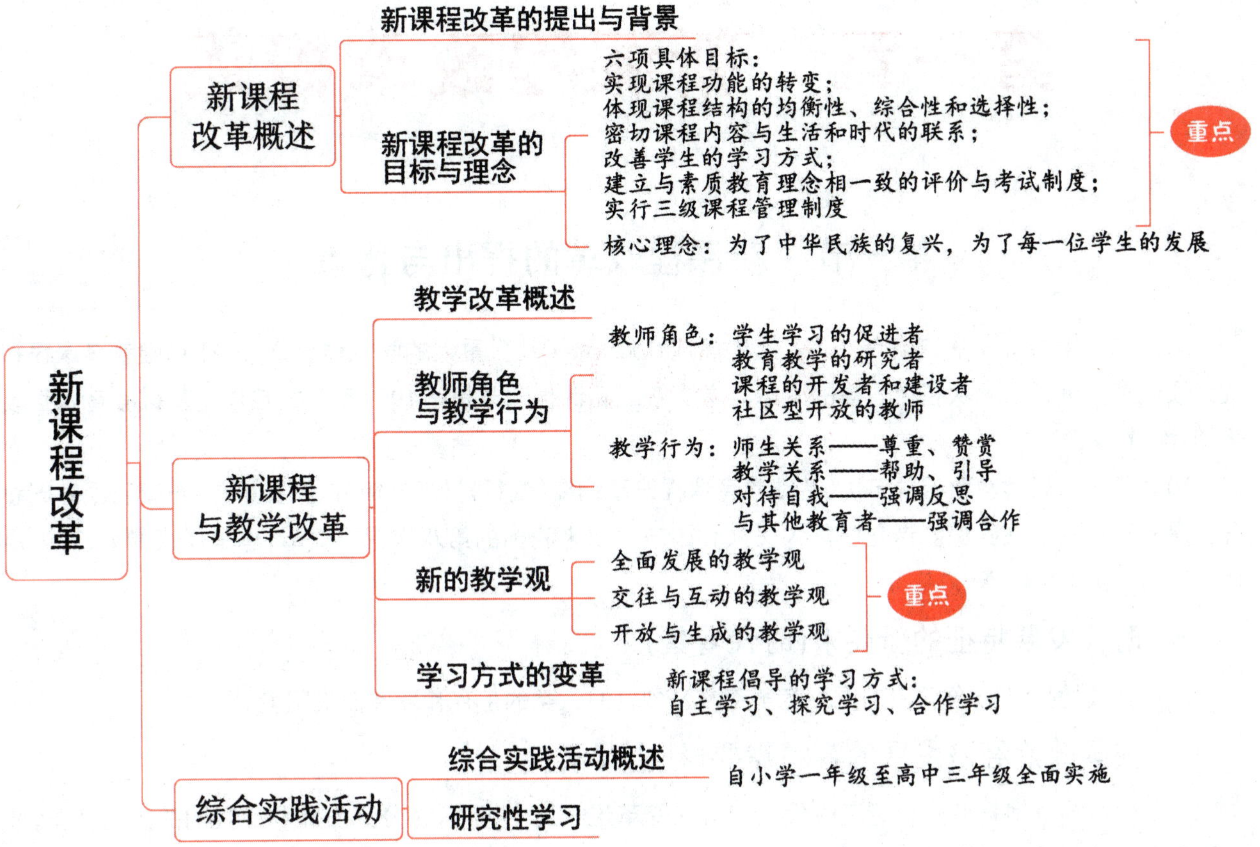

新课程改革
- 新课程改革概述
  - 新课程改革的提出与背景
  - 新课程改革的目标与理念
    - 六项具体目标：实现课程功能的转变；体现课程结构的均衡性、综合性和选择性；密切课程内容与生活和时代的联系；改善学生的学习方式；建立与素质教育理念相一致的评价与考试制度；实行三级课程管理制度（重点）
    - 核心理念：为了中华民族的复兴，为了每一位学生的发展
- 新课程与教学改革
  - 教学改革概述
  - 教师角色与教学行为
    - 教师角色：学生学习的促进者；教育教学的研究者；课程的开发者和建设者；社区型开放的教师
    - 教学行为：师生关系——尊重、赞赏；教学关系——帮助、引导；对待自我——强调反思；与其他教育者——强调合作
  - 新的教学观（重点）
    - 全面发展的教学观
    - 交往与互动的教学观
    - 开放与生成的教学观
  - 学习方式的变革
    - 新课程倡导的学习方式：自主学习、探究学习、合作学习
- 综合实践活动
  - 综合实践活动概述
    - 自小学一年级至高中三年级全面实施
  - 研究性学习

## 考向分析

本部分是辽宁、吉林、黑龙江、宁夏、江西、河北等省份的特岗笔试重点考查的内容，识记性知识较多，在考试中常以选择题、判断题、简答题、论述题等形式考查。本部分的考向分析如下：

| 考点名称 | 常考题型 | 能力层级 | 考查热度 |
| --- | --- | --- | --- |
| 新课程改革的六项具体目标 | 单选、多选、判断、论述 | 掌握 | ★★★ |
| 基础教育课程改革的核心理念 | 单选、判断 | 识记 | ★★ |
| 新课程倡导的教师角色 | 单选、多选、判断、简答 | 识记、理解 | ★★★ |
| 教师教学行为的变化 | 单选、多选 | 识记 | ★★ |
| 新的教学观 | 单选、多选、判断 | 理解 | ★★ |
| 新课程倡导的学习方式 | 单选、多选、判断 | 识记、理解 | ★★ |
| 综合实践活动的概念、内容 | 单选、多选、判断 | 识记 | ★★ |

核心考点

# 第一章　新课程改革概述

## 第一节　新课程改革的提出与背景

课程改革是教育改革的核心内容。新中国成立后，除了几次重大的学制调整之外，在基础教育课程和教材领域至少进行了七次较大规模的改革。本次新一轮课程改革是指1999年正式启动的基础教育课程改革，简称“新课改”。

2001年6月8日，教育部颁布了《**基础教育课程改革纲要(试行)**》(下文简称《纲要》)，标志着我国基础教育新课程改革的正式实施。这是中华人民共和国成立以来我国的**第八次**课程改革，也是规模最大、影响最为深广的一次课程改革。

### 一、时代发展特征的新要求(时代背景)

(1)初见端倪的知识经济；(2)国际竞争空前激烈；(3)人类的生存和发展面临困境。

### 二、我国政治经济发展的客观需要(社会背景)

我国能否很好地把握知识经济时代生产方式变革这一历史机遇，充分开发和利用我国的人力资源，取决于多方面的因素，而教育则是其中至关重要的一个因素。历史经验证明，教育在把握人类自身命运、促进社会发展方面能发挥巨大作用。知识经济时代的科学技术已经成为第一生产力。在国与国之间综合国力竞争的时代，由于教育在其中起着奠基作用，综合国力竞争必将聚焦到教育上来。

### 三、我国基础教育发展的内在需求

我国基础教育课程体系已经到了非改不可的地步，原因在于：(1)固有的知识本位、学科本位问题没有得到根本转变，所产生的危害影响至深，这与时代对人的要求形成了极大反差；(2)传统的应试教育势力强大，素质教育不能真正得到落实。

### 四、国外课程改革的启示

(1)政府参与并领导课程改革；(2)课程改革的焦点是协调国家和学生发展需要之间的关系；(3)课程改革具有整体性。

## 第二节　新课程改革的目标与理念

### 一、新课程改革的指导思想与根本任务

基础教育课程改革要以邓小平同志关于“教育要面向现代化，面向世界，面向未来”和江泽民同志“三个代表”重要思想为指导，全面贯彻党的教育方针，全面推进素质教育。

基础教育课程改革的根本任务是全面贯彻党的教育方针政策，调整和改革基础教育的课程体系、结构、

内容，构建符合素质教育要求的新的基础教育课程体系。

## 二、新课程改革的六项具体目标 【单选、多选、判断、论述】★★★

### 考点1 实现课程功能的转变

新课程改革在《基础教育课程改革纲要（试行）》中首先确立了课程改革的核心目标即课程功能的转变：改变课程过于注重知识传授的倾向，强调形成积极主动的学习态度，使获得基础知识与基本技能的过程同时成为学会学习和形成正确价值观的过程。

### 考点2 体现课程结构的均衡性、综合性和选择性

改变课程结构过于强调学科本位、科目过多和缺乏整合的现状，整体设置九年一贯的课程门类和课时比例，设置综合课程，以适应不同地区和学生发展的需求，体现课程结构的均衡性、综合性和选择性。

均衡性、综合性和选择性既是本次课程结构调整的三条基本原则，又是新课程结构区别于传统课程结构的三个基本特征。可以说，均衡性、综合性和选择性是我们全面领会和理解新课程结构的三把钥匙。

### 考点3 密切课程内容与生活和时代的联系

改变课程内容“繁、难、偏、旧”和过于注重书本知识的现状，加强课程内容与学生生活以及现代社会科技发展的联系，关注学生的学习兴趣和经验，精选终身学习必备的基础知识和技能。

### 考点4 改善学生的学习方式

改变课程实施过于强调接受学习、死记硬背、机械训练的现状，倡导学生主动参与、乐于探究、勤于动手，培养学生搜集和处理信息的能力、获取新知识的能力、分析和解决问题的能力，以及交流与合作的能力。

### 考点5 建立与素质教育理念相一致的评价与考试制度

改变课程评价过分强调甄别与选拔的功能，发挥评价促进学生发展，教师提高和改进教学实践的功能。

### 考点6 实行三级课程管理制度

改变课程管理过于集中的状况，实行国家、地方、学校三级课程管理，增强课程对地方、学校及学生的适应性。

**真题面对面**

1.［2020江西，单选］全面领会和理解新课程结构有三把“钥匙”，它不包括（　　）

A. 均衡性　　B. 综合性　　C. 选择性　　D. 全面性

2.［2020宁夏，判断］新课程改革的核心目标是课程结构的转变。（　　）

3.［2021吉林，论述］论述新课程改革的具体目标。

答案：1. D　2. ×　3. 详见内文

## 三、新课程改革的理念

影响基础教育改革的理论、理念非常庞杂，有些理论主要影响着基础教育的宏观改革，如人力资本理论、终身教育思潮、全民教育思潮等，而有些理论却对基础教育改革的微观领域影响较大，如人本主义教育理念、建构主义教育理念、多元智力理论等。

### 考点1 基础教育课程改革的核心理念 【单选、判断】★★

贯穿于第八次课程改革的核心理念是：为了中华民族的复兴，为了每一位学生的发展。这一基本的价

第五部分

值取向预示着我国基础教育课程体系的价值转型。“为了每一位学生的发展”包含着三层含义:(1)以人(学生)的发展为本。以学生的发展为本是新课程改革的精神内核。(2)倡导全人教育。(3)追求学生个性化发展。

真题面对面

[2020宁夏,单选]基础教育课程改革的核心理念是(　　)

A. 为了改革教育评价制度　　B. 为了提高教师教学质量

C. 为了提高学生的学习成绩　　D. 为了每一位学生的发展

答案:D

### 考点2 基础教育课程改革的基本理念 【多选】 ★

新课程改革的基本理念是:走出知识传授的目标取向,确立培养“整体的人”的课程目标;破除书本知识的桎梏,构筑具有生活意义的课程内容,增强课程内容的生活化、综合性;摆脱被知识奴役的处境,恢复个体在知识生成中的合法身份,倡导教师启发引导下学生主动参与的知识生成方式和自主学习方式;改变学校个性缺失的现实,创建富有个性的学校文化。具体如下:

(1)促进课程的适应性和管理的民主化,创建富有个性的学校文化。学校文化的重建是课程改革的直接诉求和终极目标。(2)重建课程结构和倡导和谐发展的教育。(3)提升学生的主体性和注重学生经验。

## 四、新课程的主要特征 【多选、判断】 ★

新课程不仅在目标上对学生的全面和谐发展即人格的健全给予了充分的关注和明确的强调,而且在课程内容的设计、课程实施方式的安排以及课程评价体系的建构方面,作出了很大的调整,为新的课程目标的实现创造了有利的条件,使学生的全面和谐发展有了实现的基本条件和现实可能性。新课程的主要特征包括:(1)课程内容的生成性;(2)课程实施的开放性;(3)课程评价的发展性;(4)课程资源的广泛性。教学是课程实施的基本途径,随着新课程改革的深入,教学领域也发生着变化。

真题面对面

[2021黑龙江,判断]1999年至今的第八次课程改革的特点是生成性、开放性、发展性和特殊性。(　　)

答案:×

# 第二章　新课程与教学改革

## 第一节　教学改革概述

### 一、本次教学改革的主要任务　【单选】 ★

(1)要改革旧的教育观念,真正确立起与新课程相适应的、体现素质教育精神的教育观念。确立新的教育观念,是教学改革的首要任务。

(2)要坚定不移地推进教学方式和学习方式的转变。学习方式的转变是本次课程改革的显著特征和核心任务。

(3)要致力于教学管理制度的重建。在转变观念和方式的同时,重建制度同样是本次教学改革的重要任务。

### 二、我国当前教学改革的主要观点　【单选】 ★

纵观各个改革方针及主流言论,可将当前教学改革的发展趋势综合为:实施素质教育,坚持整体教学改革和实验,建立合理的课程结构,实施科学的教学评价。

(1)实施素质教育——我国当前教学改革的主题;

(2)坚持整体教学改革和实验——我国当前教学改革的基本策略;

(3)建立合理的课程结构——我国当前教学改革的重心;

(4)实施科学的教学评价。

第五部分

## 第二节　教师角色与教学行为

### 一、新课程倡导的教师角色　【单选、多选、判断、简答】 ★★★

**1. 从教师与学生的关系看,教师是学生学习的促进者**

这是教师最明显、最直接、最富时代性的角色特征,是教师角色中的核心特征。其内涵主要包括两个方面:(1)教师是学生学习能力的培养者;(2)教师是学生人生的引路人。

**2. 从教学与研究的关系看,教师是教育教学的研究者**

教师即研究者,意味着教师在教学过程中要以研究者的心态置身于教学情境之中,以研究者的眼光审视和分析教学理论与教学实践中的各种问题,对自身的行为进行反思,对出现的问题进行探究,对积累的经验进行总结,最终形成规律性的认识。这实际上也就是国外多年来所一直倡导的"行动研究"。"行动研究"把教学与研究有机地融为一体,它是教师由"教书匠"转变为"教育家"的前提条件,是教师持续进步的基础,是提高教学水平的关键,是创造性地实施新课程的保证。

**3. 从教学与课程的关系看,教师是课程的开发者和建设者**

在传统的教学中,教学与课程是彼此分离的。教师被排斥于课程之外,教师的任务只是教学,课程游离于教学。教学内容和教学进度由国家的教学大纲和教学计划规定,教学参考资料和考试试卷由专家或教研部门编写、提供,教师成了教育行政部门各项规定的机械执行者,成为各种教学参考资料的简单照搬者。

新课程倡导民主、开放、科学的课程理念,同时确立了国家、地方、学校三级课程管理政策,这就要求课程与教学相互整合,教师必须在课程改革中发挥主体作用。教师不仅是课程实施的执行者,更应成为课程的开发者和建设者。

**4. 从学校与社区的关系看,教师是社区型开放的教师**

新课程特别强调学校与社区的互动,重视挖掘社区的教育资源。在这种情况下,教师的角色也要求变革。教师不仅是学校的一员,还是社区的一员,是整个社区教育、科学、文化事业的共建者。因此,教师角色是开放的,是"社区型"教师。

真题面对面

[2020宁夏,单选]从教师与学生关系的视角看,教师是学生学习的(　　)

A. 研究者　　B. 开发者　　C. 促进者　　D. 建设者

答案:C

## 二、教师教学行为的变化　【单选、多选】 ★★

**1. 在对待师生关系上,新课程强调尊重、赞赏**

"为了每位学生的发展"是新课程的核心理念。为了实现这一理念,教师必须尊重每一位学生做人的尊严和价值。教师不仅要尊重每一位学生,还要学会发现学生的闪光点,学会赞赏每一位学生。

**2. 在对待教学关系上,新课程强调帮助、引导**

教的本质在于引导。引导的特点是含而不露、开而不达、引而不发;引导的内容不仅包括方法和思维,同时也包括价值和做人。在这里,引导表现为教师对学生的启迪与激励。

**3. 在对待自我上,新课程强调反思**

新课程非常强调教师的教学反思,依据教学进程,教学反思分为教学前、教学中、教学后三个阶段。教学反思有助于教师形成和培养自我反思的意识和自我监控的能力。

**4. 在对待与其他教育者的关系上,新课程强调合作**

在教育教学过程中,教师除了面对学生外,还要与周围其他教师发生联系,要与学生家长进行沟通与配合。课程的综合化趋势特别需要教师之间的合作,不同年级、不同学科的教师要相互配合,齐心协力地培养学生。教师必须处理好与家长的关系,加强与家长的联系与合作,共同促进学生的健康成长。

## 三、新课改背景下师生关系的变化

新课程改革要求建立一种"对话·互动"式的新型师生关系。对话就是通过语言形式所进行的交流,它与权威式的"告诉"或"灌输"不一样,它是主体之间的交流;互动则是主体之间的相互作用,它具有交互性特征。在教学中有效地运用"对话·互动",必须做到以下几点:

(1)教师要转变角色和行为,与学生建立新型的民主、平等的师生关系。"对话·互动"内在地要求"当事人"处于"平等的网络"中,都作为主体而存在,没有权威,只有来自各个领域的不同的声音。在传统教育中,相对于学生来讲,教师是"社会代表者",他们拥有至高无上的权威,在课堂上,控制、管理、命令(指令)等是

其主要的活动，而就其言语行为而言，教师通常扮演定向者、定规者、定论者的角色。而新课程给教师角色的定位是“平等中的首席”，要求教师在与学生对话、互动中，首先是一个**学习者**。其次，教师应当是学生自主学习、自我建构知识和经验的**指导者**。再次，教师还应该是学生学习的**激励者**与**促进者**。

(2)要创设一定的“情境”和引出一定的“话题”。

(3)教师要学会一些引导“对话·互动”的策略和技巧。

## 第三节　新的教学观

新课程要求确立新的教学观，从而从根本上改变教师的教学观念。教学观的转变具体体现为：(1)教学从以“教育者为中心”转向“学习者为中心”；(2)教学从“教会学生知识”转向“教会学生学习”；(3)教学从“重结论轻过程”转向“重结论的同时更重过程”；(4)教学从“关注学科”转向“关注人”。

### 一、全面发展的教学观　【单选、多选】★★

**1. 教学重结论更要重过程**

教学的目的之一就是使学生理解和掌握正确的结论。但是，如果不经过学生一系列的质疑、判断与比较，以及相应的分析、综合等认识活动，结论就难以获得，也难以真正理解和巩固。更重要的是，没有以多样性、丰富性为前提的教学过程，学生的创新精神和创新思维就很难培养起来。所以，教学不仅要重结论，更要重过程。

为此，教师要做到：(1)让学生经历过程；(2)要创设生活情境，生活情境要具有含而不露、显而不僵、生动形象且符合实际的特点；(3)要善于引导，教学的本质在于引导。

**2. 教学关注学科更要关注人**

传统的学校教育以学科为本，重认知轻情感，重教书轻育人。新课程强调以人为本，关注人是新课程的核心理念在教学中的具体体现。它意味着：

(1)关注每一位学生。每一位学生都是生动活泼的人、发展的人、有尊严的人，在教师的课堂教学理念中，包括每一位学生在内的全体学生都是自己应该关注的对象。关注的实质是尊重、关心、牵挂，关注本身就是最好的教育。

(2)关注学生的情绪生活和情感体验。孔子说过：“知之者不如好之者，好之者不如乐之者。”教学过程应该成为学生的一种愉悦的情绪生活和积极的情感体验。

(3)关注学生的道德生活和人格养成。教师要充分挖掘和展示课堂教学潜藏的道德因素，同时要积极关注和引导学生在教学活动中的各种道德表现和道德发展，从而使教学过程成为学生一种高尚的道德生活和丰富的人生体验。这样，学生学科知识增长的过程同时也是人格的健全和发展过程。总之，关注人的教学才能使学科教学同时成为情感态度与价值观的形成与发展的过程，从而真正实现人的发展。

### 二、交往与互动的教学观——教学不只是教师教、学生学的过程，更是师生交往、积极互动、共同发展的过程　【单选】★★

教与学的关系问题是教学过程的本质问题，同时也是教学论中的重大理论问题。教学是教师教与学生学的统一，这种统一的实质是交往、互动。基于此，新课程把教学过程看成是师生交往、积极互动、共同发展的过程。在这个过程中，教师与学生分享彼此的思考、经验和知识，交流彼此的情感、体验与观念，丰富教学

第五部分

内容，求得新的发现，从而达成共识、共享、共进，实现教学相长和共同发展，彼此形成一个真正的“学习共同体”。

新课程提倡的师生关系是合作伙伴关系。为此，要处理好师生之间的伙伴关系：(1)要尊重学生，尊重每一位学生的尊严和价值；(2)要民主，民主是师生关系的融化剂，是师生平等对话的前提。

### 三、开放与生成的教学观——教学不只是课程传递和执行的过程，更是课程创生与开发的过程　【判断】 ★★

传统课程所倡导的教学观认为课程是教学的方向、目标或计划，是在教学过程之前和教学情境之外预先规定的，教学的过程就是忠实而有效地传递课程，教师是既定课程的阐述者和传递者，学生则是课程的接受者。

新课程所倡导的教学观认为教师和学生是课程的有机构成部分，是课程的创造者和主体，他们共同参与课程开发的过程。教学成为课程内容持续生成与转化、课程意义不断建构与提升的过程。这样，教学与课程相互转化，相互促进，彼此有机融为一体。

## 第四节　学习方式的变革

### 一、新课程倡导的学习方式　【单选、多选、判断】 ★★

#### 考点1　自主学习

**1. 自主学习的概念**

自主学习关注的是学习者的主体性和能动性，是学生自主而不受他人支配的学习方式。

**2. 自主学习的特点**

(1)自主学习是一种主动学习，这是相对于“被动学习”“他主学习”而言的。主动性是自主学习的基本品质，它在学生学习活动中表现为“我要学”。“我要学”一方面表现为学习兴趣，另一方面表现为学习责任。只有学生自觉地担负起学习的责任时，学习才是一种真正的自主学习。

(2)自主学习是一种独立学习。“独立学习”是自主学习的核心，表现为“我能学”。新课程要求教师要充分尊重学生的独立性，积极鼓励并创造各种机会，让学生独立学习，培养其独立学习的能力。

(3)自主学习也是一种元认知监控的学习。自主学习要求学生对为什么学习、能否学习、学习什么、如何学习等问题有自觉的意识和反应，它突出表现在学生对学习的自我计划、自我调整、自我指导和自我强化上。培养学生对学习的自我意识和自我监控并使之养成习惯，是促进学生自主学习的重要因素。

#### 考点2　探究学习

**1. 探究学习的概念**

探究学习也称为发现学习，是一种以问题为依托的学习，是学生通过主动探究解决问题的过程。探究学习是相对于“接受学习”而言的。学习过程除了被动接受知识外，还存在大量的发现与探究等认识活动。新课程要求的学习方式的转变就是要学生转变单一的被动接受式的学习，把学习过程之中的发现、探究等认识活动凸显出来，使学习过程更多地成为学生发现问题、分析并解决问题的过程。探究学习或发现学习是体现学习的真正价值、实现有意义学习的一种重要的学习方式。

**2. 探究学习的特点**

(1)问题性;(2)过程性;(3)开放性。

**3. 探究学习的过程**

问题阶段—计划阶段—研究阶段—解释阶段—反思阶段。

### 考点3 合作学习

**1. 合作学习的概念**

合作学习是指学生以小组为单位进行学习的方式。合作学习是相对于“个体学习”而言的。合作学习的展开往往是在自学基础上进行的小组合作学习和小组内讨论。小组合作学习首先要制定一个小组学习目标,然后通过合作活动达到目标并对小组总体表现进行评价。此外,还可以在小组合作学习的基础上进行全班交流或全校交流。

**2. 合作学习的特点**

合作学习的特点具体表现在互助性、互补性、自主性和互动性。

**真题面对面**

[**2020辽宁辽阳,单选**]“记录在纸上的思想就如同某人留在沙滩上的脚印,我们也许能看到他走过的路径,但若想知道他在路上看见了什么东西,就必须用我们的眼睛。”这番话道出了(　　)的重要价值。

A. 自主学习　　B. 合作学习　　C. 探究学习　　D. 连续学习

**答案**:C

## 二、现代学习方式的基本特征 【单选】 ★

(1)**主动性**。主动性是现代学习方式的**首要特征**,它对应于传统学习方式的被动性。

(2)**独立性**。独立性是现代学习方式的**核心特征**,它对应于传统学习方式的依赖性。

(3)**独特性**。每个人的学习方式是不同的,要尊重每个学生的独特个性和具体生活,为每个学生富有个性的发展创造空间。

(4)**体验性**。体验性是现代学习方式的突出特征,在实际的学习活动中,它表现为强调身体性参与、重视直接经验等。

(5)**问题性**。现代学习方式特别强调问题在学习活动中的重要性,问题意识是学生进行学习特别是发现学习、研究性学习的重要心理因素。

# 第三章 综合实践活动

## 第一节 综合实践活动概述

### 一、综合实践活动的概念 【单选、多选、判断】★★

综合实践活动是基于学生的直接经验，密切联系学生自身生活和社会生活，体现对知识的综合运用的课程形态。这是一门以学生的经验与生活为核心的实践性课程。

教育部于2017年印发的《中小学综合实践活动课程指导纲要》指出：综合实践活动是国家义务教育和普通高中课程方案规定的必修课程，与学科课程并列设置，是基础教育课程体系的重要组成部分。该课程由地方统筹管理和指导，具体内容以学校开发为主，自小学一年级至高中三年级全面实施。

**真题面对面**

[2020吉林，单选]综合实践活动是国家必修课程，其实施阶段是(　　)

A. 从小学一年级至高中三年级

B. 从小学一年级至初中三年级

C. 从小学一年级至小学六年级

D. 从小学三年级至高中三年级

答案：A

第五部分

### 二、综合实践活动的内容 【单选、多选、判断】★★

综合实践活动的内容主要包括：信息技术教育、研究性学习、社区服务与社会实践、劳动与技术教育。要注意，这四个领域并非综合实践活动内容的全部，而是国家为了帮助学校更好地落实综合实践活动而特别指定的几个领域；它们之间在逻辑上不是并列的关系，更不是相互割裂的关系。“研究性学习”作为综合实践活动的基础，倡导探究的学习方式，这一方式渗透于综合实践活动的全部内容之中。“社区服务与社会实践”“信息技术教育”“劳动与技术教育”则是“研究性学习”探究的重要内容。

**易错点提示**

教育部制定的《义务教育课程方案(2022年版)》规定：“将劳动、信息科技从综合实践活动课程中独立出来”“综合实践活动侧重跨学科研究性学习、社会实践”。这意味着相比于教育部于2001年制定的《基础教育课程改革纲要(试行)》，综合实践活动的主要内容有所减少。因此考生遇到考查综合实践活动的内容的试题时，要具体分析考查的是哪一文件的规定。

### 三、综合实践活动的基本理念

(1)坚持学生的自主选择和主动参与,发展学生的创新精神和实践能力;(2)面向学生完整的生活领域,为学生提供开放的个性发展空间,注重学生的亲身体验和积极实践,促进学习方式的变革。

### 四、综合实践活动的性质

(1)相对于学科课程而言,综合实践活动是一门经验性课程,不存在内在的知识逻辑和知识体系,按主题的形式来展开设计;(2)相对于分科课程而言,综合实践活动是一门综合性课程,包括内容综合、学习方式综合和活动时空综合三个方面;(3)综合实践活动还是一门实践性课程,强调对学生实践能力的培养;(4)综合实践活动是三级管理的课程。

### 五、综合实践活动的特点

(1)整体性(综合性);(2)实践性;(3)开放性;(4)生成性;(5)自主性。

## 第二节 研究性学习

### 一、研究性学习的概念 【单选】★

研究性学习是指学生在教师指导下,从学习生活和社会生活中选择和确定研究专题,主动获得知识、应用知识、解决问题的学习活动。

### 二、对"研究性学习"几种现实价值取向的反思

**1."研究性学习"应该防止成人专家化倾向**

与"研究性学习"成人专家化取向相伴随的,必然是参与"研究性学习"的学生"精英化"。这与当代我国基础教育的普及化和大众化趋势是不相吻合的。

**2."研究性学习"应该防止功能上的过分窄化倾向**

研究性学习不仅仅是获取知识的方式和渠道,更重要的是在知识探寻中孕育一种问题意识,亲自寻找并实践解决问题的途径,引发整个学习方式的变革。

**3."研究性学习"应该防止学科化倾向**

"研究性学习"既是一种学习方式,也是一种课程形态。学科化倾向最终可能导致的是忽视学生学习的过程,以及在过程中所产生的丰富多彩的、活生生的研究性体验,大大加重学生的学习负担,这在根本上是背离研究性学习的价值追求的。研究性学习的教学过程成为师生双方共同构建课程领域的过程,而"研究性学习"作为课程领域则成为师生共同探索新知的发展过程。

当然,强调研究性学习的生成取向并不是不要预设。此外,"研究性学习"的开展,要有"课程成本"的观念。我们必须防止不顾学校经费实际情况的浮夸做法,而应该本着量力而行的原则,因地制宜地加以实施。

### 三、作为学习方式的“研究性学习”与作为课程的“研究性学习”

作为一种学习方式，“研究性学习”是指教师不把现成结论告诉学生，而是学生自己在教师指导下自主地发现问题、探究问题、获得结论的过程。作为一种学习方式，“研究性学习”是渗透于学生的所有学科、所有活动之中的。

作为一种课程形态，“研究性学习”课程是为“研究性学习方式”的充分展开所提供的相对独立的、有计划的学习机会。具体来说，是在课程计划中规定一定的课时数，以更有利于学生从事“在教师指导下，从学习生活中和社会生活中选择和确定研究专题，主动地获取知识、应用知识、解决问题的学习活动”。

## 核心考点回顾

1. 新课程改革的六项具体目标是什么？（参见本书P431）
2. 新课程的核心理念是什么？（参见本书P431）
3. 新课程倡导的教师角色有哪些？（参见本书P433）
4. 在新课程改革中，教师的教学行为发生了哪些变化？（参见本书P434）
5. 新课程倡导什么样的教学观？（参见本书P435）
6. 新课程倡导的学习方式有哪些？（参见本书P436）
7. 综合实践活动的主要内容有哪些？（参见本书P438）

## 达标测评

| 建议用时 | 实际用时 | 测评总分 | 实际得分 |
|---|---|---|---|
| 25分钟 | ____分钟 | 20分 | ____分 |

**一、单项选择题（每小题1分，共2分）**

1. 我国当前教学改革的重心是（　　）

A. 教学改革和实验　　B. 建立合理的课程结构

C. 实施素质教育　　D. 个性发展

2. 综合实践活动课程属于（　　）

A. 选修课程　　B. 活动课程　　C. 实践课程　　D. 必修课程

**二、多项选择题（每小题2分，共4分）**

1. 下列选项符合新课改精神的是（　　）

A. 彰显教学相长的师生关系　　B. 唤起教学活动的目标意识

C. 呈现创造性的教学过程　　D. 鼓励学生参与教学

2. 下列有关新课程理念的阐述，正确的有(　　)

A. 新课程突出学习方式的变革

B. 新课程的价值取向从“精英教育”转向“大众教育”

C. 新课程倡导素质教育的重点是创新精神与实践能力的培养

D. 新课程强调教师是学生学习的执行者、合作者、引导者

三、判断题(每小题1分，共2分)

1. 新课程提倡的师生关系是合作伙伴关系。(　　)

2. 主动性是现代学习方式的首要特征。(　　)

四、案例分析题(本大题共12分)

唐老师在自己班上做了一项改革实验：让学生来讲课。例如，预习课文就是让学生模仿老师的做法查资料、备课，课堂上先让一个备好课的学生讲课，然后大家一起讨论、补充、修改，唐老师再根据学生学习的实际情况提出几个较为重要的问题，或引导学生自主学习，或者让学生合作学习，最后留出质疑的时间让学生畅所欲言。阅读课是这样，习作课是这样，甚至出卷、考试、评卷也采用了这种模式。唐老师所在班级学生的语文考试成绩和综合素养总是在校年级阶段名列前茅。家长对此不屑一顾，说这位教师对教学不负责任，有偷懒之嫌。其他教师也认为这种做法不妥当，不值得提倡。

问题：请从新课程理念的角度，对唐老师的教学模式做出评价。

## 参考答案及解析

一、单项选择题

1. B　[解析]我国当前教学改革的重心是建立合理的课程结构。

2. D　[解析]教育部于2017年印发的《中小学综合实践活动课程指导纲要》指出：综合实践活动是国家义务教育和普通高中课程方案规定的必修课程，与学科课程并列设置，是基础教育课程体系的重要组成部分。故选D项。

二、多项选择题

1. ABCD　[解析]新课程倡导交往与互动、开放与生成的教学观，强调学生的主体性，鼓励学生参与教学，鼓励教师积极开发课程，呈现创造性的教学过程。教学不只是教师教学生学的过程，更是师生交往、积极互动、共同发展的过程，是教学相长的过程。树立“用教材教，而不是教教材”的观念，唤起教学活动的“目标”意识，反对“教总比不教好，教多总比教少好，教得越多越好”的经验主义做法。

2. ABC　[解析]新课程强调，教师是学生学习的合作者、引导者、参与者。D项表述错误。

三、判断题

1. √　[解析]新课程提倡的师生关系是合作伙伴关系。为此，要处理好师生之间的伙伴关系：(1)要尊重学生，尊重每一位学生的尊严和价值；(2)要民主，民主是师生关系的融化剂，是师生平等对话的前提。

2. √ [解析]主动性是现代学习方式的首要特征,它对应于传统学习方式的被动性。

四、案例分析题(参考答案)

唐老师的教学模式符合新课程的理念,有很多值得借鉴的地方。

(1)新课程倡导交往与互动的教学观,教学不只是教师教学生学的过程,更是师生交往、积极互动、共同发展的过程。唐老师让学生来讲课,跟学生共同交流、沟通,体现了其教师角色的转变——由教学中的主角转向"平等中的首席",由传统的知识传授者转向现代的学生发展的促进者。

(2)学习方式的转变是新课程改革的显著特征和核心任务。新型学习方式强调学生的自主、合作、探究,教师由原来课堂教学的主导者转变为学生学习活动的组织者、探究发现的引导者、与学生共同学习的合作者。唐老师让学生来讲课,引导学生自主学习,或让学生合作学习,鼓励学生质疑,有利于培养学生的创新精神和实践能力。

(3)新课程强调教师教学行为的转变。在对待教学关系上,新课程强调帮助、引导。唐老师在学生讲完课后,根据学生学习的实际情况提出几个较为重要的问题,或引导学生自主学习,有利于帮助学生进一步掌握知识。

# 第六部分

# 教师职业道德

# 内容导学

本部分内容共分为三章。

第一章主要是对教师职业道德的基础概念的讲解，考查题型以客观题为主，偶尔也会涉及主观题。

第二章主要介绍了教师职业道德的基本原则、主要范畴，以及对《中小学教师职业道德规范》的解读，考查题型主、客观均会涉及。

第三章讲述了教师职业道德修养与评价的相关内容，考查题型偏重于客观题。

考生要重点掌握第二章的内容。在备考时，应结合历年真题与自身实际，有针对性地复习。

## 思维导图

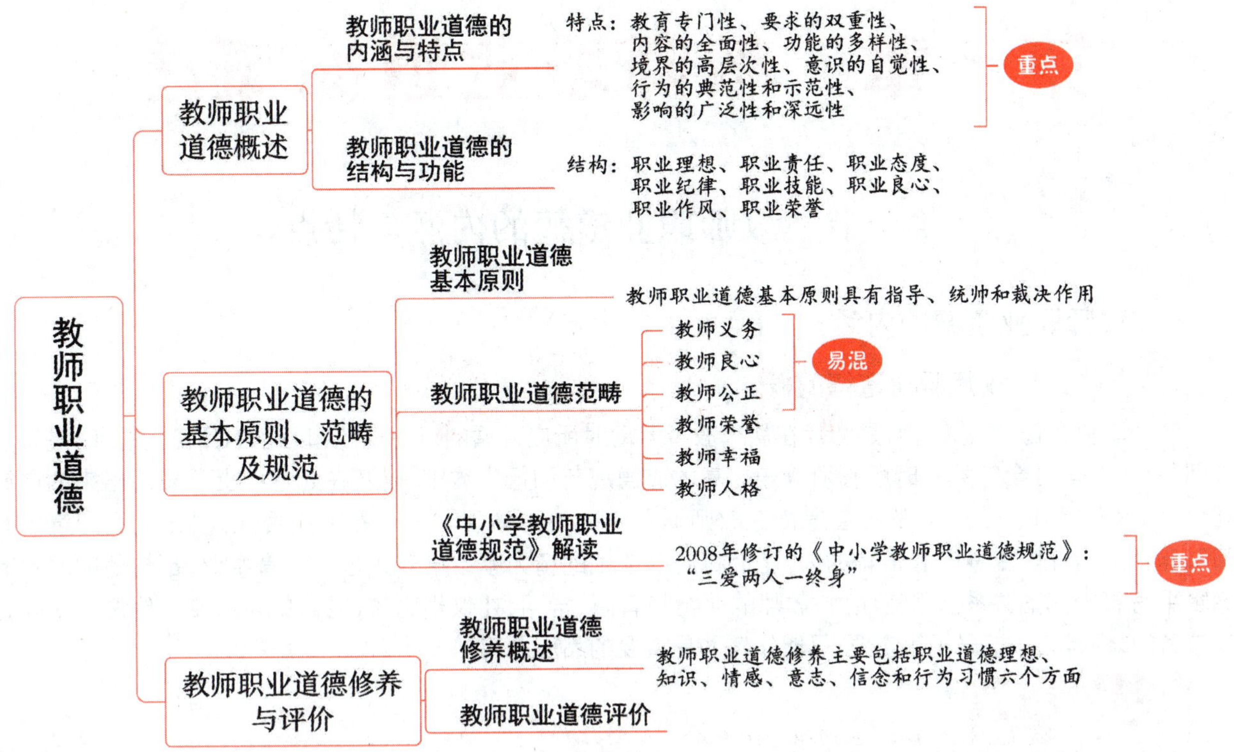


## 考向分析

本部分是河南、陕西、黑龙江、重庆、安徽、河北、湖北等省份的特岗笔试重点考查的内容，结构清晰、识记性知识较多，在考试中常以选择题、判断题、简答题、案例分析题等形式考查。本部分的考向分析如下：

| 考点名称 | 常考题型 | 能力层级 | 考查热度 |
|---|---|---|---|
| 教师职业道德的特点 | 单选、多选、判断、简答 | 理解 | ★★ |
| 教师职业道德的结构 | 单选、多选、简答 | 识记 | ★★★ |
| 教师职业道德基本原则的主要内容 | 多选、判断、简答 | 识记、理解 | ★★ |
| 教师职业道德的主要范畴 | 单选、多选、判断 | 识记 | ★★ |
| 2008年修订的《中小学教师职业道德规范》 | 单选、多选、判断、填空、简答、案例分析 | 识记、掌握、运用 | ★★★ |
| 教师职业道德修养的途径和方法 | 单选、多选、判断、论述 | 识记、理解 | ★★ |

核心考点

# 第一章 教师职业道德概述

## 第一节 教师职业道德的内涵与特点

### 一、教师职业道德的内涵 【单选、多选、判断】★

考点1 教师职业道德的概念

**教师职业道德**，简称师德，是教师在从事教育劳动时所应遵循的行为规范和必备的品德的总和，是调节教师与他人、与社会等关系时所必须遵守的基本道德规范和行为准则，以及在此基础上所表现出来的道德观念、情操和品质。它是一般社会道德在教师职业中的特殊体现。一个教师能否成为"让人民满意的教师"，能否成为让学生尊敬和信赖的人，能否将自己毕生的精力献给培养人才的教育事业，都与他的**职业道德水平**有着密切的关系。洛克认为，教师的德行与智慧、学问、礼仪相比较，显得更为重要。他说："学问是应该有的，但是它应该居于第二位，只能作辅助更重要的品质之用。"

真题面对面

[2022陕西，单选]教师在教学活动当中所应遵循的行为规范和必备的道德品质为( )

A. 师风　　B. 师德　　C. 德行　　D. 品德

答案：B

考点2 教师职业道德与道德的关系

教师职业道德是道德的一个特殊的领域，它与道德既有联系又有区别。

**1. 联系**

教师职业道德是社会道德的重要组成部分，是道德在教师职业领域中的特殊表现，它反映着道德对教师职业的专门化影响和作用。道德作为社会共同生活中最基本、最普遍的善恶标准和观念，是教师职业道德的主要价值来源和基础。总之，道德和教师职业道德是共性和个性的关系。

教师职业道德与社会公共道德的共性表现在：(1)相对独立性；(2)质的阶级性；(3)历史的继承性；(4)现象的一致性。

**2. 区别**

表6 教师职业道德与道德的区别

| | 教师职业道德 | 道德 |
| --- | --- | --- |
| 产生时间 | 人类社会脑体分工之后才开始萌发生长 | 随着人类社会的产生而萌生 |
| 发展情况 | 主要是在教师职业领域中形成和发展的，正是在教师职业中，其道德的发展才被赋予了教育专业化的特点 | 随着社会整体的发展而发展，是在整个社会的广阔空间里形成和发展的 |
| 适用范围 | 总体上是适应教师职业的需要而产生的，具有专业适用性，主要对教师在教育活动中的行为进行调节，给予善恶的评价 | 适用范围比较广泛，涉及社会生产生活的各个方面，对人在社会生产生活中的各个方面都具有一般的指导价值和一定的善恶评价意义 |

真题面对面

[2021黑龙江,判断]教师职业道德依附于一定生产力基础,所以说它没有自己的相对独立性。(　　)

答案:×

## 二、教师职业道德的特点 【单选、多选、判断、简答】★★

**1. 教师职业道德的教育专门性(适用的针对性)**

教师职业道德适用的针对性表现为教师职业道德对教育善恶的体现和专门要求,这是教师职业道德的一个基本特点。

教师职业道德的形成和发展与教师这一行业有着密切联系。教师职业的独特性决定了教师职业道德的针对性。可以说,教师职业道德是关于教育领域是非善恶的道德,它的一切理论都是围绕教师职业展开的。它不仅告诉人们教师职业何以为善的道理,而且指出了教师职业如何为善的途径。

**2. 教师职业道德要求的双重性**

教师的根本任务是教书育人,教师职业道德的一切内容都是围绕这一根本问题产生的,都是与这一根本问题相联系的。古今教师职业道德的发展,始终贯穿着教书育人的要求。在教师职业道德中,育人被视为教书的根本目的,如我国古代《礼记》中就有"师也者,教之以事而喻诸德者也",意思是教师的职责是既要教学生有关具体事物的知识,又要让学生知晓立身处世的品德。

**3. 教师职业道德内容的全面性**

在古今教育发展的长河中,教师职业道德的内容越来越丰富,涉及教师职业劳动的各个方面,充分体现了教师职业道德内容的全面性。

**4. 教师职业道德功能的多样性**

教师职业道德作为教师这一行业所特有的伦理现象和精神文化,构成了教师这一行业特有的精神风貌,成为教师职业发展源源不断的精神动力。教师职业道德作为教师行为的善恶标准和观念意识,不仅是衡量教师职业行为及其水平的重要依据,对教师行为具有引导作用,而且是教师在职业活动中对各种关系和矛盾加以调节或解决的重要依据,它能提高教师对其职业道德的评价能力,促进教师职业道德修养水平的不断提高……这都说明了教师职业道德功能具有多样性。

**5. 教师职业道德境界的高层次性**

境界的高层次性是指社会和他人对教师职业道德要求总是在整个社会道德体系中处于较高水平和较高层次。教师职业道德境界的高层次性是由教师教书育人的目的和任务决定的。

**6. 教师职业道德意识的自觉性**

意识的自觉性是指教师因职业劳动的特点所决定的在职业道德意识上的更高的自觉性,它是教师职业情感和职业行为的基础。

**7. 教师职业道德行为的典范性和示范性**

教师职业道德不仅是对教师自身行为的规范要求,是对学生进行教育的手段,而且也对社会成员具有教育价值。

(1)典范性。行为的典范性是指教师的品德和行为对学生的思想品德的形成与行为具有榜样作用。教师职业道德的典范性是由教师劳动的示范性决定的。教师要以身作则、为人师表,这是教师职业道德区别于其他职业道德的显著标志。

(2)示范性。教育机构自古以来就被认为是道德高尚的场所和人间净土。人们对教师在道德上的要求一般都高于从事其他职业的人员。因此,教师所具备的职业道德广泛、深入地影响着整个社会成员乃至整个社会的进步。

**8. 教师职业道德影响的广泛性和深远性**

(1)广泛性。所谓教师职业道德影响的广泛性,是指教师的思想道德不仅影响在校学生,而且会通过学生和家长进而影响整个社会。学校是社会主义精神文明建设的基地,教师是精神文明的倡导者和推行者。可以说,教师职业道德建设是一件牵动千家万户并影响千秋万代的大事,具有重大意义。

(2)深远性。教师职业道德影响的深远性是指教师的道德品质和行为将给学生留下深刻久远的印象,它不会因学生的毕业而随之结束,还将延续到毕业之后,有时甚至伴随学生的一生。

也有说法认为,教师职业道德的特征包括:(1)时代性;(2)示范性和自律性;(3)继承性和稳定性;(4)奉献性。

## 第二节 教师职业道德的结构与功能

### 一、教师职业道德的结构 【单选、多选、简答】 ★★★

**1. 教师职业理想**

教师的职业理想是在对教育事业伟大意义的深刻理解的基础上产生的从事教育事业的志向、抱负和追求。具体而言,它是教师对自己未来职业的选择和向往,也是教师在职业活动中追求的事业成就或奋斗目标。

真题面对面

[2021安徽,单选]教师在对教育事业重大而深远意义的理解的基础上产生的从事教育事业的抱负和追求,属于( )

A. 教师职业纪律 B. 教师职业态度 C. 教师职业良心 D. 教师职业理想

答案:D

第六部分

**2. 教师职业责任**

教师职业责任是教师必须承担的职责和任务。在社会主义条件下,人民教师的根本职责,就是培养社会主义新人,换句话说,人民教师的职责,是培养社会主义现代化事业的建设者和接班人。

**3. 教师职业态度**

教师职业态度是指教师对自身职业劳动的看法和采取的行为,简而言之,就是指教育劳动态度或教师劳动态度。

**4. 教师职业纪律**

教师职业纪律是教师在从事教育劳动过程中应遵守的规章、条例、守则等。

**5. 教师职业技能**

教师职业技能集中地表现为教师教书育人的本领,教师教书育人活动的效果是教师职业技能的反映。

**6. 教师职业良心**

教师职业良心是教师在对学生、学生家长、同事以及对社会、学校、职业履行义务的过程中所形成的特

殊道德责任感和道德自我评价能力。

**7. 教师职业作风**

教师职业作风是教师在自身职业活动中表现出来的一贯态度和行为。

**8. 教师职业荣誉**

教师职业荣誉是教师在履行职业义务后，社会所给予的赞扬和肯定，以及教师个人所产生的尊严与自豪感。

真题面对面

[2021黑龙江，简答]简述教师职业道德的构成。

答案：详见内文

## 二、教师职业道德的功能 【单选、多选、判断】★

**1. 对教师工作的促进功能**

教师职业道德相对于学校的规章制度、教育计划、教学大纲等，更灵活、更有效，能够时时处处指导、调节与监督教师的教育行为。教师职业道德对教师教育行为的调节主要是通过社会舆论和内心信念两种形式来实现的。教师的职业道德能够通过激发动力、评价优劣、调节行为来处理和调节各种利益关系，保证教师教学工作的顺利开展和教育任务的圆满完成，这是教师职业道德最基本的社会作用。

**2. 对教育对象的教育功能**

青少年具有很大的可塑性，他们往往从教师的道德意识和道德行为中汲取是非、善恶观念。当教师按照教师职业道德作为时，会使道德要求具体化、人格化，从而使学生在富于形象性的榜样中受到启迪和教育，在潜移默化中形成教师所期望学生拥有的良好思想品德，增强教师教育的可信度、吸引力和有效性。

**3. 对社会文明的示范功能**

教师对社会文明的示范功能通过三种途径表现出来：

(1)通过培养学生的优良品德而影响社会道德，学生是具有多重角色的个体，在校是学生，在社会上是公民，他们的多重身份更利于社会文明的传播。

(2)通过教师参加各种社会活动而影响社会道德，当教师严格遵循教师职业道德，以高尚的道德面貌出现在社会中时，他们的道德风貌、人格形象便会对社会各方面产生积极影响。

(3)通过教师家庭生活和社会生活，促进社会主义新型人际关系的建立和发展。这些都直接或间接地以各种方式体现在社会生活的各个方面，促进文明之花处处开。

**4. 对教师修养的引导功能**

社会对教师整体素质的要求高于其他行业的从业人员。教师在工作岗位上不断提高自己的业务能力和道德水平，加强自身修养是教师职业道德品质的重要内容和应有要求。在教师自身修养过程中，教师职业道德具有引导功能。

# 第二章 教师职业道德的基本原则、范畴及规范

## 第一节 教师职业道德基本原则

### 一、教师职业道德基本原则的内涵

考点1 教师职业道德基本原则的含义 【单选】 ★★

道德原则是一定社会或阶级对人们的行为提出的最基本的要求，是道德体系的核心。教师职业道德原则在教师职业道德体系中居于主导地位，是整个教师职业道德体系的核心和精髓。

**教师职业道德基本原则**是教师在教育职业活动中正确处理各种利益关系所应遵循的最根本的指导准则，是一定社会或阶级对教师在职业活动中提出的最根本的道德要求。它指明了教师职业实践中道德行为的总方向，体现了教师职业道德的本质属性，统帅整个教师职业道德体系，是衡量和判断教师行为善恶的最高道德标准。简言之，教师职业道德基本原则具有指导、统帅和裁决作用。

真题面对面

[2022陕西，单选]教师职业道德体系中居于主导地位，作为整个教师职业道德体系的核心和精髓的是(　　)

A. 教师职业道德原则　　B. 教师职业道德标准

C. 教师职业道德规范　　D. 教师职业道德准则

答案：A

第六部分

考点2 我国教师职业道德基本原则 【单选】 ★

忠于人民教育事业是我国教师职业道德基本原则。忠于社会主义教育事业，要求全体教师要忠诚于社会主义的根本利益，坚定不移地贯彻执行社会主义的教育事业，把青少年一代培养成为有理想、有道德、有文化、有纪律，适应社会发展需要的一代新人。

忠于人民教育事业是我国教育社会主义性质的必然要求，是教师处理个人利益和社会整体利益关系时所必须遵循的根本指导原则，是衡量教育工作者个人行为和品质的最高道德标准。

考点3 教师职业道德基本原则与教师职业道德规范、教师职业道德范畴的关系

教师职业道德基本原则、教师职业道德规范和教师职业道德范畴，都是教育劳动过程中调整教师与他人、教师与社会关系的行为准则。其中，师德原则是整个师德规范体系的核心和灵魂，师德规范和范畴应以师德原则为中枢，依据并体现师德原则；师德规范是依据教师职业道德基本原则调整教育过程中各种利益关系、判断教师行为是非善恶的具体道德标准。它是师德原则的展开和具体化，师德原则总是要通过一系列具体的师德规范才能对教师行为起调节和指导作用，离开了师德规范的师德原则是空洞、无力的；师德范畴是整个师德规范体系的"网结"，是对师德原则和师德规范不同层次和不同侧面的补充与丰富。教师职业道德的基本原则、规范和范畴三方面相辅相成，共同构成了教师职业道德体系的有机整体。

## 二、教师职业道德基本原则的主要内容 【多选、判断、简答】★★

### 考点1 教书育人原则

**1. 教书育人原则的确立依据**

（1）教书育人是教师的基本职责；（2）教书育人是遵循教学规律的要求；（3）教书育人是培养建设有中国特色社会主义人才的要求。

**2. 贯彻教书育人原则的要求**

（1）坚持全面培养的教育理念；（2）遵循教书育人的科学规律；（3）提高教师自身素质。

### 考点2 为人师表原则

**1. 为人师表原则的确立依据**

（1）为人师表是实现教育根本任务的要求；（2）为人师表是教师职业劳动特点的要求；（3）为人师表是整个社会对教师的要求。

**2. 贯彻为人师表原则的要求**

（1）坚持对自己高标准、严要求；（2）坚持以身作则，身教重于言教；（3）坚持言行一致，表里如一；（4）坚持以身立教，德识统一。

### 考点3 依法从教原则

**1. 依法从教原则的确立依据**

（1）依法从教是在教育领域贯彻依法治国原则的要求；（2）依法从教是教师职业道德原则的重要内容和贯彻保证；（3）依法从教是正确处理教育领域各种社会关系的要求；（4）依法从教具有极为重要的现实意义。

**2. 贯彻依法从教原则的要求**

（1）教师要做遵规守法的模范，为学生做出好的榜样；（2）教师应当尊重和维护法律赋予学生的各项权利；（3）教师要积极参与法治社会建设。

### 考点4 教育人道主义原则

教育人道主义，乃是现代教育的重要特征，即现代教育区别于维护人的依赖关系的封建教育的标志之一。

**1. 教育人道主义原则的基本内容**

（1）现代教育应体现尊重人权的精神；（2）应努力促进个人全面发展。

**2. 教育人道主义确立的客观依据**

（1）教育人道主义是社会主义人道主义在教育领域、教育过程中的贯彻；（2）教育人道主义是处理教育活动过程中特殊人际关系的要求；（3）教育人道主义在教师职业道德体系中居于特殊地位。

**3. 贯彻教育人道主义原则的具体要求**

（1）教育人道主义是所有教育工作者（包括教育部门的各级管理人员）必须共同遵守的基本道德原则。教育人道主义原则对教师的要求主要表现为尊重学生，把学生视为与自己在人格上完全平等并具有自身个性特征的人来对待。

（2）遵循教育人道主义原则，教师对于不尊重、不关心学生的其他教师、其他教育活动参与者的思想和行为应予以指出、制止。

（3）教育学生学会尊重、学会关爱。

（4）教师在同不尊重学生、侵犯学生正当权益的思想和行为做斗争时，要注意对有错误言行的学生、教师和其他教育活动参与者予以尊重和关心。

## 第二节　教师职业道德范畴

### 一、教师职业道德范畴的含义

教师职业道德范畴是指那些概括和反映教师职业道德的主要特征、体现一定社会对教师职业道德的根本要求，并成为教师的普遍内心信念，对教师的行为发生影响的基本道德概念。

### 二、教师职业道德的主要范畴　【单选、多选、判断】 ★★

#### 考点 1　教师义务

教师在履行一般社会成员的义务的同时，又有着其特定的职业道德义务。教师义务的实质是教师的职责在行为上的体现。

教师义务的内容主要有：(1)不断提高思想政治觉悟和教育教学业务水平；(2)尽职尽责，教书育人；(3)创设一个良好的内部教育环境。

教师在履行教育义务的活动中，最主要、最基本的道德责任体现在正反两个方面。正面：教书育人；反面："不要误人子弟"。教师应当对此有清醒的认识。

#### 考点 2　教师良心

教师良心是教师在自己的教育教学工作实践中，对社会向教师提出的一系列道德要求的自觉意识，是教师以高度负责的态度，对自己教育和教学行为进行道德控制和自我道德判断与评价的能力。教师的职业良心可以表现在教育工作的每一个环节中。其主要内涵包括：恪尽职守、自觉工作、爱护学生、团结执教。教师良心的上述四个方面，分别反映了教师与社会、教师与自身、教师与学生以及教师与同事之间的道德关系。从教师个体职业良心形成的角度看，教师的职业良心首先会受到社会生活和群体的影响。教师良心作为一种精神动力，是一种内在的道德信念，对教师的道德活动和道德行为具有重要的指导、自我监督和评价作用。

第六部分

教师良心与其他职业良心相比，有两个主要的特点：(1)层次性高；(2)**教育性强**。

**真题面对面**

[2022陕西，多选]教师良心在教师职业道德行为中的作用包括(　　)

A. 指导　　B. 监控　　C. 评价　　D. 规范

答案：ABC

#### 考点 3　教师公正

教师公正是教育公正的核心内容，教育公正不仅包括教师公正，而且也包括教育的制度性公正。教师公正是指教师在教育职业活动中，公平合理地对待和评价全体合作者。所谓公平合理地对待和评价全体合作者，即按照社会主义的道德原则指导下的伦理定位来对待、评价和处理教师同所有面对的群体或个人之间的关系。从外部来看，主要是教师同社会各界的关系；从内部来看，主要是教师个人同领导、同事和学生的关系。教师公正的核心是对学生的公正，公平合理地评价和对待每个学生是教师公正的最基本的内容。

教师公正的特点有：(1)教师公正的教育性(**首要特点**)；(2)教师公正实施的实质性；(3)教师公正主体的自觉性。

真题面对面

1.［2021陕西，单选］教师公正的首要特点是（　　）

A. 教育性　　B. 广泛性

C. 制约性　　D. 影响性

2.［2021黑龙江，判断］教师公正，教育必然公正，所以说二者是一回事。（　　）

答案：1. A　2. ×

### 考点4 教师荣誉

教师荣誉即社会对教师的道德行为的价值所做出的公认的客观评价和教师对自己行为的价值的自我意识。其作用有：（1）教师荣誉是教师道德行为的调节器，对教师道德行为、品质的取向具有导向和制约作用；（2）教师荣誉是激励和推进教师积极进取，更好地履行教师义务，争取个人道德高尚、人格完善的助推器；（3）教师荣誉是促进教师自身道德发展和完善，形成良好师德风尚的重要精神条件。

教师荣誉的内容有：（1）光荣的角色称号；（2）无私的职业特性；（3）崇高的人格形象。

### 考点5 教师幸福

教师幸福也称教育幸福，是指处于一定社会经济关系和历史环境的教育工作者，在教育教学过程中，由于感受到目标和理想的实现，而获得的精神上的满足。准确把握和理解教师幸福的含义，应从四个方面着眼：（1）教师幸福更多体现在精神层面；（2）教师幸福具有给予性和被给予性；（3）教师幸福具有集体性；（4）教师幸福具有无限性。

### 考点6 教师人格

这里的人格主要是指道德人格。教师的道德人格是指个体作为教师这一特定社会角色所表现出的道德面貌与特征，是教师在自己的职业活动中表现出的稳定的道德行为的范式（格式）和道德品质与境界（格位），也是教师之所以成为教师的主体本质。由于职业的规定性，教师的道德人格与一般道德人格有着显著的不同。其主要的特质可以归结为两点：（1）人格与师格的统一；（2）较高的格位水平。

教师人格修养有两个问题：一是修养的策略问题，二是修养的尺度问题。

在策略上，采取“**取法乎上**”的策略，这是因为：（1）人格修养的规律性；（2）师范人格的特点（格位高）；（3）中国古代的伦理智慧。

在尺度上要确立教师人格修养的审美尺度。按照审美的尺度去修养教师的人格，就是要进行师表美的建设。师表美主要包括：（1）“**表美**”；（2）“**道美**”；（3）风格美。

## 第三节　《中小学教师职业道德规范》解读

春秋时期，孔子提出了一套我国历史上最早的、比较完整的教师职业道德规范。如要求教师“学而不厌、诲人不倦”“有教无类”“因材施教”“寓教于乐”等，教育学生应以身作则、言行一致。改革开放以来，我国于1985年、1991年、1997年先后三次颁布和修订了《中小学教师职业道德规范》。现今我国社会经济和教育进入新的历史阶段，为适应时代发展的需要，2008年9月，教育部、中国教科文卫体工会全国委员会联合发布了重新修订的《中小学教师职业道德规范》（以下简称新《规范》）。新《规范》的基本内容有六条，体现了教师职业特点对师德的本质要求和时代特征。爱与责任是贯穿其中的核心和灵魂。

## 一、1997年修订的《中小学教师职业道德规范》 【单选】 ★

**1. 依法执教**

学习和宣传马列主义、毛泽东思想和邓小平同志建设有中国特色社会主义理论，拥护党的基本路线，全面贯彻国家教育方针，自觉遵守《中华人民共和国教师法》等法律法规，在教育教学中同党和国家的方针政策保持一致，不得有违背党和国家方针、政策的言行。

**2. 爱岗敬业**

热爱教育、热爱学校，尽职尽责、教书育人，注意培养学生具有良好的思想品德。认真备课上课，认真批改作业，不敷衍塞责，不传播有害学生身心健康的思想。

**3. 热爱学生**

关心爱护全体学生，尊重学生的人格，平等、公正对待学生。对学生严格要求，耐心教导，不讽刺、挖苦、歧视学生，不体罚或变相体罚学生，保护学生合法权益，促进学生全面、主动、健康发展。

**4. 严谨治学**

树立优良学风，刻苦钻研业务，不断学习新知识，探索教育教学规律，改进教育教学方法，提高教育、教学和科研水平。

**5. 团结协作**

谦虚谨慎、尊重同志，相互学习、相互帮助，维护其他教师在学生中的威信。关心集体，维护学校荣誉，共创文明校风。

**6. 尊重家长**

主动与学生家长联系，认真听取意见和建议，取得支持与配合。积极宣传科学的教育思想和方法，不训斥、指责学生家长。

**7. 廉洁从教**

坚守高尚情操，发扬奉献精神，自觉抵制社会不良风气影响。不利用职责之便谋取私利。

**8. 为人师表**

模范遵守社会公德，衣着整洁得体，语言规范健康，举止文明礼貌，严于律己，作风正派，以身作则，注重身教。

这里主要介绍热爱学生和严谨治学这两点。热爱学生是教育学生的感情基础，是教师职业道德高低的试金石。严谨治学是处理教师和教学业务之间相互关系的道德规范。**严谨治学**的基本要求包括：(1)要有精深的专业知识；(2)要有刻苦钻研、精益求精的精神；(3)要有谦虚谨慎的态度；(4)要有锐意创新的品质。

## 二、2008年修订的《中小学教师职业道德规范》 【单选、多选、判断、填空、简答、案例分析】 ★★★

### 考点 1 爱国守法——教师职业的基本要求

爱国守法是教师处理其与国家社会的关系时所应遵循的原则要求。教师与国家社会的关系是教师必须首先面对的关系，也是在职业行为上必须首先要协调的关系。在教师与国家社会的关系上，教师需要处理自己作为一个公民和自己作为社会职业者与国家社会的关系。

“爱国守法”要求教师：热爱祖国，热爱人民，拥护中国共产党领导，拥护社会主义。全面贯彻国家教育方针，自觉遵守教育法律法规，依法履行教师职责权利。不得有违背党和国家方针政策的言行。这里只详

细介绍以下三点：

**1. 全面贯彻国家教育方针**

教师是从事国家教育事业的专业人员，教师代表国家从事人民的教育事业。教师爱国、爱中国共产党、爱社会主义，具体行为表现在全面贯彻国家教育方针。这是要求教师的一切教育教学行为都要符合国家教育方针的要求。

**2. 自觉遵守教育法律法规，依法履行教师职责权利**

爱国要求教师必须守法，遵守教育法律法规的规范要求。法律法规的核心是权利和义务，因此教师必须自觉履行教育法律法规所规定的教师的权利和义务。

**3. 不得有违背党和国家方针政策的言行**

前面两个要求是“爱国守法”方面倡导性的职业行为，而这一要求则是禁止性的职业行为规定。在教师的职业活动中，出现违背党和国家方针政策的言行，是违背“爱国守法”职业行为规定的。

**真题面对面**

[2021重庆，多选]根据《中小学教师职业道德规范》的规定，“爱国守法”的具体要求有(　　)

A. 热爱祖国，热爱人民，拥护中国共产党领导，拥护社会主义

B. 全面贯彻国家教育方针，自觉遵守教育法律法规，依法履行教师职责权利

C. 不得有违背党和国家方针政策的言行

D. 不利用职务之便谋取私利

答案：ABC

## 考点2 爱岗敬业——教师职业的本质要求

爱岗敬业是教师处理其与教育事业的关系时所应遵循的原则要求。教师的职业活动，是一种事业——教育事业。教育事业是教师职业活动的全部内容，是教师职业活动中必须处理好的根本关系。在一定意义上也可以说，教师与教育事业的关系涵盖了教师职业活动内部全部的关系。这里所说的教师与教育事业的关系，是将教育事业作为一个整体，教师与之发生的关系。

“爱岗敬业”要求教师：忠诚于人民教育事业，志存高远，勤恳敬业，甘为人梯，乐于奉献。对工作高度负责，认真备课上课，认真批改作业，认真辅导学生，不得敷衍塞责。这里只详细介绍以下五点：

**1. 对工作高度负责**

在教师与教育事业的关系上，这一职业行为要求仍然是原则性的，但是从“责任”的要求来看，也可以说是具体的。这是说，教师对教育事业在行为上最重要的是“责任”。

**2. 认真备课上课**

教师对教育事业负责，是通过课堂教学来实现的，因而教师在职业行为上首先就要做到认真备课上课。认真备课上课，是要求教师认真备好每一节课，认真上好每一节课。

**3. 认真批改作业**

学生写作业和教师批改作业，是教学活动的重要环节。教师没有认真地批改作业，学生就不能得到准确的学习信息反馈，教学环节就有缺失。

**4. 认真辅导学生**

现代教学活动是以班级授课制为基础的，但是学生的学习是有个性的、有个体差异的，因而集体教学与

个别辅导必须结合起来。只有班级教学活动，而没有学生个别辅导，这样的教学是不完整的。

**5. 不得敷衍塞责**

这是禁止性的职业行为规定，也是原则性、概括性的规定。“不得敷衍塞责”是从禁止性方面强调了教师的教育教学责任。

**真题面对面**

1. [2022湖北，单选]“七一勋章”获得者张桂梅老师说：“只要还有一口气，我就要站在讲台上，倾尽全力、奉献所有，九死亦无悔！”这最能体现出的教师职业道德是（　　）

A. 关爱学生　　B. 为人师表

C. 爱岗敬业　　D. 终身学习

2. [2022陕西，单选]不符合爱岗敬业践行要求的是（　　）

A. 忠于教育事业，志存高远　　B. 当一天和尚撞一天钟

C. 甘为人梯，自觉提升精神境界　　D. 勤恳敬业，高度负责

答案：1. C　2. B

## 考点3 关爱学生——师德的灵魂

关爱学生是教师处理其与学生的关系时所应遵循的原则要求。教师与学生的关系是教师职业活动中发生的最重要的关系。教育活动主要是在教师与学生之间发生的，教师所从事的教育活动中心就是师生关系。新《规范》中关于“关爱学生”方面所规定的具体职业行为要求有以下几点：

**1. 关心爱护全体学生，尊重学生人格，平等公正对待学生**

关爱学生的范围是全体学生，而不是某一部分。在实际教育活动中，有些教师不是不能给予学生关爱，而是往往不能给予全体学生关爱。这不符合教师职业行为要求。

关爱学生的核心，是尊重学生人格。尊重学生人格，就是把学生看作与自己一样有尊严、有利益诉求的人。

关爱学生的关键是做到对学生平等公正。平等，是师生之间的平等、生生之间的平等；公正，是将关爱给每一个学生，不论这些学生的发展状况如何、社会背景和家庭背景如何。

**2. 对学生严慈相济，做学生的良师益友**

俗话说：“严是爱，松是害，不管不问要变坏。”关爱学生不是不要严格。严格要求学生，也是对学生的成长负责；然而严格不意味着没有宽容，学生成长总会出现这样那样的问题。所以，要严慈相济。严慈相济体现的也是亦师亦友的师生关系。严格要求是作为教师的责任，倾心帮助是作为朋友的热诚。学生在严慈相济、良师益友的环境中才能健康成长。

**3. 保护学生安全，关心学生健康，维护学生权益**

关爱学生还要求教师对学生的安全、健康负责，对学生的权益负责。学生的安全，是他们的人身安全；学生的健康，是他们的身心健康；学生的权益，是法律赋予他们的权益。

**4. 不讽刺、挖苦、歧视学生，不体罚或变相体罚学生**

这是对教师在与学生关系上的禁止性规定。在语言上讽刺、挖苦学生，在态度上歧视学生，这在职业行为上是不容许的。在教育学生的方法上，采用体罚和变相体罚，也是教师职业道德不容许的。

真题面对面

1.［2022重庆，单选］某中学陈老师经常挖苦、羞辱回答问题出错的学生。根据《中小学教师职业道德规范》的规定，陈老师的行为违背了下列哪一项职业道德规范（　　）

A. 教书育人　　B. 爱岗敬业　　C. 关爱学生　　D. 为人师表

2.［2022河北，简答］简述教师职业道德规范中“关爱学生”的内涵。

答案：1. C　2. 详见内文

## 考点4 教书育人——教师的天职

教书育人是教师在处理其与职业劳动的关系时所应遵循的原则要求。教师的职业劳动是具体的教育教学活动，教育教学活动从现象上看是“教书”。在教育教学活动中，教师要开展传递知识与技能的活动，知识与技能是教师直接操作的对象，但是，教师操作知识与技能的目的还在于学生。因而，“育人”是教师职业劳动的本质。新《规范》中关于“教书育人”方面所规定的具体职业行为要求有以下几点：

**1. 遵循教育规律，实施素质教育**

教育的本质要求是促进人健康全面发展，遵循教育规律就要实施素质教育。素质教育从根本上说，就是“育人”。“教书”是途径，“育人”是目的。当然两者不可偏废。没有“教书”，“育人”便没有依托；没有“育人”，“教书”也就失去了本来意义。

**2. 循循善诱，诲人不倦，因材施教**

符合教书育人要求的教师职业劳动行为应当是“耐心”的、“引导”的、充满教育“热情”的，而且能够实施针对每一个学生“量身定做”的教育。

**3. 培养学生良好品行，激发学生创新精神，促进学生全面发展**

把“育人”作为教育的目的，把德育放在重要位置上，把教育学生成“人”放在首要位置上；“育人”也要把培养具有创新精神的现代人作为职业劳动的要求。

以“育人”为目的的教育，必须实施全面发展的教育，最终要达到学生全面发展的目的。

**4. 不以分数作为评价学生的唯一标准**

在“教书育人”方面禁止的行为，就是背离“育人”目标的做法，或者说是应试教育的做法。教师头脑中必须明确，以分数作为评价学生唯一标准的做法，是教师职业行为明确禁止的。

真题面对面

［2022河北，填空］“不以分数作为评价学生的唯一标准”是教师职业道德规范中________的要求。

答案：教书育人

## 考点5 为人师表——教师职业的内在要求

为人师表是教师在处理其与自己的关系时应遵循的原则要求。教师职业劳动不只是同别人交往，也是同自己交往，即教师也把自己作为职业行为所要调节的对象，就是对自己提出道德的要求，在自己的心中树立起一种职业行为的形象。新《规范》中关于“为人师表”方面所规定的具体职业行为要求有以下几点：

**1. 坚守高尚情操，知荣明耻**

这是要求教师在职业行为上符合社会主义的荣辱观。

第六部分

2. 严于律己,以身作则

教师在职业活动中对自己要严格要求,要以自己的行为作为他人,特别是学生的楷模。

3. 衣着得体,语言规范,举止文明

以身作则,在行为举止上,要注意穿着、言语和行为符合现代文明要求,能够为学生做出榜样。

4. 关心集体,团结协作,尊重同事,尊重家长

以身作则,也表现在处理与同事、学生家长的关系上,要能够尊重他人,与他人和谐相处。在处理与家长关系时应遵循的道德要求有:(1)主动与学生家长联系;(2)认真听取家长的意见和建议;(3)尊重学生家长的人格;(4)教育学生尊重家长。

5. 作风正派,廉洁奉公

以身作则,体现在为人作风上,就是"廉洁奉公"。这一行为要求在教师方面,就是要求教师不从学生那里谋取自己的利益,就是"廉洁从教"。

6. 自觉抵制有偿家教,不利用职务之便谋取私利

有偿家教,是市场经济条件下出现的比较严重的违背教师职业行为规范的问题,《规范》特别将此作为禁止性规定提出。

真题面对面

[2022陕西,单选]教师事事处处都要率先垂范,起到表率作用做他人学习的榜样,这体现了教师职业的内在要求是(　　)

A. 尊重学生　　B. 为人师表　　C. 内外兼修　　D. 勤俭节约

答案:B

## 考点6　终身学习——教师专业发展的不竭动力

终身学习是教师在处理其与自己发展的关系时所应遵循的原则要求。强调教师自己的发展,是说教师在教育活动中,不仅要把学生作为一种发展对象来看待,也要把自己作为一种发展对象来看待。教师终身学习的必要性:(1)终身学习是现代社会的发展要求。(2)终身学习是教师职业的必然要求。首先,终身学习是教师专业发展的必然要求;其次,终身学习由教师职业生涯周期特点所决定;再次,终身学习是教师工作对象特点的必然要求。新《规范》中关于"终身学习"方面所规定的具体职业行为要求有以下几点:

1. 崇尚科学精神,树立终身学习理念,拓宽知识视野,更新知识结构

科学精神是求真的精神,是不断探索的精神。根据科学精神的要求,在一个终身学习的社会里,教师应当具有终身学习的理念,在行为上能够自觉地继续学习,发展自己的知识。

2. 潜心钻研业务,勇于探索创新,不断提高专业素养和教育教学水平

教师的发展,特别是指自己的专业发展。一个能够自觉地发展自己专业水平的教师,才能不断适应教育实践给自己提出的新要求。

一般认为,爱岗敬业、教书育人和为人师表是师德的**核心内容**,关爱学生是**最基本内容**。爱岗敬业是师德的基础,教书育人是师德的载体,为人师表是师德的支柱。三者形成有机整体,缺一不可。作为一位人民教师,必须信奉之、遵循之、笃行之,并在此基础上升华之,力求达到爱岗敬业精神高尚、教书育人水平高超、为人师表品行高洁的"三高"境界。

第六部分

**记忆有妙招**

为方便考生记忆，编者将2008年修订的《中小学教师职业道德规范》的内容总结成以下口诀：

**三爱两人一终身。三爱：**爱国守法、爱岗敬业、关爱学生。**两人：**教书育人、为人师表。**一终身：**终身学习。

**真题面对面**

[**2022河南，案例分析**]“出彩河南人”2021最美教师——元建周。元建周是河南省首批特岗教师，他扎根乡村，潜心教育十余年，诠释了一名教师对人民教育事业的忠诚。他生活节俭，从微薄的工资中拿出一部分来接济贫困学生，不让一个学生辍学，被学生亲切地称为元大哥。他利用业余时间不断充电，2015年取得教育硕士专业学位。他教育学生懂得感恩、美言善行，有的学生成才后，已经开始捐助社会困难群体。他先后被评为安阳市优秀教师、优秀班主任等。新华社以《太行深处最情牵》为题对他的事迹进行了报道。

请结合材料，运用教师职业道德相关知识对该案例进行分析。

**答案：**案例中，元建周老师的行为体现了爱岗敬业、关爱学生、教书育人、为人师表、终身学习的教师职业道德规范。

(1)元建周老师的行为体现了爱岗敬业的师德规范。爱岗敬业的师德规范要求教师忠诚于人民教育事业，志存高远，勤恳敬业，甘为人梯，乐于奉献。元建周扎根乡村，潜心教育十余年，诠释了一名教师对人民教育事业的忠诚。

(2)元建周老师的行为体现了关爱学生的师德规范。关爱学生的师德规范要求教师关心爱护全体学生，尊重学生人格，平等公正对待学生；对学生严慈相济，做学生良师益友。元建周老师用自己的工资接济贫困学生，不让一个学生辍学，被学生亲切地称为元大哥。这些都体现了他对学生深切的关爱。

(3)元建周老师的行为体现了教书育人的师德规范。教书育人的师德规范要求教师遵循教育规律，实施素质教育；培养学生良好品行，激发学生创新精神，促进学生全面发展。元建周老师不仅教给学生知识，还教育学生懂得感恩、美言善行，有利于促进学生的全面发展。

(4)元建周老师的行为体现了为人师表的师德规范。为人师表的师德规范要求教师坚守高尚情操，知荣明耻，严于律己，以身作则。元建周老师接济贫困学生的行为为学生们树立了良好的榜样。他的学生在成才后开始捐助社会困难群体，表明元建周老师做到了为人师表。

(5)元建周老师的行为体现了终身学习的师德规范。终身学习的师德规范要求教师崇尚科学精神，树立终身学习理念，拓宽知识视野，更新知识结构；潜心钻研业务，勇于探索创新，不断提高专业素养和教育教学水平。元建周老师在业余时间不断充电，取得教育硕士专业学位，体现了他坚持终身学习。

# 第三章　教师职业道德修养与评价

## 第一节　教师职业道德修养概述

### 一、教师职业道德修养的概念及意义　【单选】★

教师职业道德修养是将教师职业道德要求转化为自己的信念并付诸行动的活动。简单说，是一种自我锻炼、自我改造、自我陶冶、自我教育的过程。

教师职业道德修养不仅是培养教师职业道德的首要环节，也是加强社会主义职业道德建设的迫切要求。首先，教师职业道德修养是提高教师职业道德水平和促进个人进步与发展的必由之路；其次，只有加强教师职业道德修养，才能发挥教师职业道德的社会作用。

**考点再拔高**

▼ 教师职业道德培养

教师职业道德培养指的是根据社会对教师这一职业的道德要求所开展的道德教育与道德修养活动，通过外部的教育、督促以及个人的努力，使教师在教书育人过程中，将外在的职业道德规范逐步内化为教师个人的道德品质并付诸行动的活动。从内容上来看，教师职业道德培养主要包括教师职业道德教育与教师职业道德修养。教师职业道德培养是目前教育发展、教师队伍建设的需要；是教师实现自身价值、完善人格的需要；是学生健康成长的需要。

**真题面对面**

[2022 陕西，单选]教师职业道德培养的意义不包括(　　)

A. 教师队伍建设的需要　　B. 教师实现自身价值的需要

C. 教师完善人格的需要　　D. 教师提高生活品质的需要

答案：D

### 二、教师职业道德修养的内容　【单选、多选、判断】★

教师职业道德修养的内容包含两个方面：(1)职业道德意识修养；(2)职业道德行为修养。具体来说，教师职业道德修养主要包括职业道德理想、知识、情感、意志、信念和行为习惯六个方面。

(1)树立远大的职业道德理想。职业道德理想体现了教师职业道德要求的本质。

(2)掌握正确的职业道德知识。学习和掌握教师职业道德知识是教师职业道德修养的首要环节和最初阶段。

(3)陶冶真诚的职业道德情感。教师职业道德情感的内容包括：①职业正义感；②职业责任感；③职业义务感；④职业良心感；⑤职业荣誉感；⑥职业幸福感。其中，职业幸福感是教师从事职业活动最强大的精

神动力和根本目的。

(4)磨炼坚强的职业道德意志。是否具备坚强的职业道德意志是衡量教师职业道德素质高低的重要标志。

(5)确立坚定的职业道德信念。坚定教师职业道德信念,是教师职业道德修养的核心问题。教师职业道德信念是教师对职业理想、职业人格、职业原则、职业规范坚定不移的信仰,是深刻的职业道德认识、炽烈的职业道德情感和顽强的职业道德意志的统一,是把教师职业道德认识转变为教师职业道德行为的中间媒介和内驱力,并使教师职业道德行为表现出明确性和一贯性。它是正确的职业道德知识、真诚的职业道德情感和坚强的职业道德意志的“合金”,也是形成职业道德行为的强大动力和精神支柱。

(6)养成良好的职业道德行为习惯。职业道德行为是指人们在一定的职业道德知识、情感、意志、信念支配下所采取的自觉活动。职业道德行为的最大特点是自觉性和习惯性。教师职业道德修养的最终目的是要养成良好的职业道德行为习惯。

**考点 再拔高**

▼ 社会主义教师职业道德修养的内容

社会主义教师职业道德修养具有丰富的内容,它主要包括政治素质、业务素质、心理素质等修养,这三方面的修养对于教师履行教书育人的职责都具有重要的道德意义。

**真题面对面**

1. [2021陕西,单选]把师德认识转化为师德行为的媒介与内驱力是教师的(　　)

A. 职业道德信念　　B. 职业道德规范

C. 职业道德行为　　D. 职业道德范畴

2. [2020辽宁辽阳,多选]社会主义教师职业道德修养的主要内容包括(　　)

A. 政治素质　　B. 业务素质　　C. 心理素质　　D. 文化组织

答案:1. A　2. ABC

## 三、教师职业道德修养的基本原则 【多选】 ★

(1)坚持知和行的统一;(2)坚持动机和效果的统一;(3)坚持自律和他律相结合;(4)坚持个人和社会相结合;(5)坚持继承和创新相结合。

## 四、教师职业道德修养的途径和方法 【单选、多选、判断、论述】 ★★

在新的历史时期,教师既要借鉴传统的道德修养方法,又要能结合新的时代特征,做到学习与实践、他律与自律、品质锻炼与仪表修饰三结合,以更好地履行教书育人的使命。

### 考点 1 教师职业道德修养的基本途径

**1. 努力学习教师道德理论,树立人民教师道德的理论人格**

人民教师道德理论是教师进行职业道德养成的指导思想,掌握了它,才能辨别善恶与是非,才能在自己的思想领域里战胜那些错误的、落后的道德观念。学习教师道德理论,主要是通过个人自学和教育部门组

第六部分

织的教师道德学习。

**2. 参加社会实践,做到知行统一**

参加社会实践是促进教师职业道德养成的根本方法。教师只有在教育教学实践中,在处理师生之间、教师之间、教师与家长或社会其他成员之间的关系中,才能认识到自身行为的是与非,才能辨别善与恶,才能养成自己良好的教师道德品质。

### 考点2 教师职业道德修养的主要方法

**1. 加强学习**

加强学习,是师德修养的必要途径。

**2. 勤于实践磨炼,增强情感体验**

教育实践是正确师德观念的认识来源,只有在教育实践活动中,才能正确认识教育活动中的各种利益和道德关系,才能培养好的师德品质。

**3. 树立榜样,虚心向他人学习**

树立道德榜样是提升师德修养的重要方法。榜样的力量是无穷的,要引导和鼓励教师之间相互学习、探讨、交流和借鉴,大力宣传教师中的先进典型,用榜样人物的先进事迹、高尚情操、模范行为引领广大教师,把抽象的道德观念、行为规范等形象化、具体化,以先进模范的行为激励教师,增强师德修养的自觉性。

**4. 确立可行目标,坚持不懈努力**

教师职业道德养成同人们认识和改造世界的其他活动一样,有着明确的目标作为指导。师德养成实际上是教师道德认识、道德情感、道德意志、道德信念、道德行为和习惯诸要素从无到有、从低到高、从旧到新的矛盾运动过程,因此也就决定了它是一个长期的艰苦过程,这就必然要求教师确立可行目标后,应做出坚持不懈的努力。

**5. 学会反思**

反思是提高师德修养的重要方法。师德修养是教师自身素养的重要组成部分,是教师自我锻炼、自我陶冶、自我教育、逐步完善的过程。

**6. 努力做到"慎独"**

教师职业道德修养的最高层次就是"慎独","慎独"一词最早出自儒家经典《礼记·中庸》。"慎独"用我们现代语言来表述,就是指在没有外界监督、独自一人的情况下,也能自觉遵守道德规则,不做任何对国家、对社会、对他人不道德的事情。显然,这既是一种崇高的道德境界,又是一种重要的职业道德修养方法。

作为教师职业道德的修养方法,"慎独"可以通过自我约束,自我监督,更好地培养、锻炼坚定的职业道德情感、意志和信念,养成良好的职业道德行为习惯;作为崇高的教师职业道德境界,"慎独"标志着一个教师的职业道德修养已达到高度自觉的程度。尽管很难,但这也是教师必须要做到的。

**真题面对面**

[2019四川,论述]试述教师职业道德修养的内容、途径和方法。

答案:详见内文

## 第二节 教师职业道德评价

### 一、教师职业道德评价的内涵

教师职业道德评价是指教师自己、他人或社会，根据社会主义教师职业道德准则、规范和科学的标准，在系统广泛地搜集各方面信息，充分占有各种资料的基础上，运用现代技术手段，对教师的职业道德意识、道德情感、道德意志和道德行为进行考察和价值判断。教师职业道德评价的依据就是教师教育行为的动机和效果。

### 二、教师职业道德评价的功能 【单选】★

(1)评定功能。这是教师职业道德评价最基本的功能。

(2)导向功能。教师职业道德评价往往通过舆论的力量来规范、约束和指导教师的道德生活。因此，它是教师行为的监督器和方向标，是维护教师职业道德规范的保证。

(3)激励功能。教师职业道德评价对教师符合职业道德的行为具有保护和激励功能，使教师得到精神上的满足和物质上的利益，从而激发教师的创造热情和工作动机。

(4)转换功能。教师职业道德评价是实现意识向行为的转化、知行统一的转换器，是关于教师应当如何将价值尺度转化为师德行为、品质和良好师德风尚的纽带。

**真题面对面**

[2022陕西，单选]下列不属于教师职业道德评价的功能的是( )

A. 评价　　B. 导向　　C. 激励　　D. 惩戒

答案：D

### 三、教师职业道德评价的原则 【单选】★

(1)方向性原则。评价的方向性原则是指教师职业道德评价要体现社会主义的性质，坚持社会主义方向，有利于广大教师提高社会主义的思想觉悟和道德水平。社会主义方向性是我们开展教师职业道德评价的最根本的指导思想和工作原则。

(2)客观性原则。评价的客观性原则是指在进行教师职业道德评价的过程中，必须采取实事求是的态度，真实、客观地反映教师职业道德的实际情况。

(3)科学性原则。评价的科学性原则是指在教师职业道德评价的过程中，评价者要以客观事实为基础，严格遵守评价科学和教育科学的客观规律，恰当运用现代科学技术手段去设计评价标准、评价方法、处理评价结果。

(4)教育性原则。评价的教育性原则是指教师职业道德评价要符合教育的要求，充分发挥评价的教育作用，充分体现"教育是评价的基础，评价过程是教育过程"这一宗旨，通过评价使广大教师在评价中发扬优点，改正缺点，不断地提升自身的职业道德修养。

(5)民主性原则。评价的民主性原则是指教师职业道德评价要坚持走群众路线，要相信、尊重、依靠教育行政部门、学校领导、教职员工和社会各界，调动各方面的积极性，充分发扬民主，共同搞好教师职业道德评价工作。

真题面对面

[2019河南，单选]教师职业道德评价最根本的指导思想和原则是(　　)

A. 社会主义科学性
B. 社会主义教育性
C. 社会主义方向性
D. 社会主义发展性

答案：C

## 四、教师职业道德评价的方式　【单选】 ★

### 1. 教师职业道德评价的外在形式

教师职业道德评价的外在形式主要有学生评价、他人评价、教育传统习俗和社会评价。这里主要讲以下内容：

(1)学生评价。学生评价是指教师和学生在教与学的相互作用中，学生依据教师职业道德的原则和规范对教师的行为予以判断的一种道德评价方式。学生评价实际上也是一种社会评价，但它是一种特殊的社会评价，这是由教师与学生的特殊关系所决定的。

(2)他人评价。他人评价是指由被评价者以外的其他人所做出的对教师职业道德表现及品质的评价。常见的他人评价的方式有同行评价、领导评价、专家评价等。

(3)社会评价。社会评价指社会群体、团体依靠社会舆论和传统习俗对教师职业道德进行社会评价。

### 2. 教师职业道德评价的内在形式

教师职业道德评价的内在形式主要是自我评价。自我评价是指教师依据一定的道德评价标准，通过内心信念来对自己行为的善恶进行鉴别、评判的方式。

第六部分

真题面对面

[2022陕西，单选]下列属于教师职业道德评价的内在形式的是(　　)

A. 学生评价　B. 自我评价　C. 他人评价　D. 社会评价

答案：B

## 核心考点回顾

1. 教师职业道德的结构是什么？(参见本书P448)
2. 教师职业道德的主要范畴有哪些？(参见本书P452)
3. 2008年修订的《中小学教师职业道德规范》的内容包括什么？(参见本书P454)
4. 教师职业道德修养的内容有哪些？(参见本书P460)
5. 教师职业道德评价的功能、原则有哪些？(参见本书P463)

# 达标测评

| 建议用时 | 实际用时 | 测评总分 | 实际得分 |
|---|---|---|---|
| 20分钟 | ____分钟 | 20分 | ____分 |

一、单项选择题(每小题1分,共2分)

1. 苏联教育家苏霍姆林斯基告诫教师:“请你记住,你不仅是自己学科的教员,而且是学生的教育者、生活的导师和道德的引路人。”这反映了教师职业道德的(    )特点。

A. 教育的专门性　　B. 教书和育人要求的一致性

C. 内容的全面性　　D. 功能的多样性

2. 教师在无人监督时仍然能够遵守道德原则,自觉按照师德规范做事。这种道德修养的方法是(    )

A. 致知　　B. 内省　　C. 慎独　　D. 践履

二、多项选择题(每小题2分,共4分)

1. 教师职业道德对教师教育行为的调节主要是通过(    )的形式来实现的。

A. 行政管理　　B. 社会舆论　　C. 内心信念　　D. 法律规范

2. 有些农村中小学的个别学生利用课外活动时间,甚至占用上课时间去给老师家里收割庄稼或采摘油茶瓜果。对此现象,看法错误的有(    )

A. 这样做可以让学生接触自然、锻炼身体　　B. 这是对老师尊重的表现

C. 这样做无可厚非　　D. 这样做违反相关教育政策和法规

三、判断题(本大题共1分)

教育人道主义是现代教育的重要特征,是现代教育区别于封建教育的标志之一。(    )

四、案例分析题(本大题共13分)

城市长大的大学生张某,大学毕业后通过招教考试成为一名乡村教师。在认真备课、反复试讲后,他心情忐忑地走上讲台,刚做完自我介绍,一个男生突然站起来说道:“老师,我们条件不好,学习基础又差,你会喜欢我们吗?”张老师没有回答,微笑着问他:“你会不会嫌弃自己的家人?”男生马上回答:“当然不会,一家人怎么会嫌弃呢。”老师转向全班同学郑重地说:“我既然成了同学们的老师,大家就成了一家人,我当然不会嫌弃你们了,同学们只看到了自己的不足,却没有看到自己的长处,我们农村孩子朴实、能吃苦,只要我们共同努力,都会成为优秀学生的。老师喜欢你们,看好你们!”这一开场很快抓住了孩子们的心。

请从教师职业道德规范的角度对该教师的做法进行分析评价。

## 参考答案及解析

一、单项选择题

1. B　[解析]教师的职责是既要教学生有关具体事物的知识,又要让学生知晓立身处世的品德,是教书与育人的统一。题干中的“教员”体现的是教书要求,“教育者”“生活的导师”“道德的引路人”体现的是育人要求,所以题干所述反映了教师职业道德的教书和育人要求的一致性特点。

第六部分

2. C [解析]“慎独”就是指在没有外界监督、独自一人的情况下，也能自觉遵守道德规则，不做任何对国家、对社会、对他人不道德的事情。

二、多项选择题

1. BC [解析]教师职业道德对教师教育行为的调节主要是通过社会舆论和内心信念两种形式来实现的。

2. ABC [解析]让学生利用课外活动时间，甚至占用上课时间去给老师家里收割庄稼或采摘油茶瓜果，这种做法侵犯了学生的受教育权，也违背了教师职业道德规范中为人师表的要求。这种做法是违法的，并不是尊重教师的表现。

三、判断题

√ [解析]教育人道主义，乃是现代教育的重要特征，即现代教育区别于维护人的依赖关系的封建教育的标志之一。题干表述正确。

四、案例分析题(参考答案)

张老师的做法体现了教师职业道德规范中爱岗敬业、关爱学生、教书育人的要求。

(1)爱岗敬业是教师职业的本质要求。要做到这一点，教师必须对工作高度负责，认真备课上课，不得敷衍塞责。案例中的张老师“认真备课、反复试讲”后，才“心情忐忑地走上讲台”，说明他对待工作的态度十分认真，对自己要求严格；从他回答学生的话中，可以看出他真心热爱自己的工作，做到了爱岗敬业。

(2)关爱学生是师德的灵魂。这要求教师关心爱护全体学生，尊重学生人格，对学生严慈相济，做学生的良师益友。案例中的张老师面对学生的问题，他郑重的态度和真诚的回答都表现出了他对学生的尊重和爱护。“我既然成了同学们的老师，大家就成为了一家人……只要我们共同努力，都会成为优秀学生的。老师喜欢你们，看好你们！”这些话语无不透露着张老师对学生们的关爱，同时又蕴含着对学生们的要求和期望，这些正是严慈相济的生动表现。

(3)教书育人是教师的天职。“育人”是教师职业劳动的本质，通过“教书”的途径，培养全面发展的人，才是教师工作的根本目的。因此教师必须做到循循善诱，诲人不倦，因材施教。案例中的张老师针对自认为“条件不好，学习基础又差”的学生，先用对家人的感情让学生体会自己的一片赤诚，接着又夸奖他们“朴实、能吃苦”来打消学生们的自卑心理，最后还鼓励学生们努力学习，这“很快抓住了孩子们的心”。显然张老师的一番话大大提高了学生们的自信，使他们有了信心，学生们迈出了通向成功的第一步，张老师也就达到了教书育人的目的。

# 第七部分

# 教育法律法规

# 内容导学

本部分内容共分为三章。

第一章主要介绍教育法律基础知识，考查题型以客观题为主，偶尔会涉及主观题。

第二章主要介绍依法执教与教师违法(侵权)行为预防，考查题型以客观题为主，常结合教学实例进行考查。

第三章是对现行主要的教育法律法规的常考内容的摘录，考查题型主要为客观题，偶尔会涉及主观题。

考生要重点掌握第二章和第三章的内容。在备考时，应结合历年真题与自身实际，有针对性地复习。

## 思维导图

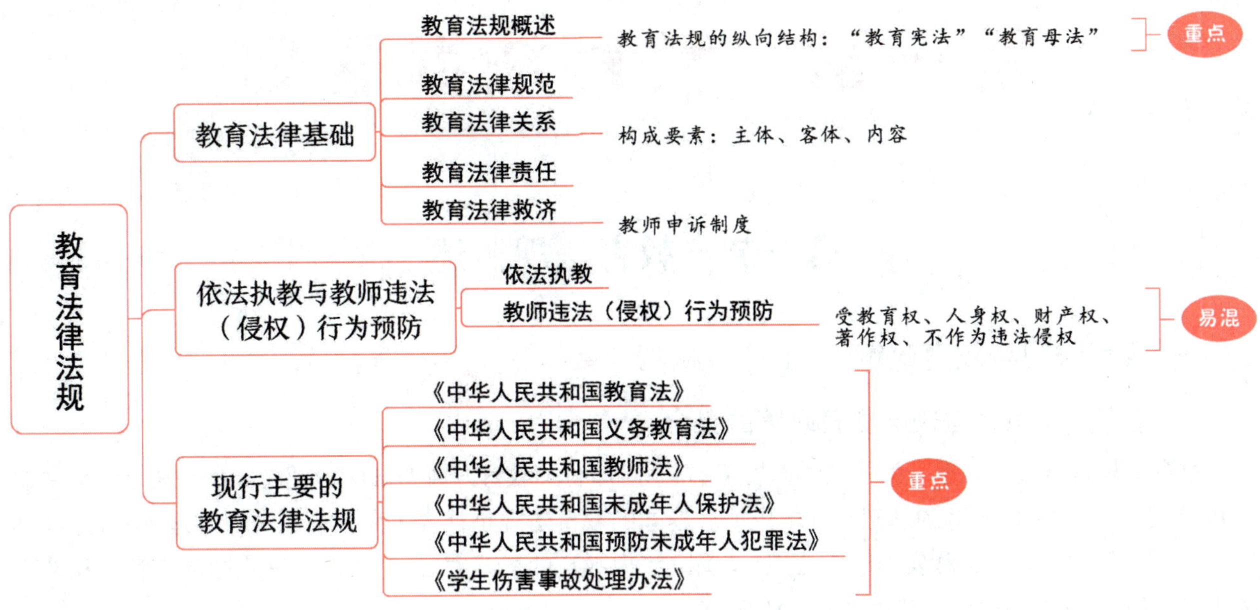


## 考向分析

本部分是各省的特岗笔试重点考查的部分，内容琐碎、识记性知识多，在考试中常以选择题、判断题、填空题、辨析题、简答题、案例分析题等形式考查。本部分的考向分析如下：

| 考点名称 | 常考题型 | 能力层级 | 考查热度 |
|---|---|---|---|
| 教育法规的纵向结构 | 单选 | 识记 | ★★★ |
| 教育法律关系的构成要素 | 单选、多选、简答 | 理解、掌握 | ★★ |
| 教师申诉制度 | 单选、简答、案例分析 | 掌握、运用 | ★★ |
| 教师违法(侵权)行为的主要类型及其表现形式 | 单选、多选、判断、简答 | 理解、掌握 | ★★★ |
| 《中华人民共和国教育法》 | 单选、多选、判断、简答 | 识记、理解、掌握 | ★★★ |
| 义务教育的性质和特征 | 单选、多选 | 识记、理解 | ★★ |
| 《中华人民共和国义务教育法》 | 单选、多选、判断、填空 | 识记、理解 | ★★★ |
| 《中华人民共和国教师法》 | 单选、多选、判断、填空、辨析、简答 | 识记、理解、掌握 | ★★★ |
| 《中华人民共和国未成年人保护法》 | 单选、多选、判断、案例分析 | 掌握、运用 | ★★ |
| 《中华人民共和国预防未成年人犯罪法》 | 单选、多选、判断 | 识记、理解 | ★★ |
| 《学生伤害事故处理办法》 | 单选、多选、判断、案例分析 | 掌握、运用 | ★★★ |

第七部分

核心考点

# 第一章　教育法律基础

## 第一节　教育法规概述

### 一、教育法规与教育政策　【单选、简答】★

考点 1　教育法规与教育政策的概念

教育法规是调整一切教育关系的法律规范的总称，即有关教育方面的法律、条例、规章等规范性文件的总和，是现代国家管理教育的基础和基本依据。我国的教育法规是社会主义教育的法律管理手段，是人民利益和意志的体现。制定和实施教育法规，是国家管理教育的重要方式，它对于推进我国教育管理和教育事业发展的规范化、制度化具有重要的意义。

教育政策是一种有目的、有组织的动态发展过程，是政党、政府等政治实体为实现一定历史时期的教育目的和任务而规定的行动依据和准则。

考点 2　教育法规与教育政策的关系

**1. 教育法规与教育政策的联系**

(1)教育法规与教育政策都决定于上层建筑，具有共同的目的；(2)教育政策是制定教育法规的依据，教育法规是教育政策的具体化、条文化和定型化；(3)教育政策决定教育法规的性质，教育法规的内容体现教育政策；(4)教育政策是实施教育法规的指导，教育法规是实现教育政策的保证。值得注意的是，当教育政策和教育法规发生矛盾时，应以教育法规为准绳，依法办事。

**2. 教育法规与教育政策的区别**

(1)教育法规和教育政策的制定主体不同；(2)教育法规和教育政策的执行方式不同；(3)教育法规和教育政策的规范效力不同；(4)教育法规和教育政策调整和适用的范围不同；(5)教育法规和教育政策所要解决问题的性质不同。



真题面对面

1. [2021 陕西，单选]教育法规和教育政策发生矛盾时，应当坚持(　　)原则。

A. 教育政策优先　　B. 教育法规优先

C. 折中　　D. 利益最大化

2. [2021 四川，简答]简述教育法规与教育政策的关系。

答案：1. B　2. 详见内文

### 二、教育法的原则　【单选】★

教育法的基本原则是所有教育法律、法规应遵循的总原则，它贯穿于一切教育法律规范中，是教育立法、执法和研究的出发点及基本依据。教育法的基本原则主要有：

**1. 方向性原则**

教育法必须坚持教育的社会主义方向。方向性原则主要表现在两个方面:(1)必须保证教育权掌握在无产阶级手中;(2)必须保证培养社会主义事业的建设者和接班人。

**2. 公共性原则(公益性原则)**

教育法的公共性原则是指我国的教育活动必须符合国家和社会公共利益,也可以说是教育法的公益性原则。其主要依据是《中华人民共和国教育法》第八条中的有关规定:"教育活动必须符合国家和社会公共利益。"

**3. 平等性原则**

平等性原则主要是指人们在教育方面享有平等的权利和义务,平等地承担法律责任,任何人不得拥有超越法律的特权。我国《教育法》第九条规定:"中华人民共和国公民有受教育的权利和义务。公民不分民族、种族、性别、职业、财产状况、宗教信仰等,依法享有平等的受教育机会。"我国《教育法》第十条规定:"国家根据各少数民族的特点和需要,帮助各少数民族地区发展教育事业。国家扶持边远贫困地区发展教育事业。国家扶持和发展残疾人教育事业。"

**4. 终身性原则**

终身性原则是指人的一生应当不断地接受教育,应当在任何阶段都有机会接受教育,教育应当面向所有的人。我国《教育法》第十一条对此作出了规定。

**真题面对面**

[2022陕西,单选]《中华人民共和国教育法》规定:"教育活动必须符合国家和社会公共利益。"这体现了教育法规的(　　)原则。

A. 平等性　　B. 公共性　　C. 终身性　　D. 教育性

答案:B

## 三、教育法规的类型

(1)依据教育法规创制方式和表达方式的不同,可分为成文法和不成文法,还可以分为制定法、判例法和习惯法。我国现行的教育法规基本上都属于制定法、成文法之列。

(2)依据教育法规的效力等级和内容重要程度的不同,可分为根本法和普通法,或称之为基本法与单行法。例如,《中华人民共和国教育法》是我国教育的根本法、基本法,而《中华人民共和国义务教育法》《中华人民共和国教师法》等为普通法、单行法。

(3)依据教育法规规定内容的不同,可分为实体法和程序法。在我国现行教育法规中,尚没有纯粹的程序法,通常是实体性内容与程序性内容同时出现在同一部教育法规中。

(4)依据教育法规的适用范围不同,可分为一般法和特殊法。

## 四、教育法规的体系结构

考点1 纵向结构　【单选】★★★

教育法规体系的纵向结构,即教育法规的表现形式,是指由不同层级的教育法律文件组成的等级、效力有序的纵向体系。由于制定机关的性质和法律地位不同,上下层次的教育法规之间具有从属关系。我国教育法律体系的纵向结构为:

**1.《中华人民共和国宪法》中有关教育的条款**

《中华人民共和国宪法》由最高国家权力机关(全国人民代表大会)制定,具有最高的法律地位和法律效

第七部分

力，是国家的根本大法，是其他一切法律法规制定的依据。《中华人民共和国宪法》中有关教育的条款是我国教育立法的根本依据，是教育法规的最高层次，其他形式的教育法律、法规都不得与之相违背。

### 2. 教育基本法律

教育基本法律是由全国人民代表大会制定，调整教育内部、外部相互关系的基本法律准则。它对整个教育全局起宏观调控作用，被称为“**教育宪法**”“**教育母法**”。我国的教育基本法律为1995年第八届全国人民代表大会第三次会议通过的《中华人民共和国教育法》。

### 3. 教育单行法律

教育单行法律一般是由全国人民代表大会常务委员会制定的，规定教育领域某一方面具体问题的规范性文件，其效力低于《中华人民共和国宪法》和教育基本法。例如，《中华人民共和国教师法》《中华人民共和国职业教育法》《中华人民共和国高等教育法》《中华人民共和国义务教育法》等。

### 4. 教育行政法规

教育行政法规是行政法规的形式之一，是由最高国家行政机关（国务院）依据《中华人民共和国宪法》和教育法律制定的关于教育行政管理的规范性文件。其效力低于《中华人民共和国宪法》和教育法律，高于地方性教育法规和教育规章。它们内容广泛、数量众多，在实际工作中起主要作用。教育行政法规的名称一般有三种：条例、规定、办法或细则，如《国务院征收教育费附加的暂行规定》《教师资格条例》等。

### 5. 地方性教育法规

地方性法规是地方国家权力机关制定的规范性文件的专称。由省、自治区、直辖市以及省级人民政府所在地的市和经国务院批准的较大的市的人民代表大会及其常务委员会制定。制定地方性教育法规，须报全国人大常委会备案。地方性教育法规只在该行政区域内有效，不得同宪法、法律、行政法规相抵触，其名称通常有条例、办法、规定、规则、实施细则等。例如，《上海市中小学校学生伤害事故处理条例》《河南省实施〈中华人民共和国义务教育法〉办法》《山东省职业教育条例》等。

### 6. 教育规章

教育规章是中央和地方有关国家行政机关依照法定权限和程序制定颁布的有关教育的规范性文件，有的称为教育行政规章，包括部门教育规章和地方政府教育规章。

部门教育规章是国务院所属各部、各委员会发布的有关教育的规范性文件。这类文件主要是就国家有关教育的法律、行政法规的实施问题制定出相应的实施办法、条例、大纲、标准等，以保证相关法律、法规的实施，如《教育行政处罚暂行实施办法》。地方政府教育规章是省、自治区、直辖市人民政府以及省、自治区的人民政府所在地的市和经国务院批准的较大的市的人民政府所制定的有关教育的规范性文件。地方政府教育规章只在本行政区域内有效，其效力低于《中华人民共和国宪法》、教育法律、教育行政法规和地方性教育法规。地方政府教育规章是整个教育法规体系的重要组成部分。



**真题面对面**

1. [2022河北，单选]我国教育法律法规的基本法是（　　）

A.《中华人民共和国宪法》　　B.《中华人民共和国教育法》

C.《中华人民共和国义务教育法》　　D.《中华人民共和国教师法》

2. [2022四川，单选]从教育法规纵向层次看，《中华人民共和国教师法》属于（　　）

A. 教育基本法　　B. 教育单行法

C. 教育行政法规　　D. 教育行政规章

答案：1. B　2. B

### 考点2 横向结构 【单选】★

教育法规体系的横向结构是指依据教育法规所调整的教育社会关系的特点或教育关系构成要素的不同,划分出若干处于同一层级的部门教育法,形成法规调整的横向体系。我国教育法规体系的横向结构主要包含以下几个部类:

(1)教育基本法。(2)基础教育法。(3)高等教育法。(4)职业教育法。(5)成人教育法或社会教育法。(6)学位法。中华人民共和国颁布的第一部教育法律是《中华人民共和国学位条例》,是1980年2月12日第五届全国人民代表大会常务委员会第十三次会议通过的。(7)教师法。(8)教育投入法或教育财政法。

重难点解读

中华人民共和国颁布的第一部教育法律是《中华人民共和国学位条例》;最高国家权力机关颁布的第一部教育法律是《中华人民共和国义务教育法》。

真题面对面

[2022陕西,单选]我国于1980年颁布的第一部教育法律是( )

A.《中华人民共和国教师法》 B.《中华人民共和国职业教育法》

C.《中华人民共和国学位条例》 D.《中华人民共和国高等教育法》

答案:C

## 五、教育法规的制定与执行 【单选、简答】★

### 考点1 教育立法

**1. 教育立法的概念**

教育立法即教育法的制定,是指国家立法机关依照法律程序制定规范性教育法律文件的活动。

**2. 教育立法的基本程序**

法律制定的程序又称立法程序,立法的程序一般分为四个步骤:教育法律草案的提出、教育法律草案的审议、教育法律草案的表决和通过、教育法律的公布。

真题面对面

[2019四川,简答]简述教育立法的一般程序。

答案:详见内文

### 考点2 教育法的实施

教育法作为一种国家意志,其本身不能自我转化和自动实施,必须通过一定的方式才能在社会生活中实现。与其他法律相一致,教育法的实施主要有三种方式,即守法、执法和司法。

**1. 守法**

守法也称为法律遵守,是指国家机关、社会组织和公民个人依照法的规定,行使权利和履行义务的活动。守法是法律实施最重要的基本要求,也是法律实施最普遍的基本方式。

**2. 执法**

执法有广义和狭义两种理解。广义的执法是指一切执行法律、适用法律的活动,包括国家行政机关、司法机关和法律授权、委托的组织及其公职人员,依照法定职权和程序,贯彻实施法律的活动。狭义的执法仅指国家行政机关和法律授权、委托的组织及其公职人员在行使行政管理权的过程中,依照法定职权和程序,贯彻实施法律的活动。狭义的执法通称为行政执法。执法是法律实施的重要组成部分和基本实现方式。

**3. 司法**

司法是指国家司法机关依据法定职权和法定程序，具体应用法律处理案件的专门活动。司法是法律实施不可或缺的一种重要方式。

## 六、教育法规的效力与解释

### 考点1 教育法规的效力

教育法规的效力问题，是指法律在什么时间、什么地域、对什么人有效的问题，即法律规范在时间、地域、对象等方面的效力问题。明确教育法规的效力，是正确执行教育法规的必要条件。判断和确定教育法规的效力等级通常应遵循以下原则：(1)下位法服从上位法；(2)特殊法优于一般法；(3)后定法优于前定法；(4)特定程序法律优于一般程序法律；(5)被授权机关的立法等同于授权机关自己的立法。

### 考点2 教育法规的解释

教育法规的解释是指特定的国家机关、社会组织和个人对教育法规规范的内容和含义所作的说明。教育法规的解释依据其解释的效力可分为正式解释和非正式解释两种类型。

**1. 正式解释**

正式解释又称为**法定解释**、**有权解释**，是指由特定的国家机关依照宪法和法律所赋予的权限，对有关法律所进行的解释，它同被解释的法律具有同等的法律效力。

**2. 非正式解释**

非正式解释又称为**无权解释**，包括学理解释和任意解释。**学理解释**也称为**法理解释**，一般是指社会组织、学者和报刊对有关法律所进行的法理性的、法制宣传性的解释。**任意解释**是指一般公民、当事人和辩护人根据自己对法律的理解所作的说明，不具有法律效力和约束力。

## 七、教育法规的作用

**1. 指引作用**

教育法规的指引作用，是指教育法规体现了国家教育发展的目的、政策，指引人们按照国家的目的和要求开展教育活动。

**2. 评价作用**

教育法规作为国家的一种普遍的强制性教育行为标准，具有判断、衡量人们的教育行为的作用，这种作用就是评价作用。教育法规是各种判断教育活动和教育关系价值的标准中最基本的。教育法律规范的评价作用有两个显著的特点：(1)突出的客观性；(2)普遍的有效性。

**3. 教育作用**

教育法规的教育作用主要体现在以下两个方面：(1)国家把人们对教育的普遍要求凝结为稳定的教育行为规范，并向人们灌输这些规范，使其内化为人们的教育思想意识，借助于人们的教育行为使其得以传播。(2)通过教育法规的实施从正负两个方面对人们产生教育作用。

**4. 保障作用**

教育法规的保障作用，是指教育法规保障各种教育主体的教育权利得到实现，教育义务得到履行，从而使教育活动有序、有效地进行。

## 八、教育法规的社会职能 【简答】★

教育法规作为法律的一个分支，具有法律的两大根本职能，即调整职能和保障职能。虽然职能不等于作用，但教育法规基本社会职能的实现是通过教育领域内的一系列具体作用来表现的。教育法规具有以下

几方面社会职能。

**1. 促进和保障国家教育事业健康发展**

完善的教育法规，是促进现代教育事业发展的基本因素。通过制定教育法规，确定相对稳定的教育秩序和良好的教育环境，对于保障教育事业发展规划的实现，确保教育在社会主义建设中的战略重点地位，具有极为重要的作用。促进和保障教育事业的健康发展，是教育法规的基本职能之一。

**2. 保证全面贯彻教育方针**

教育法规的实施，是全面贯彻党和国家的教育方针的基本特征。教育方针是党和国家制定的引导教育事业前进的方向和目标，是教育基本政策的总概括。只有通过教育立法，使教育方针具体化，实施制度化，并使其实施具有强制性，才能保证对它的全面贯彻执行，培养出又红又专的人才和劳动后备力量，更好地发挥教育为社会主义建设服务的功能。

**3. 协调教育内外关系**

教育法规承担着协调教育部门内部和外部关系的重要职能。只有通过教育立法，明确各主体间相互的权利、义务和职责，相互关系才容易和谐统一。

**4. 确认并保障公民的教育权利和义务**

教育法规确认每个公民具有平等的教育权利和义务，并为全体公民提供平等的受教育竞争机会。要使权利和义务具有现实性和可行性，必须通过教育立法，使之具体化，并明确一定的教育途径，一方面使公民能够享受教育权益，另一方面也要求公民履行相应的教育义务。公民教育权利和义务的真正实现，还有赖于教育法规的实施。

真题面对面

[2022 四川，简答]简述教育法规的主要社会职能。

答案：详见内文

## 第二节　教育法律规范

### 一、教育法律规范的概念及结构

教育法律规范是由国家制定或认可，并以国家强制力保证实施的行为规则。教育法律规范与教育法规是个别与整体的关系。

在教育实践中，并非所有与教育有关的行为都以教育法律规范来约束，这是不可能的，也是不必要的。

教育法律规范的结构是指构成教育法律规范内容的各个组成部分及其相互关系。从逻辑结构上看，教育法律规范通常由法定条件（假定）、行为准则（处理）和法律后果（制裁）三个要素组成。法定条件指法律规范适用的条件和情况；行为准则指法律规范中规定的行为规则的基本要求；法律后果是指在某种条件或情况出现时，法律关系主体作出或没有作出“行为准则”要求的某种行为，而应承担的法律责任。

### 二、教育法律规范的类别　【单选】 ★

表 7-1　教育法律规范的类别

| 分类标准 | 种类 | 定义或职能 | 特点或关键词 |
|---|---|---|---|
| 要求人们行为的性质 | 义务性规范 | 人们在法定条件下，必须作出某种行为的法律规范 | 必须、应当、义务 |
| | 禁止性规范 | 规定人们在法定条件下，不得采取某种行为的法律规范 | 禁止、不得 |

第七部分

续表

| 分类标准 | 种类 | 定义或职能 | 特点或关键词 |
|---|---|---|---|
| 要求人们行为的性质 | 授权性规范 | 授权人们在法定条件下,有权作出或不作出某种行为的法律规范 | 可以、有权、不受……干涉、有……的自由 |
| 表现的强制性程度 | 强制性规范 | 法律关系参加者必须作出或禁止作出一定行为的规范 | 禁止性和义务性 |
| | 任意性规范 | 法律关系参加者可以作出一定行为的规范 | 自行确定 |
| 法律后果 | 制裁性规范 | 对法律关系参加者作出违反"行为准则"的有过错行为进行制裁的规范 | 预警、惩戒 |
| | 奖励性规范 | 对法律关系参加者作出有益于社会的行为时给予奖励的规范 | 奖励 |

真题面对面

[2019四川,单选]1995年颁布的《中华人民共和国教育法》第二十五条规定,任何组织和个人不得以营利为目的举办学校和其他教育机构。这条规定属于(　　)

A. 禁止性规范　　B. 义务性规范

C. 权利性规范　　D. 强制性规范

答案:A

# 第三节　教育法律关系

## 一、教育法律关系的概念

教育法律关系是教育法律规范在调整人们有关教育活动的行为过程中形成的权利和义务关系,是一种特殊的社会关系。在教育领域内,学校与政府、学校与社会、学校与教师、学校与学生的关系因为有相应的法律规定,故皆属于法律关系。

教育法律关系的产生以教育法律规范的存在为前提,只有适用教育法律规范调整的教育关系才能转化成教育法律关系。教育法律关系是一种权利与义务关系,是以法律规范为前提,在法律规范基础上调整的主体之间的利益关系。



## 二、教育法律关系的分类

表7-2　教育法律关系的分类

| 分类依据 | 类别 | 概念 |
|---|---|---|
| 教育法律关系主体的社会角色 | 教育内部的法律关系 | 适用教育法律规范调整的教育系统内部各类教育机构、教育工作人员、教育对象之间的关系 |
| | 教育外部的法律关系 | 适用教育法律规范调整的教育系统与其外部社会各方面之间发生的法律关系 |
| 主体之间关系的类型 | 隶属型教育法律关系 | 以教育管理部门为核心,向外辐射,与其他主体之间形成的教育法律关系 |
| | 平权型教育法律关系(教育民事法律关系) | 两个具有平等法律地位的教育关系主体之间产生的教育法律关系,具有横向性 |

续表

| 分类依据 | 类别 | 概念 |
| --- | --- | --- |
| 教育法律规范的职能 | 调整性教育法律关系 | 按照调整性教育法律规范所设定的教育关系模式，主体的教育权利能够正常实现的教育法律关系 |
| | 保护性教育法律关系 | 在教育主体的权利和义务不能正常实现的情况下，通过保护性教育法律规范，采取法律制裁手段而形成的教育法律关系 |

## 三、教育法律关系的构成要素　【单选、多选、简答】★★

教育法律关系的构成要素有主体、客体和内容，三者相互制约、缺一不可，其中任何一个要素的改变，都会导致原有法律关系的变更。

### 考点 1 教育法律关系的主体

教育法律关系的主体是指教育法律关系的参加者，也就是在具体的教育法律关系中享有权利并承担义务的人和组织。我国教育法律关系的主体可分为三类：**公民**(自然人)、**机构和组织**(法人)、**国家**。

教育法律关系中最重要的法律主体是学生与教师，教师的教育教学和学生的学习是教育活动的主要内容和基本形式。教师与学生之间的法律关系是产生教师与学生权利、义务的基础。教师与学生之间的法律关系包括：(1)教育和被教育的关系；(2)管理和被管理的关系；(3)保护和被保护的关系；(4)互相尊重的平等关系。

**真题面对面**

[2021陕西，单选]教育法律关系的主体包括(　　)

A. 权利　　B. 义务　　C. 自然人　　D. 物体

答案：C

### 考点 2 教育法律关系的客体

教育法律关系的客体是教育法律关系主体的权利与义务所指向的对象。教育法律关系的客体一般包括物质财富、非物质财富、行为三个大的方面。教育领域中存在的法律纠纷，往往都是因之而引起的。

**1. 物质财富**

物质财富简称物。它既可以表现为自然物，如森林、土地、自然资源等，也可以表现为人的劳动创造物，如建筑、机器、各种产品等；既可以是国家和集体的财产，也可以是公民个人的财产。物一般可分为不动产与动产两类，不动产包括土地、房屋和其他建筑设施，动产包括资金和教学仪器设备等。

**2. 非物质财富**

非物质财富包括创作活动的产品和其他与人身相联系的非财产性的财富。前者也被称作智力成果，在教育领域中主要包括各种教材、著作在内的成果，各种有独创性的教案、教法、教具、课件、专利、发明等。其他与人身相联系的非物质财富包括公民的姓名、组织的名称，公民的肖像、名誉、身体健康、生命等。

**3. 行为**

行为是指教育法律关系主体实现权利义务的作为与不作为。一定的行为可以满足权利人的利益和需要，也可以成为教育法律关系的客体。在教育领域中，教育行政机关的行政行为、学校的管理行为和教育教学行为都是教育法律关系赖以生存的最基本的行为。

学校、教师、学生的物质财富、非物质财富以及这些主体依法进行的教育行为和教育活动都受法律的承认和保护，都是教育法律关系的重要客体。

真题面对面

[2022陕西,多选]教育法律关系的客体一般包括(　　)

A. 物质财富　B. 非物质财富　C. 行为　D. 个人

答案:ABC

考点 3 教育法律关系的内容

教育法律关系的内容是教育法律关系的主体依据法律规定而享有的权利与义务。教育法律关系一旦产生,其主体间就在法律上形成了一种权利与义务关系。

权利与义务是法律关系的核心,它由法律规范所确认并由国家强制力保证实施,是教育法律关系的重要构成要素之一。权利与义务相互依存,不可分割。

### 四、教育法律关系的发生、变更和消灭　【判断】★

**1. 教育法律关系发生、变更和消灭的概念**

教育法律关系的发生,是指教育法律关系主体之间形成了一定的权利义务关系。

教育法律关系的变更,是指教育法律关系构成要素的改变,包括主体、客体或内容等要素的改变。

教育法律关系的消灭,是指教育法律关系主体、客体的消灭,主体间权利义务的终止。

**2. 法律事实是教育法律关系发生、变更和消灭的根据**

教育法律关系的发生、变更和消灭是由一定的客观情况的出现而引起的。通常把能够引起法律关系发生、变更和消灭的客观情况称为**法律事实**。法律事实依据它是否以教育法律关系主体的意志为转移,可以分为**行为**和**事件**。行为是以主体的意志为转移的法律事实,包括作为和不作为,如挪用教育经费、体罚学生、校舍失修倒塌伤人等。事件是不以主体的意志为转移的法律事实,如某教师的死亡,会导致一系列法律关系的变化。

## 第四节　教育法律责任

**教育法律责任**是教育法律关系主体因实施了违反教育法的行为,依法应承担的带有强制性的法律后果。

### 一、教育法律责任的类型　【单选】★

根据违法主体的法律地位、违法行为的性质和危害程度的不同,教育法律责任主要可分为行政法律责任、民事法律责任和刑事法律责任三种。刑事法律责任是一种惩罚最为严厉的法律责任。在特定情况下还可以追究违宪责任。下面主要介绍行政法律责任。

**行政法律责任**是指行政法律关系主体因违反行政法律、法规而应承担的法律后果,简称行政责任。根据我国的教育法律、法规的有关规定,承担违反教育法的行政法律责任的方式主要有两类:行政处分和行政处罚。

(1)**行政处分**是由国家机关或企事业单位对其所属人员予以的惩戒措施,包括警告、记过、记大过、降级、降职、撤职等。行政处分有时也称纪律处分。

对义务教育阶段的学生的处分,一般不涉及学籍问题,无勒令退学和开除学籍的处分,一般给予警告、严重警告、记过的处分。

(2)行政处罚是指国家行政机关依法对违反行政法律规范的组织或个人进行的行政制裁。

行政处罚的种类有很多,根据1998年原国家教委发布的《教育行政处罚暂行实施办法》的规定,教育行政处罚的种类主要有10种:①警告;②罚款;③没收违法所得,没收违法颁发、印制的学历证书、学位证书及其他学业证书;④撤销违法举办的学校和其他教育机构;⑤取消颁发学历、学位和其他学业证书的资格;⑥撤销教师资格;⑦停考,停止申请认定资格;⑧责令停止招生;⑨吊销办学许可证;⑩法律、法规规定的其他教育行政处罚。

以行政处罚的内容为标准,行政处罚可分为四类:①申诫罚。是最轻微的处罚,表现形式有警告、通报等。②财产罚。主要有罚款、没收财物等形式。③行为罚。是限制或剥夺违法者特定行为能力的一种制裁,主要有停止营业、扣留或吊销许可证。④人身罚。是限制或剥夺违法者人身自由的处罚,是最严厉的一种行政处罚,人身罚主要有行政拘留(最高期限为15天)和劳动教养(期限为1~3年)。这四类处罚可单独使用,也可并处。

真题面对面

[2022陕西,单选]教育法律责任可分为(　　)、民事法律责任和刑事法律责任。

A. 法律救济责任　　B. 教育行政责任　　C. 行政法律责任　　D. 教育教学责任

答案:C

## 二、教育法律责任的归责要件　【判断、简答】★

所谓归责是指法律责任的归结,它要解决的是法律责任应该由谁来承担的问题。教育法律关系主体只有具备以下四个教育法律责任的归责要件,才被认定为教育法律责任主体,并要承担相应的法律后果。

**1. 有损害事实**

有损害事实是指行为人有侵害教育管理、教学秩序及从事教育教学活动的公民、法人和其他组织合法权益的客观事实存在。这是构成教育法律责任的前提条件。

**2. 损害行为必须违法**

行为违法即行为人实施了违反法律、法规的行为,这也是构成教育法律责任的前提条件。这个条件包括两个方面的含义:(1)行为的违法性,只有行为违反了现行法律的规定才是违法行为;(2)违法必须是一种行为。如果内在的思想不表现为外在的行为,则并不构成违法。社会主义法治原则不承认思想违法。

**3. 行为人主观有过错**

所谓过错是指行为人在实施行为时,具有主观上的故意或过失的心理状态。

所谓故意的心理状态,是指行为人明知自己的行为会发生危害社会的结果,但希望或放任这种结果的发生。例如,招生办公室主任收受贿赂后,有意招收分数低的学生,不招收分数高的学生,致使分数高的学生落榜。

所谓过失的心理状态,是指行为人在本应避免危害结果发生时,由于疏忽大意或者过于自信而没有避免,以致发生危害结果。例如,教师教育方式不当,对学生进行人格侮辱,学生因不堪忍受而自杀,该教师的行为即有过失的因素。

**4. 违法行为与损害事实之间具有因果关系**

违法行为是导致损害事实发生的原因,损害事实是违法行为造成的必然结果,二者之间存在着内在的必然的联系,前者决定后者的发生,后者是前者的必然结果。因果关系是承担法律责任的重要条件之一。

真题面对面

1. [2021黑龙江,判断]存在违法行为是承担教育法律责任的前提。(　　)
2. [2022黑龙江,简答]简述教育法律责任的归责条件。

答案:1. √　2. 详见内文

# 第五节　教育法律救济

## 一、教育法律救济概述

### 1. 教育法律救济的概念及特征　【判断】★

教育法律救济是指教育法律关系主体的合法权益受到侵犯并造成损害时，获得恢复和补救的法律制度。在教育领域中主要运用的法律救济方式包括教师申诉制度、受教育者申诉制度、行政复议、行政诉讼、行政赔偿和民事诉讼。其特征如下：(1)是宪法公平、正义的立法精神的体现；(2)纠纷的存在是教育法律救济的基础；(3)损害的发生是教育法律救济的前提；(4)补救受害者的合法权益是教育法律救济的根本目的；(5)法律救济具有权利性；(6)具有补救与监督双重作用。

**真题面对面**

[2021黑龙江，判断]教育法律救济是为弱势群体实施的一种专业性的法律帮助。(　　)

答案：×

### 2. 教育法律救济的途径　【单选、多选】★

法律救济的渠道有四种：行政渠道、司法渠道、仲裁渠道和调解渠道。其中，行政渠道、仲裁渠道和调解渠道统称为非诉讼渠道。

(1)行政渠道。行政救济渠道主要有行政申诉和行政复议两种方式。行政救济是教育法律救济的主要方式。

(2)司法渠道。司法渠道又称诉讼渠道，是指相对人就特定的侵权行为向人民法院提起诉讼，请求救济。

(3)仲裁渠道。仲裁渠道与行政、司法渠道不同。仲裁是建立在纠纷双方自愿平等的基础上，由非国家机关的仲裁机构以平等的第三者身份进行的活动。

(4)调解渠道。调解有司法调解、行政调解、民间调解三种形式。

## 二、教育申诉制度

教育申诉制度是指作为教育法律关系主体的公民，在其合法权益受到侵害时，向国家机关申诉理由，请求处理的制度。我国的教育申诉制度主要有教师申诉制度和受教育者申诉制度，均属于**非诉讼的申诉**制度。

第七部分

### 考点1　教师申诉制度　【单选、简答、案例分析】★★

**1. 教师申诉制度的概念及特征**

教师申诉制度指教师在其合法权益受到侵犯时，依照法律、法规的规定，向主管的行政机关申诉理由，请求处理的制度。教师申诉制度具有法律性、特定性和非诉讼性等特征。

**2. 教师申诉的范围**

根据《中华人民共和国教师法》的规定，教师申诉的范围包括：

(1)教师认为学校或其他教育机构侵犯其《中华人民共和国教师法》规定的合法权益的，可以提起申诉。

(2)教师对学校或其他教育机构作出的处理决定不服的，可以提出申诉。

(3)教师认为当地人民政府的有关行政部门侵犯其根据《中华人民共和国教师法》规定享有的合法权益的，可以提出申诉。需特别指出的是，这里的被诉对象只能是当地人民政府隶属的行政机关，而不能是当地

人民政府。其他企业、事业单位或个人侵犯教师合法权益的，不列入教师申诉制度的范围。

**3. 教师申诉的程序**

教师申诉程序包括提出、受理和处理三个环节，并依次进行。教育行政部门应当在接到申诉的三十日内，作出处理。

**重难点解读**

受理教师申诉的机关，因被申诉主体的不同而有所区别：

| 申诉人 | 被申诉人 | 受理机关 |
|---|---|---|
| 教师 | 学校或其他教育机构 | 教育行政部门 |
| | 当地人民政府教育行政部门 | 同级人民政府或上一级人民政府有关部门 |

**真题面对面**

[2021黑龙江，单选]某学校侵犯教师的合法权益，教师可以向(　　)提出申诉。

A. 当地人民政府　　B. 当地人民法院

C. 当地检察院　　D. 教育行政部门

答案：D

## 考点2 受教育者申诉制度 【单选、多选】★

**1. 受教育者申诉制度的概念和特征**

受教育者申诉制度即学生申诉制度，是指受教育者在其合法权益受到侵害时，依法向主管的行政机关申诉理由，请求处理的制度。受教育者申诉制度具有与教师申诉制度相同的法律性、特定性和非诉讼性。

**2. 受教育者申诉的范围**

根据《中华人民共和国教育法》的规定，学生申诉的范围包括：

(1)对学校作出的各种处分不服，如警告、严重警告、记过、留校察看、勒令退学、开除学籍等，可以提出申诉；

(2)对学校或教师侵犯其人身权，如在教育活动中对其进行体罚或变相体罚，限制其人身自由等，可以提出申诉；

(3)对学校或教师侵犯其财产权，如非法乱收费、乱摊派、乱罚款，非法没收其财物，强迫其购买非必需教学物品等，可以提出申诉；

(4)对学校或教师侵犯其知识产权，如教师剽窃学生的著作权、发明权或其他科技成果权，学校强行将学生的知识产权收归学校等，可以提出申诉。

**3. 受教育者申诉制度的程序**

和教师申诉制度一样，受教育者申诉制度也有提出申诉、申诉受理和申诉处理等环节。

**真题面对面**

[2022贵州，多选]《中华人民共和国教育法》规定的学生申诉范围包括(　　)

A. 对学校给予的处分不服的　　B. 学校侵犯其财产权利的

C. 学校侵犯其人身权利的　　D. 未对其家长提供家庭教育指导的

答案：ABC

# 第二章　依法执教与教师违法(侵权)行为预防

## 第一节　依法执教

### 一、依法执教的概念　【单选】★

依法执教就是要求教师在教育教学活动中,按照教育法律、法规使自己的教育教学活动法制化和规范化。依法执教是依法治教在教师工作中的具体体现,也是对教师的基本要求。

1995年制定的《中华人民共和国教育法》是我国第一次以国家基本法律的形式明确了教育的地位和作用,从而为教育事业的改革和发展提供了坚实有力的法律保障。

**真题面对面**

[2019内蒙古,单选]依法执教的主体是(　　)

A. 教育主管部门　　B. 学校

C. 教师　　D. 班主任

答案:C

### 二、依法执教的基本要求　【论述】★

依法执教的基本要求有以下四点:(1)坚持正确的政治方向;(2)拥护党的基本路线和领导;(3)自觉增强法律意识;(4)认真贯彻党和国家的方针政策。具体内容如下:

**1. 教师要模范地遵守宪法及其他各种法律、法规**

教师是人类文化的传播者,是我国社会主义现代化建设人才的培育者。教师的劳动具有高度的示范性和感染性,教师对学生产生着潜移默化的影响。虽然在我国,人人都应当遵守宪法及其他各项法律、法规,依法进行生活、学习和工作,但教师更应当模范地做到这一点。每一个教师都要争做遵守宪法及其他各种法律、法规的模范。

**2. 教师要依法进行教育教学活动**

(1)教师要认真贯彻执行教育方针,遵守各种规章制度,执行学校的教学计划,完成教育教学工作任务;

(2)教师要对学生进行宪法所确定的关于四项基本原则的教育、爱国主义教育、民族团结教育以及法制教育;

(3)教师要关心、爱护全体学生,尊重学生人格,保证学生在德、智、体等方面的发展;

(4)教师要制止有害于学生的行为或者其他侵犯学生合法权益的行为,批评和抵制有害于学生健康成长的现象,为学生的健康成长营造良好的环境。

**真题面对面**

[2021黑龙江,论述]论述小学老师怎样做到依法执教。

答案:详见内文

### 三、依法执教的意义

(1)依法执教是依法治国的必然要求;(2)依法执教是依法治教的重要内容;(3)依法执教是人民教师之必需。

## 第二节　教师违法(侵权)行为预防

### 一、教师违法(侵权)行为的含义

教师违法行为指教师出于故意或由于过失而侵害他人(主要是学生)合法权利的行为。在履行教师职责、实施教育教学活动中,中小学教师实施的侵权行为若是执行职务的行为,那么学校必须承担因此而导致的损害后果。如果是教师的个人行为导致他人权利受损,则学校不必承担责任。

### 二、教师违法(侵权)行为的主要类型及其表现形式　【单选、多选、判断、简答】 ★★★

#### 考点 1 侵犯学生的受教育权

受教育权是学生最基本的权利。学生的受教育权包括受完法定年限教育权、学习权和公正评价权。

**(1)侵犯学生受教育机会的平等权。**我国《教育法》第九条规定了公民受教育机会平等的基本原则。受教育机会平等,是指公民在受教育方面的权利和义务具有平等的法律地位,不因民族、种族、性别、职业、财产状况、宗教信仰等方面的不同或者差别而受到不平等的对待。

**(2)侵犯学生的入学权。**我国《义务教育法》第十一条规定了义务教育对象的入学条件,即凡达到入学年龄(新学年开学前满6周岁),不分性别、民族、种族,只要有接受教育的能力,都必须入学接受规定年限的义务教育。此外,实施义务教育的学校必须依法接收应该在本校就读的适龄儿童入学。

**(3)侵犯学生参加考试的权利。**我国《教育法》第四十三条规定,受教育者享有"参加教育教学计划安排的各种活动"的权利。这是学生在学校中享有的最基本的权利。在教育教学中,学生有权参加教学计划安排的授课、讲座、课堂讨论、观摩、实验、实习和考试等活动。

**(4)随意开除学生。**我国《未成年人保护法》第二十八条规定,学校应当保障未成年学生受教育的权利,不得违反国家规定开除、变相开除未成年学生。

此外,还有侵犯学生上课学习的权利、侵犯学生受教育的选择权、侵犯学生升学复学方面的同等权利、以侵犯姓名权的手段侵犯学生的受教育权、延误学生录取通知书的发放等。

#### 考点 2 侵犯学生的人身权

人身权是公民享有的最基本、最重要的权利。根据有关法律规定,学生的人身权可分为生命权、身体权、健康权、姓名与肖像权、名誉与荣誉权、人格尊严权、人身自由权、隐私权等。

**(1)侵犯学生的生命权、身体权和健康权。**学生作为公民享有法律赋予的生命权、身体权和健康权。在学校教育中,这类侵害主要是由体罚或变相体罚、教育教学设施设备不安全以及学校、教师的不作为侵权等造成的。

**(2)侵犯学生的姓名肖像权、名誉荣誉权。**一些特殊情况除外,学生有权禁止他人未经允许制作和使用自己的肖像;有权禁止他人对自己肖像进行毁损、玷污、丑化或歪曲。学生的名誉不得受到歪曲或损害。荣誉是一个人受到外部给予的光荣称誉,每个学生在学校应有平等的机会获得。

**(3)侵犯学生的人格尊严权。**每个人都有人格尊严,人格尊严是公民的一项基本权利。教师应当尊重学生的人格尊严。但实际上,在教育教学中侵害学生人格尊严的行为还时有发生。主要表现为:讽刺、挖苦学生;故意侮辱学生,随意谩骂学生;给学生取一些歧视性的绰号或侮辱性的称号,如"弱智""笨蛋"等;借助教师在学生中的影响力,孤立学生;在公共场合随意议论学生的过错;不给学生以合理的解释权和辩护权;以记档案威胁学生等。

(4)**侵犯学生的人身自由权**。人身自由是公民的一项基本权利,包括身体行动自由和表达的自由。侵害学生人身自由权的表现形式有:非法拘禁和限制学生、非法搜查学生、非法限制学生表达自由的权利等。

(5)**侵犯学生的隐私权**。隐私包括个人私生活、个人日记、照片、储蓄及财产状况、生活习惯及通讯秘密等。隐私权是指公民生活中不愿为他人公开或知悉的个人秘密的不可侵犯的人身权利。学校和教师侵犯学生隐私的表现形式有:故意隐匿、毁弃或者非法开拆学生信件,披露、宣扬学生自身及家庭成员的资料,提供学生成绩的方式不适当等。

(6)**性侵害**。近年来,少数教师对学生实施性犯罪的现象日趋严重,被侵害的对象绝大部分是14周岁以下的中小学生。其中最主要的性犯罪案件是强奸罪和猥亵儿童罪。

### 考点3 侵犯学生的财产权

个人的财产所有权是指公民对个人所有的财产依法进行占有、使用、收益和处分的权利。学生的合法财产受法律保护,教师不得侵占、破坏或非法扣押、没收等。学生对教师侵犯其财产权的行为可依法提起申诉或提起诉讼。教师侵犯学生财产权的表现形式:损坏学生财物、非法没收学生物品、乱罚款、乱摊派、推销商品等。

### 考点4 侵犯学生的著作权

《中华人民共和国著作权法》所称的作品,是指文学、艺术和科学领域内具有独创性并能以一定形式表现的智力成果。著作权人对其作品享有发表权,任何人未经许可不得发表其作品。中小学生的作文也是作品,是受我国《著作权法》保护的文字作品。

### 考点5 不作为违法侵权

依性质不同,侵权行为可分为两类,即作为侵权行为和不作为侵权行为。作为侵权行为是指行为人以一定的作为致人损害的行为,如体罚、侮辱学生等。**不作为侵权行为**是指行为人以一定的不作为致人损害的行为。根据《中华人民共和国教师法》《中华人民共和国未成年人保护法》的规定,学校和教师负有保护学生的法定义务。如果教师没有积极履行保护职责或阻止有害学生的行为即构成不作为侵权。

学校和教师的不作为侵权行为表现形式有:(1)对学生身体状况关照不力;(2)教师对生病或受伤学生救护不力;(3)在履行职责中违反工作要求、操作规程;(4)学校活动组织失职;(5)饮食安全事故;(6)未及时向学生监护人履行告知义务。

第七部分

**真题面对面**

1. [2022黑龙江,单选]小明因为迟到被老师赶出教室,该老师的做法侵犯了小明的( )

A. 人格尊严权　B. 身体健康权　C. 人身自由权　D. 受教育权

2. [2022陕西,单选]教师擅自拆开学生信件并当众朗读,该行为侵犯了学生的( )

A. 隐私权　B. 财产权　C. 名誉权　D. 姓名权

3. [2022黑龙江,判断]教师可以对违纪的学生适当罚款。( )

答案:1. D　2. A　3. ×

## 三、预防教师违法(侵权)行为的必要措施

(1)建立完善的教育法规体系;(2)建立严格公正的教育执法制度;(3)建立全面的教育法律监督机制;(4)增强法制观念,宣传、普及教育法规;(5)加强学校的规范管理;(6)增强教师的法律意识,减少侵权行为的发生;(7)加强学生对自己法定权利的认识,培养学生的自我保护意识;(8)加大安全教育力度。

# 第三章　现行主要的教育法律法规

## 第一节　《中华人民共和国教育法》

### 一、《中华人民共和国教育法》的制定　【单选】★

《中华人民共和国教育法》(以下除需要称全称外,简称为《教育法》),于1995年3月18日经第八届全国人民代表大会第三次会议通过,并由中华人民共和国主席令第45号公布,自1995年9月1日起施行,这是新中国成立以来我国制定的第一部教育基本法,这是我国教育史上具有里程碑意义的大事。它的颁行,标志着我国开始进入全面依法治教的新时期。

**真题面对面**

[2021陕西,单选]1995年3月18日,第八届全国人民代表大会第三次会议通过的教育法规是(　　)

A.《中华人民共和国义务教育法》　　B.《中华人民共和国教育法》

C.《中国高等教育法》　　D.《中华人民共和国教师法》

答案:B

### 二、《中华人民共和国教育法》的常考内容　【单选、多选、判断、简答】★★★

#### 第一章　总　则

**第一条**　为了发展教育事业,提高全民族的素质,促进社会主义物质文明和精神文明建设,根据宪法,制定本法。

**第二条**　在中华人民共和国境内的各级各类教育,适用本法。

**第三条**　国家坚持中国共产党的领导,坚持以马克思列宁主义、毛泽东思想、邓小平理论、"三个代表"重要思想、科学发展观、习近平新时代中国特色社会主义思想为指导,遵循宪法确定的基本原则,发展社会主义的教育事业。

**第四条**　教育是社会主义现代化建设的基础,对提高人民综合素质、促进人的全面发展、增强中华民族创新创造活力、实现中华民族伟大复兴具有决定性意义,国家保障教育事业优先发展。

全社会应当关心和支持教育事业的发展。

全社会应当尊重教师。

**第六条**　教育应当坚持立德树人,对受教育者加强社会主义核心价值观教育,增强受教育者的社会责任感、创新精神和实践能力。

国家在受教育者中进行爱国主义、集体主义、中国特色社会主义的教育,进行理想、道德、纪律、法治、国防和民族团结的教育。

**第八条**　教育活动必须符合国家和社会公共利益。

国家实行教育与宗教相分离。任何组织和个人不得利用宗教进行妨碍国家教育制度的活动。

第七部分

**第九条** 中华人民共和国公民有受教育的权利和义务。

公民不分民族、种族、性别、职业、财产状况、宗教信仰等,依法享有平等的受教育机会。

**第十条** 国家根据各少数民族的特点和需要,帮助各少数民族地区发展教育事业。

国家扶持边远贫困地区发展教育事业。

国家扶持和发展残疾人教育事业。

**第十二条** 国家通用语言文字为学校及其他教育机构的基本教育教学语言文字,学校及其他教育机构应当使用**国家通用语言文字**进行教育教学。

民族自治地方以少数民族学生为主的学校及其他教育机构,从实际出发,使用国家通用语言文字和本民族或者当地民族通用的语言文字实施双语教育。

国家采取措施,为少数民族学生为主的学校及其他教育机构实施双语教育提供条件和支持。

**第十四条** 国务院和地方各级人民政府根据分级管理、分工负责的原则,领导和管理教育工作。

中等及中等以下教育在国务院领导下,由地方人民政府管理。

高等教育由国务院和省、自治区、直辖市人民政府管理。

**真题面对面**

1. [2022陕西,单选]根据分级管理、分工负责的原则,中等及中等以下教育在国务院领导下,由(　　)管理。

A. 地方人民政府　　B. 教育行政部门　　C. 地方人大　　D. 地方司法机关

2. [2021重庆,单选]根据《教育法》的规定,学校的基本教育教学语言文字是(　　)

A. 地方通用语言文字　　B. 国家通用语言文字

C. 汉语言文字　　D. 当地民族语言文字

3. [2021辽宁沈阳,多选]教育是社会主义现代化建设的基础,对(　　)具有决定性意义,国家保障教育事业优先发展。

A. 提高人民综合素质　　B. 促进人的全面发展

C. 增强中华民族创新创造活力　　D. 实现中华民族伟大复兴

答案:1. A　2. B　3. ABCD

## 第二章　教育基本制度

**第十七条** 国家实行学前教育、初等教育、中等教育、高等教育的学校教育制度。

国家建立科学的学制系统。学制系统内的学校和其他教育机构的设置、教育形式、修业年限、招生对象、培养目标等,由国务院或者由国务院授权教育行政部门规定。

**第十九条** 国家实行九年制义务教育制度。

各级人民政府采取各种措施保障适龄儿童、少年就学。

适龄儿童、少年的父母或者其他监护人以及有关社会组织和个人有义务使适龄儿童、少年接受并完成规定年限的义务教育。

**第二十一条** 国家实行国家教育考试制度。

国家教育考试由国务院教育行政部门确定种类,并由国家批准的实施教育考试的机构承办。

**第二十三条** 国家实行学位制度。

学位授予单位依法对达到一定学术水平或者专业技术水平的人员授予相应的学位,颁发学位证书。

真题面对面

1.[2020河南,单选]以法律形式规定了我国教育基本制度的是( )

A.《中华人民共和国未成年人保护法》 B.《中华人民共和国教育法》

C.《中华人民共和国教师法》 D.《中华人民共和国义务教育法》

2.[2021吉林,判断]《中华人民共和国教育法》规定,国家实行学前教育、初等教育、中等教育、高等教育的学校教育制度。( )

答案:1.B 2.√

## 第三章 学校及其他教育机构

第二十六条 国家制定教育发展规划,并举办学校及其他教育机构。

国家鼓励企业事业组织、社会团体、其他社会组织及公民个人依法举办学校及其他教育机构。

国家举办学校及其他教育机构,应当坚持勤俭节约的原则。

以财政性经费、捐赠资产举办或者参与举办的学校及其他教育机构不得设立为营利性组织。

第二十七条 设立学校及其他教育机构,必须具备下列基本条件:

(一)有组织机构和章程;

(二)有合格的教师;

(三)有符合规定标准的教学场所及设施、设备等;

(四)有必备的办学资金和稳定的经费来源。

第二十八条 学校及其他教育机构的设立、变更和终止,应当按照国家有关规定办理审核、批准、注册或者备案手续。

第二十九条 学校及其他教育机构行使下列权利:

(一)按照章程自主管理;

(二)组织实施教育教学活动;

(三)招收学生或者其他受教育者;

(四)对受教育者进行学籍管理,实施奖励或者处分;

(五)对受教育者颁发相应的学业证书;

(六)聘任教师及其他职工,实施奖励或者处分;

(七)管理、使用本单位的设施和经费;

(八)拒绝任何组织和个人对教育教学活动的非法干涉;

(九)法律、法规规定的其他权利。

国家保护学校及其他教育机构的合法权益不受侵犯。

第三十条 学校及其他教育机构应当履行下列义务:

(一)遵守法律、法规;

(二)贯彻国家的教育方针,执行国家教育教学标准,保证教育教学质量;

(三)维护受教育者、教师及其他职工的合法权益;

(四)以适当方式为受教育者及其监护人了解受教育者的学业成绩及其他有关情况提供便利;

（五）遵照国家有关规定收取费用并公开收费项目；

（六）依法接受监督。

**第三十一条** 学校及其他教育机构的举办者按照国家有关规定，确定其所举办的学校或者其他教育机构的管理体制。

学校及其他教育机构的校长或者主要行政负责人必须由具有中华人民共和国国籍、在中国境内定居、并具备国家规定任职条件的公民担任，其任免按照国家有关规定办理。学校的教学及其他行政管理，由校长负责。

学校及其他教育机构应当按照国家有关规定，通过以教师为主体的教职工代表大会等组织形式，保障教职工参与民主管理和监督。

**第三十二条** 学校及其他教育机构具备法人条件的，自批准设立或者登记注册之日起取得法人资格。

学校及其他教育机构在民事活动中依法享有民事权利，承担民事责任。

学校及其他教育机构中的国有资产属于国家所有。

学校及其他教育机构兴办的校办产业独立承担民事责任。

真题面对面

1.［2022 陕西，单选］《中华人民共和国教育法》第三十二条规定，学校及其他教育机构具备法人条件的，自批准设立或者（　　）之日起取得法人资格。

A. 审核审查　　B. 登记注册　　C. 正式成立　　D. 提交申请

2.［2022 陕西，多选］设立学校及其他教育机构，必须具备的基本条件有（　　）

A. 组织机构和章程　　B. 合格的教师

C. 符合规定标准的教学场所及设施、设备等　　D. 必备的办学资金和稳定的经费来源

答案：1. B　2. ABCD

## 第四章　教师和其他教育工作者

**第三十三条** 教师享有法律规定的权利，履行法律规定的义务，忠诚于人民的教育事业。

**第三十四条** 国家保护教师的合法权益，改善教师的工作条件和生活条件，提高教师的社会地位。

教师的工资报酬、福利待遇，依照法律、法规的规定办理。

**第三十五条** 国家实行教师资格、职务、聘任制度，通过考核、奖励、培养和培训，提高教师素质，加强教师队伍建设。

**第三十六条** 学校及其他教育机构中的管理人员，实行教育职员制度。

学校及其他教育机构中的教学辅助人员和其他专业技术人员，实行专业技术职务聘任制度。



真题面对面

1.［2021 安徽，单选］《中华人民共和国教育法》规定，国家实行（　　）

A. 教师资格、职务、聘任制度　　B. 教师资格、职务、任命制度

C. 教师资格、职务、登记制度　　D. 教师资格、职务、注册制度

2.［2021 河南，判断］《中华人民共和国教育法》规定，学校及其他教育机构中的教学辅助人员，实行教育职员制度。（　　）

答案：1. A　2. ×

## 第五章　受教育者

**第三十七条**　受教育者在入学、升学、就业等方面依法享有平等权利。

学校和有关行政部门应当按照国家有关规定，保障女子在入学、升学、就业、授予学位、派出留学等方面享有同男子平等的权利。

**第四十一条**　从业人员有依法接受职业培训和继续教育的权利和义务。

国家机关、企业事业组织和其他社会组织，应当为本单位职工的学习和培训提供条件和便利。

**第四十二条**　国家鼓励学校及其他教育机构、社会组织采取措施，为公民接受终身教育创造条件。

**第四十三条**　受教育者享有下列权利：

（一）参加教育教学计划安排的各种活动，使用教育教学设施、设备、图书资料；

（二）按照国家有关规定获得奖学金、贷学金、助学金；

（三）在学业成绩和品行上获得公正评价，完成规定的学业后获得相应的学业证书、学位证书；

（四）对学校给予的处分不服向有关部门提出申诉，对学校、教师侵犯其人身权、财产权等合法权益，提出申诉或者依法提起诉讼；

（五）法律、法规规定的其他权利。

**第四十四条**　受教育者应当履行下列义务：

（一）遵守法律、法规；

（二）遵守学生行为规范，尊敬师长，养成良好的思想品德和行为习惯；

（三）努力学习，完成规定的学习任务；

（四）遵守所在学校或者其他教育机构的管理制度。

**第四十五条**　教育、体育、卫生行政部门和学校及其他教育机构应当完善体育、卫生保健设施，保护学生的身心健康。

**真题面对面**

1.［2022江西，单选］《中华人民共和国教育法》对受教育者的义务的规定中，不包括（　　）

A. 努力学习，完成规定的学习任务　　B. 尊敬师长，孝敬父母

C. 遵守法律、法规　　D. 养成良好的思想品德和行为习惯

2.［2021黑龙江，多选］李某作为一名受教育者，依法享有的权利有（　　）

A. 参加教育教学活动　　B. 使用学校的图书资料

C. 按照国家有关规定获得奖学金　　D. 获得教师的公正评价

E. 完成规定的学业后获得相应的学位证书

答案：1. B　2. ABCDE

第七部分

## 第六章　教育与社会

**第四十八条**　国家机关、军队、企业事业组织及其他社会组织应当为学校组织的学生实习、社会实践活动提供帮助和便利。

**第四十九条**　学校及其他教育机构在不影响正常教育教学活动的前提下，应当积极参加当地的社会公益活动。

第五十条　未成年人的父母或者其他监护人应当为其未成年子女或者其他被监护人受教育提供必要条件。

未成年人的父母或者其他监护人应当配合学校及其他教育机构，对其未成年子女或者其他被监护人进行教育。

学校、教师可以对学生家长提供家庭教育指导。

第五十一条　图书馆、博物馆、科技馆、文化馆、美术馆、体育馆(场)等社会公共文化体育设施，以及历史文化古迹和革命纪念馆(地)，应当对教师、学生实行优待，为受教育者接受教育提供便利。

广播、电视台(站)应当开设教育节目，促进受教育者思想品德、文化和科学技术素质的提高。

真题面对面

[2021 重庆，单选]我国《教育法》规定，学校及其他教育机构在不影响正常教育教学活动的前提下，应当积极参加当地的(　　)

A. 勤工俭学活动　　B. 社会公益活动

C. 社会助学活动　　D. 社会培训活动

答案：B

## 第七章　教育投入与条件保障

第五十四条　国家建立以财政拨款为主、其他多种渠道筹措教育经费为辅的体制，逐步增加对教育的投入，保证国家举办的学校教育经费的稳定来源。

企业事业组织、社会团体及其他社会组织和个人依法举办的学校及其他教育机构，办学经费由举办者负责筹措，各级人民政府可以给予适当支持。

第五十六条　各级人民政府的教育经费支出，按照事权和财权相统一的原则，在财政预算中单独列项。

各级人民政府教育财政拨款的增长应当高于财政经常性收入的增长，并使按在校学生人数平均的教育费用逐步增长，保证教师工资和学生人均公用经费逐步增长。

第五十七条　国务院及县级以上地方各级人民政府应当设立教育专项资金，重点扶持边远贫困地区、少数民族地区实施义务教育。

第五十九条　国家采取优惠措施，鼓励和扶持学校在不影响正常教育教学的前提下开展勤工俭学和社会服务，兴办校办产业。

第六十条　国家鼓励境内、境外社会组织和个人捐资助学。

第六十一条　国家财政性教育经费、社会组织和个人对教育的捐赠，必须用于教育，不得挪用、克扣。

真题面对面

[2022 黑龙江，判断]《中华人民共和国教育法》中规定，国家对教育经费的筹集以财政拨款和其他多种渠道筹措并重。(　　)

答案：×

## 第八章　教育对外交流与合作

第六十七条　国家鼓励开展教育对外交流与合作，支持学校及其他教育机构引进优质教育资源，依法

开展中外合作办学，发展国际教育服务，培养国际化人才。

教育对外交流与合作坚持独立自主、平等互利、相互尊重的原则，不得违反中国法律，不得损害国家主权、安全和社会公共利益。

## 第九章　法律责任

**第七十一条**　违反国家有关规定，不按照预算核拨教育经费的，由同级人民政府限期核拨；情节严重的，对直接负责的主管人员和其他直接责任人员，依法给予处分。

违反国家财政制度、财务制度，挪用、克扣教育经费的，由上级机关责令限期归还被挪用、克扣的经费，并对直接负责的主管人员和其他直接责任人员，依法给予处分；构成犯罪的，依法追究刑事责任。

**第七十二条**　结伙斗殴、寻衅滋事，扰乱学校及其他教育机构教育教学秩序或者破坏校舍、场地及其他财产的，由公安机关给予治安管理处罚；构成犯罪的，依法追究刑事责任。

侵占学校及其他教育机构的校舍、场地及其他财产的，依法承担民事责任。

**第七十三条**　明知校舍或者教育教学设施有危险，而不采取措施，造成人员伤亡或者重大财产损失的，对直接负责的主管人员和其他直接责任人员，依法追究刑事责任。

**第七十七条**　在招收学生工作中滥用职权、玩忽职守、徇私舞弊的，由教育行政部门或者其他有关行政部门责令退回招收的不符合入学条件的人员；对直接负责的主管人员和其他直接责任人员，依法给予处分；构成犯罪的，依法追究刑事责任。

盗用、冒用他人身份，顶替他人取得的入学资格的，由教育行政部门或者其他有关行政部门责令撤销入学资格，并责令停止参加相关国家教育考试二年以上五年以下；已经取得学位证书、学历证书或者其他学业证书的，由颁发机构撤销相关证书；已经成为公职人员的，依法给予开除处分；构成违反治安管理行为的，由公安机关依法给予治安管理处罚；构成犯罪的，依法追究刑事责任。

与他人串通，允许他人冒用本人身份，顶替本人取得的入学资格的，由教育行政部门或者其他有关行政部门责令停止参加相关国家教育考试一年以上三年以下；有违法所得的，没收违法所得；已经成为公职人员的，依法给予处分；构成违反治安管理行为的，由公安机关依法给予治安管理处罚；构成犯罪的，依法追究刑事责任。

组织、指使盗用或者冒用他人身份，顶替他人取得的入学资格的，有违法所得的，没收违法所得；属于公职人员的，依法给予处分；构成违反治安管理行为的，由公安机关依法给予治安管理处罚；构成犯罪的，依法追究刑事责任。

入学资格被顶替权利受到侵害的，可以请求恢复其入学资格。

**第七十八条**　学校及其他教育机构违反国家有关规定向受教育者收取费用的，由教育行政部门或者其他有关行政部门责令退还所收费用；对直接负责的主管人员和其他直接责任人员，依法给予处分。

**第七十九条**　考生在国家教育考试中有下列行为之一的，由组织考试的教育考试机构工作人员在考试现场采取必要措施予以制止并终止其继续参加考试；组织考试的教育考试机构可以取消其相关考试资格或者考试成绩；情节严重的，由教育行政部门责令停止参加相关国家教育考试一年以上三年以下；构成违反治安管理行为的，由公安机关依法给予治安管理处罚；构成犯罪的，依法追究刑事责任：

（一）非法获取考试试题或者答案的；

（二）携带或者使用考试作弊器材、资料的；

（三）抄袭他人答案的；

第七部分

（四）让他人代替自己参加考试的；

（五）其他以不正当手段获得考试成绩的作弊行为。

**第八十条** 任何组织或者个人在国家教育考试中有下列行为之一，有违法所得的，由公安机关没收违法所得，并处违法所得一倍以上五倍以下罚款；情节严重的，处五日以上十五日以下拘留；构成犯罪的，依法追究刑事责任；属于国家机关工作人员的，还应当依法给予处分：

（一）组织作弊的；

（二）通过提供考试作弊器材等方式为作弊提供帮助或者便利的；

（三）代替他人参加考试的；

（四）在考试结束前泄露、传播考试试题或者答案的；

（五）其他扰乱考试秩序的行为。

**第八十三条** 违反本法规定，侵犯教师、受教育者、学校或者其他教育机构的合法权益，造成损失、损害的，应当依法承担民事责任。

具体参见附赠"教师招聘考试·教育政策法规"。

**真题面对面**

[2022重庆，单选]某小学违反规定向学生收取课外补习费，依照《教育法》的规定，除由教育行政部门责令退还所收费用外，对直接负责的主管人员和其他直接责任人员应依法（　　）

A. 给予行政处罚　　B. 给予处分

C. 追究民事责任　　D. 追究刑事责任

答案：B

# 第二节 《中华人民共和国义务教育法》

## 一、《中华人民共和国义务教育法》的制定

《中华人民共和国义务教育法》（以下除需要称全称外，简称为《义务教育法》），于1986年4月12日第六届全国人民代表大会第四次会议通过，并于1986年7月1日起施行。它的颁布与实施有力地推动了我国基础教育的普及和全民素质的提高，标志着我国义务教育制度的正式确立。

## 二、义务教育的性质和特征　【单选、多选】★★

义务教育作为一项教育制度和法律制度，具有不同于其他教育制度和教育工作的属性。就其性质而言，义务教育具有强制性（义务性）、普及性（普遍性、统一性）、免费性（公益性）、公共性（国民性）和基础性。

**1. 强制性（义务性）**

义务教育的强制性是义务教育的最本质特征。义务教育是法律保证实施的教育活动。义务教育不仅是受教育者的权利，而且还是国家的义务，国家、社会、学校和家庭必须依法予以保证。对不履行义务教育的行为，国家以立法的形式，强制执行。

**2. 普及性（普遍性、统一性）**

义务教育的普及性是义务教育的基本性质。所谓普及性是指全体适龄儿童、少年，除依照法律规定办理缓学或免学手续的以外，都必须入学接受教育，并且必须完成规定年限的义务教育。

**3. 免费性(公益性)**

免费性是义务教育的重要特征。所谓免费性是指国家对接受义务教育的适龄儿童、少年免除其全部或大部分就学费用。所谓公益性,就是明确规定"不收学费、杂费"。公益性和免费性是联系在一起的。

**4. 公共性(国民性)**

义务教育的公共性也称义务教育的国民性,是义务教育的一个重要特征。所谓公共性是指义务教育是一种社会公共事业,属于国民教育的范畴。它表现为义务教育属于一种政府行为,是在国务院领导下,实行地方负责,分级管理。

**5. 基础性**

基础性也是义务教育的重要特征。所谓基础性是指义务教育是基础教育,其目的是为提高民族素质,培养"四有"的社会主义人才奠定基础。

真题面对面

[2021黑龙江,多选]我国义务教育具有(　　)

A. 强制性　　B. 免费性　　C. 义务性　　D. 公益性

E. 平等性

答案:ABCD

三、《中华人民共和国义务教育法》的常考内容　【单选、多选、判断、填空】★★★

## 第一章　总　则

**第一条**　为了保障适龄儿童、少年接受义务教育的权利,保证义务教育的实施,提高全民族素质,根据宪法和教育法,制定本法。

**第二条**　国家实行九年义务教育制度。义务教育是国家统一实施的所有适龄儿童、少年必须接受的教育,是国家必须予以保障的**公益性**事业。实施义务教育,不收学费、杂费。国家建立义务教育经费保障机制,保证义务教育制度实施。

**第四条**　凡具有中华人民共和国国籍的适龄儿童、少年,不分性别、民族、种族、家庭财产状况、宗教信仰等,依法享有平等接受义务教育的权利,并履行接受义务教育的义务。

**第五条**　各级人民政府及其有关部门应当履行本法规定的各项职责,保障适龄儿童、少年接受义务教育的权利。

适龄儿童、少年的父母或者其他法定监护人应当依法保证其按时入学接受并完成义务教育。

依法实施义务教育的学校应当按照规定标准完成教育教学任务,保证教育教学质量。

社会组织和个人应当为适龄儿童、少年接受义务教育创造良好的环境。

**第六条**　国务院和县级以上地方人民政府应当合理配置教育资源,促进义务教育均衡发展,改善薄弱学校的办学条件,并采取措施,保障农村地区、民族地区实施义务教育,保障家庭经济困难的和残疾的适龄儿童、少年接受义务教育。

国家组织和鼓励经济发达地区支援经济欠发达地区实施义务教育。

**第七条**　义务教育实行国务院领导,省、自治区、直辖市人民政府统筹规划实施,**县级人民政府**为主管理的体制。

县级以上人民政府教育行政部门具体负责义务教育实施工作；县级以上人民政府其他有关部门在各自的职责范围内负责义务教育实施工作。

**真题面对面**

1. [2022四川，单选]我国义务教育的年限是(　　)

A. 5年　　B. 9年　　C. 10年　　D. 12年

2. [2022黑龙江，单选]根据我国《义务教育法》规定，在义务教育管理工作中起主管作用的部门是(　　)

A. 国务院　　B. 省、自治区、直辖市人民政府

C. 县级人民政府　　D. 乡镇级人民政府

3. [2022河北，填空]义务教育是国家统一实施的所有适龄儿童、少年必须接受的教育，是国家必须予以保障的________事业。

答案：1. B　2. C　3. 公益性

## 第二章　学　生

第十一条　凡年满六周岁的儿童，其父母或者其他法定监护人应当送其入学接受并完成义务教育；条件不具备的地区的儿童，可以推迟到七周岁。

适龄儿童、少年因身体状况需要延缓入学或者休学的，其父母或者其他法定监护人应当提出申请，由当地乡镇人民政府或者县级人民政府教育行政部门批准。

第十二条　适龄儿童、少年免试入学。地方各级人民政府应当保障适龄儿童、少年在户籍所在地学校就近入学。

父母或者其他法定监护人在非户籍所在地工作或者居住的适龄儿童、少年，在其父母或者其他法定监护人工作或者居住地接受义务教育的，当地人民政府应当为其提供平等接受义务教育的条件。具体办法由省、自治区、直辖市规定。

县级人民政府教育行政部门对本行政区域内的军人子女接受义务教育予以保障。

第十四条　禁止用人单位招用应当接受义务教育的适龄儿童、少年。

根据国家有关规定经批准招收适龄儿童、少年进行文艺、体育等专业训练的社会组织，应当保证所招收的适龄儿童、少年接受义务教育；自行实施义务教育的，应当经县级人民政府教育行政部门批准。

**真题面对面**

[2020河南，判断]适龄儿童、少年因身体状况需要延缓入学或者休学的，其父母或者其他法定监护人应当提出申请，由学校批准。(　　)

答案：×

## 第三章　学　校

第十七条　县级人民政府根据需要设置寄宿制学校，保障居住分散的适龄儿童、少年入学接受义务教育。

第十九条　县级以上地方人民政府根据需要设置相应的实施特殊教育的学校(班)，对视力残疾、听力

语言残疾和智力残疾的适龄儿童、少年实施义务教育。特殊教育学校(班)应当具备适应残疾儿童、少年学习、康复、生活特点的场所和设施。

普通学校应当接收具有接受普通教育能力的残疾适龄儿童、少年随班就读,并为其学习、康复提供帮助。

第二十一条 对未完成义务教育的未成年犯和被采取强制性教育措施的未成年人应当进行义务教育,所需经费由人民政府予以保障。

第二十二条 县级以上人民政府及其教育行政部门应当促进学校**均衡发展**,缩小学校之间办学条件的差距,不得将学校分为重点学校和非重点学校。学校不得分设重点班和非重点班。

县级以上人民政府及其教育行政部门不得以任何名义改变或者变相改变公办学校的性质。

第二十五条 学校不得违反国家规定收取费用,不得以向学生推销或者变相推销商品、服务等方式谋取利益。

第二十六条 学校实行**校长负责制**。校长应当符合国家规定的任职条件。校长由县级人民政府教育行政部门依法聘任。

第二十七条 对违反学校管理制度的学生,学校应当予以批评教育,不得开除。

**真题面对面**

1. [2021陕西,单选]我国中小学实行( )

A. 校长负责制　　B. 书记负责制　　C. 校长责任制　　D. 民主集中制

2. [2021重庆,单选]《义务教育法》规定,为保障居住分散的适龄儿童、少年入学接受义务教育,县级人民政府根据需要设置( )

A. 半日制学校　　B. 全日制学校

C. 寄宿制学校　　D. 九年一贯制学校

3. [2020辽宁辽阳,单选]小学生梁某欺凌同学,扰乱课堂纪律,学校经过研究决定将其开除。该校做法( )

A. 不合法,学校只能劝退学生　　B. 不合法,学校不得开除学生

C. 合法,学校有教育学生的权利　　D. 合法,学校有处分学生的权利

答案:1. A　2. C　3. B

## 第四章 教 师

第二十八条 教师享有法律规定的权利,履行法律规定的义务,应当为人师表,忠诚于人民的教育事业。

全社会应当尊重教师。

第二十九条 教师在教育教学中应当平等对待学生,关注学生的个体差异,因材施教,促进学生的充分发展。

教师应当尊重学生的人格,不得歧视学生,不得对学生实施体罚、变相体罚或者其他侮辱人格尊严的行为,不得侵犯学生合法权益。

第三十条 教师应当取得国家规定的教师资格。

国家建立统一的义务教育教师职务制度。教师职务分为初级职务、中级职务和高级职务。

第三十一条　各级人民政府保障教师工资福利和社会保险待遇，改善教师工作和生活条件；完善农村教师工资经费保障机制。

教师的平均工资水平应当**不低于**当地公务员的平均工资水平。

特殊教育教师享有特殊岗位补助津贴。在民族地区和边远贫困地区工作的教师享有艰苦贫困地区补助津贴。

第三十二条　县级以上人民政府应当加强教师培养工作，采取措施发展教师教育。

县级人民政府教育行政部门应当均衡配置本行政区域内学校师资力量，组织校长、教师的**培训和流动**，加强对薄弱学校的建设。

第三十三条　国务院和地方各级人民政府鼓励和支持城市学校教师和高等学校毕业生到农村地区、民族地区从事义务教育工作。

国家鼓励高等学校毕业生以志愿者的方式到农村地区、民族地区缺乏教师的学校任教。县级人民政府教育行政部门依法认定其教师资格，其任教时间计入工龄。

**真题面对面**

1. [2022重庆，单选]根据《义务教育法》的规定，义务教育的教师职务制度是(　　)

A. 一级职务、二级职务、三级职务　　B. 初级职务、中级职务、高级职务

C. 初等职务、中等职务、高等职务　　D. 一等职务、二等职务、三等职务

2. [2021河北，填空]《中华人民共和国义务教育法》规定，教师的平均工资水平应当________当地公务员的平均工资水平。

答案：1. B　2. 不低于

## 第五章　教育教学

第三十四条　教育教学工作应当符合教育规律和学生身心发展特点，面向全体学生，教书育人，将德育、智育、体育、美育等有机统一在教育教学活动中，注重培养学生独立思考能力、创新能力和实践能力，促进学生全面发展。

第三十六条　学校应当把德育放在首位，寓德育于教育教学之中，开展与学生年龄相适应的社会实践活动，形成学校、家庭、社会相互配合的思想道德教育体系，促进学生养成良好的思想品德和行为习惯。

第三十七条　学校应当保证学生的课外活动时间，组织开展文化娱乐等课外活动。社会公共文化体育设施应当为学校开展课外活动提供便利。

第三十八条　教科书根据国家教育方针和课程标准编写，内容力求精简，精选必备的基础知识、基本技能，经济实用，保证质量。

国家机关工作人员和教科书审查人员，不得参与或者变相参与教科书的编写工作。

第三十九条　国家实行教科书审定制度。教科书的审定办法由国务院教育行政部门规定。

未经审定的教科书，不得出版、选用。

第四十条　教科书价格由省、自治区、直辖市人民政府价格行政部门会同同级出版主管部门按照微利原则确定。

第四十一条　国家鼓励教科书循环使用。

真题面对面

[2021重庆,单选]《义务教育法》规定,国家鼓励义务教育阶段的教科书(　　)

A. 成本定价　　B. 循环使用　　C. 自行编写　　D. 自主选用

答案:B

## 第六章　经费保障

**第四十二条**　国家将义务教育全面纳入财政保障范围,义务教育经费由国务院和地方各级人民政府依照本法规定予以保障。

国务院和地方各级人民政府将义务教育经费纳入财政预算,按照教职工编制标准、工资标准和学校建设标准、学生人均公用经费标准等,及时足额拨付义务教育经费,确保学校的正常运转和校舍安全,确保教职工工资按照规定发放。

国务院和地方各级人民政府用于实施义务教育财政拨款的增长比例应当**高于**财政经常性收入的增长比例,保证按照在校学生人数平均的义务教育费用**逐步增长**,保证教职工工资和学生人均公用经费**逐步增长**。

**第四十四条**　义务教育经费投入实行国务院和地方各级人民政府根据职责共同负担,省、自治区、直辖市人民政府负责统筹落实的体制。农村义务教育所需经费,由各级人民政府根据国务院的规定分项目、按比例分担。

各级人民政府对家庭经济困难的适龄儿童、少年免费提供教科书并补助寄宿生生活费。

义务教育经费保障的具体办法由国务院规定。

**第四十五条**　地方各级人民政府在财政预算中将义务教育经费单列。

县级人民政府编制预算,除向农村地区学校和薄弱学校倾斜外,应当均衡安排义务教育经费。

**第四十七条**　国务院和县级以上地方人民政府根据实际需要,设立专项资金,扶持农村地区、民族地区实施义务教育。

**第四十八条**　国家鼓励社会组织和个人向义务教育捐赠,鼓励按照国家有关基金会管理的规定设立义务教育基金。

## 第七章　法律责任

**第五十六条**　学校违反国家规定收取费用的,由县级人民政府教育行政部门责令退还所收费用;对直接负责的主管人员和其他直接责任人员依法给予处分。

学校以向学生推销或者变相推销商品、服务等方式谋取利益的,由县级人民政府教育行政部门给予通报批评;有违法所得的,没收违法所得;对直接负责的主管人员和其他直接责任人员依法给予处分。

国家机关工作人员和教科书审查人员参与或者变相参与教科书编写的,由县级以上人民政府或者其教育行政部门根据职责权限责令限期改正,依法给予行政处分;有违法所得的,没收违法所得。

**第五十七条**　学校有下列情形之一的,由县级人民政府教育行政部门责令限期改正;情节严重的,对直接负责的主管人员和其他直接责任人员依法给予处分:

(一)拒绝接收具有接受普通教育能力的残疾适龄儿童、少年随班就读的;

(二)分设重点班和非重点班的;

（三）违反本法规定开除学生的；

（四）选用未经审定的教科书的。

**第五十八条** 适龄儿童、少年的父母或者其他法定监护人无正当理由未依照本法规定送适龄儿童、少年入学接受义务教育的，由当地乡镇人民政府或者县级人民政府教育行政部门给予批评教育，责令限期改正。

**第五十九条** 有下列情形之一的，依照有关法律、行政法规的规定予以处罚：

（一）胁迫或者诱骗应当接受义务教育的适龄儿童、少年失学、辍学的；

（二）非法招用应当接受义务教育的适龄儿童、少年的；

（三）出版未经依法审定的教科书的。

**第六十条** 违反本法规定，构成犯罪的，依法追究刑事责任。

具体参见附赠“教师招聘考试·教育政策法规”。

真题面对面

[2022江西，多选]关于《中华人民共和国义务教育法》的解读，下列观点正确的是(　　)

A. 是根据宪法制定的一部教育单行法律

B. 禁止用人单位招用应当接受义务教育的适龄儿童、少年

C. 可以根据情况，将学校分为重点学校和非重点学校

D. 选用未经审定的教科书的，对直接负责的主管人员和其他直接责任人员依法给予处分

**答案：**BD

## 第三节　《中华人民共和国教师法》

### 一、《中华人民共和国教师法》的制定

《中华人民共和国教师法》（以下除需要称全称外，简称为《教师法》）从1986年开始起草，后经过八年酝酿、修改，于1993年10月31日经第八届全国人民代表大会常务委员会第四次会议通过，自1994年1月1日起施行。《教师法》的制定和颁布，对于提高教师的地位，保障教师的合法权益，造就一支具有良好的思想品德和业务素质的教师队伍，促进我国社会主义教育事业的发展，有着重要的意义。

《中华人民共和国教师法》（修订）

### 二、《中华人民共和国教师法》的常考内容　【单选、多选、判断、填空、辨析、简答】★★★

#### 第一章　总　则

**第一条** 为了保障教师的合法权益，建设具有良好思想品德修养和业务素质的教师队伍，促进社会主义教育事业的发展，制定本法。

**第二条** 本法适用于在各级各类学校和其他教育机构中专门从事教育教学工作的教师。

**第三条** 教师是履行教育教学职责的专业人员，承担教书育人，培养社会主义事业建设者和接班人、提高民族素质的使命。教师应当忠诚于人民的教育事业。

**第五条** 国务院教育行政部门主管全国的教师工作。

第七部分

国务院有关部门在各自职权范围内负责有关的教师工作。

学校和其他教育机构根据国家规定，自主进行教师管理工作。

**第六条** 每年九月十日为教师节。

**考点再拔高**

▼《教师法》的主体

《教师法》的适用对象是教师，是对于《教师法》所要保障和规范的职业权利和义务主体而言的，其含义并不是指遵守《教师法》的主体仅仅只是教师。由于教师的权利和义务的实现与教育内部或外部的其他主体的权利和义务的实现密不可分，其他相关主体也有遵守《教师法》的相应的义务。

**真题面对面**

1.［2021陕西，单选］《中华人民共和国教师法》将教师身份界定为（　　）

A. 知识分子　　B. 专业人员　　C. 国家干部　　D. 准公务员

2.［2022黑龙江，判断］《中华人民共和国教师法》适用于在各级各类学校和其他教育机构中工作的所有人员。（　　）

答案：1. B　2. ×

## 第二章　权利和义务

**第七条** 教师享有下列权利：

（一）进行教育教学活动，开展教育教学改革和实验；（教育教学权）

（二）从事科学研究、学术交流，参加专业的学术团体，在学术活动中充分发表意见；（科学研究权，又称学术自由权）

（三）指导学生的学习和发展，评定学生的品行和学业成绩；（管理学生权，又称指导评价权）

（四）按时获取工资报酬，享受国家规定的福利待遇以及寒暑假期的带薪休假；（获取报酬权）

（五）对学校教育教学、管理工作和教育行政部门的工作提出意见和建议，通过教职工代表大会或者其他形式，参与学校的民主管理；（民主管理权，又称参与教育管理权）

（六）参加进修或者其他方式的培训。（进修培训权）

**第八条** 教师应当履行下列义务：

（一）遵守宪法、法律和职业道德，为人师表；

（二）贯彻国家的教育方针，遵守规章制度，执行学校的教学计划，履行教师聘约，完成教育教学工作任务；

（三）对学生进行宪法所确定的基本原则的教育和爱国主义、民族团结的教育，法制教育以及思想品德、文化、科学技术教育，组织、带领学生开展有益的社会活动；

（四）关心、爱护全体学生，尊重学生人格，促进学生在品德、智力、体质等方面全面发展；

（五）制止有害于学生的行为或者其他侵犯学生合法权益的行为，批评和抵制有害于学生健康成长的现象；

（六）不断提高思想政治觉悟和教育教学业务水平。

真题面对面

1. [2022重庆,单选]下列选项中,属于《教师法》规定的教师义务的是(　　)

A. 参与学校的民主管理

B. 指导学生的学习和发展

C. 抵制有害于学生健康成长的现象

D. 评定学生的品行和学业成绩

2. [2022安徽,判断]《中华人民共和国教师法》指出,关心、爱护全体学生,尊重学生人格,促进学生在品德、智力、体质等方面全面发展,这属于教师享有的权利。(　　)

答案:1. C　2. ×

## 第三章　资格和任用

第十条　国家实行教师资格制度。

中国公民凡遵守宪法和法律,热爱教育事业,具有良好的思想品德,具备本法规定的学历或者经国家教师资格考试合格,有教育教学能力,经认定合格的,可以取得教师资格。

第十一条　取得教师资格应当具备的相应学历是:

(一)取得幼儿园教师资格,应当具备幼儿师范学校毕业及其以上学历;

(二)取得小学教师资格,应当具备中等师范学校毕业及其以上学历;

(三)取得初级中学教师、初级职业学校文化、专业课教师资格,应当具备高等师范专科学校或者其他大学专科毕业及其以上学历;

(四)取得高级中学教师资格和中等专业学校、技工学校、职业高中文化课、专业课教师资格,应当具备高等师范院校本科或者其他大学本科毕业及其以上学历;取得中等专业学校、技工学校和职业高中学生实习指导教师资格应当具备的学历,由国务院教育行政部门规定;

(五)取得高等学校教师资格,应当具备研究生或者大学本科毕业学历;

(六)取得成人教育教师资格,应当按照成人教育的层次、类别,分别具备高等、中等学校毕业及其以上学历。

不具备本法规定的教师资格学历的公民,申请获取教师资格,必须通过国家教师资格考试。国家教师资格考试制度由国务院规定。

第十三条　中小学教师资格由县级以上地方人民政府教育行政部门认定。中等专业学校、技工学校的教师资格由县级以上地方人民政府教育行政部门组织有关主管部门认定。普通高等学校的教师资格由国务院或者省、自治区、直辖市教育行政部门或者由其委托的学校认定。

第七部分

具备本法规定的学历或者经国家教师资格考试合格的公民,要求有关部门认定其教师资格的,有关部门应当依照本法规定的条件予以认定。

取得教师资格的人员首次任教时,应当有试用期。

第十四条　受到剥夺政治权利或者故意犯罪受到有期徒刑以上刑事处罚的,不能取得教师资格;已经取得教师资格的,丧失教师资格。

第十五条　各级师范学校毕业生,应当按照国家有关规定从事教育教学工作。

国家鼓励非师范高等学校毕业生到中小学或者职业学校任教。

第十六条　国家实行教师职务制度,具体办法由国务院规定。

第十七条　学校和其他教育机构应当逐步实行教师聘任制。教师的聘任应当遵循双方地位平等的原

则，由学校和教师签订聘任合同，明确规定双方的权利、义务和责任。

实施教师聘任制的步骤、办法由国务院教育行政部门规定。

真题面对面

1. [2022陕西，单选]中小学教师资格由县级以上(　　)教育行政部门认定。

A. 地方人大　B. 地方政协机关　C. 地方人民政府　D. 地方司法机关

2. [2022黑龙江，多选]我国《教师法》规定取得教师资格的条件有(　　)

A. 中国公民　B. 遵守法律

C. 热爱教育事业　D. 具备本法规定的学历

E. 有教育教学能力

3. [2021吉林，判断]《中华人民共和国教师法》规定，取得教师资格的人员首次任教时，应当有试用期。(　　)

答案：1. C　2. ABCDE　3. √

## 第五章　考　核

**第二十二条**　学校或者其他教育机构应当对教师的政治思想、业务水平、工作态度和工作成绩进行考核。教育行政部门对教师的考核工作进行指导、监督。

**第二十三条**　考核应当客观、公正、准确，充分听取教师本人、其他教师以及学生的意见。

**第二十四条**　教师考核结果是受聘任教、晋升工资、实施奖惩的依据。

真题面对面

1. [2022重庆，单选]《教师法》规定，教师考核的具体内容主要包括(　　)

A. 政治思想、业务水平、工作态度、工作成绩

B. 政治思想、业务水平、工作成绩、学历层次

C. 政治思想、业务水平、工作成绩、身体素质

D. 政治思想、业务水平、身体素质、学历层次

2. [2021重庆，单选]根据《教师法》的规定，教师受聘任教、晋升工资、实施奖惩的依据是(　　)

A. 教师考核结果　B. 教师业务水平　C. 教师工作态度　D. 教师教学能力

答案：1. A　2. A

## 第六章　待　遇

**第二十五条**　教师的平均工资水平应当不低于或者高于国家公务员的平均工资水平，并逐步提高。建立正常晋级增薪制度，具体办法由国务院规定。

**第二十六条**　中小学教师和职业学校教师享受教龄津贴和其他津贴，具体办法由国务院教育行政部门会同有关部门制定。

**第二十七条**　地方各级人民政府对教师以及具有中专以上学历的毕业生到少数民族地区和边远贫困地区从事教育教学工作的，应当予以补贴。

**第二十九条**　教师的医疗同当地国家公务员享受同等的待遇；定期对教师进行身体健康检查，并因地

制宜安排教师进行休养。

医疗机构应当对当地教师的医疗提供方便。

**第三十二条** 社会力量所办学校的教师的待遇,由举办者自行确定并予以保障。

真题面对面

[2020吉林,判断]《中华人民共和国教师法》规定,教师的平均工资水平应当不低于或者高于国家公务员的平均工资水平,并逐步提高。( )

答案:√

## 第八章 法律责任

**第三十五条** 侮辱、殴打教师的,根据不同情况,分别给予行政处分或者行政处罚;造成损害的,责令赔偿损失;情节严重,构成犯罪的,依法追究刑事责任。

**第三十六条** 对依法提出申诉、控告、检举的教师进行打击报复的,由其所在单位或者上级机关责令改正;情节严重的,可以根据具体情况给予行政处分。

国家工作人员对教师打击报复构成犯罪的,依照刑法有关规定追究刑事责任。

**第三十七条** 教师有下列情形之一的,由所在学校、其他教育机构或者教育行政部门给予行政处分或者解聘:

(一)故意不完成教育教学任务给教育教学工作造成损失的;

(二)体罚学生,经教育不改的;

(三)品行不良、侮辱学生,影响恶劣的。

教师有前款第(二)项、第(三)项所列情形之一,情节严重,构成犯罪的,依法追究刑事责任。

**第三十八条** 地方人民政府对违反本法规定,拖欠教师工资或者侵犯教师其他合法权益的,应当责令其限期改正。

违反国家财政制度、财务制度,挪用国家财政用于教育的经费,严重妨碍教育教学工作,拖欠教师工资,损害教师合法权益的,由上级机关责令限期归还被挪用的经费,并对直接责任人员给予行政处分;情节严重,构成犯罪的,依法追究刑事责任。

**第三十九条** 教师对学校或者其他教育机构侵犯其合法权益的,或者对学校或者其他教育机构作出的处理不服的,可以向教育行政部门提出申诉,教育行政部门应当在接到申诉的三十日内,作出处理。

教师认为当地人民政府有关行政部门侵犯其根据本法规定享有的权利的,可以向同级人民政府或者上一级人民政府有关部门提出申诉,同级人民政府或者上一级人民政府有关部门应当作出处理。

具体参见附赠“教师招聘考试·教育政策法规”。

真题面对面

1. [2022陕西,单选]李老师因对学校不满,故意多次缺课,造成不良影响,学校可依法给予( )

A. 罚款 B. 行政处分 C. 取消教资 D. 拘留

2. [2022河北,填空]教师对学校或者其他教育机构侵犯其合法权益的,可以向教育行政部门提出申诉,教育行政部门应当在接到申诉的________内,作出处理。

答案:1. B 2. 三十日

第七部分

## 第四节 《中华人民共和国未成年人保护法》

### 一、《中华人民共和国未成年人保护法》的制定

《中华人民共和国未成年人保护法》(以下除需要称全称外,简称为《未成年人保护法》),于1991年9月4日第七届全国人民代表大会常务委员会第二十一次会议通过,于1992年1月1日起施行。《未成年人保护法》的颁布填补了我国法制建设的一项空白,为保护青少年的健康成长提供了重要的法律依据。

### 二、《中华人民共和国未成年人保护法》的常考内容 【单选、多选、判断、案例分析】 ★★

#### 第一章 总 则

**第一条** 为了保护未成年人身心健康,保障未成年人合法权益,促进未成年人德智体美劳全面发展,培养有理想、有道德、有文化、有纪律的社会主义建设者和接班人,培养担当民族复兴大任的时代新人,根据宪法,制定本法。

**第二条** 本法所称未成年人是指未满十八周岁的公民。

**第四条** 保护未成年人,应当坚持最有利于未成年人的原则。处理涉及未成年人事项,应当符合下列要求:

(一)给予未成年人特殊、优先保护;

(二)尊重未成年人人格尊严;

(三)保护未成年人隐私权和个人信息;

(四)适应未成年人身心健康发展的规律和特点;

(五)听取未成年人的意见;

(六)保护与教育相结合。

**第十一条** 任何组织或者个人发现不利于未成年人身心健康或者侵犯未成年人合法权益的情形,都有权劝阻、制止或者向公安、民政、教育等有关部门提出检举、控告。

国家机关、居民委员会、村民委员会、密切接触未成年人的单位及其工作人员,在工作中发现未成年人身心健康受到侵害、疑似受到侵害或者面临其他危险情形的,应当立即向公安、民政、教育等有关部门报告。

有关部门接到涉及未成年人的检举、控告或者报告,应当依法及时受理、处置,并以适当方式将处理结果告知相关单位和人员。

第七部分

**真题面对面**

1. [2022陕西,单选]我国《未成年人保护法》规定未成年是指未满( )

A. 18周岁的公民　　B. 16周岁的公民　　C. 12周岁的公民　　D. 14周岁的公民

2. [2021重庆,单选]如果未成年人合法权益受到侵犯,根据我国《未成年人保护法》的规定,有权予以劝阻、制止或向有关部门提出检举或控告的是( )

A. 父母或其他监护人　　B. 学校或其他教育机构

C. 公益组织或其他社会团体　　D. 任何组织或个人

答案:1. A　2. D

## 第二章 家庭保护

**第二十二条** 未成年人的父母或者其他监护人因外出务工等原因在一定期限内不能完全履行监护职责的，应当委托具有照护能力的完全民事行为能力人代为照护；无正当理由的，不得委托他人代为照护。

未成年人的父母或者其他监护人在确定被委托人时，应当综合考虑其道德品质、家庭状况、身心健康状况、与未成年人生活情感上的联系等情况，并听取有表达意愿能力未成年人的意见。

具有下列情形之一的，不得作为被委托人：

（一）曾实施性侵害、虐待、遗弃、拐卖、暴力伤害等违法犯罪行为；

（二）有吸毒、酗酒、赌博等恶习；

（三）曾拒不履行或者长期怠于履行监护、照护职责；

（四）其他不适宜担任被委托人的情形。

## 第三章 学校保护

**第三十五条** 学校、幼儿园应当建立安全管理制度，对未成年人进行安全教育，完善安保设施、配备安保人员，保障未成年人在校、在园期间的人身和财产安全。

学校、幼儿园不得在危及未成年人人身安全、身心健康的校舍和其他设施、场所中进行教育教学活动。

学校、幼儿园安排未成年人参加文化娱乐、社会实践等集体活动，应当保护未成年人的身心健康，防止发生人身伤害事故。

**第三十八条** 学校、幼儿园不得安排未成年人参加商业性活动，不得向未成年人及其父母或者其他监护人推销或者要求其购买指定的商品和服务。

学校、幼儿园不得与校外培训机构合作为未成年人提供有偿课程辅导。

**第三十九条** 学校应当建立学生欺凌防控工作制度，对教职员工、学生等开展防治学生欺凌的教育和培训。

学校对学生欺凌行为应当立即制止，通知实施欺凌和被欺凌未成年学生的父母或者其他监护人参与欺凌行为的认定和处理；对相关未成年学生及时给予心理辅导、教育和引导；对相关未成年学生的父母或者其他监护人给予必要的家庭教育指导。

对实施欺凌的未成年学生，学校应当根据欺凌行为的性质和程度，依法加强管教。对严重的欺凌行为，学校不得隐瞒，应当及时向公安机关、教育行政部门报告，并配合相关部门依法处理。



**真题面对面**

1.［2021重庆，单选］《未成年人保护法》规定，学校安排未成年学生参加文化娱乐、社会实践等集体活动，应当有利于未成年人的健康成长，防止发生（　　）

A. 工作责任事故　　B. 人身伤害事故　　C. 治安事件　　D. 突发事件

2.［2021湖北，单选］在传统文化教学实践活动中，以下行为不适宜的是（　　）

A. 把学生的书法作品张贴在宣传栏供广大师生品鉴

B. 让学习古筝的学生经常参加商业演出

C. 让爱好汉文化的学生着汉服在校园拍照

D. 组织学生参与清明黄帝陵祭祖大典

答案：1. B　2. B

## 第四章　社会保护

**第五十八条**　学校、幼儿园周边不得设置营业性娱乐场所、酒吧、互联网上网服务营业场所等不适宜未成年人活动的场所。营业性歌舞娱乐场所、酒吧、互联网上网服务营业场所等不适宜未成年人活动场所的经营者，不得允许未成年人进入；游艺娱乐场所设置的电子游戏设备，除国家法定节假日外，不得向未成年人提供。经营者应当在显著位置设置未成年人禁入、限入标志；对难以判明是否是未成年人的，应当要求其出示身份证件。

**第五十九条**　学校、幼儿园周边不得设置烟、酒、彩票销售网点。禁止向未成年人销售烟、酒、彩票或者兑付彩票奖金。烟、酒和彩票经营者应当在显著位置设置不向未成年人销售烟、酒或者彩票的标志；对难以判明是否是未成年人的，应当要求其出示身份证件。

任何人不得在学校、幼儿园和其他未成年人集中活动的公共场所吸烟、饮酒。

**第六十一条**　任何组织或者个人不得招用未满十六周岁未成年人，国家另有规定的除外。

营业性娱乐场所、酒吧、互联网上网服务营业场所等不适宜未成年人活动的场所不得招用已满十六周岁的未成年人。

招用已满十六周岁未成年人的单位和个人应当执行国家在工种、劳动时间、劳动强度和保护措施等方面的规定，不得安排其从事过重、有毒、有害等危害未成年人身心健康的劳动或者危险作业。

任何组织或者个人不得组织未成年人进行危害其身心健康的表演等活动。经未成年人的父母或者其他监护人同意，未成年人参与演出、节目制作等活动，活动组织方应当根据国家有关规定，保障未成年人合法权益。

**第六十三条**　任何组织或者个人不得隐匿、毁弃、非法删除未成年人的信件、日记、电子邮件或者其他网络通讯内容。

除下列情形外，任何组织或者个人不得开拆、查阅未成年人的信件、日记、电子邮件或者其他网络通讯内容：

（一）无民事行为能力未成年人的父母或者其他监护人代未成年人开拆、查阅；

（二）因国家安全或者追查刑事犯罪依法进行检查；

（三）紧急情况下为了保护未成年人本人的人身安全。

**真题面对面**

1.［2022重庆，单选］根据《未成年人保护法》的规定，在非特殊情况下，教师不得查阅未成年学生的（　　）

A. 教辅资料　　B. 书籍、用品

C. 家庭信息　　D. 信件、日记

2.［2021湖北，单选］12岁的小李同学为庆祝小学毕业，与几个同班好友一起去江边大排档聚餐，以下行为合法的是（　　）

A. 小李找烟酒店老板买了一包烟　　B. 同学让小李买一箱啤酒

C. 小李在烧烤店买了500元羊肉串　　D. 聚餐后一起去KTV唱歌

3.［2022黑龙江，判断］教师为了了解中学生的交友情况，可以查阅学生的网络账户信息。（　　）

答案：1. D　2. C　3. ×

第七部分

## 第五章　网络保护

**第六十四条**　国家、社会、学校和家庭应当加强未成年人网络素养宣传教育，培养和提高未成年人的网络素养，增强未成年人科学、文明、安全、合理使用网络的意识和能力，保障未成年人在网络空间的合法权益。

**第六十五条**　国家鼓励和支持有利于未成年人健康成长的网络内容的创作与传播，鼓励和支持专门以未成年人为服务对象、适合未成年人身心健康特点的网络技术、产品、服务的研发、生产和使用。

**第七十条**　学校应当合理使用网络开展教学活动。未经学校允许，未成年学生不得将手机等智能终端产品带入课堂，带入学校的应当统一管理。

学校发现未成年学生沉迷网络的，应当及时告知其父母或者其他监护人，共同对未成年学生进行教育和引导，帮助其恢复正常的学习生活。

**真题面对面**

**[2021贵州，单选]**《中华人民共和国未成年人保护法》第七十条规定："学校应当合理使用网络开展教学活动。未经学校允许，未成年学生不得将手机等智能终端产品带入课堂，带入学校的应当统一管理。"这个描述属于对未成年人的(　　)

A. 家庭保护　　B. 学校保护

C. 社会保护　　D. 网络保护

答案：D

## 第六章　政府保护

**第八十二条**　各级人民政府应当将家庭教育指导服务纳入城乡公共服务体系，开展家庭教育知识宣传，鼓励和支持有关人民团体、企业事业单位、社会组织开展家庭教育指导服务。

**第八十六条**　各级人民政府应当保障具有接受普通教育能力、能适应校园生活的残疾未成年人就近在普通学校、幼儿园接受教育；保障不具有接受普通教育能力的残疾未成年人在特殊教育学校、幼儿园接受学前教育、义务教育和职业教育。

各级人民政府应当保障特殊教育学校、幼儿园的办学、办园条件，鼓励和支持社会力量举办特殊教育学校、幼儿园。



**真题面对面**

**[2022重庆，单选]**根据我国《未成年人保护法》的规定，有关国家机关和社会组织应当为未成年人的父母或者其他监护人提供(　　)

A. 基本教育条件　　B. 适当物质帮助

C. 家庭教育指导　　D. 无偿教育服务

答案：C

## 第七章　司法保护

**第一百零三条**　公安机关、人民检察院、人民法院、司法行政部门以及其他组织和个人不得披露有关案

件中未成年人的姓名、影像、住所、就读学校以及其他可能识别出其身份的信息，但查找失踪、被拐卖未成年人等情形除外。

**第一百零七条** 人民法院审理继承案件，应当依法保护未成年人的继承权和受遗赠权。

人民法院审理离婚案件，涉及未成年子女抚养问题的，应当尊重已满八周岁未成年子女的真实意愿，根据双方具体情况，按照最有利于未成年子女的原则依法处理。

**第一百一十三条** 对违法犯罪的未成年人，实行教育、感化、挽救的方针，坚持教育为主、惩罚为辅的原则。

对违法犯罪的未成年人依法处罚后，在升学、就业等方面不得歧视。

**第一百一十六条** 国家鼓励和支持社会组织、社会工作者参与涉及未成年人案件中未成年人的心理干预、法律援助、社会调查、社会观护、教育矫治、社区矫正等工作。

真题面对面

[2022贵州，单选]《中华人民共和国未成年人保护法》规定，对违法犯罪的未成年人，应当坚持的保护原则是(　　)

A. 教育感化、有效保护　　B. 教育为主、惩罚为辅

C. 及时制止、加强管教　　D. 管理教育、不得歧视

答案：B

## 第八章　法律责任

**第一百二十五条** 违反本法第六十一条规定的，由文化和旅游、人力资源和社会保障、市场监督管理等部门按照职责分工责令限期改正，给予警告，没收违法所得，可以并处十万元以下罚款；拒不改正或者情节严重的，责令停产停业或者吊销营业执照、吊销相关许可证，并处十万元以上一百万元以下罚款。

具体参见附赠“教师招聘考试·教育政策法规”。

真题面对面

[2021黑龙江，多选]我国《未成年人保护法》规定，对学生权利的保护包括(　　)

A. 家庭保护　　B. 学校保护

C. 社会保护　　D. 社区保护

E. 司法保护

答案：ABCE

第七部分

# 第五节　《中华人民共和国预防未成年人犯罪法》

## 一、《中华人民共和国预防未成年人犯罪法》的制定

《中华人民共和国预防未成年人犯罪法》(以下除需要称全称外，简称为《预防未成年人犯罪法》)，于1999年6月28日第九届全国人民代表大会常务委员会第十次会议通过。

## 二、《中华人民共和国预防未成年人犯罪法》的常考内容 【单选、多选、判断】★★

### 第一章 总 则

**第一条** 为了保障未成年人身心健康，培养未成年人良好品行，有效预防未成年人违法犯罪，制定本法。

**第二条** 预防未成年人犯罪，立足于教育和保护未成年人相结合，坚持预防为主、提前干预，对未成年人的不良行为和严重不良行为及时进行分级预防、干预和矫治。

**第七条** 公安机关、人民检察院、人民法院、司法行政部门应当由专门机构或者经过专业培训、熟悉未成年人身心特点的专门人员负责预防未成年人犯罪工作。

**第十二条** 预防未成年人犯罪，应当结合未成年人不同年龄的生理、心理特点，加强青春期教育、心理关爱、心理矫治和预防犯罪对策的研究。

### 第二章 预防犯罪的教育

**第十七条** 教育行政部门、学校应当将预防犯罪教育纳入学校教学计划，指导教职员工结合未成年人的特点，采取多种方式对未成年学生进行有针对性的预防犯罪教育。

**第十八条** 学校应当聘任从事法治教育的专职或者兼职教师，并可以从司法和执法机关、法学教育和法律服务机构等单位聘请法治副校长、校外法治辅导员。

**第二十七条** 职业培训机构、用人单位在对已满十六周岁准备就业的未成年人进行职业培训时，应当将**预防犯罪教育**纳入培训内容。

### 第三章 对不良行为的干预

**第二十八条** 本法所称**不良行为**，是指未成年人实施的不利于其健康成长的下列行为：

（一）吸烟、饮酒；

（二）多次旷课、逃学；

（三）无故夜不归宿、离家出走；

（四）沉迷网络；

（五）与社会上具有不良习性的人交往，组织或者参加实施不良行为的团伙；

（六）进入法律法规规定未成年人不宜进入的场所；

（七）参与赌博、变相赌博，或者参加封建迷信、邪教等活动；

（八）阅览、观看或者收听宣扬淫秽、色情、暴力、恐怖、极端等内容的读物、音像制品或者网络信息等；

（九）其他不利于未成年人身心健康成长的不良行为。

**第三十四条** 未成年学生旷课、逃学的，学校应当及时联系其父母或者其他监护人，了解有关情况；无正当理由的，学校和未成年学生的父母或者其他监护人应当督促其返校学习。

**第三十五条** 未成年人无故夜不归宿、离家出走的，父母或者其他监护人、所在的寄宿制学校应当及时查找，必要时向公安机关报告。

收留夜不归宿、离家出走未成年人的，应当及时联系其父母或者其他监护人、所在学校；无法取得联系的，应当及时向公安机关报告。

## 第四章　对严重不良行为的矫治

**第三十八条**　本法所称**严重不良行为**，是指未成年人实施的有刑法规定、因不满法定刑事责任年龄不予刑事处罚的行为，以及严重危害社会的下列行为：

(一)结伙斗殴，追逐、拦截他人，强拿硬要或者任意损毁、占用公私财物等寻衅滋事行为；

(二)非法携带枪支、弹药或者弩、匕首等国家规定的管制器具；

(三)殴打、辱骂、恐吓，或者故意伤害他人身体；

(四)盗窃、哄抢、抢夺或者故意损毁公私财物；

(五)传播淫秽的读物、音像制品或者信息等；

(六)卖淫、嫖娼，或者进行淫秽表演；

(七)吸食、注射毒品，或者向他人提供毒品；

(八)参与赌博赌资较大；

(九)其他严重危害社会的行为。

**第四十五条**　未成年人实施刑法规定的行为、因不满法定刑事责任年龄不予刑事处罚的，经专门教育指导委员会评估同意，教育行政部门会同公安机关可以决定对其进行专门矫治教育。

省级人民政府应当结合本地的实际情况，至少确定一所专门学校按照分校区、分班级等方式设置专门场所，对前款规定的未成年人进行专门矫治教育。

前款规定的专门场所实行闭环管理，公安机关、司法行政部门负责未成年人的矫治工作，教育行政部门承担未成年人的教育工作。

**第四十七条**　专门学校应当对接受专门教育的未成年人分级分类进行教育和矫治，有针对性地开展道德教育、法治教育、心理健康教育，并根据实际情况进行职业教育；对没有完成义务教育的未成年人，应当保证其继续接受义务教育。

专门学校的未成年学生的学籍保留在原学校，符合毕业条件的，原学校应当颁发毕业证书。

**真题面对面**

1. [2022重庆，单选]我国《预防未成年人犯罪法》指出:未成年人实施的有刑法规定、因不满法定刑事责任年龄不予刑事处罚的行为是(　　)

A. 一般不良行为　　B. 不良行为

C. 较严重不良行为　　D. 严重不良行为

2. [2021辽宁沈阳，单选]对因不满法定刑事责任年龄不予刑事处罚的未成年人，经专门教育指导委员会评估同意，教育行政部门会同(　　)可以决定对其进行专门矫治教育，专门矫治教育的专门场所实行闭环管理。

A. 公安机关　　B. 人民法院　　C. 监察机关　　D. 人民检察院

答案:1. D　2. A

## 第五章　对重新犯罪的预防

**第五十三条**　对被拘留、逮捕以及在未成年犯管教所执行刑罚的未成年人，应当与成年人分别关押、管理和教育。对未成年人的社区矫正，应当与成年人分别进行。

对有上述情形且没有完成义务教育的未成年人，公安机关、人民检察院、人民法院、司法行政部门应当与教育行政部门相互配合，保证其继续接受义务教育。

第五十八条　刑满释放和接受社区矫正的未成年人，在复学、升学、就业等方面依法享有与其他未成年人同等的权利，任何单位和个人不得歧视。

真题面对面

[2022江西，多选]关于《中华人民共和国预防未成年人犯罪法》的解读，下列观点正确的有(　　)

A. 学生多次旷课和逃学属于不良行为

B. 殴打、辱骂、恐吓属于严重不良行为

C. 送入专门学校接受专门教育是对实施不良行为的未成年人的管教措施

D. 在未成年犯管教所执行刑罚的未成年人应当与成年人分别关押

答案：ABD

### 第六章　法律责任

第六十一条　公安机关、人民检察院、人民法院在办理案件过程中发现实施严重不良行为的未成年人的父母或者其他监护人不依法履行监护职责的，应当予以训诫，并可以责令其接受家庭教育指导。

具体参见附赠“教师招聘考试·教育政策法规”。

## 第六节　《学生伤害事故处理办法》

### 一、《学生伤害事故处理办法》的制定　【单选】★

《学生伤害事故处理办法》是教育部2002年6月25日发布的部门规章，明确了学生伤害事故与责任、处理程序、事故损失的赔偿、责任者的处理等事项。

真题面对面

[2022黑龙江，单选]《学生伤害事故处理办法》的颁布者是(　　)

A. 全国人民代表大会　　B. 全国人民代表大会常务委员会

C. 教育部　　D. 卫生部

答案：C

### 二、学生伤害事故的含义

学生伤害事故是指在学校实施的教育教学活动或者学校组织的校外活动中，以及在学校负有管理责任的校舍、场地、其他教育教学设施、生活设施内发生的，造成了在校学生人身损害后果的事故。

### 三、《学生伤害事故处理办法》的常考内容　【单选、多选、判断、案例分析】★★★

### 第一章　总　则

第一条　为积极预防、妥善处理在校学生伤害事故，保护学生、学校的合法权益，根据《中华人民共和国教育法》、《中华人民共和国未成年人保护法》和其他相关法律、行政法规及有关规定，制定本办法。

**第二条** 在学校实施的教育教学活动或者学校组织的校外活动中，以及在学校负有管理责任的校舍、场地、其他教育教学设施、生活设施内发生的，造成在校学生人身损害后果的事故的处理，适用本办法。

**第五条** 学校应当对在校学生进行必要的安全教育和自护自救教育；应当按照规定，建立健全安全制度，采取相应的管理措施，预防和消除教育教学环境中存在的安全隐患；当发生伤害事故时，应当及时采取措施救助受伤害学生。

学校对学生进行安全教育、管理和保护，应当针对学生年龄、认知能力和法律行为能力的不同，采用相应的内容和预防措施。

**第七条** 未成年学生的父母或者其他监护人（以下称为监护人）应当依法履行监护职责，配合学校对学生进行安全教育、管理和保护工作。

学校对未成年学生不承担监护职责，但法律有规定的或者学校依法接受委托承担相应监护职责的情形除外。

真题面对面

[2022河南，单选]根据《学生伤害事故处理办法》的规定，学校对未成年学生不承担（　　）

A. 安全教育职责　　B. 自救教育职责

C. 法定监护职责　　D. 安全管理职责

答案：C

## 第二章　事故与责任

**第九条** 因下列情形之一造成的学生伤害事故，学校应当依法承担相应的责任：

（一）学校的校舍、场地、其他公共设施，以及学校提供给学生使用的学具、教育教学和生活设施、设备不符合国家规定的标准，或者有明显不安全因素的；

（二）学校的安全保卫、消防、设施设备管理等安全管理制度有明显疏漏，或者管理混乱，存在重大安全隐患，而未及时采取措施的；

（三）学校向学生提供的药品、食品、饮用水等不符合国家或者行业的有关标准、要求的；

（四）学校组织学生参加教育教学活动或者校外活动，未对学生进行相应的安全教育，并未在可预见的范围内采取必要的安全措施的；

（五）学校知道教师或者其他工作人员患有不适宜担任教育教学工作的疾病，但未采取必要措施的；

（六）学校违反有关规定，组织或者安排未成年学生从事不宜未成年人参加的劳动、体育运动或者其他活动的；

（七）学生有特异体质或者特定疾病，不宜参加某种教育教学活动，学校知道或者应当知道，但未予以必要的注意的；

（八）学生在校期间突发疾病或者受到伤害，学校发现，但未根据实际情况及时采取相应措施，导致不良后果加重的；

（九）学校教师或者其他工作人员体罚或者变相体罚学生，或者在履行职责过程中违反工作要求、操作规程、职业道德或者其他有关规定的；

（十）学校教师或者其他工作人员在负有组织、管理未成年学生的职责期间，发现学生行为具有危险性，但未进行必要的管理、告诫或者制止的；

（十一）对未成年学生擅自离校等与学生人身安全直接相关的信息，学校发现或者知道，但未及时告知未成年学生的监护人，导致未成年学生因脱离监护人的保护而发生伤害的；

（十二）学校有未依法履行职责的其他情形的。

**第十条** 学生或者未成年学生监护人由于过错，有下列情形之一，造成学生伤害事故，应当依法承担相应的责任：

（一）学生违反法律法规的规定，违反社会公共行为准则、学校的规章制度或者纪律，实施按其年龄和认知能力应当知道具有危险或者可能危及他人的行为的；

（二）学生行为具有危险性，学校、教师已经告诫、纠正，但学生不听劝阻、拒不改正的；

（三）学生或者其监护人知道学生有特异体质，或者患有特定疾病，但未告知学校的；

（四）未成年学生的身体状况、行为、情绪等有异常情况，监护人知道或者已被学校告知，但未履行相应监护职责的；

（五）学生或者未成年学生监护人有其他过错的。

**第十二条** 因下列情形之一造成的学生伤害事故，学校已履行了相应职责，行为并无不当的，无法律责任：

（一）地震、雷击、台风、洪水等不可抗的自然因素造成的；

（二）来自学校外部的突发性、偶发性侵害造成的；

（三）学生有特异体质、特定疾病或者异常心理状态，学校不知道或者难于知道的；

（四）学生自杀、自伤的；

（五）在对抗性或者具有风险性的体育竞赛活动中发生意外伤害的；

（六）其他意外因素造成的。

**第十三条** 下列情形下发生的造成学生人身损害后果的事故，学校行为并无不当的，不承担事故责任；事故责任应当按有关法律法规或者其他有关规定认定：

（一）在学生自行上学、放学、返校、离校途中发生的；

（二）在学生自行外出或者擅自离校期间发生的；

（三）在放学后、节假日或者假期等学校工作时间以外，学生自行滞留学校或者自行到校发生的；

（四）其他在学校管理职责范围外发生的。

**第十四条** 因学校教师或者其他工作人员与其职务无关的个人行为，或者因学生、教师及其他个人故意实施的违法犯罪行为，造成学生人身损害的，由致害人依法承担相应的责任。



### 真题面对面

1.［2021江西，单选］14岁的刘某在放学路上遭遇车祸，抢救无效不幸身亡。根据《学生伤害事故处理办法》，认定学校（　　）

A. 承担全部责任　　B. 承担次要责任

C. 不承担法律责任　　D. 承担主要责任

2.［2022重庆，多选］根据《学生伤害事故处理办法》的规定，学校需要承担相应责任的情况是（　　）

A. 学校向学生提供的药品、食品、饮用水等不符合国家或者行业的有关标准、要求

B. 学具、教育教学和生活设施、设备不符合国家规定的标准，或者有明显不安全因素

C. 安全管理制度有明显疏漏

D. 学生行为具有危险性，学校、教师已经告诫、纠正，但学生不听劝阻、拒不改正

3. [2021黑龙江，判断]某学生家长故意隐瞒孩子患有严重疾病的事实，造成学生在学校组织的活动中病发猝死，学校不承担法律责任。(　　)

答案：1. C　2. ABC　3. √

## 第三章　事故处理程序

第十八条　发生学生伤害事故，学校与受伤害学生或者学生家长可以通过协商方式解决；双方自愿，可以书面请求主管教育行政部门进行调解。

成年学生或者未成年学生的监护人也可以依法直接提起诉讼。

第十九条　教育行政部门收到调解申请，认为必要的，可以指定专门人员进行调解，并应当在受理申请之日起60日内完成调解。

第二十条　经教育行政部门调解，双方就事故处理达成一致意见的，应当在调解人员的见证下签订调解协议，结束调解；在调解期限内，双方不能达成一致意见，或者调解过程中一方提起诉讼，人民法院已经受理的，应当终止调解。

调解结束或者终止，教育行政部门应当书面通知当事人。

第二十一条　对经调解达成的协议，一方当事人不履行或者反悔的，双方可以依法提起诉讼。

## 第四章　事故损害的赔偿

第二十三条　对发生学生伤害事故负有责任的组织或者个人，应当按照法律法规的有关规定，承担相应的损害赔偿责任。

第二十四条　学生伤害事故赔偿的范围与标准，按照有关行政法规、地方性法规或者最高人民法院司法解释中的有关规定确定。

教育行政部门进行调解时，认为学校有责任的，可以依照有关法律法规及国家有关规定，提出相应的调解方案。

第二十六条　学校对学生伤害事故负有责任的，根据责任大小，适当予以经济赔偿，但不承担解决户口、住房、就业等与救助受伤害学生、赔偿相应经济损失无直接关系的其他事项。

学校无责任的，如果有条件，可以根据实际情况，本着自愿和可能的原则，对受伤害学生给予适当的帮助。

第二十七条　因学校教师或者其他工作人员在履行职务中的故意或者重大过失造成的学生伤害事故，学校予以赔偿后，可以向有关责任人员追偿。

第二十八条　未成年学生对学生伤害事故负有责任的，由其监护人依法承担相应的赔偿责任。

学生的行为侵害学校教师及其他工作人员以及其他组织、个人的合法权益，造成损失的，成年学生或者未成年学生的监护人应当依法予以赔偿。

具体参见附赠“教师招聘考试·教育政策法规”。

真题面对面

[2022湖北,单选]某校三(3)班段老师晚自习时有事离开教室,学生潘某和赵某因琐事争斗,潘某用三角尺将赵某的脸颊划伤,段老师得知后立即将赵某送去医院治疗,赵某治伤花去医药费1000余元。对于本案的处理,下列做法正确的是( )

A. 当地主管教育行政部门应赵某的监护人的书面请求,有权对本案进行调解

B. 潘某的监护人、赵某的监护人和学校都同意调解,则任何一方在调解结束前不得向法院起诉

C. 调解协议生效后,潘某的监护人不愿履行协议,则只有赵某的监护人有权向法院起诉要求履行该协议

D. 调解期内,赵某的监护人向当地法院起诉,法院应当受理,判决潘某的监护人和学校承担连带损害赔偿责任

答案:A

## 核心考点回顾

1. 教育法规体系的纵向结构是什么?(参见本书P471)
2. 教师违法(侵权)行为的主要类型有哪些?(参见本书P483)
3. 义务教育的性质和特征有哪些?(参见本书P492)
4. 教师的权利和义务有哪些?(参见本书P499)
5. 什么情况下造成的学生伤害事故,学校无法律责任?(参见本书P512)

# 达标测评

| 建议用时 | 实际用时 | 测评总分 | 实际得分 |
| --- | --- | --- | --- |
| 25分钟 | ____分钟 | 20分 | ____分 |

一、单项选择题(每小题1分,共4分)

1. 学校评定奖学金,小伟成绩非常好,但因跟班主任关系不太好,而被班主任取消资格。班主任侵犯了小伟的( )

A. 健康权　　B. 人格尊严权

C. 荣誉权　　D. 财产权

2.《中华人民共和国教师法》规定:侮辱、殴打教师的行为,若情节严重,构成犯罪的,司法机关可依法( )

A. 追究刑事责任　　B. 追究民事责任

C. 给予批评教育　　D. 停薪留职查看

3. 某校一名学生在跑800米时突然死亡,后查明该生患有严重的心脏病,学生家长事先将此事告知过该生的班主任。该班主任的行为( )

A. 触犯刑法　　B. 没有违法

C. 属于不作为侵权　　D. 侵犯了学生的生命权、身体权和健康权

4. 下列关系中，只存在隶属型教育法律关系的是(　　)

A. 教师与学生　　B. 学校与教师

C. 教育行政机关与学校　　D. 学校与学校

二、多项选择题(每小题2分，共6分)

1. 根据《中华人民共和国义务教育法》的有关规定，下列做法错误的是(　　)

A. 甲校提出因材施教，对九年级学生设置了一个重点班

B. 乙校对3次严重违反校规的初中生张某给予开除处理

C. 丙县全面拆除达到危房评估标准的学生宿舍

D. 丁县出台措施鼓励社会力量和民间资本办学

E. 戊县人民政府根据需要设置寄宿制学校

2. 根据《中华人民共和国教育法》的规定，下列属于学校及其他教育机构应当履行的义务的是(　　)

A. 遵照国家有关规定收取费用并公开收费项目

B. 聘任教师及其他职工，实施奖励或者处分

C. 依法接受监督

D. 维护受教育者、教师及其他职工的合法权益

E. 按照章程自主管理

3.《中华人民共和国预防未成年人犯罪法》的立法宗旨包括(　　)

A. 保障未成年人身心健康　　B. 培养未成年人良好品行

C. 有效地预防未成年人犯罪　　D. 增强未成年人的法制观念

E. 保障未成年人的合法权益

三、案例分析题(本大题共10分)

某小学五年级(1)班学生在操场上上体育课，学习踢足球。体育老师在给学生讲解完踢足球的要领及注意事项之后，把班上的学生分成几个小组练习。李某(10岁)和王某(11岁)分在一个组内，由于地面不平，李某在奔跑的过程中不慎摔倒，恰好被跑上前来的王某踩在腿上，导致小腿骨折。此时，体育老师正在指导其他小组练习。李某住院三个月，医疗和护理所花费的1万余元应由学校承担。

结合案例，回答以下问题：

(1)学校是否应该承担责任？请说明理由。(5分)

(2)王某的父母是否应该承担责任？请说明理由。(5分)

## 参考答案及解析

一、单项选择题

1. C　[解析]荣誉是一个人受到外部给予的光荣称誉，每个学生在学校应有平等的机会获得。班主任取消了小伟的奖学金资格，侵犯了小伟的荣誉权。

2. A　[解析]根据《中华人民共和国教师法》第三十五条规定，侮辱、殴打教师的，根据不同情况，分别给予行政处分或者行政处罚；造成损害的，责令赔偿损失；情节严重，构成犯罪的，依法追究刑事责任。

3. C　[解析]不作为侵权行为是指行为人以一定的不作为致人损害的行为。如果教师没有积极履行保护职责或阻止有害学生的行为即构成不作为侵权。

4. C　[解析]隶属型教育法律关系是以教育管理部门为核心，向外辐射，与其他主体之间形成的教育法律关系。教育行政机关与学校之间属于教育行政法律关系，存在的是隶属型教育法律关系。A、B、D三项存在或者可能存在平权型教育法律关系。

二、多项选择题

1. AB　[解析]根据《中华人民共和国义务教育法》第二十二条规定可知，学校不得分设重点班和非重点班，所以A项中的做法是错误的。根据第二十七条规定，对违反学校管理制度的学生，学校应当予以批评教育，不得开除，所以B项中的做法是错误的。

2. ACD　[解析]根据《中华人民共和国教育法》第三十条规定，学校及其他教育机构应当履行下列义务：(1)遵守法律、法规；(2)贯彻国家的教育方针，执行国家教育教学标准，保证教育教学质量；(3)维护受教育者、教师及其他职工的合法权益；(4)以适当方式为受教育者及其监护人了解受教育者的学业成绩及其他有关情况提供便利；(5)遵照国家有关规定收取费用并公开收费项目；(6)依法接受监督。故A、C、D三项属于学校及其他教育机构应当履行的义务；B、E两项属于学校及其他教育机构享有的权利。

3. ABC　[解析]根据《中华人民共和国预防未成年人犯罪法》第一条规定，为了保障未成年人身心健康，培养未成年人良好品行，有效预防未成年人违法犯罪，制定本法。故答案选A、B、C三项。

三、案例分析题(参考答案)

(1)学校应该承担责任。根据《学生伤害事故处理办法》第九条规定可知，学校组织学生参加教育教学活动或者校外活动，未对学生进行相应的安全教育，并未在可预见的范围内采取必要的安全措施的情形是学校承担事故责任的具体情形之一。在本案例中，学生因地面不平而摔倒受伤，学校没有在可预见的范围内采取必要的安全措施，体育老师也没有对学生进行相应的安全教育。根据相应的法律法规，学校应该承担相应的责任。

(2)王某的父母应该承担责任。限制行为能力人只在一定程度上具有独立参与法律活动的能力。因而限制行为能力人的权利能力的实现，需要有人监护或者代理。当未成年学生在学校学习期间发生法律纠纷时，通常要由其父母或者其他法定监护人代负法律责任。王某属于限制行为能力人，他在体育课上奔跑时不小心造成王某小腿骨折，他的父母应该代负法律责任。

# 第八部分

# 教育教学技能

# 内容导学

本部分内容共分为四章。

第一章主要是对教学设计技能的基础概念的讲解，考查题型主、客观均会涉及。

第二章至第四章主要介绍课堂教学技能、说课技能、教学反思技能和教学语言表达技能，考查题型以客观题为主。

在备考时，考生应结合报考地区的考情，有针对性地进行复习。

CONTENT GUIDANCE

思维导图

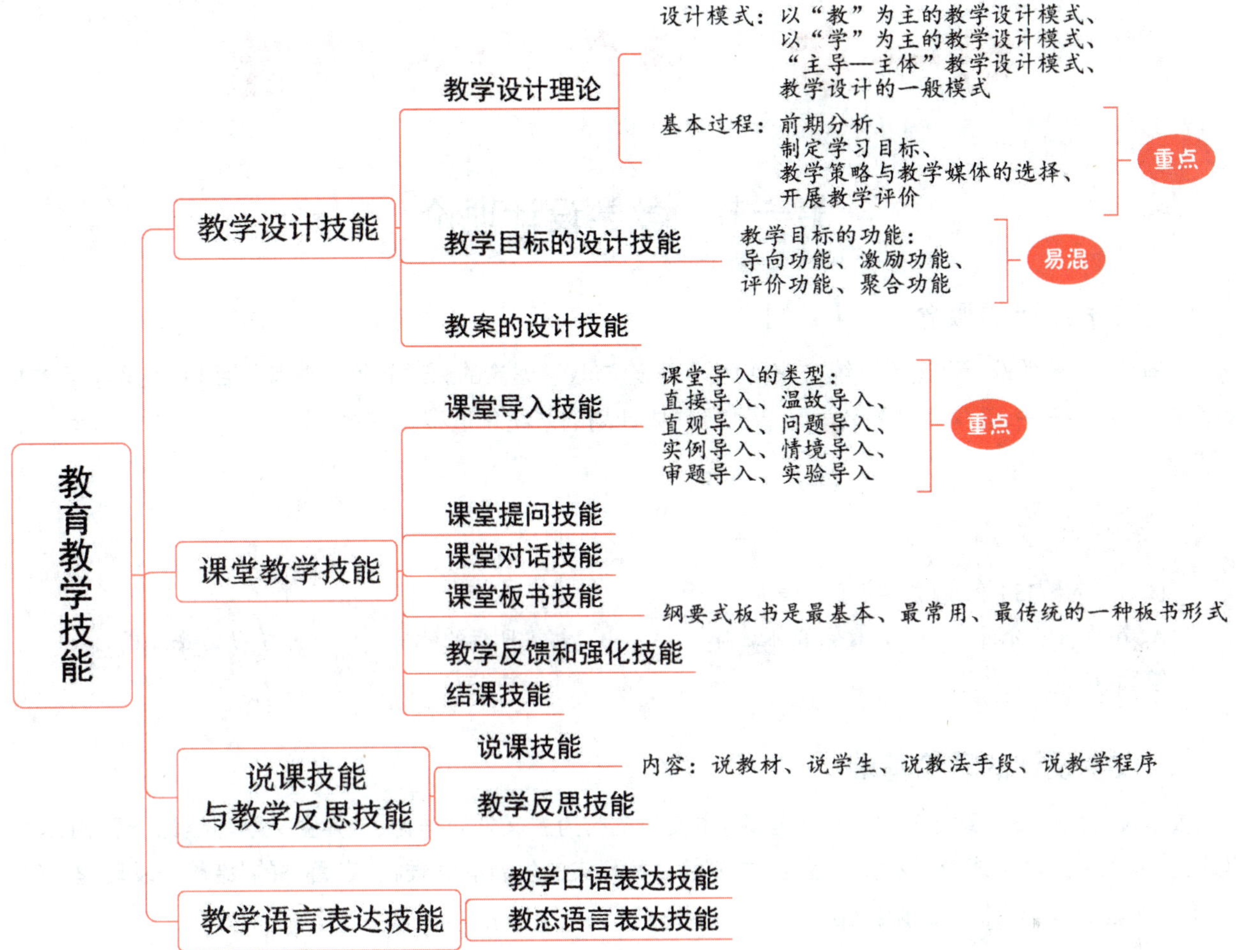


## 考向分析

本部分在内蒙古、辽宁、黑龙江、贵州等省份的特岗笔试中会重点考查，并且常以选择题、简答题、论述题等形式考查。本部分的考向分析如下：

| 考点名称 | 常考题型 | 能力层级 | 考查热度 |
| --- | --- | --- | --- |
| 教学设计的概念 | 单选 | 识记 | ★ |
| 教学设计的模式 | 单选、多选、论述 | 理解、掌握 | ★★ |
| 教学设计的基本过程 | 单选、多选、简答 | 识记、理解 | ★★ |
| 课堂导入的类型 | 单选 | 理解、运用 | ★★ |
| 说课的特点 | 单选 | 理解 | ★ |

核心考点

# 第一章 教学设计技能

## 第一节 教学设计理论

### 一、教学设计的概念 【单选】 ★

一般认为，教学设计是运用系统方法，将学习理论与教学理论的原理转换成对教学目标（或教学目的）、教学条件、教学方法、教学评价等教学环节进行具体计划的系统化过程。其中，教学目标的制定是教学设计的首要环节。

真题面对面

［2022内蒙古，单选］教学设计的首要环节是（ ）

A. 教学内容分析　B. 教学媒体选择　C. 教学目标的确定　D. 学习需要分析

答案：C

### 二、教学设计的理论基础

教学设计所依据的理论有：(1)学习理论，主要包括行为主义学习理论、认知主义学习理论、建构主义学习理论、人本主义学习理论；(2)教学理论，主要包括赞科夫的发展教学理论、布鲁纳的“结构—发现”教学理论、巴班斯基的教学最优化理论。

### 三、教学设计的作用 【多选】 ★

教学设计的作用包括：(1)有利于教学理论与教学实践的结合；(2)有利于教学工作的科学化、促进青年教师的快速成长；(3)有利于科学思维习惯和能力的培养，提高发现问题、解决问题的能力；(4)有利于现代教育技术应用的不断深化，促进教育技术的发展。

真题面对面

［2022内蒙古，多选］下列关于教学设计的作用，说法正确的是（ ）

A. 有利于教学工作的科学化

B. 有利于教育技术应用的不断深化

C. 有利于理论与实践的结合

D. 有利于提高教师的学科知识水平

E. 有利于促进青年教师快速成长

答案：ABCE

第八部分

### 四、教学设计的模式

考点1 三种主要的教学设计模式 【单选】 ★

**1. 以“教”为主的教学设计模式**

通常认为以“教”为中心的教学设计的理论基础包括四个组成部分，即系统论、学习理论、教学理论

和传播理论。

根据特定的学习理论作为理论基础对教学设计模式进行划分，以“教”为主的教学设计模式的发展经历两代：第一代以肯普模型为代表，在学习理论方面以行为主义的联结学习（即刺激—反应）作为其理论基础；第二代以史密斯—雷根模型为代表，在学习理论方面以加涅的“联结—认知”学习作为其理论基础。

**2. 以“学”为主的教学设计模式**

以“学”为主的教学设计是进入20世纪90年代随着多媒体和网络技术的日益普及与建构主义学习理论被理解逐渐发展起来的。这种设计模式的理论基础是建构主义。其设计原则是：强调以学生为主；其设计思想倾向于以学生为中心，特别强调学习者的自主建构、自主探究、自主发现，容易培养学习者的创新精神和能力。

**3. “主导—主体”教学设计模式**

何克抗教授提出的“主导—主体”教学模式具有如下特点：

（1）可根据教学内容和学生的认知结构情况灵活选择“发现式”或“传递—接受”教学分支。

（2）在“传递—接受”教学过程中基本采用“先行组织者”教学策略，同时也可采用其他的“传递—接受”策略作为补充，以达到更佳的教学效果。

（3）在“发现式”教学过程中也可充分吸收“传递—接受”教学的长处，如进行学习者特征分析和促进知识的迁移等。

（4）便于考虑情感因素的影响。

[2019内蒙古，单选]以“学”为主的教学设计模式的主要标志是以（　　）学习理论为基础。

A. 行为主义　　B. 认知主义　　C. 建构主义　　D. 人本主义

答案：C

考点2　**教学设计的一般模式**　【多选、论述】★★

为了更简洁、更具概括性地反映教学设计过程，我们可以将教学设计过程的各组成部分之间的联系和关系用模式这种理论的简化形式进行描述。下图展示的就是由教学设计过程诸要素构成的教学设计过程的一般模式。

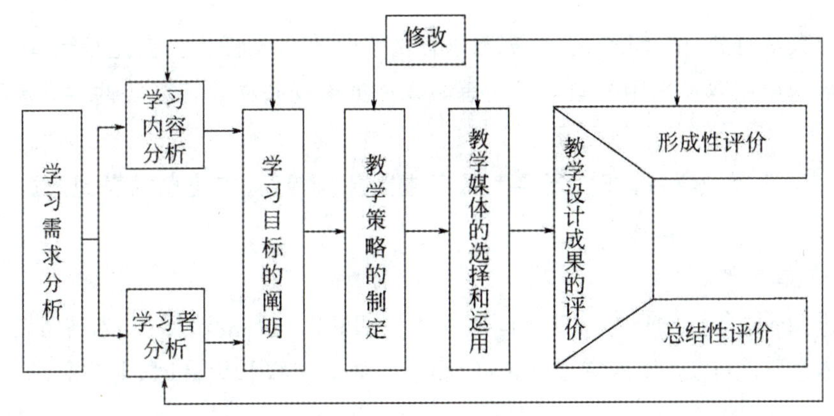


教学设计过程的一般模式

从图中我们可以看出教学设计各部分之间的关系：前端分析是教学设计的基础，它强调教学设计过程要建立在对学习需要、教学对象、教学内容等方面充分而准确的分析基础上；教学设计的关键任务就是首先对学习目标进行设计，进而对有助于实现学习目标的教学策略进行设计，对学习活动需要的教学媒体进行选择和设计；为了保证整个教学设计的有效性，教学设计过程中必须随时通过教学评价来进行调控修正，以使教学设计最终成果符合设计目标的要求。

## 五、教学设计的基本过程 【单选、多选、简答】★★

从教学过程看，不论哪一种设计模式，都需要考虑学习者、目标、策略、评价这四个基本要素，教学设计主要是在对四个要素之间的相互联系和相互制约进行分析的基础上完成的。主要分为前期分析、制定学习目标、教学策略与教学媒体的选择、开展教学评价四个过程。

### 考点1 前期分析

前期分析（前端分析）是美国学者哈里斯于1968年提出的一项技术，即在教学设计过程的开端分析教学中存在的问题，以避免后续工作无的放矢。教学设计的前期分析主要包括学习需求分析、学习者分析、学习内容分析。其中，学习者分析一般包括三个方面：(1)学习者一般特征的分析；(2)学习者起点能力的分析，具体包括预备技能分析、目标技能预测、了解学习者对学习内容的态度，以及学习动机的分析；(3)学习者学习风格的分析，如信息加工的风格、感情的需求等。

### 考点2 制定学习目标

学习目标是评价教学效果的标准，也是选用教学方法和媒体的重要依据之一。在教学设计中，学习目标应该预先确定。学习目标应该说明学习的结果，要以明确、具体的术语加以描述。在教学活动开始以前，应把学习目标告诉学习者，使学习者的学习活动做到有的放矢。

### 考点3 教学策略与教学媒体的选择

**1. 教学策略的选择**

教学策略是实现教学目标的手段，对教学策略的设计主要是解决教师“如何教”和学习者“如何学”的问题。

教学策略的基本特征有：(1)综合性；(2)可操作性；(3)灵活性。

教学策略设计常常要从四个具体方面着手：课的划分、教学顺序的设计、教学活动设计及教学组织形式的确定。

**2. 教学媒体的选择**

(1)教学媒体的选择依据

①依据学习者（教学对象）的特征。②依据教学任务。依据教学任务主要是指选择教学媒体时要考虑教学目标、教学内容的特点以及采用的教学方法等。③依据客观条件。客观条件主要涉及媒体的易获性、适用性等。

除了以上三点外，选择教学媒体时，还要考虑媒体自身的特点，如信息的表现形式、媒体的交互可控性等。

(2)教学媒体的选择原则

①目标控制原则，不同的教学目标决定不同媒体类型和媒体内容的选择；②内容符合原则，学科内容不同，适用的教学媒体也不同；③对象适应原则，进行教学媒体的选择和设计时，要充分考虑不同年龄阶段学生的认知特点。

### 考点4 开展教学评价

教学评价是教学设计过程中贯穿始终的环节，是教师在教学开始之前、教学进行期间、教学结束之后都

要做的重要工作。教学设计的评价主要采用形成性评价，即在设计成果推广之前，先在一定范围内进行试用，以了解教学系统的试用效果，获知其可行性、可用性、有效性等。总结性评价对教学成果可以做出较全面的、综合的总结和评定，也是整体、全面研究所设计的教学系统的有效性评定，是教学设计的最后阶段。

真题面对面

1. [2021 内蒙古，单选]教学设计中，确定学习者起点能力时，需要分析学习者的(　　)

A. 学习需要　　B. 预备技能　　C. 学习风格　　D. 年龄特征

2. [2021 内蒙古，单选]为了培养学生协作学习能力，教师选择互联网计算机作为教学媒体，教师选择教学媒体的依据是(　　)

A. 教学目标　　B. 教学对象　　C. 教学内容　　D. 教学条件

3. [2021 内蒙古，多选]教学设计前端分析环节包括(　　)

A. 学习需要分析　　B. 学习内容分析

C. 学习者分析　　D. 教学策略制定

E. 教学媒体选择

答案：1. B　2. A　3. ABC

## 第二节　教学目标的设计技能

### 一、教学目标的含义

教学目标是学校教学的出发点和归宿，是教学的灵魂，支配着教学的全过程，并规定了教与学的方向。它是教学活动预期达到的学习效果和标准，是对完成教学活动后学习者应达到的行为状态的具体描述。

### 二、教学目标的功能　【单选】★

(1)导向功能，指教学目标对教学活动具有指引、定向功能。

(2)激励功能，指教学目标能够激发教师和学生教和学的积极性、主动性。

(3)评价功能，指教学目标是衡量教学效果的尺度、标准。

(4)聚合功能，指教学目标能够对教学系统内的其他要素进行优化、组合、协调，使整个教学系统发挥最佳的教学效果。

真题面对面

[2021 吉林，单选]教学目标对教学系统内的其他要素进行优化、组合、协调，使教学系统发挥最佳的教学效果。这体现了教学目标的(　　)

A. 导向功能　　B. 激励功能　　C. 评价功能　　D. 聚合功能

答案：D

### 三、教学目标的结构　【多选】★

考点 1　教学目标的纵向关系

教学目标是针对学生学习的最终结果而设计的。不同层级的教学目标之间构成一个序列：教育目的→

第八部分

培养目标→课程目标→教学目标。每门学科的教学目标也有不同的层级:学期(学年)教学目标→单元教学目标→课时教学目标。其中,课时教学目标一般是由教师参照课程标准和教学参考书,并结合学生的学习实际而自行编订的。由于上位目标决定下位目标,所以只有在清晰了解和准确把握上位目标的基础上,才能把握下位目标的基本定位。

考点 2 "三维"目标

新课程提出了"三维"目标:知识与技能、过程与方法、情感态度与价值观。知识与技能是基础性目标,重在智能的提升;情感态度与价值观是终极性目标,重在人格的塑造;过程与方法是关键性目标,是知识与技能和情感态度与价值观目标达成的途径。可以说,知识与技能是物质载体,情感态度与价值观是动力,过程与方法是策略,三者是相互渗透、密不可分的有机整体。

### 四、教学目标设计的步骤

(1)钻研课程标准,分析课程内容;(2)分析学生已有的学习状态;(3)确定教学目标分类;(4)列出综合性目标;(5)陈述具体的行为目标。

### 五、教学目标的表述

正确表述教学目标是实现教学目标的基础和前提。一个完整的教学目标表述由四个部分组成:明确教学对象、表达学习结果的行为、表现行为的条件和学习程度。在教学目标中,行为的表述是基本部分。

(1)明确教学对象是指说明教学目标是针对谁提出的,目标的对象可以是全班学生,也可以是部分学生。行为主体是学生而不是教师。

(2)表达学习结果的行为是一个学程结束后应获得的知识、技能和产生的行为,目标行为应该是可观察到的,必须用能精确、具体地描述行为的动词来表达。

(3)表现行为的条件指影响学生产生学习结果的特定的限制或范围,主要说明学生在何种情境下完成指定的操作,是学习者表现行为的情境因素,包括环境、信息、时间、人、问题的明确性等。

(4)学习程度用以测量学习表现或学习结果所达到的程度,它指出了学生成绩的最低标准,与"好到什么程度""精确到什么程度""完整性如何"等问题有关。

## 第三节　教案的设计技能

### 一、教案的内涵

教案是教师经过周密策划而设计出来的关于课堂教学的具体实施方案,通常以一节课为单位编写,也称之为课时教学进度计划。它既是备课成果的提炼和升华,又是备课的继续和深入。设计教案是教师备课工作的最后一个环节,也是教师备课工作中最全面系统、深入具体的一步,是保证教师有计划、有步骤地上好课的必要手段,对提高教学质量有着重要意义。

### 二、教案的类别

教案从基本形式上可分为三大类:记叙式教案、表格式教案、卡片式教案。

(1)记叙式教案。记叙式教案是指主要用文字形式将教学方案表达出来的教案。记叙式教案根据内容的详略分为讲稿式的详案、纲要式的简案,其中,详案是新教师和年轻教师备课时,以及老教师在进行新课题教学时,常常采用的教案类型。

(2)表格式教案。表格式教案是指以表格形式呈现备课内容的教案。

(3)卡片式教案。卡片式教案是指将教案的纲要、重点、难点和易忘点等内容,以及需要补充的材料等以卡片的形式呈现的一种教案。卡片式教案适合于有一定教学经验的教师使用,也可以作为教师授课时的辅助材料。

## 三、教案的基本内容

教案没有固定的格式,一般来说,教案内容主要由概况、教学过程、板书设计、教学后记或教学反思四部分组成。

(1)概况。概况主要包括课题、教学目标、教学重难点、课时安排、课型、教法学法、媒体选择等。

(2)教学过程。教学过程是教师为了实现教学目标,完成教学任务而制定的具体的教学步骤和措施。教学过程是整个教案的核心和主体,编写时要根据教学目标及教材的具体情况,做到内容充实、重点突出、详略得当。具体来讲,一个完整的教学过程包括:(1)导入;(2)讲授新课;(3)巩固练习;(4)归纳小结。

(3)板书设计。教案中要对上课的板书进行精心设计,板书设计要具有科学性、整体性和条理性。

(4)教学后记或教学反思。教学后记或教学反思是指教师课后的教学小结或教学心得,教师要及时总结每一节课的成败,为以后的教学总结经验,积累资料,有效地提高教学水平。

## 四、教案设计的要求

(1)端正态度,高度重视。

(2)切合实际,坚持"五性"。"五性",即科学性、主体性、教育性、经济性和实用性。

(3)优选教法,精设课型。

(4)重视"正本",关注"附件"。"正本"即教案的主体,它通常包括教学目的、教学内容、教学重难点、教学程序和方法、时间分配及思考题等。"附件"指板书、板面计划和直观演示计划、物资保障计划(如多媒体设备、挂图、图钉等)。教师在备课时既要重视"正本",编写出高质量的教案,又要抓好"附件",对板书、板画、图表、实物、模型等直观教具以及多媒体设备的使用和演示进行通盘计划,并做好课前准备工作。另外,还要在教案中用不同色彩的笔标出各种符号,以便于突出重点。

(5)认真备课,纠正"背课"。

(6)内容全面,及时调整。在具体教学实施中,教案并不是不可改变的,相反,教师要根据课堂上的实际情况随机应变,对教案进行必要的修改和调整,适应情况的变化,以便更好地完成教学任务。

# 第二章　课堂教学技能

所谓课堂教学技能，就是教师在课堂教学中，为完成教学任务、促进学生身心全面发展而运用的稳固的教学行为方式。根据课堂教学技能的功能和作用，可分为课堂导入技能、课堂讲授技能、课堂提问技能、课堂倾听技能、课堂对话技能、课堂板书技能、教学反馈和强化技能、结课技能、布置和批改作业技能。这里，我们主要阐述课堂导入技能、课堂提问技能、课堂对话技能、课堂板书技能、教学反馈和强化技能、结课技能。

## 第一节　课堂导入技能

### 一、课堂导入的内涵

课堂导入是教师在新的教学内容和教学活动开始时，通过简短的言语或行为，引导学生迅速进入学习状态的教学行为方式。

### 二、课堂导入的类型　【单选】 ★★

表8-1　课堂导入的类型

| 类型 | 内涵 | 特点 |
| --- | --- | --- |
| 直接导入 | 上课伊始直接阐明本节课的学习内容、目标和要求 | 最简单、最常用 |
| 温故导入 | 通过帮助学生复习与即将学习的新知识有关的旧知识，从中找到新旧知识的联结点，合乎逻辑、顺理成章地引导学生学习新知识 | 由已知导向未知，过渡流畅自然，适用于连贯性和逻辑性较强的知识内容 |
| 直观导入 | 借助于实物、标本、挂图等直观教具，以及投影、录像等媒体或示范性实验，对与教学内容相关的信息进行演示，并引导学生通过观察产生疑问，进行思考，从而自然进入新课学习 | 有助于学生获得感性知识，调动学生学习的积极性 |
| 问题导入 | 通过提出富有启发性的问题，引起学生回忆、联想、思考，从而激发学生产生学习和探究的欲望，进而导入新的教学内容 | 能激发学生思维，活跃课堂气氛，使学生带着问题学习，从而促使学生对知识的理解更加深刻 |
| 实例导入 | 从学生实际生活中选择与教学内容有密切联系的实例(口头的或书面的)开讲，从而使学生进入学习情境，引出教学内容 | 可使抽象的问题具体化、复杂的问题简单化、深奥的问题浅显化 |
| 情境导入 | 运用满怀激情的朗读、演讲或者通过音乐、动画、录像等创设有趣的学习情境，感染学生，引起学生丰富的想象和联想，使其情不自禁地进入学习情境 | 具有很强的感染力和说服力，可以触及学生的内心深处，使其思想与教学内容发生联结 |
| 审题导入 | 从探讨题意入手导入新课，其关键在于教师应围绕标题或课题，精心设计一系列的问题，通过反问、设问等方式，激发学生思考，以起到导课的作用 | 直截了当，可以高度概括教材内容，突出中心和主题，使学生很快进入对新内容的探讨 |
| 实验导入 | 上课伊始，教师巧设实验，使学生通过对实验的观察去发现规律，进行归纳总结，推导出结论，来导入新课 | —— |

此外，常用的导入类型还有游戏导入、练习导入、经验导入等。

真题面对面

1.[2021辽宁沈阳，单选]在教学《轴对称图形》时，王老师戴着不对称的眼镜，穿着扣错扣眼的上衣和卷着一条裤管的裤子走进教室，学生哄堂大笑，王老师从追问笑因引出轴对称图形，再引导学生观察人体并说出哪些是对称的。王老师这样的导入方式属于(    )

A. 直接导入　　B. 温故导入

C. 情境导入　　D. 故事导入

2.[2020黑龙江，单选]教师在课上用击鼓传花的方式引入了课堂内容。这是采用了(    )

A. 直接导入　　B. 游戏导入

C. 问题导入　　D. 情境导入

答案：1. C　2. B

### 三、课堂导入的基本要求　【单选】★

(1)导入要有针对性。课堂导入要根据教学实际有针对性地设计：①导入设计要与学科性质、教学内容和教学目标相适应；②要针对不同年龄阶段学生的心理特点、知识基础、认识水平设计导入。(2)导入要有启发性、趣味性。(3)导入要有新颖性。(4)要恰当把握导入的“度”。一般而言，导入的时间以3～5分钟为宜。

## 第二节　课堂提问技能

### 一、课堂提问的含义

课堂提问是教师在课堂教学中，通过创设问题情境、设置疑问来引导和促进学生学习的教学行为方式。一般来说，提问过程包括以下六个环节：

设问→发问→候答→叫答→应答→理答

### 二、课堂提问的类型

根据不同的标准，可以把提问分为多种类型。根据布卢姆的目标分类学中关于认知目标的层次，可以把课堂提问划分为六种类型：

(1)回忆提问，是从巩固所学知识出发设计的提问。通过提问让学生回忆、复习前面学过的知识，并通过复习旧知，求得新知。

(2)理解提问，是检查学生对事物本质和内部联系的把握程度的提问。需要学生对已学过的知识进行回忆、解释、重新整合，对学习材料进行内化处理，组织语言然后表达出来。

(3)应用提问，是检查学生在具体情境中应用所学概念、规则、原理解决实际问题的能力水平的提问。通过应用，学生把理论知识和社会生活实践联系起来，可以培养和提高他们解决问题的能力。

(4)分析提问，是要求学生通过分析知识结构，弄清概念之间的关系或者事件的前因后果，最后得出结论的提问方式。学生必须通过认真思考，对材料进行加工、组织、解释和鉴别才能解决问题。

(5)综合提问，是要求学生发现知识之间的内在联系，并在此基础上把教材中的概念、规则等重新组合的提问方式。综合提问的目的在于训练学生掌握把事物的各个部分、方面、要素、阶段联结成为整体进行考查并找出其相互联系的思维方式。

(6)评价提问,是让学生运用一定的准则和标准对观念、作品等做出价值判断,或进行比较和选择的一种提问方式。评价提问是最高层次的提问,目的在于训练学生对人、事、物进行比较、鉴赏和评价的能力。学生在回答此类问题时,必须先设定标准和价值观念,再据此对事物做出判断和选择。

### 三、有效提问策略 【单选】★

#### 考点1 设问策略

教师需要精心做好设问环节:(1)设问的地方要恰当;(2)设计的问题要准确;(3)设计的问题要新奇;(4)设计的问题要灵活多变。

#### 考点2 发问策略

教师向学生发问,要注意:(1)面向全体。即尽量面向全体学生提出问题。(2)区别对待。针对学生的个别差异,用不同的方式提出不同类型、不同层次的问题。

教师发问的内容的难度应由浅入深、由易到难、循序渐进。但在形式上,教师的发问又切忌按座位顺序点名提问,而应打破次序,有目的地"随机"提问。另外,应该采用"先发问,后叫学生"的发问顺序,这样有助于调动全体学生积极思考,否则,先叫学生后提问,会使得被问到的学生因为不知道教师要提什么样的问题而惴惴不安,唯恐回答不出,其他学生由于这一问题与自己无关而作袖手旁观状,不去积极思考。

#### 考点3 候答策略

教师发问之后,通常要留一点时间给学生思考教师所提出的问题,而不能马上重复问题或指定学生来回答问题,这个候答的停顿时间通常称为"第一等待时间"。

#### 考点4 叫答策略

保证每个学生有尽量多且均等的回答机会,是叫答的基本原则,也是课堂教学公平的基本要求。

#### 考点5 理答策略

教师理答要适时、中肯,多鼓励性评价。教师表扬学生应采取慎重的态度,并非所有表扬都有利于学生学习。一般来说,被表扬的行为越具体,效果越好;对依赖性强、易焦虑学生的表扬效果好于对自信学生的表扬效果。

## 第三节 课堂对话技能



### 一、课堂对话的内涵

课堂对话是指在课堂教学中,通过教师、学生、文本材料之间的相互交流和沟通,有效地实现教学目标的行为方式。其目的在于尊重学生的个体差异,引导学生在各自经验的基础上获得最大程度的发展。

课堂对话是教学过程中师生双方在相互尊重、相互信任、平等互利的基础上,通过语言进行的双向交流和沟通活动。它具有民主性、生成性、多边性、开放性、倾听性等特点。

### 二、课堂对话的作用

(1)课堂对话使教学关系发生了深刻的变革;(2)课堂对话使学生得到多方面的发展;(3)课堂对话使教

师的教学能力得到了提高。

### 三、课堂对话的基本要求

(1)营造对话的气氛;(2)选择适当的对话话题;(3)真诚地倾听学生言说;(4)及时指导和修正对话。

## 第四节　课堂板书技能

### 一、课堂板书的概念

课堂板书是指教师在课堂教学中，为了帮助学生理解和掌握知识，配合讲授，把设计好的教学要点写在黑板上的教学行为。板书是课堂教学的重要环节，一般表现为三种形式：板书、板演、板画。

### 二、课堂板书的内容

一般来说，课堂板书主要包括以下内容：(1)教学内容的内在逻辑结构;(2)教学的重点和难点;(3)公式及其推导过程;(4)教学内容的补充知识。

### 三、课堂板书的类型

**1. 文字板书**

文字板书是教师在黑板上以文字形式表述教学内容的一种板书形式，它主要有下列五种类型：

(1)纲要式板书。纲要式板书是指教师以讲授内容的内在逻辑关系为线索，从而体现教学信息结构体系的板书形式。纲要式板书也叫纲目式板书，是最基本、最常用、最传统的一种板书形式，几乎适用于所有学科。

(2)语词式板书。语词式板书是指教师从讲授内容中选择或概括一些关键性的词语，随着教学的进展依次书写到黑板上的板书形式。这种板书格式常用于语文、政治等学科中。

(3)表格式板书。表格式板书是指教师把在讲解过程中提炼出的关键词以表格的形式绘制在黑板上的板书形式。表格式板书通常用于可以明显分项或具有明确对比性的教学内容中。

(4)线索式板书。线索式板书是指教师在黑板上板书教材内容的行文线索的板书形式。

(5)演算式板书。演算式板书是指教师在黑板上用文字、数字和数学符号表述证明过程的板书形式。它广泛应用于数学、化学、物理等理科教学中。

**2. 图画板书**

图画板书是指教师在黑板上用图画来表述事物的形态和结构等内容的一种板书形式。图画板书可分为示意图板书和简笔画板书两种类型。

**3. 综合式板书**

综合式板书是指教师综合运用各种板书形式来表述教学内容。

### 四、课堂板书设计的原则　【判断】 ★

(1)规范性原则。规范性就是要注意书写规范和内容规范。

(2)客观性原则。具体包括两方面的内容，一是要有明确的目的性;二是要确切地反映结构教学内容的各个要素，以及这些要素之间的联系。

(3)针对性原则。具有针对性的板书有三个特点：突出重点、教给方法、预防错误。板书设计要针对教学内容和学生的特点,因文因人制宜,要有鲜明的针对性,根据不同的目的,设计不同的板书。

(4)启发性原则。所谓启发性原则,就是通过板书,促进学生思考,调动学生思维的积极性。

(5)时效性原则。①讲课之前板书,重在指引思路。②讲课之中板书,重在展示中心。板书的时机一般分先讲后书,先书后讲,边讲边书。对难度较大的概念、公式等一般适宜先书后讲。板书常用的是边讲边书的方式。③讲完之后板书,重在强化整体。

## 第五节 教学反馈和强化技能

### 一、教学反馈技能

#### 考点1 教学反馈的内涵

教学反馈是指教师在课堂教学中,有意识地收集和分析教育教学的状况,并做出相应反应的教学行为。它是完成教学进程的重要环节,是强化和调控目标检测的重要手段,具有激励、调控、媒介和预测的作用。

#### 考点2 教学反馈的基本要求

要提高教学信息反馈的有效性,教师必须做到:(1)要以促进学生的学习为目的;(2)要多途径地获得学生的反馈信息;(3)反馈必须及时;(4)反馈必须准确;(5)指导学生学会自我反馈。

### 二、教学强化技能

#### 考点1 教学强化的概念

教学强化是指教师采用一定方法促进和增强学生某一行为向教师期望的方向发展的教学行为。

#### 考点2 教学强化的类型

表8-2 强化的类型

| 类型 | 内涵 |
|---|---|
| 言语强化 | 教师在学生做出行为和反应后给予学生某种积极的语言评价,有口头语言强化和书面语言强化两种形式 |
| 非言语强化 | 教师运用某种非言语因素的身体动作、表情和姿势等传递一种信息,对学生的某种行为表现表示赞赏和肯定,常用的非言语强化有:(1)面部表情;(2)眼神的运用;(3)体态语强化;(4)服饰语强化 |
| 替代强化 | 学生因看到榜样的行为被强化而受到强化 |
| 延迟强化 | 教师对学生前一段时期的行为进行强化 |
| 局部强化 | 教师只强化认可的那部分行为以及相应的欲望,激励学生继续完全实现理想的行为和欲望 |
| 符号强化(标志强化) | 教师用一些醒目的符号、色彩的对比等来强化教学活动。符号强化尤其适用于小学生,"代币制"方法就是非常成功的例子 |
| 活动强化 | 教师让学生参加活动或承担任务从而对学生的学习行为进行强化,有助于开发学生的潜能,培养学生的创新精神和实践能力 |

#### 考点3 教学强化的基本要求

(1)强化目标要明确;(2)强化态度要诚恳;(3)强化时机要恰当;(4)强化方式要灵活;(5)强化要与反馈有机结合。

# 第六节　结课技能

## 一、结课的内涵

结课是指教师在完成课堂教学活动时，为使学生所学的知识得以及时转化、升华、条理化和系统化，对学过的知识进行归纳总结的教学行为。

结课在课堂教学中具有举足轻重的作用：(1)有助于对教学内容进行归纳和总结并使之系统化；(2)有助于检查教与学的效果；(3)有助于激发并维持学生的学习动机；(4)有助于学生巩固所学知识；(5)具有教学过渡的作用。

## 二、结课的方法

表8-3　结课的方法

| 结课的方法 | 概念 | 特点 |
|---|---|---|
| 归纳结课 | 即教师用总结性的语言提纲挈领地再现一节课或一个章节的知识结构体系，从而结束课堂教学的方法 | 重点和方向明确，便于学生理解和记忆，并能有效地培养学生思维的条理性 |
| 比较结课 | 即教师通过分析和比较使学生掌握新旧知识的关系，从而结束课堂教学的方法 | 一般用于具有明显可比较性的教学内容 |
| 活动结课 | 即教师采用讨论、试验、演示、竞赛等形式进行结课的方法 | 可以用于一些比较枯燥的内容或实践性较强的内容 |
| 悬念结课 | 即教师通过设置疑问、留下悬念以启发学生思考的结课方法 | 给学生留下了一个有待探索的未知数，有助于激发学生自主探索新知的热情和欲望 |
| 拓展延伸结课 | 即教师把教学内容做进一步延伸和拓展进行结课的方法 | 教师不仅要总结归纳所学的知识，而且要注意使所学知识向其他方面延伸、拓宽，以开阔学生的视野 |
| 游戏结课 | 教师根据学生的年龄与心理特点，运用游戏结束课堂教学的方法 | 以游戏作小结，寓教于乐。主要适用于低年级 |

此外，比较常用的结课方法还有练习法、回应法、点题法、发散法、假象法、朗读法等。

## 三、结课的基本要求

(1)结课要有针对性；(2)结课要有全面性和深刻性；(3)结课要简洁明快；(4)结课要有趣味性。

# 第三章　说课技能与教学反思技能

## 第一节　说课技能

### 一、说课的含义

说课是在教师备课的基础上，授课教师对同行教师或教育行政领导，系统地谈自己的教学设计及其理论依据，然后由听者评说，达到相互交流、共同提高的目的。

### 二、说课的特点　【单选】★

(1)理论性。说课不仅要说出教什么、怎么教，而且要说出为什么要教这些、为什么要这样教。

(2)阐发性。说课的阐发性特征要求教师把理论与实践紧密联系起来，用理论指导实践，用实践去印证理论，使教师向着教育家的行列靠近。

(3)演讲性。即教师对同行或专家领导发表自己的施教演说。

(4)预见性。教师要估计学生在新知识的学习中可能遇到什么困难，要说出根据不同情况所要采取的措施。

**真题面对面**

[2021贵州，单选]说课要求教师不仅要说出“教什么”“怎么教”，还要说出“为什么要这样教”，这体现说课的(　　)特点。

A. 理论性　　B. 阐发性

C. 演讲性　　D. 预测性

答案：A

### 三、说课的类型

**1. 研讨性说课(研究性说课)**

研讨性说课是指以教研组或年级组为单位，以集体备课为主要形式，对说课本身进行探索性研讨的说课。

**2. 示范性说课**

示范性说课一般是选择素质好的优秀教师，向听课教师示范性说课，再由听课教师谈听的感受、认识和收获，最后组织教师或教研人员对该教师的说课及课堂教学做出客观公正的评析。

**3. 评比性说课**

评比性说课是指以评价教师说课的水平、比较说课优劣为主要目的的说课，也叫评价性说课或竞赛性说课。

**4. 检查性说课**

检查性说课是指以检查考核教师业务水平和工作状况为主要目的的说课。

## 四、说课与备课、上课的关系

### 考点 1 说课与备课的关系

**1. 联系**

说课与备课都是为上好课服务的，都属于课前的一种准备工作；二者都需要教师花费一定的时间和精力来研究课程标准、确定教学目标以及了解学生的学习情况，并结合相关的教学理念，选择并确定合适的教学方法，设计最优化的教学程序，以期达到理想的教学效果。

**2. 区别**

表 8-4　说课与备课的区别

| | 说课 | 备课 |
|---|---|---|
| 对象 | 主要是教育工作者。有一定的经验介绍和交流性质，对教师的理论要求比较高 | 教师自己独立地进行教学设计，不需要直接面对学生 |
| 目的 | 为了促进教师学习与反思、改进与优化备课，以提高教师整体素质和实现教师专业化发展为最终目的 | 教师为了上好一节课，使教学活动能够正常、规范、高效地开展，以全面提高课堂教学的质量和不断促进学生的发展为最终目的 |
| 形式 | 教师集体共同开展的一种动态的教学研究活动 | 教师个体独立进行的一种静态的教学研究行为 |
| 内容 | 不仅要解决怎样上好一节课的问题，而且主要回答为什么要教这些内容和为什么这样教的问题，重在说理 | 解决怎样上好一节课的问题 |

### 考点 2 说课与上课的关系

**1. 联系**

从联系来看，通过说课可以展示上课的构想，对上课各个环节进行反思，使上课思路更加清晰，使教学更具计划性，从而提高上课的质量。

**2. 区别**

表 8-5　说课与上课的区别

| | 说课 | 上课 |
|---|---|---|
| 对象 | 同行教师、评议者、学校领导或教学专家等 | 学生 |
| 目的 | 向听者介绍关于一节课的教学设想，使听者了解教师的课堂教学设计 | 通过将书本知识传授给学生，培养学生的知识技能，教给学生适当的学习方法，引导学生学会学习 |
| 形式 | 教师解说 | 课堂教学 |
| 内容 | 教师阐述自己的教学构想、说自己如何教、学生怎样学，并说明理论依据 | 面对学生教哪些知识、如何去教 |

## 五、说课的内容　【单选】 ★

在说课开始之前，应当先做自我介绍，再报出课题以及本课题是哪个年级使用的哪个版本的教材，在教材中哪章、哪节、哪课时。整个说课将分为如下几个部分：

### 考点 1 说教材

说教材，就是要全面正确地理解教材，达到两个目的：一是确定学习内容的范围与深度，明确“教什么”；

二是揭示学习内容中各项知识与技能的相互关系，为设计教学顺序奠定基础，知道“如何教”。

### 考点 2 说学生

说学生，包括说学生学习本课程、本教材的基础状态即学情，然后在此基础上进行学法指导。分析教学对象的共性与差异性是教师教学的基础条件。教师要做到“目中有人”“教中知情”，才能使自己的教学切合实际，有的放矢。

### 考点 3 说教法手段

手段为目的服务，方法为内容服务。介绍教法和手段的要点和条理要清晰，还要说明采用这些教学方法和手段的理论依据。教师教法构思时，要充分认识教法在教学活动中的双边性，深入理解教的方法与学的方法相互的关联性，突出教法为学法服务的理念。现代课堂教学手段主要指教学媒体的使用。传统教学媒体包括教科书、教具、模型、黑板、图表等；现代教学媒体又叫电子技术媒体，包括幻灯片、投影、录影、录像、电子计算机、电视等。

### 考点 4 说教学程序

说教学程序，即说教学过程的安排以及为什么这样安排，一般分为说教学过程（流程、阶段）和说教学结构的特点两方面，在说课的实践中，可以偏重于过程，也可以偏重于结构，还可以将过程与结构组合起来说。

## 第二节 教学反思技能

### 一、教学反思的概念

教学反思是指教师对已经发生或正在发生的教学活动进行积极、持续、周密、深入、自我调节性的思考，并寻求多种方法解决问题的过程。

### 二、教学反思的类型 【单选】 ★

按照教学反思时间的前后，可把教学反思分为课前反思、课中反思与课后反思。具体如下：

（1）课前反思主要是备课过程中的反思，包括新学期开始时对所讲授课程的教学目标的确立、对课程教学计划安排的反复考虑和琢磨，以及自我试讲后的思量、修正。也包括上课前经过再三查证而对教学资源的选择和使用，对学生参与程度的预测，对课堂上可能出现的问题的估计，等等。

（2）课中反思是教师在教学过程中对自我讲授情况、课堂教学中学生听课情况以及教学氛围的整体进行的监控和调节。

（3）课后反思是教师上完某节课后对整个教学过程的总体反思。从课程教学理念、课堂教学过程、课中出现的值得探讨的事件、学生的组织管理和听课纪律，到课堂教学效果、学生究竟学习了什么、还有哪些遗留问题待改进等，都是课后反思的内容。

第八部分

### 三、教学反思的途径

（1）阅读理论文献，在理论解读中反思；

（2）撰写教学日志，通过写作进行反思；

（3）寻求专业引领和同伴互助，在对话讨论中反思；

（4）征求学生意见，从学生反馈中反思。

# 第四章　教学语言表达技能

## 第一节　教学口语表达技能

良好的教学口语是每个教师应具备的基本教育教学能力，它既具有书面语准确、严密的特点，又具有口语通俗和流畅的特点。教学口语是教师最基本、最广泛的表达工具。

### 一、教学口语表达的概念

教学口语表达是教师用正确的语音、语调、语义，合乎语法逻辑的口头语言对教材内容和学生问题等进行叙述、解释、说明等的行为方式。教师的教学口语表达技能直接影响教学质量和教师形象，正如苏联著名教育家马卡连柯所说的："同样的教学方法，因为语言的不同，结果就可能相差20倍。"

### 二、教学口语的构成要素与特点

教学口语是由语音和吐字、音量和响度、语速、语调和节奏、词汇、语法等几个相互联系、相互制约的要素构成的。

教学口语除了具备一般语言的简洁、准确、生动、形象、得体等特点外，还具有以下基本特征：(1)教育性；(2)科学性；(3)针对性；(4)规范性；(5)口头性；(6)启发性；(7)可接受性。

### 三、教学口语的分类

依据不同的标准，可将教学口语分为不同的类别：(1)根据教学口语的信息流向，可分为单向传输语言、双向对话语言和多向交流语言；(2)根据课堂教学的不同阶段，可分为导入语、讲授语和结束语；(3)根据教学口语内容的性质，可分为说明性语言、叙述性语言、描述性语言、论证式语言、抒情式语言、评价性语言、演示性语言和概述性语言。

### 四、课堂教学口语的基本要求

(1)符合规范，内容科学，合乎逻辑；(2)通俗易懂，生动活泼，富于启发；(3)条理清晰，层次分明，重点突出；(4)富于创造性，有独特的风格。

## 第二节　教态语言表达技能

### 一、教态语言表达的概念

教态语言表达主要是指教师利用表情、动作、手势等体态语，辅助口头语言传递教学信息和表达情感的行为方式。教态语言表达技能是形成教师教学个性与风格的重要因素。

### 二、教态语言的类型

考点 1　身姿变化

身姿变化又称身姿语，是指人的躯干动作所发出的信息。课堂教学中教师的身姿变化主要包括站姿、走姿和手势。一般情况下，教师不要在课堂上坐着讲课。

**1. 站姿**

站姿是指教师讲课时站的姿势。教师上课一般是站在黑板与讲桌之间，站姿要端庄、稳重、挺直，并与全体学生保持相对稳定。教学时，为了表达喜悦、愤恨等感情和肯定、否定的态度，头部可以做适度的左右上下活动，但要少而精，幅度不能太大。躯干部要求直立平肩，做长时间讲述要挺胸、收腹。

**2. 走姿**

走姿是指教师在课堂上走动的姿态。在课堂教学过程中，教师要注意自身站立位置的适当变化。一般来说，教师在课堂教学中进行讲解、示范或板书时都要注意自己站立的位置和活动的范围，通过适当地在讲台上走动，变换位置，来照顾处于不同位置的学生，使全班学生都能听清自己的讲解，都能看清自己的示范动作和板书。在学生分组讨论或进行课堂练习和实验时，需要从讲台上走到学生中间以便进行观察和辅导。讲解的过程中，教师在学生中间走动，可以控制学生活动，引起学生注意，缩短师生间的距离，显得更为亲切。

**3. 手势**

手势是姿态的重要组成部分。课堂中的手势是一种与教学内容和有声表述相协调的教学手势。课堂教学中，手势要目的明确，克服随意性，手势的速度、频度、幅度、角度等都要适度。

## 考点 2 面部表情

面部表情是教师通过眉、眼、唇等器官和面部肌肉的活动变化来传递信息的一种形式。面部表情的关键是把握眼神和微笑。

**1. 眼神**

眼神也称目光，是指在教学中通过视线接触来传递信息。在教学中巧妙运用眼神可以起到传情达意与导向以及组织教学的作用。它的方式主要有环视（或扫视）、注视（或凝视）两种。

上课开始，教师扫视全班学生，可以集中学生的注意力，制造良好的上课气氛；教学过程中不断环视学生，既表示教学面对每一位学生，又可了解学生的听课状况；上课时发现学生精力不集中，做小动作或其他与上课无关的事，教师可注视这位学生，引起注意。教师运用眼神时，要注意给学生以真情实感。多用和蔼亲切、鼓励赞扬、坦荡自如的眼神，尽可能不用游移不定、厌烦不安、鄙夷不屑的眼神。运用眼神还要与口头语言及仪表体态、手势等紧密配合，与教师思想感情的变化同步合拍。

**2. 微笑**

微笑是指用略带笑容，不出声的笑来传递信息的态势语言。上课开始，教师面带微笑走进教室，表示上课的愉悦和对学生的亲近；上课过程中的微笑，表示教师对教学内容的自信，对教学过程的从容，对上课表现的满意或赞许，对学生表现的信任。

## 考点 3 外表修饰

**1. 衣着服饰**

衣着服饰是一个人思想情操、情感意志、气质性格、文化修养和审美标准的综合反映。教师的仪表美不仅给学生以视觉上的享受，而且给学生以人格上的尊重。在服装上搭配一些小饰品，会让教师整体形象更亮眼，但要符合教师职业，不能太绚丽夺目。

2. 发型配饰

教师要选择适合自己面部特征，体现文化气质、精神风貌和课堂教学环境的发型，以整齐、清爽为首要条件，要简洁、大方、朴素、淡雅、端庄。男教师不宜留披肩长发、不宜剃光头。女教师发型不宜过分新潮、染红黄等颜色，头饰不宜复杂、新异。

3. 化妆

教师适当化妆可以保持良好的精神状态和积极的情绪。教师的化妆应是生活妆(工作妆)，要淡雅、自然大方、得体、适当，给人以无雕饰之感，寓修饰于自然健康之中。

## 三、教态语言的基本要求

(1)身姿稳重端庄，自信得体；(2)表情真实自然，适度适当；(3)衣着朴实整洁、美观大方。

## 核心考点回顾

1. 教学设计的一般模式是什么？(参见本书P521)

2. 教学设计的基本过程包括哪些？(参见本书P522)

3. 课堂导入的类型有哪些？(参见本书P526)

# 达标测评

| 建议用时 | 实际用时 | 测评总分 | 实际得分 |
| --- | --- | --- | --- |
| 10分钟 | ____分钟 | 10分 | ____分 |

一、单项选择题(每小题1分，共3分)

1. 工作二十余年的田老师很少花时间准备教案，当有老师质疑他时，他总说："教材上哪一页讲了什么，我几乎都能背得出来，还需要准备什么，教案都是给年轻老师用的。"田老师的观点(　　)

A. 正确，经验丰富的老师可以不需要教案

B. 正确，老师可以自由选择是否准备教案

C. 不正确，准备教案并不只是记录教材内容

D. 不正确，年轻老师上课也不一定需要教案

2. 导入要与具体的教学内容、教学目标相适应，这体现了导入的(　　)

A. 艺术性　　B. 针对性　　C. 迁移性　　D. 启发性

3. 最常见的、几乎适用于所有学科的板书形式是(　　)

A. 语词式板书　　B. 表格式板书

C. 纲要式板书　　D. 线索式板书

二、多项选择题(每小题2分，共4分)

1. 根据布卢姆的目标分类学中关于认知目标的层次，课堂提问的类型包括(　　)

A. 理解提问　　B. 综合提问　　C. 应用提问　　D. 分析提问

2. 下列师生沟通中的体态恰当的有(　　)

A. 时而微笑　　B. 不时点头

C. 用手指戳　　D. 保持善意的目光

三、简答题(本大题共3分)

简述教学目标设计的步骤。

## 参考答案及解析

一、单项选择题

1. C　[解析]设计教案是保证教师有计划、有步骤地上好课的必要手段,对提高教学质量有着重要意义。所以,田老师的观点不正确,准备教案是教学中必不可少的环节。

2. B　[解析]课堂导入要根据教学实际有针对性地设计,导入设计要与学科性质、教学内容和教学目标相适应。题干所述体现了导入的针对性。

3. C　[解析]纲要式板书也叫纲目式板书,是最基本、最常用、最传统的一种板书形式,几乎适用于所有学科。

二、多项选择题

1. ABCD　[解析]根据布卢姆的目标分类学中关于认知目标的层次,可把课堂提问划分为回忆提问、理解提问、应用提问、分析提问、综合提问和评价提问六种类型。

2. ABD　[解析]教师在运用体态语时,应尊重学生的人格,保护学生的自尊心,不能使用蔑视甚至敌视性的体态语。用手指戳学生的做法严重损伤了学生的自尊心和自信心,不利于学生心理健康,也影响教师在学生心目中的形象。故选ABD三项。

三、简答题(参考答案)

(1)钻研课程标准,分析课程内容;(2)分析学生已有的学习状态;(3)确定教学目标分类;(4)列出综合性目标;(5)陈述具体的行为目标。

# 第九部分

# 教育活动设计与教育写作

# 内容导学

本部分内容共分为两章

第一章主要介绍了教育方案设计、教案设计的内容及答题思路。

第二章主要介绍了教育写作的评分标准及解读、写作类型及特征、议论文写作策略、教育写作真题精析。

在备考时，考生应结合报考地区的考情，有针对性地进行复习。

思维导图

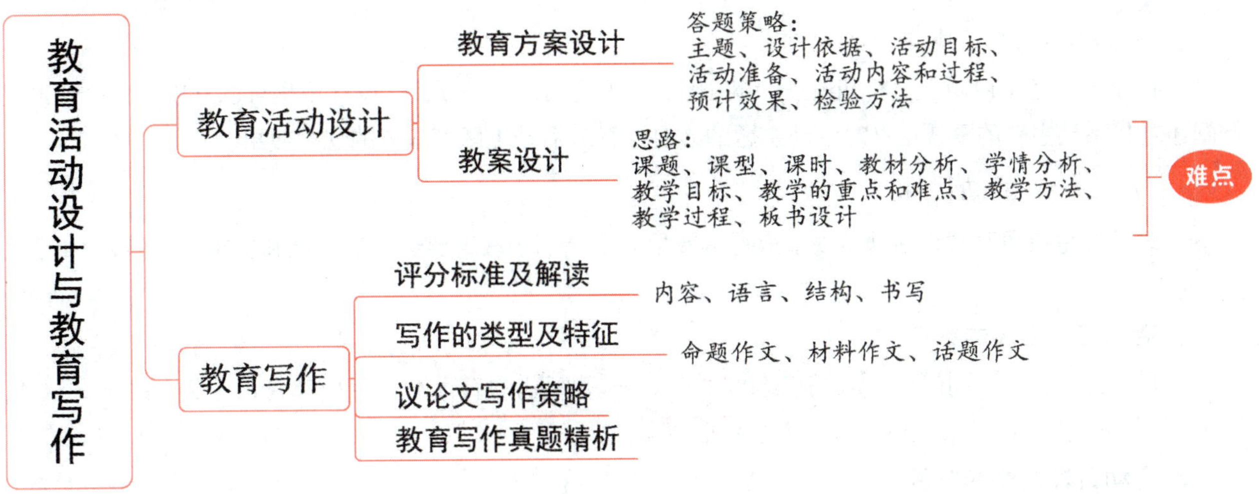


## 考向分析

本部分在河南、河北、湖北等省份的特岗笔试中会重点考查。教学设计题占试卷总分值的15%左右，教育写作(材料作文题)占试卷总分值的30%~40%，考生要了解有关教学设计的答题思路和教育写作的相关策略。

核心考点

# 第一章　教育活动设计

## 第一节　教育方案设计

### 一、题型简介

教育方案设计一般是根据一定的教育情境或为解决某些教育问题而进行的教育活动方案的设计。

### 二、答题策略

教育方案设计主要考查考生对教育活动的策划组织能力以及语言表达能力等，对考生综合能力要求较高。考生可从教育活动方案的主题、设计依据、目标、准备、内容与过程、预计效果及检验方法等方面来分析教育活动的内容应如何呈现。

**考点1　主题**

从真题的考查来看，题目设置贴近教育实际，呈现的是实际教育现象、教育情境或教育问题。因此，主题的设计来源于题干的材料，应符合学校教育目标和班集体建设、管理的需要。主题可以用关键词和归纳法进行提炼，从具体现象中找到本质问题，并针对这一问题提出对策，这一对策就可升华为活动主题。具体来说，在设计主题时要注意：

(1)主题要有针对性;(2)主题要有知识性和时代性;(3)主题要突出集中,形象生动;(4)少先队、共青团活动要体现党的领导。

## 考点 2 设计依据

设计依据就是阐述题干材料和所设计的主题之间的联系。一般来说,设计依据可以从以下几个角度进行阐述:(1)活动主题的重要性;(2)活动主题的必要性;(3)活动主题可取得的现实效果。

## 考点 3 活动目标

活动目标是指通过教育活动所期望取得的效果。它指明了教育要达到的标准和要求,是开展教育活动的依据。

**1. 活动目标表述的维度**

包括认知方面、行为技能方面、情感态度方面。一般来说,教育活动的目标都包含这三个维度,但在实际表述中可根据具体情况,表述其中一个或两个方面。

**2. 活动目标表述的要素**

行为:通过活动学生能做什么,指向的是学生的行为变化,关注的是学生的行为结果,具有客观性、可操作性。

条件:说明这些行为在什么条件下产生。

标准:指出合格行为的最低标准。

**3. 活动目标表述的要求**

根据新课程改革倡导的教育观念,要明确学生在学习中的主体地位,因此,在表述时要以学生为主体,即:学生认识……学生学会……学生能够感受到……要具有可操作性,避免过于笼统、概括和抽象;要清晰、准确、可检测,不能用活动的过程和方法来取代。

## 考点 4 活动准备

一般来说,一个教育活动必然有相应的准备工作,本环节可以根据设计的活动内容以及在作答时的字数限制进行考虑。

活动准备包括:知识准备、情感准备、材料准备和空间环境准备。在答题时一般写出的是材料和空间环境准备。材料准备一般包括活动中涉及的人员角色分配、使用的PPT、卡片、视频、材料、模型、挂图、发言稿、主持词等。空间环境准备一般包括室内或室外,教室布置、桌椅摆放等。

## 考点 5 活动内容和过程

**1. 活动内容和过程的设计要求**

(1)契合活动目标,并能够实现活动目标;

(2)符合相应学段的学生特点;

(3)活动环节的表述清晰、具体、明确;

(4)突出学生的主体性,保证学生的参与度;

(5)活动中教育性与趣味性相结合。

**2. 活动过程的具体环节**

(1)活动导入(开场)

该环节要点明活动主题,引导学生进入活动,调动学生参与的积极性和主动性。导入部分需要简短,揭示主题,具有一定的吸引力。

一般来说该环节的具体方法包括：名人名言、歌曲、猜灯谜、图片展示、视频播放、设置疑问、情境表演或直接由主持人（班主任或班长等）带入主题。

（2）活动展开

活动展开即利用各种形式展开活动主题的过程。展开过程可以包括多个环节，要内容充实，有层次，方式多样。常用的方式有：游戏（集体或小组）、表演（歌舞、小品等）、朗诵、故事分享、讨论、辩论、情境辨析等。

考生需要注意，该部分的设计虽然灵活性强，没有统一的标准，但要符合该部分的设计要求，无论是游戏设置、辩论还是表演，都要为活动主题服务，不仅要具有娱乐性和趣味性，也要具有教育性和意义性。在陈述规则或故事过程时，要力求清晰、简洁。考生应搜集一些常用游戏、名人名言、事例典故、小品或情景剧的材料，有意识地进行整理记忆，这样才能在作答时有所依托，不会言而无物。

（3）活动总结

活动结束时需要总结主题，深化、升华主题。总结可以由学生讨论出的一致结论、主持人进行总结发言或者以班主任寄语的方式进行。总结部分要回扣主题，引发学生思考，对学生提出希望和要求。

### 考点 6 预计效果

预计效果是对教育活动取得的效果的预设。在预计效果时，可以根据活动目的进行作答，特别是针对其行为目标进行阐述，注意贴合实际，做到具体、可检验。

### 考点 7 检验方法

检验方法即对预计效果做出检验，以判断其在实际中能否实现。因此，检验方法要与预计效果相对应。通常来说，检验方法包括：观察法（直观形象地感知结果）、沟通交流法（从与交流者的言语中得出结论）、行为检验法（制造某种现象，考查被检验者的行为是否有所改变）、测试法（通过提问、问卷等方式进行考查）。

## 三、考点例析

学校教育活动种类繁多，以下选取了部分重要的班级活动和教育管理活动进行考点分析，并以典型例题直观展示，以供考生参考。

### 考点 1 班级主题活动（主题班会类）

此类活动设计不仅要按照题目要求的内容进行，还需要在具体环节设计上注意。

**1. 提炼主题**

在确立班会主题时要注意：（1）以小见大；（2）有针对性；（3）有创新性；（4）有实用性。

**2. 选取内容**

选取内容时需要注意：（1）注重积累素材；（2）融合教育实际。

**3. 确定形式**

班会要达到寓教于乐的目的，就要根据青少年学生的特点，运用多种形式开展班会。结合案例分析，班会形式的新颖性可以从如下方面着手：

（1）班会开场

例如：《寸草报春晖》的班会，是从学生介绍自己的家长开始的，通过这样的开场，既缓解了家长和孩子的紧张情绪，又让教师了解了家长们的情况，以便在班会开展过程中更有的放矢；《法，离我们并不遥远》的班会是用几个孩子在放学路上打闹受伤引发纠纷的小品开头的；中秋节的班会《中秋“家长来访”》，是以家长们朗读悄悄写给孩子的信开头的。

（2）班会主体

小学的班会要有热度，中学的班会要有深度。因此，在小学班会中可以结合游戏、表演、视频、歌唱等形式;在中学阶段的班会中可以结合案例、主题讨论和说服教育等形式。

(3)班会总结

例如,在召开了《你为集体做了些什么》的主题班会后,就要及时表扬那些关心集体利益,为集体做了好事的同学。在召开《中秋"家长来访"》的班会后,可以让学生给自己的家长也写一封信。另外,班主任的总结性寄语要画龙点睛,这就要求班主任的发言要情感真切,富于感染力,能够强化学生对班会主题的理解。

[典型例题]

为贯彻落实《中共中央 国务院关于全面加强新时代大中小学劳动教育的意见》《大中小学劳动教育指导纲要(试行)》,全面提高学生劳动素养,某乡村小学拟开展"公益劳动周"活动。在"公益劳动周"活动开始前,班主任李老师想通过主题班会的形式,使学生们进一步认识公益劳动,积极参加公益劳动。

相关情况:活动对象为小学五年级学生,班级人数为40人。

请你根据上述材料完成主题班会的方案设计。

[参考答案]

1. 活动主题:爱公益,爱劳动

2. 活动目标

(1)学生认识到劳动的重要性,树立劳动最光荣的观念;

(2)学生形成独立生活的能力,并掌握一些基本的劳动知识和劳动技能;

(3)学生能够体会劳动的辛苦,自觉尊重劳动者及其劳动成果,形成参加公益劳动的积极情感。

3. 活动准备

班主任准备好活动方案及班会所需的课件、教具等物品。学生准备好自己的发言稿,协助班主任做好布置教室等事宜。

4. 活动过程:

(1)播放歌曲《劳动最光荣》引入主题。

(2)"这些我来做"深化意识。通过小组合作的方式,让学生共同探讨出生活中可以自己动手完成的事情,并形成"这些我来做"小公约,培养学生爱劳动、勤动手的意识。(学生自由回答在生活中可以自己动手完成的事情)

(3)通过参加劳动技能竞赛体会劳动的乐趣。通过劳动技能竞赛,让学生在劳动中接受锻炼,体会劳动的乐趣,鼓励他们成为生活中的小能手。(鼓励学生积极分享自己参加劳动的体验)

(4)"这些事情我要做"升华主题。每位同学以"这些事情我要做"为主题写一写自己可以做的公益劳动,如义务植树、义务大扫除等。

5. 活动总结

通过这次主题班会,我们知道了生活中有哪些可以自己动手完成的事情,也体会到了劳动的乐趣和辛苦,希望同学们在今后的学习和生活中能够热爱劳动,自觉做一些自己力所能及的事情。



### 考点2 班级社会实践活动

社会实践活动方案设计一般包括以下几个方面:

**1. 活动的宗旨和目的**

由于社会实践活动种类较多,明确社会实践活动的目的,才能在活动中贯彻始终,实现目标,完成好实践活动。

2. 参与主体

一般调研、实践活动需要参与成员进行分工与合作,主体一般包括学生和教师。

3. 组织形式

一般来说,任务繁重的调研和实践都需要成立相关小组,以小组为单位实施活动。

4. 时间要求

做好活动计划和时间分配,要在规定时间内完成规定项目。

5. 成果处理

活动成果通过一定形式进行展示,并体现出指导实践的作用。

[典型例题]

随着人口数量的激增,生活需求的扩大以及工业的迅猛发展,人类赖以生存和发展的环境受到污染,生态遭到破坏,环境问题已成为当今人类面临的全球性问题之一,引起了世界各国的普遍关注。为了增强中学生的环境意识,树立正确的环境观,班主任程老师组织学生利用寒假,对本市的环境污染进行一系列的考察和调研。

假如你是程老师,请设计一个教育活动方案(自选一个学段)。

[参考答案]

学段:高中

主题:环保在我心中

设计依据:

(1)环境问题与人的生存和发展息息相关,人需要承担社会责任,积极关注环境问题。

(2)高中生已经具备了一定的社会责任意识和实践动手能力。

(3)通过本次实践活动,可以提升学生的实践能力,促进学生成长发展。

活动目标:

(1)学生能够比较全面地了解我市环境问题的现状和防治措施,正确认识人类经济发展同环境协调发展的关系。

(2)学生能够形成一定的调查研究能力。

(3)学生能够做到自觉保护人类赖以生存的自然环境。

活动准备:

(1)学生自愿组合,成立调查小组,民主选举组长,确定调查路线及访问对象。

(2)教师与一些企业的负责人进行联系,请求配合学生的调查访问。

(3)学生搜集企业违法排污,影响群众生产生活的事例,通过真实的例子感知环境对生活的影响。

活动内容与过程:

1. 活动步骤

(1)学习书本知识。认识当今环境问题的产生、现状及其危害,并了解人们为解决环境问题而采取的一般措施。

(2)进行实地考察。查看附近河流污染现状,到市区查看大气污染现状,到主要交通干道及建筑施工现场考察噪声污染情况,到垃圾转运中心观察废渣污染情况等。

(3)记录数据。重点走访市环保局、环境检测站、排污站等单位,全面地了解我市环境污染和环境治理的情况。

(4)谈心得体会。撰写《大气污染与防治》《水污染与防治》《噪声污染与防治》《固体废弃物污染与防治》《环境与我们》等一系列文章,并进行分享交流。

2. 实施过程

(1)调查走访

①学生以小组为单位,到河流所在地进行观察及取样,并以表格的形式记录观测的数据。

②学生以小组为单位,对确定的企业、环保单位进行调查,小组成员合理地进行分工与合作。

③访问河流沿岸居民,询问内容由各组自定。

④在家长的帮助下,通过上网、查阅书籍等方式了解更多的环境问题,以及目前我们城市的环境状况,并详细记录相关数据。

(2)收集整理

对活动过程中收集的资料进行归纳整理,以小组为单位制作一张小报,内容可以包括:

①活动剪影:调查统计图表、活动的部分照片。

②感想分析:这次实践活动的感想,对一些污染事件的看法等。

(3)宣传环保意识

①评出优秀小报,张贴在校园宣传栏中,并进行倡议。

②当小小解说员,向家长、周围邻居介绍一些环境问题,讲解一些环保做法。

预计效果:

(1)学生能够形成正确的资源观、环境观,具有保护环境的责任感和使命感。

(2)学生在课题研究中能够团结合作、增强信息搜集和处理的能力。

(3)学生能够在日常生活中注意保护环境。

检验方法:

(1)通过学生的调查报告进行直观分析和检验。

(2)观察学生在今后的学习中分析问题的能力以及在日常生活中是否注意保护环境。

## 考点 3 家长会

常规家长会的基本内容及组织的基本流程如下:

### 1. 家长会目的

确定召开家长会的主要目的,在不同的时间召开,其目的不同。

### 2. 制订计划

(1)确定家长会时间、地点和形式。

(2)确定邀请人员及参会人数。

(3)确定会议的主要内容和流程。

(4)准备家长会所需材料(PPT、演讲稿、致家长的一封信等)。

(5)拟订阶段性培养计划。

(6)了解学生家庭情况,掌握班级学生的共性和个性问题。

### 3. 落实计划

(1)教师致欢迎词,阐明家长会的目的和主要内容。

(2)介绍学校、年级、班级的基本情况以及学生在校学习情况。

(3)注意维持家长会秩序,把握会议进度。

(4)设立教师与家长互动交流和个别交流的环节,也可以设置家长之间互相交流的环节。

(5)征求家长对学校教育教学工作的意见与建议。

(6)总结家长会的经验。

[典型例题]

经过一个学期的学习,学生在学习、交往、综合表现等方面都发生了很大的变化。为了在学期末与家长就学生的整体表现进行沟通和交流,帮助学生在以后的学习中克服缺点,不断进步,班主任决定召开一次家长会。

假如你是该班级的班主任,请设计一个家长会方案(自选一个学段)。

[参考答案]

学段:初中

题目:回顾与展望——期末家长交流会

设计依据:

一个学期过后,需要对学生在本学期的表现做出总结和评价。肯定其努力并且督促其改正问题,继续进步,这需要家长的密切配合,特别是在临近假期之时,需要家长和教师形成教育合力,才能达成对学生教育和影响的一致性。

活动目标:

(1)整合学校、家庭的教育力量,加强教师与家长的沟通,共同办好教育,促进孩子健康成长。

(2)对学生一学期的表现做出合理的评价,增强学生学习的自信心和积极性。

(3)认真听取家长对班级管理和教育教学的意见、建议,做好后续教育教学工作。

活动准备:

(1)选取入场音乐,创设愉快的会场氛围。

(2)设计黑板布置。

(3)向家长发放困惑咨询表和班级建设意见征集表,征求家长在家庭教育方面的困惑和对班级工作的建议和意见。

(4)准备给家长的一封信以及家长会的PPT和演讲稿。

(5)制作班级本学期取得的各项成绩表及孩子在校生活的视频短片。

(6)请家长提前准备好对孩子在本学期的学习生活的点评和对孩子新学期的展望发言。(在家长会上进行交流)

(7)与个别家长沟通,准备在家长会上介绍自己的教育心得。(将提前准备发言的家长分在不同小组)

(8)将教室座位合并成6个小组,每个小组6~7人。

活动内容与过程:

(1)向家长分发本学期的学生评语。

(2)班主任总结一学期以来班级建设取得的成绩。

(3)班主任总结期末检测的情况。帮助家长分析原因,提出今后的改进措施,并指导家长正确对待考试成绩。

(4)家长分组交流教育心得和教育中存在的困惑,相互学习,共同提高(讨论结束后,每小组安排一名家长发言)。

(5)家长代表发言:吐露自己的教育心得和感慨,表达对孩子的看法和希望,提出自己的见解,并对班级今后的工作提出建议和意见。

(6)对家长在问卷中提出的问题进行反馈,并给家长提出几点教育孩子的建议。要帮助家长认识到学生的成长应该是全面的,不能仅仅看成绩,更要关注学生在成长过程中的身心健康、人格发展,要以发展的眼光看待学生,关注孩子一点一滴的进步。

(7)观看班级视频短片,取得家长对班级工作的支持和理解。

(8)对新学期的学习生活提出展望和期待。

(9)进行假期的安全教育。

(10)与部分家长进行个别沟通。

预计效果:

(1)家长有正确的教育理念和方法,能够与教师共同努力,形成教育合力。

(2)学生从家长和教师的评价中获得鼓励和肯定,学习的积极性和主动性得到提高。

检验方法:

(1)与学生沟通,侧面了解家长的想法和做法。

(2)通过联络群组与家长直接沟通,关注学生的变化。

## 第二节　教案设计

### 一、中小学常见课型教案编写的要点

新课程改革背景下的中小学教案,实际上是以学生为中心,围绕学生在学习过程中遇到的学习问题而展开的教学设计。它具有鲜明的目的性、科学的计划性和有序的系统性,而不是一般的教学经验和案例。它是不断循环往复的过程,包括检测、反馈、修正及再实施的认识深化的过程,这个过程特别讲究科学性和创造性。

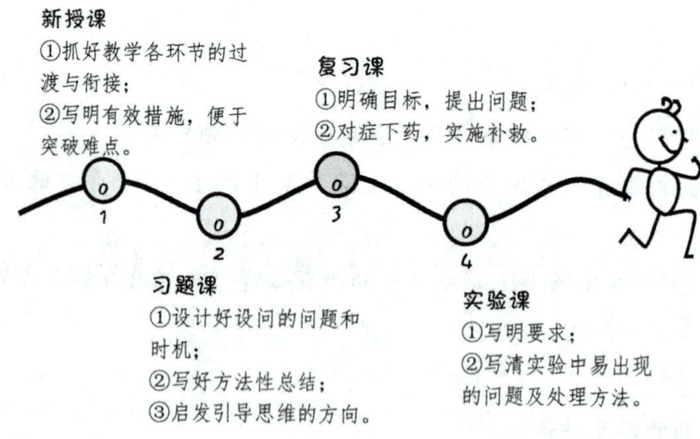


### 二、教案设计思路

考点 1　课题

课题名称即所授课的名称。

考点 2　课型

在教案中常见的有讲授课、练习课、复习课、实验课、示范课、研讨课、汇报课、观摩课、优质课、录像课等。

## 考点 3 课时

课时主要是指授课内容是第几个课时，一般为第一课时。

## 考点 4 教材分析(教材情况+主要内容)

××××是××××(学段)××××(版本)××××年级，第××××册第××××单元中的内容，主要讲解××××(主要内容)。

## 考点 5 学情分析

××××年级的学生，××××但××××欠缺。所以在教学中××××。

学情分析主要包括：(1)学生已有的认知水平和能力基础；(2)学生可能遇到的问题；(3)应采取的方法措施。

## 考点 6 教学目标

根据新课改的要求和学生已有的知识基础和认知能力，确定教学目标：

(1)知识与技能目标：通过自主学习××××，学生能够××××。

(2)过程与方法目标：通过合作学习××××，学生能够××××。

(3)情感态度与价值观目标：通过探究学习××××，学生能够××××。

## 考点 7 教学的重点和难点

教学重点是指在授课时必须着重讲解和分析的内容，一般是知识目标；教学难点是指学生经过自学还不能理解或理解有较大困难的内容。一节课可以没有教学难点，但是必须有教学重点。

## 考点 8 教学方法

(教学方法是指在授课过程中所采用的方法，如课堂提问、讨论、启发、自学、演示、演讲、辩论等。)

主要采取的教学方法：××××法。

在本节课的教学中主要渗透××××法、××××法等。

## 考点 9 教学过程

**1. 导入新课**

本课主要采用：故事导入/直接导入/游戏导入/情境导入/演示导入/提问导入等。(具体怎么导入，需要简单阐述)

**2. 讲授新课**

在讲授新课时，为了突出本节课的第一维知识与技能目标，首先引导学生自主学习，学生对基本的概念和知识初步感知、学习后，再对重要的生词(语文，其他科目视具体情况而定)进行讲解，具体过程如下：

……(讲授第一维目标)

这部分讲授完成后，开始讲解本节课的难点，也就是第二维过程与方法目标，引导学生进行探究学习。学生先进行探究学习，能够用自己的话语总结××××方法。然后，结合实例，对××××方法进行详细讲解，具体过程如下：

……(讲授第二维目标)

**3. 巩固练习**

必要的练习有利于学生对新知识的掌握，练习题要紧紧围绕教学目标设计，要精巧、有层次、有梯度、有密度，还要考虑练习的方式，是教师板演还是学生板演，如果是学生板演，考生要代替学生将板演的内容写出来。

**4. 课堂小结**

考生在设计时可以根据实际需要，采用合适的方法，力求做到简单明了。

**5. 作业布置**

作业的设计要适度、适量、新颖，同时要考虑学生的学习差异，对不同程度的学生，设计不同难度的作业，尽量使每个学生都能获得相应的学习成就感。

### 考点 10 板书设计

考生在设计板书时要目的明确、布局合理，与讲授的内容、进度密切结合，同时还要注意形式的美观。

## 三、教案示例

从你所教的学科和学段中选出一节你所熟悉的课，进行教学设计。

要求：

(1)各学科的教学设计，以各科课程标准为依据，鼓励设计体现自己的教学特色或教学风格。

(2)突出教学过程的探究性，充分体现学科新课程的基本理念，整体把握教学活动的结构，关注学生，把握课前预设和灵活生成的统一。

(3)要有教材分析、学情分析、教学目标、教学过程、板书设计、教学反思等环节。

[参考答案]

第2课　线条的动与静(人教版第七册)

课型：讲授课

课时：第1课时

教材分析：

线条的平直与弯曲，会使人产生动或静的感觉。平行的线条，会使人联想到平直的地平线，有静止的感觉，而弯曲的线条，会使人联想到蜿蜒的河流，有流动的感觉。充分运用线条的各种造型，已经成为重要的表现手段，而且对美化画面和深化主题也具有不可或缺的作用。可以引导学生发现存在于自然景物和人文景观中的线条，并能巧妙地利用它们去塑造形象，赋予作品鲜明的艺术感染力。从教材的例图中，我们可以深切地体会到线条能赋予画面的生动性和悦目性。

学情分析：

小学四年级的学生，大部分能较好地表现平面形象、立体造型，并能大胆地发挥想象，作品内容丰富，富有生活情趣，有较强的创新意识和较好的心理品质。但还有一部分学生空间感较弱，线条的运用能力较差，有待进一步的提高。

教学目标：

(1)观察弯曲和平行的线条，认识线条的曲直在视觉反应上产生的流动和静止的感觉。

(2)运用线条和色彩进行练习，表达静止或流动的感觉。

教学重点：感受线条的动与静。

教学难点：用不同的线条表达流动和静止的感觉。

教具准备：课件、绘画工具。

教学过程：

1. 组织教学

2. 导入新课

(1)复习以前学过的《点、线、面》中的线条的种类。

师小结:板书——线条有粗、细、曲、直。

(2)请同学说一说线条给人的感受,引出课题(板书——线条的动与静)。

3. 讲授新课

(1)欣赏课件(流动的河流、静止的公路、地平线等),说一说,看到了什么样的线条,给人什么感觉?

师小结:流动的河流展现的是曲线,有动感,而公路和地平线是静止的直线。

(2)请同学回忆大自然中还有哪些静态和动态的线条,它们各是什么样子?

以直观的图片让学生感受线条的曲直与动态的关系。

师小结:平直与弯曲的线条会使人产生静与动的感觉。

(3)请学生欣赏课本范例,进一步感受线条的动与静。

师小结:想一想,线条在绘画中的作用。

(4)教师结合上节课所学的知识(《色彩的冷暖》)讲解线条与色彩在不同画面中的运用。

①暖色和曲、直线的配合,产生的视觉反应

暖+直=温暖、平和

暖+曲=热烈、欢快

②冷色和曲、直线配合

冷+曲=宁静、幽远(如蜿蜒的河流)

冷+直=单调、呆板

通过欣赏范图、教师讲解,让学生了解该如何更好地应用线条。

4. 作业布置

用平行或弯曲的线条,表达静止或流动的感觉并上色。

5. 学生作画,教师指导

对学生的创新画法给予表扬,及时鼓励好的作业。

6. 作业展评

(1)个人分析画的内容,画面好在哪里?

(2)同学互评,找出你最喜欢的一份作业,说一说它的优点。

(3)教师简评。

7. 拓展

教师展示不同材料、不同形式的作品,请学生欣赏。

8. 课堂小结

这节课你有什么收获?

板书设计:

三区域板书,将板书分为三部分,中间为文字型板书,左边为教师范画,右边为学生展示区域。

教学反思:

现在有一种材料叫作“毛根”,性质柔软,色彩艳丽,利用它在课堂上讲解示范线条的曲与直,特别直观。一个好的教具的选择可以取得良好的教学效果。

# 第二章　教育写作

教育写作在考试中所占分值较大，并且在规定时间内写出一篇文质兼具的佳作并非易事，这就要求考生必须掌握写作技巧，懂得写作章法，做到：**字数够、书写佳、主题明、脉络清、气势猛、结尾烈**。

## 一、评分标准及解读

为了让考生更加清晰写作中需要注意的问题，让考生有一个自我评价的标准，我们在结合高考作文评分标准的基础上，专门制订了教育写作评分参考标准，详见下表。

表9-1　教育写作评分参考标准

| 等级标准 | 一等文章<br>（占总分的80%～100%） | 二等文章<br>（占总分的51%～79%） | 三等文章<br>（占总分的28%～50%） | 四等文章<br>（占总分的0%～27%） |
|---|---|---|---|---|
| 内容 | 切合题意<br>中心突出<br>内容充实<br>思想健康，感情真挚<br>深刻创新 | 符合题意<br>中心明确<br>内容较充实<br>思想健康，感情真实<br>比较新颖 | 基本符合题意<br>中心基本明确<br>内容单薄<br>思想基本健康，感情基本真实<br>有新颖语句 | 偏离题意<br>中心不明<br>内容不当<br>思想不健康，感情虚假<br>无新颖语句 |
| 语言 | 语言流畅 | 语言通顺 | 语言基本通顺 | 语言不通顺 |
| 结构 | 结构严谨 | 结构完整 | 结构基本完整 | 结构混乱 |
| 书写 | 工整规范 | 比较规范 | 字迹清晰 | 潦草杂乱 |

注：各省特岗教师招聘考试中的教育写作评分标准略有差异，但整体上区别不大，该评分标准仅作参考。

以下对各个等级的评分标准进行解读：

**1. 内容**

（1）切合题意

一等切合题意，二等符合题意，三等基本符合题意，四等偏离题意。

现在的教育写作，无论是话题作文，抑或材料作文，正确的立意可能有多个，但是如果材料已经暗示了几个立意角度的关系，那么这些最佳立意角度、最具有辩证性的立意，就是最切合题意的。如果材料叙述冷静客观，没有流露褒贬，从几个允许的角度立意，都算符合题意。基本符合题意是指作文的中心论点与作文材料或题目有关联，是从材料引申出来的，阐述了题目的基本含意但又偏离了出题人本意的论点。偏离题意是指作文的中心论点与题目毫无关系，这个论点跑出了材料、命题含意的范围，如命题人让写的主题是“创新”，考生写的主题是“合作”。

（2）中心突出

一等中心突出，二等中心明确，三等中心基本明确，四等中心不明。

中心突出即全文明确表达出了一种观点，如赞同什么，反对什么，认为是什么，我们该怎么办，有明显的主论点和分论点，并且论据能充分表现主题。中心不明常表现为华丽语言堆积，多样论据、故事的罗列，各种观点都有，这些观点前后无关联，甚至矛盾，无主旨句，老师阅后不知在阐述怎样的道理。

（3）内容充实

一等内容充实，二等内容较充实，三等内容单薄，四等内容不当。

作文内容即作文中运用词句呈现出来的整体情况，包括各种论据、材料，记叙的事件、情节。内容充实指材料丰富真实，运用合理，针对现实，言之有物，且言之凿凿。内容单薄指文章像是在做简答题或论述题

一样，甚至空发议论，空喊口号，没有可信服的材料，满是空洞的说教之词。内容不当是指论述不着边际，记叙天马行空，让阅卷老师如坠云里雾里。

(4)思想感情

一等思想健康，感情真挚；二等思想健康，感情真实；三等思想基本健康，感情基本真实；四等思想不健康，感情虚假。

如果文章表达的思想感情是作者真挚感情的自然流露，与文章内容和谐一致，融为一体，合情合理，且传递的是正能量，引导读者积极向上，则视为思想健康，感情真挚。如果文章表达的感情不符合情理，甚至与文章内容相冲突，传递的是负能量，给读者以不良影响，把读者引向阴暗的死胡同，则视为思想不健康，感情虚假。

(5)深刻创新

一等深刻创新，二等比较新颖，三等有新颖语句，四等无新颖语句。

深刻侧重指观点方面：观点一针见血，入木三分，发现问题所在，给人以启发意义；透过现象看到事物本质，揭示事件的原因、过程、结果。创新包括作文的各个方面，涵盖观点、内容等。无新颖语句指满篇都是陈词滥调，说教之词，没有让人眼前一亮、耐人寻味的新巧词句。

**2. 语言**

一等语言流畅，二等语言通顺，三等语言基本通顺，四等语言不通顺。

以800字左右的作文为例，语言流畅即文章语句自然通顺，有文采，可以有0～1处词汇或句法错误；语言通顺即文章读起来上下衔接自然，不一定有文采，语病在3处内；语言基本通顺即上下语句大致能连起来，语病在3～4处；语言不通顺即有大量语病，读起来磕磕绊绊，影响理解。

**3. 结构**

一等结构严谨，二等结构完整，三等结构基本完整，四等结构混乱。

结构严谨即文章有严密有力的框架在支撑，这个框架保证文章可以坚强地站立，有始有终，并有说服力。同时，上下部分紧密相连，前后内容围绕中心，是个有机的整体。结构完整即文章大概有个框架，前后能比较自然地联系、过渡。结构基本完整即文章有个基本的小框架，前后稍微有联系。结构混乱即文章如一盘散沙，条理不清，逻辑不明，甚至没有成篇。

**4. 书写**

一等工整规范，二等比较规范，三等字迹清晰，四等潦草杂乱。

工整规范即卷面没有随意涂抹、勾勾画画等现象，书写规范，端正大方，全文整齐有力；比较规范即卷面没有随意涂抹、勾勾画画等现象，字体可能有大有小，上下错落，不够整齐；字迹清晰是指字迹能让老师看懂写的是哪个字；潦草就不单单是连笔的问题，而是“龙飞凤舞”，难以辨认，无从阅读。

## 二、写作的类型及特征

从命题方式来看，教育写作可以分为命题作文、材料作文和话题作文。

表9-2　写作的类型及特征

| | | |
|---|---|---|
| 命题作文 | 题型特征 | 要求考生根据给定的题目进行写作。这类写作对写作内容的限制性较强，直接体现写作意图，可以避免跑题，同时也将考生思想禁锢在一定范围内，不利于考生创造性的发挥 |
| | 实例展示 | 2018年五四青年节前夕，习总书记来到北京大学看望教师和学生，并与北大师生进行座谈，提出“教育兴则国家兴，教育强则国家强”。今天党和国家事业发展对优秀人才的需要也比以往任何时候都更迫切，培养社会主义建设者和接班人，是我们党的教育方针，是我国各级各类学校的共同使命。<br>请以“国势之强由于人，人材之成出于学”为题，写一篇议论文，字数不少于800字。要求：主题明确，思路清晰，结构严谨，语言流畅 |

| | | |
|---|---|---|
| 材料作文 | 题型特征 | 命题者只给定材料(文字或图画),要求考生在理解材料的实质、内涵,并审明题意后写作。命题者不在题面点明材料的含义 |
| | 实例展示 | 说到老师,你会想到谁?可能会想到孔子、陶行知、苏霍姆林斯基,可能会想到于漪、张玉滚、李芳,也可能会想到在你求学历程中对你产生积极影响的某些老师。说到“好老师”,你会想到什么词语?可能是师德高尚、教书育人,也可能是严肃认真、学识渊博,可能是风趣幽默、民主亲和……<br>请结合上述材料,深入思考,确定立意,自拟题目,写一篇不少于600字的议论文。 |
| 话题作文 | 题型特征 | 给定材料是对话题的说明、解释,目的在于帮助考生理解话题。<br>作为一种比较自由的写作形式,考生可以在文章中最大限度张扬个性,发挥自己的长处 |
| | 实例展示 | 在一次教师节前夕,习近平总书记来到北京师范大学看望教师和学生,观摩课堂教学,进行座谈交流,并提出好教师的四项标准是“有理想信念、有道德情操、有扎实学识,有仁爱之心”。<br>请以“好教师需有仁爱之心”为话题,写一篇议论文。要求:观点鲜明,主题明确,分析合理,论述深刻,语言连贯,字数不少于800字 |

## 三、议论文写作策略

### 考点1 立意

立意是确立文章总论点及其分论点的思维过程。它起着明确主旨、统领全文、指明写作方向的作用,在写作中处于核心地位。

**1. 立意的基本要求**

(1)立意要鲜明、集中。一篇文章赞扬什么(或歌颂什么),批评什么(或揭露什么),或说明什么道理,要观点明确,不能模棱两可。一篇文章必须围绕一个中心来写,不能分散,不能有两个(或多个)中心。

(2)立意要贴切、健康。立意要符合题目要求和命题意图,开放式材料作文的立意需符合材料的内容及要求。观点要正面积极,符合社会主流意识。

(3)立意要新颖、深刻。要善于从多层次、多角度、多方面来考察材料,做到以小见大、由表及里,从中挖掘出他人从未发现的新的思想内容。

**2. 立意的基本方法**

(1)抓关键词句法。有的材料为突出中心,会在材料中设置关键词、句(开头、结尾、对话),抓住这些关键词、句,再寻找关键词、句之间的逻辑关系,并对关键词、句的内涵进行阐释,找出其引申义、比喻义,就能列出符合题目要求的几个立意,从而准确把握材料主旨。

(2)以果溯因法。任何事物的产生、变化和发展,都有其内在或外在的原因。因此,考生可以阅读、分析材料的因果联系,从结果切入,以果溯因,从而确立文章的主题。

(3)多角度分析。一般来说,材料的各个立意点,是蕴含在材料所涉及的人和事上的,因而我们可以从材料中的人和事入手,问个“为什么”,提炼出多个观点。

### 考点2 标题

“题好文一半”,好的标题往往是传达文章主旨、内容和意蕴之神的“眼睛”,可以为文章增添色彩,从而吸引人阅读。拟写标题时,需审清题干对“标题”的要求,例如,以“××”为题/题目;以“××”为话题,自拟标题。

**1. 标题的基本要求**

(1)体现论点。古人云:题如文眼。在标题中体现论点,一者可以先为文章定下基调,确保论证条理清楚,说理分明;二者可以使阅卷者在第一时间明确考生观点,把握文章中心。

(2)简洁鲜明。英国著名戏剧大师莎士比亚曾说:"简洁是智慧的灵魂,冗长是肤浅的藻饰。"拟定文章标题,对考生的要求是用适量的字,表达出文章的中心。具体到字数上,单层标题不应超过一行,复合标题不应超过两行。

(3)略赋文采。"文似看山不喜平,画如交友须求淡。"袁枚在《随园诗话》中为我们点明了文章出彩的重点——文采。文采如同茶叶,稍加一些就会清芬扑鼻,舌有余香。

(4)书写规范。文章标题应居中书写,副标题加破折号在主标题下缩进两个字书写,尽量做到两边空格均匀。标题的书写格式如下:

□□□□□□□□□□□□□□□□□成长的引路者□□□□□□□□□□□□□□□□□□□□□

□□□□□□□□□□□□□□□□□□□□□——因材施教□□□□□□□□□□□□□□□□□□□

标题较长需回行时,最好居中排列;由一句话分成两部分或两个以上的句子组成的标题,应该在中间空一格,而不能在两句间加标点。长标题的书写格式如下:

□□□□□□□□□□□□□□营造温情氛围□呵护学生自尊□□□□□□□□□□□□□□□□

**2. 拟题的基本方法**

(1)点事实。"事实"指事情的实际情况。点事实,就是把材料中反映的某一事件或问题简单概括出来作为标题,也可以直接引用材料中的原话做标题。需要注意的是,题目中所涉及的事件或问题,一般是材料中的一个点或一个面,这个点或面往往最能反映材料中心,最具有代表性,最能表达作者的强烈感情。

(2)点论题。点论题也就是标题告诉了读者该文的议论范围。其特点为标题中含有"说""谈""论""讲"等词语。

[示例]*论新时代的素质教育/谈诚信*

(3)点论点。中心论点,是作者对所论述问题的最基本的看法,是作者在文章中所提出的最主要的思想观点,是全部分论点的高度概括和集中体现。用中心论点做标题,可以鲜明地告诉读者作者的见解和观点,即作者赞成什么,反对什么。此种标题多用判断句或陈述句的形式表达。点论点是写作题目拟定中最常用、最推崇的一种拟题方法。

[示例]*用宽容之心对待学生/责任是教师的使命*

**3. 优化标题的方法**

在教育写作中,作文标题的扣分点主要表现在:(1)标题表述欠妥,使人产生歧义;(2)标题不够具体,空洞乏味;(3)标题的观点、立场不够明确;(4)标题不够精练,句式复杂,语言啰嗦;(5)标题不够生动,难以给人留下深刻的印象。

因此,考生在准确拟定标题的基础上,还需要对标题进行优化,尽量使标题新颖生动,吸引读者眼球。优化题目的具体方法有:(1)直接引用古诗词、名言警句、成语典故等为标题。例如,《学高为师 身正为范》《赠人玫瑰 手留余香》等。(2)用比喻、拟人、对比等修辞手法优化标题。例如,《因材施教还是因"财"施教》《营造温情氛围 呵护学生自尊》等。

## 考点3 开头

**1. 开头的基本要求**

(1)有吸引力。教育写作,要起笔不凡,让阅卷者刚刚接触到文章,就被吸引住,有一睹全文的欲望。因此,开头要有吸引力。

(2)快速切入主题。文章的开头是文章的总体方向,要为总论点服务。因此,开头应快速切入主题,让阅卷者开篇便知道文章的核心观点是什么。开头不要啰嗦,要简明扼要,以实际内容提出或引出总论点,忌假大空,不要因为大量列举事例而忽略、埋没文章的中心论点。

(3)流畅引出下文。布局谋篇要考虑段与段、层与层之间的组合关系,开头除了要完成好自身的任务,还有个重要功能是引出下文,所以开头的最后一句通常要承上启下,或者宏观概括问题,或者简要论述,为下文的延伸阐述留出足够的空间。

**2. 开头的方式**

文章的开头是展现给读者的“第一缕阳光”，不仅奠定了行文的基调，而且能为读者带来一份好心境。常见的开头写法有“开门见山”式、引用名句式、妙用修辞式、故事引入式等。

（1）“开门见山”式。开篇直截了当地摆出观点，既能渲染出一种气势，也利于畅通文思，围绕论点展开议论。

（2）引用名句式。引用诗句、名言、格言、谚语等作为文章的开头，并顺其自然地引出自己的论点。这样不仅使文章立意深邃隽永，而且能展现作者的文采，有先声夺人之势。

（3）妙用修辞式。文章开头运用比喻、排比等巧妙而贴切的修辞方法，形成一种形式美，让人印象深刻。

（4）故事引入式。采用形象化议论，引入故事，提升立意。当然，故事应言简意赅，重点不在于故事本身，而在于为后文提供广阔的议论空间。

## 考点 4 论证

**1. 论证的基本要求**

（1）论据选取准确。论据选取准确包含两方面的内容。一方面是论据要和论点保持一致。另一方面，论据本身要正确，没有虚构、错误的内容，经得起推敲。

（2）论证说服充分。文章的论证，不但要选取正确的论据，还要对论据进行分析论述，这样才能更有效地证明论点。这就好比做菜，若将食材直接装盘上桌肯定是不行的，必须施展厨艺对食材进行加工。

（3）论证方法多样。单调、贫乏从来都是写作的禁忌，在教育写作中考生如能恰当地运用多种论证方法，就能使文章显得丰富而又富有变化，从而拉开与其他考生的距离。

**2. 论证的技巧**

（1）举例论证。举例论证是指运用典型事例来证明论点的方法。任何论点都不能独立存在，事实胜于雄辩，列举确凿、充分、有代表性的事例，能够增强论证的说服力。

（2）引用论证。引用论证也叫“引证”，即引用公理、名言警句、经典著作、历史文献、谚语、成语、俗语等作为论据，用以分析问题、说明道理。

（3）对比论证。对比论证是一种常用的、有说服力的论证方法。事物的特征和本质在对比中最容易显露出来，特别是正反相互对立的事物的比较，具有极大的鲜明性，能给人留下深刻的印象，通过对比，正确的论点会更加稳固。

## 考点 5 结尾

**1. 结尾的基本要求**

（1）完整简洁。结尾的重要作用之一是收束全文。古人说，文章结尾应当“如截奔马”，就是要把洋洋洒洒的文章在适当的地方收住。要掌握好分寸，决不拖泥带水。

（2）言之有物。我们写作时，对文章的结尾进行适当的升华，并对未来做出展望是可以的，但切忌空喊口号，无实质内容。

**2. 结尾的技巧**

（1）照应式结尾。照应式结尾是指结尾扣题，呼应上文，充分体现文章的连贯性，点明文章的主旨。照应式结尾包括照应标题和照应开头。

（2）总结性结尾。总结性结尾是指对全文内容进行综合和小结，对中心思想做一个准确的提炼和归纳，使读者对全文有一个清晰明确的总印象或点明主旨，揭示文章主旨。

（3）展望号召式结尾。展望号召式结尾是在文章结尾时发出真挚的呼唤，鼓舞人心，给读者强烈的心灵震撼。展望号召要求我们以坚定有力的语气指明事物未来的发展方向、政策走向，以及问题必然解决、情况必然改善的趋势和前景。一般以感叹句、陈述句等抒发感情，发出倡议。

（4）借用名言式结尾。借用名言式是指引用教育学家或哲人、经典名著中的权威论述，联系主题进行阐

释，借题发挥，有引有阐，开掘文章的内涵思想，提升全文的理论层次，展现教育、道义高度与人文情怀，烘托文章的立意。

## 四、教育写作真题精析

[2022河南，教育写作]阅读下面材料，根据要求写作。

教师要成为大先生，做学生为学、为事、为人的示范，促进学生成长为全面发展的人。

——习近平

(希望教师)当好学生成长的引路人，为培养德智体美劳全面发展的社会主义建设者和接班人、全面建设社会主义现代化国家不断作出新贡献。

——习近平

结合材料，深入思考，自拟题目，写一篇不少于600字的议论文。

[深度剖析]

(1)从材料内容来看，两则引言体现的都是对教师的期望：希望教师成为大先生；希望教师当好学生成长的引路人。

(2)从题目要求来看，规定字数及文体，要求考生写一篇不少于600字的议论文。

(3)从写作立意来看，考生在确定主题时一定要结合材料，材料的立意包括：①教师为什么要成为大先生；②教师怎样成为大先生；③教师为什么要当好学生成长的引路人；④教师怎样当好学生成长的引路人；等等。

[写作指导]

1. 写作思路

以“教师怎样当好学生成长的引路人”为例：

(1)确定主题：“教师怎样当好学生成长的引路人”。

(2)展开论述：根据确定的主题，并结合名人名言、名人故事等，从尊重学生、关爱学生、信任学生三个方面展开论述。

(3)结论点题：总结上文论据，得出结论，点明中心论点。即教师当好学生成长的引路人要做到尊重、关爱和信任学生。

2. 佳作示范及点评(满分40分)

(1)写作范文

论　师

蔡元培先生曾经说过：“教育者，养成人性之事业也。”一位好老师，胜过万卷书。每一位优秀的老师都是用自己的生命之光，照亮学生的人生旅途。在学生的成长过程中，老师的影响是至关重要的，有时甚至会超越父母的影响。因此，当好学生成长的引路人，要求老师做到以下几点。

第一，当好学生成长的引路人，要求老师尊重学生。鲁迅先生一次于家中宴客，儿子海婴同席。在吃鱼圆时，客人无不赞叹新鲜可口。唯海婴说：“鱼圆是酸的！”母亲听了，立马责备孩子胡说乱闹，不守规矩。看到一旁被责备后闷闷不乐的儿子，鲁迅便尝了尝儿子咬过的鱼圆，果然不怎么新鲜，于是颇有感慨地说：“孩子说不新鲜，我们不加以查看就抹杀，这是不对的。孩子说的话我们也得尊重啊！”教育的秘诀是尊重。要教育好学生，首先要尊重和理解学生，如果不先行理解，一味指挥，则有碍于学生发展。

第二，当好学生成长的引路人，要求老师关爱学生。陶行知先生说过：“不要你的金，不要你的银，只要你的心。”作为一名老师，要拿出自己的真心对待每一位学生。关爱学生是教师职业道德的灵魂，老师只有拿出一颗真心去关爱、善待学生，才能把学生培养成真、善、美的人。老师赤诚的爱，可以驱散学生的迷茫，哺育学生的自信，点燃学生的青春，扬起学生的征帆。

第三，当好学生成长的引路人，要求老师信任学生。苏联教育家苏霍姆林斯基说：“课堂上一切困惑和失败的根子，在绝大多数场合下都在于教师忘却了，上课是儿童和老师共同的劳动，这种劳动的成功，首先是由师生关系决定的。”良好师生关系的建立需要老师和学生相互信任。老师只有信任学生，才能被学生接纳和信任，继而与之建立起相互尊重、彼此理解的关系。

老师的一言一行都应体现对学生的尊重、关爱和信任，只有做到尊重、关爱和信任学生，才能引导学生亲其师，信其道，从而当好学生成长的引路人。

(2)专家点评

这篇作文紧密结合材料，论点清晰明了，并运用名人名言和名人故事来论证自己的观点，深入浅出地论述了教师当好学生成长的引路人的重要性及其要求。整篇作文结构严谨，中心突出，有可圈可点的佳句，是一篇佳作。拟定得分37分。

## 达标测评

| 建议用时 | 实际用时 | 测评总分 | 实际得分 |
| --- | --- | --- | --- |
| 40分钟 | _____分钟 | 40分 | _____分 |

教育写作(本大题共40分)

阅读下面材料，根据要求写作。

我国自古以来就有尊师重道的传统，教师被誉为“蜡烛”“春蚕”，然而在当下的社会中，经常会有极端的案例出现。例如，网上经常曝出学生家长到学校和教育局等相关部门提出要求更换老师，甚至出现辱骂、殴打老师的新闻，这其中的原因是老师对一些调皮捣蛋的学生进行了惩罚。很多老师纷纷表示，现在对于“熊孩子”不敢管、不能管。与此同时，还有一部分老师在课下、课上用非常难听的语言对学生进行辱骂。对此，学校却解释为：“这个老师比较严格，敢管学生。”

请结合以上材料，联系当今教育现状，自拟题目，写一篇不少于600字的作文。

## 参考答案及解析

教育写作(参考范文)

### 适度惩戒，有益成长

“应不应该惩戒学生”可谓是当下教育的热门话题。古语有言：“尊师重教。”在提倡师生如友、师生平等的当下社会，却出现了教师不敢管、不能管学生的现象。为什么不敢管？是因为家校之间会产生矛盾、冲突。为什么不能管？是因为有些教师会惩戒失度。那么，教师该不该惩戒学生呢？正所谓没有规矩，不成方圆。适度的惩戒，有利于维持秩序、督促学生遵守纪律；适度的惩戒，有利于学生的健康成长。

奖励和惩罚都是必不可少的教育手段，它们作为教育的外部调控手段，对学生个体道德的形成也起到一定的积极作用。所以说，适度惩戒学生是必不可少的。适度惩戒，就是对学生施行挫折教育、适应教育，让学生“长记性”，受磨炼，有鉴别。如果一味呵护学生，学生就犹如温室的花朵，难以经受现实的风雨。当然，也没有哪个老师只会一味地惩罚学生，他们只是怀着善意与教育之心去责罚学生罢了。曾获诺贝尔奖的英国科学家麦克劳德上学时曾偷杀了校长家的狗，校长采取的惩戒手段是让他画出两张解剖图，这个包含着理解、宽容的惩戒使麦克劳德懂得了什么是爱，并因此喜欢上了生物学。

惩戒作为一种以惩罚为特征的教育方式，与体罚不同的是，惩戒重戒，体罚重罚。适度的教育惩戒，就是让教师敢去教，能去教，就会更注重保护学生的身心健康不受侵害。当学生公然违反校规班纪时，一次小小的罚站可以让学生意识到规则的重要性；当班干部没有认真地履行职责时，一份小小的检讨可以让学生明白承担责任、完善自我的重要意义。这些适度惩戒的价值与功能是其他教育方法难以替代的。

适度惩戒，会让学生更有纪律、更懂规矩。适度惩戒就像是空气，时刻伴随着教育。没有适度惩戒的教育是不完美的，只有多一点鞭策，才能让学生更快地跑向成功之路。

# 第十部分

# 公共基础知识

# 内容导学

CONTENT GUIDANCE

本部分内容共分为四章。

第一章主要是对马克思主义哲学、习近平新时代中国特色社会主义思想的阐述。

第二章主要介绍马克思主义政治经济学、社会主义市场经济、微观经济学、宏观经济学。

第三章主要介绍包括中国历史、世界历史、中国传统文化、中国文学、外国文学、中国音乐与中国美术在内的人文常识。

第四章主要是对中外科技成就、生活常识的阐述。

本部分的题型以客观题为主，考生要重点掌握第一章至第四章的内容。在备考时，考生应结合报考地区的考情，有针对性地复习。

## 思维导图

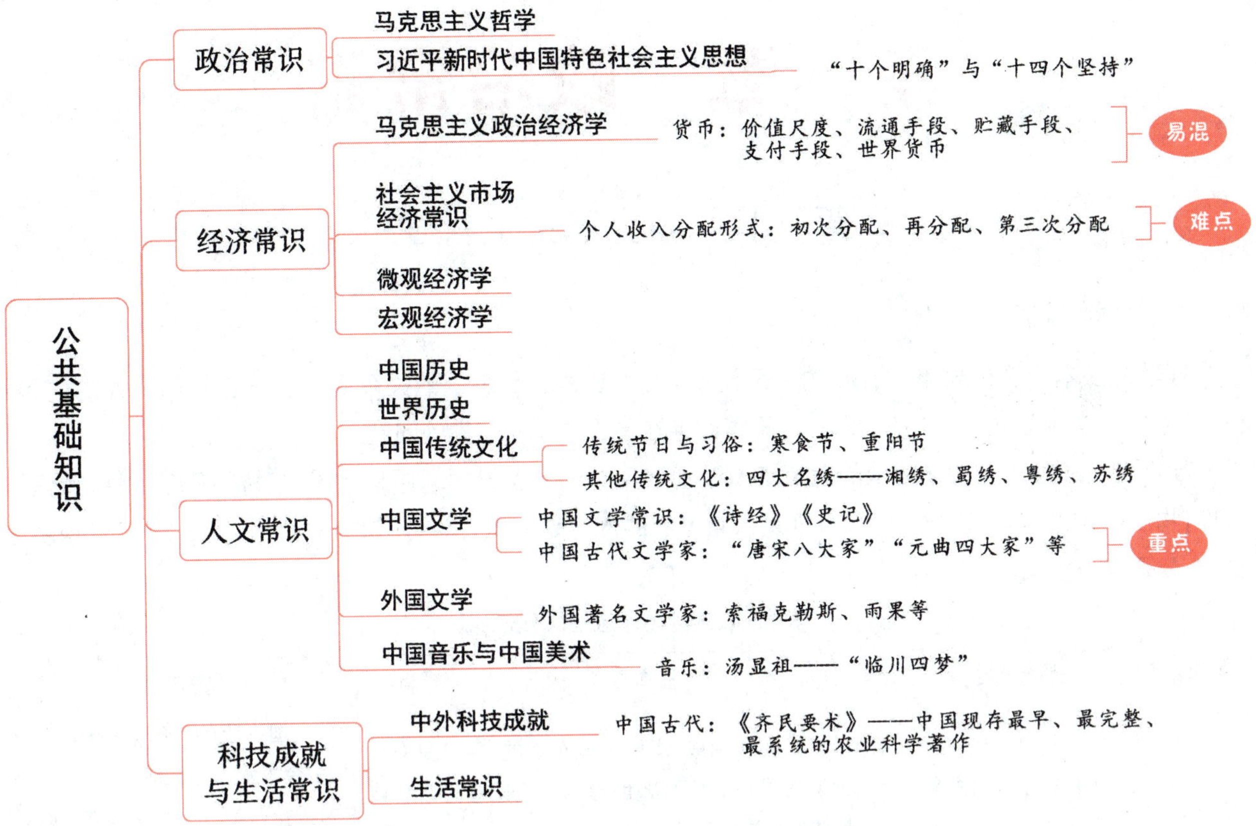

- 公共基础知识
  - 政治常识
    - 马克思主义哲学
    - 习近平新时代中国特色社会主义思想
      - “十个明确”与“十四个坚持”
  - 经济常识
    - 马克思主义政治经济学
      - 货币：价值尺度、流通手段、贮藏手段、支付手段、世界货币 【易混】
    - 社会主义市场经济常识
      - 个人收入分配形式：初次分配、再分配、第三次分配 【难点】
    - 微观经济学
    - 宏观经济学
  - 人文常识
    - 中国历史
    - 世界历史
    - 中国传统文化
      - 传统节日与习俗：寒食节、重阳节
      - 其他传统文化：四大名绣——湘绣、蜀绣、粤绣、苏绣
    - 中国文学
      - 中国文学常识：《诗经》《史记》
      - 中国古代文学家：“唐宋八大家”“元曲四大家”等 【重点】
    - 外国文学
      - 外国著名文学家：索福克勒斯、雨果等
    - 中国音乐与中国美术
      - 音乐：汤显祖——“临川四梦”
  - 科技成就与生活常识
    - 中外科技成就
      - 中国古代：《齐民要术》——中国现存最早、最完整、最系统的农业科学著作
    - 生活常识

## 考向分析

本部分是黑龙江、湖北、甘肃等省份的特岗笔试重点考查的内容，在考试中常以选择题、判断题等形式考查。本部分的考向分析如下：

| 考点名称 | 常考题型 | 能力层级 | 考查热度 |
|---|---|---|---|
| “十个明确”与“十四个坚持” | 单选 | 识记 | ★★ |
| 我国的社会主义基本经济制度 | 单选、多选 | 识记、理解 | ★★ |
| 传统节日与习俗 | 单选、多选 | 识记 | ★★ |
| 中国文学常识 | 单选、多选、判断 | 识记 | ★★ |
| 中国古代文学家 | 单选、多选、判断 | 识记、理解 | ★★★ |
| 中国现当代著名文学家 | 单选、多选、判断 | 识记、理解 | ★★★ |
| 外国著名文学家 | 单选、多选、判断 | 识记 | ★★ |
| 中国古代科技成就 | 单选、多选、判断 | 识记、理解 | ★★ |

核心考点

# 第一章 政治常识

## 第一节 马克思主义哲学

### 一、哲学概述 【判断】 ★

哲学的基本问题是思维和存在的关系问题，也就是物质和意识的关系问题。它包括两方面的内容：(1)思维和存在何者为第一性的问题；(2)思维和存在是否具有同一性的问题。

唯物主义和唯心主义是哲学的两大基本派别。凡是认为世界的本原是物质，坚持物质第一性，意识第二性，物质决定意识，就是唯物主义。凡是认为世界的本原是意识，坚持意识第一性，物质第二性，意识决定物质，就是唯心主义。

表10-1 哲学基本派别的历史形态

| 基本派别 | 历史形态 | 基本主张 | 代表观点 |
| --- | --- | --- | --- |
| 唯物主义 | 古代朴素唯物主义 | 认为世界由物质构成，本质上是正确的，并且具有朴素的辩证法思想。但有将世界的本原归结为某种或某些具体的物质形态的局限性 | (1)中国古代的五行学说认为，万物由金木水火土构成；<br>(2)天行有常，不为尧存，不为桀亡(荀子) |
| | 近代形而上学唯物主义 | 发展了唯物主义，但把物质等同于“原子”，具有机械性、形而上学性，且在历史观上陷入唯心主义 | (1)自然界由数目无穷、性质不同的异质元素构成(狄德罗)；<br>(2)万物的基础是原始物质，是基本元素(培根) |
| | 辩证唯物主义和历史唯物主义 | 将唯物主义和辩证法高度统一、唯物辩证的自然观和历史观高度统一 | 马克思主义哲学 |
| 唯心主义 | 主观唯心主义 | 把人的主观精神(如感觉、经验、心灵、意识、观念、意志等)看作世界上一切事物产生和存在的根源与基础，而世界上的一切事物则是由这些主观精神所派生的，是这些主观精神的显现 | (1)心外无物(王阳明)；<br>(2)我思故我在(笛卡尔)；<br>(3)存在即被感知。物是观念的集合(贝克莱) |
| | 客观唯心主义 | 客观唯心主义把客观精神(如上帝、鬼神、理念、绝对精神等)看作世界的主宰和本原，认为现实的世界只是这些客观精神的外化和表现 | (1)中外“神创论”；<br>(2)理在气先，理在事先(朱熹) |



真题面对面

[2022黑龙江，判断]荀子是我国儒家学派的集大成者之一。他提出了天道有其内在规律性，不因人的意志而改变。(　　)

答案：√

## 二、辩证唯物主义 【单选、多选】★

物质是标志着客观实在的哲学范畴。物质的唯一特性是客观实在性。

运动是物质的固有属性和存在方式。绝对运动和相对静止是统一的，二者相互区别又相互联系。

意识是物质世界长期发展的产物，是人脑特有的机能和属性，是物质世界的主观映象。物质决定意识，意识对物质具有能动的反作用。

规律是事物运动过程中固有的、本质的、必然的、稳定的联系。规律是客观的，是不以人的意志为转移的，它既不能被创造，也不能被消灭。例如，"天行有常，不为尧存，不为桀亡"。人可以在认识和把握规律的基础上，根据规律发生作用的条件和形式利用规律，改造客观世界，造福于人类。例如，庖丁解牛，巧妇难为无米之炊。

包括自然界和人类社会在内的整个世界，其真正的统一性在于它的物质性。世界物质统一性原理是马克思主义哲学的基石，也是我们从事一切工作的立足点，是一切从实际出发的思想路线的哲学基础。

## 三、唯物辩证法 【单选】★

唯物辩证法是关于世界普遍联系和永恒发展的科学，联系的观点和发展的观点是唯物辩证法的基本观点和总特征。唯物辩证法的三个基本观点是联系的观点、发展的观点和矛盾的观点。唯物辩证法的三大规律是对立统一规律、质量互变规律和否定之否定规律。

联系是指一切事物之间以及事物内部各要素之间的相互影响、相互制约和相互作用的关系。联系具有普遍性、客观性和多样性的特点。

发展是事物运动变化过程中内在具有的、前进的、上升的运动，具有永恒性、普遍性。发展的实质是新事物的产生和旧事物的灭亡。

矛盾即对立统一，是指事物内部或事物之间既对立又统一的关系，是事物发展的源泉和动力。马克思主义哲学秉持的根本分析方法是矛盾分析法。矛盾的普遍性要求我们用全面的观点看问题。矛盾的特殊性要求我们坚持具体问题具体分析。具体问题具体分析是正确认识事物的基础和正确解决问题的关键。

质量互变规律揭示了事物发展的形式和状态，体现了事物发展的渐进性和飞跃性的统一。质变和量变是辩证统一的。第一，量变是质变的必要准备；第二，质变是量变的必然结果，量变达到一定程度必然引起质变；第三，量变和质变相互渗透。因此，我们应重视量的积累，坚持适度原则，不失时机地促成质变。例如，"防微杜渐""月圆则缺，器满则倾""堤溃蚁孔，气泄针芒"。

事物辩证否定发展要经过两次否定、三个阶段，即"肯定—否定—否定之否定"，形成一个周期。否定之否定规律揭示了事物发展的总趋势是前进的、上升的，具体道路是曲折的，事物的发展过程是前进性和曲折性的统一。

真题面对面

[2021湖北，单选]下列选项与句子"干将为利，名闻天下，匠以治木，不如斤斧"所体现的哲理不相同的是( )

A. 割鸡焉用牛刀

B. 药对方，一口汤；不对方，一水缸

C. 象牙再好，总不能镶在口里

D. 月圆则缺，器满则倾

**答案**：D。"干将为利，名闻天下，匠以治木，不如斤斧"出自西汉刘向的《说苑·杂言》，意思是：宝剑干将的锋利闻名天下,木匠用它来砍树木,却赶不上用斧头。这句话体现了矛盾具有特殊性,应具体问题具体分析。A项,“割鸡焉用牛刀”的意思是:杀鸡怎能用宰牛的刀,这体现了矛盾具有特殊性,应具体问题具体分析。B项,“药对方,一口汤;不对方,一水缸”的意思是:汤药若能对症,喝下去就见效;若不对症,喝多少也治不了病,这比喻解决问题要有针对性,体现了矛盾具有特殊性,应具体问题具体分析。C项,“象牙再好,总不能镶在口里”表达了把象牙镶在口里的不适配性,体现了矛盾具有特殊性,应具体问题具体分析。D项,“月圆则缺,器满则倾”的意思是:月亮满圆,就要亏缺,容器装满,则将倾覆,这体现的是质量互变规律,强调了适度原则,与题干体现的哲理不同。故选D。

## 四、认识论

实践是人类能动地改造客观世界的物质性活动。实践是直接现实性活动,其基本特点是客观物质性、主观能动性和社会历史性。

认识是在实践基础上的主体对客体的能动反映。

在认识和实践的辩证关系中,实践是认识的基础,对认识起着决定作用:(1)实践是认识的基础和来源;(2)实践是认识发展的动力;(3)实践是认识的目的和归宿;(4)实践是检验认识真理性的唯一标准。

**记忆有妙招**

为方便考生记忆,编者将实践对认识的决定作用总结成以下口诀:

**出院立目标**:实践是认识的基础、来源、动力、目的和检验认识真理性的唯一标准。**出**:基础。**院**:来源。**立**:动力。**目**:目的。**标**:唯一标准。

认识反作用于实践。正确的认识对人的实践有积极的促进作用,错误的认识对人的实践有消极的阻碍作用。

真理是人们对客观事物及其规律的正确认识。真理具有客观性、绝对性和相对性的特点。谬误是指对客观事物及其发展规律的歪曲反映。真理和谬误是对立统一的。

价值是指主体和客体之间一种特定的关系,即客体以自身属性满足主体需要或主体需要被客体满足的效益关系。价值观是指人们对客观事物(包括人、物、事)及对自己的行为结果的意义、作用、效果和重要性的总体评价。价值观是一种社会意识,有正确与错误之分。正确的价值观是对社会存在的正确反映,能指导人们采取正确的行动;错误的价值观具有消极的导向作用。

## 五、历史唯物主义

社会存在和社会意识的关系问题,是社会历史观的基本问题。

社会存在是指社会物质生活条件的总和,其本质是社会生活的生产与再生产,即社会物质生活资料的生产方式,还包括地理环境和人口因素。社会意识是社会生活的精神方面,是社会存在的反映。

社会存在和社会意识是辩证统一的。社会存在决定社会意识,社会意识是社会存在的反映,并反作用于社会存在。(1)社会意识对社会存在的依赖性:社会存在的性质决定社会意识的性质,社会存在的变化发展决定社会意识的变化发展。(2)社会意识具有相对独立性:它在反映社会存在的同时具有自己特有的发展形式和规律。首先,社会意识和社会存在的发展具有不平衡性和不完全同步性。其次,社会意识内部各种形式之间相互作用、相互影响。最后,社会意识对社会存在具有能动的反作用,这是社会意

识相对独立性的突出表现。

生产力是人们利用自然条件获取物质生活资料与生产资料的能力。生产关系是人们在物质资料生产过程中形成的不以人的意志为转移的社会关系。生产力和生产关系存在着辩证统一关系,集中表现为生产力决定生产关系,生产关系对生产力具有反作用。

经济基础是指由社会一定发展阶段的生产力决定的占统治地位的生产关系的总和。上层建筑是指建立在一定经济基础之上的意识形态及相应的制度、组织和设施,它包括政治上层建筑和意识形态(观念上层建筑)两个部分。国家政权是上层建筑的核心。经济基础和上层建筑是辩证统一的关系。经济基础决定上层建筑,上层建筑对经济基础具有反作用。上层建筑反作用的性质,取决于它所服务的经济基础的性质,归根到底取决于它是否有利于生产力的发展。

生产关系一定要适合生产力状况的规律,上层建筑一定要适合经济基础状况的规律,是在任何社会中都起作用的普遍规律。

社会基本矛盾是社会发展的根本动力。生产力和生产关系的矛盾与经济基础和上层建筑的矛盾是社会基本矛盾。在这两对矛盾中,生产力和生产关系的矛盾具有更为根本的性质。

马克思主义哲学从社会存在决定社会意识、生产方式决定社会发展的基本观点出发,认为社会历史从根本上说是生产发展的历史,是人民群众创造的历史。人民群众创造历史的作用表现在:(1)人民群众是社会物质财富的创造者;(2)人民群众是社会精神财富的创造者;(3)人民群众是社会变革的决定力量。

## 第二节　习近平新时代中国特色社会主义思想

### 一、“十个明确”与“十四个坚持”　【单选】★★

#### 1.“十个明确”丰富内涵

表 10-2　“十个明确”丰富内涵

| 内容 | 具体说明 |
| --- | --- |
| 十个明确 | 明确中国特色社会主义最本质的特征是中国共产党领导,中国特色社会主义制度的最大优势是中国共产党领导,中国共产党是最高政治领导力量,全党必须增强“四个意识”、坚定“四个自信”、做到“两个维护” |
| | 明确坚持和发展中国特色社会主义,**总任务**是实现社会主义现代化和中华民族伟大复兴,在全面建成小康社会的基础上,分两步走在本世纪中叶建成富强民主文明和谐美丽的社会主义现代化强国,以中国式现代化推进中华民族伟大复兴 |
| | 明确新时代**我国社会主要矛盾**是人民日益增长的美好生活需要和不平衡不充分的发展之间的矛盾,必须坚持以人民为中心的发展思想,发展全过程人民民主,推动人的全面发展、全体人民共同富裕取得更为明显的实质性进展 |
| | 明确中国特色社会主义事业**总体布局**是经济建设、政治建设、文化建设、社会建设、生态文明建设五位一体,**战略布局**是全面建设社会主义现代化国家、全面深化改革、全面依法治国、全面从严治党四个全面 |
| | 明确**全面深化改革总目标**是完善和发展中国特色社会主义制度、推进国家治理体系和治理能力现代化 |
| | 明确**全面推进依法治国总目标**是建设中国特色社会主义法治体系、建设社会主义法治国家 |

第十部分

续表

| 内容 | 具体说明 |
|---|---|
| 十个明确 | 明确必须坚持和完善**社会主义基本经济制度**，使市场在资源配置中起决定性作用，更好发挥政府作用，把握新发展阶段，贯彻创新、协调、绿色、开放、共享的新发展理念，加快构建以国内大循环为主体、国内国际双循环相互促进的**新发展格局**，推动高质量发展，统筹发展和安全 |
| | 明确党在新时代的**强军目标**是建设一支听党指挥、能打胜仗、作风优良的人民军队，把人民军队建设成为世界一流军队 |
| | 明确**中国特色大国外交**要服务民族复兴、促进人类进步，推动建设新型国际关系，推动构建人类命运共同体 |
| | 明确**全面从严治党**的战略方针，提出新时代党的建设总要求，全面推进党的政治建设、思想建设、组织建设、作风建设、纪律建设，把制度建设贯穿其中，深入推进反腐败斗争，落实管党治党政治责任，以伟大自我革命引领伟大社会革命 |

**真题面对面**

[2019湖北，单选]当前我国社会的主要矛盾是(　　)

A. 生产力和生产关系、经济基础和上层建筑之间的矛盾

B. 人民日益增长的美好生活需要和不平衡不充分的发展之间的矛盾

C. 人民日益增长的物质文化需要同落后的社会生产之间的矛盾

D. 人民日益增长的物质文化需要和不平衡不充分的发展之间的矛盾

**答案：B**

### 2. “十四个坚持”基本方略

表10-3　“十四个坚持”基本方略

| 内容 | 具体说明 |
|---|---|
| 十四个坚持 | 领导力量：坚持党对一切工作的领导。党政军民学，东西南北中，党是领导一切的 |
| | 政治立场：坚持以人民为中心。人民是历史的创造者，是决定党和国家前途命运的根本力量 |
| | 发展动力：坚持全面深化改革。必须坚持和完善中国特色社会主义制度，不断推进国家治理体系和治理能力现代化 |
| | 发展导向：坚持新发展理念。发展是解决我国一切问题的基础和关键，发展必须是科学发展，必须坚定不移贯彻创新、协调、绿色、开放、共享的发展理念 |
| | 依靠力量：坚持人民当家作主。坚持党的领导、人民当家作主、依法治国有机统一是社会主义政治发展的必然要求 |
| | 法治保障：坚持全面依法治国。全面依法治国是中国特色社会主义的本质要求和重要保障 |
| | 精神力量：坚持社会主义核心价值体系。文化自信是一个国家、一个民族发展中更基本、更深沉、更持久的力量 |
| | 发展目的：坚持在发展中保障和改善民生。增进民生福祉是发展的根本目的 |

续表

| 内容 | 具体说明 |
| --- | --- |
| 十四个坚持 | 人与自然的关系：坚持人与自然和谐共生 |
| | 国家安全：坚持总体国家安全观 |
| | 国防和军队建设：坚持党对人民军队的绝对领导 |
| | 国家统一：坚持"一国两制"和推进祖国统一 |
| | 中国和世界的关系：坚持推动构建人类命运共同体 |
| | 党的自身建设：坚持全面从严治党。勇于自我革命，从严管党治党，是我们党最鲜明的品格。必须以党章为根本遵循，把党的政治建设摆在首位 |

## 二、五位一体"与"四个全面" 【单选】★

表 10-4 "五位一体"与"四个全面"

| 内容 | "五位一体"总体布局 | "四个全面"战略布局 |
| --- | --- | --- |
| **维度** | 建设中国特色社会主义的总体布局，是中国现代化建设重点着力的方面 | 基于当前国际国内政治生态、发展状态，着眼执政党肩负的历史使命，结合面临的主要矛盾和问题，从战略高度作出总体判断和筹划 |
| **提出背景** | 党的十八大 | 党的十八大提出"全面建成小康社会"，十八届三中全会提出"全面深化改革"，十八届四中全会提出"全面推进依法治国"，党的群众路线教育实践活动总结大会上提出"全面推进从严治党"。<br>党的十九届五中全会通过的《中共中央关于制定国民经济和社会发展第十四个五年规划和二〇三五年远景目标的建议》对"四个全面"战略布局作出了新表述 |
| **内涵** | 经济建设、政治建设、文化建设、社会建设和生态文明建设 | **全面建设社会主义现代化国家**，全面深化改革，全面推进依法治国，全面推进从严治党 |
| **逻辑关系** | 经济建设——根本<br>政治建设——保障<br>文化建设——灵魂<br>社会建设——条件<br>生态文明建设——基础 | 一个战略总目标——全面建设社会主义现代化国家<br>三大战略举措——全面深化改革，全面推进依法治国，全面推进从严治党 |

## 三、全面建成社会主义现代化强国的战略安排

全面建成社会主义现代化强国，总的战略安排是分两步走：从二〇二〇年到二〇三五年基本实现社会主义现代化；从二〇三五年到本世纪中叶把我国建成富强民主文明和谐美丽的社会主义现代化强国。

# 第二章　经济常识

## 第一节　马克思主义政治经济学

### 一、商品

商品是用来交换的劳动产品，劳动产品不一定是商品，但商品一定是劳动产品。商品具有使用价值和价值两种属性。使用价值是商品的自然属性，不反映社会生产关系。价值是商品的社会属性，体现商品生产者之间相互比较和交换劳动的经济关系。

价值决定价格。价值是价格的基础，价格是价值的货币表现。在其他条件不变的情况下，商品的价值量越大，价格越高；商品的价值量越小，价格越低。

价值规律的基本内容：商品价值量由生产该商品的社会必要劳动时间决定，商品交换以价值量为基础，实行等价交换。

价值规律的表现形式：商品价格受供求关系的影响，围绕价值上下波动。

### 二、货币

货币是从商品中分离出来，固定地充当一般等价物的商品。货币的本质就是一般等价物。

价值尺度指货币充当衡量商品价值量大小尺度的职能。价值尺度是货币的基本职能。

流通手段指货币在商品交换中充当媒介作用的职能。流通手段是货币的基本职能。

贮藏手段指货币作为社会财富的代表，可以退出流通，并贮藏起来的职能。

支付手段指货币用来清偿债务或支付赋税、租金、工资等的职能。

世界货币指货币在国际市场上作为一般等价物的职能。

流通手段与支付手段易混淆，考生做题时要注意区分：流通手段表示一手交钱，一手交货，商品的让渡和货币的让渡在同一时间内完成；支付手段则表示商品的让渡和货币的让渡不在同一时间内完成。

### 三、消费　【单选、多选】★

收入是消费的前提和基础。在其他条件不变的情况下，人们当前可支配收入越多，对各种商品和服务的消费总量就越大。

居民收入不仅取决于当前的收入，而且受未来收入预期的影响。对于未来收入，如果人们有非常乐观的预期，那么预支将来收入的可能性就会加大；反之，预期未来有减少收入或者失业的风险时，人们就会节制当前的消费，以备不时之需。

人们收入差距的大小会影响社会总体消费水平。人们的收入差距过大，总体消费水平会降低；反之，收入差距缩小，会使总体消费水平提高。

从根本上说，家庭消费水平受社会经济水平的制约。要提高家庭消费水平，必须大力发展生产力。

生产决定消费：(1)生产决定消费的对象；(2)生产决定消费的方式；(3)生产决定消费的质量和水平；(4)生产为消费创造动力。

消费对生产具有重要的反作用:(1)消费是生产的目的;(2)消费调节生产;(3)消费是生产的动力;(4)消费为生产创造出新的劳动力,并提高劳动力的质量,提高劳动者的生产积极性。

**真题面对面**

[2020湖北,单选]有机蔬菜光鲜亮丽,农药化肥等残留少,谁看着都喜欢,更想购买,但较高的价格却让很多普通消费者望而却步。对消费者这种矛盾心理产生的原因,以下分析正确的是(　　)

A. 未来收入预期影响人们当前的消费　　B. 商品的高品质决定了商品的高价格

C. 供求关系对商品的价格有直接影响　　D. 消费者的收入是消费的基础和前提

答案:D

### 四、资本和剩余价值

资本是一种能够带来剩余价值的价值,它体现着资本家剥削工人的关系。资本在生产过程中以生产资料和劳动力两种形态存在。因此,马克思把资本分为不变资本和可变资本。

剩余价值是指在剥削制度下,被统治阶级剥削的,劳动者所生产的新价值中,劳动创造的价值和劳动报酬之间的差额,即"由劳动者创造的被资产阶级无偿占有的劳动"。剩余价值规律即剩余价值的产生及资本增殖的规律,是资本主义的基本经济规律。

## 第二节　社会主义市场经济常识

### 一、社会主义生产关系的实质

社会主义生产关系的实质是以生产资料公有制和按劳分配为基础,消灭剥削,消除两极分化,最终实现共同富裕。生产资料的社会主义公有制是社会主义生产关系的基础和本质体现,按劳分配是社会主义公有制在分配领域的体现和要求,共同富裕是社会主义经济制度所要实现的最终目标。

### 二、我国的社会主义基本经济制度　【单选、多选】★★

多年来,我国把公有制为主体,多种所有制经济共同发展作为基本经济制度。十九届四中全会对社会主义基本经济制度作出了一个新概括,将"公有制为主体、多种所有制共同发展""按劳分配为主体、多种分配方式并存"以及"社会主义市场经济体制"这三项制度并列,都作为社会主义基本经济制度,这是对社会主义基本经济制度内涵的重要发展和深化。

表10-5　我国的个人收入分配形式

| 分配阶段 | 分配主体 | 分配形式 | 收入形式举例 |
| --- | --- | --- | --- |
| 初次分配 | 社会主义公有制企业等 | 按劳分配 | 国有企业、集体企业职工的工资、奖金和津贴;<br>农民承包经营集体土地的收入 |
| | 个体劳动者 | 按个体劳动者劳动成果分配 | 个体劳动者的收入 |
| | 要素所有者 | 按生产要素分配 | (1)按资本要素分配:私营企业主生产经营取得的税后利润和投资者获得的债权利息、股息收入等;<br>(2)按技术、信息要素分配:科技工作者、信息工作者提供新技术和信息资料取得的收入; |

续表

| 分配阶段 | 分配主体 | 分配形式 | 收入形式举例 |
| --- | --- | --- | --- |
| 初次分配 | 要素所有者 | 按生产要素分配 | (3)按土地要素分配：土地、房屋的租金等；<br>(4)按劳动要素分配：在私营企业和外资企业中，劳动者所获得的工资收入等；<br>(5)按管理要素分配：企业的管理人才凭借其管理才能在生产经营中的贡献而参与分配；<br>(6)按数据要素分配 |
| 再分配（二次分配） | 政府等 | — | 个人所得税、退休人员养老金、银行信贷和其他转移收支 |
| 第三次分配 | 社会力量 | — | 社会救助、民间捐赠、慈善事业、志愿者行动 |

**重难点解读**

(1)区分初次分配、再分配与第三次分配时，一般从分配主体和分配原则的角度判断。(2)最低工资保障制度是我国一项劳动和社会保障制度，最低工资保障属于初次分配的内容。

**真题面对面**

[2022湖北，单选]收入再分配是政府进行宏观经济调控，维持社会公平的重要手段。以下不属于收入再分配的是(　　)

A. 房产税　　B. 最低生活保障　　C. 医疗保险　　D. 最低工资保障

答案：D

## 第三节　微观经济学

### 一、供需理论　【单选】★

需求是指消费者在某一特定时期内，在一既定的价格水平下愿意而且能够购买的商品和劳务量。

需求定理，即在其他条件不变的情况下，某商品的需求量与价格之间呈反方向变动。需求量随着商品价格的上升而减少，随着商品价格的下降而增加。

需求价格是消费者购买一定数量的某种产品所愿支付的最高价格。

需求价格弹性简称为需求弹性或价格弹性，它表示在一定时期内一种商品的需求量变动对于该商品的价格变动的反应程度。影响需求价格弹性的因素有：(1)相似替代品的可获得性。(2)必需品与奢侈品。一般而言，生活必需品的需求弹性较小，奢侈品需求弹性大。"谷贱伤农"现象可以用供需理论解释。这种现象出现的原因就在于粮食是生活必需品，需求的价格弹性小。(3)市场的定义。任何一个市场的需求都取决于我们所划定的市场范围，市场小则容易找到替代品。(4)商品用途的广泛性。(5)商品消费支出在消费者预算支出中所占的比重。(6)消费者调整需求量的时间。

供给指厂商在某一特定时期内，在每一价格水平时愿意而且能够出售的商品和劳务的数量。从长期来看，生产是为了销售，生产量与供给量理应一致。

供给法则，即假定其他条件不变，则某一商品的供给量与其自身价格成正方向变化。(该法则也有例外，如劳动的供给曲线)

供给价格是生产者销售一定数量的某种产品时所愿接受的最低价格。

## 二、消费者行为理论 【单选】★

效用指人们从消费一定量的商品或服务中获得的满足程度，是一种主观心理感受。边际效用指消费者每增加一单位商品的消费时总效用的增量。总效用是指消费者在消费若干单位商品时所感受到的满足程度的总和。

边际效用递减规律是指在一定时期内，其他条件不变时，对消费者来说，一种商品的边际效用随着对它的消费数量的增加而递减。边际效用具有时间性，这是由欲望的再生性和反复性特点所决定的。边际效用的大小，同消费者消费数量的多少呈负相关，即消费者消费数量越多，相应的边际效用则越小。边际效用的大小，同消费者欲望的强弱呈正相关。

## 三、基尼系数与恩格尔系数 【单选】★

基尼系数是用来综合考察居民内部**收入分配差异状况**的一个分析指标。基尼系数的数值越靠近1，收入分配越不平等，越靠近0越平等。基尼系数超过0.4就进入了警戒状态，而一旦超过0.6则意味着可能发生社会动荡。

恩格尔系数是国际通用的衡量一个国家或地区人民**生活水平**的重要指标，它是食物支出与总消费支出之比。一个国家或家庭的生活越贫困，恩格尔系数就越大；反之，生活越富裕，恩格尔系数就越小。

# 第四节　宏观经济学

## 一、宏观调控 【多选】★

宏观调控是指国家运用各种手段对国民经济进行的控制和调节。

宏观经济政策的四大目标就是：(1)充分就业；(2)物价稳定；(3)经济增长；(4)国际收支平衡。

宏观调控手段是指政府在进行宏观调控时所采用的方式、方法和工具，主要有经济手段、行政手段和法律手段。

## 二、通货膨胀与通货紧缩 【单选】★

通货膨胀是指整个社会物价水平的持续和普遍的上涨。按照价格水平上涨的幅度，可将通货膨胀分为三种类型：温和通货膨胀、严重通货膨胀和恶性通货膨胀。

通货紧缩是指市场上流通的货币量少于商品流通中所需要的货币量而引起的货币升值、物价普遍持续下跌的状况。

> 易错点提示
>
> 
> 
>
> 
>
> 从成因角度看，通货膨胀与通货紧缩的共同点是由于社会总需求与社会总供给不平衡造成的。但二者本质不同，通货膨胀的实质是社会总需求大于社会总供给，通货紧缩的实质是社会总需求小于社会总供给。

## 三、失业 【多选】★

失业是指有劳动能力的人想工作而找不到工作的社会现象。

摩擦性失业指人们由于转换工作岗位、工作地点或初次寻找工作而放弃当前的就业机会所引起的失业。结构性失业指由经济变化导致的，如社会需求变化、产业结构变化而引起的一些行业就业人员需求相应下降，并促使劳动力在行业、地区之间重新配置而造成的失业。

充分就业是指凡是有能力并自愿参加工作者，都能在较合理的条件下随时找到合适的工作。通常以失业率指标来衡量劳动力的就业程度。但充分就业不意味着失业率等于零。在充分就业情况下，仍然会存在摩擦性失业和自愿失业。

第十部分

# 第三章 人文常识

## 第一节 中国历史

### 一、中国古代史 【单选、判断】 ★

**1. 夏商周时期**

约公元前2070年，禹建立了夏朝，这是我国历史上第一个王朝。

由于夏朝最后一个国王桀的暴政，约公元前1600年，商汤率领周围的小国和部落灭夏，商朝建立。

由于商朝最后一个国王商纣王的暴政，周武王率军伐纣，约公元前1046年，双方在牧野大战，商朝灭亡。周武王建立西周，定都镐京(在今西安)。

公元前770年，周平王东迁洛阳，史称“东周”。东周分为春秋和战国时期。春秋是我国奴隶社会的瓦解时期；战国则是我国封建社会的形成时期。

春秋时期的主要霸主有：齐桓公、晋文公、楚庄王、吴王阖闾、越王勾践。

“战国七雄”是指战国时期七个主要的国家：齐、楚、燕、韩、赵、魏、秦。

**2. 秦汉时期**

秦王嬴政先后灭掉韩、赵、魏、楚、燕、齐六国，于公元前221年实现统一，建立秦朝，定都咸阳。秦王嬴政称帝，史称“秦始皇”。秦朝建立的中央集权制度，奠定了中国两千余年政治制度的基本格局，奠定了中国大一统王朝的统治基础。

公元前209年，陈胜、吴广在大泽乡发动起义，这是中国历史上第一次大规模的农民起义。公元前207年，项羽在巨鹿之战中最终以少胜多，打败秦军主力。(成语：破釜沉舟)

公元前206年至公元前202年，刘邦与项羽进行了为期四年的楚汉之争，以项羽战败而终。(成语：十面埋伏，霸王别姬，四面楚歌)

公元前202年，刘邦定国号汉，定都长安，历史上称为西汉。刘邦就是汉高祖。

汉文帝、汉景帝时期，政治清明，经济发展，社会比较安定，百姓日益富裕，历史上称这一时期的统治为“文景之治”。

到公元前140年汉武帝即位后，西汉王朝进入了空前繁荣时期。汉武帝采纳董仲舒的建议，实施“罢黜百家，独尊儒术”，自此以孔孟为正宗的儒学成为统治阶级的正统思想。

25年，刘秀在河北鄗南(今河北柏乡北)的千秋亭即位，建立汉政权，七月攻克洛阳，定为国都。因洛阳在西汉古都长安以东，故刘秀所建汉政权被称为“东汉”。刘秀采取措施，以“柔道”治天下，巩固统治，加强了专制主义中央集权，史称“光武中兴”。

班超不甘于为官府抄写文书，投笔从戎，随窦固出击北匈奴，两次出使西域，为西域的回归作出了巨大贡献，官至西域都护，封定远侯，世称“班定远”。(成语：投笔从戎；不入虎穴，焉得虎子)

**3. 三国、两晋、南北朝时期**

200年，曹操以少量兵力于官渡打败袁绍10多万大军，史称“官渡之战”。“官渡之战”奠定了曹操统一北方的基础。

208年，孙权、刘备于赤壁以少胜多战胜曹操，史称“赤壁之战”。“赤壁之战”奠定了三国鼎立形成的基础。(成语：羽扇纶巾；草船借箭；万事俱备，只欠东风)

220年，曹操的儿子曹丕自立为帝，定都洛阳，建立魏国。221年，刘备在成都称帝，建立蜀汉政权。229年，孙权称帝，建立吴国。三国鼎立局面形成。

266年，司马炎代魏称帝，国号晋，史称西晋。280年，西晋发兵灭吴，重新统一南北。316年，匈奴兵攻占长安，西晋灭亡。西晋的统一前后仅36年。317年，司马睿重建晋朝，定都建康，史称“东晋”。

383年，前秦苻坚在统一北方后，组成近90万大军，挥师南下，企图一举灭晋。东晋谢玄率部将于淝水大破前秦军，史称“淝水之战”。(成语：风声鹤唳；草木皆兵；投鞭断流)

420年，东晋大将刘裕废东晋皇帝，自立为帝，国号宋。此后的近170年间，南方又先后出现了宋、齐、梁、陈四个王朝，都城均在建康，史称南朝。南朝中，宋疆域最大，齐统治时间最短，陈最弱小。

386年，鲜卑族拓跋珪建立北魏。6世纪，北魏分裂成东魏和西魏。后来，东魏和西魏又各自为北齐和北周所代替。北方的这五个朝代总称北朝，南朝和北朝并存，称为“南北朝”。

**真题面对面**

1. [2020湖北，单选]下列成语与相关历史人物对应错误的是(　　)

A. 曹操——望梅止渴　　B. 赵括——投笔从戎

C. 孔明——草船借箭　　D. 文同——胸有成竹

2. [2021黑龙江，判断]“赤壁之战”是指东汉末年孙权、曹操联军在赤壁一带打败刘备军队的一次著名战役。(　　)

答案：1. B　2. ×

### 4. 隋唐时期

581年，杨坚(隋文帝)夺取北周政权，建立隋朝，定都长安。隋文帝在位年间人民安居乐业、政治安定，开创了“开皇之治”的繁荣局面。

隋末爆发了大规模的农民起义，隋朝大臣李渊及其子李世民等乘机起兵，攻占长安。李渊于618年建立唐朝。

唐太宗李世民在位时政治清明，经济复苏，文化繁荣，史称“贞观之治”。

690年，武则天称帝，改国号为周，成为中国历史上唯一的女皇帝。

### 5. 五代十国及宋元时期

从907年节度使朱温废唐建立后梁，到960年北宋建立，黄河流域相继有后梁、后唐、后晋、后汉、后周五个朝代更替，统治北方长达50多年，史称五代；与五代同时，在南方各地和北方的山西出现过10个割据政权交替并存，总称十国。

960年，后周大将赵匡胤在陈桥驿发动兵变，建立宋朝，定都东京(今河南开封)，史称北宋。赵匡胤就是宋太祖。北宋建立后，陆续消灭了五代十国割据政权，结束了中原和南方的分裂局面。

1127年，赵构登上皇位，定都临安(今杭州)，史称南宋。1141年南宋与金达成和议，南宋向金称臣，并向金纳岁币，双方以淮水到大散关一线划定分界线，宋金对峙局面形成。

1206年，蒙古贵族召开大会，推举铁木真为大汗，尊称他为“成吉思汗”，建立蒙古国。1271年忽必烈定国号为元，1272年定都大都。忽必烈就是元世祖。忽必烈即位后，即攻打南宋，1279年南宋灭亡。至此，自唐末以来长达300多年的分裂割据局面结束，元朝实现了全国的大统一。

### 6. 明清时期

1368年，朱元璋以应天府为都城，称帝，建立明朝，朱元璋即明太祖。

1636年，皇太极在盛京(沈阳)称帝，改国号为大清。

1644年，李自成率领农民起义军攻入北京城，明朝灭亡。

**记忆有妙招**

为方便考生记忆，编者将各个朝代的先后顺序总结成以下口诀：

夏商与西周，东周分两段。春秋和战国，一统秦两汉。三分魏蜀吴，二晋前后延。南北朝并立，隋唐五代传。宋元明清后，王朝至此完。

## 二、中国近代史 【单选、判断】★

### 1. 第一次鸦片战争

1839年，林则徐开展禁烟运动。1840年6月，英国挑起鸦片战争，迫使清政府于1842年签订了中国近代史上第一个不平等条约——中英《南京条约》。第一次鸦片战争使中国开始沦为半殖民地半封建社会，中国进入旧民主主义革命时期。第一次鸦片战争是中国近代社会的开端。

### 2. 洋务运动

19世纪60年代，清朝统治阶级内部一部分人士，认识到西方武器和科学技术的先进性，掀起以"自强""求富"为口号、以巩固清朝统治为目的的洋务运动。参与和提倡洋务运动的代表人物有曾国藩、左宗棠、李鸿章、张之洞等。

### 3. 第二次鸦片战争

为了扩大对中国的经济掠夺，1856年，英、法发动了第二次鸦片战争。1858年，清政府分别与俄、英、法、美签订《天津条约》。1860年10月，英法联军攻入北京，抢劫焚毁了圆明园，又逼迫清政府签订了《北京条约》。

### 4. 甲午中日战争

1894年7月，日本舰船袭击北洋舰队，正式发动了侵华战争。1894年9月，黄海大战爆发，民族英雄邓世昌战死，日本舰队控制了黄海制海权。1895年初，日本进犯北洋海军基地威海卫，海军提督丁汝昌拒降自杀，北洋舰队全军覆没。1895年春，李鸿章等与伊藤博文等在日本马关谈判，签订了《马关条约》。

### 5. 维新运动

1895年春，康有为、梁启超联合参加会试的1300多名举人上书光绪帝，提出一系列变法主张，史称"公车上书"。1898年6月，光绪帝颁布了政治、经济、文化教育、军事等方面的一系列变法诏令，由新兴资产阶级发动的变法运动开始，史称"戊戌变法"。

1898年9月21日，慈禧太后发动政变，宣布"临朝听政"，囚禁光绪帝，下令逮捕维新派，杀害积极推动变法运动的谭嗣同、杨锐、林旭、刘光第、杨深秀、康广仁等人，变法失败。

### 6. 八国联军侵华

八国联军是指1900年英、法、德、美、日、俄、意、奥等国，为阻止义和团对北京使馆区的围攻并镇压中国北方义和团运动而派遣的联合远征军。八国联军的行动，直接导致义和团被消灭和京津一带清军的溃败，迫使慈禧太后挟光绪帝逃往陕西西安。1901年9月，清政府被迫与英、法、德、美、日、俄、意、奥、荷、比、西共11国签订丧权辱国的《辛丑条约》。《辛丑条约》使中国完全陷入半殖民地半封建社会的深渊。

### 7. 辛亥革命与民国成立

1905年8月，中国资产阶级革命派在日本东京成立了中国同盟会，孙中山为总理。同盟会制定了"驱除鞑虏、恢复中华、创立民国、平均地权"的政治纲领。后来孙中山将其阐发为"民族""民权""民生"的三民主义，成为辛亥革命的指导思想。孙中山是中国民主革命伟大先行者。

1911年10月10日晚，湖北新军工程营的革命党人打响了武昌起义的第一枪，汉口、汉阳的新军起义回应，革命在武汉三镇取得了胜利。1911年是旧历辛亥年，历史上称这次革命为"辛亥革命"。

1911年12月，独立各省代表在南京集会，选举孙中山为中华民国临时大总统，选举黎元洪为副总统。1912年元旦，孙中山在南京宣誓就职，中华民国成立。1912年2月12日，清帝宣布退位，清朝灭亡。

### 8. 新文化运动

辛亥革命后，一些激进的资产阶级、小资产阶级知识分子在思想文化领域掀起了一场反对封建复古主义和专制主义的斗争，即"新文化运动"。

1915年9月，陈独秀在上海创办《青年杂志》(后改名为《新青年》)，并在创刊号上发表《敬告青年》一文，成为新文化运动开始的标志。新文化运动提出了"民主"与"科学"的口号，代表人物有陈独秀、李大钊、鲁迅、胡适等。

**9. 五四运动**

1919年在第一次世界大战战胜国召开的巴黎和会上，中国代表外交的失败成为五四运动的导火线。

1919年5月4日，北京学生3000多人在天安门前集会游行，军警逮捕集会游行学生。随后，全国许多城市学生罢课，商人罢市，工人罢工，迫使北洋军阀政府释放了被捕学生，罢免曹汝霖、陆宗舆、章宗祥三人的职务，并拒绝在对德和约上签字。

五四运动是一次彻底的反帝反封建的爱国运动，是中国新民主主义革命的开始。五四运动为中国共产党的成立奠定了基础。

**10. 中国共产党的成立**

1921年7月，中国共产党第一次全国代表大会在上海和浙江嘉兴举行，标志着中国共产党的成立。中共一大的内容：通过第一个党纲，确定党的奋斗目标是实现共产主义；中心任务是领导工人运动；选举陈独秀为中央局书记。

**11. 武装反抗国民党反动派**

1927年8月1日，周恩来、贺龙、朱德、叶挺等人率领两万多人在南昌宣布起义，打响了武装反抗国民党反动统治的第一枪。

八七会议是中共中央政治局于1927年8月7日在汉口召开的紧急会议，给正处于思想混乱和组织涣散的中国共产党人指明了新的出路，为挽救党和革命作出了巨大贡献。

遵义会议是指1935年1月15日至17日中共中央政治局在贵州遵义召开的独立自主地解决中国革命问题的一次极其重要的扩大会议，纠正了博古"左"倾领导在军事指挥上的错误。这次会议是中国共产党第一次独立自主地运用马克思列宁主义基本原理解决自己的路线、方针、政策问题的会议，在极端危险的时刻，挽救了党和红军。这次会议开始实际确立了以毛泽东为主要代表的马克思主义的正确路线在中共中央的领导地位，是中国共产党历史上一个生死攸关的转折点，标志着中国共产党从幼稚走向成熟。

**12. 中国人民抗日战争**

1931年9月18日，日本关东军策划自行炸毁南满铁路柳条湖附近的一段路轨，并反诬为我国军队破坏，以此为借口，炮轰我国东北军驻地北大营，占领沈阳城，制造了震惊中外的"九一八"事变。"九一八"事变后，中国人民开始了长达十四年的抗战。

西安事变的和平解决，成为扭转时局的关键，标志着十年内战局面基本结束，国共合作的抗日民族统一战线初步形成。

1937年7月7日，日军炮轰宛平城及卢沟桥，中国守军奋起抵抗，史称"七七事变"或"卢沟桥事变"。"七七事变"标志着全国性抗日战争的开始。

为逼国民政府投降，日军发动了"八一三事变"，大举进攻上海。1937年12月，日军占领南京，烧杀抢掠，在占领南京的六周内，屠杀南京和平居民和放下武器的士兵达30万人以上。

1945年8月15日，日本天皇发表《终战诏书》，宣布无条件投降。中国人民抗日战争是一百多年来中国人民反对帝国主义侵略的第一次取得完全胜利的民族解放战争，成为中华民族由衰败到重新振兴的转折点，为中国的独立和解放奠定了基础。

**13. 中国人民解放战争**

1946年6月，国民党军队以重兵围攻中原解放区，全面内战爆发。1948年9月至1949年1月，人民解放军连续组织了规模空前的辽沈、淮海和平津三大战役。1949年4月23日，南京解放，标志着统治中国22年之久的南京国民政府垮台。



**真题面对面**

1.［2020黑龙江，单选］第一次鸦片战争爆发的时间是（　　）

A. 1840年　　B. 1856年　　C. 1910年　　D. 1937年

2.［2019黑龙江，判断］五四运动是中国历史上具有划时代意义的重要事件，标志着中国新民主主义革命的开端。(　　)

答案：1. A　2. √

## 三、中国现代史

**1. 中华人民共和国成立**

1949年10月1日，中华人民共和国成立。中华人民共和国的成立是中国历史的伟大转折。从此中国真正成为独立自主的国家，中国人民从此站起来，成为国家的主人。

**2. 抗美援朝战争**

1950年，美国派兵武装干涉朝鲜内政，把战火烧到中朝边境。朝鲜请求中国出兵援助。同年10月，中国人民志愿军赴朝参战。1953年7月，美国被迫在停战协议上签字，抗美援朝战争取得胜利。

**3. 社会主义“三大改造”**

1953年至1956年，中国共产党在全国范围内组织了对农业、手工业和资本主义工商业进行的社会主义改造。三大改造的基本完成，标志着我国基本上实现了把生产资料私有制转变为社会主义公有制，初步建立了社会主义的基本经济制度，从此，进入社会主义初级阶段。

**4. 中共八大**

1956年9月15日至27日，中国共产党第八次全国代表大会在北京召开。大会正确地分析了国内形势和主要矛盾的变化，指出在社会主义制度已经建立的情况下，国内的主要矛盾是先进的社会制度同落后的社会生产力之间的矛盾，党和全国人民今后的主要任务是集中力量发展社会生产力。

**5. 十一届三中全会**

1978年12月，中国共产党第十一届三中全会在北京召开。全会确定了解放思想、实事求是、团结一致向前看的方针，否定了“两个凡是”的错误理论，停止了“以阶级斗争为纲”的错误方针，作出把党和国家的工作重心转移到经济建设上来，实行改革开放的伟大决策。中共十一届三中全会是建国以来党的历史上具有深远意义的转折。它完成了党的思想路线、政治路线和组织路线的拨乱反正，是改革开放的开端。从此，中国历史进入社会主义现代化建设的新时期。

# 第二节　世界历史

## 一、世界古代史

世界四大文明古国分别是：古巴比伦、古埃及、古印度、中国。

476年，西罗马的最后一个皇帝被日耳曼雇佣军首领废除，西罗马帝国灭亡。西罗马帝国的灭亡，标志着奴隶制度在西欧的崩溃。



## 二、世界近代史　【单选、判断】★

“地理大发现”是西方史学家对15～17世纪欧洲航海者一系列航海活动的通称。

启蒙运动，指发生在17～18世纪的一场资产阶级和人民大众的反封建反教会的思想文化运动。

1638年，苏格兰人民起义，反抗查理一世的专制统治，成为英国资产阶级革命的导火线。1689年10月，议会通过了《权利法案》。

1789年7月14日，巴黎人民攻占巴士底狱，法国大革命爆发。1789年8月26日，法国制宪议会通过了《人权宣言》。

1847年11月，共产主义者同盟召开第二次代表大会，大会委托马克思和恩格斯为同盟起草纲领。1848

年2月，大会纲领《共产党宣言》在伦敦以单行本发表。《共产党宣言》第一次全面系统地阐述了科学社会主义理论，指出共产主义运动已成为不可抗拒的历史潮流。《共产党宣言》的发表标志着马克思主义的诞生。

### 三、世界现代史　【多选】 ★

**1. 第一次世界大战**

1914年6月，奥匈帝国皇储斐迪南大公和妻子在萨拉热窝被塞尔维亚族青年普林西普枪杀。萨拉热窝事件后，奥匈帝国向塞尔维亚宣战，第一次世界大战爆发。凡尔登战役是第一次世界大战的转折点。1918年11月11日，德国宣布投降，第一次世界大战结束。

**2. 俄国十月革命**

俄国十月革命是俄国工人阶级在布尔什维克党领导下联合贫农所完成的伟大的社会主义革命。因发生在俄国历法1917年10月25日（公元1917年11月7日），故称"十月革命"。俄国十月革命的历史意义：(1)俄国十月革命是人类历史上一次最深刻最伟大的社会革命，它从根本上推翻了人剥削人的制度，建立了世界上第一个无产阶级专政的国家。(2)十月革命的胜利，冲破了世界帝国主义战线，打击了帝国主义的统治，为各国无产阶级树立了光辉的榜样，大大鼓舞和增强了他们的斗争勇气和争取胜利的信心。从此，开始了无产阶级世界革命的新纪元。(3)十月革命的胜利，也动摇了帝国主义的后方，鼓舞了殖民地半殖民地人民反对帝国主义侵略压迫的斗争，开辟了无产阶级领导的被压迫民族解放斗争的新时代。

**3. 第二次世界大战**

1939年9月，法西斯德国出动大军突袭波兰，英、法两国对德宣战，第二次世界大战爆发。

斯大林格勒战役的胜利是苏德战争的转折点，也是第二次世界大战的重要转折点，此后，德军由战略进攻转入战略防御。

日本于1941年12月7日，偷袭了在太平洋上的美国海军的珍珠港基地，美国太平洋舰队遭受重大损失。第二天，美英对日宣战，第二次世界大战进一步扩大。

1942年1月1日，美、英、苏、中等26国在华盛顿举行会议，签署《联合国家宣言》，表示赞同《大西洋宪章》，并决心共同战败德、日、意的法西斯侵略，不到侵略国无条件投降，决不和敌国单独议和。

1943年11月，中国、美国、英国三国政府首脑在开罗举行会议，讨论三国对日作战问题。会议通过了《开罗宣言》，庄严声明：日本所窃取于中国之领土，如东北、台湾、澎湖群岛等，归还中国。

1944年6月，英美等反法西斯盟军在法国的诺曼底登陆，开辟欧洲第二战场，使德军陷入东西两线同时作战的境地，加速了德国法西斯的灭亡。

1945年8月15日，日本宣布无条件投降。9月2日，日本签署了投降书，第二次世界大战结束。

**真题面对面**

[2019黑龙江，多选]下列关于俄国十月革命的历史意义表述正确的有（　　）

A. 标志着世界反法西斯战争的结束　　B. 建立了世界上第一个无产阶级专政的国家

C. 是人类历史上最伟大的社会革命　　D. 苏联成为世界工业强国

E. 开辟了世界无产阶级和被压迫民族解放斗争的新纪元

答案：BCE

## 第三节　中国传统文化

### 一、天文历法　【判断】 ★

二十四节气是指中国农历中表示季节变迁的24个特定节令。二十四节气分别是立春、雨水、惊蛰、春分、清明、谷雨、立夏、小满、芒种、夏至、小暑、大暑、立秋、处暑、白露、秋分、寒露、霜降、立冬、小雪、大雪、冬至、小寒、大寒。

**记忆有妙招**

为方便考生记忆，编者将二十四节气按先后顺序总结成以下口诀：

**春雨惊春清谷天，夏满芒夏暑相连；秋处露秋寒霜降，冬雪雪冬小大寒。**

天干地支，简称“干支”。在中国古代的历法中，甲、乙、丙、丁、戊、己、庚、辛、壬、癸被称为“十天干”，子、丑、寅、卯、辰、巳、午、未、申、酉、戌、亥被称为“十二地支”。十干和十二支依次相配，组成六十个基本单位，两者按固定的顺序互相配合，组成了干支纪法。从殷墟出土的甲骨文来看，天干地支在中国古代主要用于纪日，此外还曾用来纪月、纪年、纪时等。

表10-6 地支与生肖、时间的对应

| 地支纪时 | 子 | 丑 | 寅 | 卯 | 辰 | 巳 | 午 | 未 | 申 | 酉 | 戌 | 亥 |
|---|---|---|---|---|---|---|---|---|---|---|---|---|
| 生肖纪时 | 鼠 | 牛 | 虎 | 兔 | 龙 | 蛇 | 马 | 羊 | 猴 | 鸡 | 狗 | 猪 |
| 天色纪时 | 夜半 | 鸡鸣 | 平旦 | 日出 | 食时 | 隅中 | 日中 | 日昳 | 晡时 | 日入 | 黄昏 | 人定 |
| 夜晚五更 | 三更 | 四更 | 五更 | — | — | — | — | — | — | — | 一更 | 二更 |
| 对应现代纪时 | 23~1 | 1~3 | 3~5 | 5~7 | 7~9 | 9~11 | 11~13 | 13~15 | 15~17 | 17~19 | 19~21 | 21~23 |

**真题面对面**

[2022黑龙江，判断]天干地支，简称“干支”，甲、乙、丙、丁、戊、己、庚、辛、壬、癸被称为“十天干”。（ ）

答案：√

## 二、传统节日与习俗 【单选、多选】★★

表10-7 传统节日与习俗

| 节日 | 习俗 | 诗词/相关人物 |
|---|---|---|
| 春节 | 贴门神、春联、年画，守岁，拜年 | 爆竹声中一岁除，春风送暖入屠苏 |
| 元宵节/上元节/小正月/元夕/灯节（农历正月十五） | 赏花灯，吃元宵，猜灯谜 | ①东风夜放花千树，更吹落，星如雨<br>②月色灯山满帝都，香车宝盖隘通衢 |
| 寒食节（冷节/禁烟节） | 禁火，吃冷食 | 晋文公与介子推 |
| 清明节（公历4月5日前后） | 祭祖，扫墓，踏青，插柳，放风筝 | 清明时节雨纷纷，路上行人欲断魂 |
| 端午节/端阳节/正阳节/天中节/重午节（农历五月初五） | 悬挂菖蒲、艾草，佩香囊，赛龙舟，荡秋千，饮雄黄酒、菖蒲酒，吃粽子 | ①正是浴兰时节动，菖蒲酒美清尊共<br>②彩线轻缠红玉臂，小符斜挂绿云鬟 |
| 七夕节/双七节/乞巧节/七巧节（农历七月初七） | 女子拜月，穿针乞巧，喜蛛应巧，吃巧果 | 迢迢牵牛星，皎皎河汉女 |
| 中秋节/仲秋节/八月节/团圆节（农历八月十五） | 祭月，赏月，拜月，吃月饼，赏桂花，饮桂花酒 | 但愿人长久，千里共婵娟 |
| 重阳节（农历九月初九） | 登高，赏菊，喝菊花酒，插茱萸，吃重阳糕 | 遥知兄弟登高处，遍插茱萸少一人 |

真题面对面

1. [2022黑龙江,单选]寒食节又称“冷节”“禁烟节”,是清明节的前一日或二日,它起源于(　　)

A. 周朝　　B. 汉朝　　C. 唐朝　　D. 秦朝

2. [2020黑龙江,单选]下列哪一句是描写重阳节的诗句(　　)

A. 千门万户曈曈日,总把新桃换旧符　　B. 遥知兄弟登高处,遍插茱萸少一人

C. 月色灯山满帝都,香车宝盖隘通衢　　D. 天上若无修月户,桂枝撑损向西轮

答案:1. A　2. B

### 三、其他传统文化　【单选、多选、判断】★

长揖是古代不分尊卑的相见礼,拱手高举,自上而下。

文房四宝是中国古代传统文化中的文书工具,即笔、墨、纸、砚。笔墨纸砚中的典型代表是湖笔、徽墨、宣纸、端砚。

文人四雅指闻香、品茗、插花、挂画。闻香重在“香”之美,品茗重在“味”之美,插花重在“色”之美,挂画重在“境”之美。

中国四大名绣是中国刺绣的突出代表,分别是:产于中国中部湖南省的**“湘绣”**,产于中国西部四川省的**“蜀绣”**,产于中国南部广东省的**“粤绣”**和产于中国东部江苏省的**“苏绣”**。

中国古代四大美女,即西施、王昭君、貂蝉、杨玉环。四大美女享有“沉鱼落雁之容,闭月羞花之貌”的美誉。其中,沉鱼是指西施,落雁是指王昭君,闭月是指貂蝉,羞花是指杨玉环。

五脏六腑是人体内脏器官的统称,五脏是指心、肝、脾、肺、肾,六腑是指胃、大肠、小肠、三焦、膀胱、胆。

真题面对面

[2022黑龙江,多选]中国四大名绣包括(　　)

A. 苏绣　　B. 湘绣　　C. 蜀绣　　D. 杭绣

E. 粤绣

答案:ABCE

## 第四节　中国文学

### 一、中国文学常识　【单选、多选、判断】★★

**1.《诗经》**

《诗经》是我国第一部诗歌总集,共收录自西周初期至春秋中叶约五百年间的诗歌305篇,广泛反映了当时的政治、经济、文化、军事、地理、民俗状况。

《诗经》分《风》《雅》《颂》三个部分。《诗经》形式上基本采用的是整齐的四言诗,采用赋比兴的艺术手法。风、雅、颂、赋、比、兴合称“诗六义”。

《诗经》不仅是最早的诗歌总集,也是一部反映当时社会的百科全书,可以说开创了我国古代诗歌现实主义创作的优秀传统。

第十部分

真题面对面

[2022黑龙江,判断]《诗经》分为《风》《雅》《颂》三部分,运用赋比兴的艺术手法,反映当时的政治、经济、文化等状况。(　　)

答案:√

**2.《楚辞》**

“楚辞”是战国时代的伟大诗人屈原创造的一种诗体。汉代时，刘向把屈原的作品及宋玉等人“承袭屈赋”的作品编辑成集，名为《楚辞》。《楚辞》是我国第一部浪漫主义诗歌总集。《楚辞》的主要作者是屈原，他创作了《离骚》《九歌》《九章》《天问》等不朽作品。

**3. 史学著作**

《左传》，《春秋左氏传》的省称，又称《左氏春秋》，旧传为春秋时期左丘明所作，近人多认为是战国时人根据各国史料所编。《左传》是中国古代一部叙事完备的编年体史书，它标志着我国叙事散文的成熟。它与《公羊传》《谷梁传》合称“春秋三传”。

《史记》是由司马迁撰写的中国第一部纪传体通史。它记载了上至上古传说中的黄帝时代，下至汉武帝元狩元年间共3000多年的历史。《史记》被鲁迅称为“史家之绝唱，无韵之离骚”。

《汉书》，又称《前汉书》，由我国东汉时期的历史学家班固编撰，是中国第一部纪传体断代史，“二十四史”之一。

《资治通鉴》，是北宋司马光主编的中国第一部编年体通史。

[2020黑龙江，判断]《史记》是我国第一部纪传体史书。(　　)

答案：√

**4. 军事著作**

《孙子兵法》，又称《孙武兵法》，是我国现存最早的军事著作，被中外军事界誉为“兵学圣典”。作者孙武，字长卿，春秋末期齐国人。

《孙膑兵法》，也称《齐孙子》，是中国古代的著名兵书，由战国中期孙膑及其后学者所著。

## 二、中国古代文学家　【单选、多选、判断】★★★

**1.“汉赋四大家”**

表10-8　“汉赋四大家”及其代表作

| 文学家 | 代表作 |
| --- | --- |
| 司马相如 | 《子虚赋》《上林赋》《美人赋》 |
| 扬雄 | 《河东赋》《羽猎赋》《甘泉赋》《长杨赋》 |
| 班固 | **《两都赋》** |
| 张衡 | 《二京赋》《归田赋》 |

**2. 陶渊明**

陶渊明，名潜，世称“靖节先生”，东晋末至南朝宋初期伟大的诗人、辞赋家。他是中国第一位田园诗人，被称为“古今隐逸诗人之宗”。陶渊明的诗分为饮酒诗、咏怀诗和田园诗三大类，其中田园诗成就最高。陶渊明的主要代表作品有《归园田居》《归去来兮辞》《桃花源记》《五柳先生传》等。

**3.“初唐四杰”**

“初唐四杰”是指中国唐代初期四位文学家王勃、杨炯、卢照邻、骆宾王的合称，即“王杨卢骆”。初唐四杰在初唐诗坛上承梁陈，下启沈宋，以大量的杰作，为五言律诗奠定了基础，并把七言古诗推向了成熟阶段。

**4. 盛唐山水田园诗派**

盛唐山水田园诗派的代表人物有王维、孟浩然、储光羲、常建等。

王维的著名诗句为《山居秋暝》中的“空山新雨后，天气晚来秋。明月松间照，清泉石上流。”孟浩然的著名诗作有《春晓》：“春眠不觉晓，处处闻啼鸟。夜来风雨声，花落知多少。”

**5. 盛唐边塞诗派**

盛唐是边塞诗创作的鼎盛时期，涌现了大量的边塞诗人，代表诗人有高适、岑参、王昌龄、李颀等。

高适的代表作有《别董大》《燕歌行》等。

岑参《白雪歌送武判官归京》中"忽如一夜春风来，千树万树梨花开"描写的是北方边塞的雪景。

**6. 李白**

李白，字太白，号青莲居士，我国唐代伟大的浪漫主义诗人，被后人称为"诗仙"。他的代表作品有《蜀道难》《行路难》《望庐山瀑布》《梦游天姥吟留别》《将进酒》等。

**7. 杜甫**

杜甫，字子美，自号少陵野老，是中国唐代伟大的现实主义诗人。他忧国忧民，人格高尚，在中国古典诗歌中的影响非常深远，被后世尊称为"诗圣"，他的诗也被称为"诗史"。杜甫与李白合称"李杜"。他有《杜工部集》传世，其中著作有《闻官军收河南河北》《春望》《望岳》等。杜甫的代表作有"三吏""三别"，其中"三别"指的是《新婚别》《无家别》《垂老别》。

**8. 白居易**

白居易，我国唐代伟大的现实主义诗人。白居易在《与元九书》中提出："文章合为时而著，歌诗合为事而作。"白居易的诗歌题材广泛，形式多样，语言平易通俗。他一生诗作很多，以讽喻诗最为有名，语言通俗易懂，代表作品有长篇叙事诗《长恨歌》和《琵琶行》。

**9. 李贺**

李贺与李白、李商隐三人并称唐代"三李"。他态度认真严肃，呕心沥血，刻意创新，形成了想象奇特、思维奇谲、辞采奇丽的诗作风格。李贺的代表作有《老夫采玉歌》《李凭箜篌引》《雁门太守行》《金铜仙人辞汉歌》《秋来》等。

**10. 杜牧**

杜牧，晚唐的诗人代表，与李商隐并称"小李杜"。杜牧的诗辞采清丽，风调俊朗，对后世影响很大。他著有《樊川文集》，代表作有《阿房宫赋》《遣怀》等。

**真题面对面**

[2021 黑龙江，多选]下列选项中，(　　)不属于班固的赋。

A.《两都赋》　B.《洛神赋》　C.《秋阳赋》　D.《阿房宫赋》

E.《二京赋》

**答案**：BCDE。A 项，《两都赋》是东汉文学家、史学家班固创作的大赋，分《西都赋》《东都赋》两篇。B 项，《洛神赋》是三国时期曹魏文学家曹植创作的辞赋名篇。C 项，《秋阳赋》是北宋著名词人、文学家苏轼仿照着汉赋的格式所填写的赋文。D 项，《阿房宫赋》是唐代文学家杜牧创作的一篇借古讽今的赋体散文。E 项，《二京赋》是张衡的代表作之一。

**11. 宋代著名诗词作家**

宋词可分为婉约派与豪放派两大流派。

表 10-9　豪放派代表人物及其代表作

| 代表人物 | 代表作 | 名句 |
| --- | --- | --- |
| 苏轼(北宋)，字子瞻 | 《水调歌头·明月几时有》 | 但愿人长久，千里共婵娟 |
| | 《赤壁赋》 | 寄蜉蝣于天地，渺沧海之一粟 |
| | 《后赤壁赋》 | 山高月小，水落石出 |
| | 《念奴娇·赤壁怀古》 | 大江东去，浪淘尽，千古风流人物 |
| | 《蝶恋花·春景》 | 枝上柳绵吹又少。天涯何处无芳草 |

续表

| 代表人物 | 代表作 | 名句 |
| --- | --- | --- |
| 辛弃疾(南宋),字幼安,号稼轩 | 《永遇乐·京口北固亭怀古》 | 凭谁问:廉颇老矣,尚能饭否 |
| | 《青玉案·元夕》 | 众里寻他千百度。蓦然回首,那人却在,灯火阑珊处 |
| | 《贺新郎·甚矣吾衰矣》 | 我见青山多妩媚,料青山见我应如是 |
| 陆游(南宋) | 《游山西村》(注:此作为诗) | 山重水复疑无路,柳暗花明又一村 |
| | 《钗头凤·红酥手》 | 红酥手,黄縢酒,满城春色宫墙柳 |

表10-10　婉约派代表人物及其代表作

| 代表人物 | 代表作 | 名句 |
| --- | --- | --- |
| 李煜(南唐) | 《虞美人·春花秋月何时了》 | 问君能有几多愁?恰似一江春水向东流 |
| | 《相见欢·无言独上西楼》 | 剪不断,理还乱,是离愁。别是一般滋味在心头 |
| 柳永(北宋) | 《雨霖铃·寒蝉凄切》 | 今宵酒醒何处?杨柳岸,晓风残月 |
| | 《蝶恋花·伫倚危楼风细细》 | 衣带渐宽终不悔,为伊消得人憔悴 |
| 晏殊(北宋) | 《蝶恋花·槛菊愁烟兰泣露》 | 昨夜西风凋碧树,独上高楼,望尽天涯路 |
| | 《浣溪沙·一曲新词酒一杯》 | 无可奈何花落去,似曾相识燕归来 |
| 李清照(南宋) | 《声声慢·寻寻觅觅》 | 寻寻觅觅,冷冷清清,凄凄惨惨戚戚 |
| | 《一剪梅·红藕香残玉簟秋》 | 此情无计可消除,才下眉头,却上心头 |
| | 《夏日绝句》(注:此作为诗) | 生当作人杰,死亦为鬼雄 |

### 12.“唐宋八大家”

“唐宋八大家”是唐宋时期八位散文家的合称,即唐代的韩愈、柳宗元和宋代的苏轼、苏洵、苏辙、欧阳修、曾巩、王安石。

**记忆有妙招**

为方便考生记忆,编者将“唐宋八大家”总结成以下口诀:

**一韩一柳一欧阳,三苏曾巩带一王。**

### 13.“元曲四大家”

“元曲四大家”指关汉卿、白朴、马致远、郑光祖四位元代杂剧作家。

表10-11　“元曲四大家”及其代表作

| 元杂剧作家 | 代表作 |
| --- | --- |
| 关汉卿 | 《窦娥冤》《救风尘》《望江亭》《拜月亭》《鲁斋郎》《单刀会》 |
| 马致远 | 《汉宫秋》《荐福碑》《岳阳楼》《青衫泪》《陈抟高卧》《任风子》 |
| 白朴 | 《唐明皇秋夜梧桐雨》《墙头马上》 |
| 郑光祖 | 《倩女离魂》《王粲登楼》 |

**易错点提示**

王实甫不在“元曲四大家”之列。王实甫的代表作是《崔莺莺待月西厢记》(简称《西厢记》)。

真题面对面

[2022黑龙江,单选]元杂剧《西厢记》的作者是( )

A. 白朴 B. 马致远 C. 王实甫 D. 关汉卿

答案:C

### 14. 明清小说作家

表10-12 明清小说作家及其代表作

| 小说作家 | 代表作 | 简介 |
| --- | --- | --- |
| 施耐庵 | 《水浒传》 | 英雄传奇小说 |
| 罗贯中 | 《三国演义》 | 我国章回小说的开山之作 |
| 吴承恩 | 《西游记》 | 浪漫主义神魔小说 |
| 曹雪芹、高鹗 | 《红楼梦》 | 中国古典小说的最高峰 |
| 吴敬梓 | 《儒林外史》 | 长篇讽刺小说 |

真题面对面

[2021湖北,单选]文学作品能够反映时代的风貌。如果想了解中国古代封建社会家族衰落与更迭的过程,最适合阅读的作品是( )

A.《红楼梦》 B.《三国演义》

C.《水浒传》 D.《儒林外史》

答案:A

## 三、中国现当代著名文学家 【单选、多选、判断】★★★

表10-13 中国现当代著名文学家及其代表作

| 作家 | 代表作 |
| --- | --- |
| 鲁迅(被誉为"民族魂") | 《狂人日记》(鲁迅创作的第一篇短篇白话日记体小说和中国第一部现代白话文小说,收录在小说集《呐喊》中)<br>《孔乙己》(短篇小说,收录在小说集《呐喊》中)<br>《阿Q正传》(中篇小说,收录在小说集《呐喊》中)<br>《祝福》(短篇小说,收录在小说集《彷徨》中)<br>《朝花夕拾》(多侧面地反映鲁迅青少年时期生活的散文集)<br>《野草》(鲁迅唯一的一本散文诗集) |
| 茅盾 | 《子夜》《林家铺子》《蚀》三部曲(《幻灭》《动摇》《追求》)和农村三部曲《春蚕》《秋收》《残冬》 |
| 巴金 | 《激流三部曲》(《家》《春》《秋》)和《爱情三部曲》(《雾》《雨》《电》) |
| 朱自清 | 《背影》《荷塘月色》《威尼斯》 |
| 徐志摩 | 《再别康桥》《我所知道的康桥》《翡冷翠山居闲话》《轮盘》《猛虎集》《云游》《秋》 |
| 戴望舒 | 《债》《雨巷》《母爱》 |

第十部分

真题面对面

[2022黑龙江,多选]下列选项中,属于徐志摩作品的有(　　)

A.《雨巷》　B.《云游》　C.《猛虎集》　D.《罗盘》

E.《秋》

答案:BCE

# 第五节　外国文学

## 一、诺贝尔文学奖　【判断】★

诺贝尔奖是指根据诺贝尔1895年的遗嘱而设立的奖项,旨在表彰在物理学、化学、和平、生理学或医学以及文学上“对人类作出最大贡献”的人士。诺贝尔文学奖就是其中之一。

1964年10月22日,瑞典文学院宣布诺贝尔文学奖颁给法国哲学家萨特,但他却主动谢绝该奖项,成为历史上第一位拒绝领奖的诺贝尔奖得主。

## 二、外国著名文学家　【单选、多选、判断】★★

表10-14　外国著名文学家及其代表作

| 作家 | 国籍 | 代表作 |
| --- | --- | --- |
| 埃斯库罗斯 | 古希腊 | 《乞援人》《波斯人》《被缚的普罗米修斯》 |
| 索福克勒斯 | 古希腊 | 《安提戈涅》《俄狄浦斯王》 |
| 欧里庇得斯 | 古希腊 | 《美狄亚》《特洛伊妇女》 |
| 阿里斯托芬 | 古希腊 | 《阿卡奈人》《骑士》《和平》《鸟》《蛙》 |
| 莎士比亚 | 英国 | 四大悲剧(《哈姆雷特》《奥赛罗》《麦克白》《李尔王》)<br>四大喜剧(《仲夏夜之梦》《威尼斯商人》《第十二夜》《皆大欢喜》)<br>《罗密欧与朱丽叶》 |
| 雪莱 | 英国 | 《解放了的普罗米修斯》《西风颂》《致云雀》 |
| 雨果 | 法国 | 《巴黎圣母院》《悲惨世界》《笑面人》《九三年》 |
| 大仲马 | 法国 | 《三个火枪手》《基督山伯爵》 |
| 小仲马 | 法国 | 《茶花女》 |
| 普希金 | 俄国 | 《叶甫盖尼·奥涅金》《鲍里斯·戈都诺夫》《黑桃皇后》 |
| 裴多菲 | 匈牙利 | 《自由与爱情》《酒徒》《谷子成熟了》 |
| 果戈里 | 俄国 | 《死魂灵》《钦差大臣》 |
| 列夫·托尔斯泰 | 俄国 | 《战争与和平》《安娜·卡列尼娜》《复活》 |
| 马克·吐温 | 美国 | 《竞选州长》《败坏了哈德莱堡的人》 |
| 欧·亨利 | 美国 | 《麦琪的礼物》《警察与赞美诗》《最后一片叶子》 |
| 菲茨杰拉德 | 美国 | 《了不起的盖茨比》 |
| 海明威 | 美国 | 《老人与海》《永别了,武器》《丧钟为谁而鸣》《太阳照常升起》 |
| 加西亚·马尔克斯 | 哥伦比亚 | 《百年孤独》《霍乱时期的爱情》 |

真题面对面

1. [2019湖北,多选]维克多·雨果(Victor Hugo,1802年2月26日~1885年5月22日),19世纪前期积极浪漫主义文学的代表作家,被人们称为“法兰西的莎士比亚”。下列作品中属于其代表作的有(　　)

A.《悲惨世界》　　B.《茶花女》

C.《巴黎圣母院》　　D.《三个火枪手》

2. [2022黑龙江,判断]《俄狄浦斯王》是古希腊三大悲剧作家之一的索福克勒斯的作品。(　　)

答案:1. AC　2. √

## 第六节　中国音乐与中国美术

### 一、中国音乐　【多选、判断】★

聂耳,原名聂守信,中国音乐家,中华人民共和国国歌《义勇军进行曲》的曲作者。

冼星海是中国近代著名作曲家、钢琴家,代表作品有《在太行山上》《到敌人后方去》《黄河大合唱》《生产大合唱》《青年进行曲》等。

### 二、中国美术　【单选、判断】★

顾恺之是东晋杰出画家、绘画理论家,博学有才气,工诗赋、书法,尤精绘画,擅画人像、佛像、禽兽、山水等,有“才绝、画绝、痴绝”之称。顾恺之作画,意在传神,其“迁想妙得”“以形写神”等论点,为中国传统绘画的发展奠定了基础。他的著名画作有《洛神赋图》《女史箴图》《列女仁智图》等,著名绘画理论著作为《画云台山记》。

阎立本是唐代政治家、画家。阎立本擅长工艺,多巧思,工篆隶书,对绘画、建筑都很擅长。他的代表作品有《步辇图》《历代帝王图》等。

真题面对面

[2022黑龙江,判断]顾恺之,西晋画家,多才艺,工诗赋、书法,尤精绘画,有“才绝、画绝、诗绝”之称。(　　)

答案:×

# 第四章　科技成就与生活常识

## 第一节　中外科技成就

### 一、中国古代科技成就　【单选、多选、判断】★★

**1. 四大发明**

四大发明是指中国古代对世界具有很大影响的四种发明，即造纸术、指南针、火药、活字印刷术。

**2. 中国古代数学成就**

十进位制记数法早在我国原始社会形成，完成于奴隶社会初期的商代，到商代已发展为完整的十进制系统。我国是最早使用十进位制记数法，并且认识到位值制的国家。

西汉中期，我国最古老的天文学和数学著作《周髀算经》成书，书中记载了勾股定理，是现存文献中最早记载勾股定理的著作。成书于东汉前期的《九章算术》，标志着我国古代数学完整体系的形成。

南北朝数学家祖冲之在世界上首次把圆周率数值精确到小数点后七位，比欧洲早1000多年。

《缀术》是中国南北朝时期的一部算经，汇集了祖冲之父子的数学研究成果。

**3. 中国古代天文历法成就**

《春秋》记载，公元前613年，“有星孛入于北斗”，这是世界上公认的首次关于哈雷彗星的确切记录。

《夏小正》是中国最早的历书和中国现存最古老的历法学文献。

大明历是由南北朝时期中国著名数学家、科学家祖冲之创制的一部历法，也称“甲子元历”。在历法中，祖冲之首次引入了“岁差”的概念，从而使得历法更加精确。

北宋时期科学家沈括著《梦溪笔谈》，创制“十二气历”。《梦溪笔谈》是以笔记体裁形式写成的科学典籍。《梦溪笔谈》中涉及力学、光学、磁学、声学等领域。书中最早记载了人工磁化的一种简便方法，即“以磁石磨针锋”，造指南针。

元朝著名天文学家和水利专家郭守敬修订的《授时历》是当时世界上最精确的历法，测定一年为365.2425天，与现在公历基本相同，但比现行公历的确立早约三百年。

**4. 中国古代医学成就**

表10-15　中国古代医学成就

| 朝代 | 名称 | 简介 |
|---|---|---|
| 战国至西汉 | 《黄帝内经》 | 我国现存最早的一部医学典籍，被称为“医之始祖” |
| 东汉 | 《神农本草经》 | 中国第一部完整的药物学著作，中医药药物学理论发展的源头 |
| | 《伤寒杂病论》（**“医圣”**张仲景） | 奠定了中医治疗学的基础 |
| | “麻沸散”（“外科鼻祖”华佗） | 华佗还创编了“五禽戏”（“五禽”指虎鹿熊猿鸟） |
| 唐朝 | 《千金方》（**“药王”**孙思邈） | 被誉为“中国最早的临床医学百科全书” |
| 明朝 | 《本草纲目》（李时珍） | 总结了16世纪以前中国的医药学，被誉为**“东方药物巨典”** |

**5. 中国古代农业、手工业成就**

表10-16 中国古代农业、手工业成就

| 成就 | 成书时间 | 作者 | 地位 |
| --- | --- | --- | --- |
| 《齐民要术》 | 北魏 | 贾思勰 | 中国现存最早、最完整、最系统的农业科学著作 |
| 《梦溪笔谈》 | 北宋 | 沈括 | 英国学者李约瑟称它为“中国科学史上的里程碑” |
| 《天工开物》 | 明朝 | 宋应星 | 世界上第一部关于农业和手工业生产的综合性著作，被誉为“中国17世纪的工艺百科全书” |
| 《农政全书》 | 明朝 | 徐光启 | 一部农业百科全书，是我国农学史上最早传播西方近代科学知识的书籍 |

真题面对面

[2022湖北，单选]某高中学生对我国古代农学十分感兴趣，老师知晓后，最可能为他推荐的书籍是(　　)

A.《缀术》　　B.《齐民要术》

C.《黄帝内经》　　D.《梦溪笔谈》

答案：B

## 二、中国现代科技成就　【单选、判断】★

**1. 航天技术成就**

2021年4月29日，中国空间站天和核心舱在我国文昌航天发射场发射升空，准确进入预定轨道，任务取得成功，标志着中国空间站在轨组装建造全面展开。

2021年5月15日，我国首个火星探测器“天问一号”携带首辆火星车“祝融号”成功着陆于火星乌托邦平原南部预选着陆区，我国首次火星探测任务着陆火星取得圆满成功。

2021年6月17日，“神舟十二号”载人飞船在酒泉卫星发射中心成功发射。航天员聂海胜、刘伯明、汤洪波先后进入天和核心舱，标志着中国人首次进入自己的空间站。

2021年10月16日，“神舟十三号”载人飞船在酒泉卫星发射中心成功发射，将翟志刚、王亚平、叶光富三名航天员送入太空。

2022年6月5日，“神舟十四号”载人飞船在酒泉卫星发射中心成功发射，航天员陈冬、刘洋、蔡旭哲依次进入天和核心舱，这是中国空间站建造阶段首次载人飞行任务。

2022年10月31日，中国空间站梦天实验舱发射任务取得圆满成功。11月1日凌晨，梦天实验舱成功对接于天和核心舱前向端口，组建中国空间站的“最后一块积木”就位。11月3日，空间站梦天实验舱顺利完成转位，空间站“T”字基本构型在轨组装完成。

**2. 航海技术成就**

2012年9月25日，中国第一艘航空母舰“辽宁号”正式交付海军。

2019年12月17日，经中央军委批准，中国第一艘国产航母命名为“中国人民解放军海军山东舰”，舷号为“17”。山东舰在海南三亚某军港交付海军。

2020年11月10日，“奋斗者号”在马里亚纳海沟成功坐底，创造了10909米中国载人深潜新纪录，标志着我国在大深度载人深潜领域达到世界领先水平，我国成为世界上第二个实现万米载人深潜的国家。

2022年6月17日，经中央军委批准，我国第三艘航空母舰命名为“中国人民解放军海军福建舰”，舷号为“18”。福建舰是我国完全自主设计建造的首艘弹射型航空母舰。

### 三、外国科技成就 【单选、判断】 ★

哥白尼的主要科学贡献是创立了“日心说”，写出了“自然科学的独立宣言”——《天体运行论》。

伽利略，意大利伟大的物理学家和天文学家，科学革命的先驱。他开创了以实验事实为根据并具有严密逻辑体系的近代科学，被称为“近代科学之父”。

开普勒提出行星运动的三大定律（椭圆定律、面积定律、周期定律），即开普勒定律。

牛顿，英国物理学家，经典物理学理论体系的建立者。他发现了万有引力定律。1687年，牛顿出版了《自然哲学的数学原理》一书，该书被看作是经典物理学的“圣经”。

细胞学说、能量守恒与转化定律、达尔文进化论并称为19世纪自然科学三大发现。

爱因斯坦，现代物理学的开创者和奠基人。爱因斯坦的相对论对20世纪理论物理学的发展有着极为深刻的影响。

巴斯德发现了病菌和病毒，发明了巴氏消毒法。

美国生物学家沃森对提出DNA双螺旋结构模型作出了主要贡献。

[2022湖北，单选]欧洲文艺复兴时期，发现行星运动三大定律的科学家是（ ）

A. 开普勒 B. 哥白尼

C. 伽利略 D. 布鲁诺

答案：A

## 第二节 生活常识

### 一、生物常识 【单选】 ★

第十部分

病毒由一个核酸分子（DNA或RNA）与蛋白质构成或仅由蛋白质构成（如朊病毒）。病毒个体微小，结构简单。病毒没有细胞结构，由于没有实现新陈代谢所必需的基本系统，所以病毒自身不能复制。它的生存必须依赖于活细胞。病毒只能寄生在某种特定的活细胞内才能生活，并利用宿主细胞内的环境及原料快速复制增殖。

新型冠状病毒肺炎，简称“新冠肺炎”，被世界卫生组织命名为“COVID-19”，是指2019新型冠状病毒感染导致的肺炎。2020年1月20日，国家卫健委正式发布2020年第1号文件，将“新冠肺炎”纳入《中华人民共和国传染病防治法》规定的乙类传染病，并采取甲类传染病的预防、控制措施。

真题面对面

[2020湖北,单选]2020年2月11日,世界卫生组织总干事谭德塞在瑞士日内瓦宣布,将正在肆虐全球的新型冠状肺炎病毒命名为“(    )-19”。

A.COVID　　B. Smallpox　　C. PLAGUE　　D. HIV

答案:A

## 二、安全急救常识　【单选、多选】★

### 1. 地震发生时如何逃生

地震到来时,来不及撤离应就近避震:

在家里,应躲在坚固的家具下,或者在卫生间等小开间处。

在工厂,应就近躲在机器下,或者小房间等处。

在学校,应尽快躲在书桌下面,或者教室的墙角处。

在室外,应尽量去空旷的地方,或者在路中间,不要在高楼、烟囱下;躲避时一定要避开外墙、窗户。

### 2. 火灾发生时如何逃生

要保持镇静以便选择正确的逃生方式和方向;要用湿毛巾捂住口鼻,采取低姿爬行的方式向安全地带撤离;要按疏散标志沿楼梯通道安全疏散;要在逃生过程中留意身边环境,让自己暴露在阳台、窗口等易被人发现的地方;要学会使用求救信号,白天可以向窗外晃动鲜艳衣物,晚上可以用手电筒不停地在窗口闪动或者敲击东西。

不要通过电梯逃生;不要钻床底、衣橱、阁楼;不要盲目跳楼;不要盲目跟随别人逃生;不要习惯往低处逃生。

### 3. 洪灾发生时如何逃生

突然遭遇洪水袭击时,要沉着冷静,快速转移。转移时要先人员后财产,先老幼病残人员,后其他人员。当洪水迅猛,来不及撤离时,要迅速向屋顶、大树、坚固的高墙等高处转移,并想办法发出求救信号。条件允许时,可利用船只、木板、木床等漂浮物转移。在不了解水情时,不要冒险涉水,要在安全地带等待救援。发现高压线铁塔倾倒、电线低垂或断折时,要迅速远避,防止触电。

### 4. 急救常识

触电时的急救措施:首先要迅速切断电源。找不到闸门的情况下,用绝缘物挑开电线。切断电源后立即将触电者抬到通风处,并用盐水或凡士林纱布包扎局部烧伤处。

烫伤时的处理措施:立即将被烫部位放置在流动的水下冲洗或用凉毛巾冷敷,不能采用冰敷的方式治疗烫伤。

轻度低血糖患者病发时的处理措施:对于轻度低血糖患者,仅有出汗、心慌、饥饿,且神志清醒,可以食用糖水、糖果、饼干等;如下一餐临近也可以食用主食、点心或水果等改善血糖,并预防低血糖的再次发作;出现神志不清时,切勿盲目喂食,以防食物误吸入肺引起吸入性肺炎或窒息,应当立即送往就近医院急救。

骨折时的急救措施:现场可以找块小夹板、树枝等物,对患肢进行包扎固定。

误食水银的处理办法:可以先尝试刺激咽喉部的方法催吐,然后漱口、喝蛋清或牛奶,再去医院就诊。

漱口后喝点蛋清或牛奶的方法，能清除口腔中的残留汞，还能使蛋清或牛奶中的蛋白质与吞服的汞结合，保护胃黏膜，减少汞与体内蛋白质的结合。

扭伤的急救措施：在扭伤早期不要按揉，要先进行冷敷，切忌热敷。

**真题面对面**

[2022湖北，单选]以下关于急救常识的说法，错误的是（　　）

A. 洪水来袭时，如果来不及逃生可以向高处转移等待救援

B. 轻度低血糖患者病发时可以吃几粒糖果，缓解低血糖症状

C. 误食水银后，可以喝蛋清或牛奶，使汞与蛋白质结合，减少汞吸收

D. 踝关节扭伤后，停止继续行走，用热毛巾敷在患处，帮助消肿止痛

答案：D

## 核心考点回顾

1. “十个明确”包括哪些内容？（参见本书P565）
2. 五四运动的历史意义是什么？（参见本书P575）
3. 《诗经》和《楚辞》的地位分别是什么？（参见本书P579）
4. 扭伤的急救措施是什么？（参见本书P590）

# 达标测评

| 建议用时 | 实际用时 | 测评总分 | 实际得分 |
|---|---|---|---|
| 10分钟 | ____分钟 | 10分 | ____分 |

一、单项选择题（每小题1分，共4分）

1. “凡可状皆有也；凡有皆象也；凡象皆气也”，这是（　　）

A. 客观唯心主义的观点　　B. 主观唯心主义的观点

C. 形而上学的观点　　D. 唯物主义的观点

2. 商店里的货品有标价，如一支钢笔标价为6元。在这里，货币执行的是（　　）的职能。

A. 价值尺度　　B. 流通手段　　C. 贮藏手段　　D. 支付手段

3. “有志者、事竟成，破釜沉舟，百二秦关终属楚；苦心人、天不负，卧薪尝胆，三千越甲可吞吴。”此联所涉及的历史事件分别发生在（　　）

A. 春秋和战国　　B. 秦末和春秋

C. 战国和三国　　D. 秦初和汉初

4. 地震发生时，若身处高楼，下列选项中正确的自救防护措施是（　　）

A. 立即往外跑，乘坐电梯下楼　　B. 蹲到外墙窗户旁躲避，找机会跳楼逃生

C. 躲在吊柜下方　　D. 把靠垫举在头顶，蹲到坚固的桌子下面

二、多项选择题(每小题2分,共4分)

1. 下列作品中属于山水诗的有(　　)

A. 高适《燕歌行》

B. 韦应物《滁州西涧》

C. 谢朓《晚登三山还望京邑》

D. 王维《山居秋暝》

2. 下列选项体现了光的折射现象的有(　　)

A. 海市蜃楼

B. 潭清疑水浅

C. 小孔成像

D. 插进水杯的筷子"断了"

三、判断题(每小题1分,共2分)

1. "蝴蝶效应"表明任何事物之间都是互相联系的。(　　)

2.《老人与海》是马克·吐温著名的作品之一。(　　)

## 参考答案及解析

一、单项选择题

1. D　[解析]题干这句话意为凡是实际存在的有形的东西,都是物质的,它们都源于气,是古代朴素唯物主义的典型观点。

2. A　[解析]价值尺度是货币的基本职能之一,指货币充当衡量商品价值量大小尺度的职能。它的表现形式为价格标签。

3. B　[解析]前半句话的"破釜沉舟"典故出自秦末的巨鹿之战。后半句话说的是春秋时期的越国国王勾践励精图治以图复国的事迹。与题干史实相符的历史时期是秦朝末年和春秋时期。故本题答案为B。

4. D　[解析]地震发生时,大地剧烈晃动,人往往无法稳定行走,而且家具、门窗玻璃、天花板、吊灯、吊柜等可能掉落砸伤人,此时若盲目行动,受伤概率很大。BC项错误。地震来临时,应先就近避险,保护好头部,如把靠垫举在头顶,蹲到坚固的桌子下面,待晃动停止、确认安全后再撤离到安全地带。D项正确。地震发生时不要使用电梯;如果地震时刚好在电梯里,需赶紧按下所有楼层按钮使电梯停下,尽快离开。A项错误。

二、多项选择题

1. BCD　[解析]高适的《燕歌行》属于边塞诗,不是山水诗。BCD三项均属于山水诗。

2. ABD　[解析]ABD三项所述现象都反映了光的折射。小孔成像反映了光沿直线传播的性质,C项错误。故选ABD。

三、判断题

1. ×　[解析]联系具有普遍性,并不意味着世界上任何事物之间都存在着某种联系,联系是有条件的。

2. ×　[解析]《老人与海》是海明威著名的作品之一。

第十部分

# 图书反馈

**重磅！真题重奖征集！**

**「凡提供当年度考试真题者，根据真题完整度，可获得0~500元现金奖励。」**

具体请联系QQ:1831595423

（温馨提示：所提供真题须是当年度考试真题，且真实有效。最终解释权归山香教育所有）

亲爱的考生：

感谢您对山香教育的信任和支持，您的建议是我们前进的动力！为进一步提高图书质量，我们特向全国各地的考生开展有奖反馈活动。

1. **凡通过研发部QQ提供山香图书错题反馈者，均能获得价值99元的山香网课《高频考点》（基础版）大礼包1份。**
2. **凡通过图书反馈链接提供山香图书意见反馈者，可获得价值299元的山香网课《高频考点》（豪华版）超级大礼包1份。**

¥99
大礼包

¥299
超级大礼包

联系方式：400-600-3363　　研发部QQ：1831595423

招教网
招考资讯抢先知晓

山香官网
一站式考编服务平台

山香网校
线上学习方便快捷

图书订正链接
全面勘误及时更新